国家卫生健康委员会"十四五"规划教材

全国高等学校教材

供八年制及"5+3"一体化临床医学等专业用

法医学
Forensic Medicine

主　编　丛　斌　官大威
副 主 编　贠克明　赵　虎　周亦武

数字主编　丛　斌　官大威
数字副主编　周亦武　贠克明　赵　虎

人民卫生出版社
·北京·

图书在版编目（CIP）数据

法医学 / 丛斌，官大威主编 . —北京：人民卫生出版社，2024.1

全国高等学校八年制及"5+3"一体化临床医学专业第四轮规划教材

ISBN 978-7-117-35619-0

Ⅰ. ①法⋯ Ⅱ. ①丛⋯ ②官⋯ Ⅲ. ①法医学 – 高等学校 – 教材 Ⅳ.①D919

中国国家版本馆 CIP 数据核字（2023）第 221945 号

| 人卫智网 | www.ipmph.com | 医学教育、学术、考试、健康，购书智慧智能综合服务平台 |
| 人卫官网 | www.pmph.com | 人卫官方资讯发布平台 |

法医学
Fayixue

主　　编：丛　斌　官大威
出版发行：人民卫生出版社（中继线 010-59780011）
地　　址：北京市朝阳区潘家园南里 19 号
邮　　编：100021
E - mail：pmph @ pmph.com
购书热线：010-59787592　010-59787584　010-65264830
印　　刷：人卫印务（北京）有限公司
经　　销：新华书店
开　　本：850 × 1168　1/16　印张：26
字　　数：769 千字
版　　次：2024 年 1 月第 1 版
印　　次：2024 年 1 月第 1 次印刷
标准书号：ISBN 978-7-117-35619-0
定　　价：122.00 元
打击盗版举报电话：010-59787491　E-mail：WQ @ pmph.com
质量问题联系电话：010-59787234　E-mail：zhiliang @ pmph.com
数字融合服务电话：4001118166　E-mail：zengzhi @ pmph.com

编　委

数字编委

（数字编委详见二维码）

数字编委名单

融合教材阅读使用说明

　　融合教材即通过二维码等现代化信息技术，将纸书内容与数字资源融为一体的新形态教材。本套教材以融合教材形式出版，每本教材均配有特色的数字内容，读者在阅读纸书的同时，通过扫描书中的二维码，即可免费获取线上数字资源和相应的平台服务。

本教材包含以下数字资源类型

本教材特色资源展示

获取数字资源步骤

①扫描教材封底二维码（箭头所示），激活获得授权。

②下载 APP 和电脑客户端。

③使用 APP 扫码功能（箭头所示），扫描书中二维码浏览资源。

④认证教师后，通过电脑客户端使用书中资源快速创建课程，或将资源复制到 PPT 中教学使用。

APP 及平台使用客服热线　　400-111-8166

读者信息反馈方式

　　欢迎登录"人卫 e 教"平台官网"medu.pmph.com"，在首页注册登录（也可使用已有人卫平台账号直接登录），即可通过输入书名、书号或主编姓名等关键字，查询我社已出版教材，并可对该教材进行读者反馈、图书纠错、撰写书评以及分享资源等。

全国高等学校八年制及"5+3"一体化临床医学专业
第四轮规划教材　修订说明

为贯彻落实党的二十大精神,培养服务健康中国战略的复合型、创新型卓越拔尖医学人才,人卫社在传承20余年长学制临床医学专业规划教材基础上,启动新一轮规划教材的再版修订。

21世纪伊始,人卫社在教育部、卫生部的领导和支持下,在吴阶平、裘法祖、吴孟超、陈灏珠、刘德培等院士和知名专家亲切关怀下,在全国高等医药教材建设研究会统筹规划与指导下,组织编写了全国首套适用于临床医学专业七年制的规划教材,探索长学制规划教材编写"新""深""精"的创新模式。

2004年,为深入贯彻《教育部 国务院学位委员会关于增加八年制医学教育(医学博士学位)试办学校的通知》(教高函〔2004〕9号)文件精神,人卫社率先启动编写八年制教材,并借鉴七年制教材编写经验,力争达到"更新""更深""更精"。第一轮教材共计32种,2005年出版;第二轮教材增加到37种,2010年出版;第三轮教材更新调整为38种,2015年出版。第三轮教材有28种被评为"十二五"普通高等教育本科国家级规划教材,《眼科学》(第3版)荣获首届全国教材建设奖全国优秀教材二等奖。

2020年9月,国务院办公厅印发《关于加快医学教育创新发展的指导意见》(国办发〔2020〕34号),提出要继续深化医教协同,进一步推进新医科建设、推动新时代医学教育创新发展,人卫社启动了第四轮长学制规划教材的修订。为了适应新时代,仍以八年制临床医学专业学生为主体,同时兼顾"5+3"一体化教学改革与发展的需要。

第四轮长学制规划教材秉承"精品育精英"的编写目标,主要特点如下:

1. 教材建设工作始终坚持以习近平新时代中国特色社会主义思想为指导,落实立德树人根本任务,并将《习近平新时代中国特色社会主义思想进课程教材指南》落实到教材中,统筹设计,系统安排,促进课程教材思政,体现党和国家意志,进一步提升课程教材铸魂育人价值。

2. 在国家卫生健康委员会、教育部的领导和支持下,由全国高等医药教材建设研究学组规划,全国高等学校八年制及"5+3"一体化临床医学专业第四届教材评审委员会审定,院士专家把关,全国医学院校知名教授编写,人民卫生出版社高质量出版。

3. 根据教育部临床长学制培养目标、国家卫生健康委员会行业要求、社会用人需求,在全国进行科学调研的基础上,借鉴国内外医学人才培养模式和教材建设经验,充分研究论证本专业人才素质要求、学科体系构成、课程体系设计和教材体系规划后,科学进行的,坚持"精品战略,质量第一",在注重"三基""五性"的基础上,强调"三高""三严",为八年制培养目标,即培养高素质、高水平、富有临床实践和科学创新能力的医学博士服务。

4. 教材编写修订工作从九个方面对内容作了更新：国家对高等教育提出的新要求；科技发展的趋势；医学发展趋势和健康的需求；医学精英教育的需求；思维模式的转变；以人为本的精神；继承发展的要求；统筹兼顾的要求；标准规范的要求。

5. 教材编写修订工作适应教学改革需要，完善学科体系建设，本轮新增《法医学》《口腔医学》《中医学》《康复医学》《卫生法》《全科医学概论》《麻醉学》《急诊医学》《医患沟通》《重症医学》。

6. 教材编写修订工作继续加强"立体化""数字化"建设。编写各学科配套教材"学习指导及习题集""实验指导/实习指导"。通过二维码实现纸数融合，提供有教学课件、习题、课程思政、中英文微课，以及视频案例精析（临床案例、手术案例、科研案例）、操作视频/动画、AR模型、高清彩图、扩展阅读等资源。

全国高等学校八年制及"5+3"一体化临床医学专业第四轮规划教材，均为国家卫生健康委员会"十四五"规划教材，以全国高等学校临床医学专业八年制及"5+3"一体化师生为主要目标读者，并可作为研究生、住院医师等相关人员的参考用书。

全套教材共48种，将于2023年12月陆续出版发行，数字内容也将同步上线。希望得到读者批评反馈。

全国高等学校八年制及"5+3"一体化临床医学专业
第四轮规划教材　序言

"青出于蓝而胜于蓝",新一轮青绿色的八年制临床医学教材出版了。手捧佳作,爱不释手,欣喜之余,感慨千百位科学家兼教育家大量心血和智慧倾注于此,万千名医学生将汲取丰富营养而茁壮成长,亿万个家庭解除病痛而健康受益,这不仅是知识的传授,更是精神的传承、使命的延续。

经过二十余年使用,三次修订改版,八年制临床医学教材得到了师生们的普遍认可,在广大读者中有口皆碑。这套教材将医学科学向纵深发展且多学科交叉渗透融于一体,同时切合了"环境-社会-心理-工程-生物"新的医学模式,秉持"更新、更深、更精"的编写追求,开展立体化建设、数字化建设以及体现中国特色的思政建设,服务于新时代我国复合型高层次医学人才的培养。

在本轮修订期间,我们党团结带领全国各族人民,进行了一场惊心动魄的抗疫大战,创造了人类同疾病斗争史上又一个英勇壮举!让我不由得想起毛主席《送瘟神二首》序言:"读六月三十日人民日报,余江县消灭了血吸虫,浮想联翩,夜不能寐,微风拂煦,旭日临窗,遥望南天,欣然命笔。"人民利益高于一切,把人民群众生命安全和身体健康挂在心头。我们要把伟大抗疫精神、祖国优秀文化传统融会于我们的教材里。

第四轮修订,我们编写队伍努力做到以下九个方面:

1. 符合国家对高等教育的新要求。全面贯彻党的教育方针,落实立德树人根本任务,培养德智体美劳全面发展的社会主义建设者和接班人。加强教材建设,推进思想政治教育一体化建设。

2. 符合医学发展趋势和健康需求。依照《"健康中国2030"规划纲要》,把健康中国建设落实到医学教育中,促进深入开展健康中国行动和爱国卫生运动,倡导文明健康生活方式。

3. 符合思维模式转变。二十一世纪是宏观文明与微观文明并进的世纪,而且是生命科学的世纪。系统生物学为生命科学的发展提供原始驱动力,学科交叉渗透综合为发展趋势。

4. 符合医药科技发展趋势。生物医学呈现系统整合/转型态势,酝酿新突破。基础与临床结合,转化医学成为热点。环境与健康关系的研究不断深入。中医药学守正创新成为国际社会共同的关注。

5. 符合医学精英教育的需求。恪守"精英出精品,精品育精英"的编写理念,保证"三高""三基""五性"的修订原则。强调人文和自然科学素养、科研素养、临床医学实践能力、自我发展能力和发展潜力以及正确的职业价值观。

6. 符合与时俱进的需求。新增十门学科教材。编写团队保持权威性、代表性和广泛性。编写内容上落实国家政策、紧随学科发展,拥抱科技进步、发挥融合优势,体现我国临床长学制办学经验和成果。

7. 符合以人为本的精神。以八年制临床医学学生为中心,努力做到优化文字:逻辑清晰,详略有方,重点突出,文字正确;优化图片:图文吻合,直观生动;优化表格:知识归纳,易懂易记;优化数字内容:网络拓展,多媒体表现。

8. 符合统筹兼顾的需求。注意不同专业、不同层次教材的区别与联系,加强学科间交叉内容协调。加强人文科学和社会科学教育内容。处理好主干教材与配套教材、数字资源的关系。

9. 符合标准规范的要求。教材编写符合《普通高等学校教材管理办法》等相关文件要求,教材内容符合国家标准,尽最大限度减少知识性错误,减少语法、标点符号等错误。

最后,衷心感谢全国一大批优秀的教学、科研和临床一线的教授们,你们继承和发扬了老一辈医学教育家优秀传统,以严谨治学的科学态度和无私奉献的敬业精神,积极参与第四轮教材的修订和建设工作。希望全国广大医药院校师生在使用过程中能够多提宝贵意见,反馈使用信息,以便这套教材能够与时俱进,历久弥新。

愿读者由此书山拾级,会当智海扬帆!

是为序。

中国工程院院士
中国医学科学院原院长　　刘德培
北京协和医学院原院长
二〇二三年三月

主编简介

丛 斌

男,1957 年 7 月出生于黑龙江省齐齐哈尔市。中国工程院院士,中国医学科学院学部委员,教授,博士研究生导师,主任法医师。现任全国人民代表大会常务委员会委员,全国人民代表大会宪法和法律委员会副主任委员,九三学社第十五届中央副主席,河北医科大学法医学院院长。兼任中国中西医结合学会副会长,中国工程院医药卫生学部常委,中国科学院学术委员会生命与健康领域专门委员会委员,中国中医科学院学部委员,国家生态环境部环境损害鉴定评估专家委员会主任委员,国家药品监督管理局中药管理战略决策专家咨询委员会委员,国家自然科学基金委员会冠状病毒重大研究计划专家顾问组成员,中国药典委员会执行委员,国家生命科技伦理委员会委员,*Food Science and Human Wellness* 总编,*Gut microbiota and Integrative Wellness* 主编。

从事法医学教学、科研、检案工作 40 年。以第一完成人获国家科技进步奖一等奖 1 项、二等奖 2 项,省部级科技进步奖一等奖 4 项。获何梁何利基金科学与技术进步奖(2018)、河北省科学技术突出贡献奖,享受国务院政府特殊津贴,获得全国优秀科技工作者、全国最美司法鉴定人、河北省省管优秀专家等称号。主编《法医病理学》(第 5 版)获首届全国教材建设奖二等奖。发表学术论文 530 余篇,主编专著及统编教材十余部。目前担任河北医科大学、四川大学、中国政法大学等院校法医学、病理生理学、证据法学等专业博士研究生导师,培养博士、博士后80 余名,硕士 100 名。

主编简介

官大威

男,1963 年 1 月出生于黑龙江省齐齐哈尔市。博士,二级教授,博士研究生导师。原中国医科大学法医学院院长,现任辽宁省法医学生物证据重点实验室主任,首批国家级一流法医学专业建设点负责人。兼任国际法医学会科学委员会委员、教育部高等学校法医学类专业教学指导委员会副主任委员、中国法医学会法医病理学专业委员会主任委员、海峡两岸医药卫生交流协会法医学分会副会长、《中国法医学杂志》副主编、《法医学杂志》《中国医科大学学报》及 J Forensic Sci Med 编委、辽宁省司法鉴定协会会长等职务。

从事法医学专业教学、科研及鉴定工作 35 年。作为主编、副主编及编者,编写教材及专著 30 部。作为课程负责人,法医病理学先后获评国家级精品课程、精品资源共享课及一流本科课程;作为副主编,《法医病理学》(第 5 版)获评首届全国教材建设奖二等奖。主持国家级课题 7 项、部省级课题 10 项,获省级科技进步奖 2 项,以第一及通信作者发表 SCI 收录及中文论文近 140 篇。获批国家专利 6 项。先后荣获霍英东教育基金会第五届全国高等院校青年教师奖二等奖、辽宁省普通高校优秀青年骨干教师、辽宁省"百千万人才工程"百层次人才、辽宁省教学名师奖、国务院政府特殊津贴、中国发明协会会士等荣誉和奖励;荣获司法部、新华社"新时代最美法律服务人"称号。入选美国斯坦福大学与爱思唯尔(Elsevier)联合发布的 2023 年度全球(Legal & Forensic Medicine)前 2% 顶尖科学家。

副主编简介

贠克明

男,1964 年 8 月出生于山西省平陆县。二级教授,博士研究生导师。现任山西医科大学法医学院院长、司法鉴定中心主任、特种医学研究院院长。兼任中国病理生理学会消化专业委员会主任委员,中国法医学会法医毒物专业副主任委员,教育部高等学校法医学类专业教学指导委员会委员,司法部实验室评审专家。

从事法医毒物学教学、科研和鉴定 38 年。主持国家自然科学基金重点项目、国家科技支撑计划等国家级(重点)课题 8 项,发表论文 232 篇,主编、副主编、参编专著和教材 15 部、国家行业标准 14 项,获省科技奖二等奖 4 项。担任法医学学科和 2 个省创新团队带头人,法医学国家一流专业、国家一流课程、国家特色专业和 5 个省级重点实验室负责人,获评省教学名师、省高校拔尖创新人才。国内外首先提出"法医毒物动力学"新分支学科,引领了我国法医毒物动力学的研究。

赵 虎

男,1962 年 7 月出生于江苏省常州市。教授,博士研究生导师。现任中山大学中山医学院法医学系主任、广东省法医学转化医学工程技术研究中心主任、国家级司法鉴定机构(中山大学法医鉴定中心)主任。兼任中央全面依法治国委员会办公室国家级法治人才库专家、国务院学位委员会学科评议组成员、教育部高等学校法医学类专业教学指导委员会副主任委员、国家级一流专业建设点与国家级特色专业(法医学)负责人、中国法医学会法医精神病学专业委员会副主任委员、广东省司法鉴定协会会长、全国刑事技术标准化技术委员会委员、国家科学技术奖励评审专家。

从事法医学教学工作 38 年。中山大学"百人计划"引进人才与逸仙杰出学者,获宝钢教育基金会优秀教师奖、全国公共法律服务工作先进个人等称号。主编、参编教材、专著 10 部,主持国家自然科学基金重点项目等多项国家级科研课题和发表 180 余篇研究论文,建立了中国精神损伤理论体系,提升了精神损伤在我国法医精神病鉴定中的转化应用水平。

副主编简介

周亦武

男,1964年7月出生于湖北省襄阳市。教授,博士研究生导师。兼任中国法医学会法医病理专业委员会副主任,司法部全国司法鉴定专家库法医病理鉴定专家,中华医学会医疗鉴定专家库委员,湖北省司法鉴定协会法医专业委员会主任等。

从事法医病理学教学、科研及鉴定36年。曾赴法国巴黎第六大学、纽约市法医局及剑桥大学学习。获国家及省部级科研资助20余项,在国内外高水平期刊发表论文200余篇,主编及参编法医学专业教材及专著20余部,主持制定2项国家安全行业标准,获中国司法部第一届、第三届"宋慈杯"一等奖。

前　言

　　法医学是研究并解决与法律有关的人身损害、死亡、身份鉴识等问题，为刑事侦查提供线索，为审判提供证据的一门医学学科。法医学对维护司法公正、医疗秩序安全稳定、医生合法权益等具有重要作用。法医学是国家社会应用医学，从千百年法医学之应用实践及所发挥的国家治理功能中不难看出，法医学的服务对象是国家司法机关、行政机关，因此，法医学是"国家医学"。法医学既是医学学科门类中的一级学科，也是证据法学的重要组成部分，具有自然科学兼社会科学属性。经过近一个世纪的发展进步，现代法医学基本形成了独立的技术科学学科，其科学技术体系包括法医学知识体系、学术体系、学科体系和技术体系。法医学科学技术体系是个开放体系，与许多其他医学知识、信息科学知识、数理化知识交叉融合。高素质临床医学人才除具备扎实的诊疗技能外，还应具备较强的社会责任感、证据保全意识、医疗纠纷防范及处理能力等多方面素质。基于此，医学高等教育课程体系中为临床医学专业学生设置了法医学必修课程。

　　全国高等学校八年制及"5+3"一体化临床医学专业规划教材自2004年第一轮出版至今已经过三轮编写。本轮教材编写首次将《法医学》列入套系教材编写工作。

　　本教材在讲授法医学及其各主干分支学科基本理论与实践内容的基础上，特别注意教材内容及其编排有利于学生理解以及能力提升。本教材与传统的法医学教材相比具有六个特点：一是依据法医学的学科特点，赋予其新的概念，体现出法医学的本质特征。二是充分阐述了基础及临床医学理论、技术与法医学的交叉融合应用，并进一步将各分支学科的基本知识及相关检验技术与临床医学实践相结合，阐明了临床医学与法医学的密切关系。三是体现了法医学鉴定的证据思维模式与临床疾病诊断的循证思维模式及其在实践中的互补作用，助力提升临床医生的疾病诊断的辩证思维能力。四是阐述了临床医学专业医疗纠纷的发生原因与特点、医疗纠纷的法医学鉴定及其在医疗纠纷处理中的应用、医疗纠纷的防范等。五是简述了有关法医学新技术、新理论的研究进展，以协助培养临床医学高级人才的科研思维能力。六是教材每章内容附带有以开放性思考题为主的课后训练题，并同步配套了与主干教材相适应的多媒体课件与法医学鉴定案例微课，强化培养学生分析、解决问题的能力。

　　本教材由长期在一线从事法医学教学、科研，并具有丰富法医学鉴定工作经验的高校专家学者编著，全体编者精心写作、通力合作，使本书得以完成，这是集体智慧的结晶，谨此一并致以最诚挚的感谢。

　　本教材除作为八年制及"5+3"一体化临床医学专业学生的教材外，也可作为其他学制、其他专业学生，广大临床医生及其他相关领域工作者的知识拓展以及研究生入学考试的重要参考书籍。由于本书为首次面向八年制及"5+3"一体化临床医学专业学生编写的教材，教材中诸多内容有所更新与调整，难免存在错漏和不妥之处，恳请广大读者、同行在使用过程中批评指正，提出宝贵的意见，以便再版时及时更正。

丛　斌　官大威

2023 年 2 月

目　录

第一章

绪　论

扫码获取
数字内容

　　法医学作为医学学科的重要组成部分有着千年发展史。经过近一个世纪的发展进步,法医学有了较完备的专业体系架构,包括法医学基础理论、实用技术、科学研究、人才培养、司法鉴定等。法医学在立法、司法、临床医学、灾难处置、突发新发传染病防控等领域的应用越发广泛,其社会贡献不断提升。法医学基于法的适用应运而生,其在国家法治建设中的价值及社会管理中的功效日趋显著,使得法医学在法学和医学学科门类中的地位发生了根本性变化,它既是医学学科中的重要学科,也是证据法学的重要支撑,具有自然科学兼社会科学属性。随着新理论、新技术、新方法的不断涌现,人们对法医学的证据效能也寄予了更高的期望,盼其能更多地解决案件侦查和审判中所涉及的科学技术问题。本章将从法医学的概念及其与医学、法庭科学的关系,法医学的学科体系及其架构,法医学鉴定的基本原则,法医学发展简史,法医学发展现状与展望,医学生学习法医学的目的及意义,医疗纠纷的防范及处理,临床医生证据保全意识等方面进行阐述,使学生能对法医学有一总体了解。

第一节　概　述

- 法医学为诉讼活动提供科学证据,是沟通"医学"与"法学"两个学科门类的桥梁学科。
- 法医学科学技术体系由法医学知识体系、学术体系、学科体系和技术体系构成。
- 法医学鉴定的基本原则包括合法性原则、客观性原则、独立性原则、时限性原则和保密性原则。

　　法医学在法治国家建设、维护社会公平正义和公共安全方面具有不可替代的作用。在涉及刑事、民事、行政、暴恐、灾难、社会治理、突发传染病等七大领域的70余类事件处置中发挥重要科技支撑作用。法医学又是医学与法学的交叉学科,其学科的基本概念、学科体系的基本结构以及与其他学科的关联关系是本节重点阐述的内容。

一、法医学的概念、应用及其与其他医学学科、法庭科学的关系

　　学科概念是对某一学科科学技术体系的高度概括和总结,包括该学科的研究对象、研究内容、研究目的、学科属性、学科方法论、学科门类。从法医学的基本理论、技术方法和服务对象看,法医学是一门医学与法学交叉学科,兼具自然科学和社会科学属性。法医学为诉讼活动提供科学证据,与司法鉴定、诉讼法学和证据学有诸多交叉。因此,法医学也被认为是沟通"医学"与"法学"两个学科门类的桥梁学科。法庭科学是自然科学和法学相交叉的边缘学科,源于法律的需要,运用医学、自然科学的理论与技术,研究并解决刑事侦查、审判及民事纠纷中有关问题。

(一)法医学的概念

　　法医学(forensic medicine)是研究并解决与法律有关的人身损害、死亡、身份鉴识等问题,为刑事侦查提供线索,为审判提供证据的医学学科。法医学学科概念的这一表述涵盖了六方面基本内容。

　　1. 法医学的研究对象　法医学的研究对象是人体。具体而言,包括活体、尸体、离体的人体组织和体液,以及与人体有关的毒品毒物、生物物证、案发现场等。

2. 研究内容   法医学的研究内容是与法律有关的人身伤害、死亡、身份鉴识。包括伤、死、残、生物识别及溯源、亲缘关系、中毒、被鉴定人的精神状态、责任能力与行为能力等。

3. 学科属性   法医学的学科属性是鉴识性技术科学学科，为立法、司法及其他社会管理事项提供鉴识性科学技术证据。因此，法医学是鉴识性医学学科，而不是防病、治病等的诊治性医学学科。

4. 学科方法论   法医学的学科方法论是鉴识理论和技术的统一。基于法医学鉴识理论，构建符合法律所需的生物识别、物理识别、化学识别、关联分析及同一认定的鉴识科学技术体系，并转化应用于检案实践。

5. 研究目的   法医学的研究目的是证据证明。即，为刑事侦查提供证据性线索，为审判提供事实证明证据。

6. 学科门类   法医学学科具有独立的科学技术体系，其学科归属是医学门类。

法医学是随着法律的需要和法学的发展而发展的。人类社会自从有了法律，就有了为法律服务的法医学实践。法律是调整各种社会关系的公平正义"量尺"，国家使用这把"量尺"维护国家稳定、安全，维护社会秩序，保护公民的合法权益。法医学是国家履行保护公民生命权、健康权、身体权之法定义务不可或缺的科学技术支撑，因此，法医学直接服务的对象是国家的权力机关、司法机关和行政机关。法医学是国家医学。

我国伟大的法医学家宋慈撰写的《洗冤集录》(1247)是现存最早的法医学专著。法医学(medicolegales)这一学科名称是欧洲法医学之父、意大利医学家 Paulo Zacchia 在他编著的《法医学问题》中首次提出的，第一个英文法医学术语 "legal medicine" 一直被日本、德国的法医学家沿用至今。1816年奥地利 Joseph Bernt 教授提出"国家医学"(state medicine)这个名词代指司法医学和公共健康，后来成为"法医学"(forensic medicine)的前身。我国多数学者采用 "forensic medicine" 作为法医学的英文名称，此外也有法医学者使用 "medical jurisprudence" 一词。

(二) 法医学的应用

1. 为刑事案件侦查、起诉、审判提供科学证据   刑事诉讼过程中，凡是涉及人身伤亡、人体物证或人体生理、病理状态的检验鉴定的，应指派或聘请法医进行勘查现场、检验尸体（或活体）等，并就案件的事实、性质、作案手段、伤亡原因、伤亡时间、伤亡方式和致伤物的种类及个人识别等问题向委托单位提交现场勘查、检查笔录和鉴定意见等证据。

2. 为民事诉讼提供科学证据   在法医日常的检案工作中，属于民事纠纷的案件绝大多数与突然死亡和损伤有关。为查明死亡原因，确定死亡性质是他杀还是自杀、病死或是意外，必须通过全面系统的法医尸体检查和各种辅助检验，方能厘清事实，为公安、司法部门正确处理民事纠纷提供证据。也有接受委托要求对活体损伤的程度与后果、劳动能力、性功能和亲子关系，以及生理、病理、精神状态等进行鉴定。

3. 为行政诉讼提供科学证据   行政机关和行政机关工作人员、行政执法人员的某些行政行为一旦涉及人体、精神的损害，甚至死亡的，为查明伤亡的真实情况也需要法医学检验鉴定，并为其提供科学证据。

4. 为非诉讼案件的处理提供科学依据   对非诉讼类医疗纠纷的处理需要法医通过对人体（尸体或活体）及各种物证、文证的检验，为判断是否为医疗事故及其等级提供科学的依据；伤残鉴定与赔偿伤残鉴定需通过法医鉴定人明确伤残的原因、方式、程度与后果，为准确履行保险赔偿提供科学证据。为民政、保险等部门进行人身伤亡赔偿、抚恤提供科学依据；为灾害、事故处理提供科学依据：对群体性的中毒、火灾、空难、海难以及地震、泥石流等自然灾害，法医学调查协助查明事故原因、事故性质，为灾害事故的预防、事后紧急处理和行政处理提供科学依据。特别是突发性重大的群体性事故等重大事故或灾害均需要法医临场检验鉴定，查明人员的伤亡情况、死伤原因，有时还需对死者进行个人识别，以查明死者的身源。与有关专家共同分析、研究，协助有关部门查清事故的原因、性质和责任，为善后处理提供科学依据，为预防事故、灾害的发生提出建议。

5. 为国家立法和制定法规提供科学建议　在国家立法和政府有关部门制定专业技术法规时,一旦涉及与法医学有关的技术问题,须聘请法医学专家咨询。例如,在制定损伤程度评定、伤残分级与抚恤、劳动保护、医疗纠纷和医疗事故管理办法、尸体解剖规则以及器官移植等法规时,应有法医学专家提供咨询,以避免在制定法规时,出现一些技术上的错误或失误。

(三) 法医学与其他医学学科及法庭科学的关系

1. 法医学与基础医学和临床医学的关系　法医学的发展、进步需与基础医学和临床医学各分支学科交叉融合,同时还要不断吸收和借鉴其他自然科学的理论技术,使法医学的理论不断得到充实,检案技术不断创新,日臻精确。医学各学科和有关自然科学的发展进步促进了法医学的发展,同时法医学也以其本身的成就丰富和促进了医学和自然科学的发展。

(1) 法医学与基础医学:基础医学为法医学筛选鉴识性生物标记,解析鉴识分子的结构,揭示生物证据间关联关系等提供基础理论和形态学基础。基础医学是研究人体的正常形态结构与功能活动规律,以及疾病状态下的生理功能变化及其机制的学科群。其中,人体形态学、人体生理学、生物化学、人类遗传学、人体免疫学、病理学和药理学等学科与法医学密切相关,交叉融合。可以概括为五个方面:①人体形态学为法医病理学研究奠定了理论基础,同时为鉴别个体性别、年龄、身高等的法医人类学应用提供了形态学依据和检测手段。②了解和掌握人体正常生理状态下的活动规律,用以发现和鉴别病理或损伤状态下人体组织的各种改变,并依此对疾病或损伤的有无、程度等做出正确的法医学鉴定。③生物化学技术的应用,特别是电泳技术的问世,发现了人类的血清型和红细胞酶型,为法医物证学鉴定提供了更多的遗传标记;分子生物学技术为法医物证学检验手段的更新换代提供了关键支持,1985年Jeffreys建立的DNA指纹技术、核酸的体外扩增技术及其衍生技术的应用,使法医物证鉴定技术水平发生了质的飞跃;应用遗传学原理对各类遗传标记检测结果进行分析,从而判断被检者之间的亲缘关系,是法医物证检验的一项重要内容。④人体的病理变化及病理机制为法医病理学确定死亡原因、死亡机制、死亡与损伤和疾病的关系,以及损伤时间的推断提供了理论基础。⑤药物的体内作用及其药理机制为法医学分析中毒症状及病理变化、确定提取合适检材的部位和时间,结合毒物分析的检验结果判断是否中毒、何种毒物中毒提供科学依据。

(2) 法医学与临床医学:法医学的基础理论和检验技术几乎涉及临床医学的所有学科。临床医学是研究诊断和治疗疾病的学科群,主要有临床诊断学及根据疾病的特性、治疗对象、治疗手段不同而建立的学科,如内科学、外科学、妇产科学、儿科学、皮肤科学、眼科学、口腔科学、耳鼻咽喉科学、精神病学等。这些分支学科与法医学的关系可以概括为五个方面:①临床医学所要阐明的疾病病因、发病机制、临床表现、诊断要点和防治方法是法医学鉴别疾病或损伤的真伪、判断损伤和疾病的相互关系、确定死亡原因的科学依据。②妇产科和儿科的研究内容在法医学鉴定中也具有十分重要的意义,如根据肺血管内检出羊水有形成分认定羊水栓塞,根据新生儿体内外征象判定该婴儿是否为新生儿等。③临床精神病学对正确判断当事人的精神状态和精神病患者的法律能力具有重要的基础作用。熟练掌握各种精神疾病的症状、全面细致的检查、结合病史的综合分析是目前法医精神疾病鉴定的主要方法。④临床上所用的现代医学设备和仪器对探究病因、确定病变部位和判断机体功能状态发挥了重要作用,为法医学鉴定提供了更精确、更可靠的检查手段。⑤在处理医疗纠纷时,通过法医检验鉴定,不仅能澄清纠纷的事实,找到临床诊断、治疗和护理中的问题,而且能总结各类医疗纠纷的经验教训,促进临床医学诊断、治疗和护理工作的自我完善。

法医学的实践和研究成果也促进了基础与临床医学的发展。法医学关于死亡、损伤、中毒、猝死等深入研究的成果丰富了基础医学和临床医学内容。例如,通过对原因不明猝死的研究,探讨其与应激和神经精神机制的关系,对预防猝死有重要的临床意义。通过对中毒案件的鉴定,查明毒物的来源和进入体内的途径,阐明毒物的中毒机制和病理变化,从而为中毒的急救和预防提供科学的依据。法医通过对新发突发重大传染性疾病尸体的系统解剖和组织学观察,可以及时破解该传染病的病理机制和死亡机制,为及时精准救治患者提供科学依据。20世纪80年代我国的第一例艾滋病死亡尸体解剖,2003年的第一例严重急性呼吸综合征(SARS)死亡病例,2020年的第一例新型冠状病毒感染尸体解剖均是由我国法医病理学家完成。在对损伤发生发展规律和网络化机制的研究中所发现的关键性具有鉴识功能的生物大分子结构,有可能是治疗疾病的干预靶点。

2. 法医学与法庭科学的关系   法庭科学又称司法科学,是运用自然科学和社会科学的原理和方法,研究查明事件法律性质、发现犯罪、揭露犯罪、证实犯罪及预防犯罪的科学技术手段与方法的一门综合性应用学科。法庭科学一词译自"forensic science",曾翻译为"刑事科学"或"法科学"。法医学是法庭科学的重要科学支撑。尽管国家之间的社会制度、法律体制、宗教信仰不同,相应法律法规的具体条款也存在一定的差异,但法医学在打击犯罪、伸张正义、维护社会稳定、促进社会发展方面支撑法庭科学的作用是一致的,主要是为刑事案件侦查、起诉、审判中的法庭科学应用提供医学证据。刑事诉讼中,凡是涉及人身伤亡、人体物证或人体生理、病理状态的检验鉴定的,法医应参与现场勘查并进行尸体(或活体)检验,就认定案件事实、性质、作案手段、伤亡原因、伤亡时间、伤亡方式和致伤物的种类及个人识别等问题提交鉴定意见或破案线索。

二、法医学科学技术体系

法医学科学技术体系由法医学知识体系、学术体系、学科体系和技术体系构成,该体系框架间的逻辑关系决定了法医学的系统性和科学性。

(一)法医学知识体系

法医学知识体系(knowledge system of forensic medicine)是指赋予法医学基础理论,规范引领法医学发展的系统知识,即描述法医学专业知识总和的概括性术语,从概念、陈述、体系构成等方面为法医学学术研究提供规范和引领。

法医学知识体系基本包括:①法医学概念,前已述及。②鉴识技术理论,是关于法医学技术所基于的生物识别、物理识别、化学识别、关联分析、同一认定规律的知识体系。③鉴识基础理论,依据自然科学及法庭科学相关理论、规则及技术规范筛选的具有鉴识功能的分子表型,这些表型与机体其他结构的关联关系;在机体组织细胞生长发育、物质代谢、损伤修复、死后分解等过程中相关分子相互作用的适配机制及时相性变化规律;基于上述理论所揭示的机体损害、死亡原因和机制,鉴识性分子表型的遗传学规律、人类复杂遗传谱系及个体生物学特征等构成的理论体系。④法医学的理论、技术与基础医学、临床医学、生物学、法学及其他相关自然科学广泛的联系与交叉,构建多维的用以证明的证据理论体系。

(二)法医学学术体系

法医学学术体系(academic system of forensic medicine)是指法医学若干学术活动的逻辑关联组合,即学术活动从基础理论到实用技术,各内容间以特定内在联系而结成的具有鉴识功能的学术研究体系。法医学的学术活动主要围绕法医学的科学基础、基本理论、鉴识技术、法医转化医学四个方面开展。科学基础是指对人体的网络化复杂巨系统的认知;基本理论是指法医学知识体系中的鉴识科学、基础医学、生物学、法学理论等;鉴识技术是指基于法医学鉴识理论,针对具体案件建立符合法律需求的生物识别技术、物理识别技术、化学识别技术、关联分析和同一认定技术;法医转化医学是指将其他相关学科的技术通过应用研究转化为法医检案技术的过程。法医学学术体系的确立可以规范法医学学术活动范围和内容,其意义在于拓展法医学的知识边界,又不至于使法医学学术活动漫无边际、杂乱无章。

(三)法医学学科体系

法医学学科体系(discipline system of forensic medicine)是指由法医学科学研究所涵盖的若干基本领域或分支学科以特定方式联系而成的具有特定结构和功能的学科整体。主要由法医病理学、法医物证学、法医临床学、法医毒物学、法医精神病学等二级学科组成。

1. 法医病理学   法医病理学是研究与法律有关的人体损伤、死亡、损伤与疾病相互关系以及死后尸体变化规律的法医学分支学科。研究对象是尸体或离体器官组织。通过尸体检验明确死亡原因和死亡方式。研究内容包括尸体现场勘查、尸体解剖、尸体挖掘;死因分析;死亡及损伤经过时间、死亡方式、成伤机制及致伤物推断的物理识别技术;损伤与疾病相互作用引起死亡的生物学机制;虚拟解剖技术及其在尸体检验中的应用;人体器官组织检材的生物安全体系构建;其他涉及法律的死亡相关问题。

2. 法医物证学 法医物证学是研究并解决生物物证鉴定的法医学分支学科。研究对象主要是案件中的生物检材,包括各种人体体液、各种组织及其碎块,以及需要进行个体识别、亲子及亲缘关系鉴定、系谱分析、祖先地理族源溯源等的微量、降解、混合生物检材。研究方法包括法医 DNA 分析,血痕、精斑、混合斑等斑迹分析,解释生物证据的似然比分析等生物识别技术。

3. 法医临床学 法医临床学是研究与法律相关的个体因各种原因所致的损害与损害后果,病理及生理状况等医学证据的法医学分支学科。法医临床学以活体为主要研究对象,研究内容包括活体的致伤方式、损伤形成时间、损伤机制、损伤与疾病的关系、损害赔偿。研究个体病理与生理状况的客观检查与定量评估,如躯体运动功能障碍的客观评估技术、视觉功能客观评估技术、听觉功能客观评估技术、中枢及周围神经系统功能客观评估技术。研究活体的个体识别问题,如活体的年龄推断等。解决司法鉴定中人体损伤程度鉴定、残疾及劳动能力丧失程度评定、诈病诈伤鉴别、与法律责任年龄有关的个体年龄推断、性侵害与虐待检验、保外就医疾病及残疾的检验与评定等。

4. 法医毒物学 法医毒物学是研究与法律有关的毒物中毒的法医学分支学科。研究对象是人体,包括人体生物性检材及其相关的物品。研究内容包括法医毒理学和法医毒物分析两个部分。法医毒理学主要研究常见毒物的性状、来源、进入机体的途径、中毒机制、中毒量、致死量、中毒的病理变化及中毒的法医学鉴定等。法医毒物分析是在鉴识理论指导下,采用化学识别和物理识别技术研究法医毒物分析、毒物(毒品)检测技术、毒物动力学、毒物代谢组学以及相关检测标准的制定等。

5. 法医精神病学 法医精神病学是研究与法律相关的精神障碍和精神卫生问题的法医学分支学科。作为医学与法学的交叉学科,法医精神病学以精神医学理论为基础,以法学理论为指导,采用法医精神病学的专业理论与鉴定技术,对疑似精神病患者的精神状态、法定能力、精神损伤及精神伤残等问题进行评定,为刑事、民事和行政诉讼案件的侦查和审判活动提供科学证据。研究内容主要有评定刑事案件中当事人的精神状态、刑事责任能力、受审能力、服刑能力、性自我防卫能力及作证能力;评定民事案件中诉讼当事人的行为能力及诉讼能力,精神伤残等级;参与精神卫生立法,研究精神病患者权益的法律保障与监护制度,对罪犯进行心理及行为矫正等。

(四) 法医学技术体系

法医学技术体系(technological system of forensic medicine)是法医学领域技术整体性的表现形式,即由各种技术有机联系而形成的具有鉴识功能的技术体系。法医学的理论及技术研究方法与基础医学及临床医学、生物学、物理学、化学、法庭科学等学科的理论和技术交叉融合,形成法医学独特的鉴识技术体系,在证据证明基础上进行"法律事件重现"与溯源。法医出具的鉴定意见要求具有可重复性,符合法庭证据规则并经受法庭质证。因此,法医学技术体系包括:鉴识技术、技术标准、科学证据体系、鉴定意见。鉴识技术是指基于法医学鉴识理论,针对具体案件建立符合法律需求的生物识别、物理识别、化学识别、关联分析和同一认定的鉴识技术;技术标准是指法庭科学实验室认可体系(CNAS-CL08)及系列技术标准,这是法医检案能够得以应用的国家许可;科学证据体系是指用科学技术手段查找并构建有关人身损害、死亡和生物学身份确认的证据体系。

三、法医学鉴定的基本原则

法医鉴定(medicolegal expertise)是指法医鉴定人根据法律规定,以医学和法医学的理论与技术为基础,对涉及刑事和民事案件的人体(活体)、尸体及有关物证、书证进行检验,并根据检验结果所做出的鉴定意见或结论。法医鉴定人必须依据相关法律规定,遵循司法鉴定原则,通过法医技术检验才能做出科学的鉴定。

(一) 法医鉴定与司法鉴定

1. 司法鉴定的法律依据 《中华人民共和国刑事诉讼法》规定:"为了查明案情,需要解决案件中某些专门性问题的时候,应当指派、聘请有专门知识的人进行鉴定。"《中华人民共和国民事诉讼法》

和《中华人民共和国行政诉讼法》也有相类似的规定。《全国人民代表大会常务委员会关于司法鉴定管理问题的决定》规定:"司法鉴定是指在诉讼活动中鉴定人运用科学技术或者专门知识对诉讼涉及的专门性问题进行鉴别和判断并提供鉴定意见的活动。"

2. 司法鉴定与法医鉴定 接受司法或行政机关的委托,对交付的有关材料,依据专门的知识与技能进行检验、认定,就某些专门性问题做出结论并以鉴定书的形式提供给委托机关的过程称为司法鉴定(judicial expertise)。被指派、聘请、委托进行检验和鉴定的专门人员称为司法鉴定人(judicial appraiser)。其中涉及法医学专门问题的司法鉴定就是法医学鉴定。法医学鉴定是司法鉴定的重要组成部分,有多种分类方法。按照委托案件(事件)的性质可分为刑事案件法医学鉴定、民事案件法医学鉴定、行政诉讼案件法医学鉴定和非诉讼案(事)件法医学鉴定;按照鉴定的科学内容可分为法医病理鉴定、法医临床鉴定、法医物证鉴定、法医毒物鉴定、法医司法精神病鉴定等;按照鉴定的程序可分为首次鉴定、补充鉴定、重新鉴定等。

法医鉴定人(medicolegal appraiser)是指具有法医学知识和经验并受司法机关的指派、委托和聘请,就所委托的法医学相关事项进行检验、研究和认定,并做出具有法律效力的法医学鉴定结论性意见的自然人。

(二)法医学鉴定的基本原则

1. 合法性原则 合法性原则(legality principle)亦指依法鉴定原则,是指司法鉴定活动必须严格遵守国家法律、法规的规定。合法性原则是评断鉴定过程与结果是否合法和鉴定意见是否具备证据效力的前提,其在鉴定过程中主要体现为鉴定主体合法、鉴定材料合法、鉴定程序合法及鉴定步骤、方法、标准合法。

(1)鉴定机构与鉴定人合法:法医司法鉴定机构必须是按法律、法规、部门规章规定,经过省级以上司法机关审批,取得法医司法鉴定实施权的法定鉴定机构,或按规定程序委托的特定鉴定机构。法医司法鉴定人必须是具备规定的条件,且具有执业资格的自然人。

(2)鉴定对象及鉴定材料来源合法:鉴定材料主要是指鉴定对象、与其作为被比较的样本以及相关的书证材料等。鉴定对象必须是法律规定的案件中的专门性问题,法律未作规定的专门性问题不能作为司法鉴定对象,而且鉴定材料的来源(含提取、保存、运送、监督等)必须符合相关法律规定的要求。

(3)鉴定程序合法:包括司法鉴定的提请、决定与委托、受理、实施、补充鉴定、重新鉴定、专家共同鉴定等各个环节必须符合诉讼法和其他相关法律法规和部门规章的规定。

(4)鉴定技术流程及标准规范合法:鉴定的步骤、方法应当是经过法律确认的、有效的,鉴定标准要符合国家法定标准或部门(行业)标准。

(5)鉴定结果文书合法:鉴定文书必须具备法律规定的文书格式和必备的各项内容,鉴定意见必须符合证据要求和法律规范。

2. 客观性原则 客观性原则(objectivity principle)又称科学性原则(scientific principle),鉴定必须在充分调查研究和反复实验比较的基础上,尊重科学、实事求是;鉴定的手段和方法必须符合科学原理;鉴定意见要有充分的科学依据,避免主观臆断。客观性原则的根本要求就是鉴定意见的真实性和科学性。体现在以下三个方面。

(1)鉴定机构和鉴定人必须秉公办案:鉴定机构和鉴定人应不徇私情,不受人情、私利、各种非正常因素等的影响而偏离科学鉴定的公正和客观性。

(2)鉴定必须遵守法定程序:鉴定人要自觉接受法律监督,遵守鉴定规范和程序。

(3)鉴定必须坚持科学方法和科学标准:鉴定材料的提取、收集、保存、复制等要符合科学要求,鉴定材料的数量、质量要符合规定的鉴定条件,鉴定的手段、方法要具备科学性、有效性、先进性;鉴定意见要符合科学标准;鉴定原理必须获得科学与法律的确认。

3. 独立性原则 鉴定权属于鉴定机构,并由鉴定人独立行使。鉴定意见的得出,不受任何部门、团体及上级领导的不当干预。由数人进行的联合鉴定,不能以少数服从多数的方式统一鉴定意见,有司法鉴定人提出不同意见的,应当注明,鉴定意见由鉴定人个人负责。独立性原则体现在以下四个方面。

（1）司法鉴定机构要相对独立：侦查机关内设的鉴定机构应当与侦查业务部门分离；鉴定人的活动，包括鉴定方案的制定、鉴定的实施、鉴定意见的出具、鉴定人出庭作证等必须独立进行，司法机关和鉴定机构负责人不得暗示或干预。

（2）鉴定人必须在鉴定机构执业：鉴定机构对鉴定实施日常管理，对鉴定人的活动应提供必要的条件和保障，但不能干预鉴定，不能要求或暗示鉴定人出具某种结论。鉴定活动不受机关、团体、社会组织和个人的非法干扰，诉讼当事人干扰鉴定活动也要承担相应的法律责任。

（3）各司法鉴定机构之间无隶属关系：各司法鉴定机构之间是平等的、独立的，相互间无隶属关系，鉴定意见不受相互制约和影响，无服从与被服从关系。

（4）鉴定人负责制：司法鉴定实行鉴定人负责制。司法鉴定人应当依法独立、客观、公正地进行鉴定，并对自己做出的鉴定意见负责。

4. 时限性原则 在诉讼过程中，法律规定了诉讼时效（limitation of action），要求鉴定人必须在规定的时间内完成鉴定工作。《司法鉴定程序通则》规定：司法鉴定机构对符合受理条件的鉴定委托，应当即时做出受理的决定；不能即时决定受理的，应当在七个工作日内做出是否受理的决定，并通知委托人；对通过信函提出鉴定委托的，应当在十个工作日内做出是否受理的决定，并通知委托人；对疑难、复杂或者有特殊鉴定事项的委托，可以与委托人协商确定受理的时间。

有关鉴定的时限也有相关规定：鉴定机构应当在与委托人签订司法鉴定协议书之日起三十个工作日内完成委托事项的鉴定；涉及复杂、疑难、特殊技术问题或者检验过程需要较长时间的，经本机构负责人批准并向委托人说明理由，完成鉴定的时间可以延长，延长时间一般不得超过三十个工作日；司法鉴定机构与委托人对完成鉴定的时限另有约定的，从其约定。在鉴定过程中补充或者重新提取鉴定材料所需的时间，不计入鉴定时限。

5. 保密性原则 鉴定人不能泄露其受理的鉴定所涉及的案情和有关人员的个人隐私，也无权将鉴定意见告诉委托机关以外的任何部门和个人。司法鉴定的保密范围主要包括案件和被鉴定的专门性问题中涉及的国家机密、商业秘密、个人隐私以及案件和鉴定问题本身暂时不能公开的情况和问题。

第二节 法医学的研究对象及主要分支学科

• 法医学研究的对象是指法医学研究和实践所指向的客观实体，不同的法医学分支学科的研究对象各有侧重。

• 在法医学专业领域，针对要解决的问题不同，需要应用不同的科学技术手段，法医学划分出法医病理学、法医临床学、法医物证学、法医毒理学、法医毒物分析、法医精神病学等分支学科。

随着国家法治建设的不断完善和人们对司法公正的呼唤，对法医科学技术的应用也提出了更多、更高的要求，法医学研究的对象更加明确。由于诸多新知识、新技术在法医学领域的转化应用，拓宽了法医学的专业知识和应用领域，形成了更加完善的现代法医学学科知识体系。依据理论体系、技术体系和工作对象及内容的不同，将法医学科分设为法医病理学、法医物证学、法医临床学、法医毒理学、法医毒物分析、法医精神病学等分支学科，其中，法医毒理学和法医毒物分析可合并为法医毒物学。

一、法医学研究的对象

法医学研究的对象是指法医学研究和实践所指向的客观实体。主要有尸体、活体和各种生物源性物证，以及危害人身安全的暴力性犯罪案件的现场、各种案件中的文证等。

（一）尸体

1. 概念 尸体是法医工作中最常见、最重要的研究对象之一。根据相关法律规定，属于下列情况的尸体必须进行法医学尸体解剖：涉及刑事案件，必须经过尸体解剖才能判明死因的尸体；需要查明死亡原因及死亡性质的无名尸体；猝死或突然死亡，有他杀或自杀嫌疑的尸体；因工农业中毒或环境污染及新发重大传染病死亡的尸体;死因不明的尸体;医疗纠纷需要明确医疗责任的尸体。

2. 法医学意义 法医学尸体检验包括尸表检查、尸体解剖和组织学检查,必要时可进行影像学检查,还要提取检材做毒物分析、微生物学检查及组织化学检查等。通过尸体检验判明死亡的原因和推断死亡时间,确定暴力死或非暴力死;确定损伤的部位、形状和程度;推断致伤物的种类和致伤方式;鉴别生前伤还是死后伤;判断自杀、他杀还是灾害死;明确是否中毒死;确定有无疾病并分析其与死亡的关系等。如系无主尸体或碎尸,尚须进行个人识别,包括推断尸体的年龄、性别、职业、民族及其他个人特征。如系新生儿,应鉴别是死产还是活产、成熟度、生活能力和存活时间等。

(二)活体

1. 概念 法医学鉴定对象的活体包括被害人、被告人和身份不明的个体。

2. 法医学意义 通过对被检者的某些特征、损伤情况、生理状态、病理状态、各器官和系统功能状态等的检验,根据损伤的部位、形态特征等推断损伤的类型、致伤物种类和致伤方式等,为侦查部门提供破案的线索;根据损伤形成的部位、性质、有无合并症和后遗症,以及对人体生命健康的危害程度等评定损伤的程度,为审判机关提供定罪和量刑的科学依据;对受伤者临床治疗终结后遗留的伤残进行等级评定,为民事赔偿和保险理赔提供科学依据。此外,活体检验还包括对各种生理功能(妊娠、分娩、性功能等)和病理功能的检测、精神状态的判断、个人识别等。

3. 检验技术 活体检查主要是应用临床医学的诊断技术,包括系统体检、专科检查和医学辅助检查(影像学检查、电生理检查、病理学检查、化验检查等)。合理选择诊断技术,熟练掌握各种技术,正确采集和分析检测数据是保证法医临床鉴定意见正确的必要条件。根据法医临床学检查结果和病史资料,结合案情综合分析,才能做出公正、科学、客观的分析意见或鉴定意见。

(三)法医物证

1. 概念 能够证明案件真实情况的生物学检材,通常被称为法医物证。法医物证主要有血液、精液、阴道分泌物、唾液、乳汁、鼻涕、尿液、羊水及其斑痕,皮肤、毛发、骨骼、指甲、脏器等人体各种组织及其碎块等。

2. 法医学意义 法医物证是以其生物性成分和特性来证明案件事实。法医物证的主要特点在于环境条件的影响使其具有某些不确定性,如检材的性质、污染情况及被破坏程度等。因此,法医物证检验必须设计合理的分析策略、选择正确的实验方法、遵循一定的检验程序,解决生物学检材的种类认定、种属来源的鉴定及遗传标记的型别判定等问题。法医物证鉴定的主要任务是个人识别和亲缘关系鉴定。此外,通过法医物证的检验还可用于死因的调查和死亡时间的推断。法医物证鉴定可为侦查破案提供线索,排除嫌疑对象,缩小侦查范围;又可揭露案件事实真相,为案件的审理和调解民事纠纷提供科学证据。

(四)现场

1. 概念 现场是指犯罪分子作案或发生事故的地点和遗留有与犯罪有关的痕迹、物品的一切场所。现场不仅是指犯罪分子实施犯罪或案件发生的地点,还包括犯罪分子准备作案的场所,作案后隐藏作案工具或处理其他罪证的场所,肢解尸体或掩埋尸体的场所等。

2. 法医学意义 原始现场保存了犯罪分子作案时的原貌,能真实、客观地反映犯罪分子实施犯罪的动机、目的和作案的方法、手段及过程等。及时、全面、细致、客观的现场勘查能够初步判断案件的性质,查明犯罪分子的活动情况,为确定侦查方向和缩小侦查范围提供重要依据,同时还可以收集用于证明案件真实情况的痕迹、物品、致伤物等。现场勘查对于法医学鉴定具有十分重要的意义。例如溺水、高坠、电击等引起的死亡,往往需要综合分析尸体检验结果和现场勘查所见,才能对死亡性质做出正确的判定。

(五)文证

1. 概念 文证是指以其内容、含义证明事实的书面文件,包括书写文件、印刷文件和音像资料等一切以文字、符号、图形方式记录和提供信息的载体。法医学鉴定涉及的文证主要有调查询问笔录、现场勘查笔录、病历记录、影像学资料及诊断证明等。这些文件能够反映事件发生的经过、受伤或患病情况及诊治经过,从而成为法医学鉴定的客观依据。

2. 法医学意义 文证检验是确定文件与案件事实、与当事人或犯罪嫌疑人关系的一种技术侦查和司法鉴定手段。原始观察的完整性和观察的深度决定着文证所提供信息的容量,原始数据获取方法及诊断结果的正确与否决定着文证提供信息的可靠性。因此,法医学鉴定中必须对文证的真实性、科学性进行分析和判断后方可采用。

二、法医学的分支学科

由于案件的种类、性质以及犯罪手段的多样和复杂性,需要解决的科学技术问题涉及面广,因此,在法医学研究和鉴定工作中需要与基础医学、临床医学、生物学、化学及其他自然科学的理论和技术有广泛的交叉。在法医学专业领域,由于针对要解决的问题不同,所应用的科学技术手段和相关的专业知识也不同,因而将法医学划分出不同的分支学科,主要包括法医病理学、法医临床学、法医物证学、法医毒理学、法医毒物分析、法医精神病学等。

(一)法医病理学

法医病理学(forensic pathology)是研究与法律有关的人身伤亡的发生、发展规律的一门法医学分支科学。法医病理学是法医学的主干学科,研究内容主要是死亡和死亡学说、死后变化、生活反应及各种损伤。法医病理学以医学病理学为基础,二者有共同理论和技术,但解决的问题又各有所侧重。根据法医病理学研究与鉴定的目的,其重点解决的是以下问题。

1. 确定死亡原因 死亡原因(cause of death),简称死因,是指直接或间接引起死亡的疾病或损伤,即导致死亡发生的疾病、暴力或衰老等因素。法医病理学确定死亡原因的一个重要内容是区别暴力性死亡和非暴力性死亡。

(1)暴力性死亡(violent death):暴力性死亡又称非自然死亡,是指由于各种物理性或生物性因素作用于人体,引起机体的损害或功能障碍而导致的死亡。物理性因素致死主要包括机械性损伤、机械性窒息、高低温及电击损伤等导致的死亡;生物性因素致死主要指动物、植物、微生物等产生的毒素中毒死亡。这类死亡常涉及法律问题。

(2)非暴力性死亡(non-violent death):非暴力性死亡又称自然死亡,是指符合生命和疾病自然发展规律,没有暴力因素参与时发生的死亡。其中,由于机体自然衰老、体内各组织器官的生理功能逐渐减退直至衰竭而导致的死亡称为生理性死亡,也称衰老死或老死;由于各种疾病的发展、恶化而导致的死亡称为病理性死亡,又称为病死。此类死亡虽不涉及犯罪,但可能涉及医疗事故而发生民事纠纷,引起民事诉讼。法医病理学鉴定中,若遇见受伤者同时患有某种疾病的情况,还必须判断其损伤与疾病有无关系,明确损伤与疾病的关系类型(如联合构成死因时的主和次,因果关系的因和果),这不仅涉及刑事责任的法律诉讼和裁定,还关系到民事赔偿、劳保待遇及医源性损伤等问题的处理。

2. 判断死亡方式 死亡方式(manner of death)通常是指暴力性死亡的实现方式。暴力性死亡是在法医学实践中最常见的一类死亡。死亡方式的确定为司法部门等侦查、审理案件提供必要的线索和证据,也可为医疗管理机构及保险机构处理或裁决案件提供科学依据。死亡方式可分为以下三种。

(1)他杀死亡(homicidal death):是指违背他人意愿、非法使用暴力手段故意伤害他人,剥夺他人生命的行为所致的死亡。

(2)自杀死亡(suicidal death):是指自己故意以某种手段终结自己生命的行为所致的死亡。

(3)意外死亡(accidental death):是指因未曾预料的、非故意的事件或行为所造成的死亡。其中自然灾害(如地震、海啸、火灾、洪水、雷击等)造成的死亡称为灾害死;由于不能预见的原因,并非出于主观动机的人为事件(交通意外、医疗意外及生活中的意外等)造成的死亡称为意外事件死。

3. 推断死亡时间 死亡时间(time of death)是指机体死后所经历的时间,即检验尸体时距死亡发生时的间隔时间,故又称死后间隔时间(postmortem interval)。死亡时间推断对确定案发时间、认定或排除嫌疑人有无作案时间、科学规划侦查范围等具有重要的意义。目前主要依据死后尸体发生的规律性变化推测死亡时间。但由于尸体受周围环境及人体自身多种因素的影响,精确推断死后经过时间还有待深入研究。

4. 推断损伤时间 损伤时间（time since injury）是指从受伤到死亡所经历的时间。损伤时间推断包括两方面内容：根据有无生活反应鉴别生前伤与死后伤，以及根据生活反应的程度推测伤后存活时间。损伤组织的宏观改变和常规组织学检查所见是目前推测损伤时间的主要依据，免疫组织化学和分子生物学等新方法的应用也取得了可喜的成绩。损伤时间的推断有利于划定嫌疑人的范围，推断死亡过程和重建案件发生过程。

5. 推断和认定致伤物 致伤物的推断是指根据损伤的形态特征，结合现场情况，对致伤物的类型、大小、质地、重量及与人体作用面形状等特征进行分析判断的过程。致伤物的认定是指根据损伤的形态学特点或创口中残留异物与嫌疑致伤物进行比较的结果，确认某嫌疑致伤物是造成某一损伤的物体的过程。致伤物的推断和认定对确定犯罪嫌疑人或法庭定罪量刑均具有重要的意义。

6. 个人识别 用科学的方法确定某活体、尸体或生物性检材的身源，或是否与某个体为同一人，称为个人识别（personal identification）。法医病理学个人识别的对象可以是完整的尸体，如无名尸体、高度腐败的尸体，也可以是肢解的尸体、白骨化尸体、组织碎块等，以及飞机或轮船失事、矿井瓦斯爆炸或火灾等外表毁损严重的尸体。主要是通过分析个人的生理、病理学特征，如尸体的身长、性别、体重、容貌和体格特征、先天或后天获得的异常体征（如色素斑、痣、畸形、文身或瘢痕等）、体内的疾病及衣着和配饰等进行个人识别。查清死者的身份进而了解其住所、社会关系和死亡前行踪，才能有目的地进行侦查并提高侦查的效率。

7. 医疗事故的鉴定 医疗事故（medical negligence）是指医疗机构及其医务人员在医疗活动中，违反医疗卫生管理法律、行政法规、部门规章、诊疗护理规范和常规，过失造成患者人身损害的事故。《医疗事故处理条例》规定：医患双方不能确定死因或者对死因有异议的，尸检应当在死后 48 小时以内进行；具备尸体冻存条件的，可以延长至 7 日。尸检是查明死因最直接、最有效的手段。对涉及死亡的医疗纠纷进行法医病理学鉴定时，确定死因、直接发现或排除有无诊疗及护理过失，对处理医疗纠纷具有特别重要的意义。

随着新的理论和技术的进展，新的检测手段和仪器的开发，现代法医病理学的研究已由尸体解剖、普通组织切片和光学显微镜检查的细胞病理学逐渐深入到亚细胞领域和分子水平，并引进了分子生物学技术。如透射电镜和扫描电镜的发展，使之达到微观和亚微观水平；某些功能性蛋白的表达及指导其生物合成的 RNA 表达的质与量的检测，已成为鉴定死因和推断死亡时间的新标记。同时法医病理学已不仅限于形态学的观察和研究，也逐渐将形态结构与功能变化和死后的化学变化联系起来。

（二）法医临床学

法医临床学（forensic clinical medicine）是指交叉融合临床医学及其他相关自然科学的理论和技术，研究并解决与法律有关的活体医学问题的一门学科。法医临床学研究与鉴定的对象是活体，其主要研究内容有被鉴定人的个体特征、伤害情况、生理或病理状态。

1. 损伤的鉴定 损伤（injury）是指机体受到外界因素作用，直接造成的组织器官结构破坏和/或功能障碍。引起损伤的外力因素包括物理因素、化学因素和生物学因素。活体损伤的法医临床学鉴定主要是根据损伤的形态特征和临床表现，确定损伤的原因与性质，推断损伤机制与作用方式，评定损伤的程度，判断损伤时间和损伤预后等，为判定案件的性质、作案手段，刑事法律责任的认定提供科学依据。

2. 劳动能力的鉴定 劳动能力（labor capacity）是指一个人作为生存个体和社会成员完成全部工作和生活的能力的总和，包括体力和脑力两个部分。因损伤、疾病、衰老等原因引起的原有劳动能力的下降或丧失，称为劳动能力丧失（labor incapacity）。人的身体、精神由于各种疾病、损伤、发育缺陷或者精神因素所造成的不同程度的永久性功能障碍，从而使患者不能正常生活、学习和工作的状态称为残疾。根据被鉴定人的临床资料和相关身体检查，依据相关鉴定标准对与损伤或疾病有关的劳动能力丧失程度或者残疾（伤残）程度进行判定，主要涉及行政和民事责任与民事赔偿等问题，是法医临床学鉴定的重要内容。

3. **诈病与造作伤的鉴定** 身体健康的人假装或伪装有某种疾病，称为诈病(malingering)；自己或授意他人对自己身体造成伤害的，或故意夸大、改变原有伤情，称为造作伤(artificial injury)。对疑为诈病者鉴定时，应在查询病情过程中注意观察其表情、态度及动作，以发现相互矛盾、混乱的证据；慎重对待病史资料，注意其伤病变化过程是否符合该伤病的发生、发展及转归的规律，找出矛盾所在；根据不同的表现，除常规的实验室检查外，可选用特殊的检查方法，尤其注意应用客观检查的结果(X线、CT、脑干诱发电位检查等)，作为鉴定意见的依据。

4. **性问题的鉴定** 性问题的鉴定主要涉及性犯罪的检查和鉴定。性犯罪(sexual crime)是指触犯刑法规定，通过身体接触或非身体接触方式，来获取性满足的违法行为，包括强奸、猥亵、奸淫幼女等。强奸案的法医学鉴定主要通过询问调查、现场勘查、被害人检验、嫌疑人检验完成。身体检查主要解决性交证明和暴力证明两个问题。物证的收集与检验对于强奸案认定和侦破具有重要的意义。性问题的鉴定还包括性成熟指征、性功能、生殖能力、性异常、反常的性行为等。

5. **虐待的鉴定** 经常遭受共同生活的家庭成员或照顾人故意造成的精神或肉体上的折磨、摧残和迫害称为虐待(maltreatment, abuse)。虐待损伤是确定虐待的客观依据，其主要特点是受伤范围比较广泛、损伤类型多样，且新旧损伤同时存在。由于施虐者采用的手段多种多样，虐待损伤的种类、损伤轻重程度及临床表现不尽相同。因此，对被虐待者进行检查一定要全面细致，体表损伤的检查要特别注意分清损伤的次数、损伤的时间、损伤的类型和性质，必要时应采用其他辅助检查手段，以确认有无体内器官的损伤及其程度，同时还应检查被虐待者的发育、营养状态、精神状态、反应能力、智力水平等。

(三) 法医物证学

法医物证学是以法医物证为研究对象，以提供科学证据为目的，交叉融合基础医学、生物学和其他自然科学的理论与技术，研究并解决案件中与人体有关的生物检材检验与鉴定的一门学科。在这一学科的不同的发展阶段，曾被称为法医血清学(forensic serology)、法医学血型血清学(forensic blood group serology)、法医血液遗传学(forensic hematogenetics)、法医遗传学(forensic genetics)及法医生物学等。我国法医学专业目录里定名为法医物证学。

1. **个人识别** 法医物证学中的个人识别(personal identification)是指通过对生物检材遗传标记的检验，依据个体遗传特征来判断前后两次或多次出现的生物检材是否属于同一个体的认定过程。个人识别是以同一认定理论为指导原则，依靠对生物性检材与关系人遗传标记的检测结果对比来实现的，即遗传标记型别不同可以排除来源于同一个体，解除嫌疑，保护有关人员的合法权益，避免冤案、错案的发生；遗传标记型别相同则不能排除同一性，当检测的遗传标记数量达到足够多时，就具备了同一认定所要求的个体特定性，可为案件的侦破、罪犯的确定提供有力的证据。

2. **亲权鉴定** 亲权鉴定(identification in disputed paternity)是指通过检测人类遗传标记，并依据遗传学理论进行分析，从而对被检者之间是否存在生物学亲缘关系所做的科学判定。亲权关系鉴定包括两代直系亲缘关系的判定，以及隔代直系间、旁系个体(叔侄、姨甥等)间等的复杂亲缘关系判定。其中最常见的是判断父母与子女之间是否存在生物学亲缘关系，称为亲子鉴定。通常用于亲子鉴定的特征或遗传标记，应该是一种出生后完全表现，不受年龄、疾病及其他环境因素影响，终身不变的简单遗传性状。经过家系调查已确定该遗传标记遗传方式按孟德尔定律遗传，群体调查证明具有遗传多态性，且具有比较高的排除非亲生父亲的能力。经标准化实验检测遗传标记，假设父亲或/和母亲至少两个以上遗传标记不能提供给孩子必需的等位基因，在不存在遗传变异的前提下，可以排除假设父亲或/和母亲的亲权。假设父(母)亲带有孩子生物学父亲或生物学母亲所应有的等位基因时，不能排除其与孩子有父子或母子关系的同时，若满足下列两项指标，即实验检测遗传标记的累积非父排除率等于或大于99.99%；在前概率相同的条件下，假设父亲的父权相对机会等于或大于99.99%，就可以认定假设父(母)亲是小孩的生物学父(母)亲。

3. **法医物证学技术** 分析人类多态性遗传标记是法医物证学技术的核心，检材的处理策略和实验结果的科学解释是法医物证学技术的两个关键环节。

法医物证检验技术主要包括血清学、免疫学、生物化学及分子生物学方法。1900年Landsteiner

发现 ABO 血型以后,人类红细胞血型用于检案,法医物证检验步入了科学时代。1958 年发现白细胞抗原系统及 20 世纪 60 年代应用电泳检测血清型及酶型,为法医物证鉴定提供了更多的技术手段。20 世纪 70 年代等电聚焦电泳技术的应用,发现了多种血清型和酶型的亚型,进一步提高了遗传标记的个体识别和亲子鉴定的能力。1985 年英国遗传学家 Jeffreys 应用限制性片段长度多态性(restriction fragment length polymorphism, RFLP)分析技术检测可变数目串联重复序列(variable number of tandem repeat, VNTR)位点,建立了 DNA 指纹技术。DNA 指纹技术的应用标志着法医物证学进入了 DNA 检测分析时代。随着聚合酶链式反应(PCR)技术的完善,基于 PCR 检测分析的第二代 DNA 分型技术在 20 世纪 90 年代中期逐步成为主导地位。如今,基于 PCR 扩增的短串联重复序列(short tandem repeat, STR)检测分析已成为法医物证鉴定的主流技术。同时,基于 DNA 序列测序分析、DNA 芯片与基质辅助激光解析电离 / 飞行时间质谱等技术的单核苷酸多态性(single nucleotide polymorphism, SNP)分析也逐渐应用于法医物证学领域。随着新一代测序技术等高通量测序分析技术的研发,法医物证学分子标记检测技术将进入一个新的发展阶段。

用于法医物证检验的遗传标记包括红细胞血型、白细胞血型、血清型、酶型;进入 20 世纪 80 年代后开始应用 DNA 多态性的遗传标记,包括 VNTR、STR、SNP、插入缺失标记(insertion-deletion, InDel)、微单倍型(microhaplotype)等。

4. 法医物证鉴定程序　由于案件过程的多样性和犯罪现场的复杂性,法医物证检材极易受环境因素的影响而发生变化。因此,为确保法医物证检材的有效性,检验有规范的程序:首先是种类鉴定,即通过证明检材中是否含有自身特异性成分判定检材的种类,以确定其在案件侦破中的作用及选择进一步检查的方法;其次是种属鉴定,即通过证明检材中是否含有动物种属特异性成分判定检材是否是人体成分或是何种动物的成分,以确定是否做进一步的检验;最后是遗传标记检测,这是法医物证检查的核心工作。此外,根据案件性质不同,有时还需进行其他项目的检验,如血痕的性别、出血量、出血时间及出血部位推断等。

(四)法医毒理学

法医毒理学(forensic toxicology)是一门交叉融合毒理学及有关学科的理论和技术,研究并解决与法律有关的自杀、他杀和意外事件引起中毒的学科。法医毒理学主要应用毒理学、法医病理学检查和法医毒物分析化学检查的方法,研究常见毒物的性状、进入机体的途径、毒理作用、中毒量和致死量、中毒血浓度和致死血浓度、中毒性组织学病变、毒物化验检材采取、保存和送检、中毒或中毒死亡方式的法医学鉴定等。药物滥用、环境污染、医源性药物及食物中毒等涉及个体或群体人身伤亡等也属于法医毒理学的研究范畴。通过案情调查、现场勘查、中毒存活者检查和死亡者尸体的检验,揭露以化学物质作为暴力手段造成的人体危害。根据中毒者有关器官功能、体液生物化学等方面的改变及中毒死者器官组织病变,结合毒物分析结果综合分析,在怀疑中毒或中毒案件中确定是否发生了中毒;确定何种毒物引起中毒;分析毒物进入体内的途径和形式;确定进入人体内的毒物量,并判断是否足以引起中毒或死亡;推断中毒或中毒死亡方式(自杀、他杀、意外事件)等。从而为有关案件的侦查提供线索,为司法审判或民事调解提供科学证据。此外,也能给临床医学实践提供诊断和治疗的依据,就毒物管理和中毒防治问题向有关职能部门提出建议和咨询。

(五)法医毒物分析

法医毒物分析(forensic toxicological analysis)是以分析化学尤其是现代仪器分析技术为基础,以能损害生命正常活动的毒物为研究对象,对其进行定性和定量分析的一门学科。法医毒物分析的主要研究内容包括:①从体内外检材中分离毒物及其代谢物;②分离提取物的纯化;③毒物及其代谢物的定性鉴定;④毒物及其代谢物的定量分析。法医毒物分析的鉴定中,首先是证明检材中是否含有毒物;如已认定有毒物,还需证明是何种毒物(定性)及其在组织和体液中的含量(定量)。

随着现代仪器分析和其他分析方法的飞速发展,各种光谱仪、色谱仪、质谱仪、磁共振及免疫化学等技术应用于法医毒物分析,大大缩短了毒物分析的时间,提高了毒物的检出率和准确性,并实现了超微量毒物病理意义的评价。

（六）法医精神病学

法医精神病学（forensic psychiatry）是研究与法律相关的精神疾病和精神卫生问题的一门学科。法医精神病鉴定的对象是可能患有精神疾病的刑事案件的被告人、被害人，民事案件的当事人，行政案件的原告人（自然人），违反治安管理应当受拘留处罚的人员，劳动改造的罪犯，收容审查人员，与案件有关的、需要鉴定的其他人员。法医精神病学鉴定的任务首先是确定医学诊断，包括：①被检者精神是否正常；②如果被检者精神不正常，应做出患有何种类型精神病的诊断；③被检者虽然有精神病，但在作案时是否由病态支配等。在此基础上，进行法定能力的鉴定，包括责任能力、行为能力、诉讼能力、作证能力、受审能力、服刑能力、妇女性自卫能力等。

（七）法医学其他分支学科

作为法医学本科专业的统编教材，除上述六种外，还包括：法医人类学（forensic anthropology），是应用体质人类学的理论与方法，研究并解决法律实践中有关个体的人类学指标问题的一门学科；法医法学（forensic medicine jurisprudence），是研究法医学理论和技术在应用过程中需要如何遵循的法律法规、行业规则和技术规范的一门综合性学科；法医现场学（medicolegal scene investigation），是指运用法医病理学、法医临床学、犯罪心理学、生物学及物理学等自然科学的知识，研究涉命、伤害等案件，对案发现场的犯罪过程进行重建和刻画，为确定侦查方向、制定侦查措施提供依据的学科。作为选修课程的包括：法医牙科学（forensic odontology，forensic dentistry），是应用牙科学的理论与技术研究解决有关法律问题的一门学科；法医昆虫学（forensic entomology），是指通过研究附着于尸体的昆虫类动物的种类及生活习性的规律，解决法医学上有关问题的学科；法医植物学（forensic phytology），是指通过形态学、化学及遗传标记的检测进行植物种类的定性，以解决法医学上有关问题的学科。

此外，还有环境法医学、法医伦理学、法医放射学、法医微生物学等。

第三节　法医学发展简史

- 我国的古代法医学有过两次辉煌，一次是先秦时期，另一次是南宋时期。
- 南宋宋慈所著《洗冤集录》是公认的世界上现存最早的法医学巨著。
- 西方近代最早的法医学著作是法国巴雷（Ambroise Pare）所著的《报告编写及尸体防腐法》。
- 1977年至今，是我国历史上法医学事业发展最快、最成功的时期。

在世界法医学史上，法医学的形成有两大体系：一是古代法医学的形成，以外表检查为基础建立的法医学体系，发源于中国，盛行于中、朝、日等亚洲各国。二是随着现代自然科学的兴起，形成的现代法医学体系，发源于欧洲，普及于全世界。虽然古代欧洲可追溯许多法律与医学相互影响的史实，以及有关法医学鉴定人的规定和个别的法医学检验事例，但是并未形成古代的法医学体系。在人类历史上，我国的古代法医学一直领先，并有两次辉煌。我国的近代法医学曾有两次倒退、三次追赶，目前可与国际水平比肩。

一、中国法医学简史

从先秦时期开始，我国的古代法医学水平在世界上一直遥遥领先。其中，有过两次辉煌。一次是先秦时期，据《封诊式》所载，当时的法医勘验内容相当广泛，包括活体检查、尸体检验、现场勘查、法兽医学检验等。另一次是南宋时期，南宋法医学家宋慈著有《洗冤集录》五卷，系统记载了法医学的检案技术，使我国的法医学国际领先一直持续到了18、19世纪。到了20世纪，西方法医学居于世界领先地位，形成了现代法医学。在现代法医学的发展过程中，辛亥革命后我国法医事业呈现第一次追赶。从中华人民共和国成立初期呈现第二次追赶。自改革开放以来，我国法医事业呈现了第三次追赶。

（一）战国时期

依据现存资料考证，我国古代法医学萌芽可以追溯到战国时代。《礼记》和《吕氏春秋》都有记载:"命理瞻伤、察创、视折、审断、决狱讼,必端平。"其中,瞻、察、视、审即为法医学检验。1975 年 12 月,我国考古学界在湖北省云梦县睡虎地发掘了 12 座战国末期至秦代的墓葬,出土的秦代竹简《云梦秦简》不仅有《秦律》,还有与法医学关系密切的《封诊式》。《封诊式》是世界上最早的具有丰富的法医学内容的刑侦书籍,内容包括审讯、犯人历史调查、查封、抓捕、自首、惩办和勘验。介绍的勘验范围包括活体检验、首级检验、尸体检验、现场检验和法兽医学检验(验牛齿)等。说明早在两千三四百年前,我国古代法医病理学和刑事技术已取得了惊人的成就。因此,"睡虎地秦墓竹简"《封诊式》的发现是古代法医学检验最早产生于中国战国时期的有力证据。《封诊式》是一部以文书格式出现的以刑事技术和医学检验为主要内容的法科学书籍,这在 16 世纪以前的欧洲是未曾有过的,因而也是世界第一部法科学书籍。此为我国法医学史上的第一次辉煌。

(二) 汉唐时期

汉唐时期包括西汉、东汉、三国、两晋、南北朝、隋、唐、五代十国时期,是我国古代法律进一步发展完善时期。《唐律疏议》(653 年)是我国现存最完整、最早的一部封建法典。其明确规定了尸体、受伤者及诈病者为施行检验的对象,定义损伤为"见血为伤",并将致伤物分为手足、他物和兵刃,为实施刑罚提出了损伤程度的分类,提出致命伤的确定及死因鉴定在断案中的重要性。这些规定说明,唐代的法医学检验已成为被确认的检验制度,且一直沿用到清代,成为历代检验制度的基础。

三国吴末(公元 253 年—280 年)张举以猪作为实验动物,结合他杀而后焚尸的案例,提出了烧死和焚尸的初步鉴别法:被烧死者口内有灰,被焚尸者口内无灰(《疑狱集》)。隋代医学家巢元方著的《诸病源候论》中,对法医病理有关的自缢、中暑及冻死等均有较科学、详细的论述。《素问·玉版论要篇》记录有"脉绝、气绝"两种死亡征象。《丧大记·郑注》提出以新棉置口鼻上证明呼吸是否停止。《礼记·蔡邕注》在机械性损伤方面明确了"皮曰伤,肉曰创,骨曰折,骨肉绷绝曰断"。王充在《论衡·道虚篇》中记载了具有重要价值的窒息死的动物实验。《外台秘要》记录有当时常见的毒物中毒表现,如水银、砒霜等。

(三) 宋元明清时期

两宋时期是中国古代法医学最完善时期。先后有《疑狱集》《折狱龟鉴》《棠阴比事》问世,1247 年宋慈(字惠父,时任南宋湖南刑狱官)博采编著了《洗冤集录》五卷,对法医学尸体现象如损伤、窒息、中毒等,及个人识别、现场勘查、尸体检查等主要内容均有涉及,是中外法医学者公认的现存最早的法医学专著,先后被译成朝鲜、法、英、荷、日、德、俄等文字版本。《洗冤集录》是公认的世界上现存最早的法医学巨著,书中记载的一些法医学重要发现至今仍有指导意义。因此,宋慈被称为"世界法医学之父"。南宋的这一时期是我国法医学史上的第二次辉煌。

元代对法医学的重要贡献是《检验法式》(公元 1304 年)的颁发,以图标的形式记载尸表检验结果,是现存的最早的通行验尸规定,后又颁发了《初复检验体式》。这个时期的还有《结案式》,是世界上最先涉及法医学尸体检验、活体检验和物证检查三大部分为一体的著作,据考证已失传。同一时期王与编撰的《无冤录》再版。

明朝的法医学制度基本全面继承了宋元时期的法医学制度,建立了从活体检查到尸体检查的程序。清代编撰的《律例馆校正洗冤录》规定了 22 个致命处,统一了尸体检验及其结论标准。《大清律例》还有对仵作的定额、招募、学习、考试、待遇、奖惩及对不遵守这些规定的州县官进行处罚的规定。1881 年,河北医科大学的前身天津医学馆开设了《裁判医学》,即法医学课程。1909 年,清朝政府开设了"检验学习所",并明确规定法医必须经过学习所的学习。

(四) 民国时期

1911 年,随着清朝封建统治的结束,中国法医学检验制度也发生了巨大的变化。1912 年颁布的《刑事诉讼律》明确规定:"警察及检验官对于非解剖不能确知其致命之由者,指派医士执行解剖。"在法律准许的条件下,尸体解剖的开展成为我国现代法医学发展的基础,法医工作者可以通过尸体解剖研究人体内部疾病及损伤情况,进行法医学鉴定。我国现代法医学奠基人——林几教授(1897—

1951）于 1930 年在北平大学医学院首建了法医学科，正式受理各地法院送检的法医学案件，并培养法医学人才。1934 年创办了我国第一部法医学杂志《法医月刊》。留法学者范启煌（1887—1982），1928 年毕业于法国巴黎医科大学，1932 年林几教授聘任范启煌为司法部法医研究所教授，曾编写《法医学》《法医尸体检验》等教材，1953 年起任河北医学院（河北医科大学前身）外科学及法医学教授。这一时期实现了我国现代法医学的第一次追赶。

受战争影响，我国法医事业面临严重困境。法医学高等教育也仅限于北平大学法医学科、中央大学医学院法医学科、沈阳医学院法医学科等几处，由于长期受封建束缚的影响，传统陈腐的观念使法医职业被视为贱业，法医人才匮乏，使中国现代法医学的发展形成第一次停滞和倒退。

（五）社会主义时期

中华人民共和国成立以后，1950 年卫生部颁布了《解剖尸体暂行规则》，规定了法医学尸体解剖的对象、目的和原则。1950 年卫生部成立医学教材编审委员会，设有法医学组。1951 年卫生部委托南京中央大学医学院开办第一届法医师资进修班，为各高等医学院校开设法医课培养了第一批师资。1954 年卫生部制定并颁布了我国第一部法医学必修课教学大纲。1956 年苏联波波夫著《法医学》翻译本出版，并由卫生部指定为高等医药院校试用教材。1959 年，由上海第一医学院法医学教授陈康颐主编的《法医学》由人民卫生出版社出版，这是中国法医学教师自编的第一部法医学教科书。这些有力措施和取得的成就，使我国多数医学院校在短时间内都配备了法医师资，建立了一批法医学教研室或病理解剖教研室内的法医学教学组，制定了教学大纲，开设必修课和培养研究生。实现了我国现代法医学的第二次追赶。

改革开放以来，随着国家法治建设的不断完善，我国的法医学事业开始了第三次追赶。1983 年 10 月 26 日，教育部联合公安部、司法部、卫生部、最高人民法院和最高人民检察院（简称"四部两院"）在山西太原的晋祠召开了首次"全国高等法医学专业教育座谈会"，即中国现代法医学史上著名的"晋祠会议"。会议讨论了我国法医学专业高等教育现有的主要问题，就如何加强法医学科建设、改善办学条件、编写专业教材、在医学院校增设法医学必修课等提出重要意见。会后"四部两院"合签了座谈会的纪要"关于加强我国高等法医学专业教育的初步意见"。1985 年 4 月"全国法医学专业教育指导委员会"（原全国法医学专业教学教材工作协作组）正式成立，其下设有法医学教材编审委员会。从此迎来了我国法医学专业高等教育的新高潮。1979 年起，卫生部指定中国医科大学、中山医学院和四川医学院开始由高等医学院校招生考试招收法医学专业学生。1984 年 7 月，卫生部和教育部确定在中山医学院、四川医学院、上海第一医学院、中国医科大学、武汉医学院和西安医学院共六所医学院校开设法医学专业，建立法医学系，招收法医专业学生。2002 年西安交通大学法医学科被评为法医学国家重点学科，2007 年四川大学法医学科被评为法医学国家重点学科，河北医科大学法医学科被评为国家重点（培育）学科。与此同时，法医学科研工作也取得长足发展。公安部物证鉴定中心的"人体生物样本（尿液）中毒品检测标准方法研究"获得国家科技进步二等奖；河北医科大学的"高度腐败检材降解 DNA 检验技术体系的建立"获得国家科技进步奖一等奖，解决了长期困扰刑事科学技术的降解 DNA 的分型及溯源难题；公安部物证鉴定中心的"法医学 DNA 检验试剂研制与产业化"获得国家科技进步奖二等奖。研究项目、学术论文与著作及鉴定技术转化等成果丰硕，在某些领域已处于世界领先地位。法医学术团体与专业组织蓬勃发展，学术交流活动日益活跃。在整体上，我国的法医学科学技术水平实现了从跟跑到追赶，目前已赶上，甚至在某些方面超过了国际先进水平。

二、国外法医学简史

古巴比伦、波斯、古希腊、古埃及和古印度的一些法典和医学著作散在一些关于法医学的内容，但不成系统。14 世纪法国的法律规定：处理损伤、杀害、奸淫等问题时，需征求外科医师的意见。西方近代最早的法医学著作是法国巴雷（Ambroise Pare）所著的《报告编写及尸体防腐法》，在欧洲首创了对雷击、窒息、溺水等问题的研究,并介绍了外伤检验的实际案例,对当时的法医学发展影响巨大。1532年德国查理五世颁布《犯罪条例》,规定了对有关杀人、外伤、中毒、缢死、溺死、杀婴、流产等案件的处理时必须有医师参加,此乃法医学鉴定的雏形。1598年,意大利巴勒莫大学教授 Fortunato Fedele 出版了《论医师的报告》,此为欧洲第一部全面而系统的法医学著作,主要内容有创伤、诈病、医疗过失、处女、阳痿、妊娠、胎儿生活能力等,并强调了完整解剖的重要性。文艺复兴时期的各国法典也体现了法医学的发展。如该时期法国、意大利、德国等出台的法律均有关于法医鉴定的相关记录。其中影响最为重大的是德国的《旁贝尔邦法》和《加洛林刑法》:《旁贝尔邦法》规定医疗案件的法官断案过程中允许医生参与,而《加洛林刑法》对人身伤害、自杀、堕胎、缢死、中毒等均有相关规定,这奠定了日后欧洲法典中对于法医鉴定规定的基础。

1642年德国莱比锡大学首开系统的法医学讲座。17、18世纪法医鉴定制度有了新的发展。约在17世纪,出现了解剖的相关法律规定;18世纪,法医学的鉴定制度逐步发展起来。这一时期西方很多国家的法律规定医学鉴定人参与案件并提供证据的制度,推动了法医学的进一步发展,为法医学的崛起提供了可能。19、20世纪以来,随着现代医学和其他自然科学的飞速发展,欧洲的法医学进步显著。

19世纪,出现了一系列法医学专著,如《论法医学和公共卫生学》《医师、验尸官和律师用法医学概要》《法医学原理》,19世纪中叶的《法医学基础》《实用法医学手册》,法国法医毒物学家奥尔菲拉编著的《论毒物》是历史上第一部毒物学著作,随后一系列法医毒物学专著相继问世,如《毒物对活体作用的实验》《与法医学及医学有关的毒物》等。

20世纪以来,欧洲法医学将现代科学技术,如显微镜、细菌学技术、生物学、组织化学、免疫学、分子生物学技术等不断应用于法医检案和科学研究中,使尸体现象的形成机制、死亡时间、损伤时间的推断,生前、死后伤的鉴别,心肌缺血的早期诊断等研究水平不断提高。1985年英国遗传学家 Jeffreys 首次成功应用 DNA 指纹技术进行了亲子鉴定,为法医遗传学的发展开启了一个新的时代。1995年,英国率先建立了基因库,建立了像指纹档案一样的 DNA 档案,并开始在识别罪犯方面发挥作用。

三、法医学现状与展望

1977年至今,是我国历史上法医学事业发展最快、最成功的时期。随着法律的健全和实施,以及有关法医法规的制定,法医工作朝着健康的方向发展,公、检、法机关和医学院校的法医学教学、检案、科学研究机构陆续恢复,法医队伍不断壮大。公、检、法、医学院校之间,加强了彼此在检案、科研、教学上的联系与合作,医学院校主要从事法医人才的培养和科学研究,公安机关和检察机关的法医鉴定机构主要为自侦案件服务,同时也建立了相关的科学研究机构。

(一) 法医学现状

1. **高等教育** 1979年起,为了适应法医人才培养的需要,《实用法医学》《中国医学百科全书·法医学》分卷、高等学校法医学教材《法医学》于1980年和1982年相继出版。1983年,太原晋祠会议以后,全国法医学专业教育指导委员会成立,并规划和编写出版了系统的法医学专业教材,创建了一个适合我国国情的、以本科教育为核心、独特的法医专业人才培养模式。1985年后又由国家教育委员会组织编写法医专业各学科的教科书。有些学校也陆续招收了硕士研究生和博士研究生。1986年,国家教育委员会将法医学正式纳入国家高等教育的专业目录,列为医药学中的一大类。1999年后,我国高等教育改革,有些省属医学院校也相继开始招收法医学专业学生。2022年,法医学成为医学门类的一级学科。

2. **科学研究** 我国法医科学工作者围绕法医病理学、法医物证学、法医临床学、法医精神病学、法医毒物学等领域,深入开展鉴识理论和技术研究,丰富了法医学研究的宽度和深度。充分汲取最新科学理论和技术,利用深度学习和人工智能(artificial intelligence,AI)技术,使研究成果更具高效性和普适性;同时提倡转化法医学模式,使越来越多的研究得以应用,更多最新研究成果转化为法医实践技术。

3. **法医检案** 科学技术的进步和发展,使法医学检案面临的问题呈现复杂化、多样化、高科技的特征,需要鉴定的事项已高达200余种。如大规模灾害事故受害者残骸的个人识别、复杂亲缘关系鉴定、法医骨龄鉴定、非创伤性死因鉴定以及中毒鉴定、环境人身损害鉴定、司法精神病客观鉴定等都对法医学鉴定技术提出了新问题。法医学已经成为我国各级司法机关打击违法犯罪不可或缺的核心科技力量，在揭露犯罪、证实犯罪、司法审判和定罪量刑中发挥着关键作用。2013—2017 年全国各级人民法院一审审结案件中涉及"法医鉴定意见"的案件有 236.02 万件。以公安部物证鉴定中心为例，在 2013 年共受理全国送检的法医遗传学、法医毒物学和法医病理学案件 5 063 起，有效解决了疑难案件中法医类物证检验鉴定的技术难题，为案件侦破提供了有力的线索和证据。目前，新型、智能化犯罪不断增多，以接触 DNA 分析、陈旧骨骼 DNA 分析、单细胞 DNA 分析、体内痕量毒物毒品分析和复杂死因判断等为代表的法医遗传学、法医毒物学和法医病理学的技术创新成果在侦查破案中的应用也愈发广泛，作用日益凸显。

(二) 法医学发展战略

法医学发展战略总体目标是，不断创新法医学人才培养机制，建立健全统一的法医鉴定管理体制，促进法医科学技术"原创"与"转化"相统一，争取在基础研究领域取得重大突破，加快基础研究成果向司法实践应用转化，建立具有中国特色的鉴定、教学、研发为一体的法医科学技术机构。

1. 人才培养 法医学专业应培养具备良好的思想品德和职业道德、有较强的法治意识、掌握法医学的基本理论、基本知识、基本技能，毕业后能从事法医学检案实践，能够进行终身学习和在法医学某一学科领域内进一步深造的优秀毕业生。加强培养符合法医学本科教育质量国家标准的专业人才，坚持和完善法医学本科教育为核心的人才培养体系，建立法医学普识教育、实践教育、科研教育和高端人才培育的"三教一培"体系和机制。

(1) 建立法医学八年一贯制人才培养体系：通过巩固现有五年制人才培养模式的同时，在满足条件的设有法医学专业院校中建立法医学八年制人才培养体系。实行八年一贯制教学设置，包括基础课程(通识教育课程和医学基础课程)、临床医学课程、法医学专业课程、法医学专业通科实习、法医二级学科实习、科研训练等，为培养和建立我国高素质、综合性法医学人才队伍奠定坚实的教育基础。

(2) 依托继续教育保障鉴定人执业胜任能力：严格按照鉴定实践技能应符合认证考核标准的执业准入必要条件，推进三年规范化的技能实训教育，以保障专业人才获取基本执业能力，实现从学业向职业的转化。强调执业胜任力的持续提升应基于高水平继续教育培训，对其标准化评价作为资格管理的科学依据，进而落实"完善我国法医学专业人才执业资格制度体系"的战略举措。

(3) 在临床医学专业中普及法医学教育：注重普及临床医学等医学类专业本科阶段必需的法医学教育，全面实现法治国家对执业医师资格准入设定的基本条件；创新法医学专业人才培养的可持续发展机制。

(4) 研究生培养注重能力建设：培养掌握法医学领域基础理论和专业知识，具备解决法医学实际问题能力，具备科研能力，能承担法医学鉴定工作，服务于我国法治建设，具有良好职业素养的硕士研究生；培养掌握法医学领域基础理论和专业知识，能独立从事法医学科研和教学，有创造性成果，学位论文有独到见解，有国际视野，能承担一定难度的法医学鉴定工作，服务于我国法治建设，具有良好职业素养的研究生。

2. 建立健全统一的法医鉴定管理体制 司法鉴定制度是解决诉讼涉及的专门性问题、帮助司法机关查明案件事实的司法保障制度。健全统一司法鉴定管理体制，完善工作机制，严格执业责任，强化监督管理，以不断提高司法鉴定质量和公信力，保障诉讼活动顺利进行，完善公民非正常死亡法医鉴定管理制度，促进司法公正。国家、省级人民政府举办的统一体制下的法医司法鉴定机构，应承担司法鉴定、科学研究、标准制定、职称评定和人才培养等五项职能。还要加强鉴定机构和鉴定人的统一管理，提高鉴定效率，保障鉴定的中立性、科学性、准确性。

3. 系统推进法医科学技术研究 倡导基础研究和应用技术研究并重，促进法医科学技术研究成果的转化与应用，在重点关键领域取得突破性进展，在以下方面争取达到世界领跑水平：系统揭示应激性组织细胞损伤表征及机制，科学评估应激损伤的致死机制或死亡参与度；复杂死因分子鉴定；法医学与信息科学交叉融合突破法医重大理论和技术难题；非编码 RNA 等适配分子在法医科学技术领域的系统应用；法医精神病学鉴定所需的证据定性定量分析；法医转化医学技术体系及技术规范；构建和完善法医诉讼证据结构和标准体系；环境法医学；在人体生物网络系统探寻用以鉴识物理、化学、生物和应激性损伤的特征性生物标记，应用信息科学技术解析鉴识性生物标记的时相性变化规律及鉴识性生物标记间的逻辑关系；发现和研究用以刻画个体生物学特征及确定个体间亲缘关系的遗传标记体系、微生态群落结构及算法。

第四节　非法医专业医学生学习法医学的目的及意义

- 法医学是为了维护人的生命权、健康权、身体权应运而生的鉴识性综合性医学学科。
- 非法医专业的医学生学习法医学，可以更好地面对死亡，参与死亡判定、死亡教育、死亡管理，区分死后变化与病理变化，有针对性地提高临床诊疗质量，提升临床资料的证据价值，强化临床资料证据保全意识，防范医疗纠纷，掌握医疗纠纷的鉴定规范，做好以专家证人的身份出庭参与诉讼的准备。

　　法医学作为应用医学具有广泛的社会应用性。在社会管理和公共安全领域的重大灾害、群体性死亡事件、医疗损害、工伤评定、人寿保险、伤残等级评定、亲缘关系鉴定、遗产纠纷等的处置、处理中需要法医学提供不可或缺的科学技术支持。从本质上讲，法医学是为了维护人的生命权、健康权、身体权应运而生的鉴识性综合性医学学科，与基础医学和临床医学、生物学、化学、物理、数学等自然科学有广泛的交叉。在交叉融合发展中，法医学吸收借鉴其他学科的理论技术不断丰富发展自身，其他学科，尤其是基础和临床医学也要不断地吸收借鉴法医学的新理论、新技术、新成果，形成与法医学互动、交融、互助、共同发展的格局。非法医专业医学生毕业后或成为一名临床医生或从事与医学相关的其他工作，将会经常遇到一些回避不了的与法医学有关的各种事项，有的可能是难题。运用所学到的法医学知识妥善处理或解决自身专业工作中遇到的这些问题会有助于提升自己的专业技术水平，因此，较系统地了解和掌握一定的法医学知识和技能，对非法医专业医学生是十分必要的。

　　作为非法医专业的毕业生，在实际工作中会遇到死亡及死亡判定、死亡教育、死亡管理，死后变化与病理变化的区别等事项，遇到如何处理法医学鉴定与临床诊疗质量的关系，如何提升临床资料的证据价值，如何提升临床资料证据保全意识，如何防范医疗纠纷，并掌握医疗纠纷的处理和医疗损害鉴定要点，作为医生如何以专家证人的身份出庭参与诉讼。本节将对此进行逐一阐述，这也是本节学习的重点。

一、死亡判定

　　在我国，长期以重生轻死，在人的出生准备、接生、养育方面，不仅家庭成员重视，而且政府管理部门也颁布了相对完善的法律制度。对"死"则不然，据不完全统计，我国年死亡人口达 900 万，但在调整因死亡而发生的诸多社会关系方面则没有必要的法律制度体系。如对死亡认定的标准、处置正常死亡的管理程序上还不完善；承担死亡认定职责的人员队伍在建设、培训、监管方面也有制度缺失；对脑死亡及其派生的其他法律事件还没有相关的法律法规进行规制等。在尸体处置等方面存在的问题则更多，不仅造成巨大的经济损失，也是构成社会不稳定的重要因素。因此，作为非法医学专业医学生了解死亡的判定、死亡的管理和死亡教育方面的相关知识尤为重要。

(一) 死亡判定及意义

　　死亡（death）是一个过程，是指个体生命功能的永久终止。临床上准确地判定个体死亡是决定是否有必要实施抢救措施的重要前提，涉及人的生命权的维护。在临床实践中发生过已判定临床死亡而后复苏的病例，特别是外伤或电击的病例，由于误判死亡而丧失了最佳抢救时机，从而引发医疗纠纷,甚至酿成医疗事故。但如果对已经死亡的个体仍继续实施抢救,也会造成社会成本的增加和死者家属严重的经济负担。死亡是法医学研究的重点内容,传统的死亡概念是"呼吸与循环不可逆的停止"。让学生深刻理解死亡的概念,清晰地认识并掌握判定死亡的各项生理及病理指标,科学地区分真死与假死状态,对于准确地实施抢救患者具有非常重要的意义。

(二) 死亡管理

人口死亡管理是一个国家、一个地区社会管理的重要组成部分,包括死亡的报告登记制度;停尸的时间地点,尸体搬运和送往殡仪馆的程序及相关规定;对尸体的保存条件要求,对不同尸体的检验制度;在殡仪馆内停尸、化妆、火化、购物、进行追思及其收费等的规定;购买墓地、安葬、祭奠及扫墓等有关规定;对违章枉法者的处理及其责任追究制度等。死亡认定及其相应的组织器官的有效利用涉及多个方面的法律、法规及操作规范,我国每年等待器官移植的患者超过 150 万人,但只有约 1 万人能够得到供体,99% 的人都在痛苦的等待中死去。在发达国家交通事故死亡的尸体是器官移植的主要来源。由于人体死亡会引发诸多社会关系和法律事件,因此,制定死亡管理方面的法律是推进社会治理体系和治理能力现代化及推进全面依法治国的重要事项。在法治的轨道上解决有关死亡认定及尸体器官的处置,有利于彻底消除由于死亡认定及尸体处置不当给社会造成的不良影响。

(三) 死亡教育

死亡教育 (death education) 是指向公民传授死亡相关知识,培养与提升人们面对死亡的心理承受能力及泰然自若地对死亡相关事件的应对及处置能力,珍惜呵护生命,从而使人们树立科学正确生死观的教育。死亡教育主要解决两个基本问题,一是教育人们珍惜生命,生命对任何个体只有一次,因此,不可随意制造死亡(他杀和自杀)。二是教育人们正确对待死亡,人生自古谁无死,已是通识公理,当死亡来临时要减少恐惧,减少浪费,减少对社会秩序的破坏,医务人员与患者要和谐应对,泰然迎接死亡这一自然生物学事件的到来。我国人口呈现快速老龄化,加之每年有高达 429 万的新发癌症病例,因此,促使医患双方都能更充分地认识死亡,更近距离地面对死亡,是目前我国死亡教育的一项重要工作。个体对待死亡的态度反应,即死亡态度,决定了其对自身及他人死亡的心理倾向。正向的死亡态度有利于减轻人们对死亡的恐惧、焦虑等负性情绪。因此,死亡教育应作为一种社会的特殊教育,在我国广泛开展。人们不仅要善于打破忌讳死亡的传统观念桎梏,让临终患者正视死亡,家属接受死亡,医务人员高度认知死亡,坦然应对死亡。还要通过了解癌症患者、其他临终患者、老年人、护士、大学生等不同群体对死亡的态度,有针对性地开展死亡教育,传播死亡相关知识,帮助人们形成正确的死亡观,从而提升社会对死亡事件的应对处置能力。死亡教育还要与中国传统文化相结合,积极开展具有中国文化特色的死亡教育,形成与国际接轨的、更完备的中国式死亡教育模式,帮助人们敬畏生命、正视死亡,树立科学正确的生死观。

20 世纪中叶,死亡教育在美国兴起,国际上迅速发展,目前已形成了较成熟和系统的死亡教育模式。由于我国社会公众广受传统"重生忌死"的生死文化观制约,死亡教育理念引入我国后,其理论和实践还处在探索阶段。医院是生死相关事件发生最常见和最直接的场所,普通社会民众在此对死亡反思与感悟最多,因此,医院的医护工作者及医学生也由此成为死亡教育最适合的工作者和推广者。有研究表明,死亡教育有助于促进医学生对死亡的科学认知,消除或缓解自身在面对死亡时的恐惧与焦虑情绪,还可舒缓医护人员在照护临终患者时的心理压力,使其以更坦然的心态与临终患者及家属交谈,提供更佳的临终照护服务,有助于缓和医患矛盾。医护人员与患者及其家属对死亡认知的一致性和共识,从一定意义上讲,也是解决医患矛盾的重要机制,因此,针对医护人员和患者及其家属的共同死亡教育尤其重要。积极开展针对医学专业人员的死亡教育专项培训,对其医学职业生涯具有重要意义,因此,要将死亡教育融入岗前培训、继续教育、任职教育等多个阶段。

二、死后变化与病理变化

死后变化是法医病理学研究的内容之一。有的死后变化可破坏或改变生前某些损伤变化或疾病的病理形态变化，如自溶和腐败；有的死后变化可使生前的某些改变明显化，如皮革样化可使生前某些损伤更明显；有的死后变化易与生前变化相混淆，如有的把尸斑误认为是生前的皮下出血。因此，要正确认识各种不同的死后变化，并与生前损伤、疾病的病理变化相鉴别。

（一）死后变化

死后变化（postmortem changes）又称为尸体变化，是指机体生命活动终止后，身体内各种器官组织功能逐渐消失，因受到物理、化学及生物学等各种内外因素的作用，使尸体发生的各种变化。这些变化使尸体表面和内部器官组织呈现与活体不同的征象，故亦称为尸体现象（postmortem phenomena）。死后变化按其出现早晚的不同可分为早期尸体现象和晚期尸体现象。早期尸体现象（early postmortem phenomena）通常是指人死后 24 小时以内尸体发生的变化。晚期尸体现象（late postmortem phenomena）是指人死后 24 小时以后发生的变化。早期尸体现象主要包括尸冷、尸僵、尸体痉挛、尸斑、肌肉松弛、皮革样化、角膜混浊、自溶和自家消化等。晚期尸体现象主要包括尸体腐败，霉尸、白骨化、干尸、泥炭鞣尸及尸蜡等。

（二）死后组织自溶与生前病理变化

组织、细胞的自溶需与组织变性、坏死等生前病变相鉴别。其鉴别要点：①依据自溶组织与生前坏死组织的不同组织学结构变化进行鉴别。②依据各个器官组织的自溶速度和程度，结合其临床资料、死因、尸体保存条件及当时的气温等因素综合分析进行鉴别。③需特别注意的是，胰腺的自溶不要误诊为急性坏死性胰腺炎或急性出血性坏死性胰腺炎；自家消化导致的胃、肠穿孔应与腐蚀性和溃疡性病变相鉴别。由于自溶的发展会影响尸检诊断，因此应尽早进行尸检，并妥善切取检材、及时固定组织标本，以利于做出正确的诊断和鉴定意见。

三、法医学鉴定与临床诊疗质量的关系

法医学鉴定按照鉴定内容可分为法医病理、法医临床、法医物证、法医毒物及法医精神病鉴定等，法医专业人员在进行上述法医鉴定过程中时常会发现临床医生诊治上的不足、错误，或对某些科学知识的认知缺陷。法医技术人员若能将这些信息及时反馈给临床医生，会有效促进临床诊疗的技术进步。因此临床医生经常关注法医学领域的发展动态和典型案例报道也会对自己专业发展大有裨益。

（一）法医病理鉴定与临床诊治

在日常工作中法医尸体解剖和组织病理学检验可以发现临床未发现的疾病，如带瘤生存的患者（生前未被发现患有某种肿瘤）、一些隐性传染病、突发新发传染病等。科学上，对疾病的病理诊断才是真正意义上的最终科学正确的诊断，这种诊断往往可以验证该病的临床诊治正确与否。

（二）法医临床鉴定与临床诊治

1. **甄别诈病和造作伤** 在临床工作中，有时会接触到一些较特殊的"患者"，这些"患者"可能是某些刑事或民事案件的当事人，为了达到某种目的可能会夸大（或隐匿）病情、自伤或诈病，如吞食异物或毒物造成腹痛症状、伪装精神病、谎称受过外力作用等，用这些来误导临床医生的诊断治疗。在其后的临床法医鉴定时，这种造假就会被识破，而将误诊纠正。因此，单纯从医学的角度出发从事临床工作，不做甄别性分析即做出诊断，可能对某些案件的审理带来不便，甚至可能导致误诊误治。

2. **正确合理诊治患者** 在劳动和社会保险领域内，重大疾病保险、意外伤害保险和医疗保险等均与临床医疗工作有着十分密切的关系。临床诊断与治疗的证明材料往往是保险公司理赔的最重要的依据，如对带病投保、自伤诈保、损伤或疾病的程度、外伤后治疗及用药的合理性和预后估计等问题的甄别与确认，多需经法医鉴定实现，保险公司凭鉴定意见实施理赔。因此，科学认真辨析，积极合理的治疗是临床工作应遵循的重要原则，否则，会将医疗单位陷入十分棘手的理赔纠纷。

3. **规范诊疗行为** 通过医疗损害相关的法医学鉴定，会发现医务人员的医疗过错，审视临床工作中的一些习惯做法或合理不合法的诊疗行为。因而，提出改革措施，将由"工作需要"变为"患者需要"，倡导"人性化医疗服务"，完善各项管理制度，重视对患者的真心关爱，加强医疗风险防范。通

过对医疗过错的分类和梳理,可进一步规范诊疗行为,提高医疗服务质量,降低医疗过错的发生率。

四、临床资料的证据价值

临床资料简称病案,又称病历,是指医务人员对患者进行问诊、查体、辅助检查、诊断、治疗、护理、医疗过程中形成的文字、符号、图表、影像、切片等资料的总和,是经医务人员、医疗信息管理人员收集、整理、加工后形成的具有科学性、逻辑性、真实性的医疗档案。随着我国法律制度的不断完善,人们的法制观念和自我保护意识日益加强,出现的医患纠纷也越来越多。病历档案作为解决医疗纠纷的一个重要依据越来越被人们所重视。它可以全面客观地反映患者的就诊情况,是保护患者、医生及医院利益的重要原始记录。同时,病历档案也为医疗保险业的健康发展提供可靠依据。如何使保险公司及被保险人双方利益均得到保证,病历档案便成为重要依据,病历档案可以为保险公司提供所有需要的真实信息,为保险公司做出理赔决定提供事实依据。鉴于病案是患者在门急诊、住院(留观)期间全部的医疗资料,具备法定证据中书证的特征,其证据属性要求病案必须满足合法性、关联性和客观性的证据标准。

(一) 合法性

合法性要求医疗机构必须依法真实地记录其完整的医疗活动,并经医疗信息管理人员整理加工后形成具有科学性、逻辑性、真实性的医疗档案和医学文书。病案必须由医务人员依照法定的程序和方法收集;病案必须具备合法的形式;病案记载的内容须有合法来源。

(二) 关联性

关联性要求证据必须与证明对象之间存在着内在联系,能够说明证明对象的真实情况。因此,病案必须真实记录医疗活动的全过程,即对就诊人的健康状况、检查情况、患病情况、诊断方法,医务人员对病情发生、发展、转归的分析、治疗方法、治疗护理过程和治疗效果等全部医疗活动都须进行记录,从而实现病案记载的内容与待证的医疗行为事实之间的关联性验证,进而通过病案证明医疗行为是否存在过错。

(三) 客观性

客观性是指病案排除主观的想象、猜测和臆断,即从书证的角度,要求病案不能由医务人员主观想象形成,而必须是医疗过程中患者病情发展变化的客观真实性记录,即病案必须是真实的,而不能是虚假的、伪造的。

五、临床医生证据保全意识

当人体受到外力的作用造成机体损害后,第一时间去看医生,此时医生能掌握最原始的损伤情况。临床医学生通过对法医学知识的学习,应当明确,当这种损害涉及刑事或民事诉讼时,医生在初诊、抢救及以后的治疗过程中形成的检查记录、化验单、手术记录及病历等都将成为重要的原始书证以证明是否有损伤及损伤程度。有些情况下(如伤者已痊愈或死亡而未经法医解剖),这些原始记录可能是鉴定损伤、损伤程度或死因等的唯一证据。另外,在案件审理需要时,经治医生可能作为证人被通知出庭作证,以证明伤情。因此,医生在临床工作中应全面、详细并准确地书写病历,提升证据保全意识。例如,在软组织损伤清创缝合前,如能详细地对创伤的部位、分布、大小、形状、数目、特征及附着物等进行描述记录、拍照,将会成为重要的原始证据,为最终判定损伤性质、程度及推定致伤物提供客观证明。在涉及人身损害且性质不明的事件发生时,医生首先进入现场对受伤者实施抢救,根据所学的法医学知识,医生应了解如何对现场与现场中各种原始痕迹进行有效保护,若原始现场被破坏,将丢失重要线索或形成虚假线索,直接影响对案件的侦破与定性。

另外,疑似中毒的患者的症状与体征的记载及呕吐(洗胃)物的保存可为案件定性与审理提供有力的佐证。因此,临床医生在临床工作中一定要树立临床医疗证据保全意识,保存好所有的医疗证据,这既是义务也是权利,更是责任。

NOTES

六、医疗纠纷的防范与处理

有些医疗纠纷是由医疗过错引起的。医疗过错是指医务人员在诊疗护理等医疗活动中的过错。这些过错往往导致患者不满或造成患者伤害而引起医疗纠纷。除了由于医疗过错引起的医疗纠纷外，有时医方在诊疗活动中并没有任何疏忽或失误，而是由于患者的不满意引起的纠纷。这类纠纷可能是因患者对正确的医疗处置，疾病的自然转归和难以避免的并发症，以及医疗中的不可抗力事件的不理解而引起，也有的是由于患者的无理责难而引起。但作为医务人员必须明确，医生面对的是患者的生命和健康，由于有关疾病的信息和掌握的医学知识不对等，医患间出现矛盾和纠纷是难免的。因此，对于是否存在医疗过错或是否属于医疗事故，一般需经鉴定来判定，依据的是《中华人民共和国民法典》(以下简称《民法典》)和 / 或《医疗事故处理条例》等法律、法规中的相关条款。医疗与其他民事纠纷一样，是平等主体之间的财产关系和人身关系纷争，属民法的调整范畴。根据"私法自治"原则，通常情况下，国家不予干预，因此，双方当事人可以就医疗纠纷进行协商，也可以进行民间调解和行政调解。国家对医疗民事纠纷的干预形式表现为民事诉讼，需要当事人起诉才能启动程序，也可以申请卫生行政部门解决。

(一) 医疗纠纷的防范

非法医学专业医学生通过对法医学有关医疗事故与医疗损害鉴定知识的学习，掌握医疗事故、医疗过错与医疗损害的基本概念，了解在诊疗常规、告知义务、病历、检查、抢救经过、用药、转诊、执业范围、会诊等方面，医疗损害鉴定所要关注的要点，从而了解易于引发纠纷及事故的常见原因，以增强临床医生的临床工作责任心，不断提高临床医疗水平，达到有效防止医疗事故发生、维护患者生命和健康的目的。通过对《民法典》中免责条款与《医疗事故处理条例》中不属于医疗事故规定的内容，以及《医疗纠纷预防和处理条例》中医疗纠纷预防内容的理解与掌握，可以有效保护医生自身合法权益不受侵犯。

(二) 医疗纠纷的处理

1. 医疗纠纷处理的意义　医疗纠纷已成为当今社会关注的焦点，自 20 世纪 90 年代以来，我国医疗纠纷案件日趋增多，据统计，目前医疗纠纷案件的数量每年以 10%~20% 的速度增加。由医疗纠纷所引发的恶性事件也时有发生，使广大医务工作者工作积极性受挫，以实施保守性治疗措施来防范风险，造成医疗科研和技术创新受阻，医疗纠纷已成为我国医疗卫生事业发展的"瓶颈"。科学公正的医疗纠纷解决机制的建立关系到医疗卫生事业的发展，社会稳定及和谐社会的构建，是推进社会治理体系和治理能力现代化建设的重要内容之一。

2. 医疗纠纷处理的基本原则　当前医疗纠纷的处理途径包括双方自愿协商、人民调解、行政调解、司法诉讼等，而医疗损害鉴定是纠纷公平、公正处理的主要依据。医疗损害鉴定由医学会或者司法鉴定机构进行，是有关临床医学专家和 / 或法医学专家组成的专家组，运用医学、法医学等科学知识和技术，对涉及医疗纠纷的有关专门性问题进行检验、鉴别和判断并提供鉴定意见的活动。医疗损害鉴定体系的建立要体现技术鉴定的科学性、客观性及公正性，有必要引入"同行评价"的机制。公开、透明的鉴定程序以及规范的鉴定技术操作是赢得各方信任的基础。建立统一的归责原则和参与度界定标准是保证各鉴定机构意见统一的基础。医疗损害责任的构成应当具备三个要件，一是医疗机构或其医务人员存在医疗过错，二是存在医疗损害后果，三是医疗损害后果与医疗过错之间具有因果关系。医疗损害鉴定应当在事实清楚、证据确凿的基础上，综合分析患者的病情和个体差异，作出鉴定意见。

七、专家证人及专家辅助人

由于当事人与法官专门知识的不足，在司法实践中常常出现对鉴定意见过分信赖或过分怀疑的情况，基于不能对鉴定意见进行有效质证，案件审理中重复鉴定的频次逐年上升，不仅影响了诉讼效率,也折损了司法公正。因此,为适应社会发展的需要,应对民事诉讼案件类型趋于多样化,专业化的现实,构建有效的审查机制来辨别鉴定意见的真伪,尤其是对当事人存有异议的鉴定意见或者法庭需要明晰的专业问题由其他专家提出意见,便显得尤为重要,基于此,专家证人及专家辅助人的制度便应运而生。

(一) 专家证人

专家证人是指具备知识、技能、经验、受过培训或教育,而就证据或事实争点提供科学、技术或其他专业意见的证人。专家证人制度起源于英美法系国家,用于解决诉讼中产生的技术争议。所谓专家证据,是指具有专门知识或技能的人,如医生、精神病专家、药物学家、建筑师、指纹专家等,依其知识或技能对案件中的有关问题提供的意见证据。

(二) 专家证人在诉讼中的地位

1. 法官助手 作为意见证据排除规则的一个例外,专家证据在帮助裁判者准确判断事实问题、补足司法认知能力等方面都起着重要辅助作用。

2. 司法鉴定的补充 近年来,越来越多的大陆法系国家开始借鉴英美法系专家证据制度中的一些做法来弥补本国鉴定制度的不足。

(三) 专家证人制度的缺陷

应当指出的是,专家证据制度并非完美无缺,本身也还存在许多亟待解决的问题,其在英国体现为在对抗制诉讼制度下的传统专家证人制度,在我国有关专家证人的制度还不甚成熟。

1. 增加诉讼成本 在由当事人主导运用专家证据的情况下,由于缺乏必要的管理和限制,加上专家证据的作用被夸大,双方当事人为了胜诉,往往会不惜一切代价去委托数名专家证人,由此必然造成诉讼成本的增加。

2. 诉讼迟延 进入庭审程序后,还有更为耗时的反复询问和质证程序,由此导致的诉讼迟延问题可见一斑。

3. 迟延正义的实现 在专家证据被滥用的情况下,严重的诉讼迟延问题会阻碍正义的及时实现。

(四) 专家辅助人

鉴定意见是鉴定人对诉讼中的专业性问题所做出的说明,具有相当的专业性。因此,一般的当事人不要说询问鉴定人以发现鉴定意见中的漏洞,甚至连理解鉴定意见都可能存在困难。因此,要保证对鉴定人进行法庭询问的质量,必须允许当事人聘请专家助手,帮助自己阅读鉴定意见并在法庭上对鉴定人进行询问。针对法医鉴定的不解,当事人就要聘请医生或法医作为自己的专家辅助人。作为临床医生或医学领域某一方面的专家,有义务,也有责任接受聘请成为专家辅助人,在有关人身损害、医疗纠纷等案件诉讼中发挥应有的作用。

1. 专家辅助人的概念 最高人民法院《关于民事诉讼证据的若干规定》第61条第1款规定:"当事人可以向人民法院申请由一至二名具有专门知识的人员出庭就案件的专门性问题进行说明。人民法院准许其申请的,有关费用由提出申请的当事人负担。"学界内普遍将该司法解释所规定的"具有专门知识的人员"称为"专家辅助人"。

2. 专家辅助人的作用 在鉴定人与专家辅助人共存的情况下,鉴定人仍然应当作为鉴定制度的核心主体,即对诉讼专门性问题的鉴定工作仍然由鉴定人完成。专家辅助人应当是鉴定制度的辅助性主体,他们的职责是帮助当事人阅读鉴定意见,并在法庭上代表当事人对鉴定人进行询问。由于专家辅助人此时的作用在于辅助当事人进行法庭质证,而并非直接对案件的证据资料发表意见,因此专家辅助人的身份不是证人,他所发表的意见也不是证人证言。在行使辅助询问职责的场合下,专家辅助人是在当事人的委托下展开诉讼活动。由于此时的专家辅助人并非证人,他所发表的意见不会成为定案依据,意见的效果充其量是否定鉴定意见(此种效果在某些情况下当事人也可以自行实现),因此,专家辅助人的资格也不会成为证据能力的构成要件。但是,专家辅助人的资格却可以成为法官衡量鉴定意见证据力的考察因素,毕竟专家对鉴定意见的质证效果要远远强于普通人对鉴定意见的质证效果。

3. 专家辅助人的行为规范   基于司法公正和诚实信用原则,并不是说凡是专家辅助人发表了错误的意见就必须承担法律责任,而只有在专家辅助人确实存在故意发表错误专业意见或者在分析问题的过程中没有尽到一名专家应有的注意义务时才应当承担相应的责任。因此要形成完善的责任追究机制及救济机制:①法院对故意发表错误专业意见的专家辅助人的制裁机制;②因专家辅助人的过失而遭受损失的当事人对专家辅助人的责任追究机制;③专业团体对其成员在履行职责过程中的渎职行为的责任追究机制;④形成专家辅助人承担责任后的救济机制,通过上诉、复议、听证等方式保障专家辅助人的权利,鼓励专家辅助人在诉讼中大胆地发表专业意见。

思考题

1. 谈一谈你对医学生学习法医学的看法。

2. 从医学生的角度谈一谈防范医疗纠纷需要做好哪些工作。

3. 请谈一谈你对专家辅助人制度的了解,如果你作为专家辅助人出庭,你会做好哪些准备。

（丛   斌）

第二章
死亡与死后变化

　　法医死亡学（forensic thanatology）是法医学的重要研究内容,是主要研究死亡过程、死亡分类、死亡原因、死亡机制、死亡方式、死后变化、死后人为损伤以及应用死后变化规律推断死亡时间等的知识体系。医务人员了解和掌握法医死亡学的基本理论和基本知识,有利于根据患者的临床表现及时抢救濒死患者、正确做出死亡诊断和准确的死因分析,预防和减少医疗纠纷的发生,并为民事案件、刑事案件处理提供医学证据。因此,无论是法医学专业人员,还是临床医务人员,了解并掌握法医死亡学的基本知识都很有必要。

第一节　死　　亡

　　• 死亡的发生及机制是法医学研究的重点内容之一,也是有别于其他医学学科的特殊研究领域。随着科学进步,人类对死亡的理解发生了变化。脑死亡的提出改变了世人对死亡的认知。
　　• 法医学死因分析是法医病理研究和鉴定的重点和难点,也与临床诊疗实践密切相关。法医学死亡原因分析中多因素导致死亡的现象很常见,也很复杂,对死因分析的研究不但对法医病理死因鉴定具有重要意义,也有助于促进临床医学精确诊断死因。

　　生与死是生命过程对立统一的两个方面,有生必有死亡。研究死亡与研究生命过程、研究疾病同等重要,有利于疾病的防治、健康的维护、生命的延续以及社会的稳定。对死亡的研究是法医学有别于医学其他各学科的重要特征之一。

　　死亡对于临床医学和司法实践都有十分重要的意义。患者被宣告临床死亡后,医务人员才可以放弃救治;死亡同时也涉及刑事与民事等诸多法律问题,死亡诊断或证明亦必须得到法律的认可。就法医学而言,死亡原因确定、死亡时间推断、死亡方式判断等工作对缩小侦查范围、确定罪与非罪等具有重要意义。

一、死亡的概念与分类

　　死亡（death）是一个过程,是指个体生命功能的永久终止。生命体征（vital sign）是评价生命活动的重要征象,包括体温、呼吸、脉搏、血压等,这些体征是判断个体生命是否存在以及是否正常的具体指标。临床上对生命体征的监测是进行疾病诊治的基本前提。脑、心和肺被认为是人体最主要的生命器官,这些器官的正常功能是维持人体生命活动的基础。随着科学技术的发展和人类文明的进步,死亡的临床诊断也从传统的心搏、呼吸停止发展到脑功能停止。

　　呼吸、心搏和脑功能的停止是人体死亡的标志。按照心搏、呼吸和脑功能停止的先后顺序分为心性死亡、呼吸性死亡和脑死亡三类。

（一）心性死亡

　　心性死亡（cardiac death）是指心搏先于呼吸停止所引起的死亡。心性死亡主要见于心脏原发性疾病或损伤所致心脏功能严重障碍引起的死亡,包括心外膜、心肌、心内膜、心脏瓣膜、冠状动脉系统和传导系统的各种病变、损伤以及功能性心律失常等。各种原因导致的休克、电击、具有心脏毒性的毒物中毒等也能引起心脏功能不可逆终止而死亡。心脏停搏多是渐进性的,但也有心搏骤停的。心电图检查是确认心性死亡最可靠的方法。

(二)呼吸性死亡

呼吸性死亡(respiratory death)又称肺性死亡(pulmonary death),是指呼吸先于心搏停止所引起的死亡。呼吸性死亡主要见于呼吸系统的严重损伤或疾病、机械性窒息、中毒性窒息及所有能引起呼吸中枢或呼吸肌麻痹的因素,如呼吸道阻塞、肺出血、肺水肿、各种肺炎、气胸、血气胸、麻醉过深、电击、延髓损伤,致呼吸中枢麻痹、呼吸运动神经损害(如脊髓灰质炎)以及低钾血症或肌肉松弛剂中毒所致呼吸肌麻痹等。

呼吸性死亡的特征性病理生理改变是低氧血症、高碳酸血症、酸碱平衡紊乱、组织缺氧和酸中毒。呼吸性死亡的关键机制在于呼吸功能障碍或停止所引起的脑缺氧致脑严重损害。

(三)脑死亡

"脑死亡"在世界上一些国家或地区已合法化,目前我国尚未对"脑死亡"进行立法。

1. 脑死亡的概念　脑死亡(brain death)是指大脑、小脑和脑干等全脑功能不可逆的永久性丧失。脑死亡分为原发性脑死亡和继发性脑死亡。原发性脑死亡(primary brain death)是由原发性脑组织病变或损伤引起的死亡,法医学实践中以颅脑损伤所致的原发性脑死亡多见。继发性脑死亡(secondary brain death)是继发于心、肺等脑外器官的病变或损伤导致的脑死亡。

2. 脑死亡的原因　脑死亡主要发生于脑组织的严重损伤、出血、炎症、肿瘤以及其他原因引起的脑水肿、脑压迫或脑疝等。脑死亡也可继发于心或肺功能的先行障碍和停止。

3. 脑死亡的诊断　目前,脑死亡诊断没有统一的标准。诊断脑死亡通常包括下列指标。

(1)持续性深度昏迷:对外界刺激完全无反应,如压眶无反应。

(2)无自主呼吸:靠呼吸机维持,呼吸暂停试验阳性。

(3)脑干反射完全消失:包括瞳孔对光反射、角膜反射、头眼反射、眼前庭反射、咽反射、吞咽反射以及咳嗽反射等均消失。

(4)脑电图平直:即等电位脑电图,对任何刺激无反应。

4. 脑死亡的检查方法

(1)阿托品试验:静脉注射阿托品2mg,在心电图监测下观察5~15分钟,阳性者则心率加速,较原来心率增加20%~40%,证明延髓中枢(迷走背核)功能尚存在。脑死亡患者则为阴性,心率无改变。

(2)脑干听觉诱发电位(brainstem auditory evoked potential,BAEP):可直接反映脑干功能状态,是一项判断脑死亡的准确客观指标。脑死亡患者的BAEP特征为各波均消失或仅Ⅰ波残存,潜伏期延长。

(3)经颅多普勒超声(transcranial Doppler,TCD):一种非创伤性检查,可直接测量颅内血管的血流方向、血流类型、血流速率。该检查可在床边进行,需时短并可重复,不受药物影响,能替代脑血管造影检查以确认脑死亡,是诊断脑死亡的可靠方法。脑死亡患者TCD检查为无信号。

(4)颈内动、静脉氧差:脑死亡患者颈动、静脉血之间的氧含量几乎无差别。

(5)其他:脑超声检查(中线脑搏动波消失)、前庭变温试验(耳内灌入冰水,无眼震出现)、脑脊液乳酸测定(含量增高)、脑温测定(脑温＜直肠温度)、脑血管造影、放射性核素脑血流测定等对脑死亡诊断都有一定价值。

在所有检查方法中,能证明脑循环停止是确诊脑死亡最可靠的依据。上述各试验在24小时后还需要重复一次,并且必须排除低体温(32.2℃以下)、中枢神经抑制剂中毒、代谢性神经肌肉阻滞剂中毒、休克及6岁以下的儿童等情况后,以上结果才有意义。

5. 判断脑死亡的临床意义

(1)复苏措施:准确诊断脑死亡是否发生有利于对复苏的预后做出正确的评估,确诊可以对原发性脑死亡者减少或免除不必要的抢救复苏措施,诊断须审慎。

（2）器官移植：确诊脑死亡可明确可以采取供移植用器官的时间，这已被部分国家、医学团体和患者或家属所接受，但应防止滥用脑死亡的诊断去获取器官移植的供体。

（3）死亡时间：脑死亡的诊断有助于确定死亡时间，用于相关的法医学鉴定或解决某些法律纠纷。

二、死亡过程与死亡机制

一般情况下，死亡并非瞬息即逝的现象，而是一个逐渐发展的过程，没有一个截然的分界线，而且每个个体死亡过程也长短不一。

（一）死亡过程

1. 濒死期（agonal stage） 又称临终期（terminal stage），是临床死亡前期，此期主要生命器官功能极度衰弱逐渐趋向停止。濒死期主要临床表现有：意识障碍乃至意识丧失，各种反射减弱或迟钝，呼吸减弱、肺活量明显减少，心搏减弱，血压下降；因缺氧、无氧代谢增强、酸性产物堆积而出现酸中毒及电解质代谢障碍等。根据身体健康情况及死因，此期持续时间可从数秒到数小时。一般慢性病死亡者濒死期多较长，而严重颅脑、心脏损伤及氰化物中毒等死亡者，濒死期短暂或完全缺失，可直接进入临床死亡期。

2. 临床死亡期（stage of clinical death） 临床死亡（clinical death）是指人作为一个有机整体已经死亡，也称为个体死亡（individual death）或躯体死亡（somatic death）。传统的死亡概念是指呼吸、心搏停止，临床表现为意识丧失，心搏、呼吸停止，心电图直线，大动脉搏动消失等。此时，全身各器官组织细胞并未死亡，有些还可存活一定的时间。此期一般持续5~6分钟。

3. 生物学死亡期（stage of biological death） 是死亡过程的最后阶段，也称细胞性死亡（cellular death）。脑、心、肺、肝、肾等器官功能永久性丧失，因此器官不能用于器官移植。但有些对缺血缺氧耐受性强的组织器官，如皮肤、肌肉、结缔组织等还有生命功能，对刺激可发生反应，称为超生反应（supravital reaction）。超生反应的存在表明人死亡后经过的时间不长，是生物学死亡期的早期。到生物学死亡期的晚期，全身所有组织细胞相继死亡，超生反应消失，并开始出现尸冷、尸斑、尸僵等早期尸体现象。

（二）死亡机制

死亡机制（mechanism of death）指由损伤、中毒或疾病等原因引起的最终导致死亡的病理生理过程。死亡机制是一个过程，是各种不同死亡原因通向死亡终点的几条"共同通道"。因此，死亡机制不是指原发性损伤、病变或中毒等死因，不能将死亡机制用作死因诊断。

常见的死亡机制有心脏停搏、心室纤维性颤动、反射性心脏抑制、严重代谢性酸中毒或碱中毒、呼吸抑制或麻痹、心肺衰竭、肝肾衰竭、延髓生命中枢麻痹等，最终都导致心、肺、脑功能停止而死亡。

死亡机制在不同死亡过程中有所不同。

1. 即时性死亡及其常见机制 损伤或疾病发生后数秒到一分钟之内发生的死亡称为即时死（instantaneous death），法医学实践中常见，其发生机制有以下几种。

（1）整个机体的毁损。

（2）全脑或心脏组织结构的严重破坏导致功能立即丧失。

（3）脑干功能急性麻痹或重度抑制。

（4）反射性心搏骤停或心室纤颤：常见于：①冠心病急性发作所诱发的心室纤颤；②压迫颈动脉窦，直接刺激迷走神经及其分支；③心脏震荡；④电击时强电流通过心脏；⑤突发性重度应激刺激等。

2. 急性死亡及其常见机制 急性死亡（acute death）指损伤或疾病发作后几小时到24小时内发生的死亡，其死亡机制主要是心、肺或脑功能的急性衰竭。其中，因疾病发作引起的突然、意外性死亡称为猝死。

（1）急性心力衰竭：最常见的急性死亡机制，表现为心输出量急骤减少，机体来不及发挥代偿作

NOTES

用,多伴有心源性休克。患者很快发生意识障碍,心节律严重紊乱,因急性肺水肿,口鼻可有泡沫性液体流出。常见于心脏和进出心脏的大血管的严重损伤以及严重的心脏疾病。

(2)中枢神经系统功能障碍:见于中枢神经系统损伤、中毒或疾病,以及它们的急性并发症。如颅内/脑内大量出血、继发性脑疝、暴发性脑炎或脑膜炎等。

(3)急性循环衰竭:常见于创伤性休克、急性失血性休克、过敏性休克、感染中毒性休克以及中毒等。

(4)急性呼吸衰竭:见于各种机械性窒息、中毒性窒息等,或严重呼吸系统疾病。

(5)重度日射病、热射病引起的中枢神经系统急性功能障碍和心脏节律紊乱;低温引起的心脏传导阻滞伴发心室纤颤。

3. 亚急性死亡及其常见机制   亚急性死亡(sub-acute death)指损伤或疾病发生 24 小时后第 2~3 周内发生的死亡。常见于损伤的并(继)发症和呈亚急性病程的疾病或中毒。与法医学实践有关且较常见的有以下几种。

(1)损伤引起器官的迟发性破裂出血:如亚急性硬脑膜下血肿,迟发性肝、脾破裂等。

(2)外伤后继发感染。

(3)外伤后非感染性并发症:如挤压综合征导致急性肾衰竭、急性呼吸道窘迫综合征(ARDS)致急性呼吸功能衰竭,以及各类栓子导致的栓塞继而发生的急性呼吸衰竭或急性心力衰竭、中枢神经系统功能障碍。

(4)因缺氧、中毒、损伤或某些疾病等引起体内水电解质紊乱、酸或碱中毒。

4. 慢性死亡及其常见机制   慢性死亡(chronic death)指损伤或疾病发生 3 周以后甚至更长时间后才死亡,与法医学实践有关且较常见的情况有以下几种。

(1)癫痫大发作:原发性或继发性癫痫大发作可死于急性呼吸、循环衰竭。

(2)迟发性脑出血:颅脑外伤后当时无明显症状或体征,伤后数周、数月后发生脑出血而死亡,常引起对出血原因的争论。

(3)代谢紊乱性疾病:下丘脑、垂体的损伤或疾病引起的代谢紊乱性疾病(如尿崩症、糖尿病),死于多器官功能衰竭。

(4)心包腔或胸腔闭塞:心包炎或胸膜炎导致的广泛粘连致心包腔或胸腔闭塞,引起进行性呼吸或循环障碍。

(5)水、电解质紊乱:外伤性胰腺炎、肝胆损伤、胃肠道狭窄或梗阻等引起水电解质紊乱。

(6)职业中毒或多次小剂量投毒导致进行性器官功能障碍。

三、死亡原因分类与死因分析

导致死亡发生的疾病、衰老、损伤或中毒等因素即为死亡原因(cause of death)。全面正确的死因分析,首先要了解个体死亡的情况(时间、地点、尸体状况等),继而查明致死的病变和损伤、死亡机制,进而分析其死亡原因,即分析各种致命因素的先后、主次、相互关系,明确根本死因、直接死因、辅助死因、联合死因、诱因等不同情形,并判断暴力性死亡的死亡方式。

每一个死亡案例中,导致死亡的疾病、损伤或中毒等原因可能只有一种(单因一果),也可能是几种原因共同作用所致(多因一果),部分伤害致死案例还可能涉及医疗过程等,因此具体案例必须具体分析。

(一)法医学死亡原因定义及分类

对于死亡案例/病例,无论法医学或临床医学,都必须进行死因分析。法医学实践中,死因分析有助于判明案件性质。对于临床医学,死因分析有助于医生反思在诊疗过程中存在的问题,积累经验,提升诊疗水平。

1. 法医学死亡原因定义   导致人体死亡的原因即死亡原因,临床死因多为各种疾病。法医学死亡原因包含疾病、损伤及中毒。法医学实践中,单因素致死案例一般不会引起死因争议;如果涉及疾病、损伤和中毒多因素致死,甚至还有医疗行为,常因鉴定人或当事人对死因鉴定意见的认识不同而引起争议。法医学死亡原因分析需要通过详细案情调查、现场勘查、系统尸体解剖、实验室检验等,综合分析做出客观、科学的死因鉴定意见。

2. 死亡原因分类　人的死因有时简单明确,有时却很复杂。多因一果死亡案例中,分清死亡发生过程中诸原因的前后顺序、主次及相互关系称为死因分析(analysis of cause of death)。死因分析是法医病理鉴定的核心,关系到当事人罪与非罪或承担的责任大小。因此,必须在认真检查、掌握大量信息的基础上充分分析论证,得出正确的死因。根据发生的前后顺序,可以分为根本死因和直接死因,按参与死亡的原因力大小可以分为主要死因、辅助死因、联合死因和诱因。

(1)根本死因(primary cause of death):是指引起死亡的原发性自然性疾病或致死性暴力,是引起死亡的初始原因。"原发性"这个限制是定义的关键,当许多疾病或病变仅仅是某一疾病或外伤的直接结果时就不宜作为根本死因。在自然性疾病致死案例中,死因与所患主要疾病一致,如冠状动脉粥样硬化性心脏病(冠心病)致大面积心肌梗死、脑动脉粥样硬化突发破裂出血、主动脉夹层动脉瘤破裂致急性心脏压塞等。在暴力性死亡中,如机械性损伤、机械性窒息、电击、外源性毒物中毒等引起的死亡,根本死因是指该项暴力,其可以通过某种机制或通过损伤后继发性病症而致死,是死亡的始作俑者。例如,扼颈可立即因窒息而死,也可当时未死亡而引起喉头水肿或继发肺水肿、肺炎而死,扼颈为根本死因。

(2)直接死因(immediate cause of death):是指直接引起死亡的原因,一般情况下,直接死因是根本死因的致命性并发症、继发症或后遗症。法医学实践中,常见的直接死因有感染、出血、栓塞、中毒、全身衰竭等。如高血压患者,发生大面积脑出血致死,高血压病是根本死因,脑出血是直接死因。如果根本死因不经过中间环节直接引起死亡,其既是根本死因,又是直接死因。

因此,直接死因与根本死因是一种因果关系,根本死因是直接死因的启动原因,同时也是时间顺序关系,无时间间隔者,根本死因就是直接死因。

(3)辅助死因(contributory cause of death):是根本死因之外的自然性疾病或损伤、中毒,其本身不会致命,但在死亡过程中起到辅助作用。例如,严重脂肪肝患者因摄入大量乙醇导致急性乙醇中毒死亡,急性乙醇中毒为根本死因,而脂肪肝为辅助死因。

(4)联合死因(combined cause of death):又称合并死因,是指某些死亡事件中存在"多因一果"的情形,两种或两种以上因素单独存在均不能导致死亡,在同一事件中并存引起死亡,但难以区分主次。

(5)死亡诱因(inducing cause of death):是指诱发身体原有疾病恶化而引起死亡的因素,包括各种精神情绪因素、劳累过度、性交、吸烟、轻微外伤、饮酒、过度饱食、饥饿、气温骤降等。这些因素对健康人一般不会致命,但对某些重要器官有病变的人却能诱发疾病恶化而引起死亡。如冠心病患者与他人激烈争吵中突然倒地死亡,其所患冠心病为根本死因,争吵过程中情绪激动为死亡诱因。

关于死亡原因,有学者还提出中介死因、协同死因等概念,如医疗过程的误诊漏诊、手术操作失误等过错行为,在死亡过程中起到一定作用,为中介死因。

(二)国际疾病分类与死亡原因

1. 国际疾病分类原则及规定　目前对死亡原因的定义及分类基于《国际疾病分类》(international cassification of diseases,ICD)。ICD 的分类原则是依据疾病的病因、部位、病理及临床表现(症状体征、分期、分型、性别、年龄、急慢性发病时间等)四个主要特征,每一特征构成了一个分类标准,形成一个分类轴心,因此,ICD 是一个多轴心分类系统。

ICD 已有近 130 年的发展历史,1891 年为了对死亡进行统一登记,国际统计研究所组织了一个对死亡原因分类的委员会进行工作。1893 年,该委员会主席 Jacques Bertillon 提出了一个分类方法《国际死亡原因编目》,此即为第 1 版。以后基本上每 10 年修订一次。1940 年第 6 次修订版由 WHO 承担该工作,首次引入疾病分类,并强调继续保持用病因分类的思想。1981 年我国成立世界卫生组织疾病分类合作中心,1987 年起正式使用 ICD-9 编码进行疾病统计与死因统计,国内各个医院、卫生统计中心等机构相继采用 ICD 系列进行疾病编码。1999 年启用的第 10 次修订版本得到了广泛应用,即 ICD-10。2019 年 5 月,在日内瓦召开的第 72 届世界卫生组织大会审议通过了第 11 版 ICD(ICD-11),于 2022 年 1 月 1 日正式生效。

ICD 的应用使疾病名称标准化、格式化,而这是医学信息化、医院信息管理等临床信息系统的应用基础。ICD 的使用同时使疾病信息得到最大范围的共享,可以反映国家 / 地区的卫生状况,也是医学科研和教学的工具和资料,另外,也有利于医院医疗和行政管理以及医疗经费的控制。

医学上,已知引起死亡的疾病数千种之多,而且不断有新发疾病,涉及所有人体器官组织的损伤、疾病和中毒情况。ICD-11 列表涵盖了传染病和寄生虫病,肿瘤,血液或造血器官,免疫系统、内分泌、营养和代谢,精神、行为或神经发育障碍,睡眠 - 觉醒障碍,神经系统、眼和附器,耳和乳突,循环系统,呼吸系统,消化系统,皮肤,肌肉骨骼系统和结缔组织,泌尿生殖系统,性健康相关情况,妊娠、分娩和产褥期,起源于围产期的某些情况,发育异常,症状、体征或临床所见、不可归类,损伤、中毒和外因的某些其他后果,疾病和死亡的外因,影响健康状态和与保健机构接触的因素,传统医学等。

临床实践中,对于住院患者,主要诊断是导致患者此次就诊(住院)的主要疾病,患者一次住院只能有一个主要诊断,存在多种疾病时,主要诊断是本次住院中对患者危害最大、花费最多、住院时间最长、医务人员花费时间最多的。当上述因素相近难以区别时,选择急性病、传染性疾病而非慢性病、非传染性疾病,损伤、中毒与疾病共存时,选择损伤或中毒。

2. 死亡原因及分类   ICD 对死亡原因的定义是:所有导致或促进死亡的疾病、病态情况或损伤及造成任何这类损伤的事故或暴力的情况。该定义的目的在于保证所有相关信息得以记录,而填写人不得自行选入或摒弃相关情况。该定义不包括症状、体征和临死方式,如心力衰竭或呼吸衰竭。当只有一个死亡原因被记录时,则选择这个原因制表。当不止一个死亡原因被记录时,应以"根本死因"的概念为基础填写相关信息。填写时需排除不大可能引起死亡的琐细情况,一些轻微的或浅表的皮肤擦伤、挫伤、Ⅰ度烧烫伤、小切创等情况不能诊断为根本死因。

相应的,促进死亡但与导致死亡的疾病或情况无关的其他情况称为辅助死因。辅助死因多为个体因素、慢性疾病或非致命性损伤等,如年龄幼小或过老、营养不良、结核病或糖尿病、免疫功能异常等,它们与根本死因和直接死因没有直接的关系,只是在死亡过程中间接地起了促进作用。ICD 推荐使用的死亡原因医学证明书的国际格式中,将死因诊断划分为两大部分,Ⅰ部分为根本死因、直接死因,Ⅱ部分为辅助死因,如:交通事故致胫腓骨骨折继发下肢深静脉血栓形成、肺动脉栓塞,同时患有冠心病合并高血压心脏病,其中交通损伤及其继发症分别为根本死因、直接死因,心脏疾病为辅助死因。

3. 死亡证明书   死亡证明书(certification of death)是由医务人员对死者填写的一种具有法律效力的证明文件。

死亡证明书可作为户籍管理、死亡统计、尸体安葬的证明,还可作为涉及死亡的刑事、民事和行政案件的证据。一般来说,发生在医院内的死亡由熟悉死者病情的诊治医生来确认死亡和填发死亡证明。医师出具死亡证明书必须符合下列要求:①死者是该医师的患者;②死因明确;③没有其他可能涉及的法律问题。填写时应根据每个病例的实际情况,尽可能科学客观地报告导致患者死亡的原因以及相互之间的关系,在第Ⅰ部分按顺序填写,直接导致死亡的原因(直接死因)填写在 a 行,把引起 a 行的原因填写在 b 行,依此类推,直至根本死因(死因链完整)全部填写完毕,即倒序形式来填写。如果还有死因链以外的死因则依次在第Ⅱ部分按程度填写。填写诊断名称应尽量规范,应来自标准诊断名称、国家统编教材、权威的辞典及出版物等。

对于中毒或损伤导致的死亡,需要填写中毒或损伤的外部原因,如窒息 -CO 中毒 - 火灾,脑疝 -

颅脑损伤-道路交通事故。国际死亡证明（international death certificate）除了需要填写死亡原因，还需要填写大概的时间间隔，如慢性支气管炎20年，肺气肿10年，肺心病5年。

发生在医院内的死亡，当死因尤其是死亡方式不明确时，特别当怀疑有与刑事犯罪有关的问题时，需要有法医参加死亡确认。非正常死亡或卫生部门不能确定是否属于正常死亡的，需经公安机关判定死亡性质并出具死亡证明或由具有法医病理鉴定资格的鉴定机构和鉴定人进行法医鉴定。

ICD对死因的分类较为全面，便于统计，法医学工作者结合实际工作提出了更有司法实践价值的死因分析理论体系。

四、假死与植物状态

假死和植物状态是两个完全不同的状态，前者是个体生命活动极其微弱，后者是大脑皮质功能障碍、意识丧失。

（一）假死

假死（apparent death）是指人的循环、呼吸和脑的功能活动高度抑制，生命活动处于极度微弱状态，用一般的检查方法查不出生命指征，从外表看来好像人已死亡，而实际上还活着的一种状态。假死为濒死期的特殊表现，心搏、呼吸及组织细胞代谢等仍维持在生命活动所允许的最低水平，经过积极的抢救可能会复苏，有的甚至不经过任何处理也能自然复苏。如果导致假死的原因不去除，大部分个体可在随后短时间内真正死亡。

1. 假死的原因　假死是脑缺血、缺氧、生命功能高度抑制的结果。引起假死的原因有机械性窒息、镇静安眠药中毒、一氧化碳中毒、电击、高低温损伤、脑震荡、癫痫、大出血、严重脱水、尿毒症、糖尿病昏迷、严重营养不良和强烈精神刺激等以功能性为主的伤病情况。

2. 假死的主要机制　①颅脑创伤性或强烈精神性刺激引起扩散性抑制状态；②中枢抑制药或缺血缺氧致生命中枢功能活动广泛、深度抑制。小儿尤其是新生儿、早产儿，大脑对缺氧的耐受性差，容易出现假死状态。

3. 假死的检查方法　为了将假死与处于临床死亡阶段的人区分开来，除了强调死亡应由具有医学知识和经验的医生或法医来确定外，当不易确定时，可做如下检查来帮助判断。

（1）线扎指头：用线结扎指头数分钟，如指头变青紫、肿胀，说明有动脉血流存在，即处于存活状态。

（2）微弱呼吸检查：①将棉花纤维或毛发放在口或鼻孔前，观察有无被吹动；②将镜面冷却后置于口或鼻孔前，如镜面变模糊不清，表明仍有微弱呼吸；③以听诊器听喉头部有无呼吸音等。

（3）心电图检查：假死者可见心脏的生物电反应。

（4）X线透视：假死者可见到心脏搏动。

（5）眼部检查

1）用检眼镜检查视网膜血流情况，见有血流说明仍有循环存在，并未死亡。

2）用1%荧光素钠点眼，结膜和巩膜立即黄染，如假死，2~5分钟后褪色，已死亡者24小时也不褪色。

（二）植物状态

植物状态（vegetative state）是指因大脑皮质功能不可逆性丧失而处于深度昏迷，皮质下中枢（皮质下核和脑干等）的功能如呼吸、循环、体温调节、消化吸收、分泌排泄、新陈代谢等依然存在的一种病理状态。植物状态发生原因有外伤性和非外伤性，前者约占1/3，常见有弥漫性轴索损伤、电击、中毒等，后者约占2/3，包括感染、脑卒中、缺血缺氧、肿瘤和脑退行性疾病等。植物状态的发病机制尚不明确。植物状态持续1个月以上，称为持续性植物状态（persistent vegetative state），意识有可能恢复。外伤性植物状态持续1年或非外伤性植物状态持续3个月以上，即为永久性植物状态（permanent vegetative state），意识恢复可能性不大。当然，也有数年后恢复意识的植物状态患者的案例报道。处于植物状态的患者只要护理得当，可长期生存。

植物状态与脑死亡有着本质区别，前者有自主呼吸，而后者则无。

五、死亡性质与死亡方式的法医学分类

法医学实践中，根据引起死亡的原因性质不同，将死亡分为自然死亡与非自然死亡两大类。

（一）自然死亡

自然死亡（natural death）又称非暴力性死亡（non-violent death），指符合生命和疾病自然发展的规律，没有暴力因素作用而发生的死亡，理论上又可以分为生理性死亡和病理性死亡。

1. **生理性死亡**（physiological death）　是指由于机体自然衰老，体内各组织、器官的生理功能逐渐减退直至衰竭，不能维持生命的基本功能而导致的死亡，也称衰老死，"无疾而终"。纯生理性死亡极其罕见，绝大多数人随着年龄逐渐增大，全身各器官功能和抵抗力逐渐减退，最后多由于疾病而死亡。

2. **病理性死亡**（pathological death）　指由于各种疾病的发生、发展、恶化而引起的个体死亡，习惯上称为病死。大多数病死者在死亡前接受过一定的临床诊治和预后评估，死亡经医生证明、解释，一般不引起纠纷和诉讼。但有些生前病症不明显而突发死亡者，常引发死因争议，需进行法医学鉴定。

（二）非自然死亡

非自然死亡（unnatural death）又称暴力性死亡（violent death）、非正常死亡（abnormal death），是由某种或几种外来的作用力或有害因素导致的非病理性死亡，是法医学实践中最多见的一类死亡。引起非自然死亡的外因可概括为三大类：物理因素、化学因素和生物因素。以物理因素和化学因素引起的暴力死最为常见，如机械性窒息死、机械性损伤致死、烧死、冻死、电击死以及各种不同的外源性毒物所引起的中毒死等。也存在生物及生物活性物质引起的暴力死，如毒蛇咬伤致死或注射肾上腺素或胰岛素等手段故意杀人致死。

在法医学，暴力死如何得以实现称为死亡方式（manner of death）。死亡方式的鉴定是法医病理学工作者的重要任务之一，是确定刑事案件侦查方向、司法审判定罪的重要证据，对民事案件调解、灾害赔偿也具有重要意义。

死亡方式通常有以下几种。

1. **自杀死亡**（suicidal death）　指自己故意用暴力手段将自己杀死，结束自己的生命。

2. **他杀死亡**（homicidal death）　指用暴力手段剥夺他人生命。

3. **意外死亡**（accidental death）　是指未曾预料到的、非故意的行为或事件所造成的死亡。"意外"指的是没有预见到、意料之外的情形。"非故意"是指不是有意、没有做某件事的意愿。意外死亡包括：①灾害死亡（如地震、海啸、雷击、雪崩等自然灾害）；②意外事件死亡，人为的事件造成死亡，并非出于主观动机或过失，而是由于不能预见的原因引起的，客观上造成他人死亡，如交通意外、生产意外、医疗意外等；③自伤、自残致死（如性窒息死亡）。

4. **无法确定的死亡方式**（undetermined/unknown manner of death）　经详细的案情调查、现场勘查和全面系统的尸体解剖及辅助检查，仍无法判明的死亡方式。

5. **安乐死**（euthanasia）　指对罹患不治之症并饱受痛苦折磨的人停止治疗或使用药物，使其安详无痛苦地死去。世界各国对安乐死已争论多年，迄今对安乐死进行立法的国家很少。目前，我国尚无此项立法。

判断死亡方式需要通过系统解剖、实验室检验，结合现场勘查和案情调查信息材料进行综合分析，做出准确的判断。一些死亡事件，如高坠、溺水及中毒等，如无目击证人或监控，死亡方式的确定比较困难，甚至不能确定。

第二节　死后变化与尸体现象

• 死后变化是法医学研究的重点内容,死后尸体表面及内部器官组织呈现与活体不同的征象称为尸体现象,包括早期尸体现象和晚期尸体现象。

• 死后变化及尸体现象与生前病变具有本质区别,具有重要法医学意义,对于临床医生也有确认死亡的重要诊断意义,尤其是早期死后变化需与生前病理变化相鉴别。

死后变化是法医病理学研究的重要内容之一。有的死后变化可破坏或改变生前某些损伤或疾病的病理形态,如自溶和腐败;而有的死后变化可使生前的某些改变明显化,如皮革样化;有的死后变化产生的尸体现象易被误认为生前病变或损伤,如尸斑。死后变化的发生、发展有一定的时间规律,也可受很多因素的影响,从而加速或减慢,甚至暂时终止其发生和发展。正确认识各种不同的死后变化及其变化规律,并与生前损伤、疾病的病理变化相鉴别,具有重要的法医学及临床医学意义。

一、死后变化与尸体现象的概念

人体死亡后因尸体受到体外环境、尸体自身及人为等多种因素的作用所发生的物理、化学及形态学等变化称为死后变化(postmortem changes);这些变化在尸体表面和内部器官组织中呈现的特有征象称为尸体现象(postmortem phenomena)。基于尸体现象出现的一般时序性规律,人为地将死后24小时内出现的尸体现象称为早期尸体现象(early postmortem phenomena);将死后24小时后出现的尸体现象称为晚期尸体现象(late postmortem phenomena)。但实际上,死后变化的发生、发展是一个连续过程,早期与晚期死后变化不可能被截然分开。其他死后变化还包括昆虫及啮齿类动物对尸体的毁坏及尸体的人为破坏等。

二、早期尸体现象

早期尸体现象主要包括超生反应、肌肉松弛、尸冷、尸僵、尸体痉挛、尸斑、皮革样化、角膜混浊、自溶和自家消化等。

(一)超生反应

机体死亡后,其器官、组织和细胞在短时间内仍保持某些活动功能,可对外界刺激产生一定反应称为超生反应。超生反应只有在受到外界刺激时才能发生,没有相应的刺激就不会出现或观察到。

1. 常见的超生反应和表现　不同个体和各器官组织的超生反应表现、持续时间和程度各异。

(1)瞳孔反应:人死后约4小时内,瞳孔对注入结膜囊的药物如阿托品或毒扁豆碱可出现散瞳或缩瞳反应。

(2)断头后反应:头颅自颈部与躯干分离后十几分钟内,可观察到眼球、口唇及下颌运动,躯干部痉挛,心肌收缩等。

(3)骨骼肌反应:人体死后刺激骨骼肌可使其收缩而形成肌隆起。一般在死后2小时内,几乎所有的骨骼肌均可发生。肌肉状态良好时死后6小时还可呈阳性反应。

(4)心肌收缩:人死后心肌的兴奋性可保持一段时间。受到冷空气或金属器械的刺激,心房肌可出现数秒钟的波纹状或蠕动样收缩,左心室心肌纤维可见收缩现象。心脏移植术切除的心脏在术后20分钟仍可见左心室心肌不规则地收缩。

(5)血管平滑肌收缩:人死后,血管平滑肌能对缩血管药物起收缩反应。

(6)肠蠕动:有的尸体在死后数小时内仍能见到肠蠕动。有的甚至可因邻近肠段松弛扩张而发生肠套叠现象。

(7)发汗反应:死后约30分钟内,汗腺对阿托品及肾上腺素等药物仍可有发汗反应。

(8)纤毛运动:死后10小时(有时甚至30小时)内,气管黏膜柱状上皮仍可观察到纤毛运动。

（9）精细胞活动:死后 30 小时,有报道 70 小时,甚至 127 小时内,精囊内的精细胞仍有活动能力。

（10）死后细胞分裂:有报道,人死后对缺血、缺氧的耐受性较强的细胞尚可分裂增生,如血管内皮细胞、神经胶质细胞和某些上皮细胞等。

2. 法医学意义   ①死后发生的超生反应与活体的正常反应相鉴别;②各器官组织的超生反应持续的时间有一定的差异性和规律性,据此有助于推断死亡时间。

（二）肌肉松弛

人死后肌张力消失、肌肉变软称为肌肉松弛（muscular flaccidity）。肌肉松弛是最早出现的尸体现象,几乎与死亡同时发生,甚至在濒死期已经发生,待尸僵发生后(死后 1~2 小时)即自行消失。

1. 肌肉松弛的表现   尸体发生肌肉松弛后呈弛缓状态,表现为瞳孔散大、眼微睁、口微开、面部表情消失、沟纹变浅、肢体变软、括约肌松弛使大小便和精液可能外溢等。

2. 法医学意义   因肌肉松弛,皮肤和肌肉失去肌张力,在受压部位可形成与接触物体表面形态特征相吻合的压痕,且不易消失而保留相当长的一段时间,据此可推断人死后尸体的停放地点、姿势以及有无移尸等。

（三）皮革样化

尸表皮肤较薄的部位或表皮破损处,水分蒸发、干燥变硬而呈蜡黄色、黄褐色或深褐色的羊皮纸样称为皮革样化（parchment-like transformation）,也称局部干燥（local desiccation）。

1. 常见部位及表现   ①口唇、阴囊、大小阴唇等皮肤较薄的部位;②皮肤皱褶处,如婴幼儿颈项部的皮肤皱褶处;③表皮剥脱区、索沟、烫伤等损伤部位。这些生前损伤在损伤当时或损伤后短时间内形态变化不明显而不易被观察到,而数小时后发生局部干燥、变硬、颜色加深,则易于检见。

2. 法医学意义   ①可使皮肤擦伤更明显。②可保留某些损伤的形态,如机械性窒息死者颈部的绳索纹理印痕、指甲的半月形或类半月形抓痕等。③根据皮革样化的数目、分布及形态特征,有助于推断案件的性质和作案人的意图,如强奸案被害人大腿内侧因抓伤而造成的较特征的皮革样化等。④有助于推断生前擦伤与死后擦伤。生前擦伤由于伤及小血管而皮革样化局部颜色较深,死后擦伤则颜色较浅,但实践中常难以根据皮肤擦伤颜色判断是否为生前伤。

（四）角膜混浊

角膜的透明度减低,直至完全不能透视瞳孔,呈灰白色样外观,称角膜混浊（turbidity of the cornea）。

1. 影响因素   角膜混浊的形成及其程度主要与黏多糖和水的含量有关,亦与角膜的 pH、离子含量和蛋白质的变化等有关。眼睑遮盖的角膜易出现混浊。

2. 形态特征   混浊的角膜外观呈灰白色、水肿状、明显增厚,表面有小皱褶或剥离。死后 5~6 小时,角膜上可出现白色小点;以后斑点逐渐扩大,至 10~12 小时发展成云片状,但尚可透视瞳孔,为轻度混浊;15~24 小时呈云雾状、半透明,隐约可见瞳孔,为中度混浊;48 小时以后,不能透视瞳孔,为高度混浊。受温度等因素影响,上述时间规律有一定波动。

3. 法医学意义   角膜混浊程度随死后经过时间的延长而增加,有一定规律性,有助于推断死亡时间。

（五）尸冷

机体死亡后,尸体温度下降直至与环境温度一致,称为尸冷（algor mortis,cooling of the body）。

1. 尸冷发生的机制   人死后新陈代谢停止不再产生热量,尸体原有热量通过对流、辐射和传导不断散发,尸温逐渐下降至环境温度。

2. 影响因素   影响尸体温度下降因素包括外部环境和个体因素。

（1）外部环境因素:尸体所处的环境如气温、湿度、通风状况以及衣着服饰等。浸在冷水中或埋于土内的尸体温度较陆地上的下降快;衣着多的较衣着少的尸温下降慢。通风条件好、空气干燥时,尸温下降快。

环境温度是影响尸冷最主要的外部因素。环境温度高,尸温下降慢。春秋季室温(16~18℃)时,中等身材的成人尸体,死后 10 小时内,平均每小时尸温下降 1℃;此后下降速度减慢,平均每小时下降 0.5℃。约 24 小时后尸温与室温相仿。冰雪环境中的尸体,约经 1 小时就可完全冷却。如气温超过 40℃,尸冷不发生。

(2)尸体本身因素:与死者的年龄、体形和死因等有关。其中,以体形胖瘦的影响最大。肥胖尸体的皮下脂肪厚,尸体热量向体表扩散慢。小儿尸体较成人尸体相对体表面积大、散热快,尸温下降迅速。死于消耗性疾病、大失血者,尸温下降快。猝死、败血症、日射病、热射病、机械性窒息、颅脑损伤、破伤风及死前有剧烈痉挛的中毒等死者的尸温下降较慢,有的甚至在死后短时间内尸温可上升,超过 37℃。

3. 法医学意义　①确认死亡;②尸温是推断早期死后经过时间的重要指标之一。法医鉴定实践中通常以测直肠温度(肛温)或肝表面温度代表尸体内部温度(core temperature)以推断死亡时间。

(六)尸斑与内脏器官血液坠积

尸体血液因重力而坠积于低下部位未受压迫的皮肤血管内,使该处皮肤呈现出的有色斑痕(多为暗紫红色),称为尸斑(livor mortis)。尸斑是具有重要法医学意义的早期死后变化之一,易与生前损伤所致的皮下出血相混淆,应注意鉴别。死后内部器官血液因自身重力坠积于器官低下部位的血管内,称为内脏器官血液坠积(visceral hypostasis)。

1. 尸斑形成的机制　人死后血液循环停止,血液因重力作用顺着血管流向尸体低下部位的皮肤及皮下血管网内并使之扩张,透过皮肤呈现出紫红色或暗红色。

2. 尸斑的分布　尸斑的分布与尸体姿势有关。仰卧位尸体,尸斑主要位于枕部、项部、背部、腰部、臀部及四肢背侧面未受压部位,有时也可见于尸体侧面。尸体呈俯卧位时,尸斑见于颜面、胸腹部及四肢的腹侧面。悬垂或直立位(如缢死尸体)时,尸斑见于腹部、腰部裤带的上缘区、双上肢的前臂、腕部及手部、双小腿、足部。水中尸体因体位不固定、冷水刺激使皮肤毛细血管收缩及水中氧分子透过皮肤进入血液中形成氧合血红蛋白,且水温较低,氧合血红蛋白不易解离等,尸斑多不明显,或呈淡红色。

3. 尸斑的发展　尸斑的形成是一个逐渐发展的过程,通常自死后 1~2 小时开始出现,有的早在死后半小时或迟至 6~8 小时开始显现。根据尸斑的发生发展过程和形态特征,大致分为三期,各期之间无明显分界而呈连续过程。

(1)沉降期尸斑:指自开始出现至死后 12 小时以内的尸斑。尸斑开始时呈散在的小片状或条纹状,经 3~6 小时融合成片状并逐步扩大,颜色加深呈暗紫红色,周围边界模糊不清。此期下坠的血液局限于血管内,用手指按压尸斑可以暂时褪色,解除指压后又可重新出现。在死后 6 小时内,如改变尸体位置,原已形成的尸斑可逐渐消失,而在新的低下部位出现尸斑,这种现象称为尸斑的转移(shift of lividity)。死亡 6 小时后再改变尸体体位,则原有的尸斑不能完全消失,而在新的低下部位又可出现尸斑,这种情况称为两侧性尸斑。切开尸斑处的皮肤,可见血液从血管断面流出,容易用纱布擦去,且边擦边流出。

(2)扩散期尸斑:指死后 12~24 小时的尸斑。此期尸斑中血管周围的组织液渗入血管内,促进红细胞溶解,被血红蛋白染色的血浆又向血管外渗出,尸斑的颜色进一步加深,范围进一步扩大,呈暗紫红色、大片状。用手指按压仅稍微褪色。改变尸体的体位后,原有尸斑不会消失,新的低下部位可形成尸斑,但颜色较浅淡。切开尸斑处皮肤,可见血管断面有血滴流出。尸斑处组织被染红色,不能被擦掉。

(3)浸润期尸斑:指死亡 24 小时后的尸斑。被血红蛋白染色的液体渗入组织间隙,浸染组织及细胞。此期尸斑完全固定,按压或改变体位,尸斑不再褪色或消失,也不能形成新的尸斑。切开尸斑处皮肤,切面呈暗紫色或紫红色,无血液从血管断面流出。

4. 尸斑的颜色　尸斑的颜色主要取决于血红蛋白及其衍生物的颜色。正常人血液中因氧合血红蛋白含量较高而呈鲜红色。人死后血中氧合血红蛋白逐渐减少,还原血红蛋白含量增多而呈暗紫红色,使尸斑呈暗紫红色。此外,尸斑的颜色还受皮肤颜色、死因、死亡时间和环境温度等多种因素的影响。有时,可通过尸斑颜色推断死亡原因,如氰化物中毒死者,由于血中氰化血红蛋白形成,尸斑可呈鲜红色;一氧化碳中毒死者因血液中碳氧血红蛋白含量高,尸斑呈较特殊的樱桃红色(图 2-1);氯酸钾、亚硝酸盐等中毒死者,因形成正铁血红蛋白,尸斑呈灰褐色。冻死者在冻死过程中组织细胞耗氧量减少,且氧合血红蛋白不易解离,尸斑呈鲜红色;但其他原因导致死亡者,尸体在低温或冷冻保存过程中因环境中的氧分子可以透过皮肤与皮下血管中的血红蛋白结合形成氧合血红蛋白,使尸斑变成鲜红色,因此需要加以鉴别。

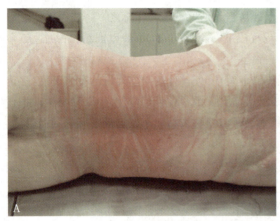
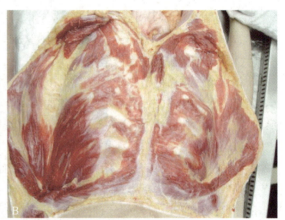
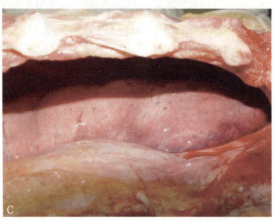

图 2-1　一氧化碳中毒死者尸斑(A)、胸大肌(B)及肺组织(C)呈樱桃红色

5. 影响尸斑形成的因素　尸斑的分布、程度、形成速度等受内在因素和外在环境因素的影响。

(1)尸体内在因素:包括种族、死因、死亡时间和临死时的姿势等,主要与死因关系密切。如因急性大失血、贫血、多器官功能衰竭或恶病质等死亡者,尸斑出现晚、程度轻,多呈淡红色或浅淡红色;而猝死、急性中毒死亡和机械性窒息死亡的尸体,血液不凝固、易于沉积,尸斑出现早、分布较弥漫,一般为暗红色或暗紫红色。

(2)外界环境因素:体表有物体压迫处皮下小血管受压,血液不能聚集在血管内,局部不形成尸斑,常呈苍白色。尸斑有时还能反映出所压物体表面的形状,皮肤上内衣的花纹,悬位缢死者腰部的裤带压痕等。水中尸体由于水压作用或尸体在水中翻动,不易形成尸斑。

6. 法医学意义　①尸斑是最早出现的死亡征象之一。②根据尸斑的发展进程可大致推断死亡时间。③根据尸斑的颜色和程度分析死因。④根据尸斑的位置和分布可推断死亡时的体位及死后尸体位置有无变动。⑤尸斑形态可以提示与尸体接触物的表面形态。⑥尸斑易与皮下出血混淆,应予以鉴别(表2-1)。

表2-1 尸斑与皮下出血的鉴别

鉴别点	尸斑	皮下出血
形成	死后血液坠积而成	生前外伤所致
部位	尸体低下部位未受压处	体表任何部位
范围	广泛,边界不清	局限,较尸斑而言边界较清楚
颜色	主要与死因、环境温度和死后经过时间有关,可辅助死因分析	与受伤时间和出血程度有关,颜色有一定的变化规律
表面情况	一般无损伤,呈大片状分布;受压处不出现尸斑,可反映所接触物体表面的形状	局部肿胀,常伴表皮剥脱;多为片状,有时能反映致伤物表面的形状或性状
指压变化	早期指压褪色,晚期指压不褪色	指压不褪色
体位改变	早期可消失,并出现新尸斑;晚期无变化	翻动尸体后无变化
局部切开	组织内无凝血、出血;早期尸斑血管内有血液流出,用纱布易擦去;扩散期尸斑组织被红染,血管断面有少量血液流出	局部组织内有凝血、出血,水冲、纱布擦抹不能除去
镜下所见	早期尸斑,毛细血管和小静脉扩张,充满血细胞;晚期尸斑,血管内皮细胞肿胀、脱落,管腔内充满均质红染液体、形态不整或溶解的红细胞;不伴有炎症细胞浸润	血管周围有大量红细胞,出血处有纤维蛋白网形成;血管不扩张,管腔内红细胞较少;可伴有炎症细胞浸润

(七) 尸僵

人死后各肌群发生僵硬将关节固定而使尸体呈强直状态称为尸僵(rigor mortis,cadaveric rigidity)。

1. 尸僵形成的机制 尸僵形成机制尚不十分清楚。研究表明尸僵与死者肌肉内 ATP 的含量及消耗密切相关。活体内肌肉的弹性和收缩性需要足够的 ATP 提供能量来维持。人死后,新陈代谢停止,ATP 不再产生而持续分解。当 ATP 含量减少至正常含量 1/4 时,肌动球蛋白与肌球蛋白分离停止,使肌肉保持收缩凝固状,形成尸僵。也有研究显示,人死后肌肉中的糖原可继续分解产生大量乳酸,使肌纤维中的蛋白质凝固,参与尸僵形成;其他因素如神经刺激及 Ca^{2+}、Mg^{2+} 等离子变化也可能影响尸僵的形成。

2. 尸僵发生和缓解的时间 尸僵一般自死后 1~3 小时开始,先出现在一些小肌群,4~6 小时发展到全身,12~15 小时达到高峰,全身关节被固定、僵硬,24~48 小时开始缓解,3~7 天完全缓解。死后 4~6 小时内,如人为将尸僵破坏,尸僵很快又重新形成,称为再僵直(re-stiffness)。但强度较原尸僵为弱。死后 6~8 小时以后破坏尸僵,则不易形成新的尸僵。

3. 影响尸僵的因素 影响因素包括个体因素和环境因素。

(1)个体因素:包括年龄、体形和死因等。生前身体健康、肌肉发达者,肌肉中糖原、ATP 和磷酸肌酸贮量较多,尸僵出现迟,尸僵程度较强,尸僵缓解慢。婴幼儿、老人、体弱者反之。因外伤和疾病急死者肌肉中 ATP 等贮量丰富,尸僵发生迟、程度强。窒息、失血和砷、汞等中毒的死者,因缺血缺氧、ATP 含量较少,尸僵发生也较缓缓。一氧化碳中毒致死者,尸僵出现晚而持久。

(2)环境因素:气温高,尸僵发生早、缓解快;气温低,尸僵出现迟、持续久。湿度大的环境中,尸僵发生缓慢。

4. 尸僵形成的顺序 尸僵形成的顺序与肌群的大小有关,小肌群出现早,大肌群出现较迟。一般分为上行型(尸僵从下肢开始,逐渐向上发展至头面部)和下行型(尸僵自下颌和颈部关节周围的小肌群开始,逐渐向下扩展到全身),以后者多见。尸僵缓解和消失的顺序常与发生的顺序相同。

5. 法医学意义   ①尸僵是死亡的确证;②根据尸僵出现的时间、顺序、范围和强度有助于推断死亡时间和原因;③根据尸僵固定下来的尸体姿势,有助于分析死亡时的状态、行为和尸体有无被移动,有助于判断自杀或他杀。

(八) 尸体痉挛

死后肌肉未经松弛阶段立即发生僵硬,使尸体保持死亡时刻的动作和姿态,称为尸体痉挛 (cadaveric spasm,instantaneous rigor),是一种特殊的尸僵现象。其发生速度快,持续时间长,可保持到尸体腐败开始才缓解。

1. 尸体痉挛的形成机制和表现   目前,尸体痉挛的形成机制尚不完全清楚。一般认为,死前有剧烈肌肉运动或精神处于高度兴奋或紧张状态是发生尸体痉挛的重要条件。可能与应激状态下神经、内分泌因素有关。尸体痉挛多呈局部性,手部多见,如溺死者手中紧抓水草或其他异物,被害人挣扎时紧握的异物(图 2-2)。偶可见于全身,如士兵战死后仍坐于战车上或站立而不倒。

图 2-2 尸体痉挛

2. 法医学意义   由于尸体痉挛可保持死者生前在死亡瞬间的姿态和动作,对判断、推断死亡方式极有价值。法医学实践中,需鉴别他杀后伪装成自杀。

(九) 自溶和自家消化

人死后,组织、细胞受细胞内固有的各种酶的作用而发生溶解、结构破坏,使组织软化甚至液化,称为自溶(autolysis)。

1. 自溶的机制   人死后,组织、细胞失去正常功能,胞质中的溶酶体膜破裂,释放出各种酶类,使组织和细胞中的蛋白质、核酸以及糖蛋白、多糖、脂质等大分子物质逐渐降解,组织细胞形态破坏,直至完全溶解液化。

2. 自溶的形态变化   自溶的形态变化视不同的器官组织以及自溶的程度而异。大体上,自溶的内脏器官变软、失去正常光泽;切面组织结构不清。显微镜下组织结构模糊,细胞肿胀,胞质嗜酸性染色增强,失去胞质内固有的特征性结构,如心肌的横纹、神经细胞的尼氏小体;核染色质凝聚、核碎裂、核仁溶解消失;有的仅见细胞轮廓而无细胞内结构。严重自溶时甚至难以辨认器官组织。

3. 内脏器官的自溶顺序   由于人体各器官组织细胞的结构、数量和功能不同,死后自溶发生的先后顺序不同,同一器官的不同部位先后次序也有差别。一般情况下,富含消化酶的器官自溶发生较快;与外界相通的器官组织自溶早;同一器官实质细胞较间质细胞自溶早而重。相同条件下,胰腺和肠黏膜、胆囊黏膜细胞的自溶发生最早。胃黏膜、肾近曲小管上皮细胞、脾、肝和肾上腺等次之。皮肤和结缔组织自溶较慢。

4. 自家消化   人死后,胃、肠壁组织因受消化液的作用而溶解、液化,称为自家消化(auto-digestion)。

胃壁自家消化多见于胃体部的胃黏膜,表现为黏膜膨胀、松软、皱襞消失、污垢色,有时可显露胃底黏膜下的血管网。严重的自家消化可导致胃肠壁穿孔。穿孔处的胃、肠壁形状不规则,边缘薄,无出血等生活反应。显微镜下可见黏膜上皮细胞脱落。与胃相比,肠黏膜的自家消化相对较轻。

5. 影响自溶与自家消化的因素 包括外部因素、内部因素和人为因素。

(1)外界环境:主要是温度和衣着情况。夏季自溶发生早、发展快;冬季自溶发生发展缓慢。低温冷冻尸体自溶变慢,甚至可能暂时停止。

(2)内在因素:肥胖尸体自溶发生快;猝死、机械性损伤、机械性窒息、中毒或电击等急速死亡的尸体,组织细胞内含大量有活性的酶,自溶发生早而快;慢性消耗性疾病死者,因濒死期较长、体内酶消耗多,故自溶较慢。

(3)人为因素:尸体解剖提取的器官组织未及时固定,或提取的检材过大,或固定液浓度不够时,易发生自溶。

6. 法医学意义 ①不同器官组织与细胞自溶的发生、发展情况有助于推断死后经过时间。②组织、细胞的自溶需与组织变性、坏死等生前病变相鉴别(图2-3)。③自溶会影响尸检诊断,因此应尽早进行尸检,妥善切取检材并及时固定,尽可能减少或避免死后变化对病理学诊断的干扰。

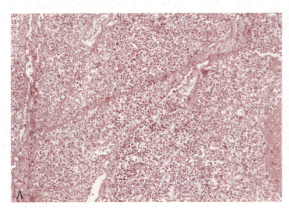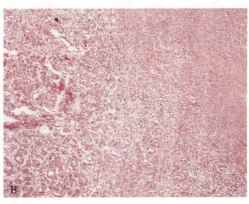

图2-3 自溶和坏死

A.胰腺自溶,弥漫性组织结构及细胞仅见轮廓,细胞结构难以辨认;B.局部组织细胞坏死,伴周围炎症细胞浸润。

三、晚期尸体现象

晚期尸体现象主要包括尸体腐败及白骨化。

(一)尸体腐败

人死后各种细菌繁殖,使蛋白质、脂肪和碳水化合物分解为简单有机物、无机物和腐败气体等,尸体软组织因腐败细菌的作用而逐渐分解和消失的过程称为腐败(putrefaction)。其中,脂肪被细菌分解为脂肪酸和甘油,称为酸败(rancidity),碳水化合物分解为单糖、醇或直至二氧化碳和水,称为酵解(fermentation)。

1. 腐败的发展和形态变化 腐败是一个逐渐发展的过程,其发生的早晚与发展的快慢受多种因素影响,形态表现也各不相同。

(1)尸臭:人死后3~6小时,肠管内的腐败细菌开始产生以硫化氢和氨为主的腐败气体,并从口、鼻和肛门排出,具有特殊的腐败气味,称为尸臭(odor of putrefaction)。

(2)腐败气体、气泡和水疱:腐败细菌产生大量腐败气体,使各器官组织胀气,特别是胃和肠管,致胃、肠壁变薄,腹部膨胀。腐败气体窜入表皮与真皮之间,形成大小不等的气泡,称为皮下腐败气泡(subcutaneous gas bleb)。当气泡内含有腐败液体时,称为腐败水疱。死后3~4天,腐败气泡溃破,表皮剥脱,裸露出污秽暗红色的真皮。

（3）尸绿:腐败气体中的硫化氢与血红蛋白生成硫化血红蛋白,透过皮肤呈绿色,称为尸绿（greenish discoloration on cadaver）。回盲部细菌多且繁殖较快,故尸绿最先出现于右下腹部,有时死后数小时右下腹即可出现尸绿。随着腐败的进展,尸绿逐渐扩展到全腹壁,最后波及全身。局部尸绿有时易被误认为是挫伤。

（4）死后循环:尸体血管内产生的腐败气体,压迫血液使之流动,称为死后循环（cadaveric circulation）。死后循环使腐败细菌随血液的流动散布至各器官,促进腐败发展。

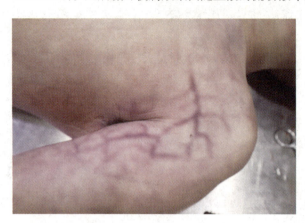

图 2-4　腐败静脉网

（5）腐败静脉网:死后体内血管中的血液腐败,产生硫化血红蛋白,且血液受腐败气体的挤压,使皮下静脉充满腐败血液,在体表呈现出暗红色或污绿色树枝状静脉血管网,称为腐败静脉网（putrefactive networks）（图 2-4）。一般在死后 2~4 天出现,早期多见于腹部和上胸部,其次是两侧的肩部、上臂和大腿,逐渐扩展至全身。腹壁的腐败静脉网应与门静脉高压时的侧支循环出现的腹壁浅静脉曲张相鉴别。

（6）腐败巨人观:尸体腐败扩展到全身时,尸体软组织内充满腐败气体使整个尸体膨胀,面目全非,容貌难以辨认,称为腐败巨人观（bloated cadaver）。表现为颜面膨隆,眼球突出,口唇外翻,舌尖突出于口外,颈部变粗,胸、腹部显著膨胀隆起,阴茎、阴囊高度肿胀,皮肤呈污绿色,出现腐败静脉网,伴腐败水疱形成;皮下组织和肌肉呈气肿状,四肢增粗,有的手和足的皮肤可呈手套状和袜状脱落。一般来说,水中尸体容易且更早出现巨人观。

（7）泡沫器官:肝、肾、脾等实质器官内因腐败气体而形成大小不等的海绵样空泡,称为泡沫器官（foaming organ）。在切面肉眼易于观察,显微镜下可见到大小不等的细小空泡,应与坏死、液化等病变相鉴别。

（8）死后呕吐、口鼻血性液体流出:死后胃内容物因受腐败气体的压迫,反流从食管经口、鼻排出,称为死后呕吐（postmortem vomiting）。有时这种反流的胃内容物可进入气管和支气管,易被误认为是呕吐物误吸引起窒息死亡,值得注意。当腹腔内的腐败气体使膈肌上升而压迫肺时,可使积聚在气管、支气管内的腐败血性液体自口、鼻溢出,可能会被误认为是急性中毒、损伤或某些疾病所致的出血。

（9）肛门、子宫、阴道脱垂和死后分娩:腹腔内大量腐败气体压迫骨盆底时,可使直肠中的粪便排出,肛门脱垂;女性尸体可使子宫、阴道脱垂。孕妇死后,胎儿因受腹腔内腐败气体压迫而被排出体外,称为死后分娩（postmortem delivery）。

2. 腐败的顺序　人体各器官组织的结构及其致密程度、含水量不同,有的器官生前就有细菌存在,因此,各器官组织腐败开始的时间和发展的速度也不相同。组织结构致密、含水量少的器官腐败相对缓慢。

一般情况下,各器官腐败的顺序大致为肠、胃、胆囊、气管、肺、脾、肝、脑、心肌、肾、胰腺、膀胱、骨骼肌、子宫和前列腺。毛发、牙齿和骨骼则可保存较长时间。

3. 影响腐败的因素　腐败的发生和发展受尸体本身和外界环境多种因素影响。凡有利于腐败细菌滋长的因素均能加速尸体的腐败,反之则减缓腐败的发生和发展。

（1）尸体内在因素:包括个体差异和死亡原因。肥胖尸体较瘦弱尸体腐败快。幼儿尸体因含水分较多,腐败较成人快;老年人尸体腐败最慢;新生儿尸体内细菌很少,腐败较慢。妊娠期或分娩后的子宫腐败发生早而快。机械性窒息、猝死等急性死亡尸体,死后血液呈流动性,腐败细菌易于繁殖和扩散,腐败较快。大失血或脱水尸体腐败较慢。产褥热、败血症或脓毒血症死亡者,生前体内有大量细菌,尸体腐败快。中毒死者腐败的快慢依毒物种类不同而异,死于吗啡和氰化物中毒的尸体腐败快,而砷、汞等金属毒物中毒死者腐败较慢。

（2）外界环境:主要与温度、湿度和空气流通等有关。腐败细菌生长繁殖的适宜温度是 20~35℃,此时尸体腐败快。温度过高(如 50℃时)、过低(如 0℃以下)均可阻碍或延缓尸体腐败的发生和发展。尸体处于干燥环境时,可因水分迅速蒸发形成干尸,腐败停止。水中尸体,若水温适宜,腐败迅速;但如水温很低,则腐败缓慢。

大部分腐败细菌是需氧菌,因此空气流通处的尸体腐败快。地面上的尸体常常比水中或土壤内的尸体腐败快。从水中打捞出的尸体,腐败发展更快。

4. 法医学意义　①推断死亡时间。②鉴别生前伤死后伤:正确认识各种腐败现象,避免误诊为生前疾病或损伤。③腐败可使沉入水中的尸体浮起,有利于发现尸体和揭露犯罪。

（二）白骨化

尸体软组织经腐败后完全溶解消失,毛发、指(趾)甲脱落,最后仅剩下骨骼(图 2-5),称为白骨化(skeletonized remains)。

1. 影响因素　主要受所处环境的影响,如温度、湿度及埋葬处土壤的情况等,而尸体本身的因素影响较小。旷野尸体较土葬尸体的白骨化要快得多。暴露于空气中的成人尸体白骨化,夏季需 2~4 周以上,春秋季为 5~6周,冬季则需数月以上。一般埋于土中的尸体,经 2~3 年,软组织变为灰污色,似泥浆状,一经脱落,白骨化过程即完成。大约 10 年后尸骨才会完全干涸。经过 300 年后尸骨才会变得很轻、易碎。动物对尸体的破坏,可加速尸体白骨化的进程。

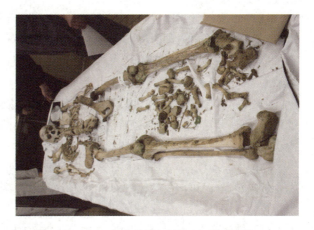

图 2-5　尸体软组织消失,仅剩下骨骼

2. 法医学意义　①尸骨上的损伤痕迹可长期保存;②骨髓或骨质内可长久保存某些毒物,可作为毒药物检验检材;③骨骼在个人识别方面具有重要意义。

四、毁损型与保存型尸体现象

根据尸体保存是否完整分为毁损型尸体和保存型尸体两类。

（一）毁损型尸体

毁损型尸体包括昆虫、动物对尸体的破坏以及死后人为现象。

1. 霉尸　尸体处于适宜真菌生长的环境条件下,在裸露的局部或全身表面滋生出白色霉斑和霉丝称为霉尸(molded cadaver)。沼泽、池塘、河溪中和冷藏时间较久的尸体容易形成霉尸。霉斑开始多见于颜面部的眼、鼻、口唇周围和颈部及腹股沟等处,以后逐渐扩散。初期为霉斑点或细丝状,可发展融合成片状。光镜下可见大量真菌菌丝与孢子。霉尸的出现有时可帮助推断尸体所处的环境条件,对案件的分析和侦破有一定的帮助。

2. 昆虫、动物对尸体的毁坏　陆地上及水中尸体都有被动物或昆虫毁坏的可能,这种毁坏可形成各种形态的死后损伤,其中蝇类对尸体的破坏最为常见。

通过研究昆虫、动物对尸体毁坏的特征和规律,有助于与生前损伤相鉴别。掌握某些昆虫(苍蝇等)的生长规律及特定分布区域,为死亡时间推断及案发现场重建提供参考依据。毁坏尸体主要见于各种昆虫和鼠、犬、豺狼、鸟类、水族动物等。

（1）昆虫:昆虫在法医学中的作用和地位越来越受到人们的重视,已形成一门新兴的交叉学科——法医昆虫学（forensic entomology）。研究昆虫的主要目的是用来推断死后经过时间，并为侦查破案提供线索，对分析死亡原因、推断死亡场所和抛尸场所等也有一定的意义。

1）蝇蛆：蝇类对尸臭敏感。夏季，人死后约10分钟，甚至在濒死期蝇类即群集于尸表产卵，卵孵化成蛆，分泌含有蛋白溶解酶类的液体，消化和破坏尸体软组织，形成污秽灰白色的蜂窝状小洞，继而侵入皮下、肌肉和内部器官。由于蝇的种类较多，且其分布有一定的地域性和季节性，因此，根据蝇蛆生长发育情况及种类，在一定时间内可以帮助推断死后经过的时间和是否有移尸。

2）蚂蚁：蚂蚁体小口细，咬食尸体时多开始于耳郭、下颌部、颈部、下腹部、四肢屈侧等皮肤柔嫩部位和有表皮剥脱、皮肤创口、索沟、扼痕等损伤处，形成表面呈圆形、类圆形、不规则的组织缺损，创缘内卷或形成潜掘形的表皮剥脱。

（2）鼠类：鼠类对尸体造成毁坏较常见。鼠咬食尸体多见于眼睑、鼻尖、口唇、耳郭和其他暴露部位。咬伤处有锯齿状小齿痕，创缘不规则，创口小而浅表，多个创腔的深浅基本一致，现场可发现鼠迹、鼠粪。

（3）犬：犬咬食尸体时破坏性较大。轻者呈花环状擦伤或较浅的创伤，重则咬去大块肌肉，肢体离断。创口大小不一，创面、创缘不整齐，呈撕裂状；有时咬伤似刺创；骨的断端可留有齿痕，尸表可见犬爪搔痕；若胸、腹腔被咬破，则内部器官可缺失；现场和尸体上可发现犬毛和犬足痕迹，周围可有被拖散的组织碎块和血迹。

（4）鸟类：鹰、猫头鹰和乌鸦等均可噬食尸体，造成皮肤肌肉缺损，甚至食尽全部软组织。由于鸟的种类不同，其喙长短各异，故对尸体造成局部损伤的情况也不尽一致。创缘不整齐，创面粗糙不平，大小、深浅不一，可见被撕扯痕迹。严重时甚至造成"白骨化"。

（5）水族动物：水族动物中的各种鱼类都可能破坏水中尸体，损伤多位于尸体突出部位，常常先噬食软组织，有时可严重破坏躯干和四肢软组织，仅剩下骨骼；大的鱼类可以破坏肢体，鲨鱼甚至可吞没全尸。

（6）其他动物：如虎、豹、野猪、狐狸、螨、蟹、虾及水蚤等均能不同程度地毁坏尸体，偶有家禽对尸体造成损伤的。

3. 其他自然环境对尸体的破坏　除动物和昆虫可对尸体造成不同程度的破坏外，处于各种自然环境下的尸体还可因多种原因造成不同类型、不同程度的毁损。常见的有以下几种。

（1）江河湖海的水中尸体：水中尸体可与岩石、桥墩及树木等水中物体碰撞受损，或是被机动船舶的螺旋桨等损伤，甚至造成肢体离断。有些损伤类似锐器伤。

（2）铁路、公路等道路上的尸体：车道上的尸体易被行驶过的交通车辆所伤，造成碾压伤、挤压伤、拖擦伤和肢体离断等。此时应注意与他杀后伪装成交通事故损伤等相鉴别。

此外，火灾、地震、山崩、冰雪和泥石流等均可对尸体造成不同程度的损伤。

4. 尸体的人为破坏　机体死亡后，由于某些人为因素的作用，可在尸体上造成各种破坏或损伤，称为死后人为现象（postmortem artifacts），应予以鉴别。按出现的时间有濒死期人为现象、尸体搬运过程中发生的人为现象以及尸检过程及其后出现的人为现象。

（1）抢救过程中的人为现象：危重伤病患者在濒死期或死后短时间内，医护人员对其进行抢救常会造成一些人为损伤。这种损伤容易被误认为是生前伤，从而误判案件性质，也易被误认为是医疗失误而引发医疗纠纷。如胸外心脏按压可致相应部位皮下出血及肋骨、胸骨骨折，甚至可发生骨折断端刺破胸部内部器官；口对口人工呼吸形成的面部和颈部的擦伤，口唇、牙龈挫伤等；心电除颤常在心前区皮肤接触部位形成椭圆形、长方形皮肤损伤；气管插管及喉镜检查造成的口唇、牙龈、牙齿和咽喉部的擦伤或挫伤。

（2）尸体搬运及保存时的人为现象：搬运尸体时可造成擦伤、裂创，甚至造成骨折或原有损伤扩大、变形。变动尸体体位可使胃内容物反流进入呼吸道，常被误诊为胃内容物吸入致窒息死亡，前者胃内容物只在上呼吸道出现，后者可见于肺泡内。低温保存使尸体冻结变硬，可出现新的损伤改变，

NOTES

也可使原有损伤变形,如形成冰冻水疱,尸体内的冰碴,病理切片上出现冰晶等,容易被误诊为软化灶等生前损伤或疾病,应注意鉴别。有时冷藏尸体会发生颅底骨折,应结合其他损伤综合分析判断。

（3）尸体检验过程中的人为现象:易被忽略而漏诊,又易被误诊为生前损伤或疾病。①切开胸、腹腔时,由于用力或刀法不当,可致心、肺及肝、脾等器官组织的划伤;②开颅时由于操作不慎,可使生前原有骨折线延长,甚至造成新的骨折;③取出颈部器官时用力过猛可引起舌骨的人为骨折;④肺动脉栓塞死者,若不在原位剪开右心室和肺动脉检查,可致栓子移位、脱落或丢失。

上述不同情况所致的尸体损毁可单独出现,也可同时被两种原因或多种原因同时造成。必须认真仔细勘查现场,全面系统检验尸体,综合分析,做出判断。

（二）保存型尸体

1. 干尸　尸体处在干热或通风条件良好的环境中,水分迅速蒸发而不发生腐败,使尸体呈干枯状态保存下来,称为干尸或木乃伊（mummy）。

（1）干尸形成条件及机制

1）环境条件:干燥、通风和高温环境均可使尸体内的水分迅速蒸发消失,这是形成木乃伊的首要条件。干旱沙漠地区,易发现干尸。

2）尸体条件:生前消瘦或失血、脱水的尸体易形成干尸。新生儿、幼儿、老人的尸体较易形成干尸。相同环境下,体质消瘦尸体较易形成干尸。

（2）形成时间和征象:干尸形成始于尸体暴露部位,然后逐渐发展到全身。成人干尸形成约需2~3个月,婴幼儿仅2周即可形成。干尸的外形干瘪,体积缩小,体重明显减轻,可比生前减轻70%以上;皮肤和软组织干燥、皱缩、变硬,呈灰色或浅棕色;内部器官干燥、变硬,被膜皱缩,体积缩小。

（3）法医学意义:①干尸可保持生前某些损伤,如索沟、刺创、骨折等,对揭露犯罪和分析死因具有一定意义;②干尸可保持某些个人特征,有助于个人识别;③干尸可保存生前的某些病变,如动脉粥样硬化、结核结节、寄生虫卵等,有助于分析死者生前健康状况和死因。

2. 尸蜡　长时间埋于湿土或浸于水中的尸体,腐败进展缓慢,尸体局部或全身皮下脂肪组织因皂化或氢化作用,形成灰白色或黄白色蜡样物质,称为尸蜡（adipocere）。

（1）尸蜡形成机制:尸体处于水或湿土中,腐败变慢或停止,尸体皮肤被水浸软而变疏松,皮下脂肪组织分解成甘油和脂肪酸,甘油溶于水中而流失,部分溶于水的不饱和脂肪酸与水中钙、镁、铵等离子结合,发生皂化作用形成脂肪酸盐皂化物,其余不饱和脂肪酸经氢化作用形成饱和脂肪酸,饱和脂肪酸不溶于水而沉积下来形成尸蜡。

（2）形成时间和征象:成人局部形成尸蜡约需3~4个月,全身大部形成需1~1.5年。小儿整个尸体形成尸蜡大约6~7周。尸蜡可大体保持尸体原形,常见于面部、臀部、女性乳房及四肢等处,一般呈灰白色或黄白色较坚实的脂蜡样物,触之有油腻感,可以压陷,脆而易碎。

（3）法医学意义:①尸蜡可保存某些生前损伤痕迹,如索沟、扼痕等,有助于揭露犯罪事实、分析死因;②尸蜡有助于进行个人识别、查找尸源。

3. 泥炭鞣尸　浸于富含多种腐植酸和单宁物质的酸性泥炭沼泽中的尸体,因酸性物质的作用,腐败停止,皮肤鞣化,肌肉和其他组织蛋白逐渐溶解,骨骼和牙齿脱钙,尸体体积明显缩小,重量减轻,形成易弯曲的软尸,称为泥炭鞣尸（cadaver tanned in peat bog）。

泥炭鞣尸的法医学意义:可保存某些生前损伤的痕迹,有助于分析死因和判断案件性质。

4. 浸软　妊娠8周以上的死胎,滞留于宫内不能被完全溶解吸收,浸泡于无菌的羊水中,变得小而软,称为浸软（maceration）,或称浸软儿。浸软比较少见。

浸软的法医学意义:①胎儿浸软是判断死胎的依据;②浸软程度有助于推断胎死宫内的时间。

五、死后尸体生物化学变化

机体死亡后,尸体各组织、细胞和生物大分子因持续分解而发生的一些化学和生物化学变化,称为死后化学变化(postmortem chemical changes)。其中,一些生物大分子等物质需要用分子生物学等技术在分子水平检测才能观察到其变化的称为死后分子变化(postmortem molecular changes),应用分子生物学技术研究、解决死亡时间、死后基因诊断等,逐步形成了分子解剖(molecular autopsy)。随着检验技术及各种新型仪器设备的开发与应用,死后生物化学变化的研究及其相关成分的检验与分析越来越受到重视。

根据死后化学变化和分子变化发生的部位,分为组织细胞内和体液中的化学及分子变化。前者如组织细胞中的各种蛋白质和酶类的死后变化;后者如血液、玻璃体液、脑脊液、心包液、胆汁、尿液、羊水、胸腔积液、腹腔积液等中的化学成分的死后变化;按检测的内容可分为水、电解质成分、微量元素、糖、脂质和维生素、激素、蛋白质和酶类、DNA及RNA等。检测方法包括化学、生物化学、组织化学、酶组织化学、免疫组织化学、分子生物学以及组学等技术方法。

机体死亡后,蛋白质、核酸及化学物质的成分及量发生变化,有些变化随死亡时间延长呈时相性规律性进行,有助于死亡时间推断、死因诊断及生前疾病推断等。

(一) 蛋白质降解

人死后,随着死后经过时间的延长,各种蛋白质以一定的时间规律发生降解。有研究发现人心肌肌钙蛋白I(cardiac troponin I, cTn I)、甲状腺球蛋白含量的变化在一定时间段可用于推断死亡时间;热休克蛋白70的变化可用作高低温死亡的诊断生物标志物。

(二) DNA及RNA降解

1. DNA 人死后组织细胞对自身酶的屏障保护作用消失,在脱氧核糖核酸酶的作用下,核染色质DNA崩解为小碎片,分散于胞质中,最后染色质中残余蛋白质被溶蛋白酶溶解,核便完全消失。有研究表明,机体死亡后一段时间内细胞内DNA含量会随死亡时间的延长而逐渐下降。例如72小时内肝组织、骨骼肌和心肌细胞的DNA含量变化与死后经过时间存在一定的线性关系。

2. RNA 机体死亡后,组织细胞RNA受RNA酶水解而逐渐降解,检测和分析RNA的变化在法医学具有重要应用前景。如对判断损伤时间、疾病的病理生理状态、死因及死亡时间等来说都很有意义。有研究表明,某些微小RNA(micro RNA, miRNA)、环形RNA(circular RNA, circRNA)稳定性较好,且具有组织器官特异性,可用于晚期死亡时间推断;部分更稳定的miRNA及circRNA可用作内参。

(三) 其他死后化学变化

目前,研究较多的死后化学变化主要集中在血液、脑脊液和玻璃体液的一些化学成分的改变。

1. 血液 人体血液的化学组成成分多,是进行尸体化学研究和检测的最常见、最重要的样本之一。以血液研究死后化学变化的优点是:①采样容易,检材量多;②可检测的生化成分广泛;③虽然缺少死后正常值,但可供参考的文献资料和临床资料较多。

用血液检测死后化学变化也有其不足:①死后血液中有的成分不稳定,且无一定的变化规律,故难以判断其正常与否;②检测结果易受取材时间、污染等多种因素的影响;③血液的化学成分个体差异大,影响结果的判断。

血液中用于检测化学变化主要指标有以下几种。

(1)电解质:钾最常用,对怀疑因高钾或低钾所致死亡的案例,可检测钾离子浓度。由于死后溶血,血钾浓度升高,应慎重。随着死亡时间延长,血中氯离子浓度逐渐下降,可用于推断死亡时间。

(2)乳酸、尿酸、肌酐、尿素氮、非蛋白氮、氨基酸氮和次黄嘌呤等,随时间变化也有逐渐降解的趋势。

(3)蛋白质和酶类:如白蛋白、球蛋白、淀粉酶、转氨酶、酸性磷酸酶、碱性磷酸酶、乳酸脱氢酶、类胰蛋白酶(tryptase)等。对怀疑因过敏性休克致死的案例可检测血清类胰蛋白酶的含量做参考。

(4)免疫球蛋白和补体:如IgE、补体C_3等。IgE检测结果可作为过敏死亡案例死因鉴定的参考指标。

(5)血糖、激素水平:如胰岛素、肾上腺素等。检测血糖及结果评价必须考虑其影响因素。胰岛素除了疾病外,还需注意用胰岛素注射他杀案例。

（6）染色质和核酸等:通过检测细胞中DNA含量变化可进行死亡时间推断。

（7）蛋白质、碳水化合物分解产物:因腐败,蛋白质和碳水化合物分解产生的醇类、硫化氢等。此时应与生前摄入的毒物、药物相鉴别。

2. 脑脊液　脑脊液受死后环境因素影响小,死后化学检测结果较为可靠。但因脑脊液中有些生化成分死后变化快、收集不方便,且易受血液污染,所以应用有限。主要有乳酸、氨基酸氮、尿酸、黄嘌呤、氨、单胺类、钾以及是否含有血液和药物等。

3. 玻璃体液　眼玻璃体所处部位受到眼眶的保护,与身体其他部位相对隔绝,不易受污染,因此玻璃体液里物质的死后变化小而慢,是一种较为理想的死后化学检测样本。但由于其量少(约2ml),化学组成成分较少,故用于检测的项目有限,具体项目与脑脊液大致相似,其中以检测钾离子浓度最常见。

4. 心包液　心包液所含离子中除K⁺明显高于血浆K⁺浓度外,其他基本与血浆中各离子浓度相似。因其位于心包腔内,受体内、外因素影响相对较小,故可检测其中不同的离子和酶类用于法医学鉴定。如心包液中乳酸脱氢酶(lactate dehydrogenase,LDH)的同工酶LDH1和LDH2以及肌酸激酶(creatine kinase,CK)同工酶CK-MB、CK-MM和肌钙蛋白水平的变化有助于诊断急性心肌缺血缺氧或细胞毒性损伤。

此外,尿液、胆汁、羊水、心包液、胸腔积液、腹腔积液等都可用于死后化学变化的检测与研究。

（四）影响死后生物化学变化的因素

任何影响死后变化发生发展的因素均可影响死后生物化学变化,常见影响因素有以下几种。

1. 环境因素及个体差异　温度等环境因素明显影响死后生物化学变化。一般来说,温度越高,蛋白质、核酸等物质的降解速度越快。不同个体的病理生理情况不同,各生物化学成分差异较大,故在对检测结果评判时要考虑这些个体差异的影响。

2. 提取样本时间　死后生物化学变化是随着死后经过时间而不断变化的,因此,同一个体在死后不同时间采样的检测结果会出现明显的差异。一般认为,春秋季在24小时内测定的含量有参考价值。

3. 取材部位和方法　人体各个器官组织的生物化学成分存在较大差别。如血清总胆红素含量远比脑脊液中的含量高。死后血糖不稳定,应采用玻璃体液或脑脊液检测血糖浓度。同一器官的不同部位也可有一定差异,甚至明显不同。如左、右侧眼球玻璃体液,心血(左右心室)和周围静脉血。如右心腔血中的转氨酶含量较末梢血中的含量高;溺死尸体左、右心血的水、电解质存在明显的差异等。

六、死后变化的临床与法医学意义

熟悉死后变化(尸体现象)不但对法医病理鉴定工作非常重要,对临床日常工作也具有指导意义。

（一）死后变化的临床意义

早期死后变化有助于临床医生判断死亡的发生。如尸冷、尸斑发生较早,经触摸体表温度或体表低下部位发现斑片状尸斑,医务人员即可判断患者已死亡,可避免投入不必要的人力及设施资源。

尸斑有时与皮下出血很相近,有家属会误以为生前遭受过暴力打击,临床医生能及时给予解释,化解死者家属疑虑。

由于死后血液坠积,病理解剖组织病理取材时应避开低下部位,如肺背侧组织,以免影响显微镜下观察。

自溶可影响组织切片观察,因此,医务人员有义务告知死者家属尽早进行尸体解剖或及时将尸体冷藏保存,以免影响尸检质量。

（二）死后变化的法医学意义

死后变化对于法医病理死因推断、死亡时间推断等具有重要意义,同时,也需与一些生前病损鉴别。

1. **确证死亡**　人体只有死亡后才会出现死后变化,因此只要出现死后变化(尸体现象)即可确证死亡。

2. **死后变化和生前病损、生前伤和死后伤的鉴别**　有些案例的死后变化容易与某些损伤或疾病的病理变化相混淆,必须予以鉴别。例如尸斑与皮下出血,死后血管内凝血与血栓等。此外,由于人死后尸体多呈仰卧位停放,小脑因自身重力与枕骨大孔边缘接触,形成枕骨大孔压迹,易被误认为小脑扁桃体疝,或枕部蛛网膜下腔由于体位造成的血液坠积,被误以为蛛网膜下腔出血。

3. **推断死亡原因**　有些死后变化可用于推断其死因。如尸斑的特殊颜色可提示某些毒物中毒。

4. **分析死亡方式**　某些死后变化有助于分析死亡方式,如尸体痉挛。

5. **推断死亡时间**　死后变化的发生、发展有一定的时间规律性,所以可根据不同的死后变化来推断死后经过时间,这也是推断死亡时间的最基本、最常用的依据。

6. **分析是否死后移尸**　尸斑的分布情况有助于推断死者死亡时的体位和尸体是否被移动。

第三节　死亡时间推断

- 死亡时间推断是法医病理学研究的重点和难点,影响因素众多。
- 与死亡时间相关的人体死后规律性变化对死亡时间推断有重要意义。其中尸体现象(尤其是早期尸体现象)在法医病理实践得到广泛应用。尸体生物化学变化、法医昆虫和法医植被及组学等技术方法的研究方兴未艾。

死亡时间往往标志着案件发生的时间,并与涉案的人和事密切相关,因此,死亡时间的推断是法医病理鉴定中需要解决的重要任务之一,也是法医病理学研究的重点。

一、死亡时间推断的概念及法医学意义

(一) 死亡时间推断的概念

在法医学领域,死亡时间(time of death)是指死后经历时间(the time since death,TSD)或称死后间隔时间(postmortem interval,PMI),即发现、检查尸体时距死亡发生时的时间间隔。

死亡时间推断(estimation of time since death)是推断死亡至尸体检验时经历或间隔的时间,即推断检查尸体时距死亡有多久。

(二) 死亡时间推断的法医学意义

死亡时间推断的法医学意义主要有:①有助于确定案发时间;②有助于认定和排除嫌疑人有无作案时间;③有助于划定侦查范围;④在案件涉及多个嫌疑人时,死亡时间的准确推断对确定嫌疑人的法律责任大小作用重大;⑤死亡时间推断在某些自然死亡、涉及财产继承及保险理赔的案件中有一定的作用;⑥法医学实践中,多数死者的死亡时间为其亲属、邻居或同事所知晓,易于查明,但须注意观察尸体现象的进展与其所描述的死亡时间有无矛盾,以揭露事实真相。

二、死亡时间推断的原理与方法

死亡时间推断是一项较困难的工作,也是法医病理学研究的热点问题,中外学者提出了许多研究方法或学说,但迄今为止,仍无法做到准确。因此常需采用多种方法进行综合的分析判断。

(一) 死亡时间推断的原理

死亡时间推断是基于机体死亡后,死后变化随死亡时间延长而持续发展,且该发展变化与死亡时间之间存在相关性,此即死亡时间推断的原理。确定死亡时间具有重要意义,但是影响因素众多。

(二) 死亡时间推断的方法

法医病理鉴定实践中,主要依据死后尸体变化的规律粗略推断死亡时间。根据尸体变化发生

的先后顺序及法医学实践的要求,将死亡时间推断分为早期、晚期(腐败)及白骨化三个阶段。早期死亡时间推断(estimation of early postmortem period),是指尸体未出现明显腐败,死后经历时间多在24小时内的死亡时间推断,实际工作中,早期死亡时间推断多通过尸温下降程度结合尸斑、尸僵等早期尸体现象以及胃内容物排空现象等综合推断。晚期死亡时间推断(estimation of late postmortem period),即尸体腐败明显,死后经历时间超过24小时的死亡时间推断,实际工作中以晚期尸体现象及法医昆虫学两种方法为主。白骨化尸体死亡时间推断,指的是尸体软组织全部崩解、尸骨外露这一时期的死亡时间推断,实际工作中尚缺乏有效方法。

尸体现象随死亡时间延长出现一定规律性变化,以此可用于推断死亡时间。其中根据尸体温度推断死亡时间及结合多种尸体现象综合推断死亡时间为法医病理实践中常用。

1. 根据尸体温度推断死亡时间　尸温的下降(又称尸冷)具有一定的规律,并且尸温的测量方法简便易行,已被广泛用于推断死亡时间。

(1)尸体温度测量:尸体内部温度因受到皮肤、皮下脂肪及肌肉的保护,随外界环境温度不同而发生变化的速度相对较慢,其变化规律与死后经历时间相关性较好,因此,法医学实践检测尸体脑室、肝及直肠温度来推断早期死亡时间。其中,直肠和肝脏温度能较好地反映尸体内部温度,操作又相对简便。现多采用电子测温仪,所测得的数据精确度较高。

(2)死亡时的尸体温度:存在个体差异,还有昼夜体温差、环境温度、某些药物及死亡原因等影响因素,在应用直肠温度推断死亡时间时应予以考虑。

(3)尸体冷却规律及死亡时间推断:研究表明,尸体直肠温度下降规律遵循一定的曲线,表现为在短暂的平台期后,散热过程最初较缓慢,逐渐加快并达到最大速率,最后再次变慢,直至达到环境温度。

国内外学者根据各自的研究推导出根据尸温推断死亡时间的不同计算公式,由于所处的环境状况及考虑的影响因素各不相同,方法各异,所得的结果偏离必定很大。国内法医界根据研究,得出根据尸温推断死亡时间的方法:以春秋季节为准,尸体颜面、手足等裸露部分有冷却感,为死后1~2小时或以上,着衣部分皮肤有冷却感,为死后4~5小时;死后最初10小时,尸体直肠温度每小时平均下降1℃;10小时后,每小时平均下降0.5~1℃;肥胖尸体在死亡后最初10小时,尸温每小时平均下降0.75℃。夏季尸冷速率是春秋季的0.7倍,冬季是春秋季的1.4倍;暴露在冰雪天气的尸体,尸温在死后数小时即降至环境温度。该方法大致考虑了四季气温变化的差异及尸体温度在不同阶段下降率的快慢,在实际工作中可用于大致推断死亡时间。

2. 根据尸体现象综合推断死亡时间　表2-2列举的一些重要尸体现象作为推断死亡时间的指标。该表为在春秋季节、放置于空气中的尸体大略判定的资料,实践中,尸体现象可因尸体所处环境、放置情况、个体差异以及死因等诸因素而有明显变化。因此,表内所列时间仅作一般参考。

表2-2　根据尸体现象推断死亡时间

尸体现象	死后经过时间	尸体现象	死后经过时间
尸温每小时下降1℃	10小时以内	尸僵消失	3~4天
尸温每小时下降0.5℃	10小时以后	角膜轻度混浊	6~12小时
尸斑开始出现	2~4小时	不能透视瞳孔	18~24小时
尸斑指压褪色	6~8小时	下腹部出现尸绿	24~36小时
尸斑发展高峰	15小时左右	出现腐败静脉网和腐败水疱	2~4天
尸僵开始出现	1~3小时	成人白骨化	5年以上
尸僵发展高峰	12~16小时	成人木乃伊化	3月以上
尸僵开始缓解	24~36小时	全身尸蜡化(水中)	1年左右

3. 根据胃内容物的消化程度推断死亡时间　食物在胃内停留的时间、食糜及食物残渣通过小肠和大肠的时间有一定的生理规律,根据这一规律性变化,可以推断死亡距最后一次进餐的时间,从而间接推断死亡时间。一般认为,胃内充满未消化食物为进食后不久死亡。胃内容物大部分移向十二指肠,并有相当程度的消化时,为进食后2~3小时死亡;胃内空虚或仅有少量消化物,十二指肠内含有消化物或食物残渣时,为进食后4~5小时;胃和十二指肠内均已空虚,为进食后6小时以上死亡。

食物在胃肠内的消化和排空受许多因素的影响,包括食物种类和性状、进食的量、进食习惯、胃肠功能状态和健康状况、药物和饮酒等因素。一般来说,流体食物排空速度比固体食物快,小颗粒食物比大块食物快,碳水化合物比蛋白质快,蛋白质又比脂肪快。根据胃肠内容物消化程度推断死亡时间时,应充分考虑这些影响因素。

除以上方法,还有根据尸体周围或底下植被生长情况、从现场和死者衣裤上血痕的陈旧程度、胡须和头发的长短及其断端性状、膀胱内尿量、现场遗留的报纸、日记、来往信件、日历上的日期、印有日期的食品包装袋、死者随身所带车船票的日期和时间、死后衣着的季节性等进行综合分析,来推断死亡时间。

三、死亡时间推断的研究进展

死亡时间推断一直是法医病理学实践中亟待解决的重要问题之一,传统的方法与技术存在许多缺陷,新方法新技术的研发日新月异,使死亡时间推断的研究有着从简单到复杂的趋势,方法也从单一向多维度发展,以期能够准确推断死亡时间。

(一)死亡时间推断传统方法的改良

尸体现象、胃肠内容物消化程度等传统方法也有改良性研究,如有学者利用分光光度计法研究成人死后72小时内尸斑的颜色变化趋势,其推断死亡时间的误差为6.95小时。有研究者提出尸体综合评分(total body score,TBS)系统法来进行死亡时间推断,该评分系统包括尸体现象及其他十几个评价指标,根据每个指标出现的位置、严重程度和蔓延范围给出相应的分数,最后统计出总分并给出相应的死亡时间。该推断评分法使得早、晚期死亡时间推断得以量化,一定程度上减少了人为主观因素的干扰。

(二)应用昆虫发育或演替规律推断死亡时间

1855年,Bergeret首次将昆虫学的发现和死亡时间推断联系起来,这是现代法医昆虫学的萌芽。随后,大量学者开始运用昆虫学的研究成果和技术进行死亡时间推断的相关研究,研究领域集中在嗜尸性蝇类、节肢动物、甲虫和螨等物种的生物学特性,死后不同阶段昆虫的入侵、卵及其孵化幼虫在尸体的动态发育规律以及个体生态学。其中,利用嗜尸性昆虫的发育或演替规律来推断死亡时间是研究重点和热点,昆虫学的方法主要适用于晚期死亡时间的推断。由于部分方法主观性强、技术要求高,以及昆虫的分布和习性问题,其区域性和季节性较明显。

(三)应用物理化学方法推断死亡时间

随着死亡时间延长,尸体各项物理和化学指标也会随之发生变化。通过相关的技术检测这些指标,分析其变化规律并构建回归方程以推断死亡时间。这些检测技术包括γ射线照射技术、CT技术、中子射线技术、激光诱导击穿光谱技术、电阻抗技术、反射光谱技术、相差显微技术、单体素氢质子磁共振波谱技术等。另外,也有学者通过检测不同器官的最大应力、极限载荷等生物力学参数的时序性改变来推断死亡时间。

(四)死后生物化学变化推断死亡时间

组织和体液中的生化指标的死后变化及其规律是国内外众多学者研究的热点,经研究发现一些生化指标具有较好的死后时序性变化规律,可用于死亡时间推断。

1. 蛋白质　研究发现,蛋白质具有一定的死后时序性变化规律,且不同种类蛋白质的稳定性和降解速率均互不相同。

NOTES

2. 组织酶活性　人死后,细胞屏障保护消失,胞质内的各种酶释放。肝脏、心肌、骨骼肌及脾脏的酶(如乳酸脱氢酶、葡萄糖 -6- 磷酸脱氢酶等)活性改变与死后经过时间存在着一定的相关关系,用酶组织化学和免疫组织化学方法检测死后组织酶活性、含量,可以作为推断死亡时间的参考。

3. DNA、RNA　机体死后,在 DNA 酶及 RNA 酶作用下,DNA 和 RNA 发生分解、减少、消失,随死亡时间呈现一定变化规律,据此推断死亡时间。近年,RNA 与死亡时间推断的研究获得广泛关注,并筛选出适合早期死亡时间和晚期死亡时间推断的标志物。

4. 其他生化指标　死后不同组织或体液中各类物质或离子的变化情况与死亡时间相关,该领域关注最多的是玻璃体液内钾离子浓度变化情况。

由于不同学者建立的推断死亡时间模型不尽相同,推断结果也存在一定的差异,给实际应用带来了一定的困难。

(五) 新技术在死亡时间推断的应用

1. 振动光谱学技术　该技术主要包括红外光谱和拉曼光谱技术,通过观察不同组织光谱变化规律与死亡时间关系,并通过数学建模方法进行回归模型的拟合,可较好地推断死亡时间。随着化学计量学分析方法的引入,使其所获得的死亡时间推断模型更加稳健和准确。

2. 组学　不同于传统单一参数或指标来推断死亡时间,代谢组学、脂质组学及蛋白组学技术主要使用生物信息学、多变量分析方法及人工智能等方法对死后不同代谢产物、脂类及蛋白质的整体轮廓及其差异用于死亡时间推断。

基因组学和转录组学方面,寻找时序性降解最为规律的 DNA 或 RNA 序列,建立推断死亡时间的数学模型的研究也时有报道。

死亡微生物组学是近年兴起的研究机体死后微生物群落组成随时间推移的时空变化。研究发现,机体死亡后微生物群落会出现可重复的、与环境及时间相关的动态变化,这种变化被证明可用于死亡时间推断。

3. 大数据智能　由于死亡时间推断受到很多体内外界因素的干扰,单一的检测技术无法全面反映死后机体的多种时序性变化规律。因此,未来的相关研究方向越来越依赖于多因素参与的数学模型构建,多指标、多方法的联合应用,以提升死亡时间推断的准确性。当前,人工智能算法,如人工神经网络、深度学习、支持向量机、聚类分析、偏最小二乘法等已成为生物医学和法庭科学研究的强大工具,其在死亡时间推断的研究领域,也有望提供重要的技术支撑。

思考题

1. 从社会学角度,请你谈谈对死亡的认识。
2. 如何进行死亡原因分析?
3. 死后变化有哪些? 有何法医学和临床意义?
4. 如何根据尸体现象综合推断死亡时间?

(沈忆文　官大威)

第三章

机械性损伤

　　机械性损伤是法医学实践中常见的损伤类型,也是法医学鉴定中最重要的内容之一。本章主要从机械性损伤的概念及形成机制、形态特征、常见类型和法医学鉴定要点等方面进行介绍。

第一节　概　　述

- 机械外力作用于人体引起的伤害称为机械性损伤。
- 机械性损伤的形态学改变包括擦伤、挫伤、创,以及骨和关节损伤。
- 影响机械性损伤形成机制包括物理因素和生物力学因素。

　　致伤因素作用于人体引起组织结构破坏或/和功能障碍称为损伤。由于致伤因素复杂多样,不同损伤的表现也具有多样性,因此准确鉴定损伤的形态、成伤机制和损伤程度,并对致伤因素进行合理推断是法医损伤鉴定的主要工作。

一、机械性损伤的概念及分类

　　由机械性外力引起的人体组织结构破坏或/和功能障碍称为机械性损伤(mechanical injury)。造成人体机械性损伤的物体称为致伤物。致伤物种类繁多,机械运动形式多变,人体不同组织生物力学及对于机械性外力的反应性存在差异,故机械性损伤鉴定是法医学实践中较为复杂的工作之一。

　　不同学科对于机械性损伤的分类不尽相同,法医学上的分类如下。

(一)按致伤物的性状分类

1. **钝器伤**　常见的有徒手伤、咬伤、棍棒伤、砖石伤和挤压伤。
2. **锐器伤**　常见的有切创、砍创、刺创和剪创。
3. **火器伤**　常见的有枪弹创和爆炸伤。
4. **特殊类型损伤**　常见的有交通损伤、高坠伤。

(二)按损伤特征分类

1. **擦伤**　常见的损伤形态有抓痕、擦痕、撞痕和压擦痕等。
2. **挫伤**　常见的损伤形态有皮内出血和皮下出血。
3. **创**　常见的类型有钝器创、锐器创和火器创。
4. **骨和关节损伤**　常见的有骨折和关节脱位。
5. **内脏器官破裂和肢体离断**　常见的有颅脑损伤、心脏损伤、肺损伤和肢体离断等。

(三)按损伤发生时间分类

1. **生前伤**　在死亡前形成的损伤。
2. **濒死伤**　在濒死期形成的损伤。
3. **死后伤**　在死后形成的损伤。

　　此外,还可按案件性质分类分为自杀伤、他杀伤和意外或灾害伤。

二、机械性损伤的形成机制

机械性损伤系机械性外力作用于人体组织所形成,其严重程度与经致伤物传递到人体组织的能量大小直接相关。因此,可以通过物理学与生物力学的相关知识阐释机械性损伤的形成机制。

(一)影响机械性损伤形成的物理因素

1. 作用力的大小 力的大小是由物体间能量的转换所决定的,而作用力的大小与致伤物质量、速度、高度和作用时间等因素相关。

(1)能量转移的大小:机械性损伤形成过程中,力的大小由人体组织接受的能量决定。常见的能量转移形式包括动能的转移和位能的转化。

动能计算公式为 $E_k=1/2mv^2$(E_k 为动能,m 为质量,v 为速度)。运动的物体质量越大,速度越快,其动能越大,作用于人体组织导致的机械性损伤程度也越重。

位能(重力势能)计算公式为 $E_p=mgh$(E_p 为位能,m 为质量,h 为物体的高度,g 为重力加速度)。当人体从高处落到地面,人体质量越大,高度越高,具有的位能越大,落地时受到地面的反作用力也越大。

(2)能量转移(释放)的时间:致伤物作用于人体或人体撞击致伤物之后,从二者接触瞬间到人体静止所经过的时间即能量转化或释放的时间。物理学用冲量表示力在一段时间的累积效应,其计算公式为 $I=Ft=m_2v_2-m_1v_1$(I 为冲量,F 为作用力,t 为作用时间,m 为质量,v_2 为末速度,v_1 为初速度)。当质量和初、末速度一定时(即动能一定时),作用时间越短,作用力越大(注:作用时间较短时,可以近似认为作用力是恒定的),反之,作用时间越长(缓冲作用),作用力越小。

2. 受力面积 物理学用压强表示单位面积上力的作用效果,计算公式为 $P=F/S$(P 为压强,F 为作用力,S 为受力面积)。当力的大小一定时,受力面积越小,压强越大。

3. 力的作用方向 人体受到的外力可能来自垂直、倾斜和切线等方向,打击力所产生的压力和摩擦力等均对机械性损伤的形态及严重程度产生影响。根据力的平行四边形法则,斜向力的作用弱于垂直力,但大于切线方向的作用力。

4. 致伤物的性质和特征 机械性损伤的严重程度和致伤物的性质及特征也有密切关系。一般条件下,比重大、质地硬的铁质打击物造成的损害较木制致伤物严重;有柄的致伤物因为易于挥动,运动幅度大,具有更大的动能,打击产生的损伤较无柄致伤物严重。

(二)影响机械性损伤形成的生物力学因素

研究外力引起生物体结构、功能和力学改变的科学称为生物力学(biomechanics)。人体不同组织在抗压力、抗拉力、抗冲击力和抗剪应力等方面存在差异(与不同组织的应力有关),活体组织还具有一定的反应性、弹性和收缩性。生物力学研究有助于阐明某些机械性损伤的成伤机制。

1. 人体组织结构特性 机械性外力作用于人体时,最先受损的是皮肤。不同部位皮肤的厚度、角化程度、皮纹走向和皮下组织结构不同,外力作用于不同部位的皮肤引起损伤的形态和严重程度也有差异。人体外形近似圆柱体结构,不存在绝对平坦的部位。致伤物垂直打击和切线打击引起的损伤形态也存在很大差异。例如,弹头射入人体时,垂直射击的入射口呈圆形或星芒状、斜向射击呈椭圆形,沿切线方向作用人体时,则形成沟状枪弹创。

2. 组织或器官的生物力学特征 不同组织的弹性、韧性和张力各不相同,对于机械外力的反应和抵抗作用也存在差异,影响着机械性损伤的形成机制和形态特征。例如,松弛的皮肤可被拉长达40%,骨骼和肌腱因硬度大而能抵抗较大强度的压力,肝、脾、肾等实质脏器因被膜薄、结缔组织少和脆性大,在机械性外力作用下容易破裂。

3. 遭受打击时的位置和状态 致伤物打击相对静止的人体所引起的损伤,较未静止者严重,这是因为活动的人体在遭受打击时,可通过与致伤物同向运动,延长致伤物作用人体的时间(冲量减少)或者改变受力面积,减小冲撞引起的损伤。外力作用于清醒人体造成的损伤要轻于意识不清或昏迷者,这是因为清醒的人在遭受打击时会有意识或无意识进行自我防卫或躲避,从而减轻外力造成的损伤。

第二节　机械性损伤的基本形态

- 结构损害为主的损伤包括擦伤、挫伤、创、内脏损伤、骨折和肢体断离等。
- 创由创口、创缘、创角、创壁、创腔和创底组成。
- 以功能损害为主的损伤主要包括神经源性休克和震荡伤。

由于致伤物种类繁多,且同一致伤物在不同条件下可造成不同形态的损伤。虽然机械性损伤的形态千差万别,但也具有一定的共性,这些共性对于鉴定不同条件下的机械性损伤有重要意义。本节从结构和功能改变这两个角度讨论法医学实践中机械性损伤的基本形态。需要指出的是,结构和功能二者是密切关联的。

一、以结构损害为主的损伤

结构损害为主的损伤包括擦伤、挫伤、创、内脏损伤、骨折和肢体断离等。

(一) 擦伤

擦伤(abrasion)是指钝性致伤物与体表挤压摩擦造成的以表皮剥脱为主要改变的损伤,又称表皮剥脱。擦伤常见于钝器打击、高坠和交通事故等。

1. 擦伤的形态　典型的擦伤呈点状、条状、片状、梳状或不规则形状,大小不等、形态不一。擦伤可分布于身体各个部位,但以突出部位为主,常可反映致伤物表面特性及暴力的作用方向(图3-1,图3-2)。如果暴力仅伤及表皮层,为单纯擦伤,无明显出血;伤及真皮层时,肉眼可见明显的血液渗出,显微镜下可见血管扩张、红细胞漏出和白细胞浸润等炎症反应。擦伤可以单独存在,亦可与挫伤、挫裂创或其他损伤同时存在。擦伤可以在生前形成,也可在死后形成。生前擦伤表面呈棕褐色或暗红色,有痂皮形成,可伴有挫伤;死后擦伤表面呈蜡黄或苍白色,无痂皮,不伴有挫伤。

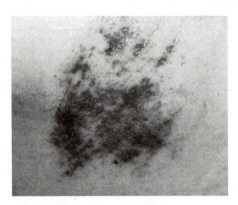
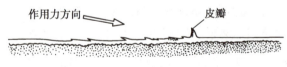

图 3-1　皮肤擦伤　　　　　　　图 3-2　擦伤形成示意图

2. 擦伤的类型　根据致伤物的运动方向及其作用机制不同,可将擦伤分为以下几类。

(1) 抓痕(scratch or finger nail abrasion):指甲或其他有尖的硬物抓擦或划过皮肤形成的擦伤。抓痕可为间断点状或平行沟状,有时可见细小游离的皮瓣存在,有时可见损伤起始端为弧形擦伤,形状类似指甲。不同的案件可在身体不同部位形成抓痕,如性侵案件常见于受害者乳房、外阴和大腿内侧等部位,虐待儿童案件常见于上肢前臂。

(2) 擦痕(grazes or brush abrasion):体表与粗糙物体或地面摩擦形成的擦伤。外力沿切线方向擦过皮肤,由于受力面积大,损伤广泛而表浅,呈片状、条状或片状中夹杂细条状。表面有时附着异物,如沙砾、泥土、纤维等。通常擦痕的起始端较深,末端较浅,可据此推断暴力的作用方向。

（3）撞痕（impact or crushing abrasion）:致伤物以几乎垂直于体表的方向撞击人体使致伤物陷入皮肤时,其边缘形成的擦伤。此类擦伤多见于车辆撞击、高坠或钝器打击,常伴有深部组织损伤,如挫伤或骨折。

（4）压擦痕（friction or pressure abrasion）:表面粗糙的致伤物在压迫皮肤的同时,与皮肤摩擦形成的擦伤。压擦痕形成的过程中,既有垂直于皮肤表面的作用力,也有沿切线方向的作用力。压擦痕不仅可伤及表皮、真皮及皮下组织,也可因受压引起真皮乳头扁平、血管受压和局部缺血。压擦痕常见于缢吊、车轮碾压和咬伤等。此类擦伤有时可反映致伤物表面的形态或花纹,故称为印痕状擦伤（patterned abrasion）。

3. 擦伤的法医学意义

（1）擦伤的部位标志暴力作用部位。

（2）擦伤的游离皮瓣指示暴力的作用方向。

（3）擦伤的形状可推断致伤物接触面形状。

（4）擦伤局部组织的炎症反应或痂皮形成可推断损伤时间。

（5）擦伤的分布位置和形态特征等信息可推断案件性质或犯罪嫌疑人作案意图。

(二) 挫伤

挫伤（contusions or bruise）是指由钝性致伤物作用于人体造成的以皮内出血或 / 和皮下出血为主要改变的闭合性损伤。挫伤的实质是钝性外力引起软组织内小静脉或小动脉破裂出血,引起血液在皮下疏松结缔组织和脂肪层积聚。广义的挫伤亦包括内脏器官如脑、心、肺、肝、脾、肾、胃肠、系膜和肌肉等的出血性改变。挫伤常见于钝性打击、碰撞、高坠及交通损伤,亦可见于枪弹损伤。

1. 挫伤的形态　根据挫伤的深浅,可分为以下几类。

（1）皮下出血（subcutaneous hemorrhage）:眼眶周围、面颊、乳房、大腿内侧、会阴等部位组织疏松,血管丰富,受钝性外力作用后不仅血管易破裂出血,而且出血量较多且范围广泛,这类出血称为皮下出血。皮下出血颜色深暗,常呈片状,较皮内出血而言边界不清,容易扩散而改变形状（图 3-3）。皮下出血常不能准确反映致伤物接触面的形态特征。挫伤出血量较大时,血液积聚在局部组织间隙形成血肿。挫伤可伴有不同程度的表皮剥脱或局部炎症反应（图 3-4）。严重而广泛的皮下出血若得不到及时救治,可发展为多器官功能衰竭,甚至死亡。

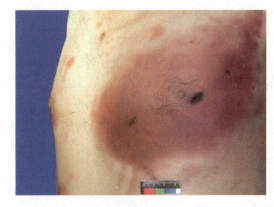

图 3-3　皮下出血
皮下出血向周围扩散,边界不清,呈暗红色。

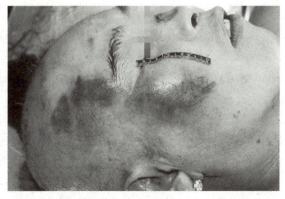

图 3-4　擦挫伤
右颜面部皮下出血,伴小片状表皮剥脱。

（2）皮内出血（intradermal bruise）:挫伤引起的出血发生在真皮层内,称为皮内出血（图 3-5）,常见于贴近骨骼的皮肤,如头面部、手掌和脚掌等部位。由于真皮组织致密,血管多为细小分支,故出血

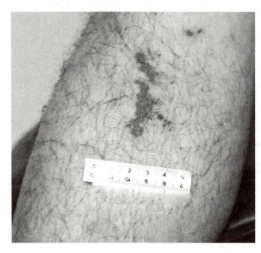

图 3-5　皮内出血
右小腿前内侧点片状皮内出血。

量少且不易扩散,有助于反映致伤物打击面的形态特征,对于致伤物推断有很大帮助。

（3）内脏器官挫伤:表现为被膜或浆膜下出血,器官实质内血肿。内部器官的挫伤可以由直接暴力引起,也可由间接暴力所致,如脑组织的对冲性损伤,腹壁受钝器打击引起胃肠壁或腹膜后的挫伤等。

2. 挫伤的法医学意义

（1）挫伤的部位标志暴力作用部位。

（2）挫伤是生前伤的标志,尤其是出血量大,浸润到组织间隙内的挫伤。

（3）皮下出血的颜色变化可用于推测挫伤形成时间。

（4）挫伤的形态、位置,特别是皮内出血的形态可有助于推断致伤物。

（5）挫伤的数量、分布和形状可用于推断嫌疑人意图和犯罪过程。

（6）皮下出血程度可用于分析死亡原因。如失血过多导致失血性休克;广泛挫伤伴肌肉坏死可因急性肾衰竭或多器官衰竭死亡。

（三）创

创（wound）是指由致伤物作用于人体导致皮肤全层组织结构连续性和完整性破坏的开放性损伤。

1. 创的组成　创由创口、创缘、创角、创壁、创腔和创底组成(图 3-6)。皮肤的裂口即创口;创口周边的皮肤边缘即创缘;两创缘皮肤交界形成的夹角即创角;创缘向皮肤组织深部延伸形成的组织断面称为创壁;创壁之间的潜在腔隙即创腔;创腔底部未断裂的组织称为创底。一般除圆形创口(如枪弹创)外,一个创口至少有两个创缘和两个创角。

2. 创的类型　根据致伤物的种类不同,可将创分为钝器创、锐器创和火器创三类。

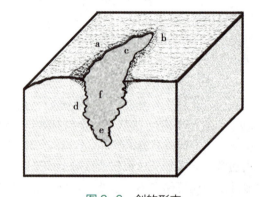

图 3-6　创的形态
a. 创缘;b. 创角;c. 创口;d. 创墙;e. 创底;f. 创腔。

（1）钝器创（blunt wound）:钝性致伤物(无锋利的刃缘或尖端)通过撞击、挤压、撕扯、牵拉等方式单独或混合作用于人体组织形成的创。由钝器撞击、挤压、撕扯人体组织形成的创称为挫裂创(laceration);过度牵拉皮肤或器官组织形成的皮肤、皮下组织和器官组织裂口称为撕裂创(tearing wound);钝性细长条状致伤物刺入皮肤组织形成的创被称为捅创(poking wound)。

挫裂创的形态因致伤物不同而存在差异,可呈条形、半月形、星芒状或不规则形,但具有共同特点:创口不规则;创角可有多个且较钝;创缘不整,多伴有擦伤或挫伤;创底不平整;创腔常见异物(如泥沙、碎砖屑、毛发等);创壁之间有未完全断裂的血管、神经纤维或结缔组织相连,称为组织间桥(tissue bridge),是钝器伤的特征性改变。

（2）锐器创（sharp wound）:具有锐利尖端或刃缘的致伤物通过切、砍、刺、剪等方式造成的创伤,常见的锐器创包括刺创、切创、砍创和剪创等(详见本章第三节中锐器伤)

（3）火器创（firearm wound）:由火器致伤物作用于人体组织形成的创,常见的火器创包括由发射的枪弹造成的枪弹创(gunshot wound)和爆炸时形成的爆炸创(详见本章第三节中火器伤)。

3. 创的法医学意义

（1）创的位置标志暴力作用的位置,但需要区分生前伤与死后伤。

（2）创的形态、位置有助于推断致伤物的性质。

（3）创的数量、分布、形态有助于判断案件性质、推测作案时犯罪嫌疑人的作案意图和还原案发现场。

（四）其他类型的损伤

1. 骨和关节损伤　骨组织解剖结构的连续性和完整性中断称为骨折（fracture）。骨折分为开放性骨折和闭合性骨折。骨折发生在致伤物着力处称为直接骨折，暴力通过传导、杠杆和扭曲作用引起的远离着力点的骨折称为间接骨折。法医学实践中，可以依据骨折的形态推断致伤物、暴力作用方向、打击次数和先后顺序等。

关节损伤主要包括关节脱位和关节解剖结构完整性的破坏，前者是指组成关节各骨的关节面失去正常的对合关系，是最常见的关节损伤；后者多见于交通损伤引起的关节韧带、关节囊及关节盘的损伤。

2. 内脏破裂　内脏破裂（visceral laceration）是指机械性暴力作用于人体引起内脏器官组织结构完整性的破坏，可以由直接暴力形成，如锐器或火器引起的器官裂伤或穿通伤；也可由间接暴力形成，如钝性暴力作用于腹壁引起内脏破裂。此外，内脏破裂也常见于臀部先着地的高坠损伤，内脏器官因剧烈震荡发生广泛性破裂。内脏破裂是机械性损伤的一种常见死因。

3. 肢体断离　肢体断离（dismemberment）是指由强大暴力引起人体各部遭受广泛而严重的破坏并断离的损伤。肢体断离多为撕裂创、挫裂创和骨折等复杂损伤的组合，常见于意外灾害，如爆炸、飞机失事、建筑物倒塌或火车碾压等，偶见于自杀和他杀。肢体断离可为生前伤，也可见于死后碎尸。

二、以功能损害为主的损伤

以功能损害为主的损伤是指以生理功能发生急剧的、致命性变化为主的损伤，而无明显的形态学改变，主要包括神经源性休克和震荡伤等两个类型。

1. 神经源性休克　神经源性休克（neurogenic shock）是指身体某些部位的神经末梢对于暴力作用非常敏感，在受到刺激时发生严重的反射性自主神经功能紊乱，引发休克并迅速死亡。人体的太阳神经丛、喉返神经分布区、颈动脉窦区、外阴部和肛门直肠部均为易引发神经源性休克的敏感区，也称"触发区"（trigger regions）。此外，剧烈的疼痛或高位脊髓损伤等可通过抑制心血管运动中枢或阻断交感缩血管神经反射，引发循环衰竭或心搏骤停而导致死亡。

2. 震荡性损伤　震荡伤（concussive injury）是指由猛烈的变速性外力作用于人体引发重要器官震荡造成的损伤。常见的震荡伤包括脑震荡、脊髓震荡、心脏震荡和肺震荡。震荡伤的形态学改变较轻微，常规组织学检查仅见散在的小灶性出血、神经纤维或心肌纤维不规则扭曲变形及间质淤血、水肿。震荡伤可影响神经生命中枢活动和心肌电生理活动，引起神经源性休克、心源性休克或心搏骤停而导致死亡。

第三节　常见类型的机械性损伤

- 常见的钝器伤包括棍棒伤、砖石伤、斧锤伤及徒手伤。
- 锐器可通过切、砍、刺和剪等方式作用于人体皮肤和深部组织器官形成损伤。
- 典型枪弹创由射入口、射创管和射出口三部分组成。

致伤物可分为钝器、锐器和火器三类，每一类致伤物又包括了多种形状、质地和成伤机制不尽相同的致伤工具。本节主要介绍常见致伤工具引起的机械性损伤的形态学特征及其法医学意义。此外，交通事故损伤和高坠伤也是法医学实践中常见的机械性损伤类型，具有明显的形态学特征。

NOTES

一、钝器伤

钝器伤（blunt force injury；blunt instrument injury）是指由钝性致伤物（无锋利刃缘和尖端的物体）作用于人体造成的机械性损伤。钝器种类繁多，钝器伤的形态也各种各样，可表现为擦伤、挫伤、挫裂创、骨折、内脏破裂和肢体离断等，其中尤以擦伤、挫伤和挫裂创多见。最常见的钝器伤为棍棒伤、砖石伤、斧锤伤，其次是徒手伤及其他钝器伤。

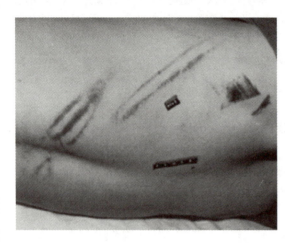

图 3-7　"竹打中空"

（一）棍棒伤

棍棒伤（injury by club）是指由棍棒打击人体造成的损伤。棍棒伤以头部多见，躯干、四肢次之。

棍棒伤的形态常见的有长条形挫伤伴周围擦伤，挫裂创，骨折或内脏破裂。当棍棒打击躯干、肢体等皮下组织较厚的部位时，常形成中间苍白、两边平行的条状镶边形挫伤带，俗称"竹打中空"或"棒打中空"（图 3-7），在国外称为"铁轨样挫伤"（train-line or railway bruise）。这一损伤是因为棍棒打击瞬间，着力区（中央区）皮肤垂直下压使血管关闭，血液向两边分流，两侧血管压力剧增，加之局部组织变形移动牵拉两侧血管，造成血管破裂出血所致。棍棒打击头皮可造成条形或其他形态的挫裂创，并伴有不同程度的颅脑损伤。

（二）砖石伤

砖石伤（brisk-stone injury）是指由砖石打击人体形成的损伤，包括砖块伤和石头伤，多见于他杀案和意外事故。砖块伤以头面部常见，造成的损伤形态复杂多样：如以砖块棱边打击可形成条状挫裂创；以其棱角打击可形成三角形或直角形挫裂创（图 3-8）；以其较平的表面垂直打击较软的组织可形成长方形中空性挫伤；倾斜打击可形成条状、平行排列的梳齿状挫伤和擦伤；以其粗糙面打击可形成较集中的平行擦伤和挫伤。在创腔中常可发现砖屑、灰沙等遗留物，对于推断和认定致伤物有重要意义。

石头伤多由山石和鹅卵石形成。山石形状多不规则，可造成形态复杂的损伤。需要注意的是，不规则山石一次性打击，可形成大小不等、深浅不一、形态多样的损伤，有时被误认为是多次打击。山石引起的损伤多为不规则形，有多个角，创中可见石屑，损伤中间重、四周轻，常伴有轻重不一的擦伤和挫伤。鹅卵石表面较光滑，多为不规则的圆形或椭圆形，打击头部可形成类圆形或椭圆形的挫伤或擦伤，损伤中央出血较严重，挫裂创周围常伴有较大范围的挫伤和擦伤，还可引起类圆形或粉碎性骨折。

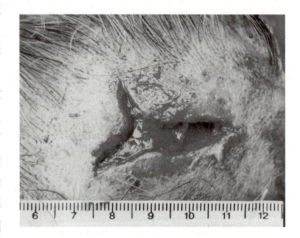

图 3-8　砖头伤引起的头皮挫裂创

（三）斧锤损伤

斧由斧体和斧柄组成，斧体为铁质，分为斧背和斧刃两部分。斧刃为锐器，斧背为钝器，其杀伤力强，易于获得，是伤害案件常见的致伤物。斧背形状以方形和长方形最为常见，少数为圆形。斧背伤（injury by back of axe）是指斧背打击人体组织形成的挫伤或挫裂创，有时可反映斧背完整的边缘。斧背快速打击较丰满的软组织时，亦可形成中空性皮内或皮下出血。斧背打击头部时，常伴有颅骨的线性骨折、凹陷性骨折或粉碎性骨折,亦可见骨缝裂开;同时,斧背打击容易在颅骨骨折的下方形成冲击性脑挫裂伤、骨折性脑挫裂伤和颅内血肿。

锤由锤体和锤柄组成,锤体为铁质,分为锤面和锤背两部分。锤面有方形、圆形和多角形;锤背有奶头状、羊角状、鸭嘴状、帽状和圆锥状等多种形态。锤击伤(injury by hammer)是指由锤面或锤背打击人体形成的损伤,亦常见于头面部,受害者的死因常为重度颅脑损伤。

(四)徒手伤

徒手伤(bear-hands injury)是指加害人不用任何器具而只用身体某一部位造成被害人的损伤。徒手伤多见于用手、脚、肘、膝、头等部位造成,损伤形态和严重程度各异,轻者可致擦伤、挫伤或挫裂创,重者可致骨折、内脏损伤,甚至死亡。有时,打击颈、胸、腹或会阴等敏感部位,轻微外力即可引发神经反射或诱发潜在疾病而致死。

(五)咬伤

咬伤(bite wound)是指由人或动物上、下齿列在人体组织咬合造成的损伤,常见于斗殴和性犯罪。切牙和尖牙较锐利,咬合时上、下牙列紧压皮肤,可形成两列相对的弧形挫伤,常伴有表皮剥脱(图3-9),其形态可反映上、下牙列的咬合特征。如果人体组织上有嫌疑人的唾液斑,首先要提取咬痕表面的唾液斑,以备物证检验进行个人识别。

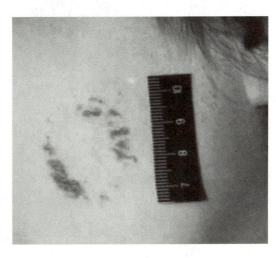

图3-9　左面颊部咬伤

(六)挤压伤

挤压伤(crash injury)是指由巨大或沉重物体压迫或撞击人体造成的皮肤和深部组织广泛损伤,常见于交通事故、灾害事故(如地震和塌方等)和工伤事故(如矿井和重型机械倒塌等)等。挤压伤损伤程度呈"外轻内重"的特点。挤压伤的皮肤可有擦伤、挫伤和挫裂创,体表的擦、挫伤多能反映挤压物的形状特点;皮下可有大面积的肌肉和软组织出血、变性和坏死;可有不同程度的颅脑损伤和内脏损伤;可有骨折或肢体断裂等。

胸腹部受挤压可引起窒息,挤压时若发生骨折和大面积皮下组织损伤,可引起脂肪栓塞或骨髓栓塞,均可使伤者在受伤当时死亡。如伤者被挤压后存活一段时间,可表现出挤压综合征(crush syndrome),其概念和形成机制见损伤并发症部分。虽然挤压伤多见于灾害事故,但仍需要排除用其他手段致死后伪装成挤压伤的情况。

二、锐器伤

锐器伤(sharp instrument injury)是指利用具有锋利刃口或尖端的器具(锐器)作用于人体组织形成的损伤。常见的锐器有刀、斧、匕首、剪刀、玻璃片、金属片等。锐器一般按照有无刃口可分为无刃锐器(如铁钉、铁锥等)和有刃锐器(如刀、匕首等)。锐器作用于人体皮肤和深部组织器官形成切创、砍创、刺创和剪创等损伤。锐器伤的形态特征有:①皮肤及皮下组织解剖学完整性破坏,形成开放性创口;②创口哆开,创口可呈裂隙状、斜方形;③创缘光滑,创壁整齐,创底较深,创角较尖锐;④创壁之间无组织间桥;⑤常伤及深部组织和器官。

(一)刺创

刺器(stab weapon)是指具有体长和锋利尖端,或同时具有锋利刃缘的致伤物。刺器沿长轴方向插入人体形成的损伤称为刺创(stab wound)(图3-10)。刺器可分为无刃刺器和有刃刺器,后者又可分为单刃(如水果刀和杀猪刀)、双刃(如匕首和剑)和多刃刺器(如三棱刮刀)。刺创可分为贯通创和盲管创,前者由刺入口、刺创管和刺出口组成;后者无刺出口。刺入口的形状可推断刺器的类型。由

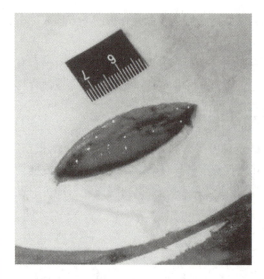

图 3-10 刺创

于皮肤弹性回缩,刺创口通常略小于刺器横断面。刺器未完全抽出又重复刺入,可形成一个刺入口和多个刺创管。

刺创的特点是创口小,体表轻,创管深。常伤及内脏器官和大血管,严重者可致死。刺创多见于他杀,自杀少见,偶见于意外事故。他杀案件中,刺创部位以胸、腹和背部最多见,数目较多且分布于身体多个部位。自杀案件中,刺创多见于胸、腹和颈部,尤其以左胸及心前区常见,数目较少,多为一次形成,自杀现场可发现刺器。

(二) 切创

以刃部按压皮肤并用力牵拉致伤的锐器称为切器,其特点是具有锐利而薄的刃缘。切创(incised wound)是指用切器刃部下压皮肤并沿刃缘长轴方向移动,切割皮肤及皮下组织而形成的损伤,也称为割创。其创口多为长梭形(图 3-11),呈条状裂隙,也可呈纺锤形、菱形或不规则形。切创通常大于 10cm,有时可超过刃口的长度,这是切创的显著特征之一。

切创多见于自杀,他杀较少见。自杀时,切创多分布在颈部、手腕部、肘部或腹股沟部。自杀刎颈时,在主创口上、下缘出现孤立的,与主切口平行而不连续的浅表、短小切口,称为试切创(hesitation marks or hesitation wounds)。他杀切颈时,与主切口平行的切创多与之连续或是其分支。自杀切颈者,有时切口长、大且较深,有时可在颈椎体前出现数条表浅切痕,系自杀者死亡前短时间反复切割而成,易被误认为砍创,或怀疑死者自身不能形成而被认定为他杀。他杀切颈可见于和其他杀人方式联合使用的案件,如先击伤或砍伤受害人头部致其昏迷,再进行切颈。他杀时,由于被害人抵抗或防卫,可在手上或前臂外侧形成抵抗伤(defense wound)。

(三) 砍创

砍器是指具有一定重量且便于挥动致伤的锐器。砍创(chop wound)是指以砍器刃部自上而下垂直或倾斜作用于人体形成的损伤。由于砍器重量和体积较大,有便于持握和挥动的手柄,所以砍创的显著特征是损伤程度重,创腔深,常伴有较重的骨质和内脏器官损伤,有时甚至可引起肢体离断。砍创常呈梭形哆开,创壁光滑,无组织间桥,创底较平,有时出血较多(图 3-12)。刃部较钝或较宽时,其创缘常伴有擦伤。深部骨质上的砍创因骨折部位不同,形态有所差异,但骨折断面较平直且有明显砍痕,据此可与钝器或其他锐器造成的骨折相区别。

图 3-11 切创

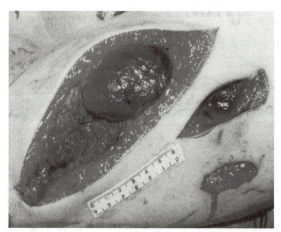

图 3-12 砍创

砍创多见于他杀,以头面、颈、胸部居多,分布凌乱且程度重。单纯用砍器自杀者较罕见,且一般难以致死。

(四)剪创

剪创(scissoring wound)是指由剪刀两刃缘绞夹人体组织引起的锐器伤。由于剪刀的两刃均有尖端和刃缘,所以剪刀除了形成剪创外,还可形成刺创或切创。剪刀作用人体时,既有沿剪刀中轴向前的力,又有两刃从根部向尖端合拢时形成的夹切力。依据作用方式的不同,通常将剪创分为以下三种。

1. 刺剪创　剪刀单刃或双刃先刺入人体再进行夹剪作用形成的损伤。

2. 剪断创　因夹剪作用而致人体突出部位被剪断的损伤,分完全和不完全剪断,在身体残留的创面中央可见两刃部绞合处形成的嵴状突起。

3. 夹剪创　典型、单纯的剪创,创腔较浅,创口因夹剪方式不同可有不同形状。①剪刀两刃分开,垂直夹剪且两刃合拢时,创口呈直线或略带弧形,在两侧创缘的中央部可见两刃部绞合形成的小皮瓣突起;②剪刀两刃分开,垂直夹剪但两刃未合拢时,可形成两个在同一直线上的短条状创口,创口内外创角均尖锐;③剪刀两刃分开并以一定角度倾斜夹剪人体组织时,创口呈"V"字形;④当以上述方式夹剪,两刃部不能或未完全合拢即拔出时,可形成两个倒"八"字形的创口,创角呈外圆内尖;⑤当夹剪时被夹剪处皮肤出现褶皱,则一次夹剪可形成多个"V"字形创口。

剪创是一种较少见的锐器创,他杀时多见于胸腹部,自杀时多见于颈部、腕部和腹股沟部。剪创通常较浅,如果不损伤较大血管,不易导致死亡。

三、火器伤

火器是指借助爆炸物燃烧时产生的大量气体将投射物投出的一类工具。由火器引起火药爆炸所致的人体损伤称为火器伤(firearm injury),包括枪弹损伤和爆炸损伤。法医学主要研究投射物(主要是弹头)的运动规律和进入人体后的致伤效应,从而解决涉及法律的相关问题。此外,法医学也研究爆炸物的致伤机制、爆炸伤的各种形态特征、爆炸现场和尸体的检验等问题。

(一)枪弹创

枪弹创(gunshot wound)是指由发射的弹头或其他投射物击中人体所致的损伤,其形态特征与枪弹类型、射击距离和角度及人体组织结构等因素密切相关。典型的枪弹创为贯通性枪弹创(perforating gunshot wound),由射入口、射创管和射出口三部分组成。非典型的枪弹创包括:①盲管枪弹创(blind tract gunshot wound),指无射出口的枪弹创;②擦过性枪弹创(grazing gunshot wound),指弹头沿皮肤表面擦过而形成的枪弹创;③跳弹枪弹创(ricochet gunshot wound),指弹头碰到坚硬物体反弹击中人体形成的枪弹创,因弹头变形和变向,不具有典型的射入口特征;④回旋枪弹创(circumferential gunshot wound),指弹头在体内遇到较硬的组织(如骨骼)阻挡,转变方向后继续向前运动,形成无射出口的曲线射创管,为盲管枪弹创的变异;⑤曲折枪弹创(deflected gunshot wound),指弹头在体内遇到较硬的组织阻挡,转变方向后继续向前运动并射出人体,其射入口、射创管和射出口不在同一直线上。

典型的枪弹创有以下形态特征。

1. 射入口(entrance of bullet)　弹头由体外穿入体内时形成创口即射入口,呈圆形或椭圆形,直径与弹头相近或略小。最能反映射入口特征的是创口中心皮肤、创口边缘和周边组织。

(1)接触射入口:枪口紧贴人体射击时,组织缺损面积数倍于弹头的直径。肉眼可见皮下及射创管起始部位周围组织被熏黑、烧干,伴大量颗粒附着。接触射击时,可在创口周围的皮肤或衣着上看到圆形或半月形印痕,称为枪口印痕(muzzle impairment),系枪口喷出的气体在皮下膨胀,将皮肤向外冲起后撞击枪口所致的表皮剥脱和皮下出血。其不仅指示射入口的位置,而且表明是接触射击,还可反映出枪口特征,如枪管口径和准星等。

（2）近距离射入口：枪口未接触皮肤，典型射入口特征（图 3-13，图 3-14）为：①中心皮肤缺损，由弹头压迫和旋切作用导致，缺损边缘皮肤内卷，创口呈漏斗状。②挫伤轮（contusion collar），弹头旋转穿过皮肤时，与皮肤摩擦撞击而在环绕缺损皮肤的边缘造成的宽度为 2~3mm 环形挫伤带，表现为创口周边环状表皮剥脱和皮下出血。新鲜的挫伤轮呈红色，死后一段时间发生皮革样化，逐渐变为褐色。③擦拭轮（abrasion collar），也称污垢轮（grease ring），为弹头旋转进入皮肤时，附着在弹头上的金属碎屑、铁渍、油污或尘埃黏附在创口边缘皮肤所形成的一圈黑褐色的轮状带，宽度约 1mm。④射击残留物（shot residue）：射击时和弹头一起射出，分布在射入口周围皮肤上的物质，包括火药燃烧完的烟晕、未燃烧完的火药颗粒、弹头与枪管摩擦后脱落的金属颗粒等。烟晕和火药颗粒可以作为认定射入口的依据，且入射距离越近，火药颗粒越密集。近距离射入口组织切片学观察可见创口出血区有纤维蛋白形成、组织凝固坏死和火药附着等。

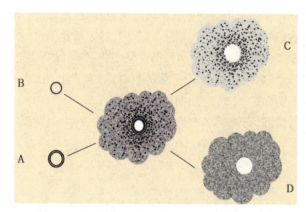

图 3-13　枪弹射入口示意图
A. 擦拭轮或挫伤轮；B. 污垢轮；C. 弹药分布（印痕）；D. 变黑。

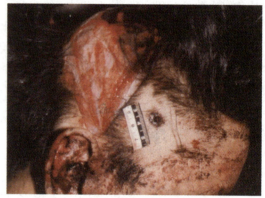

图 3-14　右颞部枪弹射入口

（3）远距离射入口：一般指枪口与体表距离大于 100cm 时造成的射入口，其直径与弹头直径近似或略小，形态为仅带有擦拭轮（或污垢轮）的弹孔，无烟晕和颗粒灼伤。

2. 射创管（bullet wound track）　弹头通过身体所形成的创道称为射创管，也称为弹道和射创道。射创管的形状与路径受弹头形态、动能大小和组织密度、弹性程度等因素影响。贯通枪弹创的射创管呈直线形，回旋枪弹创的射创管呈曲线形，盲管枪弹创的弹头可滞留在射创管的盲端，或者掉入体腔。射创管周围组织可见不同程度的出血，特别是在组织密度较均匀的实质性器官（如肝、脾、肾脏等）。

射创管的管壁可分为原发创道区、挫伤区和震荡区等三层不同程度的改变。原发创道区是指弹头进入过程直接损伤的组织，可见大量破碎组织、出血、凝血块和各种异物；挫伤区是指围绕原发创道的邻近组织，早期形态学改变不明显，但随着组织坏死、脱落，使得原发创道明显增大；震荡区为挫伤区的外围组织，主要病理改变是血液循环障碍，表现为充血、出血、血栓形成、渗出和水肿等。

3. 射出口（exit of bullet wound）　弹头由体内穿出体外时在体表皮肤上形成的创口即射出口（图 3-15）。射出口的创缘常向外翻，可呈星芒状、十字状、圆形或椭圆形等多种形状，大小一般大于同一弹头形成的射入口，但接触射击时射出口常小于射入口。射

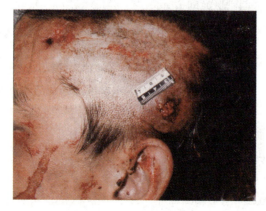

图 3-15　左颞部枪弹射出口

出口周围皮肤可附有挫碎、出血的皮下脂肪组织,无入射口的特征性形态变化,但如果射出口有硬物衬垫,亦可在创缘周围检见类似于挫伤轮的环状表皮剥脱。

枪弹创法医学鉴定的主要任务是确定枪弹创,推测射击距离和射击方位,判断案件性质。现场勘查和尸体解剖时,要注意现场是否有枪支、弹头、弹壳等并加以提取和保存。残留在体内的弹头可通过尸体解剖或 X 线检查加以确定。根据射入口、射创管、射出口部位的形态特征,并结合现场检见的弹孔或其他射击痕迹,推测射击距离、射击方向和射击角度,还原射击现场,判定案件性质。

(二) 散弹创

散弹创(shotgun wound)是指由猎枪或土制枪弹丸造成的枪弹创,又称霰弹创。散弹枪没有膛线,一次可发射一颗或多颗金属弹丸,弹丸呈锥形散开,由于弹丸或金属碎屑的能量较小,多在人体形成盲管枪创。贴近射击或近距离射击时,散弹聚集在一起,形成单个较大的不规则形射入口,边缘呈锯齿状。射击距离较远时,散弹呈圆锥形散开,所形成的创口也随之逐渐散开。创口中央有一个较大的射入口,周围形成多个小的散弹射入口(图 3-16)。射击距离越远,则小的射入口越多。散弹创因弹丸小,数目多且分布广,手术不易完全取出,可长期保留在体内。

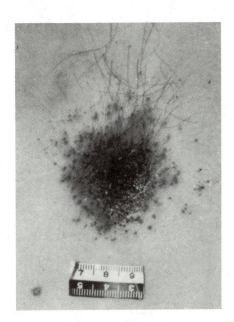

图 3-16 散弹创射入口

(三) 爆炸伤

爆炸伤(explosion injury)是指由易燃易爆物品爆炸所致的人体多种复合性损伤。爆炸伤多见于人为破坏或意外事故,也见于他杀或自杀案件。爆炸物引爆瞬间释放巨大能量,并迅速由爆炸中心向四周传播,形成一种超音速的高压波,称为冲击波(blast wave)。爆炸所造成的损伤形态复杂多样、程度轻重不一,主要与人体和爆炸中心的距离相关,爆炸损伤分为以下几种。

1. **炸碎伤** 处于或接近爆炸中心时出现炸碎伤,可造成人体多类型骨折、挫裂创、肢体离断和内脏破裂,甚至全身躯体粉碎,组织碎片可向四周飞散。

2. **抛射物所致的损伤** 距离爆炸中心较近时,装填炸药或雷管的金属碎片或其他异物抛射引起的损伤。

3. **冲击波损伤(blast wave injury)** 由爆炸引起的冲击波造成的损伤,可以是冲击波直接作用于人体产生,也可以是冲击波使人体撞击周围物体引起的损伤。强大的冲击波和气压可引起肺泡破裂而导致气胸、血气胸,也可导致肝、脾破裂及颅骨骨折、脑挫伤和颅内出血等损伤。

4. **烧伤** 爆炸引起的火焰或高温可导致不同程度的烧伤,严重时可使人体组织烧焦炭化,皮下组织呈蜂窝状,烧伤部位有时可见烟晕及火药残留物附着。

5. **其他损伤** 爆炸引起的建筑物等物体倒塌可引起挤压伤和机械性窒息等损伤,燃烧现场可导致有毒气体中毒等损伤。

爆炸伤的法医学鉴定需要解决以下问题:①收集爆炸现场及周边区域的尸体及散落的人体组织,进行系统检查和解剖,并根据损伤形态和分布特征,确定爆炸中心;②结合现场勘查和尸体检验确定死亡人数并进行个人识别;③分析死亡原因,判断死亡方式及案件性质。

四、道路交通事故损伤

交通事故是指各类交通运输工具的驾驶人员和乘坐人员、行人以及其他在各种道路上进行与交通有关活动的人员,因违法或过失造成的人身伤亡或财产损失。由此引起的人身损伤称为交通事故损伤(traffic accident injury)。在各类交通事故损伤中,以道路交通事故损伤最为常见,其发生可由碰撞、碾压、刮擦、拖拉、翻车、坠车、失火、爆炸和跳车等事件形成,故道路交通事故损伤的形成过程较为复杂。此外,车速、撞击部位、车内人员的位置和状态、行人、路面和设施等因素也会影响交通事故损伤的形态和严重程度,因此,必须从"人-车-路"全方位分析道路交通事故损伤。

(一)机动车交通事故损伤

机动车交通事故损伤包括交通事故中机动车对于行人和车内人员的损伤,两者的形成机制不同,损伤形态亦具有自身特征。

1. 行人损伤　机动车碰撞行人引起的损伤类型与机动车的速度、种类,行人的姿势、接触部位及车轮与行人的运动方向等因素有关,损伤类型主要有以下几种。

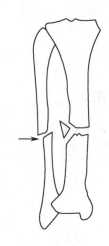

图3-17　保险杠所致
胫骨楔形骨折示意图

(1)撞击伤(impact injury):是指汽车的某一部位直接撞击人体所形成的损伤,又称直撞伤。这种损伤发生频率最高,是车辆致人伤残或死亡的直接原因。常见的损伤类型包括擦伤、挫伤、撕裂创、骨折和内脏破裂等。最典型的是汽车保险杠造成的下肢保险杠损伤(bumper injury),表现为下肢横带状表皮剥脱性撞痕、皮下出血和骨折,其损伤形态有时可反映保险杠的形状。典型的胫骨损伤呈楔状(图3-17),其尖端指示车轮行驶方向。小轿车的保险杠损伤多在小腿,货车和大轿车引起的保险杠损伤多位于大腿。小轿车在紧急制动时,保险杠可下移约10cm,人体损伤的部位也稍低。散热器或车灯撞击人体时可造成擦伤及挫伤,并留下特殊形状的撞痕。车辆直接撞击胸腹部,可造成严重的内脏损伤。车头铲起躯体,使头面部、肩部撞击于挡风玻璃上,可形成广泛的玻璃刺割伤。

(2)摔跌伤(injury sustained by falling):是指人体被机动车撞倒或抛起后又摔落到地面上形成的损伤。摔跌伤极为常见,其严重程度取决于汽车传递给人体的动能。同时,也与路面条件和人体落地姿势有关。摔跌伤常引起减速性颅脑损伤而导致死亡。

(3)碾压伤(injury due to run-over by a car):是指由汽车轮胎碾压人体形成的损伤。碾压伤的严重程度与机动车类型、载重和是否刹车有关。如未刹车,轮胎从人体上滚过而形成表皮剥脱、皮下出血,与轮胎凸起部相对处形成表皮剥脱,这种特征性印痕称为轮胎印痕(tire marks)。刹车时,车轮突然停止转动,机动车依靠惯性继续前进,皮肤被挤压于轮胎和路面之间,造成严重的撕裂创,多见于四肢和头颈部。碾压伤常引起皮肤与肌肉的分离,形成较大的环状或袋状撕裂伤,伴大量出血或血浆渗出,触之有波动感。

(4)伸展创(extension wound):是指皮肤组织受到的强大牵引作用超过自身抗拉极限,使皮肤沿皮纹裂开形成浅小的撕裂创。伸展创的形成见于两种情况:①机动车从身后撞击人体使之后仰,过度伸展而形成的腹股沟或下腹部的伸展创,可同时伴有颈椎脱位或骨折;②车轮碾压人体时,车轮旋转产生巨大牵引力,造成被碾压部位附近皮肤形成伸展创。

(5)拖擦伤(injury sustained by dragging):由于被撞击者的衣物被机动车挂住,身体在地面拖拉形成的擦伤,多位于躯体一侧,以体表突出部位较重,可提示拖拉方向。

2. 车内人员损伤　车内人员的致伤机制主要是与车内相应部件的碰撞、摔跌、挤压,安全带引起的损伤、车外异物刺入等有关;如果被抛出车外可形成摔跌伤和碾压伤;车辆着火时可引起烧伤。驾驶员紧急制动时与方向盘碰撞可造成擦挫伤,肋骨多发性骨折、胸廓变形,更为严重时可引起心肺和大血管损伤;副驾驶位置的人员可与仪表盘或前挡风玻璃相撞形成擦挫伤;后排人员常与前排座椅相撞形成损伤。

交通事故发生时,由于车体和车内人员骤然加速或减速以及头部的惯性作用,使颈部前后过屈或过伸,引起颈椎、颈髓及脑组织遭受牵拉、扭转、断离和压迫,导致颈椎半脱位或颈髓受压、挫伤,称为挥鞭样损伤(whiplash injury)。挥鞭样损伤多见于第5~6颈椎,其次为第1颈椎。车辆突然减速时,

NOTES

人体因惯性作用前移时受到安全带束缚引起的擦伤和挫伤称为安全带损伤(seat belt injury)。严重时,可引起胸腹部内脏损伤或第2~3腰椎横断骨折。

此外,摩托车驾驶员和乘员的损伤也有其自身特点。

(二)非机动车交通事故损伤

非机动车交通事故损伤以自行车和电动自行车造成的损伤最为多见,包括以下几类。

1. 非机动车撞击行人　非机动车以较快速度撞击行人时,可造成行人碰撞伤或摔跌伤,严重者可导致骨折、内脏破裂或严重的颅脑损伤而死亡。

2. 非机动车被机动车碰撞　这是非机动车交通事故损伤中最常见和最严重的类型,可分为骑行被撞和推行被撞。

(1)骑行被撞:指骑行非机动车的行人被机动车碰撞。此时,非机动车多发生变形,被撞击部位常留下机动车的油漆擦痕,地面会留有车胎或车轴等擦划的痕迹;机动车碰撞部位可能留下刮擦和碰撞痕迹。骑行者因碰撞发生抛落和摔跌时,与非机动车距离较远。如果机动车从后方撞击,人体后仰与机动车碰撞,损伤多位于头顶枕部、肩背部和上肢;如果机动车从侧面撞击,损伤多发生在下肢、头部和上肢,下肢表现为被撞腿的外侧中下段骨折或踝关节骨折、脱位。摔跌伤多发生在直撞伤的对侧,常表现为严重的颅脑损伤、四肢骨折和全身广泛擦挫伤等。

(2)推行被撞:推车人被撞击时,易出现下肢擦挫伤和楔形骨折,骨折尖端可指示撞击方向。承重腿损伤较重,足跟部与地面作用可导致明显的挫伤,鞋底可出现与地面摩擦产生的擦痕,人与非机动车距离不远。

3. 非机动车本身对骑行人的损伤　非机动车对于骑行人造成的损伤包括:①脚蹬、飞轮和链条对于骑行人胫骨下段、内踝和足内侧软组织的挫伤;②横梁对于大腿内侧的擦伤,股内收肌离断或形成股骨干、股骨颈骨折;③车把撞击上、下肢引起擦挫伤;④鞍座撞击会阴部可造成阴囊和肛周的擦挫伤;⑤车轮辐条绞挤足背,形成裂创及皮肉撕脱性损伤等。

(三)道路交通损伤的法医学鉴定要点

法医在进行交通事故损伤鉴定过程中,需要在严格遵守法医学鉴定的法律法规和技术规范的基础上,认真细致地收集各种证据,综合考虑"人 - 车 - 路"等多个因素,进行严谨、系统的分析,保证鉴定意见的科学准确。

1. 法医学鉴定的主要任务

(1)伤情检验:检验死者损伤情况,判断是生前伤或者死后伤,损伤是单次撞击或碾压而成,还是存在多车或多次碾压。

(2)死因确定:确定交通事故造成的损伤是否为致命伤,抑或死亡由其他暴力因素、疾病或中毒引起。

(3)死亡方式确定:确定死亡系意外、自杀还是他杀。

(4)死者身份认定:认定死者身份是驾驶员、乘员还是行人,无名尸要确定尸源。

(5)肇事现场重建:根据收集的痕迹物证及损伤形态和分布特征,还原交通事故经过,提供肇事车辆特征,为侦查提供方向。

2. 鉴定要点

(1)对现场和车辆进行勘验:除了系统的尸表检查和尸体解剖外,法医还应该实地勘验现场,收集重要物证,并结合现场情况还原事故经过。

(2)对死者或伤者衣物进行检验:重点观察衣物破损的部位及其形态,提取残留在衣物破损处及周边的微量物证(如油漆、油污和血迹),分析衣物上的痕迹与人体损伤之间的位置关系。

(3)交通损伤尸体检验的特殊解剖方法:尸体解剖时对于背部躯干及四肢的检验,有助于确定损伤区域和程度。故需要以"八"字形切开肩背及上肢背侧皮肤,再以"人"字形切开脊柱及下肢背侧皮肤,暴露肌肉。当发现有出血时,进一步局部解剖以观察深部损伤情况。检查完毕后缝合皮肤,再按常规进行胸腹部解剖。

（4）确定死伤者身份：驾驶员多见头面部的挡风玻璃损伤、胸部的方向盘挤压伤、"左上右下"式安全带损伤和双下肢的仪表盘架损伤等；副驾驶员多见头面部挡风玻璃损伤、"右上左下"式安全带损伤；后排乘客多见四肢损伤，且下肢多于上肢，特别是大腿分腿外展式损伤，其次是头面部与前排座椅的碰撞伤，再次是胸、颈和躯干部的损伤；行人的损伤常常符合车外人员碰撞、摔跌、碾压和拖擦等致伤过程，可具备特定车外部件的形态特征。

（5）碾压伤性质的认定：对于碾压伤性质进行认定，包括判定损伤为生前碾压还是死后碾压，由单次碾压还是多次碾压形成等。认定生前碾压主要依据损伤区域的生活反应，死后碾压区生活反应不明显，而且尸体存在由其他致伤物导致的损伤。多次碾压的特点有：①人体损伤严重，肢体断离明显，组织损坏挫碎，存在用一次碾压难以解释的多处损伤；②尸体衣物、皮肤存在两种及以上的轮胎花纹印迹，而且不是由单一方向行驶所能形成的；③现场可见车辆碾压尸体后在道路上行驶所留下的血性轮胎印痕，方向凌乱且不能用一次碾压解释；④人体组织被带离或喷出尸体中心位置，散落在不同位置，非一次碾压可造成。对碾压损伤性质的认定直接关系到事故现场重建和责任的划分，需要审慎地得出鉴定意见。

（6）案件性质的确定：在道路交通伤亡案件中，最常见的是由交通事故引起，部分也可由意外事件引起，如车辆因故障或道路原因失控，驾驶员突发疾病或不可抗力的自然灾害等。法医进行案件性质判断时需要综合现场及车辆勘验、尸体解剖、微量物证检测等结果进行分析，不能盲目认定伤亡即由交通事故引起，交通损伤案件亦可能是自杀、他杀或他杀后伪装成交通事故的案件。

利用交通工具自杀的案件较少见，常见的方式有：①自行驾车造成损害，以撞击物体或坠河坠崖的形式为多见；②行人主动接受车辆的损害。

利用交通损伤蓄意谋杀的常见方式有：①驾驶机动车故意撞击、碾压、挤压行人或冲撞他人的车辆使之坠崖或落水；②驾驶员故意高速行驶以碰撞障碍物或坠崖、落水，与车中人员同归于尽；③蓄意破坏汽车刹车系统等部件，造成车辆在驾驶过程因失控导致车毁人亡。

他杀后伪装成交通事故的常见形式有：①将已被打死、打晕或中毒的受害者放置在道路上让其他车辆碾压；②将已死亡或意识丧失的受害者放置在驾驶位置，然后将汽车从斜坡滑落发生翻车或坠崖等。遇到疑似他杀伪装成交通事故的案件，尸检必须仔细认真，要对体表及内部损伤进行仔细甄别，尤其要注意细小的注射针孔、不典型的电流斑和机械性窒息的征象等，同时应对尸体检材进行常规毒物化学分析，以确定死者生前是否有饮酒、服用致幻和镇静催眠药物行为。

五、高坠伤

高坠伤（injury due to fall from height）是指人体从高处坠落，与地面或其他物体碰撞造成的损伤。其损伤形态和严重程度与坠落高度、体重、坠落过程有无阻挡物、着地方式、着地部位及接触地面的性状等因素相关。虽然本质是钝性暴力损伤，但高坠伤具有其自身的特点：①体表损伤较轻，内部损伤较重；②损伤常较广泛，多发生复合性骨折和内脏破裂；③多处损伤均由一次性暴力形成，体表和内脏损伤，虽然较广泛且严重，但其外力作用的方向和方式是一致的，可以用一次性外力作用形成解释；④损伤分布多集中于身体某一侧、头顶或腰骶部；⑤高坠引起的多发性肋骨骨折或四肢长骨骨折，甚至是肢体横断，为一般人为使用工具难以或不可能形成。四肢长骨骨折处或肝脾破裂出血较少，易被怀疑为死后损伤。

法医进行相关鉴定时需要注意以下几点：①仔细勘查现场，在坠落处可能发现坠落者足印、手印或其他遗留物品，在落地点可发现撞击地面遗留下的痕迹或血痕等，如果下落过程碰触障碍物，还要对这些接触部位进行勘查。②注意检查坠落者的衣服，上面可能留有地面的物质（如泥土、青草、油渍等），同时应检查衣服、裤子和皮带断裂情况，判断是否由于高坠引起。③通过系统的尸表检查和尸体解剖,确定死亡原因,判断致命伤与坠落的关系;鉴别生前伤和死后伤,判断所有损伤是否均可由高坠引起;对于不能用高坠解释的损伤,应根据损伤形态,分析判断其形成机制,属于自伤还是他伤。④调查死者坠落时意识是否正常,有无酗酒或服用毒品、致幻剂、安眠镇静等药物。⑤部分高坠尸体结膜和双肺表面可见散在出血点(斑),颈部软组织可见片状出血,易被认为是由机械性窒息引起。

高坠伤以自杀和意外最常见,他杀较少见,但要警惕被害人在醉酒、中毒或昏迷状态下被抛下引起高坠损伤的情形。此外,偶尔有用其他手段谋杀后伪装成意外高坠或自杀的报道。

第四节 生命重要器官损伤

- 生命重要器官损伤是指脑、脊髓、心脏、肺脏、肝脏、脾脏和胰腺等器官损伤。
- 颅脑损伤是暴力性死亡的重要的原因之一。
- 颅内血肿分为硬膜外血肿、硬膜下血肿、脑内血肿和脑室内血肿。

人体不同组织相互结合成具有一定形态和功能的结构,称为器官。有些器官的结构、功能异常可严重影响人体的生命活动甚至导致死亡,我们把这些器官称为生命重要器官,如脑、脊髓、心脏、肺脏、肝脏、脾脏和胰腺等器官。在法医学实践中,身体所有器官都可能遭受机械性损伤。本节着重阐述生命重要器官的机械性损伤的形态表现、形成机制及法医学鉴定要点。

一、颅脑损伤

颅脑既是人体重要生命器官所在,也是伤害案件中被打击的主要部位。颅脑损伤(head injury)是最常见的机械性损伤,也是暴力性死亡重要的原因之一。颅脑损伤可以是作用于颅脑的暴力直接引起,也可以是作用于其他部位的暴力传导至颅脑后再引起的损伤。根据损伤是否破坏头皮、颅骨以及硬脑膜的完整性,分为开放性和闭合性颅脑损伤。

(一) 头皮损伤

头皮覆盖于头顶穹窿部,表面覆盖头发。头皮具有较大的弹性和韧性。当钝性外力作用超过头皮弹性限度时,可造成头皮损伤(scalp injury),如擦、挫伤或挫裂创;锐器可引起头皮切、砍、刺创等损伤,常伴有头发被切断或砍断。

1. 头皮擦伤 头皮受切线方向的外力摩擦而形成的一种浅表损伤,擦伤处可见少量血清渗出和点状出血。有较长的头发覆盖的头皮一般不形成大片擦伤,仅在挫裂创、砍创和切创等损伤边缘可见不同宽度和程度的擦伤带,这些擦伤可反映外力的作用方向。

2. 头皮挫伤 头皮受钝性暴力引起的头皮内或皮下出血。由于头皮真皮层结缔组织致密,与帽状腱膜之间通过许多纤维紧密连接,形成小网格状结构,故头皮内出血不易扩散而形成边界清楚的局限性出血或血肿。头皮血肿常反映暴力打击的部位和致伤物打击面的特征。帽状腱膜与骨膜之间为疏松结缔组织,故该层出血易扩散、出血量大,可蔓延至颅顶大部分区域,形成所谓的"血帽",其外观隆起,有波动感。骨膜仅依靠少量结缔组织与颅骨相连,但在骨缝处与硬脑膜外层相连,故骨膜下的出血范围仅局限在该块颅骨范围内。

3. 头皮挫裂创 头皮较厚,有许多毛囊及毛根,脆性较大,加之头皮下有颅骨衬垫且本身血管丰富,所以在遭受钝性外力打击时易造成挫伤,创口易哆开,出血较多。头皮挫裂创的边缘较整齐,创壁较平整,但仔细检查可见挫裂创边缘有表皮剥脱,创壁间有组织间桥。此外,挫断的头发断端不整齐,常被嵌压在创内,可与锐器创相鉴别。钝性暴力强大时,还可造成头皮组织挫碎,结构不清。

4. 头皮撕脱 强大暴力牵拉头发时,可使头皮连同帽状腱膜与其下方的疏松结缔组织层分离,造成头皮广泛性撕裂创。

(二)颅骨骨折

颅骨近似球形,由几块骨板借骨缝互相连接而成,具有一定的弹性和硬度,能耐受一定的牵张力和压缩力。是否造成颅骨骨折及骨折的形态与暴力的大小、颅骨变形程度有关。颅骨骨折常沿着颅骨骨质薄弱的部位走行,除非暴力十分强大,否则骨折线不会跨越颅骨支架结构。骨折发生时,骨折线常为曲折或不规则形。此外,暴力沿骨缝传导时也会受到骨缝的分散,骨折一般不跨越骨缝。

1. 颅骨骨折的一般规律 颅骨骨折与暴力的作用角度、方向、速度和面积有密切关系,具有一定的规律性。

(1)暴力作用的力轴及其力的传导方向多与骨折线的延伸方向一致:如遇到增厚的颅骨拱架时,常折向骨质薄弱部位。当暴力非常强大时,骨折线可直接横过拱梁结构或发生骨缝分离。

(2)暴力的作用面积小且速度快时,常造成孔状骨折;受力面积大而速度较快时,常造成凹陷骨折;着力点较小而速度较慢时,常引起通过着力点的线形骨折;受力面积大而速度较慢时,可造成粉碎性骨折或以着力点为中心多条骨折线向周围延伸的星芒状骨折。

(3)垂直或斜形于颅盖的暴力:垂直于颅盖的暴力常引起凹陷性粉碎性骨折,斜形暴力以线形骨折常见,并向力轴的方向延伸,常常折向颅底。

(4)暴力的作用部位和骨折处有较密切的关系:如暴力作用于前额部,常发生额骨骨折和颅前窝骨折。骨折线常延伸至眼眶骨,颅底骨折线可横行越过筛板,并向后通过蝶鞍而达到枕骨基部。

2. 颅骨骨折的常见类型 颅骨骨折可发生于颅骨任何位置,但以顶骨最常见,额骨次之,颞骨及枕骨再次之。常见的类型包括以下几类。

(1)线形骨折(fissured fracture):暴力作用于颅骨引起的直线形、弧形、星芒状或其他不规则形的骨折。多条线形骨折线交叉时相互截断,可推断为多次着力所致,并推断暴力作用的先后顺序。

(2)凹陷性骨折(depressed fracture):颅骨全层骨折并向内凹陷,最常见为半圆或圆锥形,也可呈舟状、角状或阶梯状。有的凹陷性骨折的形状可反映打击面的轮廓,其直径与致伤物打击面相近(图3-18)。

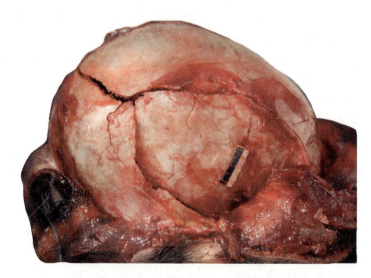

图 3-18 颅骨凹陷性骨折

(3)孔状骨折(perforating fracture):颅骨形成孔状缺损,碎骨片进入颅内,常见于枪弹创或小铁锤等打击颅骨形成的损伤。

（4）粉碎性骨折（comminuted fracture）：颅骨骨折为多块，碎骨片的大小、形态及数目不一（图3-19）。常发生于暴力作用点处，特别是多次打击时。

（5）崩裂性骨折：巨大暴力引起的广泛性颅盖骨和颅底骨粉碎性骨折，头颅崩开，脑组织挫碎，伤者多在短时间死亡。

3. 颅底损伤

（1）颅底骨折（fracture of base of skull）：暴力作用于颅底可引起颅底骨折（图3-20），常呈线形，行走方向与力的作用方向一致。有时可形成粉碎性骨折，多见于高坠时双足着地，力从脊柱传递到颅底。

（2）对冲性颅底骨折（contrecoup fracture of base of skull）：外力作用于颅骨时，力传导到远离着力点的部位，在颅底骨较薄弱处造成骨折。如打击枕部导致颅前凹的筛骨或眶板骨发生骨折。

（3）颅盖骨与颅底骨联合骨折（combined fracture of calvarium and base of skull）：强大的外力作用引起颅盖骨和颅底骨同时骨折，常见于高坠或交通损伤。

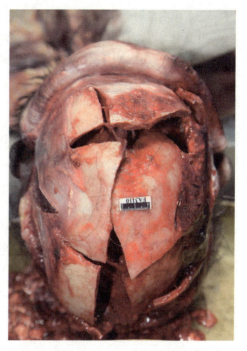

图 3-19　颅骨粉碎性骨折

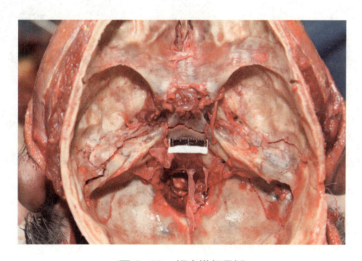

图 3-20　颅底横行骨折

4. 颅骨骨折的法医学意义

（1）推断力的作用点：①线形骨折的内板骨骨折最严重处；②粉碎性骨折的碎骨片最多处；③凹陷性骨折凹陷最明显处；④套环状或阶梯状骨折的最深处；⑤颅前窝对冲性骨折的着力点在枕部或顶部。

（2）判断力的作用方向：①骨外板压缩性骨折为垂直方向着力；②套环状或同心圆形骨折为垂直方向着力；③阶梯状凹陷性骨折为斜向着力；④孔状骨折的边缘内板呈环状缺损多为垂直方向着力。

（3）推断打击次数及其顺序：①粉碎性骨折的碎骨片重叠错位表明多次打击；②线形骨折有两条以上骨折线相互截断表明二次以上打击，第二次打击的骨折线不超过第一次打击的骨折线；③粉碎性骨折碎骨点凹陷最深处为最先发生的骨折。

NOTES

（三）颅内血肿

头部遭受外力打击时,可引起颅骨、脑膜和脑实质血管破裂出血,血液积聚在颅内某一空间或脑组织内,形成颅内血肿。根据血肿积聚的解剖部位不同,可将颅内血肿分为硬膜外血肿、硬膜下血肿、脑内血肿和脑室内血肿。

1. **硬膜外血肿(epidural hematoma)**　外伤所致的颅骨内板和硬脑膜之间的血肿称为硬膜外血肿(图 3-21),最常见于脑膜中动脉破裂。主要原因是颅骨骨折线与血管相交引起血管破裂。硬脑膜沿矢状缝黏着较紧,故硬膜外血肿多局限于矢状缝一侧,最常见于颞部,其次为额顶部、颞顶部或枕部。

新鲜的硬膜外血肿呈红果酱样。受伤后 10 天以上的死者,血肿呈黑红色,内有褐色液化,外有褐色肉芽组织包裹。随着时间增加,血肿周围见纤维性包膜,可伴有钙化灶。

硬膜外血肿以急性为多,血肿压迫脑组织引起颅内压升高而致昏迷;压迫中央回引起对侧肢体瘫痪;压迫颞叶引起海马沟回疝,伴有瞳孔散大。受伤当时可出现一过性原发性昏迷,经过一段中间清醒期后,由于血肿增大致颅内压升高而再次昏迷,甚至死亡。有些伤者原发性脑损伤较轻微,受伤当时无明显意识变化,伤后数日才因血肿逐渐增大而陷入昏迷。

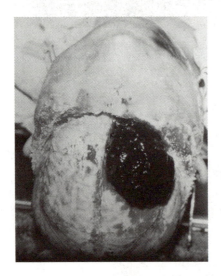

图 3-21　外伤性硬膜外血肿

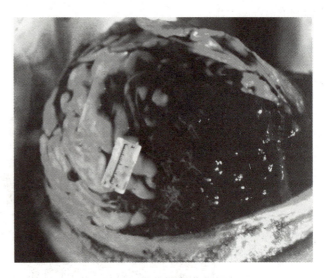

图 3-22　外伤性硬膜下血肿

2. **硬膜下血肿(subdural hematoma)**　外伤所致的硬脑膜与蛛网膜之间的血肿称为硬膜下血肿。可发生在着力点或其附近,也可发生在着力点对侧,称为对冲性硬膜下血肿。根据临床起病缓急,硬膜下血肿可分为急性、亚急性和慢性硬膜下血肿,分别指伤后 3 天以内、3 天至 3 周和 3 周以上,以急性为多见。急性病例可见新鲜暗红色凝固的血液,无包膜形成和机化现象;亚急性血块开始液化,逐渐变为棕色;慢性血肿以机化膜形成为特征。

急性硬膜下血肿 90% 为单侧,常见于颞叶和额叶(图 3-22),常伴有脑挫伤和皮质小动脉出血,伤后可出现持续性昏迷且昏迷呈进行性加深。急性外伤性硬膜下出血的死亡率为 36%~60%,高于颅脑损伤的平均死亡率(10%)。拳击运动员在拳击过程中或拳击后迅速死亡多由硬膜下血肿引起。亚急性硬膜下血肿因脑挫伤较轻或无脑震荡,故血肿压迫症状较缓和,常不能被及时发现而未能获得及时治疗,死亡率约为 22%。

3. **蛛网膜下腔出血(subarachnoid hemorrhage)**　外伤所致蛛网膜下脑沟中血管破裂,血液从血管流出进入蛛网膜下腔,称为蛛网膜下腔出血。损伤破裂的血管多为椎动脉、基底动脉及其分支或脑表面的小血管。蛛网膜下腔出血常与颅骨骨折和脑皮质挫伤同时发生。由于血液和脑脊液混合,沿蛛网膜下腔扩散常可覆盖大脑表面(图 3-23)。蛛网膜下腔出血可发生在被打击的局部,也可发生在被打击对侧,形成对冲性蛛网膜下腔出血。若出血量大,呈弥漫分布,颅后窝或脑干周围出血较多,严重时进入脑室,可伴有脑挫伤或其他颅内出血,常迅速死亡。

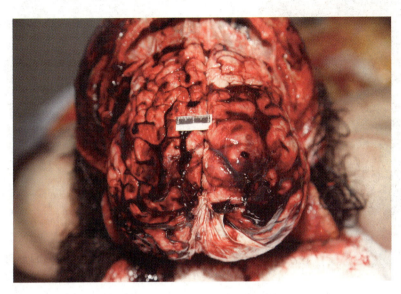

图3-23　外伤性蛛网膜下腔出血

4. 脑内血肿(intracerebral hematoma)　脑内血肿是指脑实质的血肿,好发于额叶及颞叶前端,常合并脑挫裂伤,并可与同一部位硬膜下血肿同时发生,少数血肿可进入脑室,形成脑室血肿。脑内血肿常发生于对冲部位,如枕部着力时,血肿80%~90%发生在额叶或颞叶。少数血肿可由于外伤的剪切力作用发生在胼胝体、脑干及深部灰质。脑外伤后,年龄较大的颅脑外伤者容易出现迟发性脑内血肿,出现高峰在脑挫裂伤后3天或于清除其他脑内血肿突然减压后。

(四)脑损伤

脑损伤(brain injury)是颅脑损伤中最重要的损伤。根据硬脑膜是否破裂,可将脑损伤分为闭合性和开放性脑损伤。开放性脑损伤也称为颅脑创伤(brain trauma),损伤从头皮、颅骨一直穿破入硬脑膜和脑组织。根据发生顺序可分为原发性和继发性脑损伤,前者由直接或间接暴力作用引起,后者是在外伤后进一步发展起来的颅内循环障碍或感染性病变等。

1. 原发性脑损伤(primary brain injury)　形成机制包括:①暴力作用引起颅骨局部或整体变形,撞击脑组织而引起脑损伤;②暴力作用于头部,引起脑组织在颅腔发生直线、挤压或旋转运动引发脑损伤;③暴力作用于身体其他部位,再传递到头部引起脑损伤。原发性脑损伤包括:脑震荡、脑挫伤、弥漫轴索损伤和脑干损伤。

(1)脑震荡(brain concussion):是脑损伤中程度最轻的一种损伤,可伴有或不伴有颅骨骨折。脑震荡的特征是头部受伤后即刻出现短暂(一般持续数分钟)的意识障碍,表现为一过性和可恢复性。此外,还可出现逆行性或顺行性遗忘,多数病例可完全恢复,少数遗留头痛、耳鸣等症状。关于脑震荡的发生机制及病理所见至今尚不明确,值得深入研究。脑震荡后很快死亡者均伴有脑实质挫伤或弥漫性轴索损伤,此种情况下可见大脑呈苍白色贫血状,镜下见脑膜和脑实质小动脉及毛细血管前微小动脉收缩,呈缺血性改变。

(2)脑挫伤(brain contusion):是指暴力作用于头部引起脑组织出血坏死。脑挫伤形成时,脑组织无断裂,脑外形与软脑膜均完整。脑挫伤可发生在外力作用部位或对冲部位,最多见的部位是额极、眶回和脑外侧裂的上、下皮质。脑挫伤包括:①冲击性脑挫伤(coup contusion),是指头部受外力作用而发生加速运动时,着力处的脑组织发生的脑损伤;②对冲性脑挫伤(contrecoup contusion),是指头部

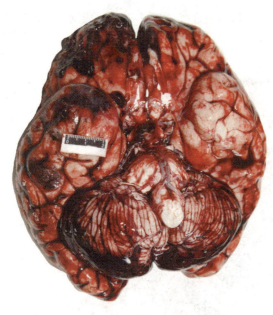

图 3-24　对冲性脑损伤

受外力作用时,着力点对侧部位发生的脑损伤(图3-24);③中间性脑损伤(inner cerebral trauma)是指在着力部位和对冲部位之间的脑挫伤。此外,还有脑疝形成的脑挫伤和骨折造成的脑挫伤。暴力作用于相对静止的头部使其发生加速运动,常引起较严重的脑组织冲击伤,对冲伤较轻或不出现。处于运动的头部撞到静止的物体发生减速运动,引起的脑组织对冲伤较严重,而冲击伤较轻或不出现。脑挫伤多出现在大脑皮质表面,尤其是脑回表面浅层。对冲伤则常见于颅骨内侧不规则部位,如额叶和颞叶。

(3)脑挫裂伤(brain laceration):是指外力直接引起脑组织完整性的破坏,脑表面出现裂隙,其间有破碎的脑组织和出血,常伴有头皮、颅骨和硬脑膜的损伤。脑挫裂伤见于高能量打击及高坠和交通损伤等,损伤程度严重,伤者可迅速死亡。损伤轻者,脑组织经坏死、修复过程,最终被瘢痕组织代替,伤者可出现肢体瘫痪、认知障碍或外伤性癫痫等后遗症。

(4)原发性脑干损伤(primary brain stem injury):是指暴力直接作用引起脑干撞击到小脑幕切迹或斜坡上,或脑干扭转牵拉导致损伤,也可表现为直接贯通伤。其特点为受伤当时即陷入较深而持久的昏迷,昏迷的程度及持续时间与损伤程度密切相关。由于脑干是呼吸循环生命中枢所在的部位,脑干损伤后常出现严重的生命体征紊乱,死亡率极高。原发性脑干损伤的产生机制包括:①暴力使脑组织在颅腔内较大幅度移动,引起脑干与小脑幕的游离缘或颅底斜坡相撞;②枕骨大孔区骨折直接损伤脑干;③脑脊液波动的冲击作用,可引起脑桥与延髓交界处断裂。其病理改变有:①脑干出血,多发生在中脑、脑桥的边缘或被盖部及第四脑室室管膜下;②局灶性缺血坏死和软化灶形成;③局限性水肿,表现为较明显的组织疏松;④神经细胞、轴索的变性、坏死等损伤。

(5)弥漫性轴索损伤(diffuse axonal injury):是指头部受到暴力作用后发生的脑白质广泛性轴索损伤,是头部加速运动产生的剪切和牵拉力作用于深部脑组织引起的应变性损伤。加速度损伤包括直接加速度损伤、角加速度损伤、离心力损伤和旋转力损伤,引起弥漫性轴索损伤的主要是角加速度损伤。头部发生角加速度运动时,脑组织易受到剪切力作用发生应变,导致神经轴索和血管因过度牵拉和扭曲造成损伤。这种损伤好发于不同组织结构之间,如白质和灰质交界处、大脑半球之间的胼胝体及大脑和小脑之间的脑干上端。引起这种损伤最常见的原因是交通损伤,其次为高坠或打击伤。其病理改变主要包括神经轴索阶段性肿胀、断裂、轴索浆外溢和收缩球形成等,可通过嗜银染色或免疫组化染色在损伤一段时间后观察到。

2. 继发性脑损伤　继发性脑损伤以颅内循环障碍最常见,包括水肿、坏死、出血和脑室扩张等,主要有以下几种。

(1)创伤性脑水肿(traumatic brain edema):是指脑创伤后引起一系列病理生理反应,使水分积聚在脑细胞和细胞间,导致脑组织体积增大和重量增加。创伤性脑水肿的发生机制包括血管源性脑水肿和细胞源性脑水肿,主要危害是引起和加重颅内压的升高,可进一步引起脑疝,是致死和致残的主要原因。需要注意的是,创伤性脑水肿可以是颅脑损伤后单纯的致死性病理改变。

(2)外伤性脑疝(traumatic brain hernia):是指颅脑损伤后,因脑出血、脑水肿等原因引起颅内压增高,脑组织从压力较高处经解剖学的缝隙或孔道向压力较低处移位并压迫邻近脑组织,引起脑组织出血、坏死,导致脑功能障碍。根据脑疝形成的解剖学部位,最常见的为海马沟回疝、小脑扁桃体疝和扣带回疝,较少见的有小脑蚓部疝、蝶骨嵴疝等。这些疝可单独发生,也可几种同时发生。脑疝的病理学改变包括:①突出的脑组织有不同程度的淤血、水肿、出血性梗死和软化;②中脑受压变形,向上可达下丘脑,向下可达延髓,可因中脑导水管受压形成阻塞性脑积水;③引起邻近血管和神经的牵拉、移位。

(3)外伤性脑梗死(traumatic cerebral infarction):颅脑损伤后各种原因引起的脑疝压迫脑内血管,导致供血部位脑组织出血、坏死,这种继发性脑组织出血坏死被称为外伤性脑梗死。其分布与外伤直接导致的脑挫伤不同,常位于脑疝挤压部位的脑皮质,或在扣带回、海马旁回、海马、苍白球、中脑和脑桥等部位。这些病变常发生在皮、髓质交界区,严重可累及皮质全层和蛛网膜下腔,但与脑挫伤不同之处在于蛛网膜未破裂;皮质神经细胞的缺氧或缺血性病变明显;坏死出血区高度淤血、水肿,出血亦很常见,伴有白细胞浸润和胶质细胞反应。

二、脊柱与脊髓损伤

脊柱和脊髓损伤常见于工矿、交通事故,高坠、重物打击等,伤情严重复杂,多发伤和复合伤及并发症多见,合并脊髓损伤时预后差,常留有终身残疾,是法医临床学实践中常见的损伤之一。高位颈椎骨折时,可伤及高位颈髓或/和延髓,常危及生命。

(一)脊柱损伤

脊柱损伤是指组成脊柱的椎骨、椎间盘、关节、肌肉和韧带等组织结构破坏或功能障碍,可由直接暴力或间接暴力引起。脊柱损伤的部位和类型与暴力的大小及作用方向密切相关:如果暴力沿脊柱长轴传导,可挤压椎体引起椎体压缩性骨折;当暴力垂直于脊柱长轴,可引起椎骨分离、折断或脱位,同时伴有肌肉、韧带、椎间盘、关节囊或关节突等结构的损伤。

(二)脊髓损伤

脊髓损伤是指椎管内脊髓、神经根、马尾神经及附属的被膜和血管等组织结构破坏或功能障碍。根据损伤是否直接由暴力引起,可分为原发性脊髓损伤和继发性脊髓损伤;根据损伤是否与外界相通,分为闭合性损伤和开放性损伤;根据损伤程度,可分为完全性损伤和不完全性损伤;根据暴力造成脊柱骨折的机制,可分为屈曲性损伤、伸展性损伤、扭曲性损伤和纵轴性损伤。

1. 原发性脊髓损伤

(1)脊髓震荡(concussion of spinal cord):亦称为脊髓休克,是指脊髓遭受暴力作用后暂时性功能障碍。暴力直接传导至脊髓时,可发生剧烈的脊髓震荡,损伤平面以下出现瘫痪,各种反射、感觉和括约肌功能消失。单纯的脊髓震荡可在数周内恢复,其终止标志是球海绵体反射或腱反射的出现。

(2)脊髓挫伤(contusion of spinal cord):是指由钝性暴力引起的脊髓闭合性损伤。脊髓整个断面发生挫伤时,可出现断面远端以远的肢体逐渐发生麻痹,反射消失及运动功能障碍,严重者可引起直肠和膀胱功能障碍。早期病理改变主要是损伤局部肿胀,中央灰质出现点状出血、坏死。随着损伤时间延长,出血灶可扩大至整个脊髓面并向邻近节段扩散。脊髓外观变得粗大,呈紫红色,软脊膜紧绷,血管模糊不清,蛛网膜下腔狭窄甚至闭塞。组织学观察可见神经细胞核碎裂,核染色体溶解。毛细血管红细胞淤积,血管周围中性粒细胞、淋巴细胞及浆细胞渗出,有时可见红细胞和水肿液。神经纤维肿胀,轴突破裂,髓鞘崩解、碎裂为分散的脂肪颗粒。

(3)脊髓断裂(rupture of spinal cord):是脊髓最严重的实质性损伤,伤后脊髓断端灰质中央进行性出血坏死,血管痉挛,轴浆外溢,溶酶体释放,脊髓各组成细胞变性坏死。脊髓的神经束为无髓鞘纤维,故不能再生。脊髓完全横断后,断面以远支配区出现瘫痪,各种反射、感觉和括约肌功能消失。

2. 继发性脊髓损伤

(1)脊髓水肿:外界暴力作用后脊髓发生创伤性反应,脊髓缺氧及减压后再灌注等,均可引起脊髓不同程度的水肿,伴有功能障碍。

(2)脊髓出血压迫:钝性暴力引起的闭合性损伤在椎管内可发生出血,造成脊髓压迫,症状类似

NOTES

于脊髓震荡,压迫脊髓后迅速出现功能障碍,但恢复较脊髓震荡慢。出血机化后,引起神经根压迫症状,后根受压可引起剧烈疼痛,前根受压可造成重度肌萎缩。脊柱骨折和脱位的愈合过程中可引起脊髓出血压迫,导致创伤性脊髓病、椎管狭窄或脊髓空洞症等继发性脊髓损害。

（3）上行性脊髓缺血性损伤（ascending ischemic injury of spinal cord）:见于第 10 胸椎至第 1 腰椎脊柱损伤,伤后截瘫平面逐渐上升至第 6~7 胸椎节段,有些情况甚至可上升到第 2~3 颈椎节段,引起呼吸衰竭致死。

三、胸部损伤

胸部损伤（injury of the chest）是指致伤物通过暴力作用造成胸廓变形、骨折或 / 和广泛的内脏器官组织结构破坏和功能障碍。胸部损伤是仅次于颅脑损伤的重要死因。常见的胸部损伤包括以下几类。

（一）肋骨骨折

肋骨骨折（rib fracture）是指暴力引起肋骨、肋软骨结构的连贯性破坏,可由作用于胸部的直接暴力引起,也可由间接暴力造成。多根多处肋骨骨折可使两断端之间的胸壁失去支持,形成浮动胸壁,造成胸部运动障碍,或引起反常性呼吸运动,即吸气时浮动的胸壁凹陷,呼气时膨出,不能进行正常呼吸,严重时影响呼吸、循环功能。尖锐的肋骨断端可刺破胸膜、肺脏、大血管或心脏,引起气胸、血胸、血气胸、心脏压塞、外伤性肺囊肿、肺血肿等并发症。有时骨折断端刺伤肺组织后,又恢复到正常位置,如检查肋骨时不仔细,可能对于气胸的原因造成误诊。

法医进行肋骨骨折相关的鉴定时需要注意以下几点:①肋骨骨折与年龄有关,青少年与儿童的胸廓可塑性和弹性较好,外力引起胸腔脏器严重损伤时可能并不产生椎体与肋骨的骨折,同样的暴力则可导致老年人椎体与肋骨骨折。②尸检时由于肋间肌相连,肋骨骨折不易发现,应逐根检查肋间肌出血部位有无肋骨骨折。③注意区分人工呼吸和胸外按压等医源性损伤引起的骨折与其他暴力作用引起的骨折。

（二）肺损伤

肺损伤（injury of the pulmonary）是指各种暴力导致的肺实质损伤,包括钝器引起的肺挫伤、肺裂创,锐器或火器伤引起的肺穿入或穿透损伤。

1. 肺挫伤　肺挫伤（contusion of the pulmonary）是指钝性暴力引起的肺实质水肿和出血,但无肺表面的裂伤。肺挫伤是闭合性胸外伤中最常见的肺实质性损伤。其形成因素多数认为和强烈的高压波有关。强大暴力作用于胸壁时,胸廓受压或挫伤,声门反射性紧闭,肺内压力突然升高,造成肺组织挫伤,引起出血和肺水肿。其病理生理学改变为肺脏毛细血管破裂,间质及肺泡内血液渗出,间质水肿,肺不张,肺内分流增加,肺顺应性下降,气体交换障碍,引起低氧血症。如胸部钝性损伤患者,气管出现血性泡沫痰,早期有呼吸困难,X 线胸片显示片状阴影,应考虑为肺挫伤。

肺挫伤的病理学改变:肺胸膜完整,重量增加,质地实变,肺胸膜下淤血伴片状出血。肺实质挫伤从肺门向肺内血管和支气管及实质延伸;组织学观察见肺泡壁毛细血管破裂出血,肺泡腔充满红细胞和渗出液,肺泡间隔水肿,部分肺泡破裂萎缩。肺挫伤后 0.5~2 小时,即可见肺水肿,之后白细胞浸润;24 小时后,可见肺泡腔大量白细胞和逐渐增多的单核细胞。

2. 肺裂创　肺裂创（pulmonary laceration）是指肺组织结构完整性遭到破坏,损伤类型包括以下几类。

（1）骨折断端所致肺裂创:肋骨骨折的断端可刺破肺,裂口由肺胸膜向肺门延伸,创缘较整齐,损伤程度由浅表至中等深度。

（2）挤压性肺裂创:胸腔压力骤然升降(如胸部受巨大暴力挤压前后,胸廓受压变形后又迅速弹回)引起的组织变形可导致肺破裂。这种肺裂创的创缘不整齐,呈锯齿状,常有多处裂口。若脏胸膜未破裂,血液可积聚在裂口周围,形成胸膜下血肿,胸膜破裂后可引起血气胸。若血液进入气管可引起大咯血而致死。

（3）肺穿入或穿透损伤：锐器或火器可从皮肤一直伤入肺内部甚至贯穿整个胸部，引起气胸及血气胸。如肺胸膜的破裂呈瓣状，可引发高压气胸，使受累一侧的肺高度萎缩。尸体解剖时应采取测定胸腔内气体量的特殊措施。

3. 气管、支气管损伤　较大暴力作用于胸部，除了造成肺损伤外，还常常引起气管和支气管的损伤破裂。最常见的破裂部位是隆凸上下 2.5cm 之间的位置，尤其是大的支气管，但气管与支气管同时损伤的情况不常见。损伤形成的机制包括：①气管被挤压到脊椎上；②气管被胸骨挤压的同时存在声门闭合；③爆炸时声门关闭，强迫性呼气引起管腔内压力突然增大；④暴力作用于肺门附近，产生剪切力；⑤运动的肺组织和相对固定的气管、支气管在减速发生时产生的不同步状态，引起损伤。

（三）心脏损伤

心脏损伤（injury of the heart）是指外力引起心脏结构破坏和功能障碍，可分为穿透性损伤和非穿透性损伤。实践中，穿透性损伤更常见，死亡率很高，许多伤者因来不及抢救而死于现场或送医途中。

1. 穿透性心脏损伤　锐器或火器致伤物穿破胸壁进入心脏，引起心脏完整性破坏称为穿透性心脏损伤，多见异物存留于心脏。锐器引起的心脏损伤多为盲管创，枪弹引起的损伤创口较大，可贯通心脏前后壁引起多个心腔损伤，死亡率显著高于锐器引起的心脏穿透性损伤。

2. 非穿透性心脏损伤　又称为闭合性心脏损伤或钝性心脏损伤，是指胸部特别是心前区受到钝性外力作用后，心脏的组织结构或/和功能受到破坏，但胸廓保持完整。这种损伤在交通事故中发生率高。由于这类心脏损伤比较隐蔽，法医工作者在进行尸体解剖和器官检验时需要更为仔细，认真检查心脏表面脂肪层、心肌、乳头肌和瓣膜等结构，必要时进行组织学检查以确定损伤的存在。

（1）损伤形成的机制包括：①钝性暴力直接作用于心前区，心脏在胸骨和脊柱间受到挤压而造成心脏挫伤。②间接暴力作用引起，如腹部或下肢受到压迫，引起这些部位的血液骤然涌入心腔和大血管内，使其压力剧增，造成心脏破裂。③突然减速或加速运动使悬垂于胸腔的心脏撞击在胸骨或脊柱上而引起心脏损伤、破裂。④胸部受到暴力挤压，引起心脏损伤，待压力松开后，可发生大出血而致死。上述因素亦可联合作用，引起闭合性心脏损伤。

（2）常见的损伤类型包括：①心脏挫伤，病变早期可见心外膜出血及广泛性心肌间质出血，心肌纤维撕裂和细胞碎裂，心肌间质水肿；24 小时内可出现心肌细胞肿胀和颗粒变性，胞核和肌纤维横纹消失，心肌细胞坏死伴中性粒细胞浸润，继而肉芽组织形成；晚期纤维瘢痕形成，可造成心律失常及心功能障碍。②心脏破裂，左、右心室的发生率大致相等。心室收缩期，尤其是等容收缩期，各瓣膜关闭，心室呈封闭腔，此时遭受钝性暴力作用，心脏强烈收缩，室内压急剧升高而血液不能搏出，又不能压缩，较易发生心脏破裂。此外，如果心脏本身存在病变（如陈旧性心肌梗死、脂肪心等），在外力作用下更易发生破裂。心脏破裂可引起心脏压塞而迅速致死。③室间隔破裂，常发生于心脏舒张末期或收缩早期，此时心室腔充满血液，瓣膜闭锁，增高的心室张力尚未缓解，此时心脏遭受暴力打击可引起室间隔发生线状裂伤；室间隔挫伤后，继以变性坏死，可引起迟发性穿孔。房间隔亦可因相似原因发生破裂。④瓣膜、腱索或乳头肌损伤，损伤可引起瓣膜关闭不全，伤者可在短时间内死于急性心力衰竭。⑤冠状动脉损伤，包括冠脉内膜断裂、管壁破裂及心脏压塞。

（四）大血管损伤

大血管损伤是指暴力作用引起胸部大血管的正常组织结构破坏。按损伤部位，可分为主动脉、无名动脉和肺动脉的损伤。

1. 主动脉破裂　可分为闭合性和开放性主动脉破裂。

（1）闭合性主动脉破裂：常见于交通损伤、高坠和挤压伤等。由于降主动脉固定在胸壁而心脏与升主动脉活动度较大，当暴力作用引起心脏和主动脉弓剧烈移动时，可致固定段和可活动段之间的连接处撕裂，故主动脉破裂好发于左锁骨下动脉起始远端的主动脉峡部降段。一般裂口与主动脉轴垂直，可累及血管内膜、中层和外层。若血管壁完全断裂，由于主动脉弹性较大，其断端收缩，使两断端哆开。主动脉破裂有时合并心脏破裂,绝大多数伤者因失血性休克死亡。

（2）开放性主动脉破裂:常见于刺切、枪弹穿透及爆炸伤造成的主动脉破裂,伤者可在主动脉破裂当时或短时间内死亡。如破裂口在心包内且破口较小,出血缓慢,可延缓一段时间才因心脏压塞死亡。

部分主动脉损伤可逐渐自愈而缓慢发展为外伤性主动脉瘤。增大的主动脉瘤压迫邻近器官可引起呼吸困难、吞咽困难及声音嘶哑,一旦破裂可迅速死亡。法医鉴定死因时,要查明死者生前外伤史及临床诊疗资料,判断动脉瘤的形成与外伤之间是否存在因果关系,并注意检查动脉瘤的组织学改变。

2. 无名动脉损伤　无名动脉破裂也是一种严重的致命损伤,多因直接外力作用、交通损伤、高坠的减速运动所致;也可因挥鞭样损伤使颈椎过度后伸,致无名动脉自主动脉弓处撕裂,伤者短时间内死于失血性休克。

3. 肺动脉损伤　较少见,可因钝性暴力撞击胸廓引起。此外,肺门撕裂、贯通创时亦可损伤肺动脉。

四、腹部损伤

腹部损伤(abdominal injury)是指各种致伤物导致腹壁或腹腔内部器官组织结构破坏及功能障碍。与胸部不同,腹部在遭受钝性外力作用时,可引起腹壁肌肉反射性收缩,对腹部器官有保护性作用;另外,腹壁由较厚的皮肤、皮下脂肪和肌层组成,钝性暴力作用于腹部时,一般只能在腹壁皮肤上形成擦伤或挫伤,难以形成挫裂创。但此时腹腔内脏器官的损伤可能已经比较严重,如内脏的挫伤或破裂。腹部损伤可分为开放性和闭合性两大类,前者暴力作用引起腹膜破裂,多伴有内脏器官的损伤,后者腹膜完整,确定内脏器官是否损伤有时比较困难。此外,由于操作不当,穿刺、内镜、灌肠、刮宫及腹部手术等诊疗行为亦可引起腹部脏器的医源性损伤。

(一) 胃肠损伤

胃肠道是腹部的空腔器官,具有一定的活动度,故受伤机会较少,尤其是胃,胃壁较厚,且空腹时位于左上腹,大部分被左侧肋骨保护。除穿透伤外,在腹部的闭合性损伤中,胃肠道损伤的发生率远低于肝、脾,只是在饱胀状态下偶可发生。

胃肠损伤(injury of the gastrointestinal tract)是指胃肠受暴力作用发生的组织破坏和功能障碍。常见的损伤类型包括以下几类。

1. 胃肠挫伤　常发生于车辆等交通工具所致的损伤,亦可见于脚踢引起的损伤。胃肠被暴力压到脊柱上,导致胃和肠壁受到致伤物的撞击力和脊柱反作用力的强烈挤压而引起挫伤。胃肠空虚时,一般仅在受力处发生局灶性挫伤。

2. 胃破裂　常发生于胃充满食物时,其位置下移,且因流体力学作用,易发生破裂。胃破裂需要具备两个条件:①胃呈饱和状态;②暴力使胃内压大于胃外压。胃破裂处不一定在着力部位,常位于胃壁较薄弱点,如胃小弯,特征性病变为胃小弯或其临近黏膜发生单个或多个裂创。裂创常发生在黏膜,继而波及肌层和浆膜。胃壁严重挫伤或不完全破裂时,其临床表现可在伤后数小时至数天出现,完全破裂可引起急性弥漫性腹膜炎和气腹。

3. 肠破裂　腹部受伤时肠破裂的可能性比胃大得多。在各部分肠道中,最易受伤的是空肠,其次是回肠、十二指肠和结肠。肠充满内容物时更易受伤破裂,破裂部位常在肠系膜附着处的对侧。肠道的钝性损伤,成人较儿童多见,瘦者较胖者多见,其损伤特点有:①体表常无损伤征象;②受伤2~6小时才出现临床表现。钝性暴力引起肠损伤的机制包括挤压、迸裂和牵拉。损伤轻微时仅引起肠管部分断裂,重者导致肠管全周断裂。

(二) 肝损伤

肝损伤(injury of the liver)是指肝脏受暴力作用发生破裂、挫碎或周围韧带撕裂等损伤。肝脏是一个体积较大、弹性较小且不易移动的实质性脏器,受外力作用易造成损伤。肝右叶损伤较左叶多见,膈面损伤较脏面多见,小儿损伤较成人多见。肝损伤可由钝性暴力直接或间接作用引起,亦可由刺创或枪弹创导致。肝破裂可引起胆汁外溢入腹腔,故腹痛和腹膜刺激征明显。

1. 病理形态分类 肝损伤根据病理形态可分为以下几类。

(1)包膜下血肿:肝实质裂开,但包膜完整,较小的血肿可自行吸收。

(2)真性破裂:肝包膜完整性受到破坏,实质挫裂、撕裂、挫碎甚至离断和毁损。

(3)中央型破裂:肝实质深部组织损伤,可伴有血管和胆管损伤,易引起广泛的肝组织坏死、胆道出血,但包膜可能完整。

2. 肝损伤形态变化 肝损伤的常见形态变化有以下几种。

(1)包膜下破裂转为真性破裂:如中央型肝破裂可发展为继发性肝脓肿,引起肝组织坏死,累及被膜形成真性破裂。

(2)破裂口因损伤类型不同而存在差异:高坠引起的肝破裂常为多个与力的方向平行的裂口;打击形成的肝破裂口可呈星芒状或条状,其中心与力的作用点一致;龟壳状破裂口多见于爆炸时冲击波引起的肝破裂,常位于肝右叶膈面。

(3)肝撕裂:常见于猛烈的钝性暴力冲击引起肝脏突然减速运动,因肝脏被周围韧带固定,这种减速运动会导致肝周韧带撕裂和实质损伤,最易发生在肝右叶。

(4)肝刺创:常见于尖刀、三棱刮刀的刺入及镰刀弯头的砍入。凶器停留在肝内时,由于呼吸运动可使伤口扩大。

(5)疟疾、肝海绵状血管瘤、脂肪肝、肝硬化和肝癌等肝脏疾病会增加外力作用引起肝损伤的风险,因此更易发生肝损伤。

肝脏有丰富的血液循环,右门静脉和肝动脉双重供血,每分钟约2L血液进入肝脏,同时有容量巨大的下腔静脉从肝后回流入心脏,一旦伤及这些大血管,将引起大出血而迅速死亡。肝包膜下破裂者可于损伤数小时后才穿破而致失血死亡,数日后死亡者多系因胆汁性或化脓性腹膜炎死亡。

(三)脾损伤

脾损伤(injury of the spleen)是指脾脏受外界暴力作用发生的挫伤、破裂和穿透伤。脾破裂是最常见的腹部脏器损伤。脾损伤可分为开放性和闭合性损伤,前者多由锐器和火器引起,后者多因钝器打击或挤压所致。另外,交通损伤或高坠由于冲击和震荡力量强大,可造成多发性脾破裂。

1. 脾破裂的分类 脾破裂按照不同分类标准可进行如下分类。

(1)按损伤范围分为:①包膜下破裂,是指脾实质周边部分破裂,出血积聚在包膜下可形成张力性血肿,但包膜完整性未破坏。②真性破裂,是指脾包膜和实质均破裂出血,脾破裂中约85%是真性破裂,常见于脾上极膈面,有时在裂口对应部位有下位肋骨骨折存在;有的破裂发生在脏面,尤其是邻近脾门的位置,有撕裂脾蒂的可能。③中央型破裂,是指脾实质深部的破裂,可发生局限性出血或形成血肿。需要注意的是,三种不同类型的损伤可在一定条件下相互转化,尤其是中央型破裂发展为包膜下破裂,包膜下破裂又可发展为真性破裂。

(2)按发生时间分为:①急性脾破裂,是指外伤后立即出现的脾破裂;②迟发性脾破裂,是指受伤后先出现包膜下或脾实质内出血,数天、数周甚至更长时间后才发生穿破。迟发性脾破裂约占闭合性脾破裂的15%,主要是由于身体的运动改变腹腔压力,引起脾脏血肿内压增高,冲击脾包膜或伤口外的血凝块所致。这种脾破裂多有明显的诱因,如剧烈咳嗽、活动或轻微外伤等。

2. 脾破裂的法医学鉴定 法医检验和鉴定脾破裂相关损伤时,需要对致伤物种类、致伤机制、着力部位、损伤程度、伤后大出血的时间及伤前脾脏是否有疾病等因素进行综合分析,判断脾破裂与外界暴力之间是否存在因果关系。需要注意的是,暴力大小与脾损伤的发生概率和严重程度并不完全一致。若脾脏本身具有病变(如脾炎、肿瘤、结核等)或其他病变导致脾大(肝硬化、白血病、淋巴瘤等),轻微外力即可引起较为严重的后果。其中,以肝硬化致淤血性脾大最为常见,而且肝硬化可引起凝血功能障碍,所以脾损伤时更易出血。

(四) 胰损伤

胰损伤(injury of the pancreas)是指外力作用导致的胰腺血管、导管及实质的挫伤和破裂。胰损伤分为开放性和闭合性两类,前者多由钝性暴力(如交通损伤)造成,后者常由枪弹和锐器造成。由于胰腺属于上腹部的腹膜后器官,受到良好的保护,故损伤机会较少,仅占腹部损伤的 2%~5%。但胰腺损伤的并发症发生率较高(19%~55%),死亡率为 20%~35%。

1. 胰腺钝性损伤的形成机制　暴力作用于右腹部时,挤压胰头部可引起胰头损伤,常合并肝脏、胆总管和十二指肠损伤;暴力作用于腹正中时,常引起横跨椎体的胰体部横断伤;暴力作用于左腹部时,常引起胰尾部损伤,可合并脾损伤。

2. 病理学改变　胰损伤的常见类型包括:胰腺血管损伤、实质损伤、导管破裂、胰头挫碎和胰尾损伤等。胰腺血管损伤可引起失血性休克,胰腺间质血管损伤可致胰腺实质坏死。胰腺实质挫伤常引起急性胰腺出血坏死,使胰蛋白酶、磷脂酶 A、弹力纤维酶及酯酶等活化,引起急性水肿、出血、坏死和炎症,若合并胰管损伤,可使胰液漏出,胰酶活化,胰腺组织坏死亦导致胰腺炎。胰导管损伤破裂时,胰液涌入腹腔内,引起急性腹膜炎和胰腺周围脂肪组织坏死。胰头挫碎多见于交通损伤中车轮碾压腹部时,可同时发生胰头和十二指肠球部挫碎,致胰液和十二指肠内容物外溢,导致胰腺和十二指肠周围组织坏死。胰尾挫伤常与脾脏损伤同时发生。饱食后胰液分泌亢进,胰导管内压增高,受外力作用可发生胰腺泡和胰小管破裂,故饭后胰腺损伤较空腹时后果严重。以上几种损伤可单独发生,也可同时出现。

3. 损伤程度　根据损伤的严重程度,胰腺损伤可分为轻度挫伤、严重挫伤和部分或完全断裂伤等。轻度挫伤是指仅引起胰腺组织水肿和少量出血,或形成胰腺包膜下小血肿。严重挫伤是指部分胰腺组织坏死并失去活力,同时有比较广泛或较粗的胰管破裂,引起大量胰液外溢,若胰液外溢较缓慢,且被周围组织包裹,可形成胰腺假性囊肿。若裂伤超过胰腺周径 1/3,称为部分断裂,超过 2/3 属于完全断裂伤,断裂一般位于脊椎前方、肠系膜上血管左侧,也可发生于胰体、尾交界处,胰管断裂部位越接近胰头,胰液外溢越多,引起的自身消化及感染越严重。

外伤与非外伤性出血性胰腺坏死的病理形态学改变相似,诊断外伤性胰腺出血坏死时,一定要慎重。法医在进行胰腺损伤的鉴定时,需要注意以下几点:①胰腺急性病变确实存在;②有外伤史及外伤的证据,如腹壁挫伤、胰腺周围组织外伤出血及邻近器官的挫伤等;③外伤发生前无胰腺疾病征象;④外伤后很快出现胰腺功能紊乱。

第五节　机械性损伤的法医学鉴定

- 机械性损伤的检验、描述、记录要遵循一定的原则与规范。
- 机械性损伤的死亡原因鉴定可有原发性死因和继发性死因。
- 机械性损伤的常见并发症有感染、休克、栓塞、挤压综合征、创伤性心功能不全、呼吸窘迫综合征和多器官功能障碍综合征等。

机械性损伤的检验和鉴定是法医学工作的重要内容,不仅关系到相关证据的收集、提取、固定和保存,而且对于案件的侦破和责任划分有重要意义。因此,应掌握检验和鉴定机械性损伤的原则和方法,并能熟练应用于鉴定实践中,保证鉴定结论的科学、客观。

一、机械性损伤的检验、描述、记录的原则与规范

为了最大限度保证机械性损伤鉴定的科学和准确性,在进行机械性损伤的检验、描述和记录时,需要遵循一定的原则与规范,既能系统、全面地收集和检验损伤相关的证据,又能将这些证据完整、清

晰地呈现出来,为侦查、起诉和审判提供客观、可靠的法医学证据。

(一) 机械性损伤的检验原则

进行机械性损伤的检验时需要遵循一定的原则,这些原则一方面可以保证全面、系统地检验、描述和记录机械性损伤,不会造成相关证据的遗漏和缺失;另一方面可以保证检验过程客观、公正,避免鉴定人自身因素影响取证质量。

1. 检查需要遵循一定顺序　在检查机械性损伤时,一般按照由主到次、由上到下、由前到后、由表及里、由原发到继发、由急性到慢性等顺序进行,逐一检查各处损伤的形态和位置。

2. 认真观察并记录每一处损伤　当同一部位损伤数目过多时,可进行编号,逐一观察和记录。记录损伤时应包括损伤位置、数目、大小和形态特征,使用描述性语言进行客观陈述,避免使用主观诊断术语。测量损伤的长度、深度等参数时要用国际标准单位,如厘米(cm)或毫米(mm)等。记录过程可以采用文字和简图等多种形式。

3. 做好拍照记录　准确、清晰地拍照和录像既是固定证据的重要手段,也是展示证据的有效措施。鉴定人必须重视照相及录像手段在检查和记录机械性损伤过程中的重要性和必要性,同时也应避免因拍照和录像过程中操作不当造成证据的丢失和毁灭。因此,需要注意以下事项:①照相时要保证光线充足、角度适宜和图片清晰;②需要沿损伤长轴平行放置比例尺,便于测量和展示损伤的长度、宽度等参数;③宜先拍整体,再拍局部,必要时以特写的方式展示损伤的细微特征,确保没有参与鉴定的人员也能通过照片准确判断损伤部位和细节特征;④检查过程如需造成损伤部位不可逆的改变(如剃去毛发、切开皮肤等),必须先拍照以保留这些部位的原始状态;⑤条件允许的情况下,可对检查全过程进行录像以最大限度保留证据。

4. 查明体表损伤与内部脏器的关系　每一处损伤都应遵循先体表观察记录,再检查深部组织和器官的原则,将体表损伤和内脏伤比对、关联,判断损伤的形成机制。

5. 组织病理学检查　对于一些肉眼观察不易准确判断的损伤(如电流斑),需要对损伤进行组织病理学检查。在对损伤部位进行取材时,需要将损伤最明显部位及其周边正常组织一并提取,以便进行组织学比对。此外,组织学检查需要和尸表检查、组织器官的大体观察相关联,即通过"尸表—大体—镜下"所见,综合分析机械性损伤的形态变化、严重程度、与死亡的关系及形成机制。

6. 提取和保留重要的生物检材　尸体解剖时,常规提取死者心血、胃内容物、尿液以进行常规的毒物化学检查和其他实验室检查。

7. 认真检查损伤处异物　检查损伤时应仔细观察和寻找损伤表面及创腔内的异物,注意提取并妥善保留,如有需要,对这些异物进行实验室检查和化验。

8. 仔细检查衣服破损　除了机体上的损伤外,还应仔细检查死者或伤者损伤相对应部位的衣服破损痕迹,这些破损既可以和体表损伤相呼应,也有可能反映致伤物的形态特征,有助于推断致伤物及分析损伤的形成机制。

(二) 机械性损伤检查的内容和要求

常规的机械性损伤检查包括以下内容。

1. 损伤的定位　对于尸体表面的损伤要准确描述其解剖学位置,常用明显的体表解剖学标志进行坐标定位,如"上腹部剑突下5cm、脐右侧3cm处有一创口"。

2. 损伤的数目　仔细检查和描述损伤的数目,如"三条平行划痕""两个注射针孔"。

3. 损伤的形状　损伤的形状要用几何学名词描述,如"弧形""星芒状"等,损伤不具有典型的几何形状时,可描述为"不规则形",或者用绘图的方式勾画出损伤的形状。

4. 损伤的大小　检查损伤的长度、宽度或深度应以厘米(cm)为单位,尽量不用实物大小来比较。对于损伤创口的深度或创道的长度,不宜直接使用手指或探针探测,以免破坏创道的形态特征,应逐层解剖后再进行测量。

5. 损伤的颜色　无论是擦伤、挫伤还是创,都应仔细观察和描述损伤表面的颜色,特别是皮下出血的颜色变化可以提示损伤形成的时间。

6. **损伤的细微特征**　包括损伤表面是否有表皮剥脱及皮瓣形成、创缘是否整齐、创缘是否伴有表皮剥脱、创壁是否光滑、创角是否尖锐、创腔中是否有组织间桥、损伤表面或创腔中是否有异物、损伤部位是否有红肿或组织缺失等细节特征，都应仔细观察和描述。

（三）机械性损伤检查的步骤

1. **现场检查**　在发现尸体的现场，除按照现场勘查的一般要求进行检查外，对损伤的尸体首先要原位观察尸体位置、姿势与周围物品的关系，注意损伤与衣服上痕迹的关系、与现场血迹分布的关系及与尸体周围物品的关系，对其进行记录、照相和绘图。

2. **衣物检查**　尸体解剖完成后进行衣物及相关物品检查，必要时解剖过程中随时检查衣物的破损或痕迹，以便与尸体上的损伤进行比对。

3. **尸表检查**　脱去尸体上的衣物，逐一观察、记录尸表损伤，并照相。

4. **清洗血迹**　清洗或擦净血迹后再检查尸表，对所有的损伤进行记录并照相、绘图。清洗过程要轻缓，避免造成损伤组织的人为破坏。

5. **检查损伤**　应将哆开的创口的两创缘合拢检查，观察有无组织缺损、组织间桥及异物等，必要时取损伤处及周边组织进行组织病理学检查。

6. **尸体解剖**　在尸体解剖前再进行一次体表损伤检查。经过一段时间之后，一些原先不明显的损伤可能变得更清晰、明显。在检查、记录、照相后，按照常规操作程序进行尸体解剖。

（四）机械性损伤法医学鉴定的任务

机械性损伤法医学鉴定的任务主要包括以下几个方面。

1. 确定死亡原因，判断损伤程度。

2. 确定损伤类型（致命伤和非致命伤）和形成机制。

3. 推断和认定致伤物。

4. 判断生前伤还是死后伤，推断死者伤后存活时间。

5. 推断致伤方式或死亡方式，明确系自杀、他杀还是意外。

6. 判断致命伤后行为能力。

7. 因果关系分析，如同时存在疾病，应确定损伤、疾病和死亡之间的因果关系及损伤参与度。

（五）临床医学实践中损伤检验的法医学意义

虽然机械性损伤的检验与鉴定是法医学实践中重要的工作内容，但最先接触伤者的却往往是临床医护人员，尤其是急诊科、外科医师和护理人员。他们接触到的机械性损伤保持着最原始的状态，更易获得翔实、准确的外伤史和损伤情况，以及既往史等相关病史。这些第一手资料不仅对于临床诊疗有指导意义，更是重要的医学证据，对于法医工作者科学、客观地检验和鉴定损伤情况具有重要意义。因此，临床医师在接诊涉及机械性损伤的患者时需要最大限度提取和保存相关证据，以便用于以后可能发生的刑事或民事诉讼，这也是医师应尽的法律义务。为此，医护人员除了进行常规地诊疗和护理之外，还需要注意以下内容。

1. 充分意识到机械性损伤的临床诊疗过程中，各个环节都可能提供重要的法律证据，尤其是病史记录中伤者的症状和体征、损伤的原始形态、清创和手术过程、病程记录和护理记录等。

2. 接诊过程中应系统检查伤者每一处损伤并在病历中详细、准确记录，包括损伤的部位、性质和形态特征。

3. 详细记录手术中切除的组织器官、损伤部位的附着物或残留物等内容，并妥善保存这些证据，以备进一步检验。

4. 妥善保存伤者衣物及其他随身物品，以备法医进一步检查。

5. 详细记录损伤合并症的临床表现和诊断依据，特别是严重的一过性功能障碍，如呼吸困难、休克等，这些致命性病理生理改变恢复后基本不遗留可见的有价值的客观指征。

6. 对于抢救过程中重要的护理资料,如损伤部位出血量、液体进出量和生命体征等,应客观、准确记录。

二、死亡原因鉴定

机械性损伤是暴力性死亡最常见的原因,其本身或并发症可直接引起人体死亡,亦可与其他因素合并,共同导致人体死亡。准确分析和判断机械性损伤在人体死亡中的作用对于分析死亡方式、确定案件性质起到决定性作用。有些情况下,机械性损伤与死亡之间的关系非常复杂,需要结合现场勘查、案件调查和诊疗资料等,综合判断才能得出准确的死亡原因。机械性损伤的死亡原因可分为两大类——原发性和继发性死因,前者死亡直接由外伤引起,伤后死亡迅速;后者死亡系由外伤的并发症或其他继发改变引起,涉及因素较多,死因分析更加复杂。

(一) 机械性损伤的原发性死因

机械性损伤导致的原发性死亡是指外伤直接引起个体死亡,无任何其他因素参与死亡过程。此类损伤大多为致命伤,确定死亡原因相对比较容易。

1. 生命重要器官的损伤 常表现为脑、心、肺、肝和肾等生命重要器官的破裂或粉碎,为绝对致命伤,伤后个体立即死亡。如高坠时头部着地引起全颅崩裂和脑碎裂,车辆碾压致心脏破裂、主动脉离断等。需要注意的是,此类损伤严重,伤者死亡迅速,损伤部位的出血等生前伤的征象多不明显,需要仔细检查和甄别,以确定致命伤为生前形成。

2. 出血 机械性损伤发生后,机体短时间流出大量血液可导致死亡。正常人全身血量平均约为75ml/kg,大出血是指急性出血量达到全身血量的30%以上,多见于心脏、动脉或富含血管的器官(如肝和脾等)的严重创伤,其后果主要取决于出血量及出血速度。此外,出血后果与出血部位也存在密切关系,如心包腔积血200~250ml即可引起心脏压塞而致死,缓慢出血的情况下,死者心包腔积血可到450ml。颅内出血100~150ml甚至更少便引起颅内压增高而致死。在脑干的生命中枢,少量出血也可导致死亡。

外伤性大出血死亡者,尸体解剖除了发现严重的机械性损伤外,尚可发现多种失血性征象,如皮肤黏膜苍白、尸斑色泽浅淡、内脏器官贫血、脾脏包膜皱缩等。个别大出血者,如生前接受输血、输液等救治,失血征象可不明显。

3. 外伤性神经源性休克 是指体表或内脏的外周传入神经受到强烈的机械性刺激,引起交感神经或副交感神经反射功能异常,导致生命重要器官微循环障碍乃至死亡。交感神经反射性反应增强可导致血压急剧升高、心律失常甚至心室纤颤而致死;副交感神经反射性反应增强可导致血压骤降、晕厥、心动过缓乃至心脏停搏。此类死亡常见于外伤伤及颈动脉窦、上腹部、外阴、精索等神经末梢丰富的部位。尸检时,必须仔细检查损伤部位,在充分了解案情的基础上分析损伤的发生、发展过程,充分排除其他原因引起的死亡的基础上,才能确定外伤性神经源性休克致死。

(二) 机械性损伤的继发性死因

继发性死亡是指机械性损伤并未直接引起死亡,而是通过引起外伤并发症或其他损伤、疾病导致死亡,过程往往较复杂。常见的外伤继发性死亡的原因有以下几个。

1. 窒息 是指损伤导致呼吸及气体交换障碍,影响氧气达到组织而危及生命的情形,如胸廓塌陷、肋间肌或膈肌运动受阻引起限制性通气障碍而致窒息,口、鼻部损伤、颅底骨折或颈部切创时,血液被吸入气管阻塞呼吸道而引起窒息。

2. 栓塞 是指机械性损伤的病程中,脂肪、空气、血栓、组织碎屑或其他异物出现在血液循环中,随血液流动并阻塞远端管腔。不同栓子的形成原因和致死机制存在差别:①外伤性脂肪栓塞的栓子多来自骨折及脂肪组织挫碎,有时脂肪肝遭到损伤,脂滴自破碎的肝细胞内游离出来,从破裂的静脉断端入血。脂肪栓子可阻塞肺动脉分支的血管腔,并可进一步通过肺毛细血管或房室间隔缺损进入体循环,引起肺外器官特别是脑的脂肪栓塞。②静脉(如颈静脉或锁骨下静脉)管壁破裂可引起空气进入体循环静脉系统,形成空气栓塞。较大量的空气栓子进入右侧心腔并与血液混合形成泡沫,引起右心泵血功能障碍而致死。③下肢或骨盆的机械性损伤,在挫伤的肌肉或骨折处的血管内皮损伤,卧床使血液凝固性增加,易形成静脉血栓。肢体活动或者用力排便等情况下,血栓脱落引起肺动脉栓塞而致死。

3. 继发性休克 机体遭受暴力作用后,发生重要的脏器损伤、严重出血等情况,使患者有效循环血量锐减,微循环灌注不足,以及创伤后的剧烈疼痛、恐惧等多种因素引起机体代偿失调的综合征。继发性休克可累积多器官,但损伤程度有所不同,通常以肺、肾、脑的损伤比较严重。

4. 感染 感染是机械性损伤最常见的并发症,可表现在损伤局部感染,也可在其他器官出现感染病灶。机械性损伤并发感染的常见原因包括:①损伤直接引起感染,如胃肠道破裂继发腹膜炎等;②损伤局部抵抗力降低,如闭合性骨折后在骨折周围形成感染;③损伤后全身抵抗力降低,如截瘫患者长期卧床,易发生坠积性肺炎、压疮或肾盂肾炎等;④伤口处理不当。

(三) 机械性损伤的并发症

机械性损伤的并发症(traumatic complication)是指由原发性外伤引起的其他疾病或损伤,常见的外伤并发症有:感染、休克、栓塞、挤压综合征、创伤性心功能不全、呼吸窘迫综合征和多器官功能障碍综合征等。需要注意的是:①外伤并发症系由外伤引起,二者存在直接的因果关系;②外伤不一定引起并发症,二者没有绝对的因果关系;③外伤可引起一种并发症,也可同时引起多种并发症。

1. 感染 感染是机械性损伤最常见的并发症,可表现在损伤局部感染,也可在其他器官出现感染病灶。

2. 休克 休克是机体有效循环血容量减少,组织灌注不足,细胞代谢紊乱和功能受损的病理过程,它是一个由多种病因引起的综合征。休克可以分为低血容量性休克、感染性休克、心源性休克、神经源性休克。其中低血容量性休克、神经源性休克是机械性损伤常见的休克。

(1) 失血性休克:挫伤导致体内疏松结缔组织间隙,如腹膜后、肠系膜周围、肌束间等部位,有时可因损伤积聚大量血液,总量超过 1 000~2 000ml,伤者可因急性失血性休克死亡。各种导致心脏及大血管破裂的损伤都可以造成失血性休克,直接外力作用、交通损伤、高坠的减速运动,挥鞭样损伤使颈椎过度后伸等严重损伤导致无名动脉自主动脉弓处撕裂,伤者短时间内死于失血性休克。脾损伤常因脾破裂、腹腔大出血致失血性休克,甚至死亡。创伤后的应激性溃疡(stress ulcer),是机体遭受严重创伤后引起胃、十二指肠黏膜糜烂、溃疡和渗血等病理改变,严重时可出现穿孔和大出血,休克死亡。

(2) 神经源性休克(neurogenic shock):是指身体某些部位的神经末梢对于暴力作用非常敏感,在受到刺激时发生严重的反射性自主神经功能紊乱,引发休克并迅速死亡。人体的太阳神经丛、喉返神经分布区、颈动脉窦区、外阴部和肛门直肠部均为易引发神经源性休克的敏感区,也称"触发区"(trigger regions)。剧烈的疼痛或高位脊髓损伤等可通过抑制心血管运动中枢或阻断交感缩血管神经反射,引发休克。

(3) 心源性休克:震荡伤可影响神经生命中枢活动和心肌电生理活动,引起神经源性休克、心源性休克或心搏骤停而导致死亡。

(4) 创伤性休克:机体遭受暴力作用后,发生重要的脏器损伤、严重出血等情况,以及创伤后的剧烈疼痛、恐惧等多种因素引起血管舒缩障碍、血管通透性增加等机体代偿失调状况,使机体有效循环血量锐减,微循环灌注不足。

(5) 脊髓震荡(concussion of spinal cord):亦称为脊髓休克,是指脊髓遭受暴力作用后暂时性功能障碍。暴力直接传递至脊髓时,可发生剧烈的脊髓震荡,损伤平面以下出现瘫痪,各种反射、感觉和括约肌功能消失。

3. 栓塞 是指机械性损伤的病程中,脂肪、空气、血栓、组织碎屑或其他异物出现在血液循环中,随血液流动并阻塞远端管腔。除了前述栓塞引起死亡的原因外,胸腹部受挤压可引起窒息,挤压时若发生骨折和大面积皮下组织损伤,可引起脂肪栓塞或骨髓栓塞,均可使伤者在受伤当时死亡。

4. 上行性脊髓缺血性损伤（ascending ischemic injury of spinal cord）　见于第10胸椎至第1腰椎脊柱损伤,伤后截瘫平面逐渐上升至第6~7胸椎节段,有些案例甚至可上升到第2~3颈椎节段,引起呼吸衰竭致死。尸体解剖显示脊髓背侧血管栓塞,下至腰骶部,上至第3颈椎,脊髓前血管、中央血管系统及髓内小血管多处栓塞。

5. 挤压综合征（crush syndrome）　即被挤压的人在挤压解除后,全身微循环障碍,肾小球滤过率降低、肾小管阻塞、变性和坏死,出现以肌红蛋白尿和急性肾衰竭为主要表现的临床综合征。其发生机制为:挤压引起大面积肌肉等软组织挫伤,血浆大量渗出引起循环血量减少,损伤的肌肉细胞释放的肌红蛋白和红细胞破坏释放的血红蛋白进入血浆,经肾小球过滤后在肾小管（主要是远曲小管）形成管型,引起肾小管上皮坏死和肾小管阻塞,挫伤的软组织产生的多种毒性代谢物无法排出,导致急性肾衰竭和创伤性休克。

6. 创伤性心功能不全　严重外伤导致心输出量明显降低、不能适应机体代谢需要的病理生理过程称为创伤性心功能不全。创伤性心功能不全是一种死亡机制,而不能作为独立的死因。其发病原因包括机械性损伤引起的血容量减少、血管阻力增高、静脉血流障碍,心室舒张受限和心律失常等,主要的病理学改变有:①心内膜下散在出血,以左心室内膜为著,出血呈点、斑或片状,大小不等,数量不一。②弥漫性心肌纤维变性、坏死,为创伤后心功能不全的主要病变,形态特点为心肌纤维颗粒样变性、肌浆凝聚、嗜酸性增强和空泡变性,心肌纤维横纹不清或消失。③局灶性心肌坏死继发炎症反应,甚至心肌脓肿形成,心肌间质水肿,小血管内皮肿胀,可见微血栓形成。④心肌挫伤、坏死组织软化、吸收,逐渐被纤维瘢痕取代。⑤胸部冲击伤引起心肌闰盘解离,以闰盘为界的心肌出现不同步收缩现象。此外,心脏钝性挫伤还可引起传导系统,如窦房结、房室结和传导束周围出血,炎细胞浸润;冠状动脉内血栓形成。

法医在鉴定创伤性心功能不全时需要注意以下几点:①创伤性心功能不全是心脏或其他器官损伤引起的终末期病理生理改变,不能作为独立死因,而应该将导致心功能不全的损伤作为死亡原因。②创伤性心功不全作为终末期病理改变,其表现不局限在心血管系统,而表现为全身多系统的淤血水肿,如急性肺水肿和脑水肿,因此应该区别这些病理改变是外伤性心功不全的心外表现还是由器官自身病变或损伤引起的。③当外伤和自身疾病共同存在时,法医需要分析外伤在引起心功能不全的病理生理过程中发挥的作用,也即参与度的大小,是法医学鉴定的难点。

7. 多器官功能障碍综合征　严重创伤、感染、失血或大手术等应激状态下,机体短时间出现两个或两个以上器官或系统功能进行性降低乃至衰竭的综合征,称为多器官功能障碍综合征（multiple organ dysfunction syndrome, MODS）。肺、胃肠道、肝脏、肾脏和血液是MODS发生过程中最早受累的器官。MODS的主要特点是原发性因素启动MODS发生之后,MODS的发展进程不会因为原发性因素消除而终止,乃至引起死亡。

在法医学实践中,MODS是机械性损伤常见的并发症。外伤性MODS早期发病环节可能有一定的特征性,但之后与感染、休克等引起的MODS具有共同的发生机制。失控的全身性炎症反应（systemic inflammatory response system, SIRS）是MODS发生的共同前置通路,其可能的发病机制包括促炎-抗炎反应失衡,肠道菌群移位、内毒素入血,缺血再灌注损伤、两次"打击"和双向预激学说和应激基因学说等。

MODS的确切诊断需要参照临床指标和相应的症状及体征,但在实践中,法医常常难以获取这些临床资料。因此,各脏器的病理改变是法医诊断MODS及判断其损害程度的主要依据。一般从病理检验上能明确有几个脏器的损害、病变性质及程度等,对法医鉴定MODS有重要价值。

8. 颅脑损伤并发症

（1）外伤性癫痫:是颅脑外伤引起癫痫发作的一种临床综合征,按照出现癫痫的时间可分为早期和晚期发作两类。早期多出现于伤后1周内,常因脑挫伤、凹陷骨折、蛛网膜下腔出血、颅内血肿和急性脑水肿等引起;晚期多发作于伤后3个月以上,常因脑膜瘢痕形成、脑萎缩、脑室穿通畸形和脑脓肿等引起。

（2）外伤性脑积水:形成的原因有:①外伤引起导水管,第三、四脑室出口处粘连或阻塞;②外伤后蛛网膜下腔出血引起纤维性粘连;③脑外伤引起脑缺血缺氧,出现脑水肿,压迫脑池和蛛网膜下腔;④脑外伤引起颅内大静脉窦阻塞,使静脉回流受阻,脑脊液吸收障碍;⑤颅脑损伤后发生广泛髓鞘变性,脑实质萎缩,致脑室代偿性扩大,也可引起脑积水。其临床表现为,头部外伤的急性症状消失以后,出现逐渐加重的精神症状,表现为淡漠、呆滞、易激惹、语言单调、对外界刺激反应迟钝、步态不稳、共济失调、下肢僵硬、帕金森综合征等。

（3）去大脑皮质综合征和迁延性昏迷:脑干原发性损伤或一系列因素引起颅内压增高脑疝形成,发生继发性脑干损伤或广泛而严重的颅脑损伤致使大脑皮质、间脑和脑干受损,引起脑干网状结构上行激活系统不能使觉醒刺激向上传导,使皮质处于抑制状态,称为去大脑皮质综合征。临床表现为意识和思维能力丧失,对外界声、光等刺激反应消失或极弱,但皮质下和脑干功能可逐渐恢复,能自行睁眼、转动眼球,偶尔可有无意识的动作。一般脑损伤越重,昏迷状态越深,如持续时间超过3个月,称为迁延性昏迷。

法医鉴定颅脑损伤及其并发症的死亡原因、评估伤病参与度时应根据颅脑损伤及其并发症的病理生理过程,结合临床病程转归资料、诊疗经过,特别是尸检所见进行综合分析。鉴定颅脑损伤并发症的发生需要结合外伤史、临床诊疗过程及尸检所见,在判断诊疗措施有无违反诊疗常规的基础上进行伤病关系的判定。

9. 创伤后应激　应激或应激反应(stress response)是指机体在遭受一定强度的应激原(躯体或心理刺激)作用时,表现出的全身性非特异性适应反应。

应激可直接导致人体死亡,如应激性溃疡引起的大出血,此时必须充分排除死者自身疾病引发死亡的可能;应激障碍也可能通过加重自身疾病而引起死亡,如外伤后导致愤怒、焦虑情绪,诱发冠心病发作引起心源性猝死,此时可依据应激程度及自身基础疾病的严重程度进行判断。如死者生前冠心病症状较明显,且尸检结果与疾病症状相符合,应激障碍宜定为死亡诱因;如果应激症状明显,而疾病症状较轻,应激障碍宜定为辅助死因,如两者轻重程度难以区分,可将外伤引起的应激障碍定为联合死因。

三、损伤时间推断

损伤时间推断(estimation of time since injury)是指运用形态学等技术手段推测损伤形成的时间,包括生前伤与死后伤的鉴别和伤后存活时间的推断。法医在鉴定机械性损伤时,首先需要确定损伤是生前造成的还是死后形成。暴力作用于活体时,损伤局部及全身皆可出现一定的防卫反应,称为生活反应(vital reaction)。生活反应是确定生前伤及推断损伤后存活时间的基础。对于生前造成的损伤,需要进一步确定损伤形成至死亡发生所经过的时间,称为伤后存活时间(survival period after wounding)。损伤时间推断,有助于划定嫌疑人范围以及判断死亡方式和还原案件过程。但机体对于损伤的反应受损伤程度、损伤类型、伤者的年龄和健康状况等因素影响,故损伤时间推断至今依旧是法医病理学尚未完全解决的问题之一,尤其是伤后存活时间极短的生前损伤。

死后伤(postmortem injuries)是机体死后遭受暴力所形成的损伤。有些案件中,死后伤系由犯罪行为的继续引起,常见于:①凶犯杀人后出于发泄愤恨等目的继续施加暴力造成的损伤,如割去死者耳朵、舌头、乳房或外生殖器等;②凶犯为了便于搬运或隐藏尸体将尸体肢解;③凶犯为逃避罪责而伪装成另一种暴力引起的意外或自杀死亡。此外,还可由一些偶然因素引起,常见于:①抢救过程进行胸外按压造成的损伤,如胸肋部擦伤、肋骨骨折,甚至肝、脾破裂;②尸体搬运过程形成的擦挫伤;③尸体被昆虫、鱼蟹或其他动物咬伤;④火场尸体被倒塌房屋砸压形成的损伤。死后伤一般无生活反应,法医据此可将其与生前伤鉴别。

（一）生前伤

生前伤（ante-mortem injuries）是活体遭受暴力所形成的损伤。判断生前伤的依据是通过肉眼观察、组织学检查或其他实验室检查的手段确认损伤区及周边组织存在生活反应。

1. 肉眼可见的生活反应 主要包括以下几类。

（1）出血：生前伤引起的出血，既可聚集于损伤局部组织，也可沿组织间隙流注到远端组织疏松部，或者沿体内自然管道向远端流注；多为活动性出血，出血量一般较大，动脉出血呈喷射状，静脉出血为流动状；均可见血凝块形成。死后出血多积聚在损伤局部，出血量一般不大，亦无血凝块形成。

（2）组织收缩：暴力作用于活体的软组织时，创缘的结缔组织、肌肉、血管由于具有一定的紧张性，可发生收缩，使伤口哆开。创口越深，收缩现象越明显，创口裂开也越大。需要注意的是，死后短时间内形成的创也可见组织收缩。

（3）创口周围出现红肿或红晕：是活体对于损伤的一种局部反应，系由局部炎性充血和血管通透性增高，引起液体成分渗出所致。

（4）异物移动：人体内发现吸入或吞咽异物是确定生前伤的依据之一，如口、咽或喉部的固体或液体异物可通过呼吸运动被吸入气管、支气管及肺内，口腔的异物经吞咽活动进入胃肠。

（5）痂皮形成：受损组织的局部，渗出的体液中的蛋白或流出的血液逐渐凝固，形成痂皮。痂皮的颜色与损伤的类型和程度有关，如果仅有表皮剥脱不伴出血时，痂皮呈浅黄色；如果表皮剥脱伴出血，痂皮呈棕红色。

（6）创口感染：暴力作用引起表皮组织受损，各种细菌可能进入损伤组织引起局部组织出现感染或化脓症状，表现为组织坏死和脓液形成，发生在疏松组织可表现为蜂窝织炎，或者表现为局部的脓肿。

2. 生前伤的组织学改变 主要包括以下几类。

（1）局部淋巴结被膜下淋巴窦红细胞聚集：生前损伤出血后，进入组织间隙的红细胞可随淋巴液引流淋巴管进入局部淋巴结的被膜下淋巴窦。光镜下表现为局部淋巴结的被膜下淋巴窦扩张，内有散在的红细胞分布。

（2）血栓形成：血栓是局部血管内膜对于外界损伤的反应，可以作为生前伤的组织学改变之一。根据组成及形态，血栓可分为白色血栓、红色血栓、混合血栓和透明血栓。光镜下，白色血栓表现为：血小板小梁连接成网状，少许纤维素形成；红色血栓主要由大量红细胞和少量纤维素、血小板组成；弥散性血管内凝血时，微循环小血管可见透明血栓，主要由纤维素构成。

（3）栓塞：是指不溶于血液的成分出现在血液循环中，并随血液流动阻塞远端管腔的现象。不溶于血液的异物称为栓子，法医学实践中常见的栓子有血栓、脂肪、空气、羊水和挫碎的组织等。骨折或广泛软组织发生挫伤时，如在肺内检见脂肪或骨髓栓塞，即可证明是生前伤。

（4）炎性反应：炎症是具有血管系统的活体组织对各种致伤因素发生的防御反应，因此是重要的生活反应。其基本病理变化有变质（变性和坏死）、渗出和增生。

（5）创伤愈合：暴力作用引起人体组织损伤或离断后，机体对缺损组织进行修补恢复的过程即创伤愈合。伤后 2~3 天，创口边缘成纤维细胞增生，伤口边缘的整层皮肤和皮下组织向创口中央移动，创口逐渐缩小。此时，毛细血管以出芽方式从创口底部向中央生长，新生的毛细血管、成纤维细胞和炎细胞形成肉芽组织填平伤口。伤后 5~6 天起，成纤维细胞产生胶原纤维，逐渐形成瘢痕组织，大约在伤后 1 个月完成纤维化。

3. 生前伤的生物化学改变 生前伤常见的生物学变化有以下几种。

（1）炎性介质检测：炎性介质可由细胞释放或体液产生。研究发现，受伤组织中 5- 羟色胺的含量高于正常组织的 2 倍，组胺含量可为正常组织的 1.5 倍，均可证明是生前伤。但这些研究尚不能直接应用于法医学实践中。

（2）白蛋白检测：生前损伤组织白蛋白的含量升高，在伤后存活 6 小时达到高峰，可保持到伤后

18 小时。

（3）纤维蛋白测定：皮肤和皮下创口部位组织中有纤维蛋白形成，是诊断生前损伤的重要标志之一。Martius 猩红蓝（MSB）染色可使纤维蛋白呈红色，在扫描电镜下观察，纤维蛋白在生前伤后 5~10 秒即可形成，随着生存时间的延长，纤维蛋白逐渐形成网状，其间交织有红细胞和血小板残片。纤维蛋白即使经水浸泡或尸体腐败，亦可保存一段时间，故纤维蛋白可作为生前伤的一个诊断依据。

（4）纤维连接蛋白：一种大分子糖蛋白，广泛分布于血浆和组织中。生前损伤的局部组织中，纤维连接蛋白可在伤后几分钟内显著增多，2~3 小时达到高峰，并可保持到伤后 18 小时。近年来，使用免疫荧光和免疫酶标技术观察纤维连接蛋白，使之表达更清晰、灵敏。

（5）其他指标：包括白三烯、血栓素、白细胞介素等炎性介质及一些酶类、糖和核苷酸等，含量在生前损伤的局部组织均升高。

（二）损伤时间推断

伤后存活时间的推断，主要根据损伤局部和全身的生活反应进行推断。

1. 肉眼观察　不同类型的损伤发生后，其大体形态的时序性变化存在一定规律，可据此进行损伤时间的推断。

（1）表皮擦伤：伤后 2 小时以内，创面低于周围组织且较湿润；伤后 3~5 小时，擦伤面已干燥，有痂皮形成；伤后 12~24 小时或 48 小时之间，伤面与周围皮肤一样高；伤后 3~7 天，痂皮边缘表皮开始脱开；伤后 7~12 天，痂皮完全脱离。如果伤口不大，5~7 天可完全脱落。

（2）皮内、皮下出血处皮肤：伤后 1~3 天，出血区全部氧合血红蛋白变为还原血红蛋白和正铁血红素；3~6 天转变为含铁血红素及胆红素或橙色血晶；6~9 天胆红素被氧化成胆绿素，逐渐被吸收。伤后血红蛋白经历前述变化，使得受伤皮肤及皮下组织出现相应的颜色变化，即由暗紫色（或紫褐色）变为绿色、黄色，也可从紫褐色直接变为黄色，然后逐渐消退。颜色深浅取决于出血部位的深浅和出血范围大小。

（3）创伤：伤后数小时创缘出现红肿，24 小时可见结痂形成，清洁的创口 4~5 天可被上皮覆盖，如发生感染，伤后 36 小时可形成脓液，愈合过程发生延缓，较难推断。

2. 根据组织学改变进行推断

（1）伤后存活 4 小时以内　损伤局部炎症反应不明显，缺乏有诊断价值的组织学改变。

（2）伤后存活 4~12 小时：损伤局部白细胞浸润，以中性粒细胞为主，亦可见少量的单核细胞，两者比例约为 5：1。局部组织水肿，血管内皮肿胀。在较小的皮肤创口，表皮基底层细胞开始再生。

（3）伤后存活 12~24 小时：白细胞形成的聚集带使创伤区域明显可辨别，紧邻创腔组织逐渐变性坏死，为损伤的中间带；周围是炎细胞浸润成的外周带。外周带中巨噬细胞和单核细胞比例明显增多，中性粒细胞与单核细胞之比约为 0.4：1。伤后 15 小时左右，可见成纤维细胞有丝分裂，表皮开始自创缘向中央移行。

（4）伤后存活 24~72 小时：伤后 48 小时白细胞浸润达到高峰。在 72 小时左右，纤维细胞开始大量出现以修复缺损组织，毛细血管出芽逐渐形成肉芽组织。

（5）伤后存活 3~6 天：胶原纤维开始形成，在坏死物和异物周围可能出现巨细胞。皮肤表皮增生活跃，局部组织出血区内含铁血黄素等可被染色标记（亦有伤后 48 小时可见含铁血黄素的报道）。

（6）伤后存活 10~15 天：胶原纤维的形成由活跃逐渐缓慢，毛细血管和细胞数量，尤其是中性粒细胞数量减少。表皮变薄、变扁平，但在以后几周内仍无乳头层形成，弹力纤维较邻近组织缺乏。随着存活时间延长，创伤继续愈合，如创口无感染，炎症反应逐渐消失，胶原及弹力纤维增生，真皮乳头层逐渐出现。

3. 炎性介质的生化检测　炎性介质出现在生前损伤后的最早阶段，因此炎性介质的生化检测方法对于伤后短时间死亡案例的存活时间推断有一定借鉴意义。组胺含量在伤后 5 分钟开始升高，20~30 分钟达到高峰，60 分钟后逐渐下降；5-羟色胺在伤后 5~10 分钟迅速升高至最高峰，以后稍微下降,伤后 40~120 分钟又可出现轻度升高;激肽酶和激肽酶原活性在伤后立即升高,30 分钟后开始下降。需要指出的是,有些炎性介质,如 5- 羟色胺、纤维蛋白、纤维连接蛋白等不仅出现在生前损伤,亦可在死后短时间内表达,所以单凭某一指标的变化推断伤后存活时间是不准确的,需要综合不同方法和指标进行推断。

4. 根据酶组织化学变化推断　生前伤早期在创口周围有酶活性反应,可据此进行损伤时间的推断。检测能引起组织学改变的酶的变化,比直接观察组织学改变能更早提供生前损伤的信息。Raekallio 等学者通过对损伤局部酶活性变化的研究,认为生前创口周围有两个区带:①仅靠创缘附近为中央带,宽度为 200~500μm,伤后 1~4 小时即可发现该区带酶活性进行性减弱,可能与损伤局部组织邻近坏死区域有关;②损伤中央带周围宽度为 100~200μm 的区域为外周带,该区域酶活性增高。酶活性的增高不仅指酶的激活,还包括酶含量的增加。在损伤外周带,损伤后 1 小时即可发现腺苷三磷酸酶和酯酶活性增高,2 小时可见氨基肽酶活性增高,4 小时可见酸性磷酸酶活性增高,8 小时可见碱性磷酸酶活性增高。

目前,关于伤后存活时间的许多研究和报道都是基于动物实验得出的。由于动物和人体之间在组织结构和对创伤的反应等方面存在较大差异,所以这些研究结果尚不能直接应用于人体,仅具有一定的参考价值。如何较准确地推断伤后存活时间依然是法医学的一个重点和难点,需要进一步深入研究和探讨。

四、致伤物的推断

致伤物的推断是指根据损伤的形态特征,结合现场情况,对致伤物的类型、大小、质地、重量、作用面形状、作用方向及作用力大小等特点进行推断的过程。致伤物是机械性损伤案件的重要物证,对于确定死亡方式和案件性质、还原案发经过、寻找犯罪嫌疑人及多人作案或群体伤害案件中责任的划分等方面都有重要的意义。

推断和认定致伤物不仅要依据损伤的形态学特征,还要依据创腔内异物、损伤处衣服上的痕迹和现场勘验的结果,综合分析,得出准确结论。

1. 根据损伤形态推断致伤物　损伤的形态特征是推断致伤物的重要依据。在各种条件相近的情况下,同一致伤物的某一部分打击所造成的多个损伤具有类似的形态学特征,即相同类型损伤的可重现性,是根据损伤形态特征推断致伤物的理论基础。

(1)钝器致伤物的推断:钝器损伤大多不形成开放创口,仅在皮肤表面形成特定形态的损伤,严重时可伤及内脏器官。钝器造成的擦伤和挫伤往往可形成特定的形态印痕,有时可反映出致伤物作用面的特征,有助于致伤物的推断,如:①典型的擦伤可反映致伤物与人体接触面的特征;有些擦伤可镶嵌或残留细小的沙砾,有助于推断死者与砂质物体表面(地面)接触过。②女性颈部、乳房或大腿内侧的半月形擦伤,伴有或不伴有圆形、椭圆形的挫伤,常由性犯罪过程中犯罪嫌疑人的指端(指甲和手指)造成。③体表残留的人类咬痕能反映出咬者牙齿排列的形式、大小和有无缺损等情况。④中空性挫伤常由圆形棍棒打击而成。⑤在人体较平坦且软组织较厚的部位形成的带状皮下出血,出血区基本均匀,没有典型的中空性出血,可推断挫伤由方柱形棍棒以其平面打击造成,如两侧的挫伤与皮肤界限清晰,可大致推断棍棒的宽度;如果挫伤呈窄条状或线状,则方柱形棍棒以其棱边打击所致,难以从损伤形态推断棍棒的宽度。⑥直径 1.5~3cm 的圆形或弧形挫伤常为圆形锤面击伤,如伴有颅顶圆孔状或半月形凹陷骨折,可确定为圆形锤面垂直或侧向打击而成。⑦在身体较平坦部位出现的皮内或皮下出血,大小在 2.0cm × 3.0cm 范围,创缘伴有"口""凵""L"或"一"形挫伤,常为方形铁锤或斧背所致。⑧具有特殊花纹印迹的皮下或皮内出血可反映致伤物的形态特征,常见于轮胎碾压、冷却器、暖气片、皮带扣、鞋底或其他有特殊形状的致伤物引起的挫伤。

根据损伤形态,区分钝器引起的挫裂创与锐器造成的创伤并不困难,但有时挫裂创的创口形态只能反映致伤物的形状,一般不能准确地反映出致伤物打击面的大小,创口面积常可略大于致伤物的打击面。以下几种挫裂创的形态可用于推断致伤物的特征:①头皮条状挫裂创,创缘不光滑,形状不规则,可能有两个以上的创角,两侧创缘伴有对称的擦伤和挫伤带,宽度近乎一致,可推断为圆柱形棍棒的垂直打击所致。如挫伤带宽,说明棍棒直径较大,一般为木质棍棒打击所致;如挫伤带较窄且严重,一般多为金属棍棒打击所致。②头皮椭圆形挫裂创多为圆形较粗的长条状致伤物(棍棒)形成,棍棒直径越大,越容易造成。③头面部弧形挫裂创,沿弧缘的圆心侧常伴有皮内出血或挫伤,常为圆柱形一端或锤面一侧打击所致,特别是从偏斜角度打击者,皮肤上的弧形更明显。圆柱形锤面的直径,可根据弧形痕迹,用几何学方法推算。较大的弧形挫裂创,伴创缘大面积的挫伤,可推断由鹅卵石打击所致。④角性挫裂创的创缘不规则,挫伤明显,创腔大而深,颅骨可有粉碎性骨折,可推断为带棱角的致伤物所致。如果创腔见砖块碎屑,应考虑由砖块一角打击所致。⑤带有方角的挫裂创常由方形棱角或棱边造成,如砖块、斧背或方锤一角打击所造成。

钝器可引起多种类型的颅骨骨折,有时可结合骨折的形态特征推断致伤物。如:①单纯线状颅骨骨折可能由棍棒或面积较大的钝性物体所致,也可由跌倒或坠落引起。②舟状凹陷性骨折呈长条形凹陷状,多由圆柱形棍棒打击所致,在着力端常见延伸的线状骨折。③圆形凹陷或穿孔性骨折多由铁锤、铁哑铃、鹅卵石或铅球等形成,其大小与致伤物的大小相似。有时方柱形棍棒以其棱角垂直捅击时也可形成圆形凹陷骨折。④角形凹陷性骨折可由斧背或四方锤一角着力时形成,长方形孔状骨折或塌陷性骨折常见于额顶部平坦处,由斧背垂直打击而成,角形阶梯性凹陷骨折可由斧背的一角偏击所致。⑤粉碎性骨折或颅顶、颅底联合骨折多由较大或较重的物体打击或因高坠、交通损伤所致。

(2)锐器致伤物的推断:切创具有明显的形态特点,但依据这些形态特征难以确定致伤物为何种切器。在头面部、颈部等部位的砍创,创口长度为5~7cm,创口平直,创缘整齐且无明显挫伤带,创角尖锐,应考虑为菜刀所致。创口短而宽,或一端创角钝,创缘挫伤带明显,多由斧类砍击而致。较长的砍器可形成较短的创口,但在较平坦的体表多形成与利刃长度一致的创口。当砍器形成的两创角均呈钝角时,说明创口系锐器全刃砍入形成,且创口长度常可反映利刃的长度。如果两创角一钝一锐,说明仅部分刃口砍入。此外,由于组织纤维的收缩使创口哆开,根据创口长度难以准确推断刃器的宽度;如果伤及骨质,形成楔形或穿孔骨折,此时根据骨折的宽度,可推断刃器砍入部分的宽度。

刺器所致的创口,一般能反映出刺器横断面的形状,可据此推断致伤物的特征。如:①单刃刺器形成的创角一侧尖锐,一侧钝圆或较平,创底也有刺穿的特征。②双刃刺器所形成的两创角均尖锐,创缘平滑整齐,一般无挫伤,创道和创底也有相同形态的损伤。但尖端很薄的单刃刺器刺入并伴有移动者,亦可形成此形状。③三角形刺创,也称为"人"字形刺创,若每个创缘中部凹陷,系带沟槽的三棱刮刀垂直刺入所致;若创口呈等边三角形,每个边的创缘光滑,系由平面三角刮刀垂直刺入形成;若一个创角长,另外两个较短,系由三角刮刀倾斜刺入所致。根据刺创管的深度,一般只能推断刺器刺入部分的长度,不能反映刺器的全长。而创口的长度,可大致推断扁平刺器的宽度或圆形刺器的直径。

2. 根据创内异物推断致伤物　受伤组织中有时可残留致伤物及其碎片,可据此进行致伤物推断,如:创内遗留树皮、木屑或油漆残片,致伤物多为木质;创内见砖头碎屑、碎石,多为砖石类致伤物引起。因此,清创时注意保留受伤组织中的残留物并做记录,通过相应的物证检验或实验室检验,为推断致伤物提供关键证据。

3. 根据衣服上的痕迹推断致伤物　大多数情况下,衣服损坏位置与身体损伤位置应该一致,但个别情况也存在一定的差异。损伤部位衣服完整或仅见磨损,为钝器所致;如果衣服破裂,且没有火药和高温作用,多为锐器所致,损伤部位或附近衣服沿原缝线撕裂,多为高坠或交通损伤导致。

4. 根据现场情况推断致伤物　如现场见大量喷溅状血迹,应考虑损伤由锐器或火器造成;现场物体上有新鲜的击打破坏痕迹,遗留有带血或毛发的棍棒、砖石等,提示为棍棒或砖石类致伤物所致;现场位于道路或周围区域,遗留有交通工具作用的痕迹,如刹车痕和轮胎痕迹等,或有交通工具物品,提示交通工具损伤。

法医根据损伤形态、创内残留物、衣着痕迹和现场勘验等信息,对致伤物进行推断,并以此为线索寻找嫌疑致伤物。但面对若干嫌疑物,法医还需要进行致伤物的认定,即确定某一致伤物就是形成受害人损伤的凶器。认定致伤物具有一定的难度,除上述方法进行比对外,有时还需要采用物理学、化学和生物学检查方法,如 X 线检查、光谱分析、痕迹检验、DNA 比对等方法,才能最终确认送检的嫌疑致伤物就是造成该损伤的致伤物。

虚拟解剖和生物力学分析方法为法医学损伤成伤机制分析提供了新的技术手段,将成为法医学的新兴研究领域。

五、伤、病共同参与的损害后果分析

机械性损伤导致死亡的案例中,部分死者生前患有疾病,如何准确判断死因,并厘清伤、病等因素在死亡过程中的因果关系,对刑事责任的认定、各类民事责任的划分与赔偿的确定十分重要。有些案件中,外伤与死亡间隔时间较长,伤后应激也可能参与死亡的发生。由于涉及伤、病和应激等因素,此类鉴定成为法医病理学实践中的难点和关键点。

在法医学实践中,外伤、疾病和应激在死亡中的作用可分为以下几种常见的类型。

1. 死亡系外伤单独导致,与疾病无关 此类情形常见于脑、心、肺等生命器官遭受致命伤致死。虽然死者生前患有某些疾病,但疾病并不参与构成死因。这类损伤称为致命伤,分为绝对致命伤和相对致命伤。

(1)绝对致命伤(absolutely fatal trauma):无论任何条件下,也无论对任何人,都足以致死的损伤,如头部离断、颅腔或腹腔爆裂、心脏和大血管破裂、脑干挫碎等。有时,单一损伤不一定致死,但数个损伤联合构成绝对致命伤。

(2)相对致命伤(conditional fatal trauma):又称为条件致命伤,只在某种条件下才能致命的损伤,包括个体致命伤和偶然致命伤,前者是指损伤仅可引起某些特殊条件的个体死亡(如高龄老人、长期酗酒的人),后者指损伤仅在某些外在因素(如抢救不及时)的干预下才能引起机体死亡。有时个体致命伤和偶然致命伤可同时存在,加重损伤程度,导致死亡。

2. 死亡系疾病引起,与机械性损伤无关 死者生前患有严重的器质性病变,如严重冠脉粥样硬化性心脏病及其并发症(心肌梗死、心室壁瘤穿破)、高血压心脏病、主动脉夹层动脉瘤、病毒性心肌炎和脑出血等,这些疾病可单独引起死亡。虽然受到机械性损伤,但损伤程度不足以致命,且尸体解剖和组织学检查均提示死亡系由疾病引起,与外伤无关。此种情况下法医需要在排除任何由损伤导致死亡可能的基础上,慎重做出死亡系由疾病单独引起的结论,避免引发争议和纠纷。

临床救治过程中产生的机械性损伤称为医源性损伤,与死亡无因果关系。法医在鉴定机械性损伤时需要将这些损伤与非医源性损伤进行鉴别。

3. 损伤与疾病共存,共同导致死亡 死者生前有基础病变,外力作用造成机械性损伤,损伤和疾病与死亡的发生均存在因果关系,但是损伤与疾病之间无因果关系。存在以下几种情况。

(1)损伤起主要作用,疾病起次要作用:损伤属于条件致命伤,疾病多为慢性病变,不足以致命。疾病加重了机械性损伤及其并发症的严重程度而致命。此时,机械性损伤在死亡过程起主要作用,宜确定为根本死因;疾病为次要因素,为辅助死因。

(2)损伤与疾病对死亡的作用相近,难分主次:死者生前具有严重基础性病变,又遭受严重的机械性损伤,两者互相影响,共同导致死亡。机械性损伤与疾病构成联合死因。

(3)疾病起主要作用,损伤起次要作用:疾病较严重,存在潜在致死的可能;损伤程度较轻,单独发生不能直接引起机体死亡。外伤的存在加重疾病病情,导致死亡。此时,疾病为根本死因,损伤为辅助死因。

(4)损伤在死亡过程中起诱发作用:常见于局部轻微外伤作用于致命性疾病对应的部位引发死亡。这类案件中,机械性损伤程度轻微且外力作用短暂,死亡的直接原因是疾病发作引起的严重后果。此时,疾病为根本死因,机械性损伤为死亡诱因。

4. 死亡过程中,机械性损伤与疾病存在因果关系

(1)损伤为因,疾病为果:疾病多属于外伤的继发病变,如颅脑损伤引起外伤性癫痫,患者可在癫痫发作时因窒息死亡。此种情况下,外伤是癫痫发生的原因,二者存在因果关系。直接死因是窒息,根本死因是颅脑损伤。

(2)疾病为因,损伤为果:虽然机械性损伤是死亡的直接原因,但损伤由致命性疾病引起。如死者在驾驶机动车时因冠心病发作引起意识丧失,车辆失控造成严重颅脑损伤而导致死亡。此时,直接死因是颅脑损伤,根本死因则是冠心病。需要注意的是,有时从尸检结果难以区分疾病发作和致命性损伤的先后关系,因此难以确定其因果关系,需要结合案情及现场情况综合分析。

此外,损伤所致的应激因素也与死亡有一定的关系(见本章“机械性损伤的并发症”中“创伤后应激”部分)。

思考题

1. 论述机械性损伤的定义与基本形态。
2. 论述机械性损伤法医学鉴定的主要任务和鉴定要点。
3. 论述抵抗伤和试切创的定义及法医学意义。
4. 论述近距离射入口的典型形态学改变。
5. 论述生前伤和死后伤的鉴别方法。
6. 论述机械性损伤法医学鉴定中损伤、疾病与死亡关系的常见类型及分析要点。

(陶陆阳　陈　鹤)

第四章
其他常见物理因素导致的死亡

其他常见的物理因素所致死亡以高低温损伤和电流损伤最为多见,本章将针对高温损伤中的烧死和中暑死,低温损伤引起的冻死,以及电流损伤导致的电击死、雷击死进行阐述。

第一节　烧死与中暑死

- 广义的烧伤指躯体接触炽热的液体、蒸汽、火焰,高温气体或固体物质,电流、强腐蚀性化学物质、放射线等所引起的组织损伤;而狭义的烧伤通常为躯体接触火焰导致的损伤。
- 法医学通常根据烧伤的深度和面积将其分为四度,它们的病理变化和预后各有特点。
- 在火灾现场发现的尸体须鉴别是生前烧死还是死后焚尸,鉴别的主要依据是尸体上有无局部或全身的生活反应。
- 中暑是指因高温(或伴高湿)的环境引起的以机体体温调节中枢功能衰竭、汗腺功能衰竭和水、电解质丢失过多为特点的疾病;因中暑所导致的机体死亡称为中暑死。
- 在中暑死的案件中,须结合现场环境条件、临床表现和过程、尸体组织病理形态学改变,并进行必要的毒物检测,在排除其他死亡原因情况下,综合判断再得出结论。

一、烧死

(一)烧死概述

1. 烧伤和烧死的概念　烧伤又称为热损伤,有广义和狭义之分。广义的烧伤指躯体接触炽热的液体、蒸汽、火焰,高温气体或固体物质,电流、强腐蚀性化学物质、放射线等所引起的组织损伤;而狭义的烧伤通常为躯体接触火焰导致的损伤。一般又将因热液、蒸汽所致躯体损伤称为烫伤,因躯体接近热源而导致的损伤称为辐射热烧伤,因电流热作用所致损伤称为电烧伤,因腐蚀性化学物质接触引起的损伤称为化学性烧伤,因放射线引起的损伤称为放射性烧伤。因烧伤导致的个体死亡即为烧死。

2. 烧伤的严重程度分级和形态学改变　正确评估烧伤的严重程度有助于烧伤的临床治疗,也为法医死因分析提供支持。根据烧伤的深度和面积,法医学通常将烧伤分为四度。

(1) I 度烧伤:又称红斑性烧伤,是程度最轻的热损伤,一般机体受到 40~50℃ 的热源短时间作用即可发生,或者裸露的皮肤长时间遭受日光中紫外线作用也可导致。其累及深度以表皮角质层、透明层、颗粒层和棘细胞层为主,表现为肉眼可见的局部皮肤红、肿、干燥,一般不形成创面。3~5 天后损伤部位由红色转为淡褐色,表皮皱缩或浅层脱落,露出红嫩光滑的上皮面而愈合,损伤部位不留瘢痕,但偶有短时色素沉着。

机体死后 1~4 小时如接触 50~60℃ 热源,亦可导致接触部位表皮下血管扩张,并出现类似的红斑,这表明皮肤红斑并非生前热作用的可靠证据。

(2) II 度烧伤:又称水疱性烧伤,根据损伤累及皮肤结构的深浅又分为两类:浅 II 度烧伤和深 II 度烧伤。

浅 II 度烧伤:一般机体受到 50~70℃ 热源作用即可发生,损伤累及表皮全层和部分真皮的浅层,部分生发层健在。肉眼可见局部皮肤红肿伴有大小不一水疱,水疱内含淡黄色或淡红色的澄清液体或含有蛋白的胶状物。水疱被剪破并掀开后可见红润、潮湿且质地较软的真皮,其中分布呈颗粒状或脉络状的毛细血管网,以伤后1~2天最为明显。显微镜下见水疱位于表皮与真皮之间或表皮内部,其顶部为坏死的表皮,底部为真皮乳头层,另真皮层可见间质水肿、血管充血,如生前烧伤生存48小时后,还可见中性粒细胞浸润,毛细血管内皮细胞肿胀,部分变性坏死,以及透明血栓形成。烧伤水疱属于一种生活反应,如无继发感染,一般经1~2周可痊愈,亦不遗留瘢痕,可长时间遗留皮肤色素沉着改变。而死后不久的尸体受热作用也可以导致水疱形成,但通常渗出液量较少且无炎症反应。

深Ⅱ度烧伤:程度较浅Ⅱ度烧伤严重,伤及真皮网状层,但真皮深层及其中的皮肤附件结构仍保存。肉眼可见损伤区域局部皮肤苍白或形成半透明痂皮,痂皮下可见散在的细小红点,为残存的皮肤,附件周围充血的毛细血管层水疱可有可无。显微镜下见表皮全层、真皮大部分组织凝固性坏死,结构消失,有时皮肤附件轮廓尚可辨认;痂皮下组织充血、水肿;如存活超过12小时,则在坏死层和存活组织之间可见白细胞浸润带。该类损伤一般经3~4周可自行痊愈,但易发生细菌感染而遗留瘢痕,且瘢痕组织增生的机会也较多。

(3)Ⅲ度烧伤:又称焦痂性烧伤,机体受到65~70℃或以上热源损伤时可发生,表现为损伤累及皮肤全层(包括皮肤附属物),甚至皮下脂肪、肌肉和骨骼等组织。肉眼可见烧伤区域皮肤凝固变薄,形成半透明的褐色焦痂,硬如皮革,透过焦痂可见粗大血管网(主要是皮下瘀滞或栓塞的血管),其间有些小血管与之相连。显微镜下见皮肤各层附件结构和皮下脂肪组织均发生凝固性坏死而呈均质化,结构不清或隐约可见;痂皮下组织中可见血管充血、瘀滞或血栓形成,间质水肿显著;坏死与存活的组织交界处可见明显的白细胞浸润带;皮下组织中的大静脉血管壁坏死,管腔内红细胞崩解,并发生凝集。被烧伤的肌肉呈半透明状、深红色,因肌纤维纹理消失而相互融合,呈现均质化或肌质溶解状态,肌细胞核固缩或溶解消失,镜下往往无法清晰辨认。被烧伤的骨骼呈褐色,镜下见骨板结构模糊,骨细胞消失,只留下卵圆形空隙,在HE染色切片中呈一片蓝色物质。大面积的Ⅲ度烧伤的创面愈合后往往形成大量瘢痕,甚至因瘢痕挛缩、畸形而引起肢体功能障碍。

(4)Ⅳ度烧伤:又称炭化,是最严重的一种热损伤,因机体长时间遭受火焰烧灼所致。火焰长时间作用于机体,导致组织中的水分丧失、蛋白凝固、组织收缩,变得又硬又脆,外观呈黑色。若火焰持续烧灼机体,则受损区域将由炭化转为灰化。炭化完全破坏了机体的皮肤及皮下的深层组织,可达骨质,导致整个肢体或躯干阶段性大范围破坏。机体部分炭化损伤者尚可生存,但整个体表炭化一般只见于尸体上。根据炭化尸体的焚毁程度,可将其分为5个等级:①尸表炭化,毛发全失,四肢完整;②皮肤表面缺失,四肢末端脱落,骨骼暴露,腹腔破裂,脏器外露;③皮肤完全缺失,四肢脱落,腹壁大部分烧毁缺失,暴露器官表面炭化皱缩;④头颅、四肢烧毁脱落,内部器官焚毁;⑤尸骸灰化,仅留一堆骨残渣。

烫伤往往不会导致炭化出现,除非融化的金属液烫伤,故其损伤程度一般参照上述Ⅰ~Ⅲ度。

3. 烧伤的面积评估　烧伤的严重程度与死亡率有关,法医检验和临床治疗都需要评估烧伤面积。一般认为烧伤的面积越大对人体的影响越重,当Ⅱ度烧伤达体表面积的1/2或Ⅲ度烧伤达1/3时,就可导致机体死亡。对烧伤面积的评估,国际上常用九分法和手掌法。

中国九分法:1961年,我国学者根据国人男、女青壮年的实测结果制定该法,并在1970年全国烧伤会议讨论后采用。该法将成人体表面积分为:头颈部9%(1个9%),双上肢18%(2个9%),躯干27%(3个9%,包含会阴部1%),双下肢46%(5个9%,其中含双臀5%,另加1%),共为11×9%+1%=100%(表4-1)。儿童体表面积与成人有所差异,其头大、下肢小,并随着年龄的增长比例随之变化,12岁以下儿童的躯干和双上肢的体表面积所占百分比与成人相似。因此,在评估儿童烧伤面积时应注意其与成人的不同,可按下列简易公式计算:

头颈部体表面积(%)=9%+(12-年龄)%

双下肢体表面积(%)=46%-(12-年龄)%

表 4-1 九分法

部位		成人体表面积占比 /%	部位		成人体表面积占比 /%
头颈		9	躯干		27=9 × 3
	发部	3		躯干前	13
	面部	3		躯干后	13
	颈部	3		会阴	1
上肢		18=9 × 2	下肢		46=9 × 5+1
	双上臂	7		双臀	5*
	双前臂	6		双大腿	21
	双手	5		双小腿	13
				双足	7*

注：*成年女性的臀部和双足各占 6%。

手掌法：根据中国九分法（表 4-1），无论成人还是儿童，其一手（包含手掌和手背）的面积占总体表面积 2.5%，单掌侧面积则占 1.25%。五指并拢伸直时一掌的面积约等于体表面积的 1%，可据此推测烧伤面积。具体方法为：当测量者的手掌与伤者手掌面积一致时，可直接以测量者的手掌测量，还可先按照伤者的手掌大小裁剪一块硬纸板，用其测量。此法可用于小片烧伤的面积估计或辅助九分法的不足。

（二）烧死尸体的形态学改变

1. 体表改变

（1）衣物残片：在火势不太严重的火场中，死者身上往往留有衣着残片，根据衣物残片或其他不易燃烧的物品可以帮助认定死者身份。同时，残存衣着覆盖部位的皮肤热损伤较轻，甚至没有热损伤的痕迹，这对判断烧死者当时的体位很有帮助。

（2）尸斑鲜红、尸表油腻：由于烧死者血液中碳氧血红蛋白含量较高，尸斑常呈鲜红色。皮下组织中的脂肪在高温作用下渗出到皮肤表面，使尸体表面呈现油腻状。在尸表完全炭化的尸体，尸表油腻也很明显。

（3）皮肤烧伤：死者体表皮肤上可见各种程度的烧伤（红斑、水疱、焦痂、炭化）。皮肤亦可呈黄褐色皮革样化，或某些部位被烟雾熏黑。典型的烧伤可伴有明显的充血、水肿、炎症反应和坏死改变，肉眼可见水疱周围有 5~20mm 的红色区域，需注意的是水疱周围的红色区域性改变并不能作为生前烧死的证据，因尸体经焚烧也会出现类似改变。在有毛发的部位，毛发受热皱缩、卷曲，尖端呈黑褐色，脆性增加或完全被烧毁。

（4）眼部改变：在火场中，在烟雾的刺激下受害者往往反射性紧闭双目，死后可在外眼角形成未被烟雾炭末熏黑的"鹅爪状"改变，称为外眼角皱褶。角膜表面和睑结膜囊内无烟灰和炭末沉积。由于双目紧闭，睫毛仅尖端被烧焦，称为睫毛征候。这些表现可作为生前烧死的特征。

（5）拳斗姿势：全身被烧时，肌肉遇高热而凝固收缩，由于屈肌较伸肌发达，屈肌收缩较伸肌强，所以四肢常呈屈曲状，类似拳击手在比赛中的防守状态，故称为拳斗姿势（图 4-1）。该表现在死后焚尸也可形成，故不能以此鉴别生前烧死或死后焚尸。

（6）假裂创（false split）：高温使皮肤组织中水分蒸发，干燥变脆，皮肤凝固收缩，发生顺皮纹的裂开，形成梭形创口，酷似切创，称为假裂创。在移动尸体时，炭化松碎的皮肤也会裂开。这种假裂创有时会被误认为是生前的机械性损伤，应予注意。假裂创伤口常较浅，仅伤及皮肤，若肌层也裂开，皮下组织可从创口翻出，但须注意此时肌层的裂开是平行于肌束走向的。若肌层断裂是垂直于肌束走向的，则由外伤导致的可能性大。假裂创可在任何部位发生，但较多见于四肢伸侧及肘、膝关节和头部。由于皮肤与肌肉收缩程度不同，创壁常不在同一平面上，创腔内没有血液。

图 4-1 拳斗姿势

（7）尸体重量减轻、身长缩短：多见于严重烧伤及炭化的尸体。由于长时间高温作用，组织器官内水分丧失，组织坏死、炭化，使得尸体重量减轻，身长缩短，甚至四肢末端缺失。

（8）骨破裂：高温破坏骨的有机质而使其松脆，亦可使颅骨及长骨骨髓腔内产生气泡，造成骨破裂，易发生于上肢的腕部及下肢的踝部。焚烧后的骨质常呈灰白色，骨皮质表面可见多处骨折样破裂。头面部被焚烧时，软组织较容易焚毁，导致颅骨暴露，颅骨表面大量星芒状、裂隙状骨折，严重者颅盖骨完全被毁坏，脑组织暴露。

（9）其他改变：当胸、腹部受热时，胸、腹腔内产生的气体可使胸、腹壁破裂，内脏器官脱出。这些损伤有时极易被误认为生前的机械性损伤，应予注意鉴别。

2. 脏器改变 不论尸表烧损程度如何，火场中尸体仍有尸体剖验的意义。因内脏器官常保留较好，解剖时应提取组织和血液样本，检测一氧化碳、乙醇或其他毒物，并可采取样本进行 DNA 分析。

（1）呼吸系统：在火场高温环境中，即使躯体未与火焰发生直接接触，现场中灼热的火焰、空气、蒸汽、烟雾或其他有害气体也会随呼吸进入呼吸道、肺，引起呼吸道和肺的损伤。在呼吸道黏膜表面常常可见烟灰、炭尘沉积，有时与黏液混合形成黑色线条状黏痰；会厌、喉头、气管、支气管等黏膜充血水肿、出血、坏死，有时可形成水疱；严重者上述部位形成白喉样假膜，容易剥离。假膜主要由纤维蛋白、坏死的黏膜、黏液及以中性粒细胞为主的炎症细胞等组成，上述改变称为热作用呼吸道综合征（heat induced respiratory tract syndrome）（图 4-2）。光镜下可见呼吸道黏膜上皮肿胀及表面凝固性坏死，上皮细胞的细胞核变细长，呈栅栏状排列。黏膜腺体分泌亢进，黏膜血管内红细胞碎裂并聚集成团，黏膜下层水肿，原纵向排列的弹力纤维变成不规则或网状。热作用呼吸道综合征说明火烧时受害人尚有生活能力，是生前烧死最确切的证据，但在火场中有些因有害气体中毒死亡者也可不出现此综合征。

肺广泛性充血、出血、水肿、气肿或塌陷，质地变实，切面呈鲜红色。严重的肺水肿有时会导致口鼻出现泡沫。若死者胸壁炭化，则可见肺组织发生凝固性坏死。光镜下细支气管黏膜上皮细胞核浓缩、变细长，管壁贴附一层蛋白性深红色的液状物。肺泡壁毛细血管扩张，肺泡间隔水肿，肺泡腔内充满浓染、凝固含蛋白的液体，并有脱落的肺泡上皮，偶见大量的巨噬细胞积聚。肺组织表现为出血性肺水肿与肺不张。肺小血管及毛细血管内可形成纤维蛋白性血栓（主要由纤维蛋白和血小板构成）。

NOTES

有时肺小血管中可见脂肪,这是由于血液中脂质成分受热,物理化学性质改变,形成脂滴,或因骨质被烧断裂,骨髓、脂肪进入血液。存活一段时间者,肺的毛细血管内巨噬细胞增多。

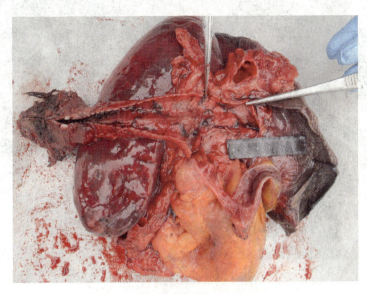

图4-2　热作用呼吸道综合征

　　(2)循环系统:烧死者的心血多呈鲜红色流动状,心外膜下可见点状出血,左心室内膜下可有出血点,心肌光泽减退,呈灰红色或土黄色。火灾现场可产生大量的一氧化碳,人体吸入后其与血液中的血红蛋白结合形成碳氧血红蛋白(carboxyhemoglobin,HbCO),随血液循环分布至全身各器官,因此生前烧死者内脏器官多呈鲜红色或樱桃红色。光镜下见心肌纤维肿胀,均质化,心肌横纹模糊不清,心肌间质充血、出血,毛细血管内皮细胞肿胀,透明血栓形成。延迟性死亡者心肌间质可有炎症细胞浸润。

　　(3)消化系统:烧死者的食管、胃内有时可见炭末,说明其在火场中有过吞咽行为,比呼吸道的炭末沉积更具有价值。多数烧死者均有不同程度的消化管病变,如黏膜充血、出血、水肿、糜烂或溃疡。其中迟发性死亡者较多的改变是胃、十二指肠溃疡(curling ulcer)的形成,多在伤后1~3周出现;一般较浅,偶尔可出血或穿孔,直径多小于0.5cm;常为多发性,一般呈圆形或卵圆形,亦有些为不规则形、星形或蜿蜒状;部位多见于胃窦、胃小弯、胃底或十二指肠后壁;溃疡底部及边缘缺乏或仅有轻微炎症反应。

　　(4)颅脑:烧伤患者常有脑水肿、小脑扁桃体疝形成,有时可发生海马沟回疝,蛛网膜、脑实质充血、水肿,血管壁血浆浸润,有时发生纤维素样坏死。显微镜下见神经细胞肿胀、均质化或空泡变性,以小脑浦肯野细胞、脑桥及大脑皮质神经元表现较为明显,胶质细胞增生,可见卫星现象。烧死尸体有时可见颅骨骨折,焚烧而导致的颅骨骨折一般为星芒状或裂隙状,因同时受热的脑组织内压力增高,导致骨折片向外翻,应注意与外伤性颅骨骨折鉴别。头部受火焰高温作用,脑及脑膜受热、凝固、收缩,与颅骨内板分离,形成间隙,由于硬脑膜血管及颅骨板障的血管破裂,流出的血液聚集于该间隙中形成血肿,即硬脑膜外热血肿(extradural heat hematoma)(图4-3)。硬脑膜外热血肿多呈砖红色或巧克力色;血肿外周血液发生凝固,可附着在颅骨内板上,血肿中心部分的血液可呈液态或半流体状,形似黏土;有时血液被高温煮沸产生气泡,致使血肿内形成许多大小不一的空泡,形似蜂窝状;有时颅骨被烧裂,板障骨髓内的脂肪渗出,则血肿内混有脂肪成分。血肿形成处的颅骨多被烧成焦炭状,软组织缺失。该血肿需与外伤性硬膜外血肿相鉴别(表4-2)。需要注意的是,当机械性暴力与高温共同作用于头部时,鉴别时难度较大。而一旦发现硬脑膜下血肿,则应为外伤所致。

NOTES

图 4-3　硬脑膜外热血肿

表 4-2　硬脑膜外热血肿与外伤性硬脑膜外血肿的鉴别

鉴别点	硬脑膜外热血肿	外伤性硬脑膜外血肿
形成原因	高温作用，为死后形成	外力作用，均为生前形成
血肿部位	多在颅顶部	不一定，双颞部多见
范围	较大，重可达 100g 以上	血肿常局限
质地	脆	软、有弹性
形态	新月形、边缘锐利	多为纺锤形
血肿颜色	砖红色或暗红色	均为暗红色
血肿结构	松软，内含脂肪及气泡，蜂窝状	血肿致密而坚硬
与颅骨关系	与颅骨相贴，与硬脑膜粘连不紧密	血肿挤压颅骨，并与硬脑膜紧密粘连
血肿 HbCO 含量	升高	无
伴发情况	头部无外伤，颅骨有烧焦、炭化，颅骨骨折为外凸或星芒状	头部相应部位有外伤痕迹，常伴有颅骨骨折

（5）其他器官的改变：急速烧死者的肝、脾、肾等器官的改变往往是休克的后果。随着烧伤后存活时间的延长，可出现一系列的变化。常见毛细血管管壁通透性增高，蛋白性水肿，浆液性炎的改变。大面积烧伤后，肝细胞混浊肿胀、空泡变性、脂肪变性或坏死；亦可见肝细胞再生，库普弗细胞增生、肿胀、吞噬增强。肝窦周围间隙增宽、浆液浸润和灶性出血。汇管区淋巴细胞浸润，偶见浆细胞浸润。烧伤后数小时，淋巴组织普遍变性、坏死，包括淋巴结、脾小体、扁桃体及肠管集合淋巴小结等。淋巴结肿大、充血，细胞坏死，组织细胞增殖、吞噬活跃，浆细胞增多，中性粒细胞浸润。肾肿大，重量增加。肾小球毛细血管袢皱缩，呈分叶状，系膜区增宽；球囊腔内见渗出液。肾小管上皮细胞肿胀、空泡变性、坏死。肾小管管腔扩张，可见血红蛋白管型。间质充血、水肿，局灶性淋巴细胞、浆细胞和单核细胞浸润。肾上腺淤血、肿胀，重量增加。切面皮质增厚，皮质、髓质充血或伴有出血。光镜下见肾上腺皮质束状带类脂质明显减少或消失，皮质细胞变性、坏死，轻度灶性出血，少数广泛出血。烧伤后存活一段时间者，肾上腺皮质可有增生性改变。

(三) 烧死的法医学鉴定

火场中发现尸体,应由法医病理学工作者参与现场勘查并负责尸体解剖,以便解决有关死亡原因、生前烧死与死后焚尸、死亡方式及个人识别等问题。

1. 现场勘查 火灾现场勘查的重点是收集引火物、寻找起火点及寻找带有纵火痕迹的物证,如装有油类的容器、浇有油类的木柴、稻草、废纸、刨花及火柴、烟头等物;注意死者个人及相互之间所处的位置。另外要注意特殊气味,如煤油、汽油、柴油、硫黄、硝化纤维素等。必要时可采集现场的空气样本、死者残留的衣服及部分现场灰烬,以备检测用。

2. 死亡原因 常见火场中死亡原因有以下几种。

(1) 烧死:烧死是最常见的火场死亡原因,其主要因为:①体表广泛烧伤,剧烈疼痛,反射性中枢神经系统功能障碍,导致原发性休克而死亡;②大面积烧伤者,由于血管通透性增高,大量血浆、组织液丢失,导致低血容量性休克而死亡;③红细胞破坏致细胞内钾释放入血,高钾血症导致急性心功能不全或心搏骤停而死亡;④内脏器官的并发症和继发感染死亡。

(2) 中毒:火场中由于可燃物的不完全燃烧而产生大量一氧化碳,被人体吸入后可导致急性一氧化碳中毒而死亡。生前烧死的健康成年人血液中碳氧血红蛋白浓度常在40%以上。除了一氧化碳外,火场中如有含氮物质如硝化纤维素膜燃烧时,还可释放出二氧化氮、四氧化二氮、氰化氢等剧毒气体;羊毛和丝织品燃烧时,会产生硫化氢和硫的氧化物;现代建筑、装潢过程中大量采用合成建筑材料、塑料、装饰材料等石油化工制品,燃烧时会释放出氯、磷、氰化氢及一氧化氮等有毒有害气体。这些有毒气体进入人体后,可导致受害者中毒死亡。

(3) 窒息:在火场中由于吸入热的空气、火焰、烟雾或刺激性气体,引起急性喉头水肿、支气管痉挛,黏膜分泌物堵塞呼吸道,急性肺水肿,均可引起呼吸困难而导致窒息死亡。另外火场中迎面扑来的火焰及烟雾也可使受害者不能呼吸,火场中氧气大量消耗后致空气中缺氧,这些因素均会导致受害者短时间内窒息而死亡。

(4) 机械性损伤:现代建筑中经常使用的钢筋、混凝土,在高温时(650℃以上)就会软化崩塌,导致建筑倒塌,砸压火场中的人员,造成严重的机械性损伤致死亡。火场中受害者慌不择路从高处坠落或奔跑中碰撞其他物体或者相互挤压踩踏,也可导致严重机械性损伤而死亡。有些损伤极易被误认为他人故意所为,鉴定时需特别注意鉴别。

火灾现场未死亡者,如烧伤程度严重,也可能在烧伤后数小时、数天甚至数周后因烧伤的并发症而死亡。主要的并发症有继发性低血容量性休克,心、脑、肾、肾上腺功能衰竭,感染性休克等。

3. 生前烧死与死后焚尸的鉴别 在火灾现场发现的尸体须鉴别是生前烧死还是死后焚尸,鉴别的主要依据是尸体上有无局部或全身的生活反应(表4-3)。近年来,有学者探索烧伤特异性的细胞因子标记物,通过 PCR 方式检测在这些因子转录水平变化,来鉴别生前烧伤和死后焚尸。

表4-3　生前烧死与死后焚尸的鉴别

鉴别点	生前烧死	死后焚尸
皮肤	皮肤烧伤伴有生活反应	皮肤烧伤一般无生活反应
眼睛	眼睛有"睫毛征候"与"鹅爪状改变"	无此改变
呼吸道	气管、大支气管内可见烟灰、炭末沉着,呼吸道表现为"热作用呼吸道综合征"	烟灰、炭末仅在口鼻部,呼吸道无高温作用的表现
胃	胃内可查见炭末	胃内无炭末
HbCO	血液内查出高浓度的 HbCO	无或含量极低(吸烟者)
死亡原因	烧死、中毒或压砸等	机械性损伤、中毒或机械性窒息等

烧死的生活反应主要表现在热作用呼吸道综合征及外眼角皱褶、睫毛征候等方面。口腔、咽喉及气管、支气管管腔内烟灰、炭尘沉积越深，越能证明是生前吸入的。烟灰、炭尘可深入到二级或三级支气管甚至肺泡内。胃内炭末说明死者在火场中有吞咽行为，也是一种生活反应。死后焚尸，烟灰炭末仅沉着于口鼻部，不会出现热作用呼吸道综合征及休克肺。

血液中碳氧血红蛋白明显增多是烧死的重要证据。应取心血或大血管内的血液进行测定。死于火场中的健康成人，碳氧血红蛋白饱和度可达 50%~70% 或以上；在幼儿及老人，含量可稍低。吸烟者的碳氧血红蛋白饱和度平时即可有 8%~10%，故遇血中碳氧血红蛋白饱和度低者，鉴定时应谨慎。

烧死时形成的裂创应与切创和砍创相区别。切创和砍创的创口常较深，创的长轴方向不一，常切断（或砍断）肌肉乃至骨骼，创壁光滑而整齐，创腔内可见凝血块，深部组织可有出血。而在火场烧死过程形成的裂创一般较浅，且创的长轴与皮纹方向一致；即使有时有肌层断裂，由于皮肤、肌肉的收缩程度不同，创壁皮肤、肌肉断端不在一个平面上，以致创壁不光滑、平整。鉴别时还应对现场的血痕、血迹、可疑致伤物（木梁、砖石、棍棒等）及尸体所处位置进行仔细勘查，结合创的特征，分析损伤的来源。

一般情况下，鉴别生前烧死与焚尸并不困难。但由于生前烧伤呼吸道黏膜不一定都有烟灰、炭末沉着，肺血管不一定都发生脂肪栓塞，心及大血管的血液不一定都有高浓度的 HbCO。因此，在有些特殊情况下，尤其是濒死期损伤，鉴别烧死与焚尸是一件复杂又艰巨的工作，应做系统全面的仔细检查，对案件进行综合分析判断，才能得出正确的结论。

4. 死亡方式　烧死（烧伤）多数属于意外或灾害，少见于自杀与他杀，但可见利用火烧而焚尸灭迹以掩盖其杀人罪行者。

因意外或灾害所致烧死最多见。如老人、儿童、体弱无力者、癫痫发作者、醉酒状态，因无能力灭火或逃离火场而被烧死。而灾害性烧死多造成群体性死亡，案情明确，如房屋、船只、飞机或森林着火，油库燃烧或伴有着火的交通事故等。尸体检验常可发现典型的生前烧死征象，现场勘查一般容易找到起火原因。

自焚者往往用汽油、煤油等易燃液体从头部往下浇洒，然后点火自焚。一般有明显的现场，多在公开场合进行。偶见精神状态异常人员自焚。自焚烧死的特点为尸表可见不同程度的烧伤，且上半身较下半身烧伤程度重，心血中 HbCO 浓度多数不高（一般多低于 30%），这是因为自焚环境常较开阔而燃烧充分；但在空间较小的环境内自焚时，HbCO 浓度仍可较高。

单纯利用烧死杀人的案件较少见，而利用焚尸灭迹掩盖杀人罪行则较多见。单纯以烧为手段杀人，仅靠尸体检查往往难于认定，必须结合案情调查、现场勘查、实验室检查等综合评定，才能得出准确的结论。他杀后焚烧尸体常留有他杀的痕迹，如机械性损伤、机械性窒息及毒物中毒改变。出于纵火焚尸目的的案件，一般尸体周围焚烧最重，现场多经过伪装，且尸体无生前烧死的征象，但可以发现导致死亡的机械性损伤、机械性窒息、中毒的迹象。有时确定死亡方式十分困难，常见的机械性窒息所致的死亡征象或某些钝器伤特征，可以被完全烧毁，应仔细检查舌骨和甲状软骨，但需注意排除由建筑物倒塌所致的机械性损伤。

此外，烧伤也可诱发原有疾病的发作而致猝死，也有因猝死者的烟头掉落引起火灾的。在确定死亡方式时应注意鉴别。

5. 个人识别　烧毁严重的尸体往往需要确定其身份。严重炭化尸体的身长可缩短数厘米或数十厘米，体重可减轻 60%，所以身长、体重对个人识别已不可靠。高温作用可使皮肤外形改变，原有体表的个人特征如黑痣、文身、瘢痕常被破坏，此时只能依据尸体解剖及法医检验获取更多的个人识别信息。由于骨骼、牙齿和牙齿修复材料较耐焚烧，常能较好地保留，因而是个人识别可靠的依据。

二、中暑死

(一) 中暑死概述

1. 中暑和中暑死的概念 中暑(heat illness)是指因高温(或伴高湿)的环境引起的以机体体温调节中枢功能衰竭、汗腺功能衰竭和水、电解质丢失过多为特点的疾病。因中暑所导致的机体死亡称为中暑死,重型中暑如热射病、日射病,可引起机体突然死亡,有时被怀疑为暴力死,需要进行法医学鉴定。中暑一般均有典型的环境条件,如在炎热的夏季,在田间或野外劳动时易于发生日射病而死亡。涉及劳保或责任问题的中暑事件,如在冶炼车间高温作业或长跑运动突发的中暑死等,需进行法医学鉴定,以明确死亡原因并解释环境因素、疾病与死亡之间的因果关系。

2. 中暑发生条件

(1)环境因素:环境温度和湿度是影响中暑发生的重要因素。在夏季,机体长时间暴露于烈日下遭受阳光直射可引起日射病。机体处在超过30℃的环境中较长时间即可能发生中暑,如温度超过35℃则更易发生。

(2)机体条件:中暑的发生与个体的体质强弱及健康状况密切相关。对于年老体弱、疲劳过度、肥胖、饮酒、饥饿、脱水、失盐、穿着密闭,以及患有发热、甲状腺功能亢进、糖尿病、心血管疾病、先天性汗腺缺乏等疾病的群体,或者服用阿托品及其他抗胆碱能药物而影响汗腺分泌等的患者,对高温的耐受性差,易于发生中暑。

(3)人为因素:在某些故意伤害或虐待案件中,加害者强迫受害者长时间暴露于强烈日光或高温环境中并不予饮水,导致受害者短时间内发生中暑。另偶见婴幼儿被留在密闭小客车内,导致其短时间内发生中暑,甚至死亡。

3. 中暑的发生机制与临床表现

(1)中暑的临床表现:中暑发病往往十分突然,病情进展迅速,表现出体温调节异常、中枢神经障碍等临床症状。中暑患者表现为突然虚脱、意识丧失,如高热、颜面灼热潮红,皮肤干燥无汗,昏迷。日射病患者可出现脑膜刺激症状,如剧烈头痛、头晕、眼花、耳鸣、剧烈呕吐、烦躁不安,甚至意识障碍、昏迷、惊厥,体温正常或稍高。过高热、皮肤干燥无汗及中枢神经系统症状是诊断中暑的最有价值的临床表现。法医实践中所见的热射病死亡案例大多发病突然,缺乏典型的前驱症状如头疼、眩晕、恶心、呕吐等。

(2)中暑的发生机制:正常情况下,在下丘脑体温调节中枢控制下人体的产热和散热处于平衡状态,体温则保持在37℃左右,当外界因素作用导致机体体温调节失控则导致中暑发生。血液循环和汗腺功能对调节体温起主要作用。在适应性代偿期,受热者大量出汗,皮肤血管扩张,增加散热,维持体温恒定。但出汗过多则会引起脱水与氯化钠减少,血液浓缩及血液黏稠度增加,丢失水分过多还可引起循环障碍而发生热衰竭;丢失盐过多可引起肌肉痉挛而发生热痉挛。当高温超过一定限度,产热量远远大于散热量时,体温调节中枢失控,体温在短时间内明显骤增。此时汗腺功能发生障碍,出汗减少加重了高热,心功能减弱,心输出量降低,输送到皮肤血管的血液量减少而影响散热。这种状况进一步发展时,中枢神经系统由抑制转为兴奋,内分泌功能加强,分解代谢加强、产热更多,体温持续上升。又因高热时全身血管扩张,循环血量降低,导致外周循环衰竭,各器官组织缺血缺氧,功能紊乱,结构破坏。缺氧导致毛细血管壁损伤,可促进血栓形成,或引起弥散性血管内凝血,最终引起多器官功能衰竭而死亡。

(二) 中暑死尸体的形态学改变

1. 尸表改变 中暑死者体内蓄积的热量较多,体温较高,且在温度相对较高的环境温下,尸体热量散发慢,早期尸体现象与其他死亡有所不同。中暑死的尸冷发生较迟缓,尸斑出现早而且显著,呈暗红色。尸体腐败出现早,并易波及全身,但有明显脱水的可以例外。皮肤发红,触之温度较高且干燥,有时可见出血点。

2. 器官改变　中暑死者内部器官的病理学形态特征改变基本是由休克引起的,主要包括:①内部器官显著淤血、水肿,扩张的血管内红细胞充盈,黏滞成团;②全身各器官组织如脑、脑膜、肺、心包膜及心内膜等广泛小出血点。高温引起的原发病理形态学改变为神经细胞坏死,主要在大脑、小脑皮质,特别是小脑浦肯野细胞消失。另外,镜下可见皮肤汗腺周围组织水肿,淋巴细胞浸润。

(三) 中暑死的法医学鉴定

在中暑死的案件中,死者尸体检验常不能发现特征性改变,故必须对案发现场进行详细调查,特别是现场环境条件。结合临床表现和过程、尸体组织病理形态学改变,并进行必要的毒物检测,在排除其他死亡原因情况下,综合判断再得出结论。

1. 环境因素　中暑有明显的季节性,或在特定环境下才可能发生。如在炎热的夏季或高温高湿环境中发生的不能解释的死亡案例时,应注意观察中暑致死者的病理形态学变化,也必须记录现场温度、湿度、通风情况及热辐射体等;同时可向当地气象部门查询案发当天的温度、湿度、风速等资料,以便对死因进行综合分析。

2. 死亡过程及临床表现　重症中暑患者一般起病急骤,常来不及抢救而死亡。对怀疑中暑死亡的案例,要注意收集病史等临床资料,了解个体健康状况,特别注意既往心血管病史。原患其他疾病(如心血管疾病、腹泻等)者,中暑后更易发生死亡。

3. 尸体解剖　中暑死者,组织病理学尸检多无特异性发现。但小脑浦肯野细胞数目明显减少,血管内红细胞黏滞成团,骨骼肌肌纤维溶解、坏死等改变对诊断中暑有一定参考价值。因尸体冷却缓慢,应在死后 24 小时之内测量尸温。

4. 排除其他死因　中暑致死多属于意外,但在某些故意伤害、虐待案件中也时有发生,故需要排除其他常见死亡原因,如机械性损伤、机械性窒息、中毒、猝死等。

第二节　冻　死

- 冻死是指人体长时间处于寒冷环境中,机体保暖不足,散热量远超过产热量,引起体温下降超出人体体温调节的生理极限,物质代谢和脏器生理功能发生障碍所引起的死亡。
- 冻死者身体呈蜷曲状,脱去衣服,全身裸露,或将衣服翻起而暴露胸腹部,甚至仅留内衣裤,称为反常脱衣现象。
- 冻死者面部表情似笑非笑,称为苦笑面容。
- 冻死机体在低温作用下各器官功能障碍直至被冷冻,脏器表现为充血和灶性出血。

通过本节学习,需要掌握冻死的现场特点、尸体征象、冻死死亡的原因和死亡方式分析,熟悉冻死的常见因素和病理生理学机制,了解冻死的现场勘验。

一、冻死的常见因素及机制

因低温导致体表局部损伤称为冻伤。冻死则是指人体长时间处于寒冷环境中,机体保暖不足,散热量远超过产热量,引起体温下降超出人体体温调节的生理极限,物质代谢和脏器生理功能发生障碍所引起的死亡。冻伤或冻死事件多见于我国北方冬春季节以及高海拔的寒冷地区。

(一) 冻死的常见因素

1. 地理及环境因素　低温是冻伤或冻死发生的主要因素。因此,在地理位置上,在北方或高原的寒冷地区高发;在时间上,则为冬、春低温季节多发。值得注意的是,有时虽然环境气温略高于零度,但衣物单薄不足以御寒,此时长时间暴露也会导致冻死。

风速是导致冻死的重要因素。气体流动能加速热量的散失,促进环境温度的降低。风速越大则散热越快,受害者体温下降越快。湿度是另一个重要因素。水的导热能力是干燥空气的 25 倍,因此受害者如落在水中则散热比同样温度的空气中要快得多,冻死的发生更快。

2. 机体因素 婴幼儿及老年人的体温调节功能低下,对寒冷敏感度高,适应外界环境能力相对较弱,易发生冻伤、冻死。机体处于饥饿和疲劳状态时,无法提供足够的营养物质,机体的新陈代谢和产热活动受限,御寒能力下降。严重外伤或患有慢性病(如糖尿病)和精神病患者,容易发生冻死。饮酒或服用某些药物后,机体皮肤血管收缩促进脑血液循环,可暂时发挥御寒作用,但过量饮酒可导致全身皮肤血管扩张,血流增加,产生温暖感,而实际上机体通过皮肤散热更快,反而促进体温降低,更易于冻死。

（二）冻死的过程及死亡机制

在低温作用下,机体温度逐渐下降过程中临床表现如下。

1. 兴奋增强期 体温下降初期,机体出现进行性寒战,体温降至35℃时尤为剧烈。心率和呼吸增快,血压上升,代谢增高,启动代偿适应机制。

2. 兴奋减弱期 随着体温继续下降,机体血液循环和呼吸功能逐渐减弱,血压降低,呼吸及脉搏减慢,意识障碍并出现幻觉,运动能力低下。

3. 抑制期 体温降至26~30℃时,机体心率、呼吸和血压持续下降,对外界刺激反应迟钝,意识处于朦胧状态。此时可出现反常热感,并发生反常脱衣现象。

4. 完全麻痹期 体温降至25℃以下时,体温调节中枢功能衰竭,心脏、呼吸抑制,血压直线下降,各种反射消失,最终因血管运动中枢及呼吸中枢麻痹而死亡。

冻死的机制比较复杂,受个体和环境因素的影响较大。目前认为,冻死的机制主要是机体在低温条件下,血管扩张、麻痹、血流缓慢乃至停止所造成的后果。在此之前,可发生心室纤颤,即使未发生心室纤颤者,也因心脏功能逐渐衰退、组织缺氧包括脑缺氧后血管运动中枢及呼吸中枢麻痹而死亡。

二、冻死的征象

（一）冻伤的程度及形态学征象

人体遭受低温作用后,全身血管先收缩后麻痹扩张,内膜通透性升高,液体渗入组织,组织缺氧引起组织坏死结痂。冻伤易于在耳郭、鼻尖、面颊及四肢末端等血液循环不良的部位发生,其程度一般采用三度四分法。

1. Ⅰ度冻伤(红斑) 伤及皮肤浅层,局部红肿充血,自觉发热、瘙痒、疼痛。显微镜下可见真皮层血管充血,间质水肿,有轻度炎症反应。经过7~10天可痊愈,损伤主要在表皮层。

2. Ⅱ度冻伤(水疱) 伤及皮肤全层,局部红肿明显,伴有大小不等的水疱形成,水疱内含血清样或血性液体,局部疼痛加剧,感觉迟钝。显微镜下可见表皮与真皮分离,水疱内有渗出的纤维蛋白及炎症细胞,表皮层上皮细胞变性坏死、崩解,周围组织充血水肿。经过1~2天疱内液体可吸收,形成痂皮,2~3周后痂皮脱落痊愈。

3. Ⅲ度冻伤(坏死) 以组织坏死为主,伤及皮肤、皮下组织、肌肉和骨骼。根据坏死程度,可分为:①重度冻伤:皮肤全层坏死,逐渐由苍白变成紫褐色,最后成为黑褐色,周围形成炎症分界线;②特重度冻伤:坏死深达肌肉、骨骼,多呈干性坏疽,坏死肢体干燥、枯萎、变黑,最后分离脱落,造成肢体残缺。也可继发感染,成为湿性坏疽,引起严重的全身反应,甚至败血症而死亡。

冻伤面积的计算一般参考烧伤面积计算方法。

（二）冻死尸体的形态学征象

1. 体表征象

（1）衣着:冻死者经常身体呈蜷曲状,脱去衣服,全身裸露,或将衣服翻起而暴露胸腹部,甚至仅留内衣裤,称为反常脱衣现象(paradoxical undressing)(图4-4)。其原因可能是体温调节中枢麻痹,受冻者出现幻觉热感所致。应注意与抢劫或强奸杀人案相区别。

图 4-4　反常脱衣现象

（2）面容与皮肤：冻死者面部表情似笑非笑，称为苦笑面容。死者全身皮肤苍白或粉红色，外露肢体部分由于立毛肌收缩而呈鸡皮状，阴茎、阴囊、乳头等缩小。肢体裸露部位可有轻度至中度不等的冻伤，呈紫红色或青紫色肿胀，与衣物遮盖部分有明显界线，其间可见水疱形成。

（3）尸体现象：尸斑鲜红色或淡红色，放置室温过夜解冻后，尸斑可由鲜红色变为暗红色。因低温时氧气可透过皮肤弥散进入浅表血管内，使其中还原血红蛋白变为氧合血红蛋白，所以冻僵尸体尸斑呈鲜红色，这并非冻死的特征。冻死者内脏的血液仍呈暗红色。冻死者低温环境中迅速全身冻结，称为冻僵。冻僵尸体解冻后还能再次发生尸僵。尸体腐败明显延缓。发生冻僵的尸体可长久保持原状。但尸体解冻后，腐败即迅速发生。

（4）体表轻微损伤：若因迷途受冻惊慌跌倒，或因酒醉摔跌，常在肢体及头面的突出部位形成多处擦伤和皮下出血。

2. 内部器官征象　冻死机体在低温作用下各器官功能障碍直至被冷冻，脏器表现为充血、灶性出血。但在低温作用下，被冷冻组织结构一般保持均较好。值得注意的是，所有冻死的组织病理学改变均为非特异性的。

（1）颅脑：因颅内容物被冻结后体积膨胀，可导致颅骨骨缝裂开，类似情况亦可发生在冰冻的尸体，故其并非冻死所特有，需与头部外伤鉴别。镜下主要可见脑及脑膜充血水肿。

（2）心：心外膜下可见点状出血。右心房、室扩张充满血液及凝血块，有时血液冻结。左心室血液呈鲜红色，右心室血液呈暗红色是特征性的改变。显微镜下可见心肌纤维断裂，有大量的收缩波，心肌细胞内可见大小不等的空泡，心肌间质水肿，毛细血管内皮肿胀，间质血管内可有血栓形成。电镜下可见肌原纤维收缩带、肌小节收缩、明带消失、线粒体肿胀、毛细血管内皮肿胀，连接破坏、基底膜增厚、疏松。

（3）消化道：食管黏膜糜烂或坏死脱落。胃黏膜糜烂，胃黏膜下有弥漫性斑点状出血，沿血管排列，颜色暗红、红褐或深褐。其形成原因可能是低温下腹腔神经丛使胃肠道血管先发生痉挛，然后血管扩张使血管通透性发生变化，出现小血管或毛细血管应激性出血。这种胃黏膜下出血斑首先由苏联学者维希涅夫斯基报道，故称为维希涅夫斯基斑（Wischnevsky gastric lesions）（图 4-5），是生前冻死尸体较有价值的征象。冻死过程延长时，胃黏膜还可坏死脱落，形成急性浅溃疡，一般均发生在出血点表面，大小不等。十二指肠、回肠及结肠也可发生同样性质的出血或溃疡。

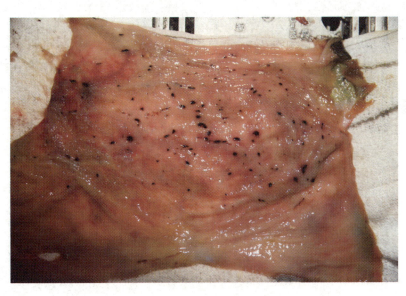

图 4-5　维希涅夫斯基斑

（4）肌肉：髂腰肌出血是冻死者比较特异的生活反应。镜下可见肌肉小血管充血，漏出性出血，血管中层细胞水疱变性。

（5）肺：气管及支气管内有淡粉红色泡沫。肺水肿、肺气肿，肺切面常呈鲜红色。

（6）肝：肝充血，肝细胞空泡变性与脂肪变性，肝糖原含量减少或完全消失。

（7）胰腺：胰腺周围有程度不一的脂肪坏死，常出现急性胰腺炎。

（8）肾：肾小管上皮变性坏死，有血红蛋白管型形成。肾小球内脂质沉积。

（9）膀胱：膀胱常呈高度充盈状态，尿潴留。

（10）内分泌腺：肾上腺皮质细胞类脂质减少以至消失，髓质内空泡形成。甲状腺充血，滤泡内胶质吸收，上皮脱落。

三、冻死的法医学鉴定

对于怀疑冻死的案件，应详细调查现场的环境条件，系统地进行尸体解剖，并采取样本进行毒物检测，在排除他杀、自杀、中毒、疾病死亡后，才能确定为冻死。

（一）环境条件

冻死一般发生在寒冷地区及高原地带，常在冬春季节。勘查现场时，应详细调查当时的气象资料，记录现场温度与湿度。我国南方的冬季偶尔也可见冻死者，长时间关闭在冷冻库中的人也可被冻死。

（二）死亡方式

冻死大多数是自然灾害事件，他杀案件较少，将冻死作为自杀手段更为罕见。他杀冻死案件，可见于受虐待或被遗弃的老人、儿童，因穿着单薄并饥饿而发生冻死。此外，精神病患者、乞丐、流浪者、生前遭受严重外伤或醉酒者在寒冷的户外易发生意外冻死。法医鉴定中需要鉴别抛尸伪装冻死的可能性。

（三）尸体征象

冻死者表现出的苦笑面容、反常脱衣现象、红色尸斑、冻伤、胃黏膜出血斑以及髂腰肌出血等，对确定冻死均有一定的参考价值。

（四）实验室检查

对死者尸体进行解剖后，应及时提取血液及胃内容物进行毒物分析，排除中毒死亡的可能性。特别注意乙醇和中枢抑制性药物的检测，这些往往能加速冻死的发生发展。

NOTES

(五) 注意事项

1. 不要将反常脱衣现象误以为是强奸或抢劫杀人所致。

2. 身体突出部位的擦伤或皮下出血,应结合现场分析是否因惊慌失措中跌倒所致,不要误以为他人所致。

3. 注意有无虐待、饥饿和饮酒的痕迹。

4. 尸体解冻后有溶血和骨折的可能,需与外伤和疾病相鉴别。注意缓慢解冻。

第三节　电击死与雷击死

- 电流通过人体引起皮肤及其他组织器官的损伤及功能障碍,称为电流损伤或电击伤。
- 电流斑又称电流印记,系电流在入口处损伤形成的损伤斑。
- 雷击死者具有特征性的体表改变,可见雷电击纹、雷电烧伤和衣服及所带金属物品的损坏。
- 电击死或雷击死的法医学鉴定应根据案情调查、现场勘查、尸体剖验和毒化分析结果综合分析,再对死亡原因、死亡方式等作出判断。

通过本节学习,需要掌握电流损伤的概念、电流斑的概念和形态特征,电击死的法医学鉴定;熟悉电击死的死亡机制,雷击死的病理学变化和法医学鉴定;了解常见的触电方式和原因,影响电流对人体作用的因素,雷电对人体的作用。

一、电击死

(一) 电击死概述

电流通过人体引起可感知的物理效应,称为电击或触电。电流通过人体引起皮肤及其他组织器官的损伤及功能障碍,称为电流损伤或电击伤(electric injury)。因电流作用导致人体死亡,称为电击死(electric death)。

(二) 电流对人体的基本作用

1. 组织的电生理效应　人体为电流的良导体,可导致人体组织细胞电生理效应改变,从而影响细胞功能。研究发现,由于细胞膜的隔离作用,细胞外高电压形成了强大的跨膜电场。强电场作用下可引起细胞膜发生非热力性损伤,细胞膜内、外高电势差产生"电致微孔"作用,使细胞膜通透性增加,大分子物质(如肌红蛋白)漏出,随后细胞膜破裂,导致无选择性的细胞内成分(如离子与酶)漏出。此外,电流还可使细胞膜结构"去极化",阳极起酸性反应,阴极起碱性反应,导致细胞结构和代谢障碍,最终发生细胞的变性、坏死。然而,部分电流损伤患者在伤后早期临床上并未见到明显的组织形态学改变即已失去肢体神经和肌肉功能,这正是电流损伤与热损伤的主要区别。

2. 电流对人体的损伤作用　电流损伤的程度与电流密度的平方和通电时间成正比。110~220V的低压电可直接引起触电死亡,仅约 1/5 的患者能存活;而大于 650V 的高压电可以引起电休克,仅约 3/5 的患者可能复苏成功。

电流通过人体可发生各种不同的反应,有时不被感知,有时有皮肤麻木、刺痛感,局部肌肉痉挛,心室纤颤等,也有触电后立即死亡者。电流对人体的损伤作用可分为直接的局部作用和间接的全身作用。前者主要是电流传导途径上电能对组织细胞的直接损伤作用,又分为真性电流损伤和电烧伤。后者为触电时通过神经反射、体液因素或组织遭破坏后产生毒素等引起的机体全身性损伤。

(1) 电烧伤:电流通过皮肤进入机体时,因皮肤电阻产生热能所致的烧伤,以高压电引起的组织烧伤最为严重,而电流的直接损伤常难以确定,故亦称电流损伤为电烧伤。临床上将电烧伤分为三种:直接接触性电烧伤、电火花烧伤和触电后易燃物燃烧造成的火焰烧伤。第一种是真正的电烧伤,除因电流的高温作用外,还包括因电流的电离和机械作用所致的损伤,其发生机制和病理改变与单纯高温热烧伤不同,后两种则为单纯的高温热烧伤。

（2）电流损伤:电流通过人体各个组织时所造成的损伤不仅可导致体内两个主要生物电发生器官(心和脑)产生短路,而且还可能引起晶状体、血管、肝和其他组织发生形态学改变,如受损血管痉挛、血液凝滞、血栓形成或完全栓塞。

致死性电流损伤的病理生理作用主要是电流侵犯脑、脑干、颈段脊髓或心脏,导致呼吸或心搏停止。

（三）电击死的死亡机制

触电方式及部位不同,电击致死的死亡机制也有差异,一般常见机制为以下几种。

1. 心室纤颤与心搏骤停 一定强度的电流进入机体后通过心脏,可导致心肌细胞兴奋性增高,在心肌内形成许多异位起搏点,从而引发致命性的心室纤颤,是电击死的主要原因。低压交流电(尤其是家用电源 220V)电击伤特别容易导致心室纤颤,触电后心搏骤停亦往往是由室颤引发,而高压电常直接导致心搏骤停。100mA 的交流电通过心脏即可引起致命性的心脏节律紊乱。2A 以上电流通过心脏时,可直接导致心搏骤停。心电图上常见心动过速或过缓、S-T 段或 T 波改变,可见心肌缺血、心肌梗死、传导异常及心律失常等变化,同位素心肌扫描显示有弥散性心肌损伤和急性心肌梗死。

2. 呼吸停止与窒息 电流通过颈髓上部或脑干,可引起呼吸中枢麻痹,患者可立即昏迷,瞳孔散大或固定,呼吸、心搏骤停。高压电(特别是 1 000V 以上)较易直接抑制延髓中枢,引起呼吸、心搏骤停。尸体解剖发现局部电流损伤不明显,但颅内温度可达 45℃。较低电压可直接作用于呼吸肌,使之发生强直性或痉挛性收缩,造成呼吸衰竭、窒息而死亡。电流引起呼吸肌麻痹后,心搏和呼吸极其微弱,甚至暂时停止,处于假死状态,即所谓"电流性昏睡"(electric lethargy)。此时,瞳孔散大、固定并不代表死亡,若及时进行有效的人工呼吸、心脏按压、注射中枢神经兴奋药等抢救,有望使触电者复苏。

3. 其他 常见于电击伤后各种并发症致死。电烧伤后一些严重并发症如休克(低血容量性休克及创伤性休克)、感染(局部感染、全身感染及特异性感染)、急性肾衰竭(肌肉广泛损伤导致挤压综合征样改变)、脂肪栓塞或内部器官破裂等,均可导致死亡。此外,还有触电后发生高坠而死亡者。

（四）电击死的病理学改变

1. 体表损伤变化 电流通过机体组织遇到电阻时电能可转变为热能,在电流入口处造成烧伤。电流损伤的部位最多见于手指、手掌、手背、手腕处皮肤,也可见于全身其他各处。体表皮肤电流损伤可有电流入口(电流斑)及出口、皮肤金属化、电烧伤等表现。

（1）电流斑(electric mark):电流斑又称电流印记,系电流在入口处损伤形成的损伤斑。电流斑的形成是由于带电导体与皮肤接触,电流通过完整皮肤时,在接触处产生的焦耳热及电解作用所造成的一种特殊皮肤损伤。皮肤角质层较厚的部位电阻大、电流通过时产热多,易形成典型电流斑。电流斑的形态学特征表现为:肉眼观察可见典型的电流斑一般呈圆形或椭圆形,直径 5~10mm,色灰白或灰黄,质坚硬、干燥、中央凹陷,周围稍隆起,边缘钝圆,形似火山口,外周可有充血环,与周围组织分界清晰。其底部平坦或有裂隙,有时可附有灰烬和溶解的金属碎屑沉积(图 4-6)。有时可见到管状孔道,周围管壁炭化。有的电流斑处可见水疱形成,水疱易破裂,以致表皮松解、起皱或呈片状剥离。有时电流斑的周围组织或其他部位皮肤可发生电流性水肿(electric edema),水肿部位皮肤呈苍白色,甚至整个肢体发生电流性水肿。

电流斑往往大小不一,可小似针头,也可大至直径数厘米或更巨大。电流斑形态多样,可呈犁沟状、条状、弧状或不规则形等,其形态能够反映导体与人体接触部分的形状,故借此可推断导体接触面的形状。如接触电线长轴,则电流斑形状为线状或沟状;接触电线的末端,则形成小圆形,接触时间长时则进一步变为小孔洞;接触电插头形成间距小且成对的损伤,常有助于推断电击工具。若皮肤与导

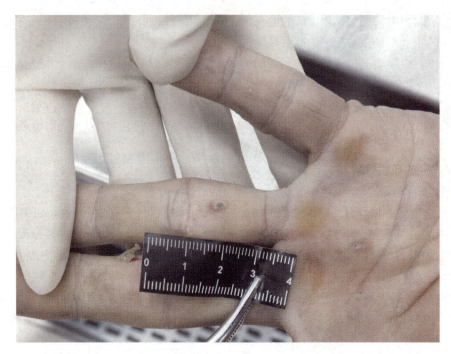

图 4-6　典型电流斑

体接触不完全，或电击时导体在皮肤上移动过，此时电流斑的形态往往不与导体形状相吻合。若接触电压低、环境潮湿、体表汗液多，或赤足、赤膊接触地面或带电物体，或浸泡在带电的水中，导致皮肤电阻减小，加上导体接触面大、接触时间短等因素，则不形成典型电流斑，表现为仅出现单纯性皮肤烧伤、表皮剥脱、皮下出血和皮下组织质地变硬等改变，甚至没有任何改变。

　　光镜观察：典型电流斑病灶中心表皮细胞融合变薄、致密，细胞间界限不清，染色深。热作用强时，病灶中心部位表皮广泛坏死、脱落缺失，周围区域保留的表皮则变厚，创面常有金属碎屑沉积。表皮细胞胞质均质化，细胞核水肿伴空泡形成。普遍认可的组织学特征是表皮细胞发生极性化改变，尤其以基底细胞层最明显。电击损伤处特别是损伤中心区基底层细胞及细胞核染色较深，细胞呈纵向伸长或扭曲变形，排列紧密呈栅栏状、旋涡状、螺旋状或圆圈状，或伸长似钉子样插入真皮中，其形态似流水样结构，又称为核流（streaming of nuclei）。皮脂腺、毛囊、汗腺与毛细血管内皮细胞亦呈极性化，表现为细胞核变细长、深染，汗腺与毛细血管腔塌陷，甚至变成实体状细胞条索。上述这种细胞长轴与电流方向一致的现象是由于电流的极性作用所致。但是，这种细胞核伸长的现象并非电流印痕所特有，在一些烧伤的皮肤边缘部、皮肤钝器损伤处、皮肤干燥处以及冻伤引起的水疱周围等也可出现，但其程度有所不同。

　　除上述改变外，角质层较厚处的皮肤电流斑在角质层内或电流斑边缘隆起部分表皮角质层内可见空泡形成，许多空泡汇集呈蜂窝状。有的角质层与颗粒细胞层分离，其他表皮细胞层内及表皮下也可见大小不等的空泡（图 4-7）。真皮胶原纤维肿胀，均质化，甚至凝固性坏死，局部染色呈嗜碱性。严重时，组织内可产生许多气泡，形成多数空隙或不连续的管状空泡以及具有炭化壁的管状电流通道。真皮层血管充血，有小灶性出血或血栓形成。

　　尸体检验时应全面完整地提取检材，包括典型电流斑和可疑皮肤电流损伤处，后者可表现为表皮剥脱、皮肤空泡等。取材时，应垂直于皮肤提取损伤和正常皮肤的交界处，并作连续切片。

　　透射电镜观察：处于电流斑中心部位的细胞碎裂，残存细胞的细胞质呈灰色均质状，其中张力细丝凝固，细胞器较难辨认，细胞核破碎，残存的核被拉长并平行排列，染色质凝聚。桥粒和细丝虽变形但仍可辨认。电流斑周围的细胞质内，可观察到被电子束穿透的空腔，此空腔常紧靠细胞核，其形成机制是细胞基质凝固和水分蒸发，即所谓的烹饪效应（cooking effect）。

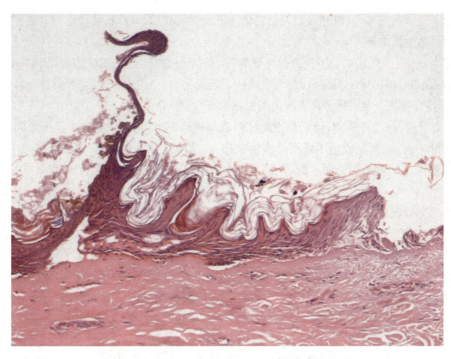

图4-7　电流斑镜下改变
表皮细胞核呈纵向伸长形成核流,角质层空泡形成。

扫描电镜观察:电流斑处皮肤鳞状细胞排列松散,细胞碎裂、脱落,真皮内蜂巢样凹陷形成,底部沿电流经过处有多量细针孔状树枝形通道。电流斑区域内可见到电流穿凿引起的小孔穴和电流所致的细胞灼伤。小孔穴直径多数为30~100μm,孔口多呈圆形或类圆形。有的小孔穴壁光滑,有的是上皮细胞包围叠加而成,有的呈破裂的水疱样改变。电流所致的细胞灼伤表现为鳞状上皮破裂、松散和脱落,脱落的鳞状上皮表面可见到小的裂痕并有细胞碎屑附着。细胞碎屑大小不一,多为1~2μm,形态为多角形或方形,大多呈密集分布。组织或细胞表面呈枯焦状龟裂。电流斑底部可见树枝状裂隙。

(2)皮肤金属化(electric metallization of skin)或称为金属异物沉积:该征象是因金属导体在高温下熔化或挥发,脱落的金属颗粒在电场的作用下沉积于接触皮肤的表面及深部。金属可呈纯态或化合状态(氯化物或其他金属盐类)。电流损伤的皮肤检材经10%甲醛溶液固定后,金属元素有所损失,但其含量仍明显高于正常皮肤。接触不同的金属元素,金属颗粒残留量各有不同。当残留量较大时皮肤可呈不同的颜色,如接触铜导体,皮肤呈淡绿色或黄褐色;接触铁导体,呈灰褐色;接触铝导体,则呈灰白色。在高压电击时皮肤金属化尤为明显,是证明电击伤和电流入口较特殊的征象。接触220V或低压交流电时,金属化现象往往需要借助放大镜或显微镜才能检出。当金属化现象不明显时,可采用微量化学分析法、扫描电镜X射线能谱法、活化分析法等方法分析金属的种类。

(3)电烧伤(electric burns):电烧伤多发生在接触高压电时,因局部皮肤与高压电源之间可形成电弧、电火花或高温,加上衣服燃烧的火焰同时作用,温度可高达3 000~7 000℃。电烧伤所致电流斑一般呈黄色或黄褐色,甚至炭化变黑。严重烧伤可以完全掩盖电流斑,且范围广泛,可累及整个肢体或引起更大面积的损伤。烧伤深度不等,可达皮下组织、肌肉,有时深达骨质,同时可累及骨骼附近一定范围的脉管组织。烧伤中央区一般为电极接触处,即原发性电烧伤区,其边缘及基底部炭化显著。邻近组织呈贫血性凝固性坏死,乃由局部动脉痉挛、血栓形成及缺血所致。此外,高温尚可使衣服和鞋袜烧成孔洞,鞋钉、金属扣、手表等发生熔化。

(4)电流出口:电流出口系因电流的轻度爆炸作用使组织发生破裂,或由于电火花穿凿而发生小炭化孔。出口形态多样,可呈圆形、椭圆形、线形或不规则形。最常见于足部,也可见于上臂、下肢及腹部等处。电流出口与入口有相似之处,但组织损坏更严重,常因轻度爆炸作用而呈裂隙状,也具有隆起的边缘。镜下改变与入口相似,但无金属化现象,而受损组织蜂窝状结构更为明显。出口部位的衣服及鞋也可被电流击穿。

（5）电击纹:高压电击时,由于皮下血管麻痹、扩张充血或出血,皮肤表面可出现树枝状花纹（arborescent marking;dendritic pattern）称为电击纹。若无出血,电击纹存在的时间较短,容易消失。

2. 内部器官变化　电击死者常表现出类似窒息死亡的一般征象。

（1）心血管系统:心外膜下,特别是主动脉瓣底部内膜下,常见点状或斑块状出血区。左右心房扩张。心肌纤维肿胀、断裂或呈不规则的波浪状排列,嗜伊红性染色增强,横纹模糊或消失,多数肌溶性坏死灶形成。间质血管充血水肿、灶性出血。有时可见心肌间质血管壁细胞核拉长,呈栅栏状排列。

血管改变主要发生在邻近电流烧伤部位的血管。血管内皮细胞内可出现空泡、脱落、水肿,内弹力膜丧失弹性,呈松弛状态。血管腔扩张,管腔内有形成分聚集,甚至血栓形成,堵塞管腔。病变较重时,内膜破坏,中膜细胞核扭曲呈螺旋状,或中膜平滑肌变性、坏死。严重时,血管壁全层凝固性坏死,仅保存纤维支架及组织轮廓。偶见血管破裂、继发性出血。电烧伤中心部位血管病变最严重,并向两侧逐渐减轻,但血管病变常超出软组织损伤的范围。电流通过组织时产生的高温,亦可使距表皮烧伤区较远的小血管产生凝固性坏死,管腔闭塞。

（2）神经系统:触电后即刻死亡者,神经系统常无明显的形态学改变。对于存活一段时间的死者,则由于血管的改变逐渐导致脑缺氧的继发性改变,表现为大小不同且分布不规则的出血,以延髓为甚;局灶性神经细胞空泡变性,细胞染色质溶解,尼氏小体消失,尤以锥体细胞、延髓神经核的细胞及小脑浦肯野细胞为甚;血管周围出血伴脑组织水肿、软化;周围神经轴突脱髓鞘及轴索崩解、断裂。

电流直接通过脑时,可导致脑撕裂伤,脑组织收缩,最明显的改变是高温使之凝固、变硬。大脑枕叶、颞叶永久性损害可引起失明、耳聋。脑挫伤可引起偏瘫伴或不伴失语症。脊髓损害可引起肢体感觉障碍、麻木、软弱或瘫痪。周围神经损伤极为常见,早期可能是电流直接损伤所致,后期可能是由于邻近组织水肿压迫或营养神经干或脊髓的血管发生血栓形成导致神经供血不足的结果。

（3）肺:以肺水肿和点状或斑块状出血最多见,有时甚至整个肺叶出血。肺血管扩张、淤血,气管、支气管黏膜脱落,基底膜肿胀;可见局灶性代偿性肺气肿及肺大疱形成。触电后迁延者可出现小叶性肺炎。高压电击死者的肺尖可见电烧伤伴发气胸形成。

（4）肝:肝损伤多见于高压电损伤。肉眼观察,轻者可无明显变化,重者肝脏呈暗红色,包膜紧张,切缘变钝,包膜下点状出血,肝窦淤血。光镜下可见肝细胞变性、坏死,血管充血,血窦扩大。肝细胞变性多以细胞肿胀、空泡变、脂肪变为主,进而出现肝实质点状或小灶性坏死。

（5）胰腺:多见包膜下和间质内出血。高压电流通过胰腺时,可引起急性胰腺炎及胰腺细胞急性凝固性坏死。

（6）消化道:消化道黏膜可见点状、片状出血,有时可见应激性溃疡、出血。高压电击有时可造成消化道坏死、穿孔或破裂。慢性消化道溃疡病者触电后溃疡容易穿孔。

（7）肾:肾包膜下可见灶性出血。肾小球毛细血管淤血或破裂出血,肾间质血管淤血明显。若电击后未立即死亡且又有广泛肌肉电烧伤,则释放出的肌红蛋白和血红蛋白经过肾排泄,可呈红褐色的肌红蛋白和血红蛋白尿,继发肾小管阻塞。光镜下可见肾小管变性、坏死,肌红蛋白和血红蛋白管型形成。

（8）肌肉:电流直接刺激肌肉可引起其强烈收缩,相同强度的电流同时作用于伸肌和屈肌时,由于屈肌收缩力一般强于伸肌,可造成手指弯曲紧握导体,使之不能摆脱电源,延长了电接触时间。剧烈的不协调肌肉收缩还可导致肌肉撕裂。高压电击时,肌肉可被电流烧伤。存活较久者的肌肉液体成分迅速蒸发,切面色灰白,融合成均质状。温度过高可致肌肉炭化。光镜下可见肌纤维胞质呈均质状、横纹消失,颗粒变性和空泡变性,乃至凝固性坏死。

肌肉的电损伤表现为进行性坏死和夹心坏死,其特点为坏死的范围和平面分布不均匀,浅部肌束因血供良好尚无改变而深部肌肉己坏死,或者同一肌束仅近端发生坏死,即使是同一平面血供良好的肌束中亦可见片状坏死者。

（9）骨及关节:电击(尤其高压电击)引起的肌肉剧烈收缩可导致骨折、关节脱臼,特别易发生于老年人。骨折多发生在大肌肉附着的结节处如肩胛骨、上肢骨最易骨折,下肢多发生股骨颈骨折,脊椎多发生棘突骨折。

高压电击时,骨骼遭受电流热效应产生的焦耳热而发生坏死,胶原破坏和无机物熔化。熔化的特殊产物即所谓的骨珍珠(osseous pearls),由磷酸钙融合形成,其状如珍珠,灰白色,内有空腔,多在受损骨的表面。扫描电镜下,熔化骨的无机物质表面呈砖样的图像,被认为是电流作用的一个指征。

二、雷击死

(一) 雷电对人体的作用

雷电对人体的作用包括电流的直接作用、超热作用和空气膨胀导致的机械性损伤作用,其中电流的直接作用对人体的危害最大。我国雷击事件多发于农村地区,雷雨天时如受害者处于树下、空旷场所、高大建筑物或室内接打电话、看电视、听收音机等时,易于遭到雷击。

雷电可以通过多种途径导致人体发生电休克或严重损伤,包括:①雷电的电流直接通过人体,电流强度可高达 30kA,作用时间可长达 1 秒,势必造成死亡。②雷电在一定范围内分散落地,其电流强度减至 100A,作用时间缩短为 0.5 微秒,也可能引起死亡。③雷电击中人体附近的金属物体,所产生的感应电流也可引起电休克。④雷电在空中放电时,如身体接触或在电弧范围内,虽身居室内也可发生雷击休克。⑤在雷击范围内,分散的电流由个体的一足到另一足也可引起休克。

雷击作用导致的机体损害后果包括如下几种类型。

1. 死亡　受雷击者可当场死亡或数天后死亡,称为雷击死。其原因可能是由于强大电流的直接冲击作用,导致心脏或神经中枢麻痹而死。也可能死于电休克、局部高温、严重烧伤后继发性休克、感染或电机械力所致的内部器官破裂。或死于原有的心、脑等较严重疾病发作,有的甚至死于过度惊吓或神经源性休克。

2. 雷击综合征(lightning syndrome)　遭雷击后,如果受害人不死于雷击现场,可能产生雷击综合征。其表现为意识丧失、外周或脑神经功能暂时障碍[又称为(闪电性麻痹,keraunoparalysis)]、鼓膜破裂、传导性耳聋、前庭功能紊乱、视神经受损、视网膜脱离及皮肤烧伤等。

3. 雷击后的迟发效应　对于遭遇雷击的幸存者,其神经系统的异常较其他软组织损伤显著。可因周围神经分支受损,引起皮下组织血液循环障碍,皮肤呈现营养不良性改变、神经性疼痛、麻木或其他感觉障碍,脊髓受损症状如迟缓性麻痹、截瘫、肢体感觉缺失或异常等。这些损害可延续数个月或数年之久。

4. 机械性损伤　发生雷击时,被压缩的空气所产生的冲击波打击人体,可引起体表和体内各器官严重的机械性损伤,如全身肢体断离、颅骨粉碎性骨折、内脏器官破裂等,伤者可因严重损伤而死亡。

(二) 雷击死者的病理学改变

1. 体表改变　雷击所造成机体的损伤差异很大,体表损伤程度轻重不一,可以有很广泛的损伤,也可以没有任何损伤征象。多数雷击死者可伴有烧伤,如毛发灼伤乃至炭化;也可以有电流入口及出口,表现为表皮破裂、穿孔,有时可见小孔状且边缘被烧毁的皮肤损伤,易被误认为枪弹射入口。接触金属物体处的皮肤可发生电流斑。电流出口常见于手足部,尤以足部最为常见。出口处皮肤、肌肉往往被洞穿甚至炸裂,并伴有烧伤。个别可见皮肤被广泛撕裂,体腔开放。雷击死者具有特征性的体表改变如下。

（1）雷电击纹(lightning mark):雷电通过的皮肤上遗留下红色树枝状或燕尾状斑纹,称为雷电击纹或树枝状纹。该现象是由于强大电流通过时局部皮肤被轻度烧伤、皮下血管麻痹扩张所致,有时可伴有血液渗出。典型的雷电击纹由不同宽度的皮肤红线样纹路组成,多位于颈胸部,也可位于肩背部、腹侧或前臂等处。腹股沟与腋窝等处皮肤比较潮湿,也容易发生雷电击纹,是雷击伤有价值的证据,但其通常迅速褪色或消失,有时在死后24h内即不复存在。

（2）雷电烧伤:由于闪电历时短,电流通过体表的面积大,因此雷击本身造成的严重烧伤案例比较少见。伤者自身携带的金属物品如表带、项链等接触皮肤的部位,由于焦耳热效应或电弧效应,可造成相应的皮肤烧伤印记。雷电导致的金属物品可熔化,可使局部烧伤的形态类似上述物品。但与高压电流不同,雷电所致烧伤程度一般不达皮下组织。

（3）衣服及所带金属物品的损坏:雷击作用可导致受害者的衣服被撕裂成碎片,有的被剥下,甚至抛离尸体一段距离。雷电入口、出口处的衣帽鞋袜可出现圆形、境界分明的孔洞或烧焦痕迹。受害者所携带的金属物品可被熔化,铁制品可被磁化。

2. 内部器官变化　雷击死者内部器官损伤可以很严重,如骨折、脑损伤、鼓膜破裂、肾脏损害、眼部损害、血管和内脏器官破裂等。

（1）头部改变:头部最常被雷电击中,可出现帽状腱膜下血肿,颅骨骨折,硬脑膜下和蛛网膜下腔出血。脑组织尤其是延髓发生弥漫性点状出血。全脑肿胀、灶性软化,锥体细胞与神经细胞核浓缩、溶解。颅骨骨折及脑膜下出血等损伤很可能是空气冲击波所引起的机械性损伤,或是人体被抛掷跌落的结果。

（2）内部器官改变:各器官的改变与一般的急性窒息征象相似。可见各器官淤血、出血,浆膜下和黏膜下点状出血。心室腔内血液呈暗红色、流动性。心肌纤维断裂。有时可检出器官破裂及其他较为复杂的改变。孕妇(尤其妊娠6个月以上者)遭雷击时,胎儿可死亡或引发流产,偶见子宫破裂。

三、电击的法医学鉴定

电击死或雷击死的法医学鉴定应根据案情调查、现场勘查、尸体剖验和毒化分析结果综合分析,再对死亡原因、死亡方式等作出判断。鉴定人员应进行全面而系统的尸表检验和尸体解剖,明确是生前电击死还是其他原因所致死后伪装电击死等。再结合案情和现场情况,判断是意外、自杀或是他杀的电击死。特别注意要鉴别他杀后再伪装成意外电击死的犯罪行为。

（一）死亡原因的确认

如果发现明确的雷电击纹、电流斑、全身有窒息征象并排除了其他种类暴力死、中毒死和疾病死,结合详细的案情调查和明确的触电、雷击现场,一般不难作出死亡原因的鉴定。必要时可走访目击证人,检测金属成分,完善组织化学及扫描电镜等检查,辅助电击死鉴定。

1. 案情调查和现场勘验　电击死案例的现场勘查,最主要的任务是判定死者是否在死亡前确为电流通路的组成部分之一。现场勘查时要检验接通电路的部位是否有防护设施,查明信号系统是否正常,检测环境干湿度等。

对怀疑电击死案例需要进行深入细致的案情调查和现场勘验。通常,电击死有目击者、触电而未死亡者、明确的触电现场或有形成电击的条件等。而雷击现场比较特别,多见于旷野、农田或室内电器近旁,常同时有树木、房屋被摧毁或牲畜死伤,且目击者较多。如果发现可疑的带电物体已不再带电,不能贸然否定电击死的可能性,雨天可使带电物体电阻显著下降,使得斜拉线带电,从而致人意外电击死亡,而晴天时则不再带电。在他杀案例中,现场常被破坏,电源工具被隐藏或伪装为意外事故现场,应注意鉴别。

2. 确认电流斑及判断无电流斑的电击死　典型电流斑是诊断电击伤的重要依据,电流斑往往形态多样,需要仔细加以甄别。对于不典型电流损伤应注意与单纯热作用损伤相鉴别。

电击死者也可以没有电流斑或其他任何电击迹象。虽然电流斑是鉴定电击伤的重要依据,但没有电流斑时,并不能排除电击伤(死)。如果触电现场环境潮湿,死者生前皮肤潮湿时,接触面积大、皮肤电阻低,就可无电流斑形成。

因水是电的良好导体,电流在水中扩散时其接触面积较一般导体大得多,电流密度大大降低,加之水的导热系数远高于空气,均使电流通过体表皮肤时所产生的焦耳热大为减少,不足以形成典型的电流斑。水中触电的死亡原因常常与引起心室纤颤或电性肌肉麻痹后发生溺水有关。

3. 其他电击征象 皮肤金属化、电烧伤、电击纹、骨珍珠及窒息征象等均可作为电击死的依据。雷电击纹是诊断雷击死比较有价值的征象,但并非所有雷击死案例都会出现。因雷电击纹消失较快,故对此类案件应及时在现场检查尸体并拍照留证。如果没有发现雷电击纹,并不能排除雷击死。

4. 生前与死后电流斑的鉴别 电流斑的肉眼和显微镜下改变既可见于生前电击,也可见于死后电击。在电流损伤组织的周围出现伴有炎症反应的生活反应要比其他类型的损伤缓慢,因此,对于电击后立即死亡者单纯从局部电流损伤较难区分生前还是死后形成的电流斑。

(二) 死亡方式的确认

电击死(伤)多属意外,但自杀或他杀电击亦有发生;雷击死属于意外事件,自杀或他杀极其罕见。电击死亡方式的判定,应根据周密的案情调查和现场勘查,结合尸体位置、姿势,电流斑的形状,电流斑、电烧伤的部位是否与电源位置、导体形状相符等情况综合分析认定。

1. 意外电击死 意外电击死多发生在家庭或工业生产用电中。家庭中发生的意外触电常由手触摸磨损或破裂的电线造成,损坏部位多在电线进入电器的交接处,因该处承受应力大。其他如电插头、电器装置损坏或电器绝缘不良等均可引起。工业用电发生意外触电主要见于违反技术操作规程,设计装配不良,如电器外壳与带电的底盘连接或接错线所致短路等。

高压电所致意外电击死,多因直接碰到高压线或在高压电线下工作,因感应电击而死亡。偶见大风暴雨后,高压线被刮落至地面,行人不慎踩踏电线或周围带电的潮湿地面造成意外电击。高压电击死亡有明显的室外现场,往往有目击证人,尸体上电烧伤可能较明显。

雷击也属于意外电击的一种,一般有明确的天气、现场证据。但有时雷击死可能被错误地认为是其他性质的死亡,甚至怀疑为他杀。亦偶有他杀犯罪时适逢雷击,因而罪犯杀人后趁打雷之际放火焚烧房子,企图掩盖事实、毁灭罪证。

2. 电击自杀死 多见于男性及精神病患者(如抑郁症患者)。此类案件的现场一般比较安静,大多在室内,现场可见电击工具,案情调查有自杀背景。也有爬上支撑高压线的铁架去抓高压线,这种情况触电者常在电休克时坠落,由高坠伤导致死亡。

3. 电击他杀死 此类案件的现场常被破坏,有可疑足迹或搏斗痕迹,电击工具常不在现场。案情调查有他杀背景如仇杀、奸杀、谋财害命等。多数是趁被害人没有防备或睡眠中突然电击,或先用其他方法致昏迷后再实施电击。现场常常被伪装成其他死亡(如缢死、服毒、溺死等)现场或伪装成意外电击死现场。因此,对疑为电击他杀死者,要注意检查身体隐蔽部位有无电流斑或其他暴力痕迹。

(三) 电击死鉴定的注意事项

根据案情调查、现场勘查和尸体解剖检验、毒物分析结果,一般不难完成鉴定,但鉴定过程中仍需注意如下几点。

1. 凡疑为电击死案例,到达现场后应首先切断电源,再进行现场勘查和尸体检验,以防止发生二次电击伤亡事故。到达现场后,应及时向有关人员详细了解事件发生经过。仔细检查现场有无漏电情况,若发现触电者未死,应立即抢救。触电后能否抢救成功,决定于触电者能否迅速脱离电源。此外,现场心肺复苏、准确的早期诊断和早期处理,以及进一步的心脑肺复苏对伤者预后均很重要。

2. 及时了解电源电压、电流种类并注意环境湿度等信息。向相关机构索取有关资料,如电路检测及电器结构、安装情况,电器有无漏电史及漏电原因等。现场检测有无漏电及对电器的检测工作,均应由有关的电气专门技术人员负责进行。

3. 详细检查死者穿着的衣服有无撕裂、烧坏,鞋底有无击穿,鞋底的铁钉有无熔化,随身携带的金属物品有无熔化等。

4. 现场初步检验尸体后,应及时在具备充足照明和设备条件的地点进行完整的尸体解剖,全面检查各内脏器官,以明确真正的死亡原因。仔细寻找电流斑或可疑皮肤电流损伤部位,尤其注意检查身体的隐蔽部位(如死者的手指弯曲则应将其扳直后再仔细检查),并切取受损处的皮肤检材进行组织学检查。必要时还需对疑似电流斑的皮肤进行微量金属元素分析。切不可单凭尸体外表检查或仅对可疑皮肤病理切片所见的局部表皮细胞的极性化现象就认定为电流斑或电击死。必须进行系统而全面的尸体解剖,对尸体外表和内部各器官进行全面检查,在排除其他死因的前提下方可作出是否电击死亡的判定。

思考题

1. 某住宅突发大火,经消防人员紧急救援后火被扑灭,在清理火灾现场时在卫生间发现疑似烧死尸体一具,请从法医检验角度阐述如何判断死亡方式?

2. 某日,有人报警称在一电气设备旁发现有人触电,现场勘验发现该设备存在漏电现象,死者位于该设备旁地面,经调查死者为该设备所在公司员工,负责维护设备运转;法医尸体检验未发现明确"电流斑"征象。请根据以上信息,阐述如何对本例死者开展法医学鉴定。

(陈 峰   周亦武)

扫码获取
数字内容

第五章

窒息与机械性窒息

呼吸是维持生命的重要生理过程之一,机体通过呼吸运动与外界环境进行气体交换,以维持机体对氧的需求,同时将组织细胞的代谢产物二氧化碳运输到肺而排出。

人体的呼吸过程由三个环节组成:一是外呼吸,包括肺通气(肺与外界空气之间的气体交换过程)和肺换气(肺泡与肺毛细血管之间的气体交换过程);二是血液中气体的运输;三是内呼吸,包括血液与组织、细胞之间的气体交换过程,以及细胞内的氧化过程。上述任何一个呼吸过程受阻或异常,将导致全身各组织及器官发生缺氧及二氧化碳潴留,从而引起细胞代谢障碍、功能紊乱和形态结构损害的情况称为窒息(asphyxia)。

第一节 窒 息

- 根据窒息发生的原因、机制和病理过程,一般将窒息分为机械性窒息、空气缺氧性窒息、溺死、中毒性窒息、电性窒息、病理性窒息等类型。
- 机体在各种窒息因素作用下发生窒息死亡的过程中,呼吸、循环、神经、运动及其他系统都会发生病理生理学和形态学的一系列变化。

根据呼吸过程不同环节的功能障碍,可将窒息分为外窒息和内窒息。因外呼吸障碍所引起的窒息称为外窒息(external asphyxiation);因血液中气体的运输或内呼吸障碍所引起的窒息称为内窒息(internal asphyxiation)。前者多见于呼吸道受压迫或阻塞所引起的呼吸功能障碍,而后者主要见于某些毒物中毒、严重贫血、组织内血液淤滞等情况。因窒息而导致的死亡称为窒息死(asphyxial death; death from asphyxia)。

一、窒息的分类

根据窒息发生的原因、机制和病理过程,一般将窒息分为机械性窒息、空气缺氧性窒息、溺死、中毒性窒息、电性窒息、病理性窒息等类型。

1. **机械性窒息(mechanical asphyxia)** 机械性外力作用引起呼吸功能障碍所导致的窒息,如压迫颈部或胸腹部、异物阻塞呼吸道、肋间肌及膈肌运动受阻等引起的窒息。

2. **空气缺氧性窒息(asphyxia due to ambient hypoxia)** 指空气中氧气不足而引起的窒息,如被关进密闭的箱柜、困于塌陷的矿井坑道,环境中氧被其他种类气体如 N_2、CO_2 取代,或置身于高原地区等情形而发生的窒息。因局部环境缺氧性窒息导致的死亡也被称为闷死(suffocation)。

3. **溺死(drowning)** 由于液体被吸入呼吸道而引起的窒息死亡称为溺死,俗称淹死。除水外,还包含羊水、酒、血液等液体吸入导致的窒息。我国法医传统上习惯将溺死包含在机械性窒息内,但溺死的发生机制、病理变化和尸体检验等许多方面与通常意义上的机械性窒息不同,国外部分法医学书籍将其分开论述。

4. **中毒性窒息(toxic asphyxia)** 因毒物作用使血红蛋白变性或功能障碍,或细胞内氧化酶功能降低、失活,或改变细胞膜的通透性,引起红细胞对氧的运输能力降低及组织细胞对氧的摄取和利用障碍,或引起呼吸肌、呼吸中枢功能障碍而产生的窒息。如 CO、H_2S、HCN 中毒引起的窒息。

5. 电性窒息（electric asphyxia）　指电流作用于人体,使呼吸肌或呼吸中枢功能麻痹而引起的窒息。

6. 病理性窒息（pathological asphyxia）　指由疾病的病理变化而引起的窒息,如过敏性休克导致的喉头水肿、颈部外伤或颌面外科手术引起颈部血肿压迫呼吸道,以及其他呼吸、血液等系统疾病所致的窒息。在分娩过程中因脐带受压、胎盘早剥等导致的新生儿窒息（neonatal asphyxia）以及新生儿颅内出血、羊水吸入性肺炎等原因导致的窒息也属于病理性窒息范畴。

在上述各类窒息中,以机械性窒息及溺死在法医学实践中最为常见和重要,本章主要论述这两类窒息死。

二、窒息的病理生理变化

机体在各种窒息因素作用下发生窒息死亡的过程中,呼吸、循环、神经、运动及其他系统都会发生一系列变化,包括病理生理学和形态学改变,其变化的程度取决于窒息因素的性质、作用方式、发生速度、程度、持续时间等。主要的改变包括:①呼吸系统功能障碍;②神经系统功能障碍;③血液循环系统功能障碍;④肌肉功能障碍。其中以呼吸系统功能障碍变化最为明显。

(一)呼吸系统功能障碍

窒息死亡的过程是一个不能截然分开、连续动态的过程。一般根据其发展过程中的表现,人为地将窒息分为六期。

1. 窒息前期　呼吸障碍后氧气吸入受阻,但因体内尚有余氧可以利用,所以不显示任何症状。此期约持续半分钟。也可因个体的训练或耐受不同而有差异,如擅长游泳者可持续 1 分钟以上。

2. 吸气性呼吸困难期　因体内缺氧和二氧化碳潴留,刺激延髓呼吸中枢,致呼吸幅度加深、频率加快,吸气强于呼气,呈喘息样呼吸。此期持续 1~1.5 分钟。

3. 呼气性呼吸困难期　因体内二氧化碳持续性增多,刺激迷走神经,反射性地引起呼气运动加剧,呼气强于吸气,渐次变为惊厥性呼吸运动,出现全身惊厥,所以本期又称惊厥期。此期较短,约持续数秒钟乃至数十秒钟,不超过 1 分钟。

4. 呼吸暂停期　呼吸中枢由于过度兴奋而转为抑制,出现呼吸暂时停止。此期心脏搏动非常微弱,血压下降,处于假死状态,所以此期又称假死期。持续 1~2 分钟。

5. 终末呼吸期　出现间歇性张口呼吸、深呼吸、鼻翼扇动,通常约有数次间歇性深呼吸。同时出现瞳孔散大、血压下降、肌肉松弛等。此期持续时间长短不定,大约 1 分钟至数分钟。

6. 呼吸停止期　此期呼吸已停止,但心脏搏动仍存在,持续时间因人而异,可数分钟至数十分钟,最后心搏停止而死亡。在呼吸停止期所形成的损伤,仍有微弱的生活反应。

上述各期的时间长短和表现明显与否,与个体的年龄、健康状态及引起窒息的性质、作用方式、发生速度、程度和持续的时间相关。

(二)中枢神经系统功能障碍

中枢神经系统的血液供应非常丰富,脑平均重量仅占体重的 2.0%~2.2%,但脑血流量约为全身血流量的 15%〔50~60ml/(100g·min)〕,耗氧量占全身总耗氧量的 20%。脑神经元高度依赖稳定而丰富的血液供应,对缺氧最为敏感,脑血流完全阻断 5 秒即可导致意识丧失,阻断 5~8 分钟出现难以恢复的脑损害,甚至脑死亡。

窒息初期,通过神经反射出现脑血管代偿性扩张,使脑部血流量增加约 50%,脑皮质耗氧量最多,因此对缺氧也最敏感。当脑持续性缺氧缺血时,即出现神经系统的功能紊乱,如判断力下降、运动不协调,重者表现为烦躁、惊厥,渐次出现阵发性痉挛,或全身强直性痉挛。

一般窒息发生后 1~2 分钟,意识即可丧失,不能再做有意识的活动,逐渐出现昏迷乃至死亡。

(三)血液循环系统功能障碍

心肌对缺氧的敏感性仅次于中枢神经系统,健康成人静息状态时,冠状动脉血流量为心输出量的 4%~5%。窒息时冠状血管代偿性扩张,使心肌血流量增加 4~5 倍。当动脉血氧饱和度低于 80% 时,心肌细胞因供氧不足而导致细胞功能障碍,心肌细胞膜电位降低,出现 ST 段降低、T 波低平、双向或倒置、传导性降低、心律不齐等心电图改变。失代偿时,心肌细胞出现不可逆性的缺氧性损害。

在吸气性呼吸困难期,因剧烈的吸气运动,胸腔内负压加剧,回心血量增多,肺内血管及右心均充盈血液,出现大静脉高度淤血、颈静脉怒张,表现为颜面肿胀发绀、心搏开始变慢。至呼气性呼吸困难期,肺内部分血液注入左心和大动脉,血压上升,心、肺可因毛细血管破裂而发生出血,被膜下可见瘀点性出血。此后由于持续性缺氧,心肌功能障碍加重,心搏逐渐减弱、心率变慢及血压明显下降。窒息过程中,舒张压一般降低,但早期收缩压持续升高,呼吸暂停期后血压则急剧下降。

(四)肌肉功能障碍

窒息时因脑缺氧,意识可迅速丧失,肌肉发生松弛,不能做有意识的动作。在呼气性呼吸困难时,呼吸肌收缩增强,还可发生全身强直性痉挛。

上述窒息表现,从开始至死亡所经历的时间,一般为 5~6 分钟,称为急性窒息死亡。若窒息后未立即死亡,存活一段时间后又因继发症或合并症而死亡者称为迟发性窒息死亡,时间可长达 1 小时以上,极少数案例死亡时间可延长至数小时、数天甚至更长时间。有学者将窒息死亡的时间介于两者之间者,称为亚急性窒息死亡。其机制包括机械性外力未完全闭塞气道,仍可呼吸少量空气,或气道闭塞短时间后又缓解,恢复呼吸后再度闭塞,从而使窒息死亡的时间延长。

缢颈、勒颈、扼颈、溺水如能及早发现,并予以积极抢救,偶有幸存,或复苏后又迟发性死亡的报道。迟发性死亡的主要原因与感染和缺血缺氧引起的脑损害有关,包括吸入性肺炎、肺或喉头水肿、缺血缺氧性脑病、脑梗死和脑软化等。

第二节 机械性窒息

- 机械性窒息死亡的病理变化包括尸体体表征象、内部征象及组织学变化三方面。
- 机械性窒息死亡共同的尸表征象有颜面部发绀、淤血肿胀、瘀点性出血,尸斑显著、尸冷缓慢、玫瑰齿等。
- 机械性窒息死亡共同的尸体内部征象包括血液呈暗红色、流动性,瘀点性出血、内脏器官淤血、肺气肿、肺水肿、脾贫血等。

一、概念与分类

机械性窒息(mechanical asphyxia)是指机械性外力作用引起的呼吸功能障碍所导致的窒息。机械性窒息的方式很多,如缢颈、勒颈、扼颈、捂压口鼻、异物堵塞呼吸道、压迫胸腹部,以及因身体长时间限制在某种异常体位等均可导致窒息死亡,因死亡发生较快,常被用作他杀、自杀和被害后伪装自杀的手段。

根据外力作用的方式和部位的不同,机械性窒息可分为以下几类(图 5-1)。

1. **压迫颈项部所致的窒息** 包括缢死、勒死、扼死等方式导致的窒息。

2. **闭塞呼吸道入口所致的窒息** 用手或柔软物体同时压闭口、鼻孔引起的窒息,如捂死。

3. **异物堵塞呼吸道所致的窒息** 各种固体或有形异物,包括胃内容物反流误吸入呼吸道,因堵

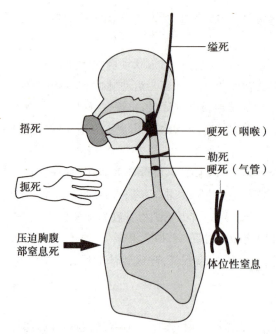

图 5-1　机械性窒息外力作用的方式及分类

塞咽喉或气管、支气管而引起的窒息，如哽死。

4. **压迫胸腹部所致的窒息**　人体被挤压在坍塌的建筑物中，或被埋在砂土中，或被拥挤的人群挤压或踩踏胸腹部等引起的窒息，包括压死、挤死、活埋等。

5. **异常体位所致的窒息**　因长时间被限制于某种异常体位，使呼吸功能及静脉回流受阻而发生的体位性窒息。

6. **其他**　如性窒息，也在机械性窒息中论述。

二、机械性窒息死亡病理变化

机械性窒息死亡的病理变化包括尸体体表征象、尸体内部征象及组织学变化三方面。大多数机械性窒息的尸体体表征象和内部征象较为显著，都有一些共同的尸体征象，也因窒息的类型不同而存在特殊改变。病变严重程度受个体身体状况、窒息方式、持续时间等因素的影响。如窒息严重、持续时间长，则其尸体病理变化也就随之明显，反之，则不明显甚至缺如。

（一）尸体体表征象

1. **颜面部发绀、淤血肿胀**　病变程度与机械性窒息的原因有关，如勒死、扼死、压迫胸部窒息死亡者，因头面部静脉血液回流受阻而淤滞严重，颜面部高度淤血肿胀，同时还原血红蛋白增多使颜面部皮肤、黏膜呈暗紫红色，呈现发绀等表现。在死亡初期以面部、口唇、耳郭等处较为明显。

注意其他原因死亡，当血液中还原血红蛋白的含量超过 50g/L 时，无论血液中血红蛋白的总量是多少，皮肤、黏膜即出现发绀；若死后时间较长，也可因体内血液中氧耗尽而出现类似发绀表现，因此只有在死后不久观察到该现象，才对判定机械性窒息死亡原因有价值；此外，颜面部发绀还需注意与颜面部尸斑相鉴别，尤其尸体处于俯卧位或有死后移尸情形时。

2. **瘀点性出血（petechial hemorrhage）**　多见于眼睑结膜近穹窿部、球结膜的内外眦部和颜面部皮肤。出血点呈圆形、针尖大小，可孤立或聚集而融合，严重者呈瘀斑状，淡红色或暗红色，头部呈低位状态时更易形成（图 5-2）。颈部受压部位以上皮肤的瘀点性出血更多见。大多数案例眼球睑结膜的瘀点性出血呈双侧性，部分案例口腔黏膜也可见出血点。瘀点性出血的发生与小静脉淤血、窒息缺氧血管通透性增强、应激状态下的肾上腺素分泌增多、小血管及毛细血管内压增高等因素导致毛细血管破裂有关，常在窒息发生当时或 15~30 秒内发生。不同类型机械性窒息瘀点性出血的部位及程度存在一定的差异（表 5-1）。

表 5-1　机械性窒息类型与瘀点性出血部位及程度相关性

窒息类型	瘀点性出血部位及程度		
	颜面部皮肤	眼结膜	口腔黏膜
典型缢死	−	−	−
非典型缢死	−~++	−~+++	−~++
勒死、扼死	+~++	++~++++	+~++
压迫胸腹部窒息	++++	++++	++++
其他类型窒息	−	−~+	

注：++++，出血斑；+++，出血点明显；++，多个出血点；+，少数出血点；−，无。

3. 尸斑显著、出现早 窒息缺氧死者的血液多不凝固，呈流动状态，而且末梢血管扩张、通透性增强，血红蛋白也呈还原状态，故死后不久便可出现较弥漫而显著的尸斑，呈暗紫红色。尸斑色泽的深浅和程度与种族及死者的健康状况有关。白色人种最为明显，黑色人种则不易观察；健康成年人明显，而年老体弱者不太明显。在尸斑显著部位可伴有点状出血。

4. 尸冷缓慢 窒息时，在呼气性呼吸困难期往往会发生全身惊厥而导致肌肉强烈收缩，使产热增加而体温升高，所以尸体冷却较慢。

5. 牙齿出血（玫瑰齿） 窒息死者的牙齿，在牙颈部表面出现玫瑰色（或淡棕红色），经过乙醇浸泡后其色泽更为明显，又将其称为玫瑰齿。其形成机制可能是窒息过程中缺氧所致的牙龈黏膜毛细血管出血而浸染牙齿。玫瑰齿对于推断腐败尸体生前有无窒息有一定的参考价值，但并非特异性指征。尸体腐败时，腐败的血性物也可产生此类现象。

6. 其他 窒息呼气性呼吸困难期发生惊厥时，致平滑肌收缩或痉挛，常有大小便失禁或精液排出。此外尚见口涎和鼻涕流出，有时可呈血色。有时可见眼球突出、舌尖外露及舌咬痕等现象。

（二）尸体内部征象

1. 血液呈暗红色、流动性 机械性窒息因还原血红蛋白含量增高，尸体血液呈暗红色，其机制与颜面部发绀相同。死者血液在死后 0.5~1 小时内尚有凝固倾向，或出现凝固而后又逐渐溶解，2~3 小时后全部呈流动性，其机制与生前缺血缺氧的窒息状态，引起血管内皮细胞损害并释放出纤溶酶原激活物，导致纤维蛋白溶酶生成增多，使纤维蛋白原及纤维蛋白降解，尸体血管中原已凝固的纤维蛋白血块在纤维蛋白溶酶作用下完全崩解相关。需要注意这种现象并非机械性窒息死亡所特有。

2. 器官被膜下、黏膜瘀点性出血 除肺胸膜（尤其肺叶间和肺叶的边缘）、心外膜下、胸腺瘀点性出血多见外，在甲状腺、气管、主动脉也可见出血点，其形状、大小、颜色、数目等，均与眼结膜下的出血点相似（图 5-2）。其形成机制为：①血管痉挛及小静脉淤血；②缺氧导致血管通透性增高；③肾上腺素分泌增多使小血管、毛细血管内压升高而发生破裂；④胸腔负压加大，肺膜下毛细血管不能耐受高压而破裂出血。但瘀点性出血并非窒息所特有，在少数猝死、败血症、磷中毒、砷中毒、急性乙醇中毒死者中也可出现。

机械性窒息的瘀点性出血现象，在 19 世纪由法国人 A. A. Tardieu 在检验扼死者尸体时首先描述，故曾被称为 Tardieu 斑，但现已弃用该名称。

3. 内脏器官淤血 机械性窒息吸气性呼吸困难期胸腔负压剧增，使肺及右心高度淤血，继而静脉系统淤血，各内脏血液难以回流，导致肝、肾等多数内脏器官淤血。尸检时常见右心扩张，充满暗红色、流动性血液，而左心较为空虚。

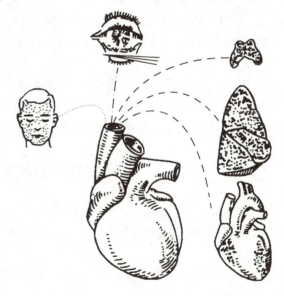

图 5-2 机械性窒息的瘀点性出血

4. 肺气肿、肺水肿 机械性窒息过程中，尤其在剧烈的吸气性呼吸困难期，因呼吸困难，胸腔内负压增高而出现肺扩张、局灶性肺气肿，甚至肺被膜破裂而发生闭合性气胸。窒息过程中肺高度淤血，导致淤血性肺水肿或肺泡内出血。若窒息过程持续时间较长，其水肿程度将更为明显。伴随着剧烈的呼吸运动，肺水肿液与空气或呼吸道中的黏液混合形成泡沫，可经气管涌出，黏附在口、鼻孔处，成为机械性窒息死者常见的一种现象。如果肺内细支气管黏膜血管破裂，泡沫可呈淡红色。

5. 脾贫血 机械性窒息过程中脾因代偿性调节机制而收缩，脾窦内大量的红细胞进入血液循环从而增加输氧能力，故死者的脾呈贫血状，体积缩小、包膜皱缩，色淡、质韧。肝、肾等器官淤血与脾贫血的并存,是机械性窒息尸体普遍存在的变化。

(三) 组织学变化

机械性窒息各内脏器官的主要组织学表现为缺氧性改变,这些改变也并非机械性窒息死亡所特有,其中以脑、心、肺及肝等的变化较为明显。

1. **脑**　大脑皮质、小脑皮质、海马回、皮质下神经核团(如苍白球、丘脑、下丘脑、齿状核)等部位对缺氧最敏感,受累也最为严重。大脑皮质第Ⅲ～Ⅴ层锥体细胞、小脑浦肯野细胞表现为细胞肿胀变圆、尼氏小体溶解消失、胞质液化、脂肪变或空泡形成。核偏位,核仁消失,有的发生核固缩、核碎裂以至消失。神经细胞呈嗜酸性染色,可见噬神经细胞现象。脑细胞和血管周围间隙扩大,小血管和毛细血管扩张充血,并可见小灶性出血。毛细血管内皮细胞肿胀、脂肪变而使血管腔变小。电镜下最早期的变化为神经细胞染色质凝集在核膜下,随着窒息时间的延长,线粒体、内质网、高尔基复合体、核蛋白体等细胞器出现不同程度的退行性改变。

2. **心肌**　心肌对缺氧的敏感性仅次于中枢神经细胞。缺氧5~6分钟后,心肌细胞水肿、颗粒样变性,核内和胞质内有空泡形成。核细长固缩,有时因水肿、变性而肿大。间质小血管及毛细血管扩张充血,血管内皮细胞肿胀,周围结缔组织疏松水肿。电镜下心肌细胞肿胀,染色质凝集在核膜下,胞质糖原颗粒消失,线粒体基质密度降低、嵴肿胀,结构不清,细胞间相互离散。心肌持续性缺氧30分钟以上,产生不可逆性损伤。

3. **肺**　机械性窒息过程中肺内压力的急剧变化,尸检见肺呈气肿改变,年轻者常见间质性肺气肿,肺前缘出现大泡。肺泡腔内有大量水肿液。肺间质可见出血灶,小静脉及肺泡壁毛细血管扩张淤血。迁延30分钟至12小时死亡,肺泡中可出现大单核细胞、吞噬细胞和多核巨细胞。

4. **肝**　肝细胞缺氧3~10分钟后,胞质和核周围出现空泡,其周界清楚呈散在性分布的可逆性改变。电镜下在血流阻断10分钟后,肝细胞空泡变,其中含有脂滴;30分钟后线粒体、内质网膨胀,糖原消失,细胞膜破裂。

5. **肾**　肾组织淤血,间质水肿。肾近曲小管上皮细胞空泡变,但不如心肌和肝细胞的变化明显。电镜下肾小球血管袢内皮细胞空泡变,直径100nm。在慢性缺氧14天后,肾小球球旁器细胞的颗粒指数增高,被认为是肾素分泌增多的标志。

第三节　机械性窒息的常见类型

- 机械性窒息常见的类型包括缢死、勒死、扼死、捂死、哽死、压迫胸腹部、体位性窒息、性窒息等。
- 机械性窒息死亡的法医学鉴定,需要遵循一定的鉴定原则及注意事项,以准确判定其窒息类型及死亡方式。
- 缢死与勒死、自勒与他勒的鉴别是重要的法医学问题。

机械性窒息是法医学实践中常见的非自然死亡,数量由高至低依次为缢死、扼死、勒死、堵塞呼吸道、压迫胸腹部致死、体位性窒息及性窒息等。大多数机械性窒息死亡的鉴定并不困难,但少数机械性窒息死亡易引起争议,因此对于机械性窒息死亡需要仔细检验,以确定其窒息类型及死亡方式。

一、缢死

缢死(death of hanging)是以绳索状物套绕在颈(项)部,利用自身全部或部分体重,使绳索状物压迫颈部而引起的窒息死亡,俗称吊死。条索状物件、套压在颈项部、自身体重下坠,即缢索、缢套及自身体重压迫是缢死的三个基本要素。

缢死可在悬位或立、蹲、跪、坐、卧等体位和姿态下发生(图5-3)。由于缢死的体位和姿态不同,

NOTES

其颈部承受体重的压力也各不相同。一般认为,悬位缢死者颈部承受 100%、立位或半蹲位者承受 70%~80%、卧位者约承受 15% 的体重压力。缢死现场以室内者居多,若发现缢吊者体温尚存,应迅速解救,进行人工呼吸或送医院抢救。

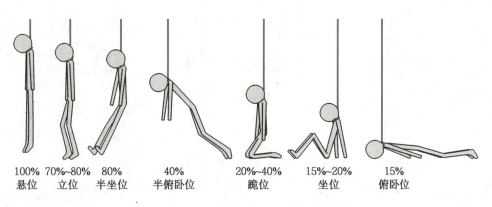

100% 悬位　70%~80% 立位　80% 半坐位　40% 半俯卧位　20%~40% 跪位　15%~20% 坐位　15% 俯卧位

图 5-3　缢死体位与颈部受力示意图

(一) 缢索、缢套和缢型

1. 缢索　用于缢颈的绳索或类似物称为缢索或缢绳。缢索多系日常生活中常见的物品,如围巾、尼龙丝袜、尼龙绳、麻绳、皮带、电线等。此外,在野外还有用野藤条、植物茎枝、树杈等缢颈;在室内颈部压迫在桌椅横挡、沙发扶手、床或木板边缘、塑料桶或浴缸边缘等处均可造成缢死。

根据缢索的质地,将缢索分为以下三类。

（1）软缢索:质地较柔软的条状或带状物,如围巾、毛巾、尼龙丝袜、床单、软橡胶管、塑料绳、发辫等。

（2）硬缢索:一般是质地较硬,但可折曲的条索状金属类物,如各种金属线、电线、钢丝绳、链条等。

（3）半坚硬缢索:是质地介于软缢索和硬缢索之间的条索状物,如尼龙绳、麻绳、棕绳、草绳、皮带等。

2. 缢套　缢吊时必须将缢索做成索套,并将缢索的一端固定在高处。缢套的式样较多,但根据索套周径大小是否可变动,将索套分为固定型索套(又称死套)和滑动型索套(又称活套)。固定绳套又依其周径与颈项周径大小而分开放式(大于颈项部周径)和闭锁式(与颈项部周径一致)。滑动型索套容易形成闭锁式索套。绳套的圈数常见单套和双套,三套或多套者较为少见。

绳结是在缢套上所打的结扣,包括活结、死结、帆结、瓶口结、牛桩结、领带结、外科结等(图5-4)。绳结的式样和系结的方法常能反映系结者的职业或其系结习惯方式,具有重要的法医学物证价值。

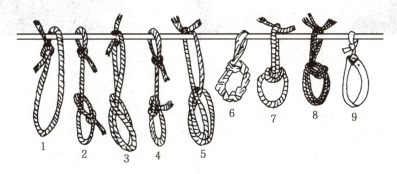

图 5-4　缢套和绳结示意图

1.单绳套;2.活套;3.双活套;4.死套;5.牛桩结;6.软缢索活套;7.固定型绳套;8.多匝绳套;9.皮带套。

3. **缢型**　按照颈部受缢索压迫的部位不同,将缢型分为典型缢死和非典型缢死两类。前者又称为前位缢型,后者又可分为侧位缢型和后位缢型(图 5-5)。

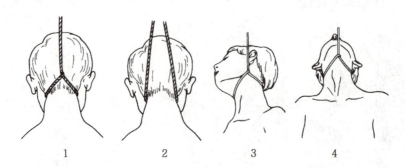

图 5-5　各类缢型示意图
1. 前位缢型;2. 前位缢型;3. 侧位缢型;4. 后位缢型。

(1)前位缢型:当缢索的着力部位在颈前部,一般位于舌骨与甲状软骨之间,向两侧绕行,沿双侧下颌角经耳后越过乳突,并斜向颈部后上方悬吊,或在枕骨中部上方打结后悬吊,在头枕部上方形成提空,头向前倾垂。由于着力点在颈前部,故称为前位缢型,此型最为常见(图 5-6)。

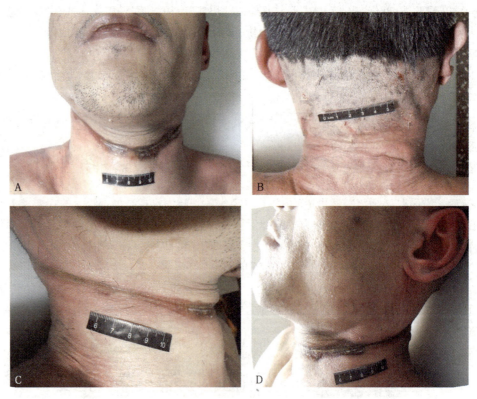

图 5-6　前位缢型索沟走向及提空现象(自缢,缢索为编织带)
A. 颈前缢沟;B. 枕部缢沟及提空现象;C. 右侧缢沟;D. 左侧缢沟。

(2)侧位缢型:缢索的着力处在颈部左侧或右侧,相当于甲状软骨上下水平,分别绕经颈部前面及项部。颈前部缢索向颈前绕经甲状软骨、对侧下颌角、乳突向上延伸,项部缢索经同侧下颌角绕向耳后及枕部向上延伸,双侧缢索汇集于着力颈部的对侧悬吊,在对侧形成提空,头偏向颈部着力侧呈侧位倾斜,故称为侧位缢型。

(3)后位缢型:与前位缢型相反,缢索的着力处主要在项部,绕过两侧下颌角,在颈前正中线上方提空。结扣在颈前部上方,头向后仰,由于受力点在项部,故称为后位缢型(图5-7)。

根据缢死者的躯体是否悬空,又将缢死分为完全性缢死与不完全性缢死两类。完全性缢死为死者的躯体完全悬空,全部体重经缢索而压迫于颈项部(图5-7);不完全性缢死为死者部分肢体与地面或与其他物体接触,仅有部分体重经缢索而压迫于颈项部,如立位、蹲位、坐位、卧位等。

(二)缢死的死亡机制

根据缢型的不同,缢死在以下多种因素的协同作用下导致死亡。

1. 气道闭塞 前位缢型者,缢索受力点常位于舌骨与甲状软骨之间,当身体下坠时舌根被缢索推向后上方并紧贴咽后壁,闭塞咽腔;同时,舌骨大角和甲状软骨上角被压向椎体,使会厌盖住喉头而闭塞呼吸道。侧位缢型者,缢索可直接压迫喉部或气管而闭塞呼吸道。后位缢型者,缢索压迫项部使椎体向前突出,间接压迫呼吸道。实验证明,压闭呼吸道只需要15kg的压力;气管闭塞40秒,动脉血氧含量降至正常含量50%,闭塞75秒,氧含量降为33%,受压3分钟,可导致死亡。

图5-7 后位缢型及完全性缢死(缢索为铁丝)

2. 颈部血管闭塞 缢索压迫颈项部的血管,如颈静脉、颈动脉和椎动脉,可使脑部血液循环障碍而迅速发生脑淤血、脑贫血、脑缺氧,大脑皮质及脑干相继抑制导致脑功能障碍,意识逐渐丧失。实验证明,颈静脉受2~3kg、颈动脉受3.5~5kg、单侧椎动脉受17kg的压力,即可使血管完全闭塞。因此,无论是完全性缢死还是不完全性缢死,其颈部所受到的缢索的压力均已超过17kg,足以压闭颈部血管和气管而导致死亡(表5-2)。当压力较轻时,以颈静脉受压为主,若压力较重则动静脉同时受压。

表5-2 气道、颈部血管闭塞所需压力

闭塞部位	重量/kg	体重比/%	闭塞部位		重量/kg	体重比/%
颈静脉	2~3	2.9~4.3	椎动脉	单侧	17	24.3
颈动脉	3.5~5	5.0~7.1		双侧	30	42.9
气管	15	21.4				

3. 颈部神经刺激 缢索牵引和压迫颈部时,可以刺激迷走神经及其分支,并压迫颈动脉窦,引起反射性心搏停止。迷走神经、喉上神经受刺激后也可引起反射性呼吸停止。此外,缢索也可压迫颈部的感觉神经而引起大脑皮质的抑制,从而导致呼吸、循环功能障碍(图5-8)。

4. 脊椎和脊髓损伤 多见于缢刑(绞刑)处死或身体突然坠落悬空缢吊情形,而一般缢颈这类损伤并不常见。因颈部突然受到缢索的剧烈牵拉,可导致寰枕关节脱位、枢椎齿突向后脱位而挫伤颈髓,也可出现颈髓完全横断,也可发生第2~3或3~4颈椎分离、颈椎椎体骨折和脊髓撕裂等情况。此时,受伤者意识立即丧失,但心搏和肌肉痉挛可持续一段时间。

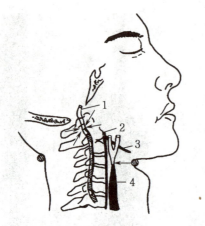

图 5-8   缢索压迫颈部血管、神经示意图
1. 椎动脉；2. 迷走神经；3. 喉上神经；4. 颈动脉。

缢索通过缢颈者自身体重作用于其颈部时，可压迫气管影响气体交换；压迫颈部血管，如颈静脉、颈动脉、椎动脉而影响脑部供血；刺激颈动脉窦、迷走神经及其分支而影响心脏功能，甚至损伤脊髓等。因此缢死并非前述单一因素作用的后果，而是多种因素协同作用所致。

（三）缢死的尸体征象

1. 颈部征象

（1）缢沟的特征：缢沟（hanging groove；furrow）是缢索压迫颈部皮肤所形成的沟状痕迹。缢沟能反映出缢索的性质、缢索和缢套的形态、颈部受力的部位和缢型种类，需要重点检验。①缢沟的位置和方向：缢沟的位置与缢型有关，它可位于颈前、颈侧或项部，以颈前喉头与舌骨之间的缢沟最常见、具有典型特征。缢沟在颈部着力最重的部位最深，然后两侧分别斜向上走行并逐渐变浅，最后消失于缢索悬吊处。②缢沟的数目：缢颈时缢索可发生重叠或交叉，因此，缢沟的数目只能反映直接压迫颈部的缢索匝数，实践中以一条缢沟者常见。如果缢吊过程中缢索在颈部有滑动或变动，一条缢索可形成轻重和走行方向不同的两条缢沟。③缢沟的宽度和深度：缢索着力部位处缢沟最深，两侧逐渐变浅，到提空处消失。一般缢沟的宽度与缢索的粗细相仿或略窄，深度与缢索的软硬、粗细和缢型、体位、体重及缢吊时间有关。软缢索形成的缢沟浅而宽，局部表皮剥脱缺如，或很轻，称为软缢沟；硬缢索形成的缢沟窄而深，常伴有局部表皮剥脱，甚至缢沟边缘有皮内或皮下出血，称为硬缢沟。如果缢索与颈部之间有衬垫物，此处下方缢沟浅、不明显或完全中断。④缢沟的颜色和皮肤损伤：缢沟的颜色与缢沟皮肤损伤程度有关。宽软光滑缢索所形成的缢沟一般不伴有表皮剥脱，初期呈苍白色，皮革样化后逐渐变为淡褐色；细硬粗糙缢索所形成的缢沟，由于皮肤受摩擦常伴有表皮剥脱和皮下出血，皮革样化后呈黄褐色或暗红褐色。缢沟上下缘见组织液渗出形成粟粒大小的水疱，内含淡黄色或血性液体；缢索间的皮肤常呈嵴样突起，伴有点状出血，均为缢沟生活反应的特点。如果缢颈者被解救复苏，缢沟处皮肤因受压缺血后反应性充血或出血，呈鲜红色或暗红色，伴有出血点。⑤缢沟的印痕及附着物：缢沟皮肤常留下缢索表面纹理的花纹样印痕，缢吊越长花纹样印痕越清晰。如果缢吊后短时间内解除缢索，因皮肤组织尚有弹性，印痕可逐渐变得不明显甚至消失。通过缢沟印痕花纹的检验，分析现场的缢索与缢沟是否相符，或追查被藏匿的缢索；对缢沟处黏附异物或纤维成分的检验，对查找缢索具有重要的意义。

我国古代法医学书籍中曾用"八字不交""不周项""项痕不匝"等术语，准确描述这种两端不相交，并具有提空现象的缢沟。

（2）缢沟浅部组织学改变：缢沟处皮肤角化层缺失，表皮各层细胞紧密，细胞及核伸长，与表面呈平行排列，细胞核质浓染；真皮乳头层变平，胶原纤维均质化、嗜酸性染色增强；毛囊、汗腺、皮脂腺，甚至血管等结构呈索条状；缢沟周边区真皮内小血管充血，有时可见局灶性出血。苦味酸靛胭脂红染色（即绪方染色）和改良 Poley 酸性复红 - 甲基绿染色，受压皮肤的表皮和真皮结缔组织呈粉红色，正常组织呈绿色，对缢沟不明显的案例具有一定的鉴别作用。

（3）缢沟深部组织的改变：颈部肌肉，如胸锁乳突肌、胸骨舌骨肌、甲状舌骨肌、肩胛舌骨肌等因缢绳的压迫，可出现压陷痕迹，也称内部缢沟（图 5-9）。肌肉有局限性挫伤出血，还可见因挫压而出现的玻璃样变。缢沟附近组织中的血管和神经周围可见出血。有时在胸锁乳突肌起始部可发现微小的出血点。缢沟深部的脂肪组织，因挫伤坏死而呈乳化状，并可出现脂肪微粒。缢沟位于喉头上方时，从缢沟着力部位至舌根间的组织往往有出血。

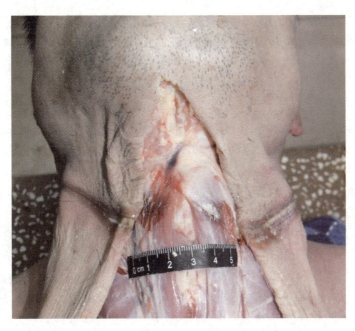

图 5-9　缢沟及内部缢沟
颈部肌肉出血及甲状软骨骨膜出血。

（4）舌骨大角、甲状软骨骨折：位于颈部喉结上方的缢索，可将舌骨大角和甲状软骨推压至颈椎前面而发生骨折，并有出血。舌骨大角骨折，可为单侧性，也可为双侧性。典型缢型死者中约 60%可见舌骨骨折，非典型缢型死者中约 30% 可见舌骨骨折。舌骨和甲状软骨同时骨折的以 40 岁以上的人居多。这是由于舌骨关节已硬化，甲状软骨骨化，骨质变脆之故。甲状软骨和环状软骨的骨折少见。

（5）颈动脉损伤：颈内和颈外动脉分支处下方的颈总动脉内膜，因缢索的牵拉作用可发生 1~2 条横向断裂，并伴有内膜下出血（图 5-10）。这种颈动脉断裂纹约占缢死者的 5%。若牵拉力较大时，颈动脉中膜也可破裂，动脉本身可见出血。颈动脉损伤较多见于老年缢死者。

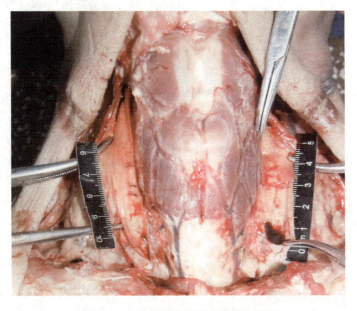

图 5-10　双侧颈总动脉内膜横向断裂

（6）颈部浅、深淋巴结出血：缢索压迫引起颈浅淋巴结挫伤出血和沿颈内静脉排列的颈深淋巴结出血，以缢沟下方的淋巴结出血较为明显。另外，颈部肌肉及软组织出血后，红细胞还可沿毛细淋巴管流向附近的局部淋巴结。显微镜下可见淋巴结被膜周围及其皮、髓质局灶性出血或淋巴结边缘被膜下淋巴窦、髓窦内充满红细胞。这些改变是认定生前缢沟的重要依据。

2. 颜面部征象

（1）面色改变及面部瘀点性出血：缢死者颜面部的色泽取决于颈部动、静脉是否受压和其闭塞的程度。一般前位缢型者由于颈部动、静脉完全被压闭，尸体面色苍白；侧位缢型者，仅缢索压迫侧的颈部血管被压闭，而对侧一般仅压闭静脉，仍有部分动脉供血，尸体面部淤血肿胀，呈青紫色；后位缢型者，因双侧静脉被压闭，而动脉尚有血液供应，其面色与侧位缢型者相似。也有非典型缢死者颜面部淤血肿胀不明显的案例。此外，非典型缢死者的面部、前额、眼球睑结膜常有散在性的瘀点性出血。

（2）口、鼻腔涕涎流注：颌下腺因缢索的压迫刺激而分泌增加。前位缢型时，头面部前倾，常见口涎、鼻涕流注现象，加之头部高度淤血，可引起鼻腔黏膜下血管丛破裂出现血性涕涎。耳鼓膜有时也有出血。

（3）舌尖露出齿列外：与缢索压迫颈部的位置有关。若缢索压在喉结的上方，舌尖抵牙齿后而不伸出。如压迫在甲状软骨的下方，此时舌根被推向上方，而舌体被挤向前上方，舌尖可露出齿列外1~2cm，也称为舌尖挺出。舌尖上可见牙齿的压痕。侧位缢型者，舌尖常斜向颈部着力侧的对侧伸出。

3. 其他征象

（1）尸斑及尸僵：悬吊缢死的尸体由于血液的坠积，在四肢的下垂部位，即手足、前臂和小腿等处出现尸斑，可伴散在出血点（见图5-7）。在裤腰带压迫以上部位出现围腰带状尸斑，但裤腰带压迫处呈带状苍白区。两足离地完全性缢死者，死后足尖下垂，尸僵发生后仍保持原来的下垂姿态。他杀后立即伪装自缢死亡，尸斑分布和尸僵特点与自缢者相类似。此外，缢死者可有大小便流注或精液排出。

（2）体表及手足损伤：一般自缢死者的体表和手足很少有损伤。如果在缢死过程中发生阵发性痉挛或缢索的扭转而使身体摆动，与附近的硬物体可发生碰撞或摩擦，在体表及手足可出现擦伤、皮下出血或表浅的挫裂创。应注意与他杀损伤的鉴别。

（3）内脏器官变化：不同缢型其尸体内脏改变也有所差异。前位缢型者，脑膜和脑组织多呈贫血状；侧位或后位缢型者，脑膜和脑组织、腺垂体均有不同程度的淤血，脑实质内可有稀疏点状出血。心、肺、肝、肾及胃肠淤血水肿，浆膜下可出现瘀点性出血。缢吊过程较长时，内脏器官低下部位有明显的血液坠积现象。

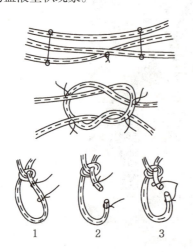

图5-11　绳结的保留方法
1. 多匝缢索用色线固定；2. 外科结用色线固定；
3. 缢索的剪断及固定。

（四）缢索的物证意义

缢索是缢死者所用的主要工具，具有重要的法医学物证意义，实际检案时必须注意保存，因此现场勘验时必须注意：

1. 搜集并保留缢索　搜集、拍照记录，留作物证。

2. 检查缢索　包括缢索的质地、缢套的圈数等，并与缢沟的性状、条数、印痕、皮肤损伤等互相对比，观察两者是否完全相符。若不相符合，则应进一步调查。

3. 保留绳结　绳结常能反映系结人的职业性质和其日常生活中最熟悉、最习惯的打结方法。因此，在取下缢索前不应解开绳结，最好在结扣的对侧或其侧面剪断缢索，取下后再用细线连接断端，并固定索套交叉重叠处，使绳结、索套保持原状（图5-11）。

4. 检验缢索上人体组织成分及附着物　用放大镜

或立体显微镜仔细检查缢索上是否附着有表皮组织、毛发等成分,与死者组织样品进行 DNA 对比分析,认定是否是缢死时使用的缢索。同时检查缢索上的纤维、粉尘、油污、金属屑等,并与缢沟表面附着物进行检验比对。

(五)缢死的法医学鉴定

缢死多为自杀,他杀少见,意外多见于儿童,也有少数他杀后伪装自杀的案例。

在检验尸体之前,应首先了解案情,再仔细勘验现场情况,是零乱还是平静,有无可疑的物品或遗书。其次注意尸体的体位、姿态、缢索性质、绳结形式等,并详细记录、照相。

在检验和解剖尸体时应注意:①根据是否有窒息死亡的一般征象,判断是否为窒息死亡;②根据颈项部缢沟的性状与现场缢索的性状是否相符,判断缢死所用的缢索;③根据缢死者体位、缢沟、结扣以及有无抵抗、碰撞伤或 / 和暴力痕迹等,鉴别是缢死还是勒死、自杀缢死还是他杀缢死;④根据缢沟皮肤损伤处有无生活反应,鉴别是生前缢死还是死后缢尸(即"死后悬尸");⑤根据尸体现象推断死者的死亡时间。

二、勒死

勒死(strangulation by ligature;ligature strangulation)是以绳索类物环绕颈项部,被自己或他人的手或某种机械作用,使绳索类物勒紧而压迫颈项部,导致的窒息死亡,又称绞死。

(一)勒索、勒颈的方式、匝数和结扣

1. **勒索**　绞勒颈部时所用的绳索类物称为勒索或绞索。所有的带状物均可被用作勒索,常见有各种质地的绳索、尼龙袜、毛巾、围巾、领带、衣服碎条、皮带、电线等,一般是软质或半坚硬的绳索类物。

2. **勒颈的方式**　最常见的勒颈方式是将勒索的两端交叉,以双手向两侧相反的方向用力拉紧勒索或打结,压迫颈项部。有些自勒者先用勒索缠绕颈部打结后,再将木棒状物插入勒套中,并扭转以达到窒息死亡的目的。偶尔也有将勒索的一端固定在某一物体上,用力收紧勒索的另一端,或将勒索的两端分别系以重物,甚至使用电动机械等,拉紧勒索压迫颈部致死。

3. **勒颈的匝数和结扣**　勒索缠绕颈部的匝数不定。一般他杀案件中,由于作案者意在迅速使被害人死亡,时间仓促,且被害人往往挣扎抵抗,以一匝、二匝者居多。自杀案件中,由于自杀者决心已定,可能勒索缠绕颈部的匝数较多。结扣的形式因人而异,有半结、死结等,也有多匝勒索而无结扣者。他杀勒死者结扣多在项部或颈的侧面(图 5-12),自杀勒死者结扣多在颈前部或一侧。

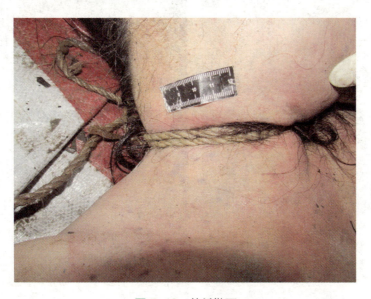

图 5-12　他杀勒死
颈部勒索为粗糙麻绳,结扣在项部。

(二) 勒死的死亡机制

勒死的死亡机制,包括气道闭塞、颈部血管闭塞及神经刺激三方面,但勒颈时勒索在颈部的位置、施加力的方式和强度与缢死有所不同。

1. 气道闭塞　勒颈时由于勒索的位置一般在甲状软骨或气管的部位,位置较低,且颈部全周基本上均匀地受到勒索的压迫,因施加力量常较缢死为小或被害人挣扎抵抗,所以气管常常不能完全被压闭塞,故其窒息过程也随之而延长。

2. 颈部血管闭塞　由于颈部喉软骨和气管软骨的支撑作用和颈部全周均匀受勒索的压迫,一般只造成颈部静脉的完全闭塞,颈动脉部分受阻,而在颈深部走行受颈椎横突保护的椎动脉则不容易被压闭塞,故勒颈时脑组织仍能得到部分供血,加之被害人的抵抗挣扎,勒索时松时紧致颈部受力不均匀,而延缓了脑组织的缺氧过程。另外,由于静脉回流受阻,脑内淤血,可使脑组织的缺氧逐渐加剧,加重脑组织的损害。因此,勒死者意识丧失较慢,窒息过程较长,死亡较迟缓。

3. 颈部神经刺激　勒颈时常可压迫刺激迷走神经及其分支喉上神经,导致反射性呼吸抑制而死亡。也可压迫刺激颈动脉窦引起反射性心搏骤停而死亡,或因血压下降引起休克致死。

(三) 勒死的尸体征象

1. 颈项部征象

(1) 勒沟的特征:勒索压迫颈部皮肤所形成的沟状痕迹称为勒沟。勒沟是认定勒死的重要依据。勒沟能反映勒索的硬度、勒索表面形态及其他信息特征,检验重点包括以下几个方面:①勒沟的位置和方向:勒沟可位于颈项任何部位,典型的勒沟多位于喉头的下方,呈水平环绕颈项部,常为闭锁形式,宛如 O 字形(图 5-13)。若在勒索与颈部之间有衬垫物,如衣领、围巾或手指等,勒沟可不连续。②勒沟的数目:勒沟多为 1~2 条,多条勒沟者少见。勒沟的数目只反映直接压迫颈部勒索的圈数。但也应注意,当勒索绕颈相互重叠时,不能完全反映出勒索绕颈的匝数。③勒沟的宽度和深度:勒沟的宽度与勒索的粗细相当,其深度比较一致。细硬勒索形成的勒沟较深,如果用宽软布带勒颈时,死后

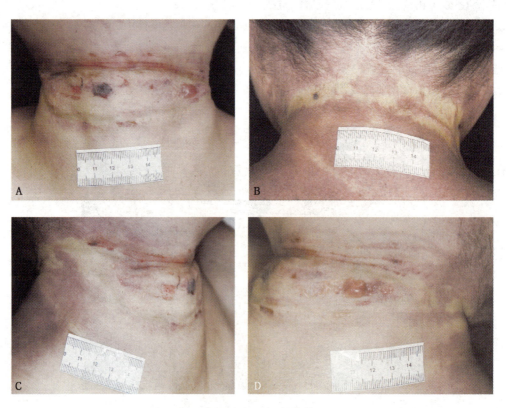

图 5-13　环形勒沟(他杀勒死,勒索为塑料铜芯电缆)
A. 颈前勒沟(擦伤及皮下出血);B. 项部勒沟;C. 右侧勒沟;D. 左侧勒沟(皮肤水疱)。

又很快除去勒索,则勒沟不明显;勒索之下有软质物体衬垫,勒沟也不甚明显或者间断而不连续。勒索绳结处可形成较深凹陷的压痕。④勒沟的颜色和皮肤损伤:勒沟的上、下边缘可有散在性的点状出血,有时还可出现水疱。当勒压颈部暴力较大或受害者挣扎抵抗,勒沟皮肤擦伤明显,勒沟边缘不整齐。颈部还可伴有其他形态的擦伤或挫伤。随着死亡时间的延长,勒沟因皮肤组织液蒸发、皮革样化而呈黄褐色或暗褐色,形态更为明显;冷冻后再解冻的尸体,勒沟上下缘的点状及小片状出血可因溶血、出血范围扩大而更为显著。⑤勒沟的印痕及附着物:勒沟表面的花纹印痕,可以反映出压迫颈部的勒索的花纹结构;勒索与颈部之间如有衬垫物,相应部位遗留衬垫物的印痕;勒索交叉打结处可形成结扣的印痕;如用电线、铅丝等硬勒索拧紧勒死者,常在拧结处的皮肤留有拧扭的痕迹。勒沟黏附异物或纤维成分的检验,对查找勒索具有重要意义。

(2)深部组织的改变:勒沟深部组织的改变与缢沟相仿,但勒沟的皮下组织及肌层出血更常见,而肌肉断裂者较少见。甲状腺、喉头黏膜、咽部黏膜、腭扁桃体及舌根部可有明显的淤血和出血。颈总动脉内膜常无横向断裂。如勒颈的暴力较大,甲状软骨和环状软骨常发生骨折和出血;如勒索在甲状软骨以上,舌骨大角可发生骨折和出血;如勒索在甲状软骨以下,可出现气管软骨的骨折。用巨大暴力勒颈时,还可发生颈椎棘突的骨折。

2. 颜面部征象 由于勒颈时,颈静脉回流完全受阻,而颈动脉、椎动脉尚未完全闭塞,且窒息过程较长、缺氧明显,因此勒死者颜面部淤血、青紫肿胀明显。球、睑结膜及勒沟以上的颜面部、颈部皮肤,常可出现瘀点性出血,有时融合成斑片状(图5-14)。眼结膜水肿、外耳道、口鼻腔出血、口鼻部血性泡沫状涎涕流出等征象也可出现。勒死者眼球明显突出,当勒索位于甲状软骨处或其下方时,舌尖常露于齿列外,舌尖被咬破出血。

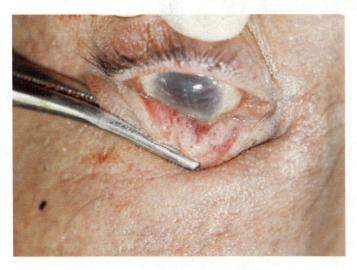

图5-14 眼结膜瘀点性出血(他杀勒死)

3. 其他征象

(1)尸斑:勒死者的尸斑分布,常因死者的体位和姿态而有所差异。

(2)体表及手足损伤:由于他杀勒死者的抵抗及濒死期挣扎,死者头面、手足、肩背及其他突出部位常见擦伤和皮下出血,舌尖咬痕与舌肌出血也较为常见。受害人手中及指甲缝可有异物、加害者的血迹及皮肉碎屑等。

(3)内脏器官的改变:因颈静脉回流受阻,勒死者脑膜及脑组织淤血明显,并有点状出血。肺淤血、水肿及气肿,可见散在肺大疱形成及出血灶。喉头及声门、气管、支气管等水肿、出血,气管内常有血性泡沫状液体,可以涌出口腔和鼻孔。肺胸膜和心外膜可见瘀点性出血,散在或密集性分布。心、肝、肾等实质器官淤血、窒息征象等均较缢死更为明显。

(四) 法医学鉴定

勒死者多为他杀,自杀少见,偶见意外勒死。根据现场勘查、系统尸体检验,结合案情调查并排除其他死因后,鉴定勒死一般并不困难,但部分疑难复杂的案件需要对缢死与勒死、他勒和自勒进行鉴别。

1. **他勒** 死亡现场紊乱,室外现场多于室内,并留有他人足迹,常有搏斗痕迹和物品凌乱现象。勒索很少留在现场。被害人身上常可发现抵抗伤或防卫伤,如表皮剥脱、皮下出血,甚至较为严重颅脑损伤、扼颈或捂压口鼻形成的损伤。受害者手中常抓有加害者的毛发、布片、纽扣等,指甲缝中可能嵌有加害者的血迹、皮肉碎屑组织,检查时应注意提取。

2. **自勒** 死亡现场较为平静,多位于室内,门窗常紧闭,一般无他人的足迹,也无打斗破坏的痕迹,室内物品陈列整齐,常有自杀的迹象或遗书。尸体一般仰卧位,肘关节弯曲。颈部勒沟较少,因用力勒颈时,是先紧后松,勒沟也有深浅之分。勒索结扣多位于颈前方。有时死者的手中尚握有勒索。有时自勒在颈部衬垫软物,而出现勒沟中断或深浅不一的现象。自勒死亡过程较长,窒息的征象常比他勒死者明显(图 5-15)。偶见特殊情形或精神失常者采用反常的方式进行自勒,需详查分析,慎重地做出推断和鉴定。

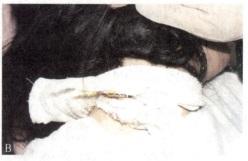

图 5-15　自勒
颈部勒索(电饭煲电线)下衬垫毛巾,结扣在颈前部;颜面发绀,密集瘀点性出血。

3. **意外勒死** 意外勒死又称灾害性勒死,较为罕见。偶有受害者颈部披有围巾、头巾、上衣、长发辫等不慎被机器或齿轮缠绕,或被机动车拖拽,或不慎被车床皮带卷住导致颈部被勒而死亡。新生儿颈部因脐带绕颈窒息死亡也属意外勒死。

4. **缢死与勒死的鉴别** 缢死与勒死在形态学上具有一定差别,其鉴别点见表 5-3。

表 5-3　缢死与勒死的鉴别

鉴别点	缢死	勒死
索沟形成	颈部压迫缢索形成的皮肤印痕	勒索压迫颈部形成的皮肤印痕
索沟位置	多在舌骨与甲状软骨之间	多在甲状软骨或其下方
索沟方向	着力处水平,两侧斜行向上提空	全颈项部呈环形水平状
索沟闭锁	多不闭锁,有中断现象	多完全闭锁而不中断
索沟深度	着力部位最深,向两侧逐渐变浅消失	深度均匀,结扣处有压痕
索沟出血	缢沟多不出血,上下缘和缢沟间隆起处有出血点	勒沟多出血,颜色较深
索沟深部软组织损伤	肌肉多无断裂及出血,颈总动脉(分叉下部)内膜有横向断裂	肌肉多有断裂或出血,颈动脉内膜多无裂伤
颈部骨折	舌骨大角、甲状软骨上角可骨折	可有甲状软骨、环状软骨骨折

续表

鉴别点	缢死	勒死
颜面部征象	典型缢死者颜面部苍白,非典型缢死者颜面部淤血肿胀,眼结膜可有出血点	淤血、青紫肿胀明显,勒沟以上颜面部、颈部皮肤及眼结膜常可见出血点
舌尖外露	舌尖多不外露	舌尖多外露
颅脑淤血	典型缢死脑组织、脑膜淤血不明显,非典型缢死较明显	脑组织及脑膜淤血明显伴点状出血

5. 自勒与他勒的鉴别　自勒与他勒在现场、形态学上具有一定差别,其鉴别点见表5-4。

表5-4　自勒与他勒的鉴别

鉴别点	自勒	他勒
现场	现场多在室内、安静,无搏斗痕迹,勒索必在现场,可发现遗书	现场多在野外、混乱,有搏斗痕迹,勒索较少留在现场
尸体姿态	常为仰卧,两臂屈曲,两手上举,勒索端握在手中	体位不定
勒索	环绕颈项,结扣较少,多在颈前部,如反复打结,第二结扣较松	结扣较多,多在项部或颈侧面,多见反复打结或打死结
衬垫物	有时勒索与颈部间衬垫软物	有时被害人下颌、耳郭、发辫、衣领或其他异物被勒在绳下
勒沟	较浅,表皮剥脱轻微,边缘整齐,出血较少,常为完整的环形	较深,表皮剥脱严重,边缘不整齐,出血较多,常为间断的环形
颈深部损伤	甲状软骨及舌骨骨折少见,勒沟下软组织出血轻微	甲状软骨及舌骨骨折多见,勒沟下软组织出血较重
防卫抵抗伤	四肢常无	四肢常有
窒息征象	颜面部窒息征象严重	颜面部窒息征象较轻
其他	有时勒套内有棒状物用于绞勒颈部,或见刎颈、切腕等自杀损伤	可见扼痕、头部外伤、口中异物填塞,手中抓有毛发、布片,指甲缝嵌有加害者血迹、皮肉碎屑

三、扼死

扼死(manual strangulation)是指用单手或双手扼压颈部而引起的窒息死亡,又称掐死(throttling)。用肘部、前臂压迫颈部致死也属扼死。扼死几乎都是他杀,偶见意外死亡,如性变态或运动过程的扼颈,自扼死亡几乎不可能,因为自扼颈部者,当意识开始丧失时,肢体肌张力也迅速消失,从而使呼吸运动得以恢复。

(一)扼死的死亡机制

扼死的死亡机制与勒死相似,也包括气道闭塞、颈部血管闭塞及神经刺激三方面。因扼颈部位、力量的不同,以及被害人的挣扎抵抗,颈部气管和血管不易完全被压闭,尤其椎动脉不能被阻塞,所以被害人窒息过程较长,意识丧失与死亡发生均较迟缓。喉上神经受压刺激可导致反射性呼吸停止。而颈动脉窦区受压可反射性引起血压下降发生休克。猛烈用手压迫颈部,甚至可刺激颈动脉窦引起反射性心搏骤停死亡,这时可无明显窒息征象。

扼死过程的长短,取决于呼吸道被压闭塞的程度,因此扼颈力量、部位是决定死亡速度的重要因

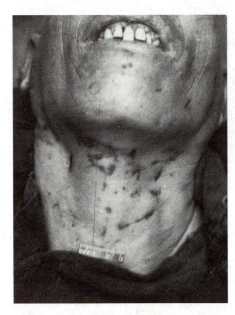

图 5-16 颈部扼痕

素。有时扼颈将舌骨、喉头或气管推向后上方,使喉腔入口完全闭塞而迅速死亡。

(二)扼死的尸体征象

1. 颈部征象

(1)扼痕的特征:扼颈时,手指、指甲、虎口、手掌、肘部以及前臂压迫被害人颈部所形成的具有一定特征性的损伤,称为扼痕(throttling marks),它是扼死最重要的尸体征象。①扼痕的位置和形态:多分布于喉头两侧或颈侧部位,少见于项部。指端扼颈可形成圆形、类圆形、椭圆形或不规则的表皮擦伤及皮下出血(指压痕);指甲可形成新月形或短线状的擦伤(指甲痕)(图5-16)。单手扼颈在颈正中部位由于虎口及手掌的压力可以形成横形不规则或条块状的皮下出血;肘部、前臂扼颈则形成类圆形、长圆形或梭形的不规则的皮下出血。②扼痕的数目:多分布于喉头两侧或颈侧部位,少见于项部。右手扼颈可在左侧颈部皮肤留有3~4个扼痕(与四指相适应),右侧有一个(与拇指相适应);如用左手扼颈,则位置相反。双手扼颈则在颈部两侧各有4~5个扼痕。如被害人挣扎抵抗及罪犯扼压动作的改变,扼痕的部位、数目也出现改变,形态多不规则。若颈部有衣领、围巾、或其他物品衬垫时,则扼痕可不明显,甚至缺如。③扼痕的颜色:新鲜的扼痕,如为单纯表皮剥脱,呈淡黄褐色;如伴有皮下出血,多为深红色。经12~24小时后,扼痕由于皮革样变而呈褐红色。

(2)深层组织的改变:常见下述损伤①皮下软组织出血:扼痕常见皮下出血;颈部肌肉,如胸锁乳突肌、胸骨舌骨肌、肩胛舌骨肌、下颌舌骨肌等常有出血。有时合并甲状腺、唾液腺、腭扁桃体、颈部淋巴结、喉头黏膜灶性出血。有时可见舌根、咽后壁出血。②骨折:如果扼颈时力量较大,甲状软骨、环状软骨、舌骨可发生骨折,以甲状软骨上角多见(约占50%),舌骨大角骨折多为内向性且多见于拇指扼压的一侧(约占35%),偶见环状软骨骨折。婴幼儿由于喉头软骨和舌骨弹性好,较少发生完全性骨折,须仔细切开,并结合镜下检查确认。③其他:可见声带充血、出血,喉头水肿等。

2. 颜面部征象

颜面部窒息征象较明显,肿胀、发绀而呈青紫色。眼结膜、口腔黏膜及皮肤疏松处可见瘀点性出血。舌尖有咬伤,有时微露于齿列之外。口鼻孔可有出血,甚至血性泡沫状液体涌出。扼颈伴有捂压口鼻还会造成被害人口唇周围软组织的损伤、出血以及口腔黏膜的损伤,面颊部也可见损伤。年幼体弱者,或电击、头部损伤、中毒昏迷后遭扼颈,因被害人抵抗力弱、窒息过程短,窒息征象较轻甚至缺如。

3. 其他征象

(1)手足及体表损伤:受害者因挣扎抵抗,在四肢、肩背部、臀部及胸部等处常可表皮剥脱或皮下出血。扼颈前用其他暴力使被害人失去反抗能力,则可发现被害人有颅脑损伤、电击、中毒等。扼颈后实施强奸或奸尸,被害人会阴部及大腿内侧可见表皮剥脱及皮下出血。此外,受害者的手中往往会抓有加害人的毛发、衣片、纽扣等,指甲缝内嵌有血迹及皮肉碎屑等。

(2)内脏变化:内脏器官以淤血改变为主。脑膜和脑实质可见淤血、水肿及点状出血。肺气肿、水肿并伴有灶状出血,肺胸膜及心外膜瘀点性出血明显。

(三)法医学鉴定

扼死由于无须特别的杀人工具,因此是最常见的他杀方式之一,多见于强奸和抢劫等犯罪过程,有时也见于杀婴。现场多见搏斗痕迹。被害人的衣着散乱破碎,尸体呈异常体位或特殊姿态,扼死者尸体窒息征象明显,最重要直接证据是颈部肌肉出血,手足和头面部也常见外伤或防卫抵抗伤。被害人醉酒、沉睡或昏迷中被扼死,可无抵抗伤。女性尸体应注意有无被强奸征象。

扼颈也常被用来作为其他杀人方式的辅助手段,如先扼颈、再勒颈、缢吊、切颈、高坠、投水等。也有扼死后将被害人伪装成病死、自杀、意外交通事故等。因此,注意识别罪犯作案后对尸体和现场进行伪装的情形;注意调查尸体的原始状况;尽早进行全面、系统的尸体检查,尤其颈部的检验;仔细提取指纹、足印、血迹和死者手中抓取的物证;因被害人挣扎抵抗,加害人身体裸露部位常有抓伤、咬伤等,应尽早检查犯罪嫌疑人并提取其血液、唾液等进行检验及比对。

四、堵塞呼吸道所致的窒息

(一) 捂死

捂死(smothering)是指以手或柔软物体同时压迫、堵塞口腔和鼻孔,阻碍呼吸运动,影响气体交换而引起的窒息死亡。

1. 捂死的方式　常采用以下方式实施捂死,包括:①用手捂压口鼻。②用毛巾、衣被等软质物体捂压口鼻。③面朝下,将口鼻压在被褥、泥土等较软的物体上。④其他方式,如母亲哺乳时熟睡,乳房紧贴婴儿口鼻、成人肢体压在婴儿口鼻上等。

2. 捂死的死亡机制　捂死的死亡机制比较单一,主要是因为口、鼻孔同时被压闭后,阻断了气体交换,是典型的气道闭塞导致的缺氧性窒息死亡。死亡过程较缢死、勒死、扼死相对较长。

3. 捂死的尸体征象

(1)口、鼻部的改变:用手掌、手指强行捂压被害人的口鼻部时,受压部位皮肤常见表皮擦伤、皮下出血、指甲抓痕及不同程度口鼻歪斜或压扁迹象。口唇、口腔黏膜、牙龈处可有挫伤出血,严重者牙齿可松动或脱落。用较柔软的物体捂压时,被害人的面部常不遗留任何痕迹。用烂泥或沙土捂压口鼻时,常在口腔内及鼻孔周围粘有较多的泥土或沙砾(图5-17)。分离口、鼻部的皮肤,有时可发现手掌、手指压迫形成的片状或椭圆形皮下出血。口、鼻部肌肉,如咬肌等也可见出血。

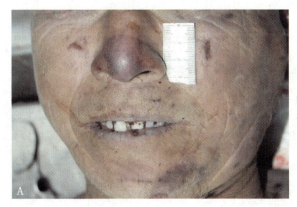
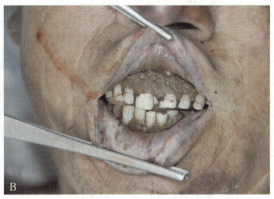

图 5-17　口鼻部损伤(捂死)
鼻部变形,口腔内大量沙砾。

(2)窒息征象:死者颜面部及四肢皮肤明显青紫、发绀。眼结膜及口腔黏膜散在针尖大小的瘀点性出血。心外膜、肺胸膜、胸腺等浆膜面可见瘀点性出血。全身静脉及毛细血管扩张、淤血,实质性器官内出血,肺组织可见散在灶性出血,脑组织淤血水肿等。

4. 法医学鉴定　捂死鉴定的重点是在尸体上发现捂压口鼻部的确凿证据,如口、鼻部损伤,口、鼻歪斜和塌陷,以及口、鼻部粘有软性物体的碎片及纤维等。还需排除哽死、一氧化碳中毒以及其他缺氧导致的窒息。捂死以他杀多见,被害人多为无抵抗能力的婴幼儿或年迈老人,以及醉酒、昏迷、沉睡或无力抵抗(如手足被捆绑、病倒在床)者。灾害或意外事故者次之。如婴儿面部伏在柔软枕头、被褥上,母亲哺乳时熟睡,乳房紧贴婴儿口鼻孔等可发生意外捂死。捂死自杀者罕见。

（二）哽死

哽死（choking）是指异物从内部堵塞呼吸道,妨碍气体交换而引起的缺氧性窒息死亡,也称噎死。

1. 哽死的方式

（1）外源性异物:包括给婴幼儿、老人喂奶或食物时,乳汁或食物被吸入呼吸道;儿童将纽扣、玻璃球、硬币、瓶盖等异物放在口中,或进食肉块、花生米、豆类、糖块、水果等食物时,这类异物或食物被吸入呼吸道;老年人或脑梗死患者,吞咽反射迟钝、防御功能降低,将未咀嚼的食物块、脱落的义齿等误咽入呼吸道;也有用纱团、布团、泥团、纸团、土豆、玉米等,强行塞入被害人的咽喉部,堵塞被害人呼吸道致死;偶有精神病患者或自杀者,将异物(纸团、衣物碎片、牙刷、梳子、手帕等)塞入喉头导致哽死。

（2）内源性异物:多见于麻醉、醉酒或脑外伤昏迷、癫痫发作患者,将胃内呕吐物误吸入呼吸道。也可见于咽部手术或气管切开手术出血、颅底骨折、胃出血、肺大咯血等患者,将血液、凝血块等吸入呼吸道,引起窒息死亡。

2. 哽死的机制

主要是异物完全或部分堵塞呼吸道,使气体交换受阻,造成人体急剧的缺氧、窒息而死亡。堵塞的异物可刺激喉头、气管、支气管黏膜,使喉头水肿,气管、支气管反射性痉挛导致呼吸功能障碍,加速窒息死亡进程。此外,堵塞的异物还可刺激喉上神经,引起反射性心搏骤停而致死。

3. 哽死的尸体征象

体表一般有机械性窒息死亡的改变,他杀案件被害人常见口周表皮剥脱、牙龈、口腔或咽喉部等处黏膜剥脱及黏膜下出血,四肢、头部及其他部位可见挣扎抵抗伤。尸检时应注意呼吸道内是否有异物,在咽喉、气管、支气管,甚至细支气管以至肺泡内可检出异物或血液成分,甚至检出食物中的植物或动物组织成分。如果窒息时间较长,组织学检查可见肺水肿、出血以及异物周围出现炎症反应。

4. 哽死的法医学鉴定

主要依据尸检在呼吸道内发现异物。生前吸入,异物可达细支气管,甚至肺泡;濒死期吸入或死后胃内容物反流,异物仅在气管或左右支气管,而且也无相应的组织学反应,应注意鉴别避免误诊。必须在系统尸体解剖,排除其他死因,并结合案情等进行详细分析、判断后,才能做出哽死的鉴定结论。

五、压迫胸腹部所致的窒息

压迫胸腹部所致的窒息（asphyxia due to overlay）是指胸部和/或腹部受到强烈挤压,严重妨碍胸廓和膈肌的呼吸运动所导致的窒息死亡,临床医学专业也称为创伤性窒息（traumatic asphyxia）或挤压性窒息（crush asphyxia）。这类窒息多发生于灾害或意外事故,如房屋倒塌、矿井或坑道塌陷、车辆翻覆、山体滑坡或雪崩、大树折断后树干及人群挤压时胸腹部受压。也见于熟睡中母亲手臂或小腿压在婴儿胸腹部。

（一）死亡机制

压迫胸腹部所致的窒息或创伤性窒息确切的病理生理机制仍有争议,死亡机制也未完全阐明,一般认为重物压在胸部和/或腹部使肋骨不能上举、胸廓固定及扩张受限等导致胸式呼吸运动受限;腹腔内压力上升,膈肌不能下降导致腹式呼吸运动受限;同时由于声门关闭、深呼吸及胸腹腔突然受压等,导致中心静脉压的巨大增加,右心血通过无静脉瓣保护的上腔静脉逆流冲击头颈部的无名静脉和颈静脉,出现头部静脉回流受阻及脑内出血,最终机体因较长时间缺氧导致窒息死亡。一般成人胸腹部受 40~50kg 压力、健壮者受 80~100kg 压力时,可引起窒息死亡;一侧胸廓受压 30~50 分钟后也可引起窒息死亡;婴儿及幼儿仅需成人的手或前臂搁置在其胸部,即可引起窒息而死亡。胸腹部同时受压比单纯胸廓受压更易引起窒息死亡。

（二）尸体征象

1. 外表征象

因死者的年龄、身高、胖瘦、强弱,以及压迫物体的质地、轻重和作用方式的不同而出现程度不同的压痕。硬而重的物体,特别是突然挤压或坠落而压迫在胸腹部时,常可使受压部位发生表皮剥脱、皮下出血,甚至出现挫裂伤和重物压陷的痕迹;质地柔软的物品,如被褥、厚重衣服、棉絮等裹压儿童而致死亡,死者体表可无明显的压痕。

压迫胸腹部导致的窒息死亡,体表窒息征象比较明显。颜面及颈部发绀、淤血肿胀,胸部特别是乳头部位以上皮肤、颜面部出现淤血及瘀点性出血,眼球睑结膜、鼻和口唇黏膜点状出血更为显著,甚至伴有视网膜及眼底出血。胸腹部被压处可见表皮剥离,皮下和肌层出血,甚至出现挫裂伤和重物压陷痕迹。

2. **内部征象**　主要表现为一般的窒息变化及内脏器官淤血。脑蛛网膜下腔及脑实质内可见灶片状出血。心外膜、肺胸膜等浆膜可见瘀点性出血。如窒息过程较长,可发生肺水肿。重物压迫时,常见肋骨骨折,心、肺、肝、脾等器官的挫伤或破裂。

(三) 法医学鉴定

首先,需要区分压迫胸腹部后,是窒息死亡还是其他原因的死亡,受害者胸腹部受到挤压不一定死于窒息,也可能是暴力挤压后导致内脏器官破裂、大失血等原因死亡。

其次,压迫胸腹部所致的窒息或挤压性窒息死亡,根据窒息征象明显,如颜面及颈部发绀、淤血肿胀,上半身及颜面部,尤其眼球睑结膜、鼻和口唇黏膜瘀点性出血显著等特征,结合案情及现场调查可确认其死因。死亡方式多属于意外性或灾害性事故,罕有用这种方法自杀或他杀的情形。

法医学鉴定的重点是需要排除他杀或其他方式死亡后伪装成因挤压胸腹部而导致的意外灾害事故。检验时注意身体各部位所受的损伤是否符合挤压伤的病理形态特征;死者有无抵抗伤;有无明显的窒息征象;有无伪装现象;判定损伤是生前伤还是死后伤;现场状况,如建筑物的倒塌、坑道塌陷、翻车与挤压损伤形成特点是否一致等。

六、体位性窒息

体位性窒息(positional asphyxia)是因身体长时间被限制在某种异常体位,使呼吸功能及静脉回流受阻而发生的窒息死亡。

(一) 体位性窒息的方式

限制性体位常见于身体屈曲、悬空、头低体位、俯卧,或伴有颈部过伸过屈等多种异常体位。如双上肢、单侧下肢或双下肢被绳索捆绑后悬挂于高处;双上肢、双下肢或四肢捆绑于背部并长时间置于腹卧位;两上肢水平伸展并长时间固定在一定的位置;头部向下长时间过度屈曲,或儿童头部卡在床头与床垫之间,头部向胸前过度屈曲或向背侧过度伸展;交通事故、醉酒、四肢瘫痪或昏迷者身体被长时间卡在狭窄空间等。事发现场多见于审讯场所、老人或儿童起居室、交通事故车辆、病房。死者一般为触犯刑律人员、被绑架者、儿童、过度饮酒者、意识不清或老年病患者。

(二) 体位性窒息的死亡机制

体位性窒息主要是由于呼吸道通气障碍、呼吸肌运动受限导致的呼吸功能障碍。头部过度屈曲使咽喉部呼吸道受阻、倒置悬挂使颈部处于过伸状态,均影响呼吸道通气功能;上肢或下肢被悬挂、倒置悬挂等,因重力作用导致胸廓被动下拉,呼吸肌处于吸气或呼气的状态,呼吸肌逐步疲劳,呼吸运动减弱导致肺换气功能障碍;双上肢和/或双下肢被捆绑于背部、头部或胸腹部过度屈曲,膈肌和胸壁的呼吸运动受限,最终引起机体缺氧而发生窒息死亡。在体位性窒息发展过程中,也伴随出现心功能障碍及中枢神经系统功能障碍。

(三) 体位性窒息的尸体征象

体位性窒息死者的窒息征象较为明显,如颜面发绀肿胀,全身淤血、水肿,黏膜、浆膜及皮肤瘀点性出血点等。因没有外力直接作用于口鼻部和颈部,故口鼻部和颈部一般没有机械性损伤,颈深部组织包括血管、气管及其他软组织也无损伤痕迹。常见肢体被捆绑形成的印痕或表皮剥脱、皮下出血及肢体水肿,如生前遭殴打,在身体其他部位可见不同类型的体表损伤。

(四) 体位性窒息的法医学鉴定

体位性窒息死亡的案件时有发生,其现场可能是审讯或被绑架场所、居室或肇事车辆内,被较长

NOTES

时间固定在某一特定体位且不能自己脱离所处环境,尸体检验主要为机械性窒息的尸体征象,注意检验尸体四肢是否有被捆绑、胸腹部及腰背部被钝物挤压所遗留的印痕或损伤,结合详细案情调查、现场勘查,在排除损伤、中毒、自身疾病等致死可能性后,综合分析做出体位性窒息死亡的法医学鉴定。

七、性窒息

性窒息(sexual asphyxia,sex-associated asphyxia)是性心理和性行为变态者,在隐蔽处用一种特别的窒息方式,引起一定程度的缺氧以刺激其性欲,增强其性快感而进行的一种性行为活动,但由于实施过程中的措施失误或过度,意外地导致窒息死亡,也称为自淫性窒息(autoerotic asphyxia)。性窒息者多为青壮年男性,偶有女性,绝大多数都有不同程度的异装癖、恋物癖、淫物癖及自淫虐症等变态表现。由于性窒息死者常被误认为是自杀或他杀,同时还可能在保险和遗产继承等方面引起法律纠纷,因此,法医和医务工作者有必要掌握性窒息现象的特点。

目前国外也有将此类典型的性窒息死亡与其他非典型方式变态性行为引起的死亡,包括电击、异物插入阴部或肛门、使用化学品中毒(N_2O、CO、丁烷等)等方式,统称为自淫性死亡(autoerotic death)。

(一)性窒息的死亡现场

常是隐蔽而僻静的场所,如自己的卧室、浴室、地下室等处,常反锁门窗;或选人迹罕至之处,如树林深处、库房、废弃的厕所,可独自进行性行为活动而不易被人干扰。现场可发现色情文字、图片、影像,女性用品、色情用品、人体模型或玩偶等。男性死者常裸体,并穿女性服装或化妆、戴假乳房、梳长发或扎发辫等。所有现场无搏斗痕迹,但可发现以往类似性窒息活动的痕迹,如绳索摩擦床头和屋梁上的印痕,体表可见先前性活动中遗留的陈旧性擦挫伤。如果死者先被家人发现,上述物品可能被家人隐藏而在勘验现场时不能见到。

(二)性窒息的方式

性窒息的方式多种多样,最常见的是用各种绳索、长袜、围巾、头巾等进行缢吊,也有用绳索缠绕身体、捆绑手足,结成奇特绳套而进行绞勒,或者用塑料袋套住头面部等方式,导致缺氧及窒息死亡(图5-18)。由于这是一种满足性欲的活动,为不在颈部遗留印痕或伤痕而被他人知晓,常在颈项部与绳索间衬垫毛巾、围巾、衣服等柔软物。

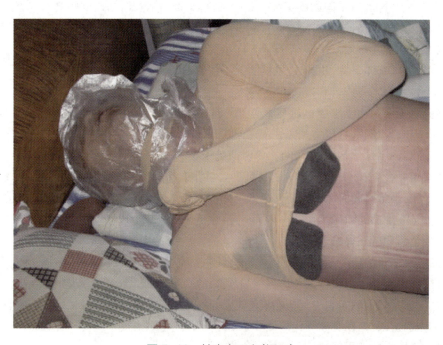

图 5-18　性窒息死亡(闷死)
男性,头部套塑料袋并用丝袜结扎颈部,双上肢及胸部穿连裤袜,内置黑色胸罩垫。

(三) 性窒息的死亡机制

死亡机制与所选择的窒息方式有关,如采用缢颈、勒颈的方式,引起一定程度的脑缺氧以刺激其性欲。当达到性满足时,需要迅速解脱,如果解脱措施失灵或窒息过度,则因窒息而死亡,故死亡机制与缢死、勒死相同。

(四) 性窒息的尸体征象

尸体多为全裸或半裸体,裸露生殖器,有的阴茎系绳索或头套塑料袋,阴茎部位常有精液。尸体的颜面部窒息征象较明显,如颜面部的青紫、发绀,眼结膜及口腔黏膜瘀点性出血及小片状出血,口鼻腔血性分泌物,如舌根部受压可见舌尖外露。颈部缢沟或勒沟与缢死或勒死相似。有些性窒息者在颈部与绳索之间衬垫柔软物体,所以颈部索沟可不明显。尸体一般无明显暴力性损伤或抵抗伤,但身体的突出部位,如头皮、肩、肘等处可见表皮擦伤或挫伤。内脏器官病理改变与缢死、勒死等机械性窒息相同。

(五) 性窒息的法医学鉴定

性窒息是性心理和性行为变态的一种异常反映,因其特异的绳套而常被怀疑为他杀,而其父母、亲友对其死亡提供不出任何情况或线索。若死亡发生在自己家中,其家人发现后可能移去现场性用品以竭力掩盖,给法医鉴定带来难度。因此对怀疑性窒息死亡的案件,一定要掌握性窒息的特点,深入调查,认真勘验,死者手机、电脑及网络信息对鉴定具有很大的帮助。一般根据死者为独居青壮年男性、全裸或半裸体,现场偏僻或有女性及色情物品,无自杀或他杀的证据、有性变态的历史,绳套及绳结虽复杂但本人可以完成或有安全自救装置等特点,进行综合分析,做出性窒息死亡的法医学鉴定意见。

性窒息绝大部分为意外死亡,偶可见性窒息中因疾病发作猝死或利用性窒息手段抢劫杀人的报道。

八、机械性窒息的法医学鉴定

(一) 鉴定原则

疑为机械性窒息死亡者,法医学鉴定一般遵循以下原则进行。

1. 机械性窒息一般尸体征象　疑为机械性窒息死亡的,首先应检查有无机械性窒息死亡的一般征象。但机械性窒息的一般征象并非机械性窒息死亡所特有,某些自然性疾病、中毒死亡的尸体中也可见类似的改变。因此,认定机械性窒息死亡,必须仔细检查有无机械性窒息的特征改变。

2. 机械性窒息特征性尸体征象　应重点检查机械性窒息死亡的特征性改变,如颈部缢沟、勒沟、扼痕等,这些特有征象对诊断机械性窒息具有重要价值。

3. 综合分析死亡原因　根据机械性窒息的一般征象及特征改变诊断机械性窒息一般并不困难,但需要结合案情调查、排除中毒及疾病等其他死因后,综合分析,判断死亡是否系某种机械性窒息所致。

4. 确定死亡方式　确定机械性窒息的死亡方式并不困难,但也有少数案件存在一定的难度(详见各部位机械性窒息内容)。

(二) 鉴定注意事项

机械性窒息的死亡原因鉴定是机械性窒息死亡最重要的任务之一,除需要遵循法医学死因鉴定的一般原则、查验机械性窒息的一般征象和特有征象外,还应注意以下几个方面。

1. 仔细勘验现场　测量死者身长、指尖至足跟的距离(双手上举姿势)、索沟至足跟的距离、颈部周径、踏台或木凳高度、悬吊固定处距离地面及足底的高度、绳索悬吊长度等;注意检查悬吊固定处房梁有无尘土脱落或轻微的摩擦痕迹、踏台或木凳的足迹、鞋印;注意观察尸斑、尸僵的分布与现场尸体的原始状态是否相吻合,这些对推断死亡方式及过程具有重要意义。

2. 仔细检验绳索及指甲　缢索、勒索等绳索物证需要先照相、固定,然后按照前述方法解脱后进行检验;索沟及疑似压迫颈部死亡时,可用透明胶带或其他材料粘取残留在皮肤上的纤维或其他微量物证;受害者颈部遭受外力时用手进行抵抗,其指甲内可能有血迹、皮肉碎屑、索条状的纤维等。

3. 仔细检验颜面、口鼻部　注意检查口鼻及周围皮肤、口唇黏膜、颊黏膜、齿龈、舌黏膜及舌体组织、下颌缘处皮肤及皮下组织是否有损伤,牙齿有无新鲜松动、脱落及颜色改变等,细微损伤也不要轻易放过,必要时将尸体冷藏数小时后,再次对疑似损伤处进行检验,有助于判断捂压口鼻、扼颈形成的损伤。

4. 遵循"先三腔、后颈部"的检验顺序　机械性窒息的尸体解剖,应先完成颅腔和胸腹腔的检验,尽可能排空颈部血管内血液后,再对颈部进行分层解剖,避免解剖时血液对颈部组织的浸染,影响对颈部皮下软组织生前出血的观察及判断;可选择 Y 字形颈部解剖术式,充分暴露并检查颈部皮肤、肌肉和软组织。

5. 仔细分层检验颈部组织　机械性窒息死亡的尸体应分层解剖颈部,检验颈部皮肤、皮下肌肉及软组织是否出血;咽喉部黏膜是否出血;舌骨、甲状软骨是否骨折;颈总动脉内膜是否横行断裂;颈部淋巴结有无充血及出血;咽后壁、椎前筋膜、颈椎和脊髓是否有损伤。对婴儿或幼儿死者,对舌骨及喉头切开检查并做组织病理学检验,可以发现微小损伤及出血。但需要说明,颈部组织器官损伤、出血不一定都是机械性窒息的表现。如高坠致死案件,头部着地瞬间,因头部过度屈曲可使颈椎骨折、脱位,甚至伤及颈髓;如果颈部有衣领等物品衬垫,还可在颈部皮肤表面形成擦伤,或伴有相应皮下组织出血等。

6. 仔细检验项背部及其他部位　不同原因的机械性窒息死亡过程中,除颈部外,其他部位体表可留有不同程度的表皮剥脱、皮下出血,注意切开检验胸腹部、双上肢、项部、肩背部及其他身体突出部位。必要时,沿后正中线剖开项背部,观察脊椎、肩胛骨等骨质周围浅深层肌肉有无出血;切开四肢,检验皮下组织及肌肉有无出血、水肿,以排除死者生前存在挣扎抵抗、捆绑等过程。

第四节　闷　死

- 空气环境中氧气不足或被其他种类气体取代导致缺氧性窒息,甚至死亡。
- 闷死尸体一般缺乏机械性窒息的典型表现。

闷死(suffocation)是由于局部环境缺氧而发生的窒息性死亡,即空气缺氧性窒息(asphyxia due to ambient hypoxia)导致的死亡。闷死多为意外事故,少见他杀及自杀。常见的闷死包括隔绝空气交换、空气中氧气消耗或被其他气体取代等情形。

一、闷死的方式

1. 隔绝空气交换　利用塑料袋或类似物品套在头部(图 5-18),儿童玩耍时将自己关在箱柜内或冰箱内,捆绑被害人或使其昏迷,将其置于箱柜、冰箱或地窖内,或被埋于倒塌的砂堆、面粉堆、谷粒堆、灰堆及羽毛堆,均因缺氧窒息而发生闷死。

2. 空气中氧气消耗或被其他气体取代　废弃的地窖、大型谷仓、油罐车罐体、纵深的山洞、海洋运输大型船只船底部位的压载舱、贮藏室或工业金属舱室等有限空间,因内部氧气缺乏、被消耗或被其他气体(如 N_2、CO_2)取代可发生闷死。有限空间是指封闭或部分封闭,进出口较为狭窄有限,未被设计为固定工作场所,自然通风不良,氧含量不足或易造成有毒有害、易燃易爆物质积聚的空间。

3. 其他环境缺氧　高原病、高空飞机故障发生的减压病均属于环境缺氧,可导致窒息死亡;爆炸现场周围环境局部真空缺氧、火灾现场燃烧消耗氧气导致氧气浓度下降,导致的缺氧窒息也是致死的一个重要因素,但易被机械性损伤或吸入有毒气体中毒所掩盖。

二、闷死的死亡机制

大多数闷死的死亡机制与捂死类似,因局部环境缺氧无法进行有效的肺换气,阻断气体交换,最终导致缺氧窒息而死亡。

在废坑井、坍塌坑道、地窖、下水道、谷仓等有限空间,死亡除与局部环境中的氧被消耗减少有关外,也与环境中氧被其他气体如 N_2、CO_2、甲烷取代有关,有些缺氧性窒息死亡过程非常迅速(表 5-5),推测与上述气体过度刺激血管神经的化学感受器导致心搏骤停有关。如果局部聚集其他有毒气体,如 CO、NO、SO_2、H_2S 等,也存在迅速窒息或窒息与中毒共同作用导致死亡。因此,这种封闭限制性空间环境中发生死亡,可能是窒息、中毒等综合因素作用的后果。

表 5-5 空气中氧气浓度与临床表现

氧气浓度 /%	临床表现
21	正常(空气中的正常浓度)
16~21	静息状态下无症状(蜡烛在此浓度下不燃烧或熄灭)
15	呼吸变深,脉搏增快,体力活动较困难
10	呼吸非常困难,无法做出特定动作
7	呼吸明显喘息状,脉搏细数,精神恍惚,感觉迟钝,7~8min 可致死
≤ 5	瞬间晕倒、死亡

三、闷死的尸体征象

闷死的尸体征象与其死亡过程有关,如果持续时间较长,或死前有挣扎抵抗等剧烈性活动,尸体体表及内脏器官可见典型的窒息征象,如颜面发绀、淤血肿胀、瘀点性出血。但由于闷死多为意外事故,一般发生速度较快,因此,大多数尸体无典型的窒息征象,也无其他特殊形态学改变。

闷死合并中毒,可以发现相应的中毒尸体征象。如果坑道坍塌或被他人捆绑后置于密闭空间内死亡,尸体上可见相应的机械性损伤。

四、闷死的法医学鉴定

闷死多见于坍塌矿井、坑道或进入废弃的矿井、通风不良的山洞、地窖、油罐车罐体等限制性密闭空间,绝大多数为意外事故,通过案情调查、现场勘查和尸体解剖大多数可以做出准确的法医学鉴定。在环境缺氧闷死发生过程中,注意被害人可能因窒息而出现跌倒、跌落等继发性损伤。部分案件由于环境中同时存在有毒气体,对怀疑合并中毒者,应尽快提取尸体血液、肺组织和现场空气等样本进行检测。他杀闷死可见于杀婴案例。

第五节 溺 死

- 溺死是指由于液体吸入呼吸道而引起的窒息死亡,俗称淹死。
- 溺死属于窒息死亡,尸体检验可见到窒息死亡的一般征象,另外还可见到溺死的特有征象。
- 鉴别生前入水死亡还是死后被抛尸入水是法医学鉴定的一项重要任务。

溺死(drowning)是指由于液体吸入呼吸道而引起的窒息死亡,俗称淹死。导致溺死的液体称为溺液,多为河水、江水、井水等,也可为油、酒、尿等。溺死大多数为全身浸入液体中,但也有少数为头面部甚至仅口鼻腔浸没在液体中而溺死,如醉酒或癫痫发作跌倒后,当口鼻孔浸没在水沟、水盆内时,若不能移动体位又无他人帮助时,也可发生溺死。溺死多属于意外,但也是常见的自杀手段之一,少数属于他杀,甚至有移尸入水伪装自溺的。因此,水中发现的尸体一般情况比较复杂,必须进行法医学鉴定。

一、溺死过程

溺死的过程是一个连续的过程,根据其病理生理表现特点,一般人为地分为6期。

1. 前驱期(窒息前期) 当人落水后,由于冷水刺激皮肤感觉神经末梢,引起反射性吸气运动,液体被吸入气道引起呛咳,然后本能地屏住呼吸,导致体内缺氧和二氧化碳潴留。此期由于体内尚有余氧供组织细胞利用及机体的代偿作用,可持续时间约0.5~1分钟。

2. 呼吸困难期(二氧化碳蓄积期) 当体内血液和组织中的二氧化碳达到足以刺激呼吸中枢的水平时,又开始呼吸,先是出现吸气性呼吸困难,水被大量吸入,因反射存在,引起强烈的呛咳,继而出现呼气性呼吸困难,此时可从口鼻腔内溢出大量泡沫状液体。此期持续时间约1~2.5分钟。

3. 失神期(意识丧失期) 意识逐渐丧失,各种反射功能消失,可有大量的溺液被吸入至呼吸道,出现惊厥性呼吸运动。瞳孔散大,大小便失禁。此期持续时间约几秒至几十秒钟。

4. 呼吸暂停期 呼吸运动暂停,意识完全丧失,瞳孔高度散大。此期持续时间约1分钟。

5. 终末呼吸期 此期又发生短暂的数次呼吸运动,溺液继续被吸入。此期持续时间约1分钟。

6. 呼吸停止期 呼吸运动完全停止,但心脏仍可存在微弱跳动,若能在此时得到及时抢救,尚有可能复苏;反之,则心搏停止,人体死亡。

溺死全过程一般约6分钟,可因溺水时身体状况、个人水性、溺液性质、水温等因素的不同,溺死过程持续时间有一定差别。

二、溺死机制

1. 窒息 由于大量溺液被吸入到呼吸道及肺泡,影响气体交换,导致人体内缺氧和二氧化碳潴留,而发生窒息死亡。这种溺死属于典型溺死,占溺死的85%~90%。

2. 心力衰竭 在淡水中溺死,因淡水盐分低,吸入至肺泡中的溺液能够快速穿过肺泡壁毛细血管而进入血液循环中,使血容量急剧增加,心脏负担加重,心率加快;另外,由于低渗性溶血,可释放出大量的K^+,引起血浆电解质紊乱,出现心室纤颤。血容量增加和血钾浓度增高,均可导致急性心力衰竭或心搏骤停。

3. 呼吸衰竭 在海水中溺死,因海水盐分较高,吸入至肺泡中的溺液由于渗透压高,体液从血液循环中迅速渗入肺泡内,引起严重的肺水肿,最终出现急性呼吸功能衰竭。

4. 心搏骤停和原发性休克 入水后,由于冷水刺激皮肤感觉神经末梢或喉头黏膜,使迷走神经兴奋,可反射性引起心搏骤停和原发性休克。这种死亡发生非常迅速,液体甚至并未进入呼吸道,尸体检验时无溺死的典型征象,属非典型溺死,又称为干性溺死(dry drowning),也有学者认为其属于水中休克死。

5. 其他因素 极少数溺水者经抢救复苏后又存活一段时间而死亡,称为迟发性溺死(delayed drowning)。死亡原因多为继发性肺水肿、支气管肺炎或肺脓肿等。

三、溺死尸体的形态学改变

溺死属于机械性窒息死亡,尸体检验可见到窒息死亡的一般征象,如血液不凝固,眼结膜、浆膜、黏膜出现出血点,静脉淤血怒张,脑、肝、肾等内脏器官淤血,脾脏贫血等。另外,还可见到溺死的特有征象。

(一)尸体表面征象

1. 尸斑浅淡 尸体在水中常随水流漂浮翻滚,体位不固定,皮肤血管由于冷水刺激而收缩,故尸斑出现缓慢且不明显。由于水温较低,血液内氧合血红蛋白不易分解;水中氧气又可透过皮肤渗入血管,形成氧合血红蛋白,因此尸斑呈淡红色或粉红色。

2. **口、鼻部蕈形泡沫(mushroom of foam)** 溺液进入呼吸道,刺激呼吸道黏膜分泌大量黏液,剧烈的呼吸运动使黏液、溺液及空气互相混合搅拌,形成大量细小均匀的白色泡沫,逐渐涌出并附着在口、鼻孔及其周围,呈现蘑菇样外观,称为蕈形泡沫(图5-19)。若支气管黏膜或肺泡壁小血管破裂出血,泡沫可被染成淡红色。这些泡沫因富含黏液而很稳定,不易破灭消失,抹去后可再溢出,一般夏季可保持1~2天,春秋季保持2~3天,冬季3~5天。蕈形泡沫是一种生活反应,对确认生前溺死具有重要意义。

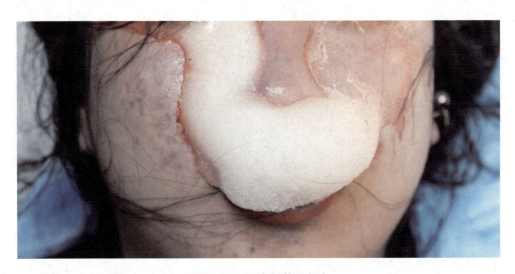

图 5-19 口鼻部蕈形泡沫

3. **手中抓有异物** 溺水者落水后在水中挣扎,尸体检验时常见到死者手中抓有水草、树枝、泥沙或其他异物,这是溺死过程形成的尸体痉挛现象。有时指甲缝内也可嵌有泥沙,这些征象对确认生前溺死有重要意义。

4. **鸡皮样皮肤** 皮肤受冷水刺激,立毛肌收缩、毛囊隆起,毛根竖立,故皮肤呈鸡皮样外观。一般以两臂外侧和两腿外侧较为明显。应注意死后不久抛尸入水的尸体也可见到此种征象。

5. **洗衣妇手(washerwoman's hands)** 尸体长时间在水中浸泡后,皮肤表皮角质层逐渐浸软、膨胀、皱缩、变白,以手、足部皮肤最为明显,称为洗衣妇手(图5-20)。出现的时间与水温、季节有关,通常在水中浸泡数小时至半天左右手指及足趾即可见到,较长时间后,手、足部的皮肤可脱落,形似手套和袜子样,称为溺死手套或溺死足套。这种变化并非生前溺死者所特有,任何尸体较长时间浸泡在水中均可出现类似变化。

6. **尸体的浮沉和腐败** 人体的比重,呼气后为1.057,比淡水稍重,吸气后为0.967,比淡水稍轻,当人体吸入溺液后,比重大于水,故沉入水底;当尸体腐败时,尸体内产生大量的腐败气体,比重减小,尸体浮于水面,俗称浮尸。浮尸一般高度膨大,呈巨人观,在夏天约需2天可出现,冬季在1周以上。由于男女骨盆的形状、结构和脂肪组织在身体分布不同,男女全身重心略有差异,男子重心偏向前方,故浮尸多呈俯卧状态;女子重心偏向后方,故浮尸多呈仰卧状态。当尸体被捞出后,由于空气中温度比水中温度高,且尸体内水分多,故腐败发展更快,因此应及时进行尸体检验。

7. **其他** 溺水时,皮肤和肌肉受冷水刺激而收缩,如男性阴囊、阴茎皱缩,女性阴唇和乳房可形成皱褶或僵硬。尸体温度较低,尸僵出现较早。尸体较长时间浸渍于水中时,部分组织或器官可形成尸蜡。

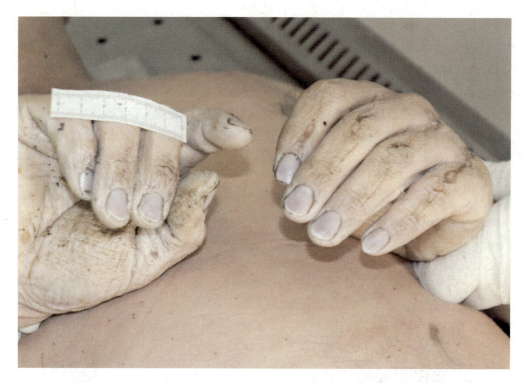

图 5-20　洗衣妇手

图 5-21　气管及喉头处的呼吸道泡沫

（二）尸体内部征象

1. **呼吸道泡沫**　咽喉、气管、支气管内充满与口、鼻孔相同的白色或淡红色泡沫状液体（图 5-21）。有时可发现与溺液一起被吸入的异物，如泥沙、水草及植物碎片等。

2. **水性肺气肿（aqueous emphysema）**　因溺水者剧烈呼吸使溺液、空气、黏液三者在气道内相互混合而成泡沫，又因吸气力量大于呼气力量，溺液吸入肺泡不易呼出，于是形成水性肺气肿（图 5-22）。肉眼观察可见肺体积膨大，充满胸腔，表面有肋骨压痕，边缘钝圆，触之有揉面感，指压凹陷；肺重量增加，约为正常肺的 2 倍。肺切面可见大量泡沫状液体流出，可带血色。肺表面湿润，光泽感强，颜色较淡，呈浅灰色，其中夹杂淡红色的出血斑，浅灰色是肺泡缺血区，出血斑是由于肺泡壁破裂出血并溶血所形成，称为溺死斑或 Paltauf 斑（Paltauf spot）（图 5-22），多见于肺叶之间及肺下叶。光镜下，可见肺泡高度扩张，肺泡壁变薄或破裂，肺泡腔内充满淡伊红着色的液体，局部可见灶性出血及溶血改变；部分小支气管和肺泡腔内可见异物，如泥沙、水草、植物碎片、浮游生物等。水性肺气肿是一种生活反应，是溺死的主要征象之一，约 80% 的溺死尸体可见全肺呈水性肺气肿，青壮年溺死者尤为明显。

3. **左、右心腔内血液成分的差异**　在淡水中溺死者，左心腔的血液成分比右心腔稀，其血液的黏滞度、比重以及红细胞数、血红蛋白量等比右心低；在海水中溺死者则反之，左心腔的血液成分比右心腔浓缩。另外，淡水中溺死造成的溶血，可导致心内膜及主动脉内膜红染。

4. **胃肠道内有溺液和异物**　溺水者在吸入溺液时，也可吞咽入胃，再进入小肠，所以在胃、小肠内可以看到溺液和异物，这也是一种生前溺死的证据。死后抛尸入水的尸体，在水压及水流冲击力的作用下，可有少量溺液进入胃或直肠内，但不能进入小肠，以此可作为鉴别生前溺死与死后抛尸入水的一种征象。胃肠溺液一般在较新鲜的尸体检验时才能见到，尸体腐败后，胃肠道内溺液可渗出到腹腔内。胃肠溺液需要与现场液体分别进行检验，以确定是否为同一种液体。若生前溺死非常迅速时，小肠内可无溺液。

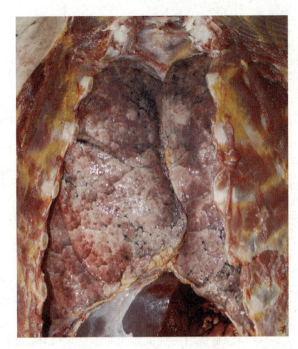

图 5-22　水性肺气肿及溺死斑

5. **颞骨岩部出血**　溺死者约有 70% 的尸体可见到颞骨岩部出血，乳突小房内充满红细胞。其原因是溺液的压力和剧烈的呼吸运动，溺液可从口鼻腔经咽鼓管进入中耳，或由外耳道经鼓膜（溺死者常有鼓膜破裂）进入中耳，导致颞骨岩部受压发生淤血或出血，溺死过程中窒息缺氧也可能造成此征象。

6. **肌肉出血**　溺水过程中，由于剧烈的挣扎和痉挛，可导致呼吸辅助肌群出血，如胸锁乳突肌、胸大肌、斜角肌、前锯肌、背阔肌等肌束间有点状、片状或条状出血，多为双侧性。检验时应注意与其他原因造成的出血相鉴别。

7. **颅脑和颜面部瘀血**　水中尸体因头部较重而下沉，体内血液可向头部坠积，导致颜面部肿胀、发绀，脑膜和脑组织淤血。

8. **内脏器官中有浮游生物**　浮游生物是指水中的小生物（硅藻、水藻及其他单细胞或多细胞生物）。溺水过程中，溺液被吸入肺泡内，从肺泡壁毛细血管经肺循环入左心，再随体循环分布至全身。因此，在肺、心、肝、肾、脾、骨、牙齿等能检验到溺液中的浮游生物，法医学检验最常应用的是硅藻检查。

四、硅藻检验

硅藻（diatom）亦称矽藻，大部分是水域中生存的浮游单细胞生物，少数为群体或丝状物，春秋两季大量繁殖。其特征是细胞壁由无结晶的不易破坏的含水硅酸盐（$SiO_2 \cdot H_2O$）构成，壁质坚硬，细胞内有核和色素颗粒。硅藻种类繁多，目前已发现有 25 000 余种，广泛分布在淡水、海水或陆地湿润的地方。硅藻的大小不一，从数微米至数毫米，大多数大小为 40~80μm，也有 2~5μm 者。由于其非常微小，随溺液被吸入肺泡后，可从破裂的肺泡壁毛细血管进入血液循环至各内脏器官，因此，溺死者可从内脏器官中检出硅藻。

水中常见硅藻细胞形状似细菌培养皿，由上下两个半壳相套叠，上下两面为壳面，两个半壳侧面互相套合的部分称为壳环，壳面上花纹的排列是分类的主要根据，壳面上有辐射对称状花纹的为中心目硅藻，花纹呈左右对称的为羽纹目硅藻，各目下又分为许多种。海水中多为中心目，淡水中或陆地上多为羽纹目（图 5-23）。

NOTES

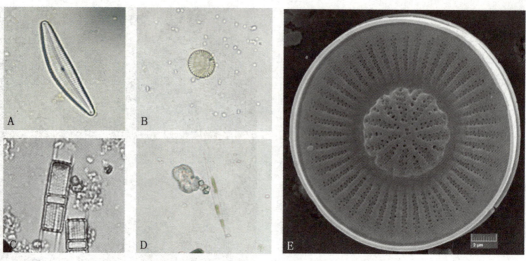

图 5-23 水中各种类型硅藻
光镜下的硅藻（A~D）及扫描电镜下的硅藻（E）。

硅藻细胞壁因为抵抗力强而不易被破坏，硅质含量高者，即使用浓硫酸、浓硝酸煮沸甚至高温灼烧也不被破坏。硅藻有此特点，因此在尸体高度腐败时也能保持其原形，有利于溺死的诊断。传统的硅藻检验方法主要有化学消化法，包括硝酸破机法、酶消化法等，也有用物理消化法如硅胶梯度离心法、浸渍法、焚灼法等。近年来，微波消解法、DNA 分析法等新兴方法也逐渐运用于研究及实践中。

目前，常用的硅藻检测方法为硝酸破机法，其原理是硅藻的细胞壁由不易被破坏的硅酸盐组成，通过用浓硝酸将器官的有机质破坏，从液体残渣中检查硅藻。检验时，取肺、心肌、肝、肾、骨髓（长骨骨髓、胸骨骨髓）组织各若干克（实质组织 20g 左右）或牙齿 2~3 个，破坏有机质后，过滤分离残渣，用蒸馏水清洗离心，取沉淀物滴片，镜检观察记录硅藻的种类和数量，检验操作过程要严防污染。

在溺死的法医学检验中，硅藻检验是用于诊断溺死的主要辅助手段，通过对尸体及水样内的硅藻进行检验对比，结合尸体解剖病理学特征，可以鉴定死因是否为溺死，甚至通过对硅藻类型进行比对进一步推断入水位置。一般认为，肺、心、肝、肾、骨髓、牙齿等同时检验出硅藻，才有诊断溺死的价值。

依赖常规人工方法对硅藻进行识别和计数需要耗费大量的时间和精力，近年利用微波消解 - 扫描电子显微镜法进行硅藻检验取得较好的效果，再结合人工智能识别技术，检验效率及准确性取得很大的提高。

法医学实践中发现，当水压很大时，死后被抛入水中的尸体肺内也可检出浮游生物，因此，仅仅根据肺内检验到硅藻尚不足以诊断溺死。对于高度腐败的尸体，检查骨髓、牙齿中有无硅藻是鉴别是否溺死的最好方法。需注意一些特殊情况，如非典型溺死或水中无硅藻存在时，死者内脏器官内检不出硅藻。另外，空气中也存在少量硅藻，若生前被吸入体内，死后也有可能检出。因此，根据硅藻检验结果来判断是否溺死必须慎重，应在定性、定量的基础上综合分析。

五、溺死的法医学鉴定

1. **个人识别**　水中发现的尸体多为无名尸体，需要做个人识别，新鲜尸体可根据指纹、性别、容貌、身长及体表特征如尸体表面的斑痣、瘢痕等查明，有时还需要推断年龄。若尸体已腐败，需注意收集死者的衣裤及随身携带的物品，仔细检查尸体上有无特殊标记，如瘢痕、畸形、头发颜色等，同时取下死者的牙齿或下颌骨，根据牙齿特征推断年龄及进行个人识别。水中尸体检验时应注意提取肌肉、软骨等有效的生物检材进行 DNA 鉴定，以进行个人识别。

2. **水中尸体的死因鉴定**　首先要鉴别生前溺水死亡还是死后被抛尸入水（表 5-6），对死后被抛

NOTES

尸入水的需查找真正的死亡原因,注意提取检材做毒物分析,对尸体上的损伤也应仔细判断。此外,由于干性溺死者溺死征象不明显,需结合案情及排除其他死因后做出判定。

表5-6　生前溺死与死后抛尸入水尸体的鉴别

鉴别点	生前溺死	抛尸入水
手	可能抓有异物(水草、泥沙等)	无
口鼻孔	可有蕈形泡沫	无
呼吸道	全部呼吸道和肺泡内可有溺液、泡沫和异物	仅上呼吸道有少量液体、异物,水压较大时可达下呼吸道,但无泡沫
肺	水性肺气肿,肺表面有肋骨压痕、溺死斑,切面有泡沫状液体流出	无
胃肠	可有溺液、水草、泥沙等异物	胃内可有少量溺液,一般不进入小肠
心	淡水中溺死者,左心血液比右心稀薄,各成分减少;海水中溺死者则反之	左右心血液浓度、成分相同
内脏器官	脑、肝、肾等器官淤血,脾贫血呈收缩状	不一定有淤血等改变
硅藻检验	肺及其他内脏器官、骨髓、牙齿中均可检出相当数量的硅藻	内脏器官、骨髓、牙齿中硅藻检查均阴性,有时仅肺中检出少量硅藻

采用虚拟解剖技术诊断溺死的方法也被逐渐应用,通过CT或MRI扫描等检验,溺死者可见鼻窦、呼吸道及消化道积液,水性肺气肿致肺呈弥漫性毛玻璃样改变,心血密度变化等影像学特点。

3. 落水地点判断　通过进行全面详细的现场勘验,寻找落水地点,注意结合水温、水流方向、浮游生物、水质污染等情况综合判断。同时要将从溺死者的肺及其他器官组织中检测到的硅藻种类、数量或其他异物,与现场和上游不同区段水中的成分进行比对,帮助推断落水地点。

4. 死亡方式推断　溺死多见于意外、灾害事故或自杀,他杀者少见。灾害事故可根据灾情和现场勘验找到线索。意外溺死常见的原因是失足落水、游泳不慎、沉船、酒后或癫痫发作跌入水中等。自杀溺死者女性多于男性,有自杀动机,没有他杀、中毒或其他被谋害的证据,尸体上的损伤为自己造成或投水时形成,均为非致命伤,有时自溺者将自己的手足捆绑,或将石块、铁器等重物绑在自身后投水,检查时应注意捆绑方式、捆绑部位、绳结特点及其松紧程度,由于是自己捆绑,其一般较简单,多捆住双手腕、足踝或膝部。也有人先用别的方式(如用锐器自杀、服毒等)自杀未死亡而后投水溺死,要注意结合案情、损伤特点等情况综合分析判断。

他杀溺死的案件中,新生儿或婴儿被投入水中溺死较为多见,但成人单纯被推入水中的比较少见,多见于凶手先使用暴力使被害者失去行为能力后再投入水中,尸体上可检查到较重甚至致命性的损伤,尸体如被他人捆绑或系有重物,且捆绑结实,难以解开。另外,还需注意做毒物分析,以排除中毒后入水的情况。

5. 死亡时间推断　水中尸体死亡时间的推断主要是根据尸体现象的发展程度及尸体解剖所见进行推断,尸体现象的发展与水温、水深和尸体在水中的位置有关。溺死尸体若沉于40m深的水底,由于其水温常年维持在4℃左右,不易腐败,故难以推断死亡时间。对于新鲜的尸体,可以从胃内食物的被消化状态推测末次进食后至入水的大致时间。

6. 水中尸体损伤的鉴别　水中尸体上常有各种类型的损伤,如擦伤、挫伤、挫裂创、内脏破裂、骨折等,形成的原因复杂,应仔细检查,准确推断损伤的性质和成因等,以澄清案件真相。

(1)生前损伤:是在溺死之前形成的损伤,可见于自伤、他伤、意外伤和灾害伤等,可根据损伤的性质、部位、分布、数目等特点,结合案情及现场勘验和生活反应等综合分析判断。

(2)溺死过程中形成的损伤:在落水溺死过程中,身体可能会受到岸旁或水中的木桩、桥墩、石头及河床等作用,可在头顶、前额、颜面、躯干、四肢等部位出现擦伤、挫伤、挫裂创、骨折等损伤,这些损伤为濒死伤,生活反应不很明显。

（3）死后损伤:尸体在水中时,随着水流漂移,可受到水中物体的作用而导致损伤,如擦伤、挫裂创等;或被水中的各种动物如鱼、虾、水老鼠等咬噬,形成特殊形状的损伤;也可被行船的螺旋桨打中导致肢体断离或在体表形成数个方向一致、间距规则的弧形裂创。这些损伤均为死后伤,无生活反应。

思考题

1. 常见机械性窒息尸体征象及法医学鉴定要点有哪些?
2. 缢死与勒死的主要鉴别点是什么?
3. 自勒与他勒的主要鉴别点是什么?
4. 确定生前溺死的病理学改变有哪些?
5. 硅藻检验的法医学意义有哪些?

（周亦武　闫红涛）

第六章

猝　死

猝死者往往貌似"健康",预先没有任何征兆或仅有轻微的、几乎不会被想到可能致死的症状或体征,在出乎人们意料的情况下发生突然死亡,所以易引起人们对死因产生怀疑,故需经法医解剖鉴定死因。

第一节　概　述

- 猝死是机体潜在的疾病或重要器官急性功能障碍所致,心血管疾病是导致猝死的最常见原因。
- 猝死具有急骤性、意外性和死因的内因性特征,常存在诱发因素(诱因)。
- 猝死的法医学鉴定意义在于为涉及法律问题及医疗纠纷等事件处理提供死因相关的科学证据。
- 应激性损伤的病理生理机制研究对阐明诱因在猝死发生中的作用具有重要的法医学意义。

猝死是常发生于生活或工作中的死亡事件,由于猝死的发生往往很突然,或死亡发生时无目击者,有的是发生在与他人发生争执、情绪激动等情况下,有的发生的瞬间又引起了其他事件、事故等,因此有些猝死易被怀疑为他杀、自杀而引发其他相关事件。猝死的死亡原因鉴定是法医病理学领域常见的检案工作。临床诊疗过程中也可能发生患者突然、意外的死亡,死亡原因可能并非是已经确诊的疾病,由此引起的医疗纠纷也需要通过尸体解剖查明死因,为医疗损害鉴定、医疗纠纷处理提供科学证据。

一、猝死的定义

猝死(sudden unexpected natural death,SUND)是由于机体潜在的疾病或重要器官急性功能障碍导致的突然、意外的死亡。猝死是法医学和临床医学中的专用术语,其中"猝"的含义为"突然",并带有"出其不意"的寓意。发生猝死者在死前常缺少征兆,甚至发生在睡眠中,或与他人发生争执时或之后短时间内突然死亡。

二、猝死的特点

猝死具有急骤性、意外性和死因的内在性三个特征,其中本质性特征是死因的内在性,即死亡是由于自身潜在的疾病或器官功能障碍的急性发作所致,而非暴力性因素,如机械性损伤、机械性窒息、中毒或其他暴力因素所致。因此,猝死的死亡性质属于自然性死亡或非暴力性死亡。

(一) 死亡的急骤性

虽然猝死的发生速度快,但一般情况下从疾病症状的出现,或因故出现情绪激动等至死亡的发生可能具有一定时限,但尚无统一的时限规定。20 世纪 70 年代,世界卫生组织(World Health Organization,WHO)规定的时限为发病后 24 小时内,之后又规定为 6 小时内。目前,国际上专家公认的时限为从发病至死亡在 1 小时之内,或虽然无目击者,但在死前 24 小时之内曾有人目睹其活着。法医学实践中,也常见猝死发生的时限极为短暂,可能是几分钟,甚至数十秒钟,称为即时死

（instantaneous death）。有时，猝死的时限无法确定，如睡眠中发生死亡或无目击证人情况下发生的猝死。

有些案件或事件中，如某些毒物（氰化物、一氧化碳）中毒或交通事故、高坠等案件中因暴力所致的心脏破裂、全颅崩裂、大血管破裂引起急性大失血等导致的死亡，虽然死亡发生的速度快，但此类死亡系因暴力因素所致，属于暴力性死亡，而不属于猝死。

（二）死亡的意外性

猝死的另一个特征是死亡发生的意外性，即在未预料到的情况下发生死亡。很多种疾病的发生与进展具有缓慢性和隐匿性，如冠状动脉粥样硬化或脑动脉硬化等病变在相当一部分人群中并不表现出任何症状，这些人能够正常生活和工作，有时症状轻微也未引起其本人、亲属重视或注意，也未意识到可危及生命。当受到某些外界不良因素刺激时，或在无诱因的情况下发生急性心肌缺血或脑出血而突然死亡，常使其亲属或同事、朋友感到意外而对死亡产生疑惑或质疑，也易被误认为是损伤导致的死亡，需要通过尸体解剖及相关实验室检验等明确死亡原因和死亡性质。因此，猝死的意外性更具有法医学意义。

（三）死因的内在性

根据猝死的定义，导致猝死的死亡原因是机体潜在的疾病或重要器官急性功能障碍。因此，猝死的发生是人体的内在疾病发作所致，表明猝死的死因具有内在性特征，也是猝死的本质特征，就死亡原因而言猝死应属于非暴力性死亡。但临床医学及法医学实践表明，很多猝死事件常可受到外在因素，如与他人争吵、厮打、过度劳累、过量饮酒，或各类因素引起的应激或情绪剧烈变化等影响，使这些外在因素成为猝死的诱发因素，并涉及法律问题。因此，猝死的法医学鉴定对案件或事件的处理具有十分重要的意义。

三、猝死的流行病学

（一）猝死的发病率

人类所患的多种疾病均可能引起猝死，已成为医学和社会面临的挑战。在所有自然死亡的人群中，猝死的发生率约为10%，尚未见到不同疾病引起猝死的发病率报道。在所有可引起猝死的疾病中，心血管疾病一直是世界各国中最为常见的猝死原因。根据《中国心血管健康与疾病报告2019》显示，中国心血管病患病率处于持续上升阶段。推算现有心血管病患者人数3.30亿，其中脑卒中1 300万，冠心病1 100万，肺源性心脏病500万，心力衰竭890万，风湿性心脏病250万，先天性心脏病200万，下肢动脉疾病4 530万，高血压2.45亿。国际上报道，西方国家人群的心源性疾病猝死发生率占所有死亡的15%~20%。

引起猝死的潜在性疾病除了常见于心血管系统的器质性病变外，也见于生命重要器官的急性功能障碍性疾病，如心脏传导系统功能障碍，离子通道疾病，支气管哮喘持续发作状态，以及癫痫发作，特别是强直阵挛性大发作（generalized tonic-clonic seizures）等。

（二）猝死的发病季节

国内外有关猝死的流行病学调查研究显示，每年猝死发生的时段多见于夏季或严寒冬季，其原因可能与夏季或冬季人体生理功能处于高负荷运转容易导致心血管疾病发作有关。我国的一项调查显示，致心律失常性右心室心肌病患者的症状发作或因其死亡多发生在夏季，认为可能与夏季高气温及湿度有关。泰国学者在44例夜间不明原因猝死综合征（sudden unexplained nocturnal death syndrome, SUNDS）研究中观察到，多数SUNDS发生在5~6月。这些研究表明，不同病因导致的猝死也存在一定程度的季节性差异。

（三）猝死的发病年龄与性别

猝死者男性高于女性，发生年龄多集中在35~60岁。泰国学者报道的44例SUNDS病例均为男性，年龄在20~49岁。我国学者报道，男性与女性的比例为2.63：1，年龄为21~97岁，平均年龄为41.6岁。

（四）种族与地域

心血管疾病引起的猝死在种族及地域上没有明显差异，但SUNDS的发生具有较明显的地域差异，主要见于泰国、菲律宾、日本等亚洲国家，中国主要发生在南方沿海地区。

四、猝死的法医学鉴定

死亡原因鉴定是解决猝死相关案件的重要基础性工作，需要在事件调查的基础上，通过系统尸体解剖、组织病理学检查，明确器官组织存在的疾病或病变，并结合毒物检验等技术手段排除暴力性致死原因，结合有关案情及临床病历资料等对死亡原因进行综合分析，并根据事件处理需要对外部因素是否可以作为诱发导致死亡的疾病发作的因素等问题进行论证，最终形成相关法医学鉴定意见。

（一）死亡原因鉴定基本原则

1. 案情或事件调查　案情调查是法医学死因鉴定工作中的一项重要的工作。在进行尸体解剖检验工作开始前须对案情或事件相关信息进行调查和了解并记录，包括向目击者、死者近亲属、知晓死者相关情况的当事人、朋友、同事、邻居及实施救治的医务人员了解、查证死者死前的相关情况，包括既往史、家族史、死前的状态及症状表现、死亡时间，以及与他人争吵、厮打等情况。由于事件性质、死亡发生现场等情况不同，应向公安机关、检察机关、应急管理或医疗等部门询问和收集有关事件的调查材料、病历资料、现场照片等。细致的案情或事件的调查，有助于指导现场勘查及指明尸体解剖检验的侧重点，为查明死亡原因提供线索。

2. 现场勘查　根据我国相关法律规定，涉嫌治安或刑事案件的现场勘查由公安机关组织实施。猝死可发生于各种场所公共场所，如运动场、工作单位、公共交通车辆、医院、娱乐或洗浴场所等，也可能发生在自家住宅内。如果猝死发生在睡眠中，特别是独居者发生猝死，往往缺乏目击证人，案情、死亡过程不详。必须通过现场勘查，寻找有无他人侵入痕迹；有无挣扎、搏斗迹象；有无血迹、可疑的引起中毒的遗留物（包括药品、食物、呕吐物）等。及时、细致、全面的现场勘查对排除暴力性致死或对猝死的死亡原因鉴定具有重要意义。

3. 系统性尸体体表及解剖检验　对于原因不明的突然死亡事件，即使已知死者既往患有疾病，仍需要通过系统的尸体解剖对体表及各内部器官组织的病变等进行观察、检验；还要注意检查是否存在损伤等，并提取相应器官组织进行组织病理学检查，对存在的器质性病变、继发性病变以及其他病变等做出系统性病理学诊断。

4. 系统性毒物筛查检验　对于可疑猝死的案件，需对血液、尿液、胃内容物等常规样本进行乙醇检验及常见毒物筛查，以排除毒物中毒的可能。

5. 死因分析　通过系统尸体解剖、组织病理学检查，依据原发性疾病的病理形态学所见或特征做出病理学诊断及鉴别性诊断，以及相应继发性病变或疾病的诊断，结合毒物检验结果、所获得的有关案情、现场及临床病历资料等，进行客观、科学分析，在排除暴力性原因，如机械性损伤、中毒、机械性窒息等基础上做出死亡原因鉴定意见。

对于经系统尸体检验、组织病理学检查、毒物检验及其他实验室检验仍无法确定其死因，且经案情调查具有离子通道疾病家族史的案例，可采用基因检测技术进行检验，有助于确定死亡原因。但由于条件限制及检测费用成本较高等因素，在法医学领域该技术尚未得到普及。还有部分病例，如SUNDS、婴儿猝死综合征（sudden infant death syndrome，SIDS）等，由于通过各种检验手段也未能明确其死亡原因，已成为国际医学及法医学领域尚未解决的难题。法医学实践中，仍通过系统的尸体检验及相关实验室检验，结合案情、现场勘查等进行综合判定，做出死亡原因鉴定意见。有的案件，如癫痫发作导致的猝死，其病史调查及相关材料，特别是获取死前存在癫痫发作持续状态、癫痫大发作等信息材料对死亡原因鉴定具有重要意义。

6. 猝死的诱发因素　临床医学及法医学实践表明，多种疾病，特别是心血管系统疾病的急性发作导致的猝死常可由外界不良因素的刺激而引起，这些不良因素称为诱发因素。研究显示，诱发因素引发猝死可能与应激性损伤有关,但不同诱发因素所产生的应激性损伤类型及其机制可能不同。法医学实践中,对损伤因素的考虑往往侧重于物质性的,如机械、物理、化学等因素直接导致的躯体损伤,较少考虑社会及心理精神因素所致的应激性损害。随着社会与技术进步,应激作为独立的损伤因素已得到科学证实,但尚缺乏应激性损伤的定性定量指标体系。因此,应激性损伤及其法医学意义已成为法医学领域的重点研究课题之一。对诱发因素所致应激性损伤机制研究的不断深入,将为阐明猝死诱发因素的作用机制提供科学依据。

常见引起猝死的诱发因素包括以下几种。

（1）精神、心理因素:愤怒、狂喜、悲伤、焦虑、恐惧、惊吓、争吵等应激反应是引发猝死的常见诱发因素。法医学实践中,常见患有粥样硬化性心脏病者在与他人争吵过程中或争吵后不久突然心脏病发作而死亡。

（2）过度劳累:由于剧烈的体力运动或过度疲劳,如跑步、登山、游泳、厮打殴斗、重体力劳动等,可使心搏加快,心脏负荷及耗氧量突然增加,患有心血管疾病者常可因发生急性心肌缺血或心室纤颤、心脏停搏等急性心功能障碍引发心源性猝死。

（3）冷热刺激:在气温较高的季节或处于温度较高环境中热应激作用使人体心搏加快,血压升高,加重心脏耗氧量,可以诱发心脏病患者突发急性心功能障碍而死亡;容易诱发患有高血压病和动脉硬化者突发卒中(脑出血或脑梗死)。气温骤冷或身体浸入冷水中的冷应激作用可引起末梢小动脉收缩、血压升高,引起心脏负荷突然增大而引发猝死。

（4）其他因素:如过量饮酒可诱发心源性疾病发作、高血压性脑出血、脑底动脉瘤破裂,甚至猝死。常见酒后冠心病发作引起猝死的案例;过度吸烟也可能诱发冠心病发作导致猝死。

(二) 猝死鉴定的意义

由于猝死发生的急骤性、意外性等常引起家人、同事、朋友等的怀疑,且常存在诱发因素,易引起医疗纠纷或相关法律问题,按照医疗管理及司法实践工作要求需要查明死亡原因,为有关部门进行事件的处理提供证据,也为揭露伪装猝死的暴力性死亡案件提供证据。就猝死的内因性,即猝死是由自身疾病所致的特征而言,猝死本身应属于非暴力性死亡,但由于猝死的发生常存在诱发因素,特别是存在死前与他人争吵、厮打等行为,或在某些公共场所(医院、游泳池、洗浴场所等)时,可能涉嫌刑事或民事责任。因此,需要进行死亡原因的法医学鉴定,并对相关行为与死亡之间的关系进行分析、说明,为司法机关或有关行政管理部门对案件或事件处理提供科学证据。

第二节　引起猝死的常见疾病

- 心血管系统疾病导致的猝死比较多见,其中又以冠心病引起的猝死最常见。
- 各系统器质性猝死疾病病变诊断的主要依据是病理形态学改变。
- 不同疾病引发的猝死的病理生理机制不同,对死亡的发生过程及法医学实践中死亡原因的鉴定具有重要意义。

人体各系统的原发性疾病均可能导致猝死,其中以心血管系统疾病导致的猝死最为多见,其次为中枢神经系统疾病;呼吸系统、生殖系统及消化系统的一些疾病引起的猝死也较为常见,内分泌系统及运动系统疾病引起的猝死较为少见。国际上,有关猝死时限的定义主要是基于心血管疾病导致猝死的研究提出的。法医学领域对常见可以引起猝死的各系统疾病以及 SIDS、SUNDS、离子通道疾病等少见的猝死类型的鉴定进行了广泛研究。

一、心血管系统疾病

心血管系统疾病是导致人类发生猝死的最常见疾病,其中又以冠状动脉粥样硬化性心脏病引起

NOTES

的猝死最为多见,已成为威胁人类生命和健康的主要疾病。有关研究表明,我国心脏性猝死的发病率为41.84/10万,以13亿人口推算,猝死的总人数约为54万/年。2019年,国家心血管病中心的统计数据显示,中国每年因心源性疾病猝死者高达55万,位居全球各国之首。长期以来,我国心血管疾病猝死的发生率居高不下,且有增多趋势。在国内外法医学猝死案例的死因鉴定工作中病因学诊断也以冠心病最为常见,其他还包括心肌病、心肌炎、瓣膜病、高血压心脏病、主动脉夹层、克山病等;以功能障碍为主的心脏病,如离子通道疾病(ion channelopathy)、病态窦房结综合征(sick sinus syndrome,SSS)等以及冠状动脉肌桥(myocardial bridging)、心脏错构瘤(cardiac hamartoma)等引起的猝死少见。

（一）冠状动脉粥样硬化性疾病

冠状动脉粥样硬化性疾病(coronary atherosclerotic disease),简称冠心病(coronary heart disease,CHD),是指因冠状动脉粥样硬化导致心肌缺血、缺氧而引起的缺血性心脏病。目前,冠心病是心血管系统疾病中对人类生命健康危害性最大的疾病,也是各类疾病中最常见引发猝死的疾病,约占心源性猝死的80%,已成为全世界死亡率最高的疾病之一。法医学实践表明,多数冠心病猝死者死前有与他人发生争执、厮打等行为及情绪激动情况,少数可在无任何症状或异常感觉的情况下突发死亡,或在睡眠中死亡。

1. 冠心病的临床分型　根据病理学、病理生理学以及临床表现、治疗措施和预后的不同,临床医学将冠心病分为五种不同临床类型。

（1）无症状性冠心病:也称隐匿性冠心病,包括无症状、症状不典型以及有冠心病史但无症状者。由美国国立心脏、肺和血液研究所发起的弗莱明翰心脏研究(Framingham Heart Study)项目显示,约1/4心肌梗死者发病前无临床症状,但这些患者在静息或负荷试验时可出现ST段压低、T波低平或倒置等心肌缺血的心电图改变。经组织病理学检查,无明显心肌组织损害所见。

（2）心绞痛型冠心病:此类型患者常在运动、劳累、情绪激动或其他能够增加心肌耗氧量活动时发生心前区疼痛,在休息或舌下含服硝酸甘油后迅速缓解。经病理学检查,无明显心肌组织形态改变。

（3）心肌梗死型冠心病:冠状动脉粥样硬化斑块发生破裂、出血,可使血小板黏附、聚集,引起血栓形成、阻塞管腔,引起急性心肌缺血、坏死,形成心肌梗死型冠心病。临床表现为持续性心前区剧烈疼痛伴有典型心肌缺血性心电图和异常心肌酶谱改变。心电图可表现为异常持久的病理性Q波或QS波以及ST段线性背向上抬高,或无病理性Q波,ST段抬高或压低和T波倒置。有时心前区疼痛很轻微甚至缺如,但表现出心衰、休克晕厥、心律失常等。

（4）心力衰竭和心律失常型冠心病:又称为心肌硬化型冠心病,系因长期供血不足,心肌缺血、坏死,使心肌纤维化,纤维组织增生所致。临床特点是心脏逐渐增大,发生心力衰竭和心律失常。绝大多数患者有心梗病史和心绞痛症状,说明此型冠心病患者存在严重的冠状动脉粥样硬化病变。极少数患者可无明显的心绞痛症状或心肌梗死。

（5）猝死型冠心病:此型患者可在多种场合下发生突然、意外的死亡,约半数患者死前并无症状或前驱症状,部分患者有心肌梗死的先兆症状。猝死机制可能是动脉粥样硬化的冠状动脉发生痉挛或阻塞,导致急性心肌缺血,引起局部心脏电生理功能不稳定及一过性严重心律失常。

2. 发病机制　动脉粥样硬化是一种慢性进行性病变过程,其发病机制复杂,尚未完全阐明。引发动脉粥样硬化的主要危险因素包括高血脂、高血压、大量吸烟、糖尿病、肥胖、免疫损伤和遗传因素等,其形成过程主要包括:①平滑肌细胞、单核细胞(可能包括淋巴细胞)的增生、浸润等炎症性改变;②平滑肌细胞合成和分泌弹性纤维蛋白、胶原纤维蛋白和蛋白多糖等结缔组织成分构成动脉硬化和斑块的组织支撑;③游离胆固醇和胆固醇酯等脂质成分积聚于病变处。

3. 病理学所见　冠状动脉粥样硬化:全身中动脉中常见病变,是引起缺血性心脏病的最常见原因。

（1）病变:病变初期主要表现为点状或条状黄色内膜病变,逐步演变为粥样斑块、纤维粥样斑块,引起管腔不同程度狭窄,影响心肌血液供应;严重者粥样硬化斑块可发生破裂、斑块内出血,局部血栓形成、阻塞管腔,引起急性心肌缺血。显微镜下,早期粥样硬化主要表现为内膜下大量的泡沫细胞聚集;斑块形成时内膜与平滑肌层间形成大量脂质沉积,可见散在胆固醇结晶裂隙(组织切片制片过程中胆固醇被有机溶剂溶解后形成),内膜侧斑块表面纤维组织增生,形成较厚、透明变性的"纤维帽",常伴有斑块内钙化(图6-1)。破裂斑块内可见出血,或伴有斑块表面以血小板、纤维素为主的血栓形成。

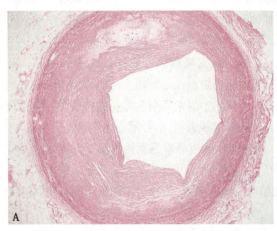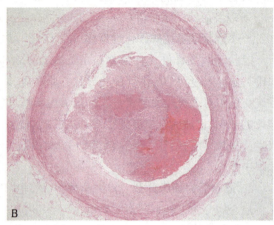

图6-1　冠状动脉粥样硬化
A.冠状动脉粥样硬化斑块形成伴散在点、灶状钙化,内膜增厚,斑块表面覆盖较厚纤维组织,管腔显著狭窄;
B.冠状动脉内血栓形成,血栓内见大量纤维素和颗粒状血小板。

(2)分布:粥样硬化斑块常见于左冠状动脉前降支,其次为右主干、左主干、左旋支、后降支,常见左、右冠状动脉主干及其分支同时出现病变。早期斑块小,呈散在点状或节段性分布;随着病变进展,相邻的斑块可互相融合,少数病例中可见整个冠状动脉管壁形成弥漫性粥样硬化斑块。

(3)管腔狭窄:多数病例的冠状动脉横断面可见内膜呈半月形向管腔内隆起,也可见管壁弥漫增厚,管腔呈不同程度狭窄。尸体解剖中沿冠状动脉走行间隔约0.5cm垂直切断冠状动脉,观察粥样硬化斑块的形态所见,并判断管腔狭窄情况。依据冠状动脉横断面粥样硬化斑块突向管腔的程度可将管腔狭窄的程度分为四级:斑块占管腔截面积≤25%为Ⅰ级管腔狭窄;占26%~50%为Ⅱ级管腔狭窄;占51%~75%为Ⅲ级管腔狭窄;≥76%为Ⅳ级管腔狭窄。

(4)心肌缺血性病变:一般当供应心肌血液的冠状动脉管腔狭窄到Ⅲ级及以上时,可以使血管供血区域的心肌血供严重不足,引起心肌缺血。如果斑块破裂、出血,或伴有局部血栓形成,可引起急性心肌缺血,甚至心肌坏死。长期慢性供血不足,可以使心肌逐渐发生缺血坏死、纤维化,形成陈旧性心肌梗死。

1)急性心肌梗死:一般在缺血6小时后,肉眼可以观察到心内膜下肌层局灶性或带状颜色变淡或苍白色等缺血性改变。显微镜下,急性心肌缺血主要表现为心肌纤维横纹不清,嗜伊红染色增强、心肌纤维的波浪样变,灶状心肌纤维崩解、收缩带状坏死等,呈散在节段性、片状分布,可累及乳头肌。急性缺血6小时左右,可见缺血坏死区中性粒细胞浸润;12小时后,中性粒细胞明显增多。如果因急性心肌缺血后短时间内发生猝死,缺血性心肌损害改变可能不明显。坏死的心肌纤维崩解、吸收后,局部组织可呈网格状改变,伴较多巨噬细胞浸润。严重者病变可累及心肌全层。根据冠状动脉供血区不同,缺血累及的范围不同,也与冠状动脉分布的优势分型(右优势型、均衡型、左优势型)有关。

有些冠心病猝死案例中,常规组织病理学检查观察不到急性心肌缺血性改变。国内外法医学者研究表明,采用补体复合体C5b-9、纤维连接蛋白(fibronectin)、纤维蛋白原(fibrinogen)或心型脂肪酸结合蛋白(heart-type fatty acid binding protein)的免疫组织化学染色,能够显示缺血15分钟~2小时的早期心肌缺血性损伤;在心肌缺血约6小时的病例中,可检测出心肌细胞中肌红蛋白

（myoglobin）、S100A1 蛋白以及肌钙蛋白（cardiac troponin）I 或 T 等缺失。采用这些技术有助于对急性心肌梗死的组织病理学诊断。

2）陈旧性心肌梗死：心肌因缺血发生坏死后，缺血 7 天 ~2 周后肉芽组织由外围向中心逐渐长入梗死灶内；3 周左右坏死区纤维化，成为瘢痕组织，纤维化组织中也可见较多的再生血管、局灶性脂肪组织增生等（图 6-2），肉眼检查常可见心室壁切面散在灶状乳白色纤维化病灶。显微镜下，可见心肌组织中多发散在片状、灶状纤维化组织与急性心肌缺血性损害共存，提示患者死前存在持续性心肌缺血，即复发性心肌梗死（recurrent myocardial infarction）。

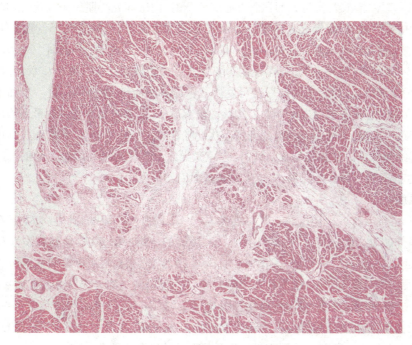

图 6-2　陈旧性心肌梗死
片状心肌纤维化，伴局部脂肪组织增生。

（5）心肌梗死并发症：发生急性心肌缺血、梗死后，由于心肌细胞崩解、坏死，大量中性粒细胞浸润，使坏死区心肌组织发生软化等，可引起严重，甚至致命性并发症。

1）心脏破裂：是心肌梗死最严重的并发症，约占急性心肌梗死尸检案例的 10%，多发生在心肌缺血性坏死后一周左右，约 50% 发生在 3 天内。

2）室壁瘤：为左心室前壁梗死较常见的并发症，主要是由于大面积心肌坏死后，局部心室壁软化，受到心脏收缩时心室内压力的作用，局部室壁向外膨出，逐渐形成室壁瘤。

3）乳头肌断裂：较少见，发生率不足 1%，主要见于二尖瓣乳头肌因缺血、坏死而断裂。乳头肌断裂可引起严重瓣膜关闭不全，导致血液反流，引起急性心源性休克。

4）附壁血栓形成：当心肌梗死及炎性反应累及心内膜时，可引起该处的附壁血栓形成，血栓一旦脱落，可以引起血栓栓塞，有时也可导致猝死。

5）心律失常：冠心病心肌梗死患者中，约 90% 发生心律失常。心肌梗死的早期多表现为心动过缓或室性异位搏动，当发生心电传导障碍时，表明窦房结、房室结或传导组织受累。急性心肌缺血 72 小时内，可发生多种致命性心律失常，如起源于任何部位的心动过速、二度或三度房室传导阻滞以及室性心动过速和心室纤颤等。大面积前壁心肌梗死时，可发生宽 QRS 波的完全性房室传导阻滞，也可突发心搏停止。

4. 猝死机制　主要是急性心肌缺血引起的并发症，包括各种严重的心律失常、急性心功能紊乱、心脏破裂引起的心脏压塞等。

（1）心律失常：急性心肌缺血或心肌梗死均可引发不同类型的心律失常，常见的致命性心律失常包括房室传导阻滞、室性早搏、室性心动过速、心室纤颤等，可使患者在发生急性心肌梗死后短时间内猝死。近年研究证实，由于急性心肌梗死后纤维化修复过程中在心肌纤维化区与周边正常心肌交界处可以出现大量交感和副交感神经增生，即神经生芽现象（nerve sprouting），即使患有陈旧性心肌梗死的患者在受到外界不良因素刺激时可突发心电功能紊乱而猝死。

（2）急性循环障碍：大面积心肌梗死时，心脏收缩功能严重受损，导致心力衰竭而引起猝死；如果发生乳头肌断裂，可因急性心功能障碍引起心源性休克而死亡。

（3）室壁或室壁瘤破裂：发生大面积急性心肌梗死时，由于坏死心肌组织软化，组织韧性降低，在心脏收缩过程中发生破裂；如果形成室壁瘤，局部心肌层显著变薄，也可破裂。心脏破裂后，造成大量血液进入心包腔，引起心脏压塞（cardiac tamponade），导致急性心功能障碍而死亡。

（4）冠状动脉痉挛：研究表明，粥样硬化病变处的冠状动脉管壁可以发生痉挛，可加剧局部管腔狭窄程度，减少血液供应；当痉挛解除后还可发生冠脉再灌注损伤，两者均可进一步加重心肌缺血性损害，并引发致命的心律失常而发生死亡。实验性研究显示，冠脉结扎5分钟后再通即可引起心律失常。法医学实践中发现，个别冠心病猝死者的冠状动脉管腔狭窄并不显著，其猝死机制可能与冠状动脉痉挛后引起的冠脉再灌注损伤有关。此外，在应激导致交感张力增高状态下的细小冠状动脉分支可发生区域性痉挛，也可导致心肌损伤、电生理紊乱而引发猝死。

（二）心肌病

心肌病（cardiomyopathy）是指除心脏瓣膜病、冠心病、高血压心脏病、肺心病、先天性心脏病和甲亢性心脏病以外的以心肌病变为主，并伴有心功能障碍的一组心脏疾病，包括原发性和继发性心肌病。原发性心肌病主要有四种类型：扩张型心肌病、肥厚型心肌病、限制型心肌病及致心律失常性右室心肌病，其发病机制尚不明确；继发性心肌病是全身性疾病的一部分，与感染、代谢疾病、内分泌疾病、免疫异常、缺血、中毒、过敏、应激性损伤等因素有关。2016年，欧洲心律协会联合心律学会、亚太心律协会以及拉丁美洲心脏起搏与电生理学会（EHRAS）专家共识中提出了"心房心肌病"（atrial cardiomyopathy），并作为一种独立类型心肌病给予其定义及组织病理学分型。

国际上，心源性猝死中心肌病引起的猝死占5.9%~6.2%，以原发性心肌病为主。我国法医学者通过对1 294例心源性猝死研究显示，原发性心肌病猝死占4.87%。美国统计资料显示，12年间共有12.6万例死于原发性心肌病（54.8/10万）。由于统计数据来源及研究对象的不同，不同国家原发性心肌病的发病率和死亡率尚缺乏可比性。但法医学实践显示，原发性心肌病仍是导致心源性猝死的主要原因之一。

1. 扩张型心肌病（dilated cardiomyopathy，DCM） 由于常发生充血性心力衰竭，因此也称为充血性心肌病（congestive cardiomyopathy，CCM）。最常见，占心肌病的70%~80%。

（1）发病机制：DCM的发病机制尚不明确，可能与病毒感染、细胞免疫、自身免疫异常等有关。近年研究表明，DCM呈家族性遗传发病，家族性DCM占40%~60%。家系调查分析显示，多数DCM为常染色体显性遗传，少数为常染色体隐性遗传、线粒体和X连锁遗传。

（2）病理学所见：主要病理特征为心脏体积增大，质量增加，左心室或双侧心室扩张，成人DCM猝死者心脏质量多在330~570g。心室壁厚度无显著变化，可见心内膜增厚，瘢痕形成。组织病理学主要表现为心肌细胞排列紊乱，肥大和萎缩的细胞交错排列，肥大心肌细胞不均匀肥大，核大、浓染，核型不整，心肌细胞空泡变及灶状溶解（图6-3）。心肌间质不同程度纤维化等。

（3）猝死机制：扩张型心肌病可使整个心脏的收缩以及舒张功能减退，严重时会造成心力衰竭、严重室性心律失常而发生猝死。

2. 肥厚型心肌病（hypertrophic cardiomyopathy，HCM） 主要特征是非对称性室间隔肥厚，左心室壁肥厚或伴有右心室壁肥厚，心室腔变小，常伴有左心室流出道狭窄。根据左心室流出道有无梗阻，分为梗阻性和非梗阻性肥厚型心肌病。

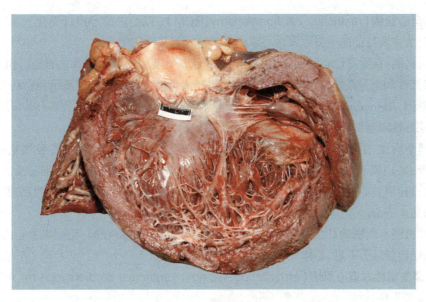

图 6-3　扩张型心肌病
心腔呈球形,室壁厚度无明显增厚,心内膜增厚。

（1）发病机制:研究表明,HCM 多有家族病史,与常染色体显性遗传有关,由编码心肌肌原纤维的不同蛋白的基因变异所致,心脏肌球蛋白重链及肌钙蛋白 T 基因突变是主要致病原因。儿茶酚胺代谢异常、细胞内钙调节异常、高血压及高强度运动可以促进其发病。

（2）病理学所见:主要病理特征为,心脏质量增加 1~2 倍,平均质量大于 500g,个别病例可超过1 000g;心室壁向心性肥厚,以左心室为主,室间隔显著增厚,室间隔与左心室壁厚度比值常大于 1.3,心内膜增厚。组织病理学主要表现为心肌纤维肥大,排列紊乱,呈旋涡状、互相交错排列,核增大、深染,多形性畸形;心肌间质内小动脉管壁增厚,管腔变窄,局灶性纤维组织增生等病变(图 6-4)。

（3）猝死机制:典型病例的左心室容量、心输出量明显减少,严重者可引发心律失常,甚至猝死。

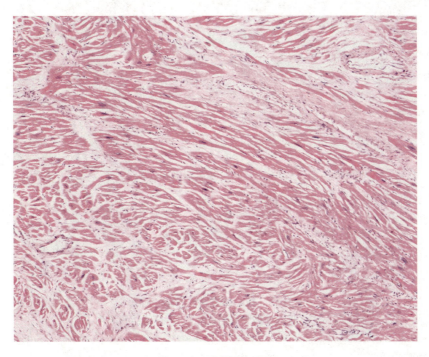

图 6-4　肥厚型心肌病
心肌纤维增粗、排列紊乱,细胞核形态不整,伴纤维组织增生。

3. **限制型心肌病（restrictive cardiomyopathy，RCM）** 以心内膜心肌纤维化、心肌僵硬及心室舒张充盈受阻为主要特征的一类原发性心肌病。

（1）发病机制：在原发性心肌病中 RCM 最为少见，尚未见有关其发病率的报道。RCM 的病因包括特发性、家族性和全身系统性疾病，但具体发病机制尚不清楚。基因分析显示，RCM 与编码肌节亚单位的部分基因，如 troponin T（*TNNT2*）、troponin I（*TNNI3*）、α-actin（*ACTC*）及 β-myosin 重链（*MYH7*）突变有关。家族性限制型心肌病通常为常染色体显性遗传。

（2）病理学所见：主要病理特征为，病变早期心内膜和心肌血管周围嗜酸性粒细胞浸润，逐渐发生心内膜坏死、心内膜下心肌细胞溶解，心肌纤维间淀粉样物质沉积，嗜酸性粒细胞浸润及心肌细胞坏死等，继而血栓覆盖心内膜、纤维化，致密化纤维组织沉积在心内膜和内膜下心肌层，并发生玻璃样变性，厚度可达 4~5mm。

（3）猝死机制　致密的纤维可向心肌层、乳头肌、腱索及房室瓣浸润，甚至累及心内膜下浦肯野纤维，导致心输出量显著不足、心律失常而引发猝死。

4. **致心律失常性右室心肌病（arrhythmogenic right ventricular cardiomyopathy，ARVC）** 既往称为右心室发育不良。

（1）发病机制：多见于年轻患病者。ARVC 发病机制尚不清楚，约 50% 有家族史，表现为家族性发病，属于常染色体显性遗传，也可为不完全外显、隐性型遗传，可能与编码与细胞间黏附有关的桥粒蛋白基因发生突变有关。调查研究显示，在德国、意大利等欧洲国家，发病率约为 1/5 000~1/2 000 人。

（2）病理学所见：主要病理特征为，右心室心肌进行性被纤维、脂肪组织取代，可见局灶性炎细胞浸润（主要是 T 细胞）。病变以右心为主，主要累及右心室前壁漏斗部、心尖部及后下壁等部位；早期呈典型的区域性，脂肪、纤维组织由心外膜侧向心内膜侧进展，逐渐累及整个右心室，使右心室变薄（图 6-5），或呈室壁瘤样扩张。部分病例中纤维脂肪组织可累及左心室，间隔很少受累。

（3）猝死机制：临床表现为心律失常、右心室扩张，可引起猝死。

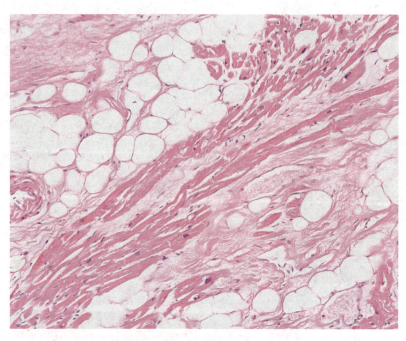

图 6-5　致心律失常性右室心肌病
右心室心肌纤维被脂肪组织取代，伴纤维组织增生。

（三）病毒性心肌炎

病毒性心肌炎（viral myocarditis，VMC）是指病毒感染引起的急性或慢性局限性或弥漫性的心肌炎性病变,属于感染性心肌疾病。2020年,国际上报道显示,VMC的发病率为(10~22)/10万。尸检资料显示,青年人猝死者中,病毒性心肌炎的检出率为8.6%~12.0%,在40岁以下猝死者中约占20%。近年来,VMC在儿童和青少年中发病率有逐年上升趋势,已逐步成为该年龄段猝死的重要原因之一。

1. 病因及发病机制 引起心肌炎的病毒种类较多,包括腺病毒、肠道病毒、疱疹病毒、丙型肝炎病毒、人类免疫缺陷病毒、A型流感病毒及细小病毒等,其中以肠道病毒中的柯萨奇B族病毒引起的心肌炎最为常见,约占病毒性心肌炎病例的25%。研究认为,病毒性心肌炎与扩张型心肌病的关系密切,病毒性心肌炎痊愈后仍存在向隐匿型心肌病发展的可能性。儿童患病毒性心肌炎预后较差,尤其是婴儿病死率高。

有关病毒性心肌炎的发病机制尚未阐明。急性病毒性心肌炎早期,病毒的进入、复制及其对细胞损害、细胞死亡的机制尚不清楚。研究发现,肠道病毒可以通过肠道或呼吸道进入人体,感染心脏过程可分为三期:①第一期为病毒进入心肌细胞,激活内在固有的免疫反应;②第二期病毒复制,激活获得性免疫应答;③第三期,可能人体从病毒感染中恢复,或引起扩张型心肌病。柯萨奇B族病毒和某些腺病毒具有嗜心肌细胞特性,能够通过两种病毒的共同受体进入心肌细胞。心肌组织感染病毒后,可引起自然杀伤细胞、巨噬细胞、T细胞浸润,进一步引起心肌细胞损伤。

2. 病理学所见 尸体解剖中,可见心脏增大、质软,质量增加,心腔扩张;如果累及心包,可合并心包炎,心包内有较多渗出液。炎症累及心内膜或心瓣膜时,可形成炎性赘生物或附壁血栓。心肌病变广泛者,可见心肌组织松软,灰黄色。有些病例肉眼病变所见不明显。组织病理学检查,可见心肌组织散在局灶性或弥漫性心肌细胞水肿,溶解、坏死,心肌纤维间以淋巴细胞、单核细胞为主的白细胞浸润,严重者可累及心内膜(图6-6)。晚期可见多发性心肌纤维化等病变。

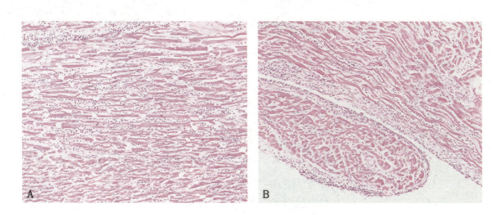

图6-6 病毒性心肌炎
A. 心肌纤维间大量白细胞浸润,主要是单核细胞及淋巴细胞;B. 心内膜大量白细胞浸润。

3. 猝死机制 病毒性心肌炎的临床症状常不明显,往往不能引起人们的充分注意。感染累及心脏传导系统组织时可引起致死性心律失常,是猝死的主要原因。

(四) 克山病

克山病(Keshan disease)是以心肌损伤为主要特征的原因不明的地方性心肌病,1935年在我国黑龙江省克山县发现,由此得名。克山病见于我国各地,发病率高的地区多位于海拔200~2 000m,主要沿兴安岭、长白山、太行山、六盘山到云贵高原的山地分布;日本、朝鲜也曾有报道。我国20世纪50~80年代为高发期,之后逐年下降。2017年,全国克山病哨点监测结果分析显示,14个省份86个病区县的监测哨点共确诊308例克山病,检出率为44/万;其中,慢型克山病检出率为10/万,潜在型克山病检出率为34/万,表明我国仍存在一定数量的克山病病例。该病发病有一定的季节性,我国东北与西北地区多见于冬季发病,西南部地区多见于夏季发病。各年龄段均可患病,多见于青壮年。临床上根据心功能障碍程度分为急型、亚急型、慢型、潜在型四型,北方患病者以急型为主。

1. 病因与发病机制　尚不清楚。既往研究认为,克山病的发生可能与粮食、土壤中缺乏硒微量元素有关;在发病区患者的头发和血液中含硒量明显低于非发病区人群,服用亚硒酸钠可控制一部分克山病的发作。但长期研究发现,包括在最初发现克山病的克山县在内的多个克山病发病地区的土壤、农作物的硒含量适量,甚至属于富含硒地区。因此,单纯的人体内硒含量低并不能说明其发病原因。也有研究认为,克山病可能与病毒,尤其是肠道病毒感染或食物真菌毒素中毒有关。克山病的发病可能与环境造成的营养性物质的缺失、真菌毒素的感染等多因素有关。

2. 病理学所见　心脏增大,有的质量可超过500g。心腔不同程度扩大,少数病例可见附壁血栓形成。心室壁一般不增厚甚至变薄,心肌切面可见散在灶状、条状灰黄或灰白色的坏死区,部分病例可见局灶性纤维瘢痕,病灶分布广泛。组织病理学特征是心肌细胞严重的变性、坏死和瘢痕形成。可见灶状、带状心肌细胞溶解性坏死,坏死灶之间有正常心肌组织,坏死病灶可沿心肌内动脉呈树枝状分布。坏死的心肌组织处纤维组织增生,形成纤维瘢痕(图6-7)。

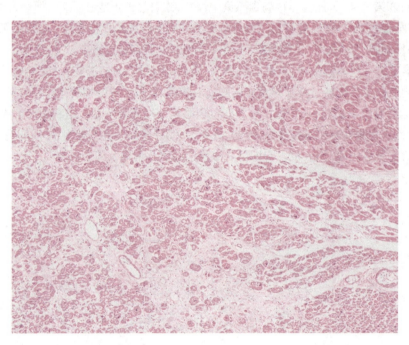

图 6-7　克山病
片状心肌细胞坏死,纤维组织增生。

3. 猝死机制　急型克山病多起病急骤,常伴发心源性休克和严重的心律失常,可致猝死。其他类型克山病可因慢性的心力衰竭或充血性心力衰竭及其所致继发性病变而死亡。

(五) 离子通道病

离子通道病(ion channelopathy)是指离子通道的结构或功能异常所引起的疾病,表现为编码离子通道亚单位的基因发生突变或表达异常,导致离子通道的功能异常、机体生理功能紊乱,形成先天性或获得性疾病,常见累及器官组织包括神经、肌肉、心、肾等。迄今为止,有关离子通道病的研究主要涉及钾、钠、钙、氯离子通道。

法医学实践中,通过系统尸体解剖、组织病理学检查,包括心脏传导系统检查及常见毒物筛查,甚至细菌学检验等未能发现可以说明死因的阳性所见或检测结果,案情调查及现场勘查等也不支持为暴力性死亡,高度怀疑为心源性猝死,即不明原因的心源性猝死,或将其归类于不明原因猝死(unexplained sudden death),此类案例的死因鉴定已成为法医学鉴定工作中亟待解决的难题之一。随着基因检测技术的发展,发现了多种因编码控制细胞膜转运 Na^+、K^+、Ca^{2+} 离子通道蛋白基因突变导致心电节律紊乱的心脏疾病,属于无心脏器质性病变的一类先天性遗传性离子通道病(inheritable and congenital channelopathy),是离子通道病的重要组成部分,占心源性猝死的5%~12%,主要包括 Brugada综合征、长QT综合征、短QT综合征、儿茶酚胺敏感性多形性室性心动过速等,为临床医学及法医学实践中阐明和解决不明原因的心源性猝死的原因提供了理论依据与检验技术手段。

1. 心脏离子通道病、发病机制及其临床表现

(1) Brugada综合征(Brugada syndrome,BrS):是因编码钠离子通道蛋白基因发生突变而引起的一种离子通道性心脏病。1992年,Brugada兄弟首次报道了8例特发性多形性室性心动过速和特发性心室纤颤病例,其静止心电图呈右胸导联ST段持续抬高伴有或不伴右束支传导阻滞改变,而经超声心动图、心血管造影及心肌活检并未发现患者有器质性心脏病。之后,又有同样类型的病例报道。1996年,将此种心脏病命名为Brugada综合征。

1)病因与发病机制:BrS属于不完全性常染色体显性遗传疾病,位于3号染色体上编码心肌细胞电压门控性钠离子通道α亚基的 SCN5A 基因是BrS的易感基因,已发现 SCN5A 有80余种突变,其中约18%~30%突变与BrS密切相关。SCN5A 基因编码的钠通道由2 016个氨基酸组成,基因突变后可引起一系列钠通道功能异常,包括通道蛋白表达减少或细胞内转运过程受到阻碍,造成细胞膜表面功能性钠通道数量减少,钠通道失活速度改变、失活后恢复减慢或加速或者激活时间改变,最终导致钠电流丧失或减少。

2)心电图改变:典型的BrS心电图表现为右胸导联ST段抬高、类右束支传导阻滞及T波倒置,称为"BrS图形三联征"。具体特征为:V_1~V_3导联ST段抬高(0.1mV以上),呈尖峰状,并迅速下降至等电位线下方,或呈鞍背状、拱状抬高;右胸导联类右束支传导阻滞图形改变,左胸导联S波不宽;多源性室性期前收缩、多型性室性心动过速或心室纤颤;QT间期正常;部分患者有阵发性心房纤颤、不同程度的房室传导阻滞等。

3)临床表现:BrS患者临床体检、生化检查、影像学检查及组织活检均未能表明心脏存在器质性病变。通常无症状,发作时发生晕厥或猝死。猝死多发生在夜间睡眠中,尤其在凌晨时分,伴有呻吟、呼吸浅慢及呼吸困难。有时发作时心电监护几乎均为心室纤颤。行心脏电生理检查时可诱发大部分患者出现多形性室性心动过速或心室纤颤。

(2)长QT综合征(long QT syndrome,LQTS):是因编码离子通道蛋白的基因突变导致心肌细胞膜离子通道功能障碍,由于心室动作电位的复极时间延长而引起的一组临床综合征。

1)病因与发病机制:临床上LQTS分为两种类型,一类是瓦-罗综合征(RWS),属常染色体显性遗传,不伴有先天性耳聋,其中90%的个体基因突变体是杂合子,后代患病的概率为50%;另一类是贾兰综合征(JLNS),为常染色体隐性遗传,伴有先天性神经性耳聋。JLNS患者QT间期比RWS患者要长,发生晕厥和猝死等恶性事件的概率也高。此外,根据病因不同又可将LQTS分为先天性(遗传性)和获得性(后天性)两种类型。先天性LQTS是一种遗传性疾病,主要由于编码心肌细胞离子通道的基因发生突变所致。获得性LQTS可继发于药物、电解质紊乱、蛛网膜下腔出血、严重心动过缓等。目前已发现13个与先天性LQTS相关的致病基因,包括KCNQ1(KVLQT1)、KCNH2(HERG)、SCN5A、Ankyrin-B(ANKB)、KCNE1(MinK)、KCNE2、KCNJ2、CACNA1C、CAV3、SCN4B等,将LQTS分为LQT1~LQT13,共13个亚型。已在LQTS致病基因上发现500多个突变位点,大部分属于LQT1、LQT2和LQT3型。

2)心电图表现:LQTS的心电图主要特征是QT间期延长,但不同亚型的QT间期延长程度有很大差异,平均QT间期校正值为0.49s(0.41~0.60s),女性平均比男性长0.02s。LQTS心电图的另一个特点是T波和U波异常。LQT1的特点是T波宽大,LQT2的表现为T波双峰或低平,LQT3的T波之前的ST段延长,出现高大的异常U波。

3)临床表现:先天性LQTS为家族性遗传,典型临床表现为尖端扭转性室性心动过速引起的反复、短暂性晕厥和心源性猝死,常无前驱症状,一般在40岁前出现症状。LQT1和LQT2型主要在儿童和青少年期发病,表现为反复出现头晕、癫痫样发作、晕厥甚至猝死,常在体育锻炼、游泳、睡眠、受到声音刺激和突然的情绪受刺激时发病。LQT3 型主要在睡眠和休息时发作。

（3）短 QT 综合征（short QT syndrome，SQTS）：是一种以心电图 QT 间期明显缩短为特点，伴有或不伴有各种房性、室性心律失常的临床综合征。

1）病因与发病机制：SQTS 是由编码心脏钾离子通道的基因突变所致，已发现 5 个编码涉及复极过程中不同钾离子通道的基因 KCNH2、KCNQ1、KCNJ2、CACNA1C 及 CACNB2b 等基因突变与 SQTS 有关，命名为 SQTS1~SQTS5，共 5 个亚型。不同基因突变引起编码钾离子通道蛋白的相应氨基酸被替换，导致通道的功能增强，钾离子外流增加，心室复极加速形成，心电图表现为 QT 间期异常缩短。

2）心电图表现：SQTS 的心电图特征表现为短 QT 间期，ST 段几乎消失，右胸前导联出现高尖的 T 波，常伴有室性心动过速、心室或心房纤颤。

3）临床表现：SQTS 患者常出现头晕、心悸、反复性晕厥等症状，甚至猝死。首发症状常为心房纤颤引起的心悸和室性心律失常。多有家族史，心脏检查常无器质性改变，血液生化学检查结果无异常。猝死多发生在从睡眠中醒来、受到噪音刺激或劳累时，提示交感神经活动增强或儿茶酚胺水平增加可能与 SQTS 患者心律失常发作有关。

（4）儿茶酚胺敏感性多形性室性心动过速（catecholaminergic polymorphic ventricular tachycardia，CPVT）：因编码钙离子通道蛋白或缓冲和储存钙离子相关蛋白基因发生突变的一种心脏疾病。CPVT 属于一种恶性室性心律失常，预后较差。如未及时诊断和诊治，40 岁以下患者死亡率达 30%~50%。随年龄的增加，发生猝死的可能性明显减少。

1）病因与发病机制：CPVT 具有明显的家族性，分为常染色体显性遗传和隐性遗传，分别与编码心肌细胞肌质网上钙离子释放通道蛋白兰尼碱受体（cardiac ryanodine receptor，RyR2）和编码参与肌质网中钙离子缓冲和储存的肌集钙蛋白基因 2（calsequestrin gene 2，CASQ2）突变有关。患者中约有 50% 存在 RyR2 基因突变，有 1%~2% 存在 CASQ2 基因突变。50%~70% 的 CPVT 患者存在一个 RyR2 或 CASQ2 的致病性突变基因，提示还存在其他 CPVT 基因突变参与。RyR2 通道对胞质游离钙离子浓度的平衡调节发挥重要作用；CASQ2 蛋白参与肌质网中钙离子的缓冲和储存。肌质网释放 Ca^{2+} 需要 CASQ2 与 RyR2 形成复合物。交感神经兴奋可以使突变的 RyR2 通道开放异常增加，导致舒张期钙离子外漏，细胞内钙离子超载，诱发延迟后除极。而 CASQ2 突变可以使心肌细胞肌质网储存和释放钙离子的能力降低，对其进行起搏电刺激或暴露于去甲肾上腺素溶液时，出现了膜电位的剧烈振荡并伴有延迟后除极。

2）心电图表现：CPVT 患者静息心电图的形态无明显异常，QT 间期在正常范围内，QRS 波群正常或轻度左偏，但心率普遍偏慢，可出现加速性交界区心律、交界区性逸搏和房性心动过速。发作时，特征性的心电图所见为双向性室性心动过速，呈右束支阻滞样，电轴左偏与电轴右偏交替，也可见多形性室性心动过速或心室纤颤。

3）临床表现：多数患者在 10~20 岁出现症状，3 岁以前罕见发病。典型症状是运动或情绪激动时发生晕厥，但成年患者发生晕厥相对较少。发作时可表现为面色苍白、头晕、全身无力，严重时可出现意识丧失，或伴有惊厥、抽搐、大小便失禁等，症状发作数秒或数分钟后患者意识可自行恢复。有些患者症状发作时即可发生猝死，14%~33% 的患者有晕厥或猝死的家族史。

2. 心脏离子通道病共同特点

（1）均属于基因突变导致心肌细胞膜离子通道功能异常。

（2）心脏无器质性病变。

（3）疾病具有隐匿性，易发生严重的心电节律紊乱（室性心动过速、尖端扭转型室性心动过速、心室纤颤）甚至心源性猝死。

（4）多数有常染色体显性或隐性的遗传特征，有家族多发倾向，儿童及成年人均可发生。具有隐匿性，在某些外界诱发因素的影响下，可发生猝死，也可在睡眠中猝死。

（5）通过系统尸体解剖、组织病理学检查及毒物筛查等检验、检测无阳性所见或结果。

3. 离子通道病的死因鉴定　目前,法医学实践中可采用死后基因检测技术(postmortem genetic testing)对离子通道疾病进行检验,应用该技术需注意以下几方面问题。

(1)对于通过系统尸体解剖、详细的组织病理学检查(包括心脏传导系统检查及毒物筛查等确系属于阴性解剖),并结合详细的现场勘查和案情调查高度怀疑为心源性猝死的案例,经调查有家族性无器质性心脏病的心源性猝死情况者,更适合用死后基因检测技术进行死因鉴定。

(2)死后基因检测需要使用 EDTA 抗凝血或冷冻保存心肌等组织,石蜡包埋或甲醛固定的组织不适用于离子通道疾病的检测。

(3)死后基因检测技术仅属于病理学或法医病理学尸体解剖检验工作中的一项检测技术,需要由专业性的基因检测实验室进行检测,死因鉴定中需要结合其他各项检查结果及案情、病史等资料等综合分析、判定。

(六)心脏传导系统病变

心脏传导系统(cardiac conduction system,CCS)是心肌内能够产生和传导冲动的特殊分化的心肌组织,由窦房结、结间束、房室结、希氏束、左右束支及浦肯野细胞构成。心电冲动由窦房结形成、发出,通过结间束传至房室结及左心房,再经希氏束传导至浦肯野细胞使心房肌及心室肌激动,完成一次心电传导周期。心脏传导系统受副交感和交感神经支配。

1. 病因与发病机制　主要是炎症、纤维化、脂肪浸润、供血障碍、发育异常、出血等,或心肌缺血、肿瘤等累及传导系统。

2. 病理学所见

(1)传导系统的炎症:单纯心脏传导系统发生炎症者少见,多见于心内膜炎、心肌炎、心外膜炎累及心传导系统,可见传导组织充血、水肿,结细胞变性、坏死,中性粒细胞、淋巴细胞、单核细胞等白细胞浸润。

(2)传导系统的纤维化:包括病理性纤维化和增龄性纤维化。传导系统病理性纤维化主要见于因各种原因导致心肌组织坏死,继发纤维增生、纤维化,使传导系统组织,如心内膜下的希氏束、浦肯野细胞等受累。增龄性纤维化主要见于老年人因动脉硬化等供血不足,使窦房结、房室结区域纤维组织增生、纤维化,造成起搏细胞(P 细胞)数量减少。

(3)传导系统脂肪浸润:随着年龄增加,传导系统,特别是窦房结、房室结区脂肪组织增生、浸润逐渐增加。严重者肉眼检查即可见到窦房结或房室结部位呈淡黄色。组织病理学检查,见在窦房结和房室结区散在或弥漫性脂肪细胞浸润,有的病例可见窦房结区、房室结区绝大部分实质脂肪化,心肌细胞数量显著减少。心内膜下脂肪组织浸润可使浦肯野纤维减少、被分割(图 6-8)。

(4)传导系统的血管病变:窦房结动脉与房室结动脉为相应窦房结及房室结供血,法医学实践中可见动脉管壁增厚、管腔狭窄,偶见血栓或转移的肿瘤细胞栓塞等,可引起传导系统供血障碍。

(5)传导系统肿瘤:心脏传导系统肿瘤较为罕见,主要见于纤维瘤、血管瘤、房室结间皮瘤及横纹肌瘤等良性肿瘤。心脏错构瘤可以累及浦肯野纤维。

3. 猝死机制　心传导系统产生并传导冲动,使心房肌和心室肌按一定节律收缩,以维持人体有效循环。当窦房结、结间束、房室结、希氏束等产生病变时,可因产生冲动或传导冲动功能障碍引起急性心功能障碍而发生猝死。

4. 心脏传导系统检验　并非法医病理学常规性检验工作。对于可疑猝死案例检验中,如果通过系统尸体解剖或结合组织病理学检查未能发现可以说明死因的原发性疾病时,需要考虑并进行心脏传导系统检验。通常提取窦房结、房室结区域组织,或同时提取希氏束部位心肌组织,通过制作连续切片、HE 染色或结合脂肪组织、胶原纤维特殊染色等,进行传导系统检验及死亡原因鉴定。

(七)主动脉夹层

主动脉夹层(aortic dissection,AD)是指主动脉的血流通过主动脉内膜破口进入主动脉壁的中层,血液在血流压力作用下沿着主动脉壁不断延伸,使主动脉管壁形成夹层。

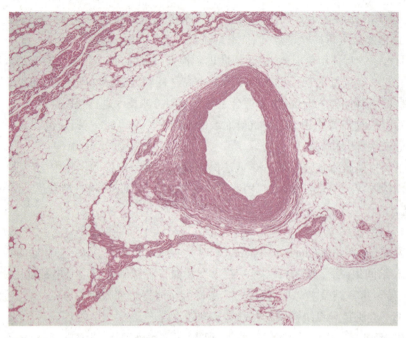

图 6-8　窦房结脂肪组织浸润

窦房结动脉周围大量脂肪组织浸润,仅残存少量 P 细胞,呈条索状分布。

主动脉夹层发病率为每年(50~100)/10 万,随着高血压病和动脉粥样硬化的发病率增高,本病发病率呈上升趋势,发病高峰年龄是 40~70 岁,男性明显高于女性,比例约为(2~3):1。依据主动脉夹层破裂口位置、夹层累及范围及治疗需要,临床上有 Debakey、Stanford 两种分型。Debakey 分型:Ⅰ型,破口位于主动脉瓣上 5cm 内,近端累及主动脉瓣,远端累及主动脉弓、降主动脉、腹主动脉,甚至达髂动脉;Ⅱ型,破口位置与Ⅰ型相同,夹层仅限于升主动脉;Ⅲ型,破口位于左侧锁骨下动脉开口以远2~5cm,向远端累及至髂动脉。Stanford 分型:A 型,破口位于升主动脉,适合急诊外科手术;B 型,夹层病变局限于腹主动脉或髂动脉。

　　1. 病因与发病机制　动脉夹层的病因尚不十分清楚,研究表明,与多种易感因素有关,如高血压、动脉粥样硬化、糖尿病、梅毒性动脉炎等;还可见于遗传性疾病,如马方综合征等。

　　研究表明,主动脉内膜与中膜的退行性改变是动脉夹层形成的主要病变基础。法医学实践中,也常见因胸部受到外力作用,导致主动脉,特别是主动脉弓处内膜破裂,形成外伤性动脉夹层。

　　2. 病理学所见　病理性主动脉夹层的形成属于慢性进行性病变过程。动脉内膜破裂口多为一个,位于主动脉瓣环口上或主动脉弓处,甚或两个。主动脉夹层外膜破裂口不规则,大小不等,可位于升主动脉、主动脉弓或降主动脉,可伴有局部主动脉扩大形成梭形的囊袋状;夹层可由主动脉弓延伸至腹主动脉,甚至左、右髂动脉、肾动脉,夹层中充满血液及凝血块,夹层形成时间较久者可见紫褐色凝血块机化性改变。尸体解剖中,因破裂口位置不同,可见心包内充满血液,伴凝血块形成,或胸腔、腹腔内大量出血。组织病理学检查,主要是主动脉中膜层的平滑肌细胞变性、坏死、弹力纤维断裂,基质有黏液样变。对于外伤性主动脉夹层,应根据系统尸体解剖、组织病理学检查等,结合案情及相关病历资料,分析外伤与主动脉夹层形成的相关性,并注意检查主动脉是否存在粥样硬化、血管壁退行性改变等有助于动脉夹层形成的因素。外伤性主动脉夹层导致的死亡不属于猝死范畴。

　　3. 猝死机制　常因缺乏明显的临床症状或体征而突然破裂致人死亡,或起病急骤,表现为胸前区突发的剧烈疼痛、休克和胸部压迫症状,多数主动脉夹层分离病例在发生夹层外膜破裂后数小时或数天内死亡。法医学实践中,常见 Stanford A 型夹层破裂后大量血液破入胸腔或心包内,导致大量失血或心脏压塞,可迅速致死。

NOTES

二、中枢神经系统疾病

近年尚缺乏有关中枢神经系统疾病猝死的流行病学调查报道。基于 1999—2009 年期间发表的一项通过尸体解剖确定猝死病因的相关文献分析的研究显示,因中枢神经系统疾病导致的猝死约占猝死总数的 12.2%,其中最常见的是脑出血(大脑出血、蛛网膜下腔出血、脑干出血),其次是化脓性脑膜炎、脑膜瘤、脑梗死。

(一)脑血管疾病

脑血管疾病(cerebral vascular disease)是中老年人群的常见病和多发病,由其引起的脑卒中(脑出血、脑梗死)的病死率和致残率较高,已成为危害中老年人身体健康和生命的主要疾病之一。脑血管疾病中最常见的是脑动脉硬化,其次是动脉瘤和脑血管畸形等。据《中国心血管病报告 2018》报道,我国脑血管病死亡率仍呈上升趋势;农村地区脑血管病死亡率高于城市地区(158.15/10 万比126.41/10 万)。因此,中枢神经系统疾病导致死亡的死因鉴定仍是法医学实践中常见的工作。

1. 脑出血(cerebral hemorrhage)　是指因脑内血管破裂引起的脑实质出血,又称为自发性脑出血。在所有脑血管疾病中,脑出血占 20%~30%,其中大多数为大脑半球,其次为脑干和小脑出血。脑出血死亡率很高,特别是脑干出血,死亡率高达 80%~90%。

(1)病因与发病机制:绝大多数自发性脑出血系因高血压病脑内硬化的小动脉破裂出血,常因血压骤然升高使病变血管破裂引起,临床上称为高血压性脑出血,在法医病理学诊断中常称之为动脉硬化性脑出血。其他较少见引起脑出血的疾病包括先天性脑血管畸形、动脉瘤、血液病(再生障碍性贫血、白血病、血友病、血小板减少性紫癜等)、脑动脉炎、脑内恶性肿瘤、脑的转移瘤等。

(2)病理学所见:由于大脑中动脉的深穿支豆纹动脉在基底节附近呈垂直角度发出,血管细长,当血压突然升高时硬化的动脉易发生破裂。尸检中可见脑回受压变平,脑沟变窄,出血侧大脑半球隆起。出血量大时,可穿破脑皮质引起弥漫性蛛网膜下腔出血。大脑切面可见大脑内囊、基底节区出血、血肿形成,局部脑组织结构破坏,出血可破入同侧或双侧侧脑室,形成血肿铸型,或同时伴有第三脑室的积血以及大脑中线向出血对侧移位等。由于颅内压增高,可见出血一侧有明显的海马沟回疝压迹,甚至双侧小脑扁桃体疝压迹。脑桥出血者,可见切面实质内片状出血或伴血肿形成,出血可破入第四脑室。组织病理学检查,见出血区脑组织结构破坏,出血灶周围的脑组织水肿、坏死和散在灶状出血和血管周围出血。蛛网膜下腔及脑内小动脉壁硬化、玻璃样变性,或伴有血管壁钙化、分层,常可见血管周围散在棕褐色颗粒状含铁血黄素样物沉积;皮质神经元缺血性损害改变及血管、细胞周围间隙增宽等脑水肿改变。

(3)猝死机制:急性脑出血患者常因颅内压急剧升高导致脑水肿、脑疝,特别是小脑扁桃体疝形成而压迫延髓呼吸、循环中枢而引起猝死。多数情况下,脑内出血并不能导致短时间死亡,常可因合并支气管肺炎、脑积水等继发性病变而死亡,此时不属于猝死范畴。

2. 自发性蛛网膜下出血(spontaneous subarachnoid hemorrhage)　是指因病变的脑表面或脑底血管破裂,血液流入蛛网膜下腔引起的一种临床综合征;在法医学领域,也称为非外伤性蛛网膜下腔出血。与自发性蛛网膜下出血不同,外伤性蛛网膜下腔出血是指因头部外伤造成蛛网膜血管破裂或脑挫伤引起的蛛网膜下腔出血。无论是外伤性还是非外伤性蛛网膜下腔出血,均可分为原发性和继发性两种;原发性蛛网膜下腔出血是指因各类病理性或暴力性因素导致脑蛛网膜或脑底血管发生破裂而引起的,继发性蛛网膜下腔出血则是指各类因素造成的脑实质内出血、硬脑膜外或硬脑膜下出血等,血液流入蛛网膜下腔。临床症状表现为突然发生的剧烈头痛、恶心、呕吐和脑膜刺激征等。

据资料显示,自发性蛛网膜下出血发病率为(6~20)/10 万,占全部猝死的 2%~5%,约占神经系统疾病猝死的 25%,是中枢神经系统病变引起猝死的重要原因之一,主要因脑血管畸形,如动静脉畸形、脑动脉瘤破裂引起。其他脑血管畸形还包括烟雾病(moyamoya disease),该病为病因不明,以双侧颈内动脉末端及大脑前动脉、大脑中动脉起始部慢性进行性狭窄或闭塞为特征,并继发脑底异常血管网形成的一种脑血管疾病,影像学上表现为颅底异常血管网,最常见是引起脑缺血,也可引起自发性蛛网膜下腔出血,罕见引起猝死。

(1)病因与发病机制:动静脉畸形是一种先天性局部脑血管发生学上的变异,系因胚胎期血管生成的调控机制发生障碍所致。属于脑动脉和脑静脉之间缺乏毛细血管,使动脉与静脉直接相通,形成动静脉之间的短路,可导致一系列脑血流动力学的紊乱。脑动脉瘤多因先天性动脉壁中层发育不良,弹力纤维薄弱或缺失,血流冲击而逐渐形成。

20%~30% 的蛛网膜下腔出血者出现脑血管痉挛,引起迟发性缺血性损伤,可继发脑梗死。脑血管痉挛在数分钟或数小时缓解;出血后 3~5 天,可出现迟发性脑血管痉挛,引起缺血缺氧性脑损害。

(2)病理学所见

1)动静脉畸形:动静脉血管畸形大小相差大,较大者在脑沟内或皮质表面呈血管团状,小的肉眼见不到。组织病理学上,表现为血管呈簇状排列,管腔宽窄不一,管壁的结构不规则、厚薄不均,动、静脉结构混合在一起。

2)脑动脉瘤:多见于基底动脉环的前交通动脉处,其次为大脑后动脉,局部动脉壁向外膨出,呈囊状、球状、管状或梭形,多为单发,也有多发,瘤体直径一般为 0.5~2cm,少数直径小于 0.2cm。硬化性动脉瘤主要与内膜病变累及中层有关,多发生在基底动脉环周围。一旦动脉瘤破裂,出血量大,可引起猝死。尸检中应首先检查出血最显著的部位。脑动脉瘤破裂出血多聚集在脑底动脉环及脑干周围,先仔细剥离脑底蛛网膜,并避免损伤血管,可用缓慢流水冲洗聚集的血液及凝血块,暴露出脑底各血管及其分支,查找动脉瘤病变。由于死后血管内压力消失,瘤体塌陷,有时不易分辨,可以通过脑底血管灌注液体显示动脉瘤(图 6-9)。动脉瘤破裂口较小、不规则,常见于瘤体壁薄处,同时提取瘤体及周围血管进行组织病理学检查。组织病理学上,表现为囊性膨出的动脉管壁厚薄不均,管壁变性、分层,有的可见内膜侧血栓附着等。有时,血管畸形病变较小,肉眼较难检见,可于出血明显处提出脑组织检材进行组织病理学检查加以证实。需要注意的是,法医学实践中常见因头部受到钝性外力作用导致椎动脉、基底动脉或小脑后动脉等脑底血管破裂或断裂,引起弥漫蛛网膜下腔出血而死亡的案例。尸体解剖中在打开颅腔取出脑之前,应首先仔细检查脑底各血管及其分支的分布及其完整性,此类死亡不属于猝死范畴。

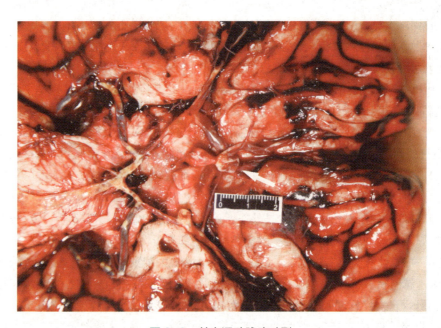

图 6-9 前交通动脉瘤破裂

前交通动脉部位可见囊状管壁膨出,因无血液压力呈塌陷状(箭头),蛛网膜下腔弥漫出血,脑底其他动脉管壁散在粥样硬化斑块形成。

（3）猝死机制：大量蛛网膜下腔出血可引起急性颅内压增高，导致脑疝而发生猝死。

（二）颅内肿瘤

颅内肿瘤（intracranial tumor），也称脑部肿瘤，是神经系统中常见的疾病之一，其发病率为（1.9~5.4）/10万，脑及其他神经系统肿瘤约占全身各种肿瘤的1%~4%，约占癌症患者死亡人数的3%。颅内肿瘤包括原发性肿瘤与转移瘤。颅内肿瘤中，胶质细胞瘤占了43.48%，脑膜瘤占17.47%，转移瘤约占11.6%。法医学实践中，因颅内肿瘤导致猝死的案例相对较少。尸体解剖中，常可见到无症状的脑膜瘤者，常与死亡原因无关。

1. 常见引起猝死的颅内肿瘤　临床及法医学实践中，常见引起猝死的颅内肿瘤主要为胶质细胞瘤、髓母细胞瘤以及室管膜瘤。不同种类的肿瘤其病因及发病机制不同。

（1）胶质细胞瘤（spongiocytoma）：是最常见的原发性中枢神经系统肿瘤，约占所有颅内原发肿瘤的一半。根据肿瘤细胞形态学与正常脑胶质细胞的相似程度（不一定是其肿瘤细胞的来源），主要包括星形胶质细胞瘤、少突胶质细胞瘤、髓母细胞瘤，少数病例为混合胶质细胞瘤。

1）星形胶质细胞瘤（astrocytoma）：发生于星形胶质细胞，约占胶质细胞瘤的65%，多发生于大脑额叶、颞叶及顶叶，其次为脑干。肉眼所见，肿瘤呈灰白色，质地坚韧，无包膜，与周围脑组织分界不清。恶性程度高的常伴有瘤内的出血与坏死。根据瘤细胞形态与分化程度，组织形态学分为纤维型、原浆型、肥厚型和星形母细胞瘤四种类型。

多形性胶质母细胞瘤（glioblastoma multiforme）是由星形胶质细胞瘤恶变而来，一般被认为是星形细胞瘤、混合性星形少突细胞瘤、少突胶质细胞瘤进行性间变表型，在星形胶质细胞瘤中恶性程度最高。肉眼观察，肿瘤直径多在5cm以上，无包膜。切面呈红黄色、棕色或灰红色，边界不清，常见瘤组织内出血、坏死及新鲜与陈旧性出血并存。组织病理学检查，见肿瘤细胞大小不一，细胞形态不规则，核分裂象多，核染色质深染，瘤细胞常呈多形性，易见异形多核巨细胞，坏死区周围的瘤细胞呈栅栏状围绕排列。间质内小血管增生明显，呈花蕾状、肾小球样，或形成弯曲长带状。

2）少突胶质细胞瘤（oligodendroglioma）：起源于少突胶质细胞，占胶质细胞瘤的5%~10%，多见于成年人的大脑半球，多位见于额叶，其次为顶叶与颞叶。肿瘤呈灰红色、质硬，边界不清，瘤体切面常可见出血、坏死、钙化等病变。组织病理学检查，见瘤组织由少突胶质细胞构成，瘤细胞密集，形态一致，胞核圆形，深染。核周胞质透明，间质少，血管丰富。出现瘤细胞大小不一或瘤巨细胞，核分裂象活跃，实质内有出血、坏死，表明为恶性少突胶质细胞瘤。

3）髓母细胞瘤（medulloblastoma）：是颅内恶性程度最高的胶质细胞瘤，主要表现为生长极其迅速，手术不易全部切除，肿瘤细胞有沿脑脊液产生播散性种植的倾向。主要发生于14岁以下的儿童，少数见于20岁以上者。由于高度恶性、生长快、病程短，主要表现为颅内压增高症状和小脑症状。肿瘤主要位于小脑蚓部，第四脑室向内突入生长，并可向上阻塞导水管，向下阻塞正中孔，也可侵入小脑延髓池及累及小脑脚。由于肿瘤位于小脑幕下，且生长速度快，或同时伴有肿瘤内出血，易引起小脑扁桃疝而发生猝死。肉眼检查，见瘤体呈实质性，质软、易碎，边界可辨认；切面呈紫红或灰红色，肿瘤较大者实质内可出现局灶性出血、坏死。组织病理学检查，见细胞成分丰富、体积小，不规则聚集，少数形成假菊花样，或呈腺泡或实体腺管样。瘤细胞呈圆形、椭圆形或长椭圆形，细胞膜不清，排列密集，细胞质极少；细胞核大小不等，圆形或卵圆形，核质浓染，多见异常核分裂象。

（2）室管膜瘤（ependymoma）：患病者男性多于女性，多见于儿童及青年。肿瘤来源于室管膜上皮细胞，发生部位依次为第四脑室、侧脑室、第三脑室、导水管，发生于幕下者约占75%，大多位于脑室内，少数瘤体在脑组织内。肉眼观察，肿瘤呈结节状或分叶状，界限分明。大的可以充满脑室，使脑室相应扩张变形。切面呈灰红色，质地较硬，可出现坏死、出血。组织学见肿瘤细胞形状大小一致，为圆形或卵圆形，染色质丰富，胞质较少。细胞界限不清，瘤细胞围绕血管形成菊花团样结构，或排列成腺管样结构。也有学者将其归类为胶质细胞瘤。

2. 猝死机制　颅内肿瘤发病常呈隐匿性，当肿瘤生长到一定程度，或生长速度快，导致瘤体内的供血、供氧相对不足,使肿瘤实质内发生出血、坏死,瘤体快速增大,或肿瘤侵及脑室或阻塞导水管,致使脑脊液的循环障碍,引起脑积水,引发颅内压增高,严重的颅内压增高可致急性死亡。

(三) 癫痫

癫痫(epilepsy),俗称"羊角风",是中枢神经细胞异常兴奋引起细胞放电产生的阵发性大脑功能紊乱综合征。2005 年,国际抗癫痫联盟将癫痫发作定义为"具备突发突止、短暂性、一过性等特点的临床痫性发作,脑电图上可发现过度的异常同步化放电"。据流行病学调查,我国癫痫患病率为4.4‰~4.8‰,全国大约有 600 万人罹患癫痫,其中以儿童及青少年居多,对人类的危害较大。按癫痫发病原因,分为原发性和继发性两种类型。原发性癫痫又称特发性癫痫,其病因不明,可能与遗传因素有关;继发性癫痫多由脑部器质性改变(损伤、脑瘤及代谢性疾病等)所致。癫痫的临床表现为暂时性的运动障碍和意识障碍,具有突发性、一过性、反复性等特点。发作期间可在脑电图上显示癫痫波形。癫痫在大发作时,引发癫痫持续状态(status epilepticus)可以导致猝死。

1. 癫痫发作分类及发病机制　2017 年,国际抗癫痫联盟认为,癫痫是一种脑部网络病,而不只是大脑局部异常而表现出来的一种症状,并将癫痫发作分为局灶性起源、全面性起源及起源不明三种,每种类型又进一步分为运动性和非运动性发作。根据病因,分为原发性癫痫及继发性癫痫。原发性癫痫又称真性癫痫、特发性癫痫、功能性癫痫、隐源性癫痫等,多见于儿童及青少年,绝大多数在 30 岁前发病。继发性癫痫又称症状性癫痫,是由其他疾病、中毒、损伤等导致的癫痫,可见于任何年龄,大多起病于青壮年之后。癫痫病因及发病机制复杂,尚不十分清楚,可能与离子通道或相关分子的结构或功能改变有关。

2. 猝死的流行病学　流行病学研究表明,癫痫是仅次于脑卒中的神经系统常见病,癫痫患者的死亡风险较普通人群明显增高,尤其是癫痫猝死(sudden unexpected death in epilepsy,SUDEP)已成为癫痫患者的主要死亡原因。欧美报告的 SUDEP 发生率为(0.09~9.3)/1 000,瑞典的一项癫痫登记调查显示,SUDEP 占癫痫患者的 5.2%。我国研究显示,尽管缺乏尸检结果,但推算我国 SUDEP 的发生率可能为 2.34/1 000。SUDEP 在儿童发生率低,青春期后增高,成年早期(25~40 岁)达高峰,后逐渐下降。老年患者中 SUDEP 发生率不高,可能是对 SUDEP 认识不足及缺少尸检证据,使老年死亡更多地归因于心源性猝死或其他基础疾病而未进一步做 SUDEP 筛查。

3. 病理学所见　原发性癫痫常无明显的病理学改变,反复大发作或过长时间抽搐可造成脑细胞的缺血缺氧性损害。显微镜下观察,可见部分癫痫猝死病例的大脑颞叶海马沟回有硬化病变区,神经细胞数目明显减少,伴胶质细胞和纤维组织增生。大脑皮质边缘硬化,皮质有灶性变性坏死和胶质细胞增生形成的胶质小结;皮质下层局部有胶质细胞和胶质纤维增生。少数病例还可见脉络膜与蛛网膜的纤维化。此外,小脑皮质、齿状核、丘脑、豆状核、橄榄核等可见变性、坏死、萎缩改变,并可形成胶质结节。部分患者组织学检查可见神经细胞异常大而圆,称神经纤维母细胞样改变。继发性癫痫病例中,可见明显的脑器质性病变,如先天性脑积水、小头畸形、胼胝体发育不全、脑皮质发育不全等先天性疾病以及颅脑损伤、颅内感染、中毒性脑损害、颅内肿瘤等病变。

4. 猝死机制

(1) 心脏功能障碍:心脏功能障碍被认为是最重要的机制。癫痫发作后,高碳酸血症引起的酸中毒可以导致心律失常。低氧血症降低了心律失常发生的阈值,易发生心脏功能障碍。部分癫痫患者大发作时,可出现明显的副交感神经兴奋现象,引发致命性心动过缓和心脏停搏。

(2) 呼吸功能障碍:长时间癫痫发作可以导致左心房及肺动脉压力增高、肺水肿、肺通气不足和心动过速。在 SUDEP 案例中也记录到因呼吸暂停或肺通气不足引起的低氧血症。癫痫大发作时,呼吸肌发生痉挛也可引起急性呼吸功能障碍导致中枢性呼吸暂停或窒息死亡。法医学实践中,还发现部分癫痫发作死亡者呼吸道内可见胃内容物吸入,也是癫痫发作死亡的原因之一。

(3) 大脑功能抑制:研究表明,长时间癫痫发作患者脑电图呈发作后广泛抑制改变。大脑的广泛性抑制能够影响脑干的呼吸中枢,致中枢性呼吸暂停和肺通气不足,进一步加重癫痫发作,形成恶性循环,脑干长时间受抑制可导致呼吸功能障碍而猝死。

（4）自主神经功能障碍:自主神经系统可以调节心血管及呼吸功能。在SUDEP病例中表现出自主神经系统过度激活。通过评估心率变异性(heart rate variations,HRV)发现,在慢性癫痫患者中存在HRV降低;也有研究显示,较长癫痫病程、联合多药治疗、难治性癫痫和长时间的癫痫发作都可以降低HRV,表明自主神经系统过度激活也可能是导致SUDEP发生的原因之一。

(四) 病毒性脑炎

病毒性脑炎(viral encephalitis)是中枢神经系统感染性疾病,指病毒感染累及脑膜和脑实质的炎症。各年龄组均可发病,以儿童发病更为常见。流行病学研究显示,病毒性脑炎的发病率为(3.5~7.4)/10万,也有报道为1.4/10万,且病死率和致残率均较高,由媒介传播的病毒性脑炎具有显著的地理分布特征。尽管病毒性脑炎引起的猝死时有发生,但国内外尚缺少病毒性脑炎导致猝死的相关流行病学资料。

1. **病因及发病机制**　国内外研究显示,130多种病毒可引起脑炎,其中主要为肠道病毒、疱疹病毒、虫媒病毒、副黏病毒、弹状病毒及腺病毒六大类。其中,肠道病毒是引起病毒性脑炎的主要病原体,占病毒性脑炎病例的10%~20%。我国病毒感染主要是日本脑炎病毒、肠道病毒及单纯疱疹病毒,儿童中最常见的病毒性脑炎病原体是肠道病毒。病毒侵袭至中枢神经系统后,可引起神经细胞坏死、凋亡、炎性细胞浸润及胶质细胞增生等,引起脑实质病变。免疫损伤是脑组织损伤的另一重要机制。

2. **病理学改变**　病毒性脑炎的基本病因是病毒侵袭脑组织后引起的一系列炎性和免疫反应,其宏观及组织病理形态学所见基本相似。肉眼检查,见病毒性脑炎的病变可累及大脑、小脑、脑干及脑膜,范围较广泛,表现为弥漫性脑组织肿胀,回平沟浅,蛛网膜下腔血管扩张、淤血,海马沟回及小脑扁桃体压迹较明显。切面色淡,较广泛性血管扩张、淤血。组织病理学检查,见神经细胞水肿、变性、坏死,伴有较明显的噬神经细胞现象及卫星现象,有时在神经元胞体内可见嗜伊红性病毒包涵体;广泛性血管及细胞周围间隙增宽等脑水肿改变,有时可见血管周围出血。白质区可见散在局灶性神经纤维脱髓鞘改变,病情持续时间较长者,胶质细胞数目增多,或伴有局灶性胶质小结形成。病变严重者可见软化灶形成,局部组织坏死、崩解,可见泡沫细胞。部分小血管周围可见密集的淋巴细胞与单核细胞呈"袖套样"围管性浸润(图6-10)。

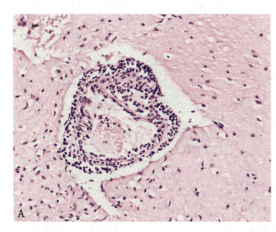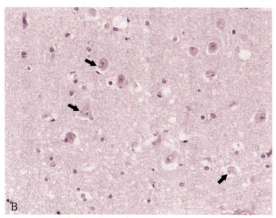

图6-10　病毒性脑炎
A.血管周围大量淋巴细胞呈"套袖样"围管性浸润;B.多个神经元胞体内可见嗜伊红性病毒包涵体(↑)。

3. **猝死机制**　病毒侵袭后可激发自身免疫反应,产生急性播散性脑脊髓膜炎或抗体介导的脑炎,引发中枢神经系统炎症反应。不同种类病毒引起脑损害的分子机制不同,但导致病毒性脑炎患者死亡的基本病理生理机制为病毒通过引发的中枢神经系统炎症反应,引起胶质增生、神经细胞死亡,并导致脑水肿、颅内高压、脑疝形成压迫脑干生命中枢而引起猝死。严重者可因脑实质破坏,尤其是脑干的神经细胞受到破坏,导致呼吸、循环中枢衰竭死亡。

(五)流行性脑脊髓膜炎

流行性脑脊髓膜炎(epidemic cerebrospinal meningitis),简称"流脑",是由脑膜炎奈瑟菌(*Neisseria meningitidis*)感染引起的急性化脓性脑膜炎,具有起病急、进展快、传染性强、病死率高等特点。该病通过呼吸道飞沫或接触口腔分泌物传播,是细菌性脑膜炎中唯一能造成流行的疾病。临床上主要表现为起病急、发热头痛、皮肤瘀斑、呕吐及颈项强直等脑膜刺激征。由于流脑疫苗的广泛使用及环境条件的改善等,发病率逐渐减少,但全球仍常有散发病例。近10年,我国该病的发病率减少显著。根据辽宁省疾病与预防控制中心对该病的流行病学调查、分析,2006—2019年间省内共报告病例183例,年均发病率为0.030 1/10万,死亡28例,年死亡率为0.004 6/10万,病死率为15.30%。发病时间以冬春季为主,11月~次年5月报告病例数占病例总数的89.07%;发病年龄主要集中在20岁以下,占病例总数的52.46%。

1. 病因与发病机制　脑膜炎奈瑟菌,又称为脑膜炎双球菌,属于革兰氏阴性双球菌,依据血清型可分为A、B、C、E、H、I、K、L、X、W、Y、Z 12个群,其中A、B、C、W、X、Y 6个群引发的病例占全球总病例数的50%。据中国疾病预防控制中心调查,我国在2015—2019年间报告的病例中A、B、C血清型病毒约占总病例数的64%,其中B、C血清型占绝大多数。脑膜炎奈瑟菌经鼻咽部透过黏膜进入血流、侵入脑膜,通过血-脑屏障进入脑脊髓膜引起化脓性脑膜炎。脑膜炎奈瑟菌能产生毒力较强的内毒素,激活补体,引发炎症介质产生增多,引发微循环障碍和休克,病变严重的可引发爆发型败血症型流脑,既往称为败血症及华-佛综合征(Waterhouse-Friderichsen syndrome),死亡率极高。若抢救不及时可发生严重的脑水肿及脑疝,常在短时间内发生猝死,是脑膜炎中最为严重的一类。

2. 病理学改变　尸体解剖中,可见皮肤、黏膜及器官被膜或浆膜下广泛的出血点或出血斑。脑脊液呈黄绿色混浊脓性,脑蛛网膜及软脑膜呈化脓性改变,蛛网膜下腔血管扩张、淤血,全脑弥漫性肿胀,或伴有小脑扁桃压迹明显;切面可见脑实质内散在灶状出血,弥漫性血管扩张、淤血。组织病理学检查,见蛛网膜下腔及软脑膜大量的白细胞浸润,以中性粒细胞、单核细胞为主,并有条索状纤维素样物形成(图6-11)。皮质神经元胞体肿胀或凝固性改变,嗜伊红染色增强,伴噬神经细胞现象及卫星现象。血管及细胞周围间隙增宽。小血管中白细胞数量增多,可见血栓形成等;可见局灶性筛网灶及软化灶形成。肺淤血、水肿、出血及其他多器官淤血,或伴有间质出血等。脑脊液及脓性渗出物涂片可见脑膜炎双球菌。

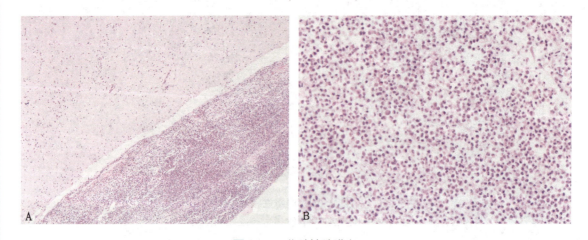

图6-11　化脓性脑膜炎
A. 大脑蛛网膜增厚,伴大量中性粒细胞浸润;B. 主要以中性粒细胞及单核细胞为主。

3. 猝死机制　猝死机制主要为脑膜炎双球菌入血后可迅速繁殖,形成败血症,并产生大量脂多糖内毒素,引起血管内皮细胞的损伤,导致弥散性血管内凝血(DIC)及中毒性休克。细菌侵入中枢神经系统引发脑膜脑炎,产生严重脑水肿,使颅内压力急剧增高并发脑疝形成,特别是小脑扁桃体疝(枕骨大孔疝),压迫生命中枢引起快速死亡。

三、呼吸系统疾病

呼吸系统疾病引起的猝死是指原发于呼吸系统,主要是肺疾病引起的猝死,在成人猝死的死因中占第二位,在小儿猝死中占第一位。呼吸系统的多种疾病可导致猝死,如肺炎、支气管哮喘、肺气肿、自发性气胸、肺结核等,其中以各类型肺炎引起的猝死最多见。

既往法医学相关的教材及著作中,将急性喉阻塞作为引起猝死的疾病,但急性喉阻塞本身并不属于原发性疾病,且常见于损伤、手术等原因引起的颈部出血,或过敏因素等引起的继发性喉头水肿,罕见原发于喉部占位性病变。因此,本节中主要论述常见引起猝死的肺疾病。

(一) 肺炎

肺炎(pneumonia)是指由于不同的病原体感染或者其他非病原体等因素所引起的肺部炎症的总称,一般是指社区获得性肺炎,是呼吸系统的常见、多发病。根据 WHO 数据统计,2000—2016 年,全球因下呼吸道感染死亡的人数约占总死亡人数的 6.1%。肺炎可由生物病原体和物理、化学因素引起。医学不同领域中肺炎的分类不同,如基于临床诊断与治疗、病理学诊断、影像学诊断工作的需要,儿童与成年人由于肺炎的病因差异,均有相应的分类。同时,各种类型的肺炎可进一步分为亚类。根据病因不同,可将肺炎分为感染性肺炎(如细菌性、病毒性、支原体性、真菌性和寄生虫性感染)、理化性肺炎(如放射性)和变态反应性肺炎(如过敏性和风湿性)。根据病变部位不同,分为大叶性肺炎、小叶性肺炎和间质性肺炎。按病变性质,又可分为浆液性、纤维素性、化脓性、出血性、干酪性、肉芽肿性肺炎等类型。法医学实践中主要依据病变部位的肺炎分类进行诊断和死因鉴定。

1. 大叶性肺炎(lobar pneumonia) 又称肺炎球菌肺炎,是主要由肺炎链球菌引起的大叶性分布的急性肺部炎症。本病多见于青壮年,常见春季发病。临床表现为骤然起病、寒战、高热、胸痛、咳嗽、咳铁锈色痰、呼吸困难;典型的 X 线影像表现为肺段、叶实变。血常规可见白细胞计数增高。

(1)病因与发病机制:多种细菌均可引起大叶肺炎,但绝大多数为肺炎链球菌,少数为肺炎杆菌、金黄色葡萄球菌、溶血性链球菌、流感嗜血杆菌等。肺炎球菌为口腔及鼻咽部的正常寄生菌群,当机体因各种因素出现免疫力低下时,细菌侵入肺泡通过变态反应使肺泡壁毛细血管通透性增强,浆液及纤维素渗出,进一步促进细菌繁殖,并通过细支气管及肺泡间孔向周围蔓延,使炎症波及整个肺段或肺叶。

(2)病理变化:目前,由于生活水平的提高及有效抗生素的使用,典型的大叶性肺炎病理改变较少见。病理变化主要为肺泡腔内的纤维素性炎症,病变常累及整个肺叶或一个肺段。典型的大叶性肺炎的病程可分为四期:①充血水肿期:发病第 1~2 天。肺叶肿胀,暗红色,切面含液量多。镜下见肺泡壁毛细血管扩张、充血,肺泡腔内充满渗出液,可见少量红细胞、中性粒细胞和巨噬细胞。②红色肝样变期:发病第 3~4 天。病变肺叶充血、暗红色,质地变实;切面灰红似肝样外观。镜下见肺泡壁毛细血管扩张、充血,肺泡腔内充满大量红细胞和纤维素,伴少量中性粒细胞、巨噬细胞,渗出的纤维素连接成网并通过肺泡间孔与相邻肺泡内的纤维素网连接。③灰色肝样变期:发病后第 5~6 天。病变肺叶充血消退,质地实,外观呈灰白色或灰黄色。镜下肺泡腔内渗出物中红细胞数量显著减少,中性粒细胞明显增多。④溶解消散期:发病后的一周左右。肺泡腔内渗出物中绝大部分中性粒细胞消失,单核细胞增多,渗出物逐渐被溶解吸收,病变肺叶质地变软。

(3)猝死机制:肺炎链球菌或金黄色葡萄球菌感染引起的严重的毒血症或败血症,并产生内毒素,引起全身中毒症状、循环衰竭,故又称其为休克型肺炎或中毒性肺炎,死亡率较高。猝死多发生在红色肝样变期和灰色肝样变期。也有报道,大叶性肺炎后并发肺动脉血栓栓塞死亡。

2. 小叶性肺炎(lobular pneumonia) 又称支气管肺炎(bronchopneumonia),常见于儿童尤其是婴幼儿的感染性疾病,也见于老人和体弱多病者,可为原发或继发于疾病或损伤,多发生于冬春寒冷季节及气候骤变时。

（1）病因与发病机制：常由细菌、病毒、霉菌或肺炎支原体等引起，也可因病毒、细菌共同感染引起。病变起始于细支气管，并向周围肺组织发展，形成以肺小叶为单位、灶状分布的肺化脓性炎症及肺水肿。也常见异物吸入，主要是胃内容物误吸引起的支气管肺炎。

（2）病理变化：病变多位于双肺下叶及背侧，呈灶性分布。病灶呈暗红色或灰黄色，大小不一，形状不规则，质地稍实。组织病理学表现为以细支气管为中心的肺的化脓性炎症，病灶中支气管、细支气管腔内可见黏液样物或伴有较多白细胞，周围的肺泡腔内有大量中性粒细胞，或伴有脱落的肺泡上皮细胞，纤维素一般较少。肺泡壁毛细血管及间质静脉扩张、淤血。严重者病灶融合成大片状，支气管和肺组织呈化脓性炎症改变，局部肺泡壁破坏、结构不清（图 6-12）。吸入性肺炎，除可见小叶性肺炎的特点外，支气管、小支气管甚至肺泡腔内可见吸入的异物（呕吐物或其他异物等）；新生儿羊水吸入性肺炎在支气管、小支气管及肺泡腔中可见多少不等的羊水成分。

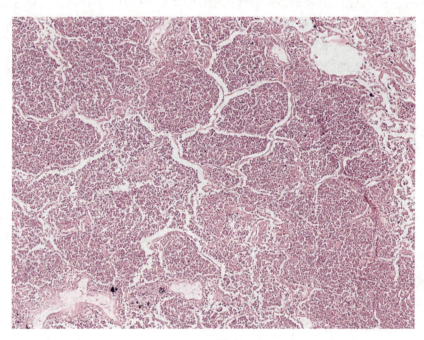

图 6-12 支气管肺炎
肺泡内充满以中性粒细胞为主的白细胞。

（3）猝死机制：原发性小叶性肺炎病变严重者可累及多个肺叶，可由于呼吸衰竭、心力衰竭、脓毒败血症等而猝死。在儿童、年老体弱者，特别是并发其他严重疾病者，也易引起死亡。婴幼儿因病情变化较快，有时临床表现很轻，亦可突然死亡。

3. 间质性肺炎（interstitial pneumonia） 临床医学中，间质性肺炎是指多种原因引起的肺间质炎性和纤维化疾病，属于肺间质性疾病（interstitial lung disease）中的一部分。根据病因的不同，主要分为已知原因的间质性肺炎和特发性间质性肺炎。已知原因的间质性肺炎包括过敏性肺炎、药物所致间质性肺炎、结缔组织病相关性间质性肺炎及尘肺病；常见特发性间质性肺炎主要包括特发性肺纤维化、非特异性间质性肺炎、呼吸性细支气管炎伴间质性肺病、脱屑性间质性肺炎、隐源性机化性肺炎、急性间质性肺炎等。

（1）病因与发病机制：病因种类多，包括环境中有机、无机矿物质等粉尘，干扰素、呋喃妥因、胺碘酮、博来霉素等药物，系统性硬化、类风湿性关节炎、多发性肌炎 / 皮肌炎、系统性红斑狼疮等免疫性疾病，以及病毒、支原体感染等。不同病因引发间质性肺炎的机制不同，主要包括炎症反应、免疫功能异常等。法医学实践中，与猝死相关的间质性肺炎主要见于病毒和支原体感染引起的间质性肺炎，多见于小儿,可导致婴幼儿在毫无临床症状或仅有轻微不适时猝死。

（2）病理变化:病变较弥漫,分布在各肺叶,无明显实变病灶,肺充血,色暗红。组织病理学检查,可见沿支气管、细支气管及其周围的肺泡间隔分布的间质性炎症。肺泡间隔增宽,肺泡壁血管充血以及淋巴细胞、单核细胞浸润(图6-13),肺泡萎陷,散在局灶性肺泡腔内充满均质粉染物。病变较重者,肺泡腔内出现由浆液、少量纤维蛋白、红细胞和巨噬细胞组成的炎性渗出物。一些病毒性肺炎的肺泡腔内渗出较明显,渗出物凝结成一层红染的膜样物,贴附于肺泡内表面,形成透明膜;支气管上皮和肺泡上皮增生,并出现多核巨细胞。在增生的上皮细胞、多核巨细胞的胞质和胞核内可以见到病毒包涵体,对病毒性肺炎具有诊断意义。病毒包涵体常呈球形,约红细胞大小,嗜酸性染色,均质或细颗粒状,其周围常有清晰的透明晕。

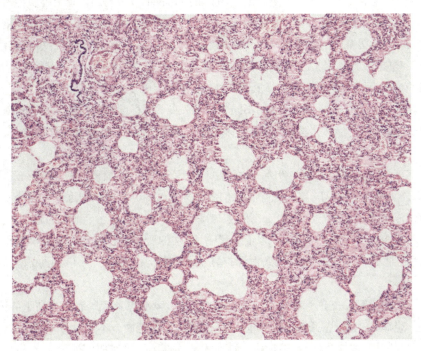

图6-13　间质性肺炎
肺泡间隔增宽,肺泡壁血管充血以及淋巴细胞、单核细胞浸润。

（3）猝死机制:主要是呼吸衰竭。由于肺泡壁充血水肿、肺泡间隔增厚,气体交换障碍导致急性呼吸功能障碍而死亡。心力衰竭:病原体的毒素入血引起毒血症,可致中毒性心肌炎;可同时累及肺,因炎症引发肺实变,肺动脉高压形成,右心负荷增加等,导致急性心力衰竭而死亡。

4. 军团菌肺炎(legionella pneumonia)　是由革兰氏染色阴性的军团杆菌引起的以肺部炎性病变为主的全身性疾病,肺组织主要表现为急性纤维素性化脓性炎症病变,因1976年首次暴发流行于参加美国费城退伍军团会议的人员而得名。军团菌主要有三个亚群——嗜肺军团菌、博杰曼军团菌和米克戴德军团菌,由嗜肺军团菌引起的肺炎占多数。

在欧洲及北美地区,军团菌肺炎约占所有社区获得性肺炎的2%~15%。2006—2016年调查显示,我国64.71%的军团菌肺炎由嗜肺军团菌引起。城市成人社区获得性肺炎调查显示,65岁以上人群军团菌肺炎发病率为5.9%,65岁以下的发病率为2.9%。孕妇、老年、免疫功能低下者为多发人群。军团菌肺炎起病急,病情重,未经有效治疗者的病死率高达45%。嗜肺军团菌天然栖息于各种水体,包括湖泊、溪流和水塘等,可通过气溶胶吸入、微量吸入以及医疗操作,如经支气管镜或人工气道吸痰等将病原菌带入肺部,其中气溶胶吸入是社区获得性军团菌肺炎最主要的感染途径。该病发生呈小群体性,与人群共同暴露于感染源有关,不存在人与人传播。

（1）病理变化：病变肺体积增大，质较硬，表面粗糙，可有纤维素附着。切面呈片状或团块状实变病灶，边缘模糊。早期病变常限于单个肺叶，晚期可累及多个肺叶，严重者伴肺脓肿形成。组织病理学检查，见大多数病例肺组织呈急性纤维素性化脓性炎症改变。早期病变以大量纤维素和中性粒细胞渗出为主，常伴有肺组织和细支气管的坏死，崩解、坏死的组织中常见较多的单核细胞和巨噬细胞。病变晚期主要表现为坏死组织机化及间质纤维组织增生、纤维化。

（2）猝死机制：肺部病变严重者可引起急性呼吸衰竭，或并发心包炎、心肌炎、心内膜炎、急性肾衰竭、休克和 DIC、感染中毒性休克等而死亡。

（二）支气管哮喘

支气管哮喘（bronchial asthma）简称哮喘，是由多种细胞（如嗜酸性粒细胞、肥大细胞、T 淋巴细胞、中性粒细胞、气道上皮细胞等）和细胞组分（cellular elements）参与的气道慢性炎症性疾病。这种慢性炎症导致气道高反应性的增加，通常出现广泛多变的可逆性气流受限，并引起反复发作性的喘息、气急、胸闷或咳嗽等症状，常在夜间和 / 或清晨发作、加剧，多数患者可自行缓解或经治疗缓解。根据临床表现，哮喘可分为 3 期。急性发作期：指喘息、气急、咳嗽、胸闷等症状突然发生，或原有症状急剧加重，常有呼吸困难，以呼气流量降低为其特征，常因接触变应原等刺激物或治疗不当等所致。慢性持续期：指在相当长的时间内，每周均不同频度和 / 或不同程度地出现症状（喘息、气急、胸闷、咳嗽等）。缓解期：指经过治疗或未经治疗症状、体征消失，肺功能恢复到急性发作前水平，并维持 4 周以上。

国际上，有三种有关哮喘表型的分类：炎症分型、临床分型、内在表型分型。据第三次中国城市儿童哮喘流行病学调查显示，0~14 岁儿童哮喘总患病率为 3.02%。根据我国近 5 年部分地区流行病学调查文献记载，成年人哮喘发病率约为 2.16%~4.49%。哮喘发病率有逐年增加的趋势，死亡率亦随之上升。据调查，哮喘患者中有 5%~10% 为重症哮喘（哮喘的严重急性发作），也是导致死亡的主要原因。据澳大利亚对 1995—2004 年猝死病例调查显示，哮喘猝死病例占 16.1%，已成为导致猝死的常见原因之一。

1. 病因与发病机制　支气管哮喘与多基因遗传有关，哮喘患者亲属患病率高于群体患病率，且亲缘关系越近，患病率越高；患者病情越严重，其亲属患病率也越高。本病也与外部过敏原有关，如病原生物（真菌、尘螨等）、食物及材料（谷物粉、面粉、木材、饲料、茶叶、咖啡、蘑菇、海鲜品、染料等）以及某些药物（阿司匹林、普萘洛尔、一些非皮质激素类抗炎药等）。由于哮喘发病机制复杂多样，临床表现各不相同，治疗效果及预后因人而异，表现出明显的异质性，即存在表型的差异。其发病机制仍不十分清楚，研究显示过敏原进入机体后可激活 T 细胞，产生多种白细胞介素（interleukin），促进 B 细胞增殖、分化，形成浆细胞产生 IgE，IgE 与肥大细胞、嗜碱性粒细胞表面的 IgE 受体结合，合成、分泌多种炎症介质，导致气管平滑肌收缩，黏液分泌增多，血管通透性增强等。同时，也促进嗜酸性粒细胞分化、激活，参与过敏反应。

2. 病理学改变　哮喘是一种慢性疾病。尸体解剖中，见双肺膨隆，体积增大、色淡；切面可见支气管壁增厚、管腔狭窄，中、小支气管腔内常有黏液堵塞。组织病理学检查多见细支气管腔内充满黏液、脱落的黏膜上皮细胞及嗜酸性粒细胞，支气管黏膜水肿，基底膜增厚，黏膜下层及平滑肌层可见较多嗜酸性粒细胞、单核细胞、淋巴细胞和浆细胞浸润；有的支气管平滑肌呈收缩状态，黏膜呈花边状。肺泡壁毛细血管及间质静脉扩张、淤血，肺泡含气量增加或肺大疱形成。可见肺泡腔内充满均质粉染水肿液（图 6-14）。

3. 猝死机制　猝死主要见于患者出现哮喘严重急性发作，主要猝死机制包括：①哮喘发作时，呼吸道平滑肌发生剧烈收缩，引起气道狭窄，加之黏液堵塞导致通气障碍引起窒息死亡，是支气管哮喘猝死的重要原因；②因哮喘反复发作，引起严重缺氧、电解质紊乱及低血钾，导致心律失常、心室纤颤或心搏骤停而猝死；③哮喘发作时发生气胸或纵隔气肿，引起急性呼吸功能障碍而死亡。

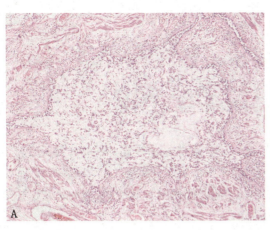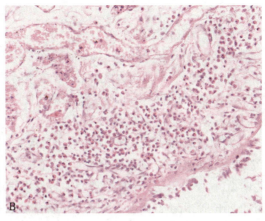

图 6-14 支气管哮喘

A. 细支气管壁呈花边状,管腔内充满黏液;B. 黏膜下层大量嗜酸性粒细胞、单核细胞浸润。

另外,某些患者可能在哮喘急性发作时过量使用缓解哮喘的药物,死亡可能因相关药物中毒所致,此种情况已不属于猝死范畴。

(三) 肺气肿和气胸

肺气肿(pulmonary emphysema)是指终末细支气管远端的气道弹性减退,过度膨胀、充气和肺容积增大或同时伴有气道壁破坏的病理状态。按其发病原因肺气肿有如下几种类型:老年性肺气肿、代偿性肺气肿、间质性肺气肿、灶性肺气肿、间隔旁型肺气肿、阻塞性肺气肿。按肺通气生理功能状态,可分为 0、Ⅰ、Ⅱ、Ⅲ期,Ⅲ期为功能障碍最严重期。典型肺气肿者胸廓前后径增大,呈桶状胸,呼吸运动减弱,语音震颤减弱,叩诊过清音,心脏浊音界缩小,肝浊音界下移,呼吸音减低,有时可听到干、湿啰音,心音低远。据文献记载,成人尸检中约 50% 有不同程度的肺气肿病变,主要见于老年人。

1. **病因与发病机制** 肺气肿的发病机制尚不十分清楚,认为与支气管阻塞以及蛋白酶 - 抗蛋白酶失衡有关。吸烟、感染和大气污染等因素是引发肺气肿的重要因素。部分患者因生前病变较严重而在情绪波动、过度体力活动情况下或并发自发性气胸而发生猝死。

2. **病理学改变** 尸体解剖中,可见胸部呈桶状胸,双肺充满胸腔;双肺体积明显增大,表面可见肋骨压痕,并有大小不等的肺泡突出于肺表面。双肺质地软,指压肺下陷不易复原。典型者肺切面呈海绵状或蜂窝状,散在大小不等囊腔形成,大者可达数毫米甚至超过 1cm。组织病理学检查见多发性或弥漫性肺泡扩张,肺泡壁极薄,或肺泡壁断裂,肺泡融合成肺大疱,以周边区为明显;肺泡、肺泡管及呼吸性细支气管扩大。小支气管和细支气管壁可见散在淋巴细胞浸润等慢性炎症改变。并发肺源性心脏病时,可见右心室肥大及右心扩张;因肺大疱破裂发生气胸时,气胸侧肺萎陷,也在颈、胸部皮下及纵隔检见气肿改变。对可疑存在气胸的病例,尸体解剖中应首先进行气胸试验,并注意防止刺破肺造成气胸试验假阳性。若发生张力性气胸,相应肺可呈明显塌陷状。

3. **猝死机制** 肺气肿患者猝死机制主要包括:①因通气和换气功能障碍引起缺氧和二氧化碳潴留,导致呼吸性酸中毒、急性呼吸衰竭而死亡;②肺动脉高压合并肺源性心脏病时,可因急性右心衰竭而猝死;③因肺大疱破裂,形成自发性气胸而短时间内发生死亡。

四、消化系统疾病

常见引起猝死的消化系统疾病主要有急性消化道出血、急性腹膜炎、急性胃扩张及胃破裂等,其他还包括急性重型肝炎、急性胆囊炎、中毒型细菌性痢疾、急性肠梗阻、急性肠系膜动脉血栓形成或栓塞导致大段肠坏死等也可导致猝死。在临床医学及法医学实践中,因消化系统疾病引起的猝死病例相对少见。

(一)急性消化道出血

消化道出血(digestive tract bleeding)是临床上常见的综合征,不属于独立的疾病,可分为上消化道和下消化道出血;上消化道出血是指十二指肠悬韧带(Treitz 韧带)以上的食管、胃、十二指肠、上段空肠以及胰管和胆管的出血,十二指肠悬韧带以下的肠道出血统称为下消化道出血。因大量呕血或便血,在现场常有大量血迹,易被怀疑为他杀。

1. 病因与发病机制   急性消化道出血常见于胃或十二指肠溃疡、肝硬化并发的食管下段静脉曲张、急性胃肠黏膜糜烂、胃黏膜脱垂、贲门部胃黏膜裂伤及溃疡性胃癌等病变处血管破裂所致,主要表现为呕血、血便或黑便(柏油便)并伴血容量快速减少。当短时间内出血量超过 1 000ml 或超过循环血量的 20% 时,可引起周围循环障碍,严重者危及生命。

2. 病理学改变

(1)胃、十二指肠溃疡:胃溃疡病变大多位于胃小弯或胃后壁近幽门附近,常为单个,呈圆形或椭圆形,大小、深浅不等,常深达肌层。十二指肠溃疡病灶多位于十二指肠球部。有时可见破裂的小血管。癌性溃疡一般病灶范围较大,边界不清,多呈皿状或隆起;溃疡底部凹凸不平,周围黏膜皱襞缺失。组织病理学检查,见胃或十二指肠溃疡底部主要由坏死层、炎症层、肉芽组织层、纤维瘢痕组织构成。急性溃疡时病变仅累及到黏膜层。癌性溃疡灶可见局部癌组织坏死,白细胞浸润,可伴有出血等。由于溃疡处炎症侵袭血管,可引起血管壁坏死,引发持续性出血。

(2)肝硬化引起的食管下段静脉曲张:有肝硬化的宏观及组织病理学所见。可见食管下段黏膜下静脉丛扩张、扭曲状。曲张的静脉因压力增高及食物摩擦可导致破裂而大出血。由于死后静脉管腔塌陷,常难以查找静脉破裂处。

(3)食管贲门黏膜撕裂综合征:又称马洛里-魏斯综合征(Mallory-Weiss syndrome),常因剧烈呕吐、酗酒所致,占上消化道出血病例的 3%~15%,多见于 30~50 岁的中年人,以男性为主。但一旦发生,出血量常较大且难以控制。病变主要位于食管下段或胃贲门区,呈纵形黏膜撕裂。

3. 猝死机制   主要是因大量出血引起失血性休克而死亡。

(二)急性出血性坏死性胰腺炎

急性出血性坏死性胰腺炎(acute hemorrhagic necrotic pancreatitis,AHNP)是急性胰腺炎中的一种严重类型,系因多种病因导致胰酶在胰腺内被激活后引起胰腺组织自身消化、水肿、出血和坏死的一种严重性疾病。临床上,将合并脏器功能衰竭且持续 48 小时以上的胰腺炎称为重症急性胰腺炎(severe acute pancreatitis,SAP);由于其病情凶险,常引发猝死,临床上也称之为"猝死型急性胰腺炎"。我国急性胰腺炎总病死率为 4.6%,重症急性胰腺炎病死率为 15.6%,也有报道病死率为 20%~30%。本病好发于中年男性,发病前多有暴饮暴食、酗酒或胆道疾病史,临床表现为突发上腹部剧烈疼痛,并向腰背部扩散,病情常迅速恶化,出现休克而死亡。由于发病至死亡的时间短促,部分病例无典型的胰腺炎症状,突然死亡后经尸检得以确诊。

1. 病因与发病机制   国内外大量研究表明,胆道结石、长期酗酒、高脂血症、高钙血症、基因易感性等均是引起急性胰腺炎疾病发生的重要影响因素。在正常情况下,胰液内的胰蛋白酶原为无活性状态,被胆汁和肠液中的肠酶激活后,进一步激活其他酶促反应,对胰腺组织产生自身消化、破坏。常见引起胰蛋白酶原被激活、释放的原因包括:①胆道疾病、暴饮暴食引起的壶腹括约肌痉挛及十二指肠乳头水肿等,导致胆道、十二指肠壶腹部梗阻引起胆汁反流;②暴饮暴食、乙醇的刺激使胰液分泌增多,胰管内压力升高,胰腺小导管及腺泡破裂,细胞内的物质被释放;③其他少见原因,如感染、创伤、药(毒)物中毒等造成胰腺腺泡细胞的损伤,引起胰酶释放。

2. 病理学改变   尸体解剖中,见胰腺体积增大,呈污秽暗红色或暗紫红色。被膜下弥漫性出血,可累及胰腺整体。切面见大片出血和坏死,胰腺小叶结构模糊。胰腺表面及胰腺周围脂肪组织散在混浊黄白色点、灶状脂肪坏死、皂化,系因胰液中的脂酶将脂肪分解成甘油和脂肪酸,后者又与组织渗出液中的钙离子结合成不溶性的钙皂所形成。腹膜腔中常见少量血性渗出液。组织病理学检查,见胰腺组织大片状凝固性坏死,腺小叶及腺细胞结构模糊不清;坏死区边缘有大量中性粒细胞和单核细胞浸润,实质及间质片状出血;可见间质小血管壁坏死,多数血管内有血栓形成;实质及被膜周围坏死的脂肪组织内可见棕褐色脂肪酸结晶。法医学实践中,在颅脑损伤、脑卒中、机械性窒息、某些毒物中毒、电击死亡等案例中常可见胰腺被膜周围或实质及间质片、灶状出血,不伴有白细胞浸润、腺细胞坏死等改变,属于继发性胰腺出血,不可误认为急性胰腺炎或出血坏死性胰腺炎。

3. 猝死机制　导致猝死的机制主要是休克。其病理生理变化是,①胰腺出血坏死释放缓激肽、组织胺及其他血管活性物质,使小血管扩张、毛细血管通透性增加,体液渗出,从而引起血压下降;胰腺出血坏死释放物造成血管内皮损伤、血液高凝状态及组织缺氧和酸中毒导致弥散性血管内凝血,进一步加重休克;②胰酶及组织坏死、蛋白分解产物吸收可致中毒性休克;③急性胰腺炎发生后,有毒性的胰酶,特别是其中的磷脂酶 A、弹力蛋白酶和激肽酶等在造成胰腺及相邻组织的水肿、出血、坏死的同时,也可通过血液循环导致其他多脏器损害而引起多脏器功能衰竭;④胰腺出血、坏死释放的酶及毒性物质可使冠状动脉强烈痉挛和自主神经中枢兴奋性增高;引起低血钾、低血钙和低血镁等电解质紊乱,诱发严重的心律失常和心室纤颤,导致猝死。

(三) 急性腹膜炎

急性腹膜炎(acute peritonitis)是腹膜因各种原因受到刺激或损害而发生的急性炎性反应,是常见的外科急腹症。其典型临床表现为腹部压痛、腹肌紧张和反跳痛(腹膜炎三联征)以及腹痛、恶心、呕吐、发热及血液中白细胞升高等,重症者可致血压下降和全身中毒性反应,甚至因中毒性休克而突发死亡。部分病例呈化脓性,可并发盆腔脓肿、肠间脓肿、膈下脓肿及粘连性肠梗阻等。临床上,腹膜炎有多种分类:①按临床经过可分为急性、亚急性和慢性三类;②按炎症的范围可分为弥漫性腹膜炎和局限性腹膜炎;③按发病机制可分为原发性腹膜炎和继发性腹膜炎。临床及法医学实践中,原发性腹膜炎少见,绝大多数病例或案例为继发性腹膜炎。

1. 病因与发病机制　多由细菌感染、化学刺激或机械性损伤引起,绝大多数继发性炎症病变,主要因腹腔器官感染、坏死穿孔或外伤等所致。原发性腹膜炎常见于免疫功能低下的肝硬化、肾病综合征及婴幼儿患者,主要因溶血性链球菌、肺炎奈瑟菌或大肠埃希菌等病菌通过呼吸道或泌尿系感染经血行或淋巴播散感染腹膜所致。继发性腹膜炎主要因腹腔内器官组织疾病或腹部损伤,如胃或十二指肠溃疡病、阑尾炎、肠伤寒、溃疡性结肠炎、肠结核等引起的器官穿孔,或腹壁开放性损伤、外伤导致胃肠破裂等,细菌进入腹腔引起感染。也可因急性胰腺炎、坏疽性胆囊炎、急性阑尾炎、肠扭转、肠套叠引起的急性肠梗阻、盆腔内生殖器官感染等炎症的蔓延、扩散所致。

2. 病理学改变　急性腹膜炎时,见腹膜充血、水肿和炎性渗出,暗紫红色,腹腔内及肠间隙可见较多暗紫红色污秽样液体。呈弥漫性化脓性炎症改变;大网膜多聚集在病灶部位,腹腔内及肠袢间有混浊的脓性渗出物,或黄绿色脓液,味恶臭;肠袢间黏连不紧密,较易分离。组织病理学检查,见渗出物涂片中有大量纤维素样物、中性粒细胞及细菌、脱落的上皮细胞等。胃、肠道、膀胱或子宫浆膜及肝被膜表面附着嗜伊红性纤维素样物、无定形坏死物及大量以中性粒细胞为主的白细胞。

3. 猝死机制　主要因急性弥漫性腹膜炎中大量细菌产生的内毒素引起的感染性中毒性休克而死亡。胃、肠穿孔或破裂时,内容物流入腹腔,刺激腹膜引起剧烈疼痛导致交感神经兴奋、血管收缩、微循环灌流量急剧减少可加速休克的发生死亡。

(四) 急性胃扩张

急性胃扩张(acute dilatation of stomach)是指胃及十二指肠中大量内容物在短期内不能排出而发生极度扩张,导致反复呕吐,进而出现水电解质紊乱,甚至休克、死亡的一种病症。本病较少见,早期症状主要表现为自觉上腹饱胀、腹部疼痛,多为持续性胀痛,或阵发性加重。也可起病急骤,病情进展迅速,因胃极度扩张或自发性胃破裂而发生猝死。其病死率较高,文献报道为20%;多发生在手术后,亦可因暴饮暴食所致,偶见发生于突然出现的低气压环境中。儿童和成人均可发病,以男性多见。根据本病的发生原因,急性胃扩张主要是外部暴力因素所致,而非胃部疾病所致。因此,急性胃扩张导致的死亡不应归属于猝死范畴,但长期以来,传统上将其划分在猝死中进行论述。

1. 病因与发病机制　急性胃扩张主要见于暴饮暴食、外科手术、腹部创伤、麻醉及洗胃不当等,常见的病因为胃肠机械性梗阻、胃及肠壁神经肌肉麻痹两大类。过度进食超过了胃的正常容量及生理容纳限度(尤其是在长期饥饿后过度饱食);损伤、手术可致胃运动功能出现障碍或者胃部出现机械性梗阻等情况。麻醉,尤其是在小儿使用氯胺酮麻醉易致腺体分泌增加,分泌物和空气随吞咽进入胃内也可造成急性胃扩张。胃壁扩张后,胃黏膜的表面积急剧增大,胃壁受压,黏膜和黏膜下血流减少,静脉回流受阻,导致胃黏膜大量渗液;也可造成胃壁组织坏死,发生穿孔或破裂。

2. 病理学改变　因急性胃扩张而死亡者,尸检时可见口鼻有棕色液体溢出,腹部膨隆。打开腹腔可有大量酸臭气体溢出,胃高度扩张,占据腹腔大部,甚至胃扩张至盆腔处。胃内有大量气体、液体或食物。胃壁菲薄、色苍白,胃黏膜皱壁展平;胃壁坏死时呈黑褐色。胃破裂者,腹腔内可见积液及胃内容物。组织病理学检查,可见胃黏膜淤血、水肿,黏膜坏死及炎症反应。法医学实践中,也可见因死后尸体腐败,胃内腐败气体积聚而引起胃破裂改变,需要与之鉴别。

3. 猝死机制　急性胃扩张主要是因胃内渗出大量液体,导致机体严重脱水、电解质紊乱和酸碱失衡,血容量减少,迅速出现休克、周围循环衰竭,或发生胃破裂而死亡。

五、泌尿生殖系统疾病

法医学实践中,泌尿系统的疾病中引起的猝死主要见于女性生殖系统疾病,包括异位妊娠、子宫破裂、羊水栓塞、妊娠高血压综合征、产后出血、妊娠合并其他严重疾病等,其中以异位妊娠、羊水栓塞最为常见。

(一) 异位妊娠

异位妊娠(ectopic pregnancy),是指受精卵在子宫体腔以外着床、发育过程,又称宫外孕(extrauterine pregnancy)。根据妊娠部位,异位妊娠分为输卵管妊娠、卵巢妊娠、腹腔妊娠、阔韧带妊娠及宫颈妊娠,其中输卵管妊娠约占95%。绝大多数异位妊娠能够得到及时治疗;有些病例在胚胎组织流产或破裂前往往无明显症状,破裂后有剧烈腹痛,如果未及时得到救治,可因腹腔内大量出血、失血性休克而发生猝死。

1. 病因与发病机制　异位妊娠与慢性盆腔炎、输卵管炎、宫内节育器、流产(药物及人工流产)、盆腔手术、重复异位妊娠等多种因素有关,但目前有关节育措施是否会增加异位妊娠的危险性尚存在争议。

2. 病理学改变　尸检时可见腹腔内有大量流动性血液或伴有凝血块。可见妊娠的输卵管或卵巢增粗变大,并可见破裂出血部位。切开输卵管,可见管腔内充满凝血块,有时在凝血块内可找到胚胎,有的已初具人形(图6-15)。取破裂处输卵管或卵巢做组织学检查,可见有胚胎组织或绒毛及蜕膜细胞。若为腹腔妊娠,则胚胎和胎盘常位于肠管或肠系膜等处。子宫增大,子宫内膜呈典型的蜕膜反应,但子宫腔内找不到胚胎和绒毛。

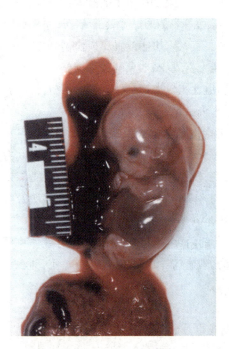

图6-15　输卵管异位妊娠
输卵管处可见胚胎,已初具人形,局部出血。

3. 猝死机制　异位妊娠的胚胎组织自发性破裂,可在短时间内引起腹腔内大量出血,出现血压下降、意识丧失等休克症状和体征,因失血性休克而猝死。

(二)羊水栓塞

羊水栓塞(amniotic fluid embolism)是由于羊水进入母体血液循环从而引起肺动脉高压、低氧血症、循环衰竭、弥散性血管内凝血(disseminated intravascular coagulation, DIC)及多器官功能衰竭等一系列病理生理变化的过程。该病以起病急骤、难以预测、病情凶险、病死率高为特点,是严重的分娩并发症。国际上报道,发病率为 4.1/10 万,在孕产妇死亡案例中占 5%~15%。临床表现为患者在分娩过程中或产后短时间内突发胸闷、气急、烦躁不安、呼吸困难及发绀等症状,继之心率加快,血压下降,四肢厥冷,甚至抽搐、昏迷;有的表现为子宫、阴道出血不止,甚至全身性出血。因羊水栓塞而猝死者中 1/3 发生于数分钟或半小时之内,部分患者因凝血功能障碍及肾衰竭可在数小时或数天后死亡。

1. 病因与发病机制　引发羊水栓塞的高危因素包括高龄、子痫/子痫前期、胎盘异常(前置胎盘、胎盘早剥)、产程中强烈宫缩、手术分娩、腹部外伤、子宫或子宫颈撕裂及多胎妊娠等母体因素,以及胎儿窘迫、宫内死胎及巨大儿等胎儿因素。羊水可通过子宫颈裂伤、胎盘早剥、剖宫产等子宫颈或子宫体存在病理性开放性血窦进入母体血液循环,宫缩过强使羊膜腔内的压力增高或过期妊娠、死胎等可增加羊水栓塞发生的机会。羊水栓塞的病理生理机制主要包括:①机械性阻塞:胎儿羊水中有形成分进入母体循环后,阻塞肺内血管,引起急性肺栓塞;②类过敏反应:胎儿抗原、羊水和羊水成分诱导母体产生高强度的特异性过敏反应;③DIC:凝血途径被广泛激活,凝血因子大量消耗,引发 DIC,导致母体大出血。

2. 病理学改变　尸体解剖中,可见双肺淤血、水肿,皮肤、黏膜及各器官被膜瘀点性出血等。组织病理学检查,可见肺泡壁毛细血管及间质静脉扩张、淤血;血管腔内白细胞增多,可检见羊水有形成分,如聚集呈团状或散在粉染的条片状角化上皮、棕黄色毳毛、嗜碱性的黏液样物(黏蛋白);可通过角蛋白免疫组化染色或黏蛋白特殊染色进行定性检测。有些病例中,在子宫,甚至肾、脑组织的血管内也可检见羊水有形成分(图 6-16)。

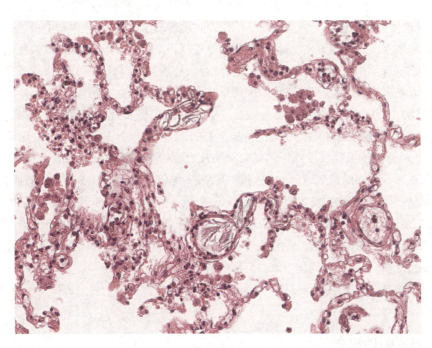

图 6-16　羊水栓塞
肺内小血管中可见条片状嗜伊红染色的胎儿角化上皮。

3. 猝死机制   主要包括：①过敏性休克：羊水中的有形物质或胎儿抗原引起母体过敏反应，导致过敏性休克。②心力衰竭和呼吸衰竭：羊水中的有形物质，如角化上皮细胞、毳毛、胎粪、胎脂等阻塞肺内小血管及肺微循环障碍、支气管痉挛及肺水肿等导致急性右心衰竭、呼吸衰竭。③ DIC：DIC 使血中的大量凝血物质消耗，同时羊水中纤溶激活酶激活纤溶系统，使血液处于纤溶状态，凝血功能障碍，可导致产后大出血、失血性休克而死亡。

六、免疫系统异常所致猝死

免疫反应是指机体免疫系统对于异己成分或者变异的自体成分做出的防御反应，分为非特异性免疫反应和特异性免疫反应。非特异性免疫构成人体防卫功能的第一道防线，并协同和参与特异性免疫反应。特异性免疫反应又可分为 T 细胞介导的细胞免疫反应和 B 细胞介导的体液免疫反应，可表现为正常的生理反应、异常的病理反应以及免疫耐受。免疫反应可分为四种类型：Ⅰ 型免疫反应，又称过敏性反应或速发型超敏反应；Ⅱ 型免疫反应，又称细胞溶解型或细胞毒型超敏反应；Ⅲ 型免疫反应，又称免疫复合物型超敏反应；Ⅳ 型免疫反应，也称为迟发型超敏反应。

法医学实践中，涉及免疫系统异常引起死亡的案例主要为药物过敏反应相关的猝死，多见于经静脉输入药物后发生的死亡。

1. 临床表现   发生过敏性反应时，皮肤是最易受累的器官，可表现为荨麻疹、皮肤发红等；其次是心血管系统症状，如低血压、头晕、晕厥、多汗等症状；呼吸系统发生喉头水肿、喉头痉挛或支气管痉挛，表现为呼吸困难、气喘等症状。此外，还可出现消化系统症状，如恶心、呕吐、腹泻、腹痛等。可在接触过敏原后数秒、数分钟或半小时等短时间内发生严重过敏反应（速发型超敏反应），主要表现为循环衰竭症状，如出冷汗、面色苍白、发绀、烦躁不安、脉搏细弱、血压下降等休克症状，严重者发生抽搐、昏迷，因过敏性休克而死亡。

2. 病因与发病机制   过敏性反应的发生存在很大的个体差异，常发生在具有过敏体质的人，属于先天免疫功能异常。引起过敏反应的物质称为过敏原。过敏原种类繁多，常见的有 2 000~3 000 种，医学文献记载接近 2 万种。临床医学诊疗过程中，药物是最常见引发过敏性反应的过敏原，其中以抗菌药物最多见，其次是中成药及中药注射剂，其他药物包括放射造影剂、抗肿瘤药物、麻醉药物等。

3. 病理学改变   过敏性休克猝死缺乏特征性的病理形态学改变，尸体解剖中仅见猝死的一般征象，如肺淤血、水肿及其他多器官淤血、浆膜及黏膜下点状出血等。常可见咽喉水肿，特别是杓会厌襞水肿明显。组织病理学检查，咽喉、气管及支气管壁、肺、心及脾等组织中可见散在或较多嗜酸性粒细胞浸润。采用苯胺蓝染色，可在多器官组织中检见肥大细胞及其脱颗粒现象。

4. 猝死机制   因过敏性休克死亡者一般通过 Ⅰ 型免疫反应，即速发型超敏反应引起。当机体初次接触过敏原后，可通过浆细胞产生相应的特异性 IgE，IgE 分子以其 Fc 端选择性的附着在人体结缔组织中，特别是血管周围及黏膜皮肤下的肥大细胞及血液中嗜碱性粒细胞表面，使机体处于致敏状态。当机体再次接触相同的过敏原后，肥大细胞或嗜碱性粒细胞表面的 IgE 即与过敏原相结合，激活细胞内一系列酶的反应，使细胞发生脱颗粒，释放出各种化学活性物质，如组织胺、缓激肽、5- 羟色胺、嗜酸性粒细胞趋化因子、白三烯、前列腺素等炎症介质，并刺激产生一系列其他细胞及化学因子。这些生物活性物质可导致平滑肌痉挛、毛细血管扩张及通透性增强、腺体分泌亢进等，严重者可引起过敏性休克而导致死亡。

有些病例虽然在静脉滴注药物过程中发生死亡，但其死亡并非是药物过敏反应所致，可能是心脏病或其他疾病发作而引起。

七、原因不明性猝死

随着现代生物医学发展及科学技术进步，已经能够尽早发现人体各系统导致猝死的疾病，并可通过主动检查、治疗有效地减少了猝死事件的发生。法医学实践中,通过系统尸体检验、组织病理学检查以及相关实验室检验,结合案情及临床病历资料等,能够对绝大多数猝死案例的死亡原因做出较为明确的病理学诊断及死亡原因鉴定意见。然而,仍有少数猝死案例,尽管通过各种技术手段进行系统检验,仍不能明确其死亡原因,主要包括夜间睡眠猝死综合征和婴幼儿猝死综合征。

(一) 夜间睡眠猝死综合征

夜间睡眠猝死综合征(sudden unexpected nocturnal death syndrome,SUNDS)是一类发生于睡眠中的原因不明的猝死。1915 年,首次在菲律宾马尼拉报道。1974 年,日本学者渡边富雄建议命名为"青壮年猝死综合征"(sudden manhood death syndrome,SMDS)。由于 SUNDS 不仅限于青壮年男性,而其夜间发生更具有代表性,因此 1984 年国际上将夜间睡眠中的不明原因猝死称为"SUNDS"。SUNDS主要流行于泰国、日本、菲律宾、越南等亚洲国家,中国南方省份也时有发生。20~49 岁人群 SUNDS的发病率约为 38/10 万,我国南方 SUNDS 的发病率约为 2/10 万。迄今,有关其死因鉴定仍是国际法医学领域尚未解决的难题之一。

1. **SUNDS 的特点**　①常发生于青壮年,报道年龄在 15~63 岁之间,20~49 岁多见;②多见于男性,男女之比约为(11~13.3):1;③既往健康,发育正常,营养良好;④死于夜间睡眠中,尤以凌晨 0~4时为多;⑤死前在睡眠中常有呻吟、打鼾、惊叫或有呼吸困难、口吐白沫、四肢抽搐等症状,被他人发现异常情况呼叫或触动后仍处于睡眠状态或被发现时已经死亡,有的被叫醒后继续入睡而在入睡后死亡;⑥通过系统尸体检验、组织病理学检查以及相关的实验室检验,未能发现可以说明死因的病理改变及其他证据。

2. **病理学变化**　尸体解剖中,可见猝死的一般形态学所见,如尸斑显著,口唇、指甲常有发绀,心腔及大血管内血液不凝、呈流动性,心、肺、肝等内部器官浆膜或被膜可见瘀点性出血。气管、支气管内常有泡沫性液体;其他各器官淤血等。组织病理学检查,主要表现为肺淤血、肺水肿以及其他各器官静脉扩张、淤血。有的病例中可见器官存在轻微或不能说明死因的病变,如轻度冠状动脉粥样硬化斑块病变、肝细胞脂肪变性、小动脉轻度增厚、肾小球纤维化等。

3. **猝死机制**　有关 SUNDS 的发生机制尚不清楚。既往曾提出 SUNDS 发生机制可能与睡眠中迷走神经兴奋性相对增高引起心脏抑制、中枢性呼吸麻痹、噩梦刺激脑皮质下神经元、自主神经抑制心、肺功能等因素有关。近年研究显示,SUNDS 可能是一种与基因突变相关的疾病,与一些心律失常、心肌病相关的基因,如 SCN5A、SCN10A、RyR2 等突变有关,有 7%~13% 的 SUNDS 系由离子通道病所致。阻塞性睡眠呼吸暂停低通气综合征(obstructive sleep apnea-hypopnea syndrome,OSAHS)也可能与 SUNDS 有关。

(二) 婴儿猝死综合征

婴儿猝死综合征(sudden infant death syndrome,SIDS)是指 1 岁以内婴幼儿在无明显病因下而发生猝死,经系统尸检、临床病史调查仍难以解释其病因和死亡机制的一类综合征。1969 年,首次报道了 SIDS。SIDS 多发生在一个月至一岁的婴儿,常见于冬季。因婴儿多是在摇篮里或小床上死亡,故也称其为"摇篮死"(crib death)或"摇床死"(cot death)。1969 年,第二届国际婴幼儿猝死原因会议正式提出 SIDS 这一名词。SIDS 主要发生在欧美等西方国家,2014 年报道的发生率为 38.7/10 万出生。我国 SIDS 病例少见,但尚无有关发生率的报道或统计数据。由于 SIDS 的病因学及发病机制不清,已成为国际上临床儿科学及法医学领域研究的热点和难题之一。

1. **SIDS 的特点**　①婴儿发育良好。②年龄多在 1 岁以内,生后 2~4 个月为发病高峰期,多见于冬季。③男婴稍多于女婴。④多死于安静状态中,约 90%~95% 发生于睡眠中,以 3~10 时多见;有些婴儿突发呼吸停止、面色苍白或发绀、心动过速、濒临死亡,经及时刺激呼吸中枢等复苏处理很快恢复正常,或再次发作呼吸暂停而死亡。⑤案情调查、现场勘查、系统尸体解剖、组织病理学检查以及相关的实验室检验不能发现死因。

2. 病理学改变　尸体解剖中,可见各器官淤血、心肺及胸腺表面点状出血等猝死的一般病理学所见。组织病理学检查,见肺淤血、水肿,或伴有局限性肺泡出血以及其他器官淤血等。有些病例还可见肺小动脉壁增厚、支气管炎症,心肌纤维局灶性嗜伊红性增强、收缩带形成以及肝细胞脂肪变性等。

3. 猝死机制　有关 SIDS 的发生机制尚不清楚。研究表明,SIDS 发生属于多危险因素所致,危险因素包括:①婴儿因素:如低体重新生儿、早产儿、双胞胎或多胞胎、营养不良、贫血、维生素 E 或硒元素缺乏等;②父母因素:孕期父母过量吸烟、滥用药物等;③环境因素:如俯卧位睡姿、婴儿包裹厚产生过热等。其发病机制可能与病毒或细菌感染、心脏传导系统存在房室旁路传导,以及脑部病变,如脑干呼吸中枢区域胶质细胞增生、脑干弓状核发育不良、延髓内 5- 羟色胺受体减少等有关。近年,通过分子生物学研究显示,部分 SIDS 患儿存在心脏钠通道蛋白基因(SCN5A)突变、谷胱甘肽硫转移酶(glutathione S-transferases, GSTs)同工酶 GSTM1 及 GSTT1 缺失或水通道蛋白(aquaporin)1 和 9 等位基因变异;应用免疫组织化学染色对 3~9 个月龄的 SIDS 患者的延髓、心及主动脉组织中黑色素 1、2 受体及 5- 羟色胺的表达进行研究,发现与对照组相比,三者的表达均显著降低。这些研究表明,基因突变、变异等可能成为 SIDS 的基因易感因素,并在环境危险因素的作用下引发婴幼儿猝死。

第三节　应激性损伤与猝死

- 机体过度应激是应激原引起的系统性病理生理过程,应激不但可导致机体功能紊乱,还可致组织细胞损伤。
- 应激能使机体原发性损伤或疾病加重,甚至猝死。
- 应激引起健康损害是不争的事实,越来越受到社会高度关注,如何有效干预应激导致的健康损害是亟待解决的重要科学问题。
- 应激原是致伤因素,应激反应是应激原致伤的机制,非法故意实施致他人过度应激的行为可以被视为非法伤害行为。

　　法医检案中经常会遇到一些案例,形态学上找不到明确死因,这些案件有一个共同点:死者生前往往有明显的应激过程,应激与死亡关系密切,特别是在患有潜在疾病的情况下更易引发猝死,有的即使没有潜在疾病,在强烈应激状态下也可以发生猝死,与应激相关的损伤和死亡已成为现代社会常见的事件。应激是多种疾病或损伤的重要病理生理机制,应激原是致伤因素。

一、应激的概念及应激原

　　现代社会的发展进步也派生了社会矛盾的复杂和多样,与应激有关的疾病发病率持续上升,给人类健康带来的问题日趋凸显,在细胞、器官、器官系统水平的应激变化及其致伤机制是亟待破解的重大科学问题。

(一) 应激的概念

　　应激(stress)是机体对体内和体外环境、心理因素刺激及其他各种因素作用于机体时所产生的非特异性反应。

　　20 世纪 30—40 年代,加拿大学者采用剧烈运动、毒物、寒冷、高温及严重创伤等应激原处理动物,发现尽管应激原的性质不同,所引起的全身性非特异反应却大致相似,将这种由各种有害因素引起、以神经内分泌变化为主要特征,具有一定适应代偿意义,并导致机体多方面紊乱与损害的过程称为全身适应综合征(general adaptation syndrome,GAS)。GAS 是对应激反应的经典描述,强调了应激反应的全身性及非特异性特征。因此,应激又被定义为机体在受到内、外环境因素及社会、心理因素刺激时所出现的全身性非特异性适应反应。随着不断深入和拓展研究,人们越来越认识到应激反应的复杂性,并非不同应激原都引起相同的非特异性反应。为此,现代的应激概念为当机体内环境稳定受到威胁时,机体对应激原产生特异性和／或非特异性反应,以维持机体新的稳态。这些应激概念的基本观点是正确的、有助于理解应激反应的基本机制,但存在一定局限性。1988 年,Sterling 和 Eyer 提出异稳态(allostasis)理论,对应激理解的局限性给予了一定补充。稳态是指机体内环境理化性质的相对恒定,泛指体内分子、细胞、器官、系统和整体水平的各种生理活动在神经和体液等因素调节下保持相对稳定的状态。异稳态理论认为,应激可以引起神经内分泌系统紊乱导致稳态失衡,脑是应激反应的中枢,在脑的指令下机体进行全身性生理功能的调整,使神经内分泌系统重新处于平衡状态,这种平衡状态与原始稳态具有异质性,称为异稳态。机体达到异稳态后,各设定点和调控系统的界限均改变,但异稳态理论未强调应激反应对机体的影响是积累的过程。1993 年,McEwen 和 Stellar 提出异稳态负荷(allostatic load)的概念,即反复、慢性的应激性生活事件引起机体神经内分泌反应的波动或增强,使机体出现损害,这种损害被定义为异稳态负荷。机体遭受应激原刺激的次数与异稳态负荷程度成正比,异稳态负荷越重,机体受损程度越重。因此,应激也可以被理解为机体为适应环境变化做出的系统的生理功能的调节和生理功能损害的积累。

（二）应激原

应激原(stressor),又称压力原或紧张原。是指对生物的适应能力产生挑战,促使生物体产生应激反应的因素。只要各种因素和刺激的强度足够引起应激反应,均可成为应激原。应激原普遍存在于日常生活中,无特异性,如急性感染、创伤、大失血、剧痛、驱赶、噪声、拥挤、惊吓、过热、过冷、饥渴、长时间疲劳等都可成为应激原。适当强度的应激原刺激不仅可以提高机体的警觉水平,提高人的心理屏障和生理屏障的抗病能力,而且能提高人的适应现实生活的能力,促进心身健康。但是过于强烈、突然或持久的应激原作用机体,又可降低机体的抵抗力,构成对心身疾病的易患状态。

病理生理学上,根据应激原的来源不同,可将应激大致分为三类,即躯体性应激、心理性应激以及二者兼有的复合性应激。

二、应激的病理生理机制

由于个体间的遗传、心理特征、神经反应及既往经验等方面的差异,不同个体对同样的应激原刺激会表现出不同的敏感性及耐受性,因而强度和性质相同的应激原对不同个体可引起程度不同的全身性应激反应,引发神经系统、内分泌系统、心血管系统及免疫系统等的病理生理变化。

（一）神经系统变化

传统的全身适应综合征(GAS)理论认为,应激引起的神经系统的变化主要指下丘脑 - 垂体 - 肾上腺皮质(hypothalamic-pituitary-adrenocortical,HPA)轴和蓝斑 - 交感 - 肾上腺髓质(locus ceruleus-norepinephrine/sympathetic-adrenal medulla,LC/NE)轴的强烈兴奋,没有强调核心情感脑区(core emotional regions of the brain)的变化。随着神经影像学技术的发展,人们开始研究应激时核心情感脑区的变化,并提出了异稳态理论。异稳态理论认为,应激反应是异稳态调节的过程,分为中枢异稳态调节(central allostatic accommodation)和外周异稳态调节(peripheral allostatic accommodation)两个阶段。中枢异稳态调节包括机体对应激原的感知和对传入信息加工处理等过程,外周异稳态调节包括由 HPA 轴和 LC/NE 轴的强烈兴奋以及所产生的各外周系统功能和形态的变化(图 6-17)。

1. 中枢异稳态调节　异稳态理论认为,大脑是应激反应即异稳态调节的中介体,当应激原通过感受器作用于机体时,核心情感脑区(主要指边缘系统,包括杏仁核、海马、额叶皮质内侧部等脑区)对应激原的感知和对传入信息的加工处理过程共同构成中枢异稳态调节。研究发现,杏仁核与各外周感受器以及脑干之间存在广泛的神经纤维联系,各种应激原可以通过刺激感受器将信息传入杏仁

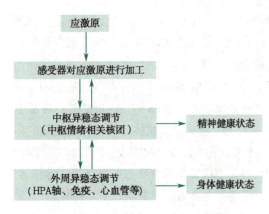

图 6-17 应激反应过程的异稳态理论模式图

核,同时杏仁核也可以向这些部位投射传出信息,这个过程进一步促进了机体对应激原的感知。机体会进一步处理接收到的刺激,比如负责处理消极情感刺激(如恐惧或感受到威胁)的脑区主要包括杏仁核、海马、前额叶皮质(眼窝前额皮质和前扣带回皮质),这个神经回路被称为通用防御反应控制网络(general-purpose defense response control network)。随着研究的逐步深入,人们发现机体不同脑区对不同种类应激原传入信息的感知、处理能力不同。应激原过于强烈或长期慢性刺激可引起核心情感脑区的形态和功能变化,即形成中枢异稳态负荷。

2. 外周异稳态调节

(1)HPA 轴:HPA 轴主要由下丘脑的室旁核(paraventricular nucleus,PVN),腺垂体及肾上腺皮质组成。下丘脑是 HPA 轴的核心部位,其可通过上行神经纤维与边缘系统、大脑皮质之间广泛联系。在上位中枢的调节下,下丘脑 PVN 分泌促肾上腺皮质激素释放激素(corticotropin release hormone,CRH),CRH 通过下行神经纤维经垂体门脉系统进入腺垂体,刺激腺垂体分泌促肾上腺皮质激素(adrenocorticotropic hormone,ACTH),ACTH 可作用于肾上腺皮质使糖皮质激素(glucocorticoid,GC)分泌增加。应激时 PVN 分泌的 CRH 还可作用于边缘系统,产生抑郁、焦虑和厌食等情绪行为变化。

(2)LC/NE 轴:LC/NE 轴是应激时发生快速反应的系统,其中枢整合部位主要位于脑桥蓝斑。蓝斑含有大量去甲肾上腺素能神经元,是中枢神经系统对应激最敏感的部位,具有广泛的上、下行纤维联系。当外界刺激通过外周感受器传入蓝斑后,去甲肾上腺素能神经元激活,使其上行纤维投射区(下丘脑、海马、杏仁复合体、扣带皮质等)的去甲肾上腺素(norepinephrine,NE)水平升高,使机体出现兴奋、紧张、焦虑、恐惧及愤怒等情绪反应。同时,其下行纤维主要投射至脊髓侧角,再发出神经纤维(交感神经)支配肾上腺髓质分泌儿茶酚胺。

当应激原作用机体后,HPA 轴和 LC/NE 轴兴奋,GC 和 NE 分泌增多,产生多方面的效应,具有重要的防御代偿意义,有利于机体集中精力应对各种紧张情况。但如果应激原过于强烈或持久,GC 和 NE 过度释放,又会对机体产生诸多不利影响,造成损害,形成外周异稳态负荷。

(二)内分泌系统变化

内分泌系统是由内分泌腺和分散存在于某些组织器官中的内分泌细胞组成的一个信息传递系统,通过内分泌、旁分泌和自分泌方式产生多种高效能的生物活性物质对机体的新陈代谢、生长发育、各种功能活动等发挥重要的调节作用。内分泌系统与中枢神经系统相互作用、调节,共同维持机体内环境稳态。应激可引起多种内分泌激素的变化,如糖皮质激素、肾上腺素、去甲肾上腺素、多巴胺、β-内啡肽、抗利尿激素、醛固酮、胰高血糖素、催乳素等的水平升高;胰岛素、促甲状腺激素释放激素、促甲状腺激素、甲状腺素、三碘甲状腺原氨酸、促性腺激素释放激素、促黄体生成激素及卵泡刺激素等水平降低。而生长激素则在急性应激时分泌增多,在慢性应激时分泌减少。过度应激可引起全身内分泌紊乱,导致某些组织器官功能和形态的改变。

(三)免疫系统变化

应激时神经 - 内分泌系统最明显的变化是糖皮质激素与儿茶酚胺大量释放,二者对免疫系统具有强烈抑制作用,主要表现为以下几个方面。

1. 抑制 T 淋巴细胞增殖 有学者对一些精神病患者、痴呆患者的照顾者、经历考试的医学生以及婚姻质量低的女性进行了调查和研究,发现上述人群的 T 淋巴细胞对刀豆素 A 和植物血凝素的增殖反应明显减弱。这表明应激可以抑制丝裂原或抗原诱导的 T 淋巴细胞的增殖,这一效应可使血液中的细胞毒性 T 细胞和辅助 T 细胞的数目降低,降低机体的免疫功能。

2. 影响 Th1 和 Th2 细胞活性 根据 T 细胞表面 CD4 和 CD8 分子的表达,可将其分为 CD4$^+$T 细胞和 CD8$^+$T 细胞。根据 CD4$^+$T 细胞所产生的细胞因子种类,可将 CD4$^+$T 细胞分为 Th1 和 Th2 细胞。Th1 细胞主要介导与细胞毒和局部炎症有关的免疫反应,参与细胞免疫及迟发型超敏性炎症的形成,在胞内病原体(病毒、细菌及寄生虫)感染中发挥重要作用。Th2 细胞的主要功能为刺激 B 细胞增生并产生抗体,与体液免疫相关。研究发现,糖皮质激素可通过下调 Th1 型细胞因子如 TNF-α(tumor necrosis factor alpha, TNF-α)、干扰素 -γ 等体现抑制 Th1 型细胞活性,并通过上调 Th2 型细胞因子如白介素 -4、白介素 -10 等增强 Th2 细胞活性。这种效应可能削弱机体对感染因子如人类免疫缺陷病毒(human immunodeficiency virus, HIV)的防御机制。

3. 影响 B 淋巴细胞分泌抗体 B 淋巴细胞是体内唯一能产生抗体的细胞。B 淋巴细胞的特征性表面标志物是膜表面免疫球蛋白,其功能是作为特异性抗原受体,以识别不同的抗原分子,使 B 细胞激活,分化为浆细胞,进而产生不同特异性抗体,发挥体液免疫功能。有研究发现,在排除感染的情况下,考试可以引起血浆中 IgA 含量增加,但 IgG、IgM 的水平没有明显变化。另有研究表明,电击足底应激使感染 HSV-1 的小鼠血浆中 IgM 含量降低。这些研究表明,不同应激原对不同种类抗体产生具有不同的作用。

4. 抑制自然杀伤细胞 自然杀伤细胞(natural killer cell, NK 细胞)的活性降低并数目减少,使机体清除病原体和癌细胞的能量减弱。NK 细胞是不同于 T、B 淋巴细胞而具有直接杀伤靶细胞效应的一个特殊淋巴细胞系。NK 细胞杀伤效应的靶细胞包括肿瘤细胞、病毒或细菌感染的细胞以及机体某些正常细胞,因此其具有抗肿瘤、抗感染、免疫调节等功能。

当免疫细胞接受这些刺激后,通过产生抗体,细胞因子等免疫防御反应以清除有害刺激,同时免疫系统还可以产生各种神经内分泌激素和细胞因子,反作用于神经 - 内分泌系统,使神经 - 内分泌系统得以感知这些非识别性刺激,参与应激的调控。

(四)应激引起的心血管系统变化

1. 应激引起心血管系统的功能改变 应激时,由于交感 - 肾上腺髓质系统的强烈兴奋,儿茶酚胺分泌增多,心血管系统的主要变化为心率增快,心肌收缩力增强,总外周阻力增高及血液重分布等。这些改变有利于增加心输出量,升高血压,保证心脑的血液供应。在格斗或剧烈运动等应激状态下,由于骨骼肌血管明显扩张,总外周阻力可表现为下降。但交感 - 肾上腺髓质系统的过度兴奋亦可对心血管系统产生不利影响,导致冠脉痉挛,血小板聚集,血液黏滞度升高而导致心肌缺血及心肌梗死,甚至可引起应激性心性猝死。

2. 应激与血管内皮损伤 血管内皮不仅是覆盖在血管腔内表面保护血管平滑肌的屏障,而且是重要的内分泌器官和效应器官。应激状态下,可分泌多种血管活性物质,在这些因子的协调作用下,维持血管张力,保持光滑的、无血栓形成的血管腔内表面。此外,内皮细胞受到不良刺激(如热刺激)后通过增强黏附功能,促进与其他炎症相关细胞(如白细胞)的黏附从而释放更多的细胞因子和炎症介质,参与炎症反应。研究发现,在肾上腺素的长时间缩血管作用下,血管内皮是最先受损的部位,最终导致血管结构改变。

(五)应激引起的血液系统变化

应激对血液系统的影响是多方面的,如血小板、白细胞、纤溶活性等的改变。在处于应激状态时,机体血液系统的改变主要有以下几个方面。

1. 血小板聚集 儿茶酚胺通过与血小板上存在的 α- 肾上腺素受体结合而发挥作用,介导一系列生物变化,增加血小板聚集;5- 羟色胺(5-hydroxytryptamine, 5-HT)被认为是情绪障碍、孤独症、自杀行为等神经精神病的重要生物学指标之一。人类血小板上存在 5-HT 多种膜受体,二者结合后,通过细胞内信号传递可以引发一系列的生化反应,也会导致血小板的聚集。过强持久的应激刺激还可影响血小板 NO 的产生、释放和生物利用率,使血小板聚集功能增强,是动脉粥样硬化和动静脉血栓形成等应激性疾病发生发展的重要机制之一。

2. 白细胞变化　早在 1987 年国外就已研究发现,体外培养白细胞并给予应激激素刺激时可以影响白细胞的功能;肾上腺素降低中性粒细胞的移行,其影响程度大于其他激素。肾上腺素和去甲肾上腺素虽可降低中性粒细胞的运动功能,但不影响中性粒细胞的杀菌力。另外,机体应激时,交感 -肾上腺髓质系统兴奋,儿茶酚胺在血中的浓度升高,导致边缘池中的白细胞迅速释放入循环池,肝、脾等也将贮存的血细胞排放入血,最终导致外周血中的白细胞数明显升高。

3. 纤溶系统变化　血管性血友病因子(von Willebrand factor,vWF)和组织纤溶酶原激活剂(tissue plasminogen activator,tPA)是儿茶酚胺、凝血酶刺激内皮细胞释放的产物。已报道 tPA 抗原的增高是心肌梗死和脑卒中的危险因素。慢性应激引起的纤溶活性降低,除与血管内皮细胞的 tPA 被大量消耗有关外,还可能与肾上腺素能神经的递质消耗有关。也有研究发现去甲肾上腺素的释放可使血细胞比容、聚集性、全血黏度、血浆黏度、血浆纤维蛋白原含量等增高,结果出现束缚应激大鼠呈现的黏、浓、凝、聚等类似血淤证表现。

大量研究表明,心理应激和儿茶酚胺可影响凝血功能。急性应激通过增加纤维蛋白原、血管假性血友病因子、凝血因子Ⅶ、Ⅷ以及纤溶酶原激活剂抑制因子 1 和 tPA 的活性影响凝血和纤溶作用。

4. 细胞因子变化　各种不同的心理应激因素能诱导 IL-1、IL-6 和肿瘤坏死因子等促炎症反应细胞因子的分泌。肾上腺素与应激诱导的 TNF-α 和 IL-6 生成有关。巨噬细胞被活化时能快速地释放细胞因子,儿茶酚胺类激素使巨噬细胞活化可能是导致细胞因子产生的一个关键因素。增加胆固醇和交感神经激动剂也可导致巨噬细胞活化,同时也增强了儿茶酚胺对巨噬细胞的活化作用。应激引起细胞因子和主要的甾体激素、儿茶酚胺类激素的分泌不仅使血流量和血压发生改变,也可以导致内皮损伤,引起内皮上的黏附分子改变,从而导致单核细胞聚集、淋巴细胞黏附并转移至动脉壁以及血小板黏附等微观效应。细胞因子、甾体激素和其他因素反复或慢性应激以及急性期反应物,能活化巨噬细胞,促进自由基的形成、脂质修饰、泡沫细胞形成和促进血栓形成等事件,最终导致动脉粥样硬化斑块的形成。

5. 脂类代谢紊乱　应激过程中肝脏分泌的胆固醇增加,进而引起循环中胆固醇浓度的升高。精神应激时皮质酮、儿茶酚胺等主要的应激激素,以及胰高血糖素、生长激素的血浆水平升高,影响脂蛋白脂肪酶(lipoprotein lipase,LPL)、肝脂肪酶(hepatic lipase,HL)和其他激素敏感脂酶的活性,从而增加脂肪酸从脂肪组织的释放,为肝脏提供合成三酰甘油和极低密度脂蛋白胆固醇的底物。而肾上腺素可以抑制 LPL 和 HL 的分泌。应激时交感活性增加,受体激活可抑制胰岛素分泌,同时受体激活还可以刺激胰高血糖素分泌,二者均可使脂肪组织分解增强。肾上腺素还可能直接刺激脂肪组织释放游离脂肪酸,被肝脏利用,分泌极低密度脂蛋白胆固醇。

急性应激后血脂升高、血浆总胆固醇、高密度脂蛋白胆固醇、低密度脂蛋白胆固醇的升高与伴随的血液浓缩有关,而游离脂肪酸和三酰甘油的升高是直接由交感神经兴奋引起的。这些因素都是导致急性冠脉综合征和冠状动脉粥样硬化发生的重要因素。

三、应激的细胞反应

当暴露于各种理化及生物性刺激因素时,任何生物细胞都将出现一系列适应代偿反应。这些反应包括与损伤因素性质有关的特异性反应及与损伤因素的性质无关的非特异性反应,统称为细胞应激。如当生物细胞受到氧自由基威胁时,其抗氧化酶(超氧化物歧化酶、过氧化氢酶等)的表达可能增加,过度氧化应激可引起细胞凋亡;当暴露于低氧环境时,细胞中的低氧诱导因子及其所调控的靶基因的表达可能增加;当遭遇重金属毒害时,细胞中金属硫蛋白可表达增多,生物细胞亦可出现非特异反应。

（一）热应激

生物机体在热应激（或其他应激）状态下所表现的以基因表达变化为特征的防御适应反应称为热休克反应（heat shock response，HSR）。而在热应激（或其他应激）时新合成或合成增多的一组蛋白质称为热休克蛋白（heat shock protein，HSP）。1962 年，Ritossa 首先发现当果蝇暴露于热环境后，其唾液腺多条染色体上某些部位出现膨突（puff），提示这些区域中某些基因的转录被激活。1974 年，Tissieres 从热休克的果蝇唾液腺中分离出 6 种新的蛋白质。后来研究表明，除热休克外，许多其他的物理、化学、生物应激原及机体内环境变化（放射线、重金属、能量代谢抑制剂、氨基酸类似物、乙醇、自由基、细胞因子、缺血、缺氧、寒冷、感染、炎症、饥饿及创伤等）都可诱导 HSP 的产生。因此，HSP 又称为应激蛋白（stress protein，SP），表明热休克蛋白也具有应激反应的基本特征，即非特异性和防御适应性。

（二）内质网应激

内质网应激（endoplasmic reticulum stress，ERS）是指各种应激原作用于细胞后，通过诱发内质网腔中错误折叠和未折叠蛋白质的堆积以及钙离子平衡紊乱而激活未折叠蛋白反应及细胞凋亡信号通路等内质网反应。正常情况下，内环境的稳定是实现内质网功能的基本条件，任何一个生理功能发生障碍如基因突变或机体的状态改变，包括氧化应激、缺血、营养不足、病毒感染、钙平衡失调等都可能影响内质网蛋白质的折叠，而这些非折叠或错误折叠的多肽及没有组装好的蛋白质将滞留在内质网，然后通过泛素 - 蛋白酶体通路被清除，这就是所谓的内质网相关的降解。一旦聚集在内质网的非折叠蛋白超过其负荷能力，将会引起内质网平衡失调，从而导致内质网应激。随着内质网的平衡被打破，细胞内一系列的级联反应即非折叠蛋白反应（unfolded protein response，UPR）通路被激活，导致细胞凋亡。

（三）缺氧性应激

氧稳态为生存所必需，其在肿瘤、心脑缺血和慢性心肺疾病的发病机制中也起重要作用，在某些生理或病理情况下，整体或局部缺氧或缺血可导致缺氧性细胞应激（hypoxia cellular stress），引起机体或细胞产生一系列的适应反应，以维持氧稳态。体内所有有核细胞均能感受急慢性的氧浓度改变，急性缺氧（持续数秒至数分）引起应激反应时主要为体内已存在的蛋白质的磷酸化或氧化还原状态的改变，而慢性缺氧（持续数分至数 h 或更长）主要为基因表达水平的改变，表现为缺氧作用于细胞上的氧感受器，启动细胞内的信号转导通路，激活作为转录因子的缺氧诱导因子 -1（hypoxia inducible factor，HIF-1），HIF-1α 样因子（HIF-1α like factor，HLF）激活蛋白 AP-1、NF-κB 等核因子，其中 HIF-1 发挥着主导作用，可与多种低氧敏感基因结合后促进下位靶基因的表达，有助于细胞在低氧条件下生存。长时间过强过久缺氧应激时，HIF-1α 与 P53 蛋白结合，增强其稳定性，诱导细胞凋亡。

（四）氧化应激

机体在遭受各种有害刺激处于应激状态时，交感肾上腺髓质系统过度兴奋，产生大量儿茶酚胺，使体内氧化系统与抗氧化系统稳态失衡，即细胞活性氧（reactive oxygen species，ROS）和活性氮（reactive nitrogen species，RNS）的生成超过氧化物的清除能力，从而导致组织细胞损伤，它与机体多种病理过程有关。细胞发生氧化应激反应产生各种生物活性物质，可通过多种途径引起细胞功能损害和自身凋亡。研究表明，氧化应激导致细胞中 ROS 的增加是细胞功能紊乱和组织器官损伤发生发展的主要因素。氧化应激可引起细胞膜稳定性和通透性平衡失调、内分泌和旁分泌功能受损、黏附分子表达增加及脂质过氧化、DNA 损伤等。脂质过氧化可改变细胞的转运功能和酶的功能，酶活性的变化（如活化 caspase3）可引起细胞凋亡。

四、应激性损伤

应激的主要意义是抗损伤，有助于机体抵抗各种突发的有害事件，也有利于机体在紧急状态下的格斗或逃避。但如果应激原过于强烈,机体的各种适应、代偿反应不足以克服应激原的影响时,机体的各个系统则会受到损伤。

(一) 心血管系统的损伤

如果机体存在潜在性心血管系统疾病如心肌炎、脑血管瘤、冠心病等,应激作为影响因素能加速心血管疾病的发生发展,更容易触发急性心肌梗死、心源性猝死等事件。即使原来没有潜在疾病(目前的医疗技术无法发现的疾病),在强烈应激状态下也可以发生猝死。因此,由应激导致的心血管系统的损伤不容忽视。

1. 应激性心肌病　目前,应激诱导的心性猝死已被法医学工作者所关注,其中应激性心肌病(stress-induced cardiomyopathy,SICM)成为该领域研究的热点。心肌的组织病理学变化分为急性病理改变和慢性病理改变。急性病理改变包括嗜酸性变、肌小节断裂、心肌细胞收缩带状坏死、闰盘周围肌原纤维损伤、心肌纤维波浪状改变等。慢性病理改变主要表现为心肌细胞排列紊乱。其中一部分病理改变已被证明与交感系统过度兴奋有关,具体机制还有待进一步研究。

2. 心肌缺血　应激性心肌病的发病机制除与左室收缩功能障碍有关,还涉及心肌缺血。心肌缺血主要是由于儿茶酚胺大量释放,导致外周血管收缩,外周阻力增加,左心室后负荷增大,伴随左室收缩功能障碍,使心肌收缩功能不能代偿性增加,引起心输出量减少,造成心肌缺血。另外,儿茶酚胺还可以引起冠状动脉痉挛,导致心肌缺血。

3. 心律失常　应激条件下心律失常的发生机制主要包括:①儿茶酚胺的毒性作用。②脑神经活动的不对称性引起心室心肌细胞不均一性复极,导致心脏电生理的不稳定性;新近研究发现,心律失常与应激时脑神经活动偏侧化有关,刺激单侧交感神经可以增加心室纤颤的敏感性。③浦肯野纤维凋亡。④应激时心律失常的发生机制还与受体有关。

(二) 中枢神经系统损伤

中枢神经系统是应激反应的调控中枢。与应激最密切相关的中枢神经系统部位,包括边缘系统的皮质、杏仁体、海马、下丘脑、脑桥的蓝斑等结构。这些部位在应激时可出现活跃的神经传导,神经递质和神经内分泌的变化,并出现相应的功能改变。应激时蓝斑区去甲肾上腺素神经元激活和反应性增高,持续应激还使该脑区的酪氨酸羟化酶活性升高。蓝斑投射区的去甲肾上腺素水平升高,机体会出现紧张、兴奋、专注程度升高,有利于机体应对各种紧急情况;过度时则会产生焦虑、害怕或愤怒等情绪反应。垂体分泌的激素量受下丘脑支配。下丘脑中有一些细胞不仅能传导兴奋,而且能分泌激素,促进垂体中激素的合成和分泌。例如,促性腺激素释放激素,能够作用垂体合成和分泌促性腺激素。因此,下丘脑是机体调节内分泌活动的枢纽。作为较高级的调节内脏活动的中枢,下丘脑能把内脏活动和其他生理活动联系起来,调节体温、营养摄取、水平衡、内分泌、情绪反应等重要生理过程。应激时,室旁核分泌的 CRH 是调节应激反应的核心神经内分泌因素之一。HPA 轴的适度兴奋有助于维持良好的认知学习能力和良好的情绪,但 HPA 轴过度兴奋或功能低下都可以引起中枢神经系统的功能障碍,出现抑郁、厌食,甚至自杀倾向等。研究证明,束缚应激可使大鼠杏仁核神经元损伤,血脑屏障受损。应激时中枢神经系统的多巴胺神经能、5- 羟色胺神经能、γ- 氨基丁酸神经能以及内阿片肽能神经元等都有相应的变化,并参与应激时的神经精神反应的发生,其过度反应亦参与了应激的情绪、行为障碍的发生。

(三) 应激性消化道损伤

患者在遭受各类创伤(包括大手术)、重病和其他应激情况下,可能出现胃、十二指肠及下消化道黏膜炎症、糜烂、浅溃疡、出血等急性病变,少数溃疡可较深或引发穿孔。当溃疡病变侵蚀较大血管时,可引起大出血。重伤重病时应激性溃疡发病率较高,发生率为 75% 左右;患者若合并应激性溃疡大出血,其死亡率可达 50%。常见的机制有:① 胃肠黏膜出血,是应激性溃疡形成的最基本条件;② 胃腔内 H^+ 向黏膜内的反向弥散,是应激性溃疡形成的必要条件;③糖皮质激素分泌增多,使蛋白质的分解大于合成,胃肠上皮细胞更新减慢,再生能力降低,胃液分泌减少,对胃黏膜保护作用减弱。此外,酸中毒时血流对黏膜内 H^+ 的缓冲能力降低,可促进应激性溃疡的发生;在胃黏膜缺血的情况下十二指肠中的胆汁逆流可损伤黏膜的屏障功能,使黏膜通透性升高。

五、应激与猝死

各种应激原强烈持久地作用于机体,均会导致机体不同程度的损伤;在典型的应激原强烈作用后,会发生猝死。通过对应激理论的深入了解,在某些情况下,可将应激原作为辅助死因。

(一) 应激与心源性猝死

对人体造成伤害的心理应激共分成 7 个等级:1 级表现为不高兴;2 级为出现烦躁和忙乱;3 级为发生轻度争吵;4 级为中度争吵,音量提高;5 级为大声争吵,紧握拳头;6 级为极度愤怒,拍桌子,几乎失控;7 级为狂怒,完全失控,乱扔东西,伤害他人或自伤。凡是 3 级及以上级别的就视为有害的心理应激,5 级及以上级别的应激可能促发心源性猝死。有文献报道,心理行为应激对于心血管事件的促发作用甚至强于传统的高血脂、高血压、高血糖等危险因素。

(二) 胸腺淋巴体质与应激性猝死

法医学家们通过对大量的尸体解剖发现,多数对于一般性刺激做出异常反应的人都有某些共同的形态学异常,如胸腺肥大、增生,全身淋巴组织肿大、增生,脾大,主动脉起始部狭小,肾上腺皮质萎缩。因此把具有这种体质的人称为胸腺淋巴体质。最早为这种体质命名的是法国法医学家巴尔托夫,他认为有这种体质的人,容易受某种原因刺激而发生猝死。

现知胸腺虽然对成年人的作用不大,但是对未成年人的免疫功能的形成具有重要作用,其功能主要有两个方面,即产生 T 淋巴细胞和分泌胸腺素。实践证明,当小儿(尤其是婴幼儿)的胸腺因病变、损伤而萎缩时,则表现为全身淋巴组织萎缩,淋巴细胞减少,不能对抗细菌、病毒的侵袭。

胸腺淋巴体质猝死的机制有几种学说,其中肾上腺皮质功能减退学说被多数学者认可,认为胸腺肥大及全身淋巴组织增生是由肾上腺皮质功能减退或衰竭引起的。

(三) 性活动与猝死

因性交行为引发的猝死称为性猝死。在性交中发生猝死,这种现象古已有之,那时称为“男子做过死”,意指在此事情上做得过分才遭到突然死亡。实际上性交过程中的猝死不仅能发生于男性,也能发生于女性,只是因为男性在多数情况下是性行为中的“主角”,因此,男性性猝死比女性更多见。

性交过程中的猝死,其根本原因是自身潜在的疾病,而性交活动是突然死亡的参与因素。据统计,这些潜在性疾病主要是心血管或脑血管疾病。这些疾病之所以能在性行为中瞬间恶化,与心血管系统的生理负荷急剧增加有关。据研究,在性高潮时,血压能增加正常时的 1/4~1/2 以上,心率增加一倍以上,这的确是不容忽视的重要应激因素。

(四) 应激与反射性抑制死

抑制死(death from inhibition)是由于身体某些部位受到轻微的,对正常人不足以构成死亡的刺激或外伤后,通过神经反射作用在短时间内(通常不超过 2 分钟)引起心搏骤停而死亡,而尸体剖验不能发现明确死因者。导致抑制死的原因可能是某些敏感部位受到刺激,反射性地引起心脏抑制、心搏骤停而猝死。常见的刺激原因有:①轻微击打胸部、上腹部、会阴部、喉头;②颈动脉窦或眼球突然受到压迫或颈部过度伸展;③声门、喉头等部位受到冷水刺激;④胸腹腔的浆膜突然遭受牵拉刺激,如腹腔手术、胸腹腔穿刺等;⑤扩张尿道、扩张宫颈或肛周脓肿切开引流等。法医实践中,抑制死主要发生在一些先天性迷走神经系统敏感性过高或先天性交感-肾上腺髓质系统敏感性过高的人。其病理学改变仅见一般的急性死亡改变,没有特异性的病理学改变,与应激性猝死有相似之处。但二者的死亡机制明显不同。轻微击打敏感部位、压迫颈动脉窦、刺激喉头等引起的抑制死主要通过反射性引起迷走神经兴奋,导致心搏变慢或停止;而应激性猝死的机制是极度惊吓、恐惧、悲哀、疼痛等应激原刺激下

引起机体蓝斑 - 交感 - 肾上腺髓质轴兴奋,促进肾上腺髓质产生并释放大量肾上腺素,引起心肌收缩功能障碍、心肌缺血及心律失常等变化,导致心搏骤停。

思考题

1. 猝死的定义及其特征是什么?

2. 冠心病猝死病例中,如果大体及组织病理学检查可见冠状动脉粥样硬化斑块,伴管腔较明显狭窄,但未检见明确急性心肌缺血或陈旧性心肌梗死所见,应进一步做哪些检验?

3. 因脑底血管病变破裂导致蛛网膜下腔出血而引起猝死的机制是什么?

4. 猝死的诱发因素及应激的概念是什么? 两者有何关联及异同?

5. 情绪激动是心源性疾病所致猝死的最常见诱发因素,试分析与中枢神经系统应激的关系、病理生理机制。

6. 多发性软组织挫伤后一周,发生冠心病猝死,可见冠状动脉粥样硬化斑块伴血栓形成及急性心肌缺血改变,冠心病猝死与损伤是否有关,理由是什么?

（官大威　丛　斌）

第七章
中　毒

扫码获取
数字内容

毒物与中毒是法医学研究的重点内容,临床疾病诊治中常涉及法医毒理学、法医毒物分析和环境法医学等方面的问题,如医源性中毒或医源性投毒、环境污染物所致疾病、急诊中毒的检测诊断等。我国常见毒物中毒种类较多,在临床疾病诊治中应重点关注发生率高、易引起中毒死亡的毒物与中毒。

第一节　概　　述

- 毒物是外源化学物质,中毒是疾病状态。影响中毒发生的条件主要来自毒物、机体及毒物与机体的相互作用三个方面。
- 毒物分类方法较多,按混合分类法可将我国常见的法医毒物分为九大类。
- 法医毒物动力学为法医毒理学的重要内容之一,对毒物分析结果评价有重要意义。

毒物(poison)是指一定条件下某种化学物质以较小剂量进入机体,与机体间发生化学或物理化学作用,引起机体功能障碍和器质性损害的物质。

由于毒物作用而引起机体的器官功能障碍,结构破坏等疾病,称为中毒(poisoning)。机体中毒后,轻者仅可以引起身体不适,或者出现一过性器官系统功能障碍,重者可引起器官系统功能或者结构的永久性损害,严重者可导致死亡。由中毒导致的死亡称为中毒死。

一、毒物的分类

毒物的种类繁多,国际目前尚无统一的分类方法。一般按照以下几种方法进行分类。

(一)按毒物的化学性质分类

1. 挥发性毒物　指容易在空气中挥发,可以采用蒸馏法或微量扩散法分离的毒物,包括氰化物、醇、酚等。

2. 非挥发性毒物　指不容易在空气中挥发,可以采用有机溶剂提取法分离的毒物,分酸性、碱性和两性毒物三类,如巴比妥类、苯二氮䓬类、吩噻嗪类以及吗啡等。

3. 金属毒物　采用破坏有机物的方法分离的毒物,如砷、汞等。

4. 阴离子毒物　采用透析法或离子交换法分离的毒物,如强酸、强碱、亚硝酸盐等。

5. 其他毒物　根据其化学性质需要采用特殊方法分离的毒物,如一氧化碳、硫化氢等。

(二)混合分类法

1. 腐蚀性毒物　对接触局部的皮肤软组织等具有强烈的腐蚀作用,如强酸、强碱、无机或有机盐类等。

2. 金属毒物(即实质性毒物)　是能够引起机体中毒的金属单质及其化合物。这类毒物以损害组织器官的实质细胞为主,例如肝细胞、肾细胞等,可引起细胞不同程度的损害,所以又称实质性毒物,主要有砷、汞、铅、铊等。

3. 神经功能障碍性毒物　主要是指能够导致脑和脊髓功能障碍,进而出现中毒症状的一类毒物,主要有安眠镇静药、毒品、麻醉剂、中枢兴奋剂、致幻剂等。

4. 呼吸功能障碍性毒物　是指导致呼吸功能障碍的一类毒物,主要有氰化物、一氧化碳、硫化氢、亚硝酸盐等。

5. 农药　广泛应用于农业生产中,能够预防、摧毁、驱逐或减轻害虫的物质或混合物。常见的为有机磷、拟除虫菊酯类、氨基甲酸酯类、有机氯、有机氟、无机氟等,也包括除草剂和植物生长调节剂。

6. 杀鼠剂　用于控制鼠害的一类化学物,主要有急性杀鼠剂如毒鼠强、氟乙酰胺、磷化锌等,抗凝血杀鼠剂如华法林、溴敌隆、大隆等。

7. 有毒植物　具有毒性的一类植物,在中医药中常用,如乌头、钩吻、曼陀罗、夹竹桃、毒蕈等。

8. 有毒动物　整体或局部器官有毒性的动物,如毒蛇、河鲀、斑蝥、蟾蜍、毒蜂等。

9. 细菌及霉菌性毒素　由微生物产生的毒素,如肉毒杆菌产生的肉毒、葡萄球菌产生的杀白细胞素,黄曲霉和寄生曲霉产生的黄曲霉素等,以及霉变甘蔗、黑斑病甘薯中霉菌产生的毒素。

二、中毒的条件

(一) 毒物的量

进入机体的毒物需要达到一定的量才能引起中毒,毒物毒作用的强弱与进入体内毒物的量呈正相关,表现为剂量 - 效应关系,即进入体内毒物的量越大,作用越快。引起中毒的最小剂量称中毒量,引起中毒死亡的最小剂量称致死量。

判断是否中毒,重要的不是进入机体的量,而是实际吸收的量,即实际进入血液循环发生毒作用的剂量。出现中毒时,血中毒物的浓度称为中毒血浓度。引起死亡的血中毒物浓度称为致死血浓度。由于个体差异的存在,中毒血浓度和致死血浓度的值都不是绝对的,而是处在一定范围内。

(二) 毒物的理化特性

毒物进入血液后发挥毒性作用取决于毒物被机体吸收的量和速度。毒物可以分为气态、液态和固态三种状态。气态毒物经呼吸系统迅速吸收入血,发生毒作用快而强,液态毒物易通过皮肤、黏膜吸收入体发挥毒作用,固态毒物根据其溶解性不同发挥的毒作用也不尽相同,一般来说,溶解性越高的毒作用发生越快。

(三) 毒物进入机体的途径

毒物入体的途径不同,吸收速度也不同,一般顺序大致为心脏或血管内注射 > 呼吸道吸入 > 腹腔注射 > 肌内注射 > 皮下注射 > 口服 > 皮肤黏膜。

(四) 毒物的相互作用

两种或两种以上的化学物质同时或先后作用于机体,互相影响其对机体的毒作用,称为毒物的相互作用。根据毒作用的强弱与否,可分为联合作用和拮抗作用。

根据毒物之间毒作用的关系可以将联合作用分为以下 4 种情况。

1. 独立作用 (independent effect)　指两种或两种以上的毒物同时或先后作用于机体,作用在生物体的不同部位,产生的反应不同,并且互不相关,且所引起的生物学效应也不相互干扰,从而表现为各毒物的各自毒效应。

2. 相加作用 (additive effect)　指两种毒物入体后,每一毒物以同样的方式,相同的机制,作用于相同的靶,仅仅它们的效力不同。它们对机体产生的毒效应等于各个外源化学物单独对机体所产生效应的算数总和。可简单理解为 1+1=2 的关系。

3. 协同作用 (synergistic effect)　当同时给予两种或两种以上的毒物时,作用在靶器官或靶细胞上的效应大于(称为增强)各毒物物效应的总和。表示多种毒物以不同作用机制产生同一效应。可简单理解为 1+1>2 的关系。

与协同作用相反,一种化学物质使另一种化学物的毒性减弱,称为拮抗作用(antagonistic effect)。可简单理解为 1+1<2 的关系。

4. 增毒作用(potentiation) 指一种化学物本身对机体无毒性作用,但当其与另一化学物同时给予时,可使另一化学物的毒性增强。可简单理解为 1+0>1 的关系。

(五) 机体状态

1. 体重 中毒量一般与体重成正比,体重越大者所需中毒的毒物量越大。

2. 年龄 儿童和老人往往较年轻人容易中毒,常常在低于一般中毒致死量或中毒致死血浓度的情况下发生中毒死亡。

3. 性别 妇女在妊娠、哺乳或月经期对毒物的反应较为强烈。

4. 健康状态 营养差者由于抵抗力较低对毒物耐受性弱。机体患病时,特别是患心、肝、肾等器官疾病者更容易发生中毒。

5. 习惯性或成瘾性 反复长期使用同样药物,机体可产生对该药物的耐受性,能达到耐受中毒量甚至超过致死量的程度。常见于乙醇依赖者、长期吸食毒品和镇静催眠药者。

6. 过敏性 与习惯性相反,指有的人因为遗传因素或免疫反应,接受治疗量的药(毒)物后,出现与一般人有质的差异的中毒反应,即对某种药物特别敏感,使用少量,也会出现中毒。

7. 体内蓄积 反复使用某种分解或排泄慢的化合物,可在体内蓄积,即使每次使用的量不大,长期使用也可发生毒性作用。

(六) 其他

影响中毒的条件还有很多,如毒物的贮存条件,一些植物毒和动物毒可因采集季节不同或使用部位不同而毒性有明显差异。

三、毒物的体内转运和转化

毒物进入机体产生毒性效应,在体内经历吸收、分布、代谢和排泄四个过程,也称 ADME 过程,对毒物起效时间、作用强度和持续时间均有很大影响。毒物在体内量变过程,是毒物发生空间位置的迁移,统称为生物转运(biotransportation),主要指吸收、分布和排泄过程。毒物经过酶催化后化学结构发生改变的代谢过程出现了质的变化,又称生物转化(biotransformation),主要指代谢(metabolism)过程,形成的产物为代谢物(metabolite)。

(一) 生物转运

1. 吸收(absorb) 毒物经过各种途径吸收后均经血液循环而起作用。不同入体途径毒物吸收快慢顺序不同,其顺序依次为:心脏或血管内注射 > 吸入 > 腹腔注射 > 肌内注射 > 皮下注射 > 口服 > 体表接触(皮肤黏膜)。法医学鉴定中常见的主要有以下几种。

(1)消化道吸收:消化道吸收是固态或液态毒物最常见的吸收途径。胃液呈酸性,肠液偏碱性,毒物的脂溶性在这两个部位有明显差异。弱有机酸在胃内易吸收;而弱有机碱在肠内呈脂溶形式,所以主要通过肠道吸收。

(2)呼吸道吸收:经呼吸道吸收的毒物主要有气态毒物,吸收最快的是气体、小颗粒气溶胶和脂水分配系数较高的物质,如挥发性毒物蒸气、气溶胶、粉尘等。

(3)皮肤吸收:健康皮肤对大多数毒物不吸收,但对脂溶性毒物可吸收,如接触有机磷农药而中毒。

(4)注射吸收:最为迅速。以血管内注射吸收最快,其次为胸腹腔、肌肉及皮下等。在医源性中毒中,错用药物或用药过量导致意外事故的发生较多见。

2. 分布(distribution) 毒物进入血管后,通过血液分布到全身各组织器官。由于毒物的化学特性、细胞膜渗透性的差异,以及对各组织、器官亲和力不同,所以毒物在体内的分布并非均匀。能溶解于体液的可在体内均匀分布,如乙醇等。有些毒物对某一器官具有特殊的亲和性,容易富集于这些组织器官,形成该毒物的贮存库(storage depot),如汞容易富集在肾脏,砷容易富集于毛发和指甲,铅容易富集在骨骼等。

3. **排泄(excretion)**　指毒物及其代谢产物经机体的排泄器官或分泌器官排出体外的过程,是毒物在体内的最后过程。毒物主要经肾脏随尿液排出体外,也可经胆道排泄,其他如汗液、唾液、乳汁、泪液也可以排泄。

(二) 生物转化

毒物进入机体后,通过与细胞和组织内某种酶作用,部分发生代谢转化,最终发生结构的变化。多数毒物通过代谢变为低毒或无毒的产物。通过代谢还增强极性及水溶性,从而影响其分布。生物转化的方式主要有两个时相,即第一步为氧化、还原或水解,第二步为结合。

1. **氧化**　是最常见最有效的解毒方式,有机或无机毒物均可在体内借助于酶系统起氧化反应,参与其中的主要为微粒体酶和非微粒体酶,主要有硫氧化、氮氧化、羟基化、脱烷基、醇氧化、醛氧化和胺氧化等作用。

2. **还原**　通过还原作用可使毒物的毒性发生改变。如亚硝酸盐中 NO_2^- 根可被还原成毒性低的 NH_2 基。另外,通过还原作用也可生成毒性高的毒物,如五价砷还原为三价砷。

3. **水解**　各种细胞的微粒体、血浆或消化液中均含有酯酶及酰胺酶,能使各种酯类或酰胺类毒物水解,而减小毒性作用。水解作用主要有酯水解、酰胺水解、缩醛(糖苷)水解、环氧化物水解。如双硫磷(1605)水解时产生对硝基酚随尿排出。但是有些毒物经过水解,可出现增毒现象,如氟乙酰胺通过酰胺酶水解,可形成毒性更大的氟乙酸。

4. **结合毒物**　在体内与某些正常成分结合成低毒性化合物,与葡萄糖醛酸(GA)结合是广泛存在于机体的一种代谢反应,此外还有与硫酸的结合等。

四、法医毒物动力学

法医毒物动力学(forensic toxicokinetics)是应用法医毒理学和毒物动力学的理论和技术研究机体、尸体、检材或自然环境中法医毒物的动力学变化的过程学科。其研究内容包括法医毒物的毒物动力学、死后分布、死后再分布、死后弥散、动态分布,尸体、检材和自然环境中分解动力学、检材和尸体中毒物产生情况等。其目的为:提供法医毒物的毒物动力学模型、方程和参数;提供法医毒物的死后分布、死后再分布、死后弥散、分解动力学、动态分布、检材和尸体中毒物产生情况的资料和数据。其任务是为中毒案件的法医学鉴定提供毒物动力学证据。其主要作用有:①推断中毒死亡当时尸体内毒物浓度;②推断肇事或中毒当时机体内毒物浓度;③死后腐败产生毒物与生前服毒的鉴别;④生前服毒与死后染毒的鉴别;⑤确定毒物进入机体的时间、途径和方式。

五、中毒的性质

在法医学中毒案件鉴定中,常根据中毒的原因或方式将中毒分为以下几种类型。

(一) 自杀中毒

自杀中毒是各种类型中最常见的,特点是常为口服服毒,不少自杀者直接使用毒物的原体,使用的剂量也较大,现场常会遗留盛装毒物的容器。服用的剂量常超过该毒物的中毒致死量,所用毒物为易于获得的毒物,与其职业有密切关系。在农村地区,以农药、杀鼠剂、有毒动植物多见,城市则多为镇静催眠药、清洁剂及其他药物等。

(二) 他杀中毒

他杀中毒是指通过给他人投毒,从而达到谋害对方生命或者财物等目的。他杀中毒的毒物种类上一般选择无色、无味、无臭而毒性高的毒物,以免被受害人发现。而将毒性比较低的毒物如安眠镇静药混在饮料、食物或药物中,在列车、长途大巴车上和约见网友时进行麻醉抢劫的案例也时有发生。他杀投毒的途径以经胃肠道多见。他杀投毒与自杀中毒一样,多为一次给予较大剂量毒物的急性中毒,也有医护人员利用专业知识直接给予大剂量药物而致人中毒死亡的。

(三) 意外中毒

意外中毒主要是群体性灾害中毒事故,可分为生产性和生活性两类,前者发生在工农业生产时,如有毒气体的突然泄漏、挥发性农药气体被误吸、配制或喷洒农药时农药经皮肤或呼吸道被吸收等。后者发生于日常生活中,如将亚硝酸盐错当食盐,剧毒农药贮放不当污染了粮食、食用油,误食有毒动植物,煤气泄漏或排烟不畅,长期在密闭的汽车中开启空调因一氧化碳中毒,误服毒物,或进食被致病微生物污染的食物发生食物中毒等。

(四) 药物滥用

药物滥用指为了寻求欣快、陶醉等情感,超过治疗需要长期反复使用某种药物或化学品而成瘾的状况。滥用药物的种类很多,包括麻醉剂、中枢神经兴奋药、致幻剂、催眠镇静安定药、镇痛剂等。

(五) 环境与食品污染

国内近几年食品污染问题不断出现,如婴幼儿奶粉问题等。食品污染常见于食品的加工、储存,蔬菜、水果的种植、保鲜等环节,曾有不法分子向食品内添加工业用化学品,达到以次充好、牟取暴利的目的,导致群体性食物中毒的发生,严重时可以导致死亡。

(六) 医源性药物中毒

医疗工作中因为各种原因而错用药物、用药过量、用药途径错误或药物被毒物污染等引起的中毒,称为医源性中毒,也多属于意外中毒,常因此而引起医疗纠纷,需要法医检验和鉴定。

第二节　中毒的法医学鉴定

- 中毒的法医学鉴定包括案情调查、症状分析、现场勘查、尸体检查、检材采取、毒物分析和毒物分析结果的评价。
- 尸体检查按国家公共安全行业标准《法医学中毒尸体检验规范》(GA/T 167—2019)进行。
- 毒物分析的结果对确定中毒与毒物的性质固然起决定作用,但许多因素可影响分析结果,必须具体情况具体分析。

近年来,毒物的品种和数量越来越多,鉴于毒物的广泛性、中毒的隐蔽性、复杂性以及中毒症状的多样性,对于任何法医学鉴定案件,尤其是不明原因的死亡案件,均应进行常规毒物的筛选和检测,排除中毒的可能性。

中毒的法医学鉴定任务主要解决个体是否中毒,是何种毒物中毒,进入体内毒物的量是否足以引起中毒或死亡,毒物进入体内的时间、途径和形式及案件性质(自杀、他杀、意外)等问题。为此应了解案情和临床经过,勘验现场,进行全面的尸体检查,收集合适的检材,做系统的法医毒物分析,正确评价毒物检验结果,进行综合分析,最后得出结论。要解决如上的问题,应该主要从以下几方面着手进行详细的调查和检验。

一、案情调查

案情调查是进行法医学鉴定的重要环节,对涉及法医毒物中毒案件的鉴定显得更为重要。通过对中毒案件的有关情况进行详细调查,获得更多的相关信息。

1. 一般情况　姓名、年龄、性别、籍贯、住址、职业(可能接触何种毒物)、嗜好及生活习惯等。了解中毒者可能接触或收集到的毒物,家中存放毒物(如农药、杀鼠剂等)的可能性。

2. **中毒发生经过**　确定有无目击者,了解中毒症状发生时间,死亡时间,中毒者过去的健康情况,有无精神病;有无滥用药物或形成瘾癖(如吸毒、经常服用镇静催眠药等);有无因患病服药而导致药物累积;如曾经医院救治,应查阅病历,向主治医生详细了解中毒发病经过,抢救过程中用过何种药物;呕吐物、洗胃液、血、尿等检材是否保留。

3. **毒物来源**　食物来源及烹调用的原料是原存或新购进,毒物来源的可能性,家中和工作单位有何种有毒物品,常服何种药物。

4. **中毒者思想情绪**　有无异常情绪,言语行动有无反常,有无外出或外人来过。

5. **群体性中毒**　群体性中毒中哪种食物是共食,每人进食量、症状、健康情况。鉴别是细菌性还是化学性食物中毒,中毒的性质是意外还是他人投毒,是否是恐怖事件。

6. **环境污染和工业事故**　有毒有害的化学物质发生大量泄漏或引起燃烧、爆炸,在短时间内迅速扩散,造成现场多人急性中毒,甚至周围居民发生中毒。有毒有害化学物质在运输过程中出现交通意外,导致毒物泄漏。煤矿生产过程中的一氧化碳中毒,下水道清理过程中容易发生硫化氢中毒等。

7. **农药的保管使用情况**　重点了解当地常用农药品种,有无新农药的使用;农药的使用、保管制度如何,有无剧毒农药的流散和滥用情况。

8. **医源性药物中毒**　了解有无错用药物或用药过量,有无误信民间流传偏方服用有毒中草药的情况。非法行医常致患者错用药物,药物过量中毒甚至死亡。

9. **其他**　了解中毒者的家庭和社会关系,在中毒死亡事件发生前后死者或其亲属有无反常行为表现,以及有无其他因果关系,以分析有无自杀或他杀中毒的可能。

二、症状分析

不同毒物入体后表现的中毒症状不尽相同,根据一些毒物不同的中毒症状,可以推测为何种毒物中毒或哪一类毒物中毒,为进一步进行尸体解剖和检材提取做好准备,为毒物分析提供方向。但是应该注意,不同的毒物也可出现相类似的中毒症状;某些疾病也可具有与中毒相似的症状,在进行鉴定时应注意鉴别。

(一) 常见中毒症状和体征可提示的主要毒物

1. **短时间内迅速死亡**　由毒性极强的毒物中毒所致,导致机体在短时间内死亡,常见的有氰化物、毒鼠强、氟乙酰胺、有机磷农药、高浓度一氧化碳或硫化氢吸入等。

2. **神经系统**

(1) 昏迷:镇静催眠药、麻醉药、一氧化碳、硫化氢、乙醇、有机磷、氰化物及某些毒品等。

(2) 抽搐:士的宁、有机磷、有机氯、氟乙酰胺、毒鼠强、异烟肼、局部麻醉剂等。

(3) 瘫痪:一氧化碳、正己烷、乌头、蛇毒、河鲀等。

3. **消化系统**　多数毒物作用于消化系统,可出现恶心、呕吐、腹痛、腹泻等症状和体征,可由强酸、强碱、砷化合物、金属盐类、有机磷、磷化锌、氟化物、多种有毒动植物如毒蕈等毒物引起。

4. **呼吸系统**

(1) 呼吸加快:士的宁、咖啡因、甲醇、刺激性气体等。

(2) 呼吸减慢:阿片、海洛因、一氧化碳、催眠药、乙醇等。

(3) 肺水肿:刺激性气体、有机磷等。

5. **心血管系统**　心律失常、心源性休克、心搏骤停等可由乌头、氟乙酰胺、夹竹桃和治疗心血管系统药物等毒(药)物中毒引起。

6. **泌尿系统**　少尿或无尿等可由升汞、四氯化碳、磷化锌、砷化氢和其他金属盐类毒物中毒所致。

7. **血液系统** 凝血功能障碍,出血可由敌鼠钠盐、溴敌隆、肝素等引起。

8. **皮肤黏膜**

（1）发绀:亚硝酸盐、苯胺等。

（2）黄疸:磷化锌、四氯化碳、三氯甲烷、异烟肼、砷化物、毒蕈等。

（3）异常色素沉着、过度角化:慢性砷及其化合物中毒。

9. **视觉功能**

（1）瞳孔散大:阿托品、颠茄、曼陀罗、氰化物、乙醇等。

（2）瞳孔缩小:有机磷、氨基甲酸酯类、阿片、海洛因、氯丙嗪等。

（3）视力障碍:甲醇、阿托品等。

10. **毒物本身有特殊气味** 有机磷、磷化锌、乙醇、苯酚、刺激性气体等。

（二）临床上常易将中毒误诊为疾病的情况

1. 急性异烟肼、士的宁、毒鼠强、氟乙酰胺中毒,由于发生强烈的抽搐而易误诊为癫痫、破伤风。

2. 急性砷化物中毒时出现强烈的上吐下泻而易误诊为霍乱、急性胃肠炎等。

3. 敌鼠钠盐、溴敌隆、大隆等抗凝血杀鼠剂中毒时因其出血倾向,易误诊为过敏性紫癜、血友病、再生障碍性贫血等。

4. 慢性砷化物中毒时因皮肤变黑,易误诊为 Addison 病。

5. 多种毒物中毒(如磷化锌、四氯化碳等)可致中毒性肝病,可误诊为肝脏病变如急性暴发性黄疸性肝炎。

三、现场勘查

现场遗留的物证对毒物的检验和鉴定也很有意义,主要应收集可供毒物分析用的检材。收集检材的方法除遵循现场勘验的一般原则外,还应注意以下事项。

1. **信息采集** 中毒者急需抢救时,在抢救前要记清变动前的情况,并及时记录中毒者及目睹者提供的情况。

2. **尸表检验** 中毒者已经死亡,注意观察尸体的位置和姿态,并对尸体的衣着和尸表进行初步检查。

3. **现场物品保留** 保留现场剩余的食品、呕吐物、排泄物、饮料或药片,有无盛装过毒物的纸包、药瓶、安瓿和注射器等,观察现场剩余物品的性状、颜色和气味等。收集毒物分析检材时,要注意杯盘、碗上的指纹,有无纸包以及遗书或信件等,分析其有无自杀动机或被毒害致死的因果关系和经济利益关系。

4. **气体中毒现场检查** 在气体中毒的现场应检查通风情况,毒气来源。可能时,采集空气进行分析。

5. **拓展毒物搜寻** 在现场周围搜寻毒物来源。

四、尸体检查

尸体检查按国家公共安全行业标准《法医学中毒尸体检验规范》(GA/T 167—2019)进行。

（一）尸体外表检查

着重查看口袋内有无残留的药片、药丸或药粉,有无遗书或与案情有关的文字材料。

1. **尸体衣物情况** 有无流注痕,呕吐、排便污染。

2. **尸体外表征象** 有无腐蚀痕迹,特殊气味、尸斑颜色、皮肤新注射痕迹。在女性尸体特别注意阴道内有无毒物。

3. **尸斑** 注意尸斑的颜色,如急性一氧化碳中毒死者的尸斑呈樱桃红色,部分氰化物中毒死者的尸斑呈鲜红色,亚硝酸钠中毒死者的尸斑呈暗褐色或巧克力色。

4. 尸僵　检查尸僵的强度,因痉挛性药物中毒致死者尸僵出现早而强。

5. 皮肤　检查皮肤的颜色,有无出血点、针痕、咬痕、腐蚀痕等。敌鼠钠盐中毒可出现皮肤点状、片状出血;慢性砷中毒可出现雨点样色素沉着。

6. 瞳孔　观察瞳孔大小,测量双侧的瞳孔直径。多数有机磷农药中毒尸体仍可保持缩瞳现象,有时在阿片类毒品中毒时也可以观察到瞳孔缩小。

7. 口鼻部　口腔黏膜和口周围皮肤有无腐蚀现象,牙缝内有无可疑药物颗粒、植物碎片,口、鼻有无特殊气味等。

(二) 中毒尸体的解剖

1. 解剖前的准备　解剖用的器械预先洗净、晾干,不得沾染消毒药液,收集检材的容器以玻璃制品最好,塑料袋也可使用,收集的检材和脏器切勿用水冲洗。尸体解剖台旁,可准备简易快速毒物分析的有关试剂和器材,如毒品检测试纸定性筛选常见毒品等,有助于迅速获得毒物分析方向。

2. 自身安全防护　解剖中毒尸体时一定要做好自身安全防护,必要时应着防化服等。解剖大剂量农药、氰化物、磷化锌等中毒尸体,结扎取出胃后,宜在通风柜内剪开胃壁,观察胃内容物及胃黏膜变化,防止大量有毒气体吸入。

3. 按常规尸体解剖　尽管多种毒物中毒在形态学上常无特异性,但是全面的尸体解剖仍是鉴定中毒的必要步骤。

4. 检查重点　解剖检查时应注意尸斑及血液颜色、局部腐蚀现象,特别是胃内容物性状、异物及特殊气味。胃黏膜的刺激征象,对判断经口进入的某些急性中毒具有较大意义。

五、检材提取

中毒案件毒物分析检材收集是否及时、准确,保存和检验是否正确,在中毒法医学的准确鉴定中起到十分重要的作用。如错过时机,现场已被破坏,可疑剩余食物、饮料、药物、呕吐物或其他容器已被倒掉或销毁,尸体已被火化,保存不当导致毒物分解、破坏,甚至污染,则毒物分析检材不可复得,毒物分析结果也不可信,给法医学鉴定造成极大困难甚至无法鉴定。如果中毒者曾送医院急救,其洗胃液及为临床诊断所取的血样,都是很有价值的毒物分析检材。中毒患者的尿液、呕吐物等也应注意收集。

通过全面系统的法医解剖,采集中毒死者体内的组织、器官和体液是法医毒物分析检材的最重要来源,一定要采集合适、足量的检材供毒物分析用。

检材提取按国家公共安全行业标准《法医学中毒尸体检验规范》(GA/T 167—2019)和《道路交通执法人体血液采集技术规范》(GA/T 1556—2019)进行,尸体解剖时主要检材的采集方法和注意事项可见以下内容。

1. 胃及胃内容物　解剖可疑急性中毒的尸体,剖开腹腔后,先结扎胃的两端,取出,将全胃放在洁净的容器内,沿胃大弯侧剪开胃壁,检查胃内容物的性状,操作过程中要防止胃内容物流失。如在胃内容物中发现残余药片、粉末、晶体或油滴等应分别提取并单独收集。

2. 肠及肠内容物　如口服毒物迁延一段时间后才死亡,或已经洗胃抢救的案例,须注意收集肠内容物;应将肠管分段结扎取出后分别取其内容物装瓶。

3. 血液　是十分重要的毒物分析检材,血中毒物已达致死浓度则可肯定为中毒致死。

疑为挥发性毒物中毒的血液,应装满容器,密封保存,以免容器中残留空间,使气体挥发而影响分析结果。周围血因受到死后再分布的影响较小,其毒物浓度的分析结果与心血相比较,更合适解释死者是否由于该毒物中毒引起死亡,尸检时应自锁骨下静脉、股静脉等收集。

4. 尿液　尿液很少受死后变化的影响,毒物常以原体或代谢产物由尿液排泄。因此,尿液几乎对各种毒物检验均有价值。

5. 肝 测定肝组织中毒物的浓度,对中毒的法医学鉴定也有实用价值。

6. 肾 肾组织可检出多种毒物,特别是各种金属毒物。

7. 脑 脑组织含有丰富的类脂质,因此对脂溶性毒物是良好检材。对乙醇、巴比妥类、局麻药的中毒应取脑组织作为检材。

此外,疑为阿片或海洛因中毒时,应收集胆汁。在疑为慢性砷中毒、铊中毒时应采集毛发和指甲作为检材。尸体腐败,器官已液化溶解时,可取骨骼肌(一般取腰大肌或大腿肌肉)作为检材。由于眼玻璃体的解剖学部位的特点,与血液或脑脊液相比,较少受到尸体腐败或污染的影响。

六、毒物分析结果的评价

毒物分析的结果对确定中毒与毒物的性质固然起决定作用,但不是唯一的证据,还有许多因素影响分析结果,必须具体情况具体分析。

毒物分析结果强阳性(达中毒或致死血浓度)时,尸体检材应排除毒物死后再分布的影响,若外周血中毒浓度达到中毒或致死血浓度,则可肯定毒物中毒或中毒死。

(一) 弱阳性结果分析

如毒物分析结果为弱阳性时(未达中毒浓度)应考虑下述几种可能。

1. 毒物是否以药用进入机体 有时在胃内容物和血中可检出治疗量或微量镇静催眠类等药物,但经详细的法医病理学检查,一般能发现足以说明死因的自然疾病或损伤的病理改变。

2. 毒物有无可能在死后进入尸体 如泥土中的砷日久可渗入埋葬尸体的腐烂组织中,可使挖掘尸体取材检验出阳性结果。

3. 尸体组织腐败产物可混淆毒物分析结果 如腐败尸体的血液中可检出乙醇和少量氰化物。

4. 毒物分析操作是否正确 仪器、试剂是否纯净;盛装检材的容器有无污染。

5. 精确毒物定量 金属元素,如砷、汞、铅、锌等,在正常人体组织中也含有微量。因此,只有通过较精确的毒物定量,与组织中的正常含量进行对比,才能解释毒物分析结果。

(二) 阴性结果分析

如毒物分析结果为阴性,则需考虑下述几种可能。

1. 收集检材的时间及种类 收集检材是否及时,所取检材的种类是否合适、齐全。如迁延性一氧化碳中毒死者一氧化碳已自体内排出,血液中不能检出碳氧血红蛋白。

2. 毒物因尸体腐败而分解消失 如挥发性毒物死后短时间内即在尸体中不能检出;乌头碱也易因尸体腐败及碱性作用而被分解。

3. 毒物因加入防腐剂而被破坏 如尸体经甲醛溶液(福尔马林)防腐处理或器官标本经甲醛溶液固定,则氰化物迅速被破坏而不能检出。

4. 技术滞后 某些毒物(如部分有毒动植物)目前尚无适当的毒物检验方法。

5. 操作方法是否正确 毒物分析的技术操作是否正确,选用的分析方法是否灵敏。

综上所述,中毒的法医学鉴定不能单纯依靠毒物分析结果,对每一个具体案例必须根据案情调查、现场勘验、临床资料、尸体解剖及病理组织学检查所见,再结合毒物分析及其他检验结果,进行综合评定。

第三节 环境污染致人身损害的法医毒理学问题

• 环境损害司法鉴定包括人身损害、财产损害和生态环境损害三大类,环境损害鉴定中常涉及法医毒理学问题。

• 环境污染致人身损害的法医毒理学问题主要有新型污染物的发现、环境污染物生物标志物的评价检测、环境污染物中毒的判定。

环境污染致人身损害是指因污染环境行为导致人的生命、健康、身体遭受损害,造成人体出现疾病、伤残、死亡、精神状态可观察的或可测量的不利改变,包括:①造成被害人死亡;②造成人身体组织器官的完整性受损或丧失功能,如残疾;③造成人身体生理功能受损,如疾病或健康状态不利改变;④致死、致残导致的受害人精神损害,以及持续、稳定或良好心理状态的不利改变等。因此,环境污染造成的人身损害既包括个体或群体生理健康的损害,也包括心理健康的损害。环境污染造成的损害有时还可能遗传给后代,往往也会给受害人造成较大的心理痛苦,因此,精神损害同样是环境污染致人身损害的重要内容。

环境污染导致的人身损害在我国民法中已纳入侵权的范围。司法鉴定评估的主要内容包括污染物属性鉴别、损害确认、因果关系判定。

群体水平的人身损害确认应满足下列条件:①流行病学调查表明调查人群与对照人群在疾病频率(如发病率、死亡率等)、生理生化指标或临床物理检查结果等存在显著性差异;②被调查人群损害(如疾病、死亡、伤残等)存在显著的地域聚集性。

环境污染致人身损害的法医学鉴定常涉及劳动卫生学、环境卫生学、职业病学、法医毒理学、法医临床学、法医精神病学等方面的理论和技术。涉及的法医毒理学问题主要有以下几个方面。

一、新型污染物的发现

新型污染物(emerging pollutants, EPs)是指在环境中不被普遍监测的合成或自然产生的化学物质,但它们有可能进入环境并导致已知或可疑的危害生态和/或人类健康的影响。目前已有超过 20 个种类的 700 种 EPs 及其代谢物与转化产物被记录在欧洲水环境项目中,主要包括药物及其代谢物、激素、农药、个人护理用品、表面活性剂及其代谢物和工业化学品。在世界各地水体中均检测到 EPs,多种 EPs 对水生生物或者人体健康有毒并且能够稳定地存在于环境中,甚至通过食物链进行生物积累。

新型污染物的发现是一个严峻挑战。目前色谱 - 质谱联用技术(GC-MS、LC-MS)的发展使得科学家能够分析广泛范围的化合物,包括环境中特别是水体中存在的非挥发性、热不稳定和极性化合物。尤其是近年来高分辨率质谱(HRMS),如飞行时间(TOF),静电场轨道阱(orbitrap)和傅里叶变换离子回旋共振(FT-ICR)等仪器结合了高灵敏度和高分辨率,具有识别未知化合物的能力。尤其混合质量分析仪,如四极杆 orbitrap(Q exactive orbitrap)和四级杆 TOF(QTOF),大大提高了复杂环境基质中污染物的识别和监测能力。全扫描模式和二级质谱相结合,使得 EPs 的高通量筛查成为可能。环境样本中的 EPs 数量繁多且层出不穷,并且存在各种转化产物以及大量的未知化合物。近年来为了提高分析效率,许多基于 HRMS 的筛查方法被开发出来,可分为靶标分析(target analysis)、可疑物筛查(suspect screening)和非靶标筛查(non-target screening)。

二、环境污染物生物标志物的评价和检测

生物标志物是指个体暴露于次生物质后发生的亚致死性生物化学变化。它是通过测量体液、组织或整个生物体,能够提示对一种或多种化学污染物的暴露和/或其效应的生化、细胞、生理、行为或能量上的变化。WHO 国际化品安全规划署(IPCS)将生物标志物分为三类:即暴露标志物(exposure biomarker)、效应标志物(effect biomarker)和易感性标志物(susceptibility biomarker)。暴露标志物指示机体对化学污染物的暴露,但不显示发生这种变化所造成的不利效应的程度,如污染化学物在体内的代谢产物及其浓度;效应标志物可以证明化学污染物对机体的不利反应,如乙酰胆碱酯酶抑制;易

感性标志物是能用以鉴别易感生物个体的标志物,易感性形成的原因是遗传背景,即先天因素,其本质是遗传毒物在体内代谢酶的多态性,以及损伤修复有关酶系的多态性。环境污染物生物标志物的检测包括以上三类标志物的检测。

评价一个生物标志物应遵循下列原则:①生物标志物的关联性,即生物标志物与所研究的生物学现象之间的联系,例如胆碱酯酶活性与有机磷农药中毒表现的关系;②敏感性和特异性,即所选生物标志物要能反映出早期和低水平接触所引起的轻微改变,以及重复低水平接触累加所引起的远期效应,并能确定这些改变是由某种特定因素引起的独特改变;③广泛性,即从微观分子到宏观生态系统,生物标志物在各个不同层次的生物组织上体现着污染物和生物之间的因果关系。一般来说生物体之间的共性在分子水平上最大,所以许多分子生物标志物,如金属硫蛋白(MT)和 DNA 加合物,可广泛应用于各类生物。

三、人身损害鉴定

环境污染致人身损害的法医学鉴定主要是进行环境污染导致受害人发生疾病、伤残、死亡等健康损害事实的确认,还需对受害人进行急性中毒、慢性中毒或亚健康状态的判定。

1. 急性中毒　环境污染物急性中毒的鉴定类似于中毒的法医学鉴定,主要进行毒物性状、中毒原因、毒理作用、中毒量和致死量、中毒血浓度和致死血浓度、中毒临床表现、中毒所致病变、毒物化验检材提取、保存、送检、毒物分析等的法医学鉴定,要进行全面尸体检查,做系统的法医毒物分析,正确评价毒物检验结果。

2. 慢性中毒　环境污染物所致的慢性中毒类似于职业病中毒,主要通过职业史或接触史、现场调查、症状与体征、实验室检查(包括暴露标志物、效应标志物和易感性标志物),进行综合分析,才能得出正确结论。

第四节　常用毒物分析方法

• 法医毒物分析包括定性分析和定量分析,按所使用手段和技术分为形态学方法、动物实验方法、免疫分析法、理化及仪器分析法。

• 气相色谱 - 质谱联用技术和液相色谱 - 质谱联用技术已成为法医毒物分析的主流方法,中毒司法鉴定中应采用国家标准或行业标准和规范等进行毒物分析。

法医毒物分析(forensic toxicological analysis)是应用化学、药学、医学等学科的理论和技术,对涉及或怀疑涉及由毒物引起的伤害或死亡事件(案件)中的有关物质及其代谢物进行定性鉴识和定量检测的一门应用科学。法医毒物分析的任务为通过分析以判明检材中有无毒物、有何种毒物、有多少毒物,包括:①判明有无毒物,通过系统的未知毒物筛查来发现和排除毒物;②确定中毒物质,通过毒物定性分析来鉴别和确证毒物的种类;③确定毒物的含量,通过定量分析来确定毒物的含量,从而估计毒物发挥毒性作用的程度。法医毒物分析不同于指定目标物和规定方法的其他行业或领域的固定模式,特点为:①分析目的难以事先确定;②检验材料的复杂性;③分析方法的应变性和规范性;④涉及范围的多学科性。

一、定性与定量分析

定性分析(qualitative analysis)是确定检材中是否含有某种毒药物(及 / 或其体内代谢产物)成分的检测过程。通常以检出或未检出某类或某种毒药物的表达方式给出分析结论。未知目标物的定性分析可分为筛选和确认两个分析环节。筛选分析常常使用毒药物含量较高的胃内容物、尿液等体内检材及现场发现的可疑体外检材进行,当出现阳性结果时应进一步进行确认分析,即取可疑目标物的标准品进行空白添加实验,必要时重新取样进行平行检测比较确认,之后给出检出某种毒药物或其体内代谢产物成分的分析结论。在质控结果正常的情况下,当所用方法的专一性和灵敏度等能够满足需要而分析结果为阴性时,一般可给出未检出某类或某种毒药物的结论,并同时给出方法的检测限(limit of detection, LOD)。

定量分析(quantitative analysis),即确定检材中某种毒药物(及/或其体内代谢产物)的含量。定量分析在定性分析的基础上进行。用作定量分析的检测方法必须具有良好的计量关系,即在一定范围内检测响应值与被测组分含量之间具有确定的函数关系。由于内标法能够在一定程度上消除操作条件等的变化所引起的误差,因而在条件具备的情况下应尽量采用内标法进行定量分析。

二、常用毒物分析方法

(一)形态学方法

形态学方法通过对检材的外观形态或显微形态进行辨认的技术方法,一般通过肉眼辨识或借助放大镜、显微镜进行观察辨识。形态学技术比较直观简便,主要用于一些体外检材的初步筛查,在一些成分复杂的天然药毒物的中毒事件中往往可以获得有价值的线索,可为进一步的仪器分析实验提供方向。

(二)动物实验方法

形态学方法是利用一些毒药物具有较强生理作用的特性,通过观察动物给药后产生的毒效或药效反应来检验鉴别毒物的技术方法。动物毒性试验具有操作简单、快速等优点,可快速判别是否含有剧毒物质或者在不具备完善仪器条件的情况下作为筛选毒物类别的技术方法。

(三)理化分析法

理化分析法是利用物质的物理或化学性质来达到分析目的的技术方法,主要包括一些物理常数的测定、化学显色反应或沉淀反应,此方法曾经在生物碱的鉴别方面起到很大作用。随着仪器分析技术的发展,理化试验因灵敏度和特异性较低而越来越少地用于有机毒药物的筛选分析,但在强酸强碱等水溶性毒物检测方面仍不失为一种快速有效的鉴别技术手段。

(四)免疫分析法

免疫分析法是利用抗原抗体竞争性结合的原理,以待检抗原(目标毒物)、偶联抗原(标记毒物)与特异性抗体竞争性结合反应为基础的一类技术方法。免疫法具有灵敏度高、特异性强、操作简便、检材无须特殊处理、省时及耗材少等优点,目前,商品化的胶体金标记免疫分析层析试剂板已被普遍用于尿样中的毒品快速筛查检测。需要注意的是不同毒品的免疫分析层析试剂板的检测限是不同的,且存在假阳性,在进一步分析确认及结果评判时需综合考虑。

(五)仪器分析法

仪器分析法是利用各学科的基本原理,采用电学、光学、真空、计算机等先进技术探知物质化学特性的分析技术方法,具有灵敏度高、选择性好、操作方便、结果可靠、自动化程度高的特点,是现代毒物分析最重要的定性分析确认和定量分析手段。常见的仪器分析法有以下几种。

1. 光谱法　光谱分析法(spectroscopic analysis)是利用物质吸收或发射某些特定频率电磁辐射的光学性质进行定性定量的分析方法,主要包括紫外-可见光谱法、荧光光谱法、红外光谱法、原子光谱法和核磁共振波谱法等。

(1)紫外-可见光谱法(ultraviolet-visible spectrometry, UV-VIS):是利用分子外层电子或分子轨道电子发生能级跃迁所产生的光谱所建立的分析方法,吸收波长在200~800nm范围内。由于分子产生电子能级跃迁时所需能量较高,所以会同时伴随有分子振动能级与转动能级的跃迁,形成带状光谱,因而紫外-可见光谱可提供的结构信息量比较有限。目前在法医毒物学鉴定中,紫外-可见光谱法是血液中碳氧血红蛋白饱和度测定的主要方法。

（2）荧光光谱法（fluorescence spectrometry）：是利用一些物质在吸收一定波长紫外光之后能发射比原来所吸收波长更长光的特性的分析方法。荧光的发生即物质吸收紫外光能后发生能级跃迁至第一激发态，之后经无辐射弛豫到达第一激发态的低能级，再以辐射方式回到基态的过程。荧光光谱法灵敏度比较高，一些具有长共轭、刚性结构的毒药物往往能产生荧光，但生物检材中所含有的荧光物质容易对检测产生干扰。

（3）红外光谱法（infrared spectrometry, IR）：是利用分子振动和转动能级跃迁产生的光谱所建立的分析方法，吸收波长一般在 2.5~25μm 或频率处于 4 000~400/cm 的中红外光区。由于物质分子发生振动和转动能级跃迁所需的能量较低，几乎所有的有机化合物在红外光区均有吸收，且分子中不同官能团在发生振动和转动能级跃迁时所需的能量各不相同，因而产生的光谱含有分子中官能团特征的精细结构信息，有"指纹光谱"之称。目前，傅里叶变换红外光谱仪（Fourier transform infrared spectrometers, FTIR）是最常用的红外分光光度仪，具有分析速度快、分辨率高、灵敏度高和波长精度高等优点，是目前进行物质结构鉴定的有效手段。

（4）原子吸收分光光度法（atomic absorption spectrophotometry, AAS）：是基于从光源辐射出具有待测元素特征谱线的光通过试样蒸气时被待测元素基态原子所吸收，由辐射谱线被减弱的程度来测定待测元素含量的方法。原子光谱是原子外层电子跃迁所形成的光谱，位于紫外可见光区，是锐线光谱，特征性强，广泛用于金属元素测定。但是，由于原子吸收光谱仪的光源采用空心阴极灯，其阴极是用待测元素为材料制成的，即每测一种元素需用该待测元素特定的空心阴极灯，因而限制了原子吸收分光光度法的使用范围。

（5）核磁共振波谱法（nuclear magnetic resonance spectroscopy）：是利用原子核的自旋运动特性，在适当的外磁场条件下自旋核接收一定频率的电磁波辐射由低能态跃迁到高能态的现象，从而解析物质结构的分析方法。核磁共振波 y 谱是一种吸收光谱，吸收辐射射频与分子中的某一给定原子核有关。自 20 世纪 30 年代发现核磁共振现象至今，核磁共振技术已逐渐发展成熟，在分析化学、生命科学、医药研发等方面有着广泛而重要的应用，是目前测定各种有机和无机成结构最强的分析技术之一。核磁共振波谱技术中研究得最多的是 ^{1}H 的核磁共振，后来随着脉冲傅里叶核磁共振仪的出现使 ^{13}C 核磁共振研究得以迅速开展。在法医毒物学研究中，核磁共振波谱法最大的优势在于可以对完全未知化合物的结构进行推断，已被应用于一些具精神活性作用的策划药等的检测。

2. 色谱法 色谱法（chromatography）是一种分离分析方法。待测样品在流动相带动下沿同一方向通过固定相，由于样品中的各组分在两相间溶解、吸附或分配等分子间作用的差异，造成不同组分以不同速度移动，使不同组分最终得以分离。根据流动相及固定相的不同，色谱法可分为薄层色谱法、气相色谱法、高效液相色谱法和毛细管电泳法等。目前，在法医毒物分析领域，气相色谱法和高效液相色谱法应用最为广泛，均具有较高的灵敏度和专一性，并能同时分析毒物原型和代谢产物。

（1）气相色谱法（gas chromatography, GC）：是以气体为流动相的色谱法。流动相又称作载气（carrier gas），一般采用化学惰性的氦气或氮气；固定相则包括填充柱和毛细管柱两种类型，后者因柱效高、分析速度快而在毒物分析领域被广泛采用。被测样品组分在两相之间通过多次分配，利用各组分之间沸点、极性和吸附性能等物理、化学性质上的差异实现分离，适用于分离分析有一定挥发性和热稳定性的化合物。气相色谱法的检测器种类比较多，包括氢火焰离子化检测器、电子捕获检测器、氮磷检测器和火焰光度检测器等。在法医毒物学领域，气相色谱法主要用于脂溶性的易挥发毒物的分析，而对于分子量大、难挥发、热稳定性差和极性过大的毒物则难以分析。

（2）高效液相色谱法（high performance liquid chromatography, HPLC）：是以单一溶剂或混合溶剂作为流动相，采用高压输液系统泵入装有固定相的色谱柱，不同组分在固定相和流动相之间不断吸附与解吸附或不断分配，从而造成差速迁移被分离。根据化学键结合固定相和流动相的极性，液 - 液分

NOTES

配色谱法分为正相色谱法和反相色谱法两类,反相色谱法是最常用的高效液相色谱方法。高效液相的检测器包括紫外检测器、荧光检测器、示差折光检测器和电化学检测器等。在法医毒物学领域,由于非挥发性有机毒物占总数 3/4 以上,因而与气相色谱法相比,高效液相色谱法应用范围很广,适用于常见安眠镇静药物、毒品、杀虫剂、抗凝血类杀鼠药及大分子生物碱等毒物的分析。

3. 质谱法 质谱法(mass spectrometry)是通过测量离子质荷比(质量 - 电荷比)进行分子结构特征信息分析的方法。其基本原理是使试样中各组分在离子源中发生电离,生成不同质荷比的带电荷的离子,经加速电场的作用,形成离子束,进入质量分析器。在质量分析器中,再利用电场和磁场使不同质荷比的离子分别聚焦而得到质谱图,从而确定其质量。根据分析目标物性质,质谱法分为有机质谱法和无机质谱法。

(1)有机质谱法(organic mass spectrometry,OMS):采用高能电子束或化学电离等方式使有机分子生成带电荷的离子,并进一步使带电荷离子裂解成一系列碎片离子,加速后导入质量分析器,在磁场作用下以离子的质荷比(mass charge ratio, m/z)大小顺序进行收集并被检测器测定,以质荷比的大小与强度排列成谱,即为质谱图。以此质谱图确定有机化合物的分子量、分子式及结构的方法,称为有机质谱法。

(2)无机质谱法(inorganic mass spectrometry):是对无机化合物进行定性定量分析的质谱方法。目前多是以电感耦合等离子体(ICP)作为电离源,即电感耦合等离子体质谱(inductively coupled plasma mass spectrometry,ICP-MS),用于各种无机元素分析,包括同位素、单元素、多元素以及有机物中金属元素的形态分析。在法医毒物分析中常用于金属毒物的检测。

质谱仪最重要的性能即灵敏度、分辨率和质量精度等主要取决于质量分析器。常见的质量分析器主要包括四极杆、离子阱和飞行时间等,它们的结构和性能各不相同,每一种都有长处与不足,可以单独使用,也可以互相组合形成功能更强大的串联质谱仪。目前,三重四级杆串联质谱技术已被广泛采用,用于成分复杂、内源性杂质干扰较大的生物样品检测。此外,线性离子阱技术也已克服了传统离子阱质谱仪诸如低质量截止点、"空间电荷效应"等缺点,出现了四极杆 - 线性离子阱质谱、四极杆 - 飞行时间质谱以及离子阱 - 飞行时间质谱等多种新型质谱仪器,在法医毒物学研究领域有着广阔的应用前景。

4. 联用分析技术 光谱法和质谱法具有灵敏度高、定性能力强、可以给出化合物分子结构信息等特点,但其均对试样纯度有较高的要求,不适于混合物的直接分析。色谱法则可以将复杂混合物中的各个组分分离,但由于受检测器的限制,对分离所得化合物的定性主要依靠保留时间,因而鉴别和确定结构能力有限。将色谱仪器与光谱、质谱等结构分析仪器通过适当接口相结合,借助计算机数字化处理,则可充分发挥两者各自的优点并同时弥补相互的不足,从而用于复杂体系的定性定量分析。

(1)气相色谱 - 质谱联用技术(gas chromatography-mass spectrometry,GC-MS):是将气相色谱柱流出的各组分通过接口进入质谱仪进行检测的联用技术,是 20 世纪 50 年代就实现在线联用的两谱联用技术。气相色谱仪相当于一个分离和进样装置,质谱仪则相当于检测器。GC-MS 分析方法一般是根据在全谱扫描(full scan)检测中所得到的待测组分的碎片离子质谱图并辅以该组分的总离子流色谱(total ion current, TIC)保留时间进行定性分析的。GC-MS 常用的是电子轰击源和化学电离源。电子轰击源结构简单,电离效率高,谱库最完整,从而使 GC-MS 仪均附有强大的谱库检索系统,能将实验所得的质谱图与谱库中的质谱图进行比对,并按匹配率次序列出若干可能化合物的结构和名称,也能给出可能化合物的标准质谱图,非常适用于法医毒物学领域分子量低于 1 000 的低分子毒物分析,尤其适合于挥发性成分的分析。在定性确认的基础上,可改用选择离子监测(selected ion monitoring, SIM)模式定量检测复杂样品中微量组分。SIM 的灵敏度比全谱扫描方式提高 2~3 个数量级。

(2)液相色谱 - 质谱联用技术(liquid chromatography-mass spectrometry,LC-MS):是液相色谱仪和质谱仪的在线联用技术。20 世纪 80 年代随着离子化技术和接口技术的突破,LC-MS 联用得以迅猛

NOTES

发展。与 GC-MS 联用技术相比,LC-MS 联用技术分析前样品处理简单,一般不要求水解或者衍生化,分析范围广,适于分析强极性、热不稳定性、非挥发性及大分子化合物,可以直接用于毒药物及其代谢物的同时分离与鉴定。但是,由于 LC-MS 电离的特殊性,各个不同公司的仪器、同一公司的不同型号或不同仪器所产生的质谱图间存在差异,目前还没有国际上公认的、通用的质谱检索谱库,从而给未知毒物的筛查及实验室间结果的比对带来困难。目前在法医毒物学实验室,主要使用 HPLC-MS/MS-多反应监测(multiple reaction monitoring, MRM)技术,用于各类合成毒药物、天然毒药物、杀虫剂和杀鼠剂等的分析鉴定。在筛选分析时一般先选取每个目标物的一对母离子/子离子对,以确保筛选分析的高灵敏度;而在确证分析时,则采用该化合物的两对母离子/子离子对,并与相同实验条件下建立的相应标准对照品的 LC-MS/MS-MRM 一级、二级质谱图和总离子流图进行比较。

上述两种色谱 - 质谱联用技术是目前最常用的法医学毒物学分析技术,尤其是多级色谱 - 质谱联用在提高准确性和灵敏度方面更胜一筹,逐渐成为法医毒物分析的主要确证手段。而对于完全未知毒物的鉴定研究,则还需使用一些结构分析能力更强的联用技术,例如液相色谱 - 核磁共振波谱联用技术、气相色谱 - 红外光谱联用技术等。

第五节 常见毒物中毒

- 我国常见毒物中毒包括醇类中毒、毒品中毒、一氧化碳中毒、氰化物中毒、农药中毒、杀鼠剂中毒、金属毒物中毒、镇静催眠药中毒、环境污染物中毒等,常涉及法医学鉴定。
- 我国毒品中毒主要以阿片类毒品、苯丙胺类毒品为主,毒品中毒法医学鉴定常涉及吸毒和毒品中毒(死)的判定。
- 乙醇中毒鉴定包括活体鉴定和尸体鉴定,前者主要为酒驾的判定,后者还涉及生前饮酒和死后产生乙醇的鉴别、生前饮酒与死后灌酒的鉴别。
- 我国农药中毒死亡以有机磷类、氨基甲酸酯类、拟除虫菊酯类最为常见,有机磷不稳定,易分解,毒物分析中应注意同时检测其代谢物。

在法医学实践中,毒物种类可达几千种,其中常见中毒的毒物主要有农药、一氧化碳、镇静安眠药、醇类、有毒动植物、毒品、氰化物、杀鼠剂、金属毒物、环境污染物等,常涉及法医学鉴定。我国毒品中毒主要以阿片类毒品、苯丙胺类毒品为主,毒品中毒法医学鉴定常涉及吸毒和毒品中毒(死)的判定。有毒动植物中毒是我国的特色。

一、醇类中毒

我国常见的醇类中毒为乙醇中毒和甲醇中毒。

(一)乙醇中毒

乙醇(ethanol, ethyl alcohol),俗称酒精(alcohol)。

1. 中毒原因 急性乙醇中毒多见于大量饮酒所致的意外事故,乙醇滥用常造成许多意外事故发生,如车祸、打架斗殴、工伤事故及其他暴力犯罪等。

2. 毒理作用 饮酒后乙醇主要由胃和小肠上段吸收,一般饮酒后 1~1.5 小时血中浓度最高;6~13 小时各器官含量最高。

乙醇主要在肝中通过氧化脱氢分解代谢为乙醛和乙酸,最后变成二氧化碳和水;约 2% 乙醇通过非氧化途径代谢为乙基葡萄糖醛酸苷(ethyl glucuronide, EtG)、乙基硫酸酯(EtS)脂肪酸乙酯(fatty acid ethyl esters, FAEEs)、磷脂酰乙醇胺(phosphatidylethanol, PEth);约 2%~5% 的乙醇以原形从尿、汗液和呼气中排出。乙醇还影响体内 5- 羟基色胺代谢,使其代谢产物 5- 羟基 β- 吲哚乙醇

（5-hydroxytryptophol,5HTOL）和 5 羟（基）吲哚 -3 乙酸（5-hydroxyindole -3-acetic acid,5HIAA）比率升高。

乙醇的主要毒理作用是抑制中枢神经系统。首先抑制皮质功能,进一步抑制皮质下中枢、小脑及脊髓,重度中毒时延髓血管运动中枢和呼吸中枢抑制。呼吸中枢麻痹是其主要死因。

乙醇与巴比妥类、苯二氮䓬类、吩噻嗪类、阿片类及其他呼吸功能抑制剂或麻醉剂产生协同作用。

慢性乙醇中毒可导致酒精性肝病、酒精性脑病、酒精性心肌病,并发高血压、脑卒中、冠心病、慢性胃炎及胰腺炎等。乙醇可通过胎盘屏障,引起胎儿中毒,有饮酒习惯的母亲易生育智能迟钝的子代或畸形胎儿,称为胎儿酒精综合征（fetal alcohol syndrome）。

3. 中毒致死量   一般乙醇中毒量为 75~80g,致死量为 250~500g,中毒血浓度为 100mg/dl,致死血浓度在 400~500mg/dl。

4. 中毒症状   乙醇中毒可分为急性和慢性两种,法医学上较有意义的是急性中毒。

（1）急性乙醇中毒:一般指一次大量饮酒引起的暂时性神经精神障碍。可将中毒症状分为三期。

兴奋期（30~100mg/dl）:主要表现为兴奋、多言、躁狂、面色发红、呼气有酒味、眼睛发亮、脉搏加速。此时意志力减弱,自制力部分丧失,有攻击行为。

共济失调期（100~200mg/dl）:言语动作均失协调,表现为舌重口吃、语无伦次、步态不稳、容易摔跌。

抑制期（300~500mg/dl）:患者进入深睡,摇撼不醒,失去知觉。脑干功能受到影响,表现出颜面苍白、皮肤湿冷、发绀,有的可因呕吐物吸入窒息并发肺炎、呼吸衰竭而死亡。

（2）慢性乙醇中毒:由长期、过量饮酒引起的实质器官病理变化及行为障碍性疾病。慢性乙醇中毒者可出现面部血管扩张、营养不良、贫血、周围神经炎、慢性胃炎、酒精性肝病和肝硬化等症状。

5. 尸检所见

（1）急性乙醇中毒:可见颜面潮红、眼睑水肿、全身各器官充血、水肿及点、灶性出血。

（2）慢性乙醇中毒死亡者:可见酒精中毒性肝病,肝细胞脂肪变性、酒精透明小体（alcohol hyaline）或称 Mallory 小体形成,甚至发展为酒精性肝硬化。

6. 检材提取   尸体一般同时提取周围静脉(股静脉)血、心血、玻璃体液和尿液,也可取脑、肺、肝或肾等内脏,大量失血尸体、严重机械性损伤尸体及碎尸可收集睾丸、前列腺,检测乙醇测定乙醇浓度。活体可检测呼出气中乙醇含量,阳性者应取血、尿进一步进行定性和定量分析。所取检材应低温（–20℃最好）保存、及时送检,无法低温保存或保存超过 24 小时应加氟化钠至 1%。

7. 法医学鉴定要点

（1）活体鉴定:活体鉴定的主要任务是确定相关个体是否饮酒以及饮酒的量。血液乙醇浓度（blood alcohol content,BAC）是判定个体是否饮酒以及饮酒量的主要指标。一般情况下,如果车辆驾驶员的 BAC ≥ 20mg/dl,即可确定为酒后驾驶,如果 BAC ≥ 80mg/dl,即可确定为醉酒驾驶。

（2）尸体鉴定:尸体鉴定的主要任务是判定死者是否乙醇中毒。死者血、尿及其他器官中乙醇的定性、定量检测是确定死者生前是否饮酒以及饮酒量的主要依据。若血中乙醇浓度超过 400~500mg/dl,即可确定为乙醇中毒死亡,即单独构成死因。但在法医学鉴定时常须对各种因素进行综合评价,在判定死因时还应考虑与疾病、外伤、窒息、机体状态和其他因素的关系,如寒冷、过热以及与其他药物联合应用易中毒死亡。对尸体进行鉴定时,还需要注意甄别以下两个方面的因素。

1）生前饮酒和死后产生乙醇的鉴别:乙醇中毒法医学鉴定中常遇到生前饮酒和死后产生乙醇的鉴别问题。可通过乙醇非氧化代谢产物、尿中 5HTOL/5HIAA 比率、乙醇 / 正丙醇浓度比值和尿中乙醇检测来鉴别。

2）生前饮酒与死后灌酒的鉴别:极个别案例中涉及生前饮酒和死后灌酒的鉴别,可通过乙醇非氧化代谢产物、尿中 5HTOL/5HIAA 比率、尸体各组织和体液中乙醇的含量及比例关系来鉴别。

我国乙醇中毒法医学鉴定相关行业标准和规范有《车辆驾驶人员血液、呼气乙醇含量阈值与检验》(GB 19522—2010)、《法医学中毒尸体检验规范》(GA/T 167—2019)、《血液乙醇含量的检验方法》(GA/T 842—2019)、《道路交通执法人体血液采集技术规范》(GA/T 1556—2019)。

(二)甲醇中毒

甲醇(methanol,methyl alcohol,CH_3OH)又称木醇、木酒精(wood alcohol,wood spirit),有高度挥发性,具有弱乙醇香味,无色透明易燃液体,是重要的有机合成原料和溶剂,在工业上用途很广,有"工业酒精"之称。

1. 中毒原因 急性中毒多见于误服由甲醇代替乙醇制成的饮料。曾有饮用掺有甲醇的假酒发生严重群体性甲醇中毒的报道。职业接触、长期少量吸入甲醇蒸气可致慢性中毒。

2. 毒理作用 甲醇可经胃肠道、呼吸道和皮肤接触吸收,在体内很快分布,组织中甲醇含量与该组织含水量成正比。主要在肝代谢,约90%~95%在肝内醇脱氢酶作用下氧化为甲醛,后在醛脱氢酶作用下氧化为甲酸,甲酸经过氧化酶的作用氧化为二氧化碳和水,甲醇中毒引起视觉损害和代谢性酸中毒主要是由代谢产物甲醛和甲酸引起。2%~5%甲醇以原形由肾和肺排出。甲醇在体内代谢缓慢,排泄也缓慢。

甲醇有麻醉作用,甲醇及其代谢产物可直接损害眼球组织和引起血管麻痹扩张,损害神经系统和肝。还可通过胎盘屏障,孕妇误服甲醇可致胎儿中毒。

3. 中毒致死量 中毒量为5~10ml,10~20ml以上可致失明。致死量为30~60ml,但有较大的个体差异。致死血浓度为71mg/dl。

4. 中毒症状 口服潜伏期较长,一般为12~24小时,少数可长达2~3天。急性中毒临床上主要以视力障碍及神经系统症状突出,胃肠道症状也较常见,可分为3型。

(1)轻度中毒:类似醉酒状态,有头痛、头晕、腹痛、震颤、眼球疼痛、视物模糊等。

(2)中度中毒:神经系统症状较严重,呕吐、软弱无力、对周围事物淡漠等。视神经损害很少完全恢复正常。

(3)重度中毒:剧烈头痛、头晕,很快进入休克、昏迷,同时伴恶心、呕吐或出现酸中毒、双目失明等。因严重酸中毒昏迷死亡或死于呼吸麻痹。

5. 尸检所见 死亡迅速者尸检呈一般急性死亡常见的尸体征象,但局部刺激征象较明显,可见胃黏膜充血、点状出血,胃内容物可闻及甲醇气味。中毒病程迁延者,病变主要在脑及脑膜。视神经充血、水肿和出血,神经纤维崩解,神经胶质细胞增生,视神经萎缩。肺淤血、水肿,心、肝、肾等实质细胞变性,灶性坏死。

6. 检材提取 胃内容物、呕吐物、血、尿及脑、肝、肾等均可作为检材。眼房水和玻璃体液是很好的检材。应及早取材、密封送检。

7. 法医学鉴定要点 根据接触史、临床表现及眼底检查,参考实验室分析和特殊检查,结合尸体征象、毒物分析等综合鉴定。毒物分析主要依靠血液、尿液中甲醇及甲酸含量的测定。一般中毒死亡者经甲醇定性、定量分析及尿中检出超常量甲酸即可判定。

二、毒品中毒

据联合国2021年世界毒品报告显示,全球约2.75亿人使用毒品,吸毒人数较10年前增加了22%。滥用毒品的种类依国家和地区不同有所差异。目前我国毒品滥用主要为合成毒品(如冰毒)、阿片类毒品,大麻类吸食人数逐年上升。

(一)与毒品有关的基本概念

1. 毒品与吸毒的概念

(1)毒品(drug):是指国际公约明令禁止的、能够使人形成瘾癖的麻醉品与精神药物的统称,包括传统毒品、合成毒品、新精神活性物质（合成大麻素类、芬太尼、卡西酮类）等。

传统毒品主要取自天然植物，其代表为吗啡、可待因、海洛因等；合成毒品是通过化学合成的一类精神药品，它可以直接作用在人的中枢神经，达到兴奋和致幻的作用，其代表为甲基苯丙胺、氯胺酮、麦角乙二胺等；新精神活性物质（new psychoactive substance，NPS），又称"策划药"或"实验室毒品"，是不法分子为逃避打击而对管制毒品进行化学结构修饰得到的毒品类似物，具有与管制毒品相似或更强的兴奋、致幻、麻醉等效果，其代表有合成大麻素类、芬太尼、卡西酮类等。

（2）吸毒（taking drug）：指某些人为了变换情绪或诱导欣快感，非法使用明令禁止毒品的行为。

（3）药物滥用（drug abuse）：医学广义的药物滥用，是指非医疗目的，违反临床治疗学规定使用药物的行为，例如催眠镇静安定剂、抗生素滥用。成瘾医学狭义上的药物滥用，是指非医疗目的使用具有依赖性精神活性物质的行为。包括偶然性用药、规律性用药（依赖）、强迫性用药（成瘾）。

（4）药物依赖（drug dependence）：是指在依赖性精神活性物质（成瘾物质）长期作用下，人体产生的一种特殊躯体和精神状态，表现为强迫性、持续性或周期性用药，以获得欣快感或避免停药带来的不适感。药物依赖分为躯体依赖和精神依赖，药物成瘾（drug addiction）属于严重的精神依赖。

2. 常见毒品

（1）阿片类：包括吗啡、海洛因、可待因、美沙酮等。

（2）可卡因类：包括可卡因、古柯叶等。

（3）大麻：包括大麻、大麻酯等。

（4）中枢神经兴奋剂：如苯丙胺、甲基苯丙胺（冰毒）等。

（5）致幻剂：如麦角酰二乙胺（LSD）等。

（6）镇静催眠药和抗焦虑药：如苯二氮䓬类等。

（7）新精神活性物质：如氯胺酮、芬太尼类、合成大麻素类、合成卡西酮类等。

3. 吸毒方式　吸毒的方式有口服、咀嚼和吮吸、鼻吸、皮下或肌内注射及静脉注射。

（二）阿片类中毒

阿片俗称鸦片（opium），原生植物是罂粟，其蒴果所含的浆液，干燥后形成棕黑色黏性团块，即为阿片。鸦片膏中含有 40 多种生物碱，最主要的是吗啡（morphine），含量为 4%~21%。海洛因（heroin）是吗啡乙酰化衍生物，称二乙酰吗啡，俗称"白面"，极易成瘾。

1. 中毒原因　吗啡中毒多见于用药过量或医疗上误用，小儿对吗啡非常敏感，所以中毒多见于小儿。偶有用吗啡自杀者，多与职业有关，用于他杀者少见。随着吸食吗啡、海洛因的人数增多，成瘾造成慢性中毒的人数不断增加，且有因吸食过量致急性中毒或合并严重感染而死亡的案例发生。

2. 毒理作用　吗啡具有抑制和兴奋中枢神经系统的双重作用，抑制占优势。其具有极强的镇痛、镇静作用；可抑制咳嗽中枢产生明显的镇咳作用；刺激动眼神经，使瞳孔缩小；兴奋脊髓，使脊髓反射增强；减少胃肠道平滑肌蠕动并增加括约肌收缩导致便秘；增高膀胱括约肌张力，引起尿潴留；扩张周围血管，引起直立性低血压。急性吗啡中毒死亡的直接死因是呼吸中枢麻痹。

3. 中毒致死量　成人一次注射 60mg 吗啡可引起急性中毒症状，致死量为 200~500mg。但吗啡成瘾者对吗啡有极强的耐受性，注射正常量的 35~40 倍也不致中毒。吗啡的致死血浓度为 0.05mg%。

4. 中毒症状　急性吗啡中毒症状为中枢神经系统深度抑制，表现为呼吸深度抑制，呼吸慢而浅表；瞳孔极度缩小，呈针尖状，是海洛因中毒的主要特征；全身发绀；脉搏细弱，血压下降，体温下降，骨骼肌松弛无力，尿少或尿潴留。

5. 尸检所见　急性吗啡中毒死者，尸检无特殊所见，仅为尸斑青紫等一般窒息征象；早期可见典型的针尖样瞳孔缩小，但晚期可无此表现；海洛因中毒死亡者常见肺显著水肿，称为"海洛因肺水肿"。长期吸食吗啡慢性中毒成瘾死者身体消瘦、贫血、腹胀显著；长期静脉注射方式吸毒者，注射部位可见静脉炎症、皮肤化脓或瘢痕条索等。值得特别注意的是，因吸毒者是艾滋病或病毒性肝炎的高危人群,故在尸检时要注意严加防护。

6. **检材提取**　对于48小时内吸食过吗啡或海洛因的死者,血液、尿液、胆汁是最好的检材。对于长期吸食阿片类毒品者,可以毛发为检材,并据此推测滥用毒品的时限。因海洛因进入体内很快代谢为单乙酰吗啡和吗啡,尿中只有极微量的海洛因原形,所以仍以检出单乙酰吗啡和吗啡为依据。因吗啡的耐受性、成瘾性及死后再分布等因素的影响,取材时间不同,不同检材中所含吗啡及其代谢的含量变化很大,例如:对于吸毒后很快死亡者,可能只有血液中可检出吗啡,而尿液和胆汁阴性;相反,对于吸毒后迁延死亡者,血液中检不出吗啡,但尿液和胆汁可检出。

7. **法医学鉴定要点**　毒物分析是认定是否吸毒死亡的重要手段,体内检出吗啡及吗啡代谢物可认定吸毒。同时,要调查死者有无吸毒史、吸毒的种类和时间长短,死前的症状和死亡经过;并进行现场勘验,寻找是否遗留有吸毒的工具和毒品。并结合吗啡中毒突出的表现,如昏睡、发绀、瞳孔缩小如针尖、呼吸浅慢等症状与尸检所见综合判断死因。

(三) 可卡因中毒

可卡因(cocaine)是古柯叶中的主要生物碱,又称古柯碱,是最早发现的局部麻醉药,但现在很少用于临床。可卡因是一种强效中枢兴奋剂,具有很强的精神依赖性,是西方国家常用的毒品之一。

1. **中毒原因**　滥用者常因用药过量,造成脑出血或血管性虚脱死亡;或因并发精神病,引起自杀或意外死亡;他杀少见。

可卡因可通过咀嚼古柯叶或泡茶、鼻吸、静脉注射、烟吸可卡因游离碱等方式进行吸食。

2. **毒理作用**　可卡因最主要的作用是对中枢神经的兴奋作用,首先刺激大脑皮质,产生一种欣快感,解除疲劳及饥饿,进而延及皮质下中枢,过度兴奋则转为抑制,严重者发生呼吸、心搏停止。可卡因可阻断神经纤维冲动的产生和传递,阻止交感神经突触前膜摄取儿茶酚胺,使血管收缩,引起高血压甚至脑出血。大剂量可卡因可严重抑制心肌活动致血管性虚脱。

3. **中毒致死量**　可卡因中毒量为30~50mg;口服致死量为500~1 000mg;肌内注射或黏膜用30mg即可死亡。

4. **中毒症状**　中毒者在兴奋早期表现为欣快,感到心情舒畅、思维活跃、健谈、性欲亢进;情绪不安、易激惹,有阵发性暴力行为;食欲下降、恶心、呕吐、眩晕、冷汗、皮肤苍白,突发性头痛,面部和手足肌肉抽搐;脉搏增快、室性期前收缩、血压升高,呼吸加深加快。有的出现假性幻觉或类偏执狂精神分裂症样"可卡因精神病"。随着进展,中毒者出现反射亢进、阵发性痉挛及强直性抽搐;血压持续升高,可死于高血压引起的各种合并症或直接的心肌毒性作用。中毒后期,则进入抑制期,中毒者肌肉松弛无力、昏迷、瞳孔散大、反射消失,因室性纤颤、呼吸循环衰竭死亡。

长期大量滥用可卡因者可出现"可卡因性精神病",表现为偏执狂和持续幻觉,典型症状之一是皮下蚁走感,奇痒难忍,造成严重抓伤甚至断肢致残。

5. **尸检所见**　急性中毒死亡者尸检见窒息死征象,器官淤血明显。心肌损害明显,肉眼观右心室可见扩张,镜下见心肌灶性甚至片状坏死。长期滥用者消瘦、营养不良;用鼻吸食者,可见鼻中隔慢性炎症、萎缩甚至穿孔;皮肤可见新旧不等的针痕。

6. **检材提取**　血液、尿液是必取的检材。可视吸毒方式采取肺、鼻拭子和针痕周围组织或其他组织。毒化检材可加0.5%氟化钠防止其水解。

7. **法医学鉴定要点**　重点调查毒品接触史。结合可卡因急慢性中毒的症状和尸检所见进行综合分析,最终以体内检出可卡因及其代谢产物如苯甲酰爱康宁等方可认定。

(四) 苯丙胺类中毒

苯丙胺类药物是人工合成的儿茶酚胺拟交感神经药,有很强的中枢兴奋作用,易成瘾,有兴奋型、致幻型、抑制食欲型、混合型四种类型。苯丙胺较常见的衍生物有甲基苯丙胺(methamphetamine),俗称"冰毒"。

1. 中毒原因　苯丙胺类药物多因滥用及医疗用药过量发生中毒死亡,以兴奋型和混合型最多见。

2. 毒理作用　以甲基苯丙胺为例,其可选择性作用于脑干以上的部位,提高大脑皮质兴奋性,使突触间隙多巴胺、去甲肾上腺素、5-羟色胺含量增加,产生欣快感和重复动作;还可损害多巴胺能神经元,抑制食欲,使脊髓和脑干的神经反射亢进,兴奋呼吸中枢,使呼吸加深加快。长期滥用可导致认知功能障碍,产生焦虑、抑郁甚至精神分裂症。

3. 中毒症状　急性中毒症状表现兴奋、不安,精神与体力均显活跃,动作快而不准,刻板行为,焦虑、紧张、性欲亢进、不眠、意识紊乱、眩晕。严重者可出现谵妄、恐慌、躁狂、幻觉,行为冲动、伤人或自伤。可出现心动过速、血压升高、头痛、高热、颜面潮红、大汗淋漓、心律失常等外周交感神经反应,可因高血压危象、循环衰竭死亡。

4. 中毒致死量　苯丙胺口服吸收迅速,于1~2小时达血药浓度,血浆半衰期约12小时;成人致死量20~25mg/kg,儿童致死量5mg/kg。甲基苯丙胺毒性为苯丙胺的2倍,服用10mg可出现轻度中毒症状,致死血浓度4mg/L。

5. 尸检所见　急性苯丙胺类中毒死亡者无特殊病变。长期滥用死亡者可见体重减轻、营养不良;脑水肿、出血。镜下见神经细胞变性、坏死和胶质细胞反应;心肌细胞水肿,收缩带坏死,有时可见心肌纤维化;肝、肺、肾等多脏器可见水肿、细胞坏死等。

6. 检材提取　由于苯丙胺排泄缓慢,经尿排出可历经4~7天,故认定吸毒者时,对于怀疑一周内吸食甲基苯丙胺者,尿液是最佳检材,血液必不可少;怀疑长期滥用者,毛发是必备检材。怀疑吸毒死时,除上述检材外,还可采取肝、肾、脑等组织。

7. 法医学鉴定要点　在体内和毛发中检出甲基苯丙胺及代谢产物可认定吸毒。对于怀疑吸毒死者,有赖于调查是否有苯丙胺类药物接触史,是否具有中枢和外周交感神经兴奋症状,尤其是刻板行为、幻觉、妄想等症状,结合体内检出苯丙胺及其代谢产物和尸检所见可确定中毒死亡。

三、一氧化碳中毒

一氧化碳(carbon monoxide,CO)为无色、无臭、无刺激性气体,比重0.967,易燃易爆。凡含碳物质在不完全燃烧时均可产生CO,煤气、汽车尾气、炸药爆炸气体内所含CO浓度分别为6%~15%、7%、30%~60%。

1. 中毒原因　中毒多见于日常生活、生产、火灾等意外事故,如热水器煤气泄漏致中毒甚至死亡。也常作为自杀或他杀的工具,例如,利用汽车尾气自杀;他杀后伪装成自杀或灾害事故等。

2. 毒理作用　CO经呼吸道侵入体内后,约90%与血红蛋白(hemoglobin,Hb)中的二价铁结合,生成碳氧血红蛋白(carboxyhemoglobin,HbCO),使血红蛋白失去携氧能力;约10%与肌红蛋白、细胞色素等含铁蛋白结合。CO与血红蛋白的亲和力是氧的240倍,而HbCO的解离比氧合血红蛋白(oxyhemoglobin,HbO_2)慢3600倍。因此,HbCO既竞争性地替代了HbO_2,又阻碍了HbO_2氧的解离和组织内二氧化碳的输出,最终导致组织缺氧和二氧化碳潴留,产生中毒症状。此外,高浓度CO所致"闪电式"死亡,是由于CO与存在于需氧细胞线粒体内膜上的细胞色素氧化酶结合,直接导致细胞内窒息而死亡。

血中HbCO含量常作为判断中毒的指标和中毒程度的依据,HbCO在10%~20%为轻度中毒,HbCO>30%为中度中毒,HbCO>50%为重度中毒。

3. 中毒症状　临床上按照发病速度分为闪电式、急性和慢性中毒三种。在法医实践中,以闪电式和急性中毒多见。

(1)闪电式中毒:是由在短时间内吸入高浓度的CO所致。中毒者可突然昏倒、意识丧失、反射消失,在短时间内因呼吸中枢麻痹而死亡。

（2）急性中毒：主要表现为以脑缺氧为主的症状和体征。患者常先有头部沉重感、前额发紧，继而出现剧烈头痛、眩晕、心悸、胸闷、恶心、呕吐、耳鸣、四肢无力及共济失调等症状，此时虽意识尚存，但中毒者已无力摆脱险境自救，故在现场勘查时常见中毒者向门窗方向爬行的姿势；继而出现嗜睡、麻木、意识模糊、大小便失禁乃至昏迷。查体见皮肤、黏膜呈樱桃红色，尤以面颊、前胸、大腿内侧明显，呼吸、脉搏加速、反射减弱或消失，甚至出现低血压、心律失常、抽搐或强直等情况。重度中毒者出现深度昏迷、病理反射，肤色因末梢循环不良呈灰白或发绀，最终因呼吸衰竭而死亡。重度中毒者偶可并发横纹肌溶解及筋膜间综合征，系因 CO 中毒昏迷后肢体长时间受压，横纹肌缺血、坏死、溶解，大量肌红蛋白随血液循环至肾，导致急性肾衰竭；肢体坏死或功能障碍。

4. 中毒致死量　血液中 HbCO 饱和度达到 50% 以上即可致死，中毒死者血中 HbCO 饱和度通常为 60%~80%，儿童、老人及孕妇对 CO 比较敏感，低于 50% 时也可致死。重症冠心病、严重肺疾病等的患者对 CO 的耐受力低，甚至 HbCO 饱和度仅 20% 亦可导致死亡。

5. 尸检所见　CO 中毒迅速死亡者，因血液中含大量 HbCO 使尸斑、皮肤黏膜、脏器呈樱桃红色，血液不凝固。肌肉组织由于形成一氧化碳肌红蛋白，也呈樱桃红色，尤以胸大肌明显。皮肤黏膜及浆膜可见斑点状出血。如迁延数天后死亡，以中枢神经系统和心肌病变最为严重。可见脑水肿、双侧苍白球对称性软化灶，神经纤维广泛脱髓鞘变性；重度中毒者常见局灶性心肌坏死，以左心室乳头肌顶端最多见；可见肾小管上皮细胞和肝细胞变性或坏死；偶见躯干、面部及四肢的皮肤红斑、水肿，甚至水疱和大疱形成。

6. 检材采取　血液是最有价值的检材，尤以心血最佳。火灾中炭化的尸体可采集骨髓。

7. 法医学鉴定要点　现场勘查对判断 CO 中毒非常重要。尸斑、肌肉、内脏及血液呈樱桃红色，是 CO 中毒的重要征象，但应与氰化物中毒、溺死、冻死或冷藏尸体相鉴别。CO 中毒者其脏器组织虽经福尔马林固定数周仍保持樱红色。血液中 HbCO 含量测定是 CO 中毒鉴定的最有力证据。但应注意，"闪电式"死亡患者血 HbCO 可能并不高；迁延性中毒死者或死前曾接受输氧抢救者，HbCO 测定可能浓度很低，甚至出现阴性结果。有心血管疾病或慢性肺病患者对 CO 的耐受力降低，其致死 HbCO 浓度可低于健康人，在死因分析时要充分考虑。

四、氰化物中毒

氰化物（cyanide）是一类剧毒化合物。分无机氰化物和有机氰化物两类。无机氰化物有氢氰酸、氰化钾、氰化钠、氰化钙、氰气等。有机氰化物有腈类、氰酸酯类、异氰酸酯类等。许多植物中含有氰苷，氰苷经过水解后释放氢氰酸可引起中毒。氰苷含量较高的有杏、桃、李和枇杷等果实中的核仁、木薯、酸竹笋、高粱嫩叶等，其中以苦杏仁含量较高。

1. 中毒原因　氰化物中毒方式多见于自杀或他杀。服毒或投毒多采用胃肠途径，也可见通过肌内或静脉注射、塞入阴道等方式投毒。因氰化物在工业上应用广泛，如金属提取、加热处理、电镀，纤维、塑料、橡胶合成等，操作不慎、防护不当可引起中毒。食用含氰苷食物如苦杏仁、木薯，处理不当导致中毒。

2. 毒理作用　氰化物可通过消化道、呼吸道和皮肤吸收。氰化物进入人体后析出氰离子（CN⁻），与铁、锌、铜等活性金属离子结合，导致多种酶失活。其中，CN^- 与三价铁离子（Fe^{3+}）的亲和力最高；Fe^{3+} 主要存在于细胞线粒体内，是细胞呼吸过程中的关键酶氧化型细胞色素氧化酶的辅基，CN^- 与 Fe^{3+} 的结合阻止了氧化酶中的三价铁还原，使电子传递链中断，使细胞失去利用氧的能力，导致组织缺氧，陷入"内窒息"状态，导致细胞死亡。此外，CN^- 还可使含巯基和硫的酶失活，毒性更强。中枢神经系统对缺氧最敏感，所以脑组织最先受损。氰化物中毒者多因中枢性呼吸衰竭死亡。

3. 中毒症状　当口服大量或吸入高浓度氰化物时，可在 4~6 秒内突然昏倒、呼吸困难、强直性痉挛，约经 2~3 分钟后呼吸心搏停止，呈"闪电式"死亡。如剂量较小，则病程较长，临床上可表现为

NOTES

四期。

（1）前驱期（刺激期）：吸入者有眼、咽喉及呼吸道黏膜刺激症状。口服者口腔、咽喉部有麻木和烧灼感，流涎、呕吐、头晕、头痛、耳鸣等症状，此期一般不超过 10 分钟。

（2）呼吸困难期：出现胸闷、心悸、呼吸困难等。皮肤、黏膜呈鲜红色，血压升高、心率加快、瞳孔先缩小后扩大，并有眼球突出及恐怖面容，神志渐转入昏迷。

（3）痉挛期：大小便失禁、大汗淋漓、体温下降，强直性痉挛为此期特征表现。

（4）麻痹期：感觉和各种反射消失，呼吸浅慢，最后因呼吸衰竭而亡。

四期一般经过 10~30 分钟，如果抢救及时或轻度中毒，症状可在几小时或 2~3 天内缓解。

4. 中毒致死量　氢氰酸的口服最小致死量为 0.7mg/kg；氰化钠与氰化钾的口服致死量为 1~2mg/kg；致死血浓度为 1mg/dl。成人口服苦杏仁 40~60 粒，小儿口服 10~20 粒即可引起中毒甚至死亡。

5. 尸检所见　氰化物中毒死者，由于全身组织细胞在 CN⁻ 的毒性作用下，失去利用氧的能力，静脉血中氧含量增加，及血液中氰化高铁血红蛋白形成，故静脉血为鲜红色，使尸斑、肌肉及黏膜呈鲜红色；死亡迅速者发绀明显，尸斑可呈紫红色，但口唇及肺脏仍呈鲜红色。尸僵明显，血液不凝。内脏器官普遍淤血、水肿，尤以肺最明显。口服氰化物中毒者，整个消化道均有不同程度的充血水肿，食管下段、胃、十二指肠呈暗紫红色，可有出血、糜烂及坏死。体腔内可有苦杏仁气味。

6. 检材提取　血液中氰化物的含量最高，是最佳检材，其次为肝、肾、脑和肌肉。口服中毒的剩余食物、呕吐物、胃肠及内容物均为有价值的检材。经皮肤、黏膜吸收或注射中毒者，应采取相应部位的组织。

7. 法医学鉴定要点　氰化物为剧毒，作用迅速，中毒者常来不及抢救就已死亡，故凡突然死亡且怀疑中毒时，应考虑氰化物中毒。检验血液中氢氰酸的含量至关重要。尸检见尸斑、皮肤黏膜呈鲜红色或胃黏膜有显著腐蚀现象有助于诊断。疑为胃肠外途径引起中毒的案例，应分别采取多种检材进行毒物检测。因氰氢酸容易挥发，可因尸体腐败而分解，尸体腐败时又可产生少量氢氰酸。因此，必须尽早尸检和采样送检，必要时可同时检测氰化物代谢物辅助鉴定。

五、农药中毒

农药按照用途分为杀虫剂、杀菌剂、除草剂、植物生长调节剂及杀鼠剂等。按化学结构分类可分为有机磷类、有机氯类、有机磷类、砷制剂类、氨基甲酸酯类、拟除虫菊酯类等。法医实践中涉及最多的是杀虫剂和杀鼠剂。在我国，农药中毒居首位，其中有机磷农药中毒占大多数。由于农药使用广泛，容易获得，因此意外中毒或者用于自杀和他杀均很常见。

（一）有机磷农药中毒

常见的有机磷农药（organophosphorus pesticide）有剧毒类的甲拌磷（3911）、内吸磷（1059）、双硫磷（1605）等；高毒类的乙硫磷（1240）、久效磷、甲胺磷、敌敌畏等；中毒类的乐果、敌百虫、杀螟松等；低毒类的杀虫畏、马拉硫磷（4049）等。

1. 中毒原因　有机磷农药中毒以敌敌畏、甲胺磷、对硫磷等较多见。除常见用于服毒自杀外，也有用于投毒的案例，如将农药掺入食物、饮料或中药等，还有通过胃肠外途径投毒者，如静脉、肌内、皮下、胸腔、心包腔内注射或塞入阴道等。意外中毒多为误服被农药污染的饮食，或使用时防护不当所致。

2. 毒理作用　有机磷可经无损的皮肤、呼吸道、消化道、阴道黏膜等吸收，迅速分布到全身各组织器官与组织蛋白牢固结合。给药后 5~12 小时，血液浓度达高峰；大多数有机磷农药经肝氧化和水解后毒性降低，但对硫磷氧化为对氧磷后毒性增加 300 倍，内吸磷氧化为亚砜后毒性增加 5 倍，敌百虫代谢为敌敌畏毒性增加。

有机磷农药进入机体后主要抑制胆碱酯酶（cholinesterase，ChE）活性，使之丧失分解神经递质乙

NOTES

酰胆碱的能力,导致突触间隙乙酰胆碱蓄积,胆碱能神经持续兴奋,出现胆碱能神经亢奋的一系列中毒症状。有机磷化合物对胆碱酯酶的抑制分为两步:起初对酶的抑制是可逆的,但经过一定时间,可形成磷酰化胆碱酯酶,酶活性不可逆转,使之丧失分解乙酰胆碱的能力。有机磷中毒后如果不及时抢救,酶在几分钟或几小时内即可"老化",使磷酰化胆碱酯酶的磷酰化基团的一个烷氧基断裂,形成更稳定的单烷氧基磷酰化胆碱酯酶,称为老化酶。此时即使使用胆碱酯酶复能剂,也不能恢复酶的活性。

此外,某些有机磷农药如甲胺磷、马拉硫磷、乐果、敌敌畏、敌百虫等,可抑制神经病靶酯酶(neuropathy target esterase, NTE),使部分患者在中毒后 1~2 周,发生周围神经病,称有机磷迟发性神经病。

3. 中毒症状 口服毒物 5~20 分钟内出现中毒症状;经呼吸道吸入潜伏期约 30 分钟,经皮肤吸收最长潜伏期 2~6 小时。

有机磷杀虫剂神经毒性作用,表现为三种情形。

(1)急性胆碱能危象:在中毒后立即出现,表现为毒蕈碱(M)样症状、烟碱(N)样症状和中枢神经系统症状。

1)毒蕈碱样症状:主要表现为腺体分泌增加,平滑肌收缩、括约肌松弛,出现多汗、流涎、流泪、鼻溢、痰多及肺部湿啰音;瞳孔缩小、视力模糊、胸闷、气短、呼吸困难、恶心、呕吐、腹痛、腹泻、肠鸣音亢进;大小便失禁。

2)烟碱样症状:主要由兴奋交感神经节、肾上腺髓质、骨骼肌神经肌肉接头引起,表现为皮肤苍白、心率加快、血压升高;肌颤、痉挛、肌无力,呼吸肌麻痹导致呼吸停止。

3)中枢神经系统症状:早期头痛、眩晕、躁动、谵语、共济失调、呼吸加快、血压升高、体温升高;晚期昏迷、惊厥、血压下降,最后转入抑制和衰竭。呼吸衰竭是有机磷急性中毒的主要死因。

(2)中间综合征(intermediate syndrome, IMS):口服有机磷中毒的重症患者在中毒 2~7 天后、胆碱能危象已被控制的情况下,突然发病,主要表现为肌无力,由有机磷损伤骨骼肌所致,涉及颈肌、肢体近端肌、第Ⅲ ~ Ⅶ对和第 X 对脑神经所支配的肌肉,重者累及呼吸肌。表现为抬头困难、肩外展及髋屈曲困难;眼外展和眼球活动受限;眼睑下垂、睁眼困难,可出现复视;面部肌、咀嚼肌无力,吞咽困难、声音嘶哑;严重者可因呼吸肌麻痹而死亡。由于其发病时间在急性胆碱能危象和有机磷迟发性神经病之间,称为中间综合征。

(3)有机磷迟发性神经病(organophosphate induced delayed neuropathy, OPIDN):首先累及感觉神经,逐渐发展到运动神经。最初表现为趾/指麻木、疼痛,逐渐向肢体近端发展,疼痛加剧,脚不能着地、手不能触物。约 2 周后,疼痛减轻转为麻木,开始出现运动障碍,首先表现为肌无力,逐渐发展为弛缓性麻痹,足/腕下垂、腱反射消失。发病率最高的是甲胺磷。

重症有机磷中毒病例有经治疗初步好转,但在第 3~15 天突然发生"电击式"死亡的现象。这种迟发性突然死亡,以乐果重症中毒病例较多见,也可见于对硫磷、内吸磷、敌敌畏、甲胺磷、马拉硫磷等。目前认为这是有机磷对心脏的毒性作用引起恶性心律失常所致。

4. 中毒致死量 有机磷农药因品种、剂型和进入机体的途径不同,其中毒量和致死量差异较大。例如,成人口服甲拌磷 0.1mg/kg、内吸磷 2.5mg/kg、对硫磷 3mg/kg 即可导致死亡,而马拉硫磷口服致死量为 1 375mg/kg。

5. 尸检所见 急性中毒死者可见尸斑显著,尸僵出现早而强,部分案例可见腓肠肌和肱二头肌显著挛缩。瞳孔大多缩小。口鼻周围有白色泡沫,多可闻及有机磷的特殊气味,夏季可见死苍蝇在口周围黏着。

口服大量有机磷中毒死亡者,胃内可闻到有机磷的特殊气味,有机磷乳剂与胃内容物混合可呈白色乳状液。敌敌畏等有腐蚀性的有机磷可使胃底黏膜呈大片灰白色或灰褐色坏死,并有出血;严重者浆膜面亦可见灰色腐蚀性损害;镜下见胃黏膜表层坏死、点状出血,黏膜下层充血、水肿。大多数胃肠平滑肌出现收缩波,以小肠壁纵行肌层较明显。肝显著淤血、水肿。胰包膜下及间质可见灶性出血;因过度分泌,胰腺上皮细胞内可见空泡形成。

气管及支气管腔内有多量白色泡沫状液体,肺水肿多较明显。部分细小支气管痉挛性收缩,支气管黏膜呈花边状改变。脑水肿明显;部分可见少突胶质细胞肿胀和小血管周围渗出性出血。

6. 检材提取　口服中毒者取胃内容物、胃组织和心血最佳。通过呼吸道吸入中毒者应提取肺和血液;经皮肤或注射方式中毒者,应提取局部皮肤、皮下组织和肌肉送检。

7. 法医学鉴定要点　有机磷农药服毒自杀最多,意外中毒次之。如中毒者出现大汗、肌束颤动、口吐白沫、瞳孔缩小、呼气和衣着有特殊气味,死亡较快,应首先考虑有机磷农药中毒的可能性。尸检见上消化道糜烂、胃内容物表面有油状物、并散发有芳香味和大蒜味,显著肺水肿、肱二头肌及腓肠肌等痉缩等,对有机磷中毒的诊断具有重要参考价值。有机磷农药中毒的判断主要依据体内检出有机磷农药及其代谢产物。部分有机磷农药易分解,个别案例毒物分析结果阴性时,应根据案情、现场勘验、临床症状、尸检所见综合分析,做出结论。

(二) 氨基甲酸酯类农药中毒

氨基甲酸酯类杀虫剂具有选择性强、杀菌谱广、结构简单、易于合成、对人类和鱼类低毒的特点,广泛用于杀虫、除草、杀菌等。主要有呋喃丹、西维因、叶蝉散、速灭威和仲丁威等。

1. 中毒原因　自杀服毒最多见,其次是误食刚喷过药的蔬菜、水果等导致中毒,偶见投毒他杀。农药生产过程、使用过程中防护不当污染皮肤或呼吸道吸入亦可中毒。

2. 毒理作用　氨基甲酸酯类和有机磷农药一样,也是一种胆碱酯酶抑制剂。其作用快,大多数氨基甲酸酯进入人体后,不像有机磷需先经代谢转变中间产物再与酶结合,而是直接与胆碱酯酶形成疏松的复合物,从而抑制胆碱酯酶活性,且这种抑制作用是可逆的。氨基甲酸化胆碱酯酶容易水解,脱氨基甲酰化,恢复酶的活性;如果中毒后不再接触毒物,突触中的胆碱酯酶可以在几分钟内回升,数小时即可完全恢复。因此临床症状出现快,持续时间较短,恢复也快。

3. 中毒症状　氨基甲酸酯类中毒后发病快,口服 10 分钟即可发病,中毒症状与有机磷农药中毒相似,但症状出现早且严重,若未死亡,恢复也快。实验室检查以胆碱酯酶活性减低为主。

4. 中毒致死量　氨基甲酸酯类较有机磷农药的毒性低,不同品种见差异较大。呋喃丹成人口服致死量 11mg/kg、西维因致死量 500mg/kg。

5. 尸检所见　与有机磷农药中毒相似。

6. 检材提取　应提取胃内容物、胃组织、血液、肝和尿液进行毒物分析,在现场应注意收集呕吐物、可疑容器一并送检。

7. 法医学鉴定要点　法医工作中如遇中毒症状类似有机磷农药,而呕吐物、胃内容物无特殊气味时,应考虑氨基甲酸酯类农药中毒。临床实验室检查可以协助诊断,如胆碱酯酶活性降低;再结合案情调查和毒物分析结果得出结论。

六、杀鼠剂中毒

杀鼠剂种类繁多,常见的有磷化锌、磷化铝、氟乙酰胺、敌鼠、毒鼠强等。虽然我国农业、公安、工商、环保等九部委通告不得制造、买卖、使用和持有毒鼠强、氟乙酰胺等剧毒杀鼠剂,但因既往毒鼠强、氟乙酰胺产品的流通和少数不法分子的违法制售,发生人畜中毒和死亡的事件仍不断发生。

(一) 毒鼠强中毒

毒鼠强(tetramine),属剧毒杀鼠剂,化学名为四亚甲基二砜四胺,曾广泛用于灭鼠。由于其稳定性高、不易降解,食用毒鼠强中毒的动物可造成二次中毒,无特效解毒剂;污染土壤和水后可带来极大隐患,因此我国已禁止制造、销售和使用。

1. **中毒原因**　由于毒鼠强生产工艺简单、成本低、杀鼠效果好,仍有不法分子制售。毒鼠强无色无味,常被用于投毒他杀和服毒自杀,中毒死亡率极高。投毒者大多直接投放于食物或者其他药物中,通过消化道进入体内。毒鼠强意外中毒也常见,如小儿误食用作毒饵的食物,饮用污染的饮水等。全国多地发生的以癫痫样抽搐为特征,甚至死亡的"怪病",最后证实为毒鼠强中毒。

2. **毒理作用**　毒鼠强为中枢神经系统抑制性神经递质 γ- 氨基丁酸（γ-aminobutyric acid,GABA）的拮抗剂,可阻断 GABA 的抑制作用,使运动神经元过度兴奋,导致全身肌肉发生反复和持久的抽搐、强制性痉挛和惊厥。此外,还可抑制单胺氧化酶和儿茶酚氧位甲基转移酶,使肾上腺素和去甲肾上腺素含量增加,中枢神经功能紊乱,兴奋性增强;加之本身也具有类似酪氨酸衍生物作用,使肾上腺素作用剧增。毒鼠强中毒者主要因呼吸肌痉挛性麻痹致呼吸衰竭死亡。

3. **中毒症状**　口服毒物可在 10~30 分钟出现中毒症状,死亡多发生在 0.5~3 小时。中毒最突出的症状是突发强直性、阵发性抽搐,类似"癫痫大发作"。中毒早期可有意识模糊、谵妄,但持续时间较短。抽搐发作时可伴有昏迷、口吐白沫、瞳孔散大、呼吸困难。中毒 2 周内,约半数患者在痉挛控制后可出现躁狂或抑郁、人物定向障碍、对声音敏感、受惊后大喊大叫等精神症状;部分中毒者可出现呕血、黑便、尿血和皮下出血等全身出血症状。

4. **中毒致死量**　毒鼠强为剧毒类毒物,人口服致死量 5~12mg,或 0.1~0.2mg/kg。对鼠类的毒性为有机磷农药的 200~700 倍、氰化钾的 80~100 倍、氟乙酰胺的 4 倍。

5. **尸检所见**　快速死亡者尸斑和尸僵显著;口唇、指甲发绀,睑、球结膜点状出血等窒息征象较明显;有时因抽搐咬伤舌,可在舌尖发现牙印痕或出血。各组织器官多表现为淤血、水肿等病理改变,镜下见脑水肿、心脏淤血、心肌间质出血和心肌纤维断裂,肺淤血、水肿,胰间质灶性出血,胃黏膜斑点状出血,肝细胞水样变性。

6. **检材提取**　现场注意收集剩余的饭菜、呕吐物和容器。口服中毒者提取胃内容物、胃组织,血液、尿液、肝、肾等组织均是较好的检材。因毒鼠强稳定性高、代谢慢,即使中毒时间长,血、尿中仍可检出毒鼠强;腐败或甲醛固定的组织也可检出。

7. **法医学鉴定要点**　凡在进食后很快有癫痫样抽搐反复发作者,均应考虑毒鼠强中毒的可能性,但需注意与其他痉挛性毒物如氟乙酰胺、士的宁及癫痫相鉴别,体内检出毒鼠强是鉴别的唯一途径。

（二）氟乙酰胺中毒

氟乙酰胺（fluoroacetamide）又名敌蚜胺或强力灭鼠剂,无色无味、受热可升华;外形与碱面、食糖或食盐相似,易溶于水呈无色、无味透明的液体。

1. **中毒原因**　氟乙酰胺常用于投毒他杀,误食中毒也较多见,也可见于服毒自杀。因其毒性剧烈,化学性质稳定,人误食氟乙酰胺毒死的禽畜可发生二次中毒甚至死亡。20 世纪 70 年代就被国家禁止制售和使用。氟乙酰胺小量多次投毒致死时,中毒病程较长,临床易误诊为"非特异性脑炎",应引起注意。

2. **毒理作用**　口服氟乙酰胺是中毒的主要途径,也可经呼吸道和皮肤侵入。口服的氟乙酰胺在胃酸作用下水解脱氨生成氟乙酸,氟乙酸在细胞内与线粒体的辅酶 A 内形成氟乙酰辅酶 A,再与草酰乙酸缩合形成氟柠檬酸,氟柠檬酸与乌头酸酶牢固结合使酶失活,阻断三羧酸循环中柠檬酸的氧化,使柠檬酸在组织中大量积聚,从而引起机体代谢障碍。由于氟柠檬酸与乌头酸酶的结合是不可逆的,故称这一过程为"致死合成"（lethal synthesis）。

氟乙酰胺除阻断三羧酸循环外,其本身及代谢产物氟乙酸、氟柠檬酸可直接刺激神经系统,产生心肌损害、肌肉痉挛。氟与血红蛋白结合生成氟血红蛋白,导致缺氧、发绀、呼吸困难。氟乙酰胺可致红细胞、心肌细胞、骨骼肌坏死,引起血红蛋白、肌红蛋白尿、急性肾衰竭。急性氟乙酰胺中毒死亡机制是中枢神经系统和循环系统损伤致痉挛性抽搐和心律失常。

3. 中毒症状　口服氟乙酰胺急性中毒潜伏期为2个小时左右,中毒死亡大多发生在口服后2~4小时。轻度中毒表现为恶心、呕吐、头痛、头晕、口渴、视力模糊、复视、上腹烧灼感。重症患者出现烦躁不安、视力丧失、阵发性痉挛、颈强直,有的出现四肢弛缓性瘫痪;随后出现发绀、呼吸抑制、血压下降、昏迷、大小便失禁。约1/4患者出现肾损害甚至急性肾衰竭,表现为少尿、无尿、血尿、蛋白尿、血肌酐和尿素氮升高等。

以神经系统症状突出者称神经型,典型症状为抽搐,重症者表现反复抽搐、强直性痉挛,进行性加重,致呼吸衰竭或窒息死亡。

以心血管系统症状突出者称心脏型,表现为心悸、胸闷、心律失常及心肌酶谱的改变,最后因心室纤颤死亡。

4. 中毒致死量　氟乙酰胺为剧毒,人口服致死量70~100mg,或0.02mg/kg。

5. 尸检所见　尸僵出现早,腐败慢,口唇及指甲发绀显著。胃肠道有出血性炎症表现,以胃和十二指肠最明显。

6. 检材提取　检材以呕吐物、胃内容物、吃剩的食物和饮料最好,体内检材取血、肝、肾和尿。氟乙酰胺在体内易分解,超过24小时通常难以检出,主要以氟乙酸形式存在。血液和尿中氟含量显著升高,肾等器官中柠檬酸含量明显增高,均可作为鉴定依据。

7. 法医学鉴定要点　痉挛性抽搐是神经型氟乙酰胺中毒的典型表现,但需排除毒鼠强、其他痉挛性毒物中毒和癫痫。心脏型中毒者以心肌损害为主要表现。由于氟乙酰胺体内易降解,要注意代谢产物氟乙酸、血尿中氟含量和肝肾等器官中柠檬酸含量检测。

(三) 抗凝血杀鼠剂中毒

抗凝血杀鼠剂按化学结构分为茚满二酮类和香豆香素类杀鼠剂。前者包括敌鼠、敌鼠钠盐、杀鼠酮等,后者包括华法林、溴敌隆、立克命等。

敌鼠(diphacin)是一种高效抗凝血性杀鼠剂。常用其钠盐,称为敌鼠钠盐。敌鼠钠盐杀鼠作用强,具有用量少、效果好的优点;性质稳定,在水中和氧化剂的作用下均不易分解,可发生二次中毒。对人和家畜毒性较低,即使发生中毒,有较理想的解毒药维生素K。

以华法林为代表的香豆素类杀鼠剂,与敌鼠的作用机制相似,但略有不同,其起效慢、作用时间长,常用作缓效杀鼠剂;化学性质稳定,可引起二次中毒。

1. 中毒原因　误食毒饵为常见中毒原因,自杀和他杀案例时有发生。由于敌鼠钠盐中毒症状出现较晚,易被误诊为血小板减少性紫癜或急性肾炎,往往被罪犯用作他杀手段。

2. 毒理作用　敌鼠及其钠盐的结构与维生素K相似,可竞争性抑制维生素K的作用,干扰肝对维生素K的利用或直接损害肝细胞,抑制凝血酶原及凝血因子的合成,使凝血酶原和凝血时间延长,凝血功能减退,出血时间延长。敌鼠及其钠盐还可直接损伤毛细血管,使血管壁通透性和脆性增加,发生血管破裂造成皮肤和多器官广泛出血,尤以肺出血明显。敌鼠半衰期为15~20天,在体内蓄积性很强,排泄缓慢,主要经大便和尿排出。

华法林与敌鼠作用相似,也是抑制维生素K的作用,阻止维生素K的反复利用,影响凝血因子Ⅱ、Ⅶ、Ⅸ、Ⅹ的羧化作用,使其无法转化为有活性的凝血因子,但其对已具有活性的凝血因子无影响,因此,抗凝血作用出现较慢。华法林亦可破坏毛细血管,增加血管壁通透性和脆性导致出血。

3. 中毒症状　敌鼠钠盐中毒的潜伏期较长,发病缓慢,一般于口服后3~4天,长者达30天才出现中毒症状,平均时间为10天。中毒早期表现为恶心、呕吐、食欲减退、精神不振、头晕、头痛、腹痛等症状;继而出现出血倾向,为其特征性表现,如呕血、便血、齿龈出血、鼻出血、血尿、全身皮肤及黏膜出现紫癜、月经过多或延长。紫癜主要分布在前胸和下肢,为散在点状出血,重者密集甚至呈片状,压之不褪色。可出现血便、血尿和蛋白尿,最后因出血性休克死亡。华法林中毒症状与敌鼠钠盐相似,特征性表现为全身皮肤黏膜和多器官出血。

NOTES

4. 中毒致死量　敌鼠钠盐及敌鼠属高毒类,敌鼠钠盐成人口服中毒量0.06~0.25g,致死量0.5~2.5g。

5. 尸检所见　全身皮下广泛性青紫色片块状出血;颈、胸部肌肉和肋间肌出血;鼻黏膜、口腔黏膜及齿龈红色斑点状出血;颅腔、胸腔、心包腔及腹腔积血;肺实变,呈暗红色,有血性泡沫样液体溢出;心肌、肝、脾、肾、脑、胃肠均有不同程度出血、淤血和炎症反应。

6. 检材提取　抗凝血类杀鼠剂由于中毒潜伏期长,常于口服后数日才出现中毒症状,故胃内容物已不能检出杀鼠剂,需采取血、肝、肺、肾、尿为检材。

7. 法医学鉴定要点　对具有全身性紫癜样出血者应考虑抗凝血类杀鼠剂中毒,但必须与临床上出血性疾病相鉴别。结合临床实验室检查、毒物分析综合判断死因。

七、金属毒物中毒

金属毒物(metal poison)是指具有毒性的金属、类金属及其化合物。金属是人类最早使用的药物和毒物。急性中毒以砷、汞中毒多见;意外事故导致中毒有增多的趋势,如生产过程中吸入金属蒸气或食用被污染的食物、水等。

金属毒物一般通过消化道或呼吸道进入机体。金属及其化合物进入人体后,分布并不均匀,对某些器官组织具有特殊的亲和力,例如:砷、汞、有机汞、铅、铊具有明显的神经毒性;无机汞化合物、铬、镉等以肾损害为主。

金属毒物的毒性与其理化性质、进入体内的途径等因素有关。例如,液体汞在胃肠道不易吸收,但吸入汞蒸气会迅速引起中毒甚至死亡。金属很少以其元素形式与生物体相互作用,通常活化为离子形式,且不同的价态影响其毒性大小,如三价砷毒性大于五价砷。金属亲脂性直接影响毒物的吸收、分布、代谢和排泄等过程,决定着其毒性大小,如甲基汞亲脂性强,神经毒性大。金属的溶解度与其毒性也密切相关,通常溶解度越大毒性越强。

金属毒物进入机体后,主要与蛋白质、核酸结合成络合物或者螯合物,使酶的活性被抑制或完全丧失。金属毒物中毒往往表现为多器官、多系统损伤,中毒症状与某些疾病相似,尤其是慢性中毒或小剂量多次投毒,容易造成误诊、漏诊,导致案件侦破困难。现以砷化物中毒为例介绍。

砷(arsenic),俗称砒,是类金属,可升华。单质砷毒性很低,而砷化物毒性明显增加。无机砷化合物中毒以三氧化二砷(arsenic trioxide,As_2O_3),俗称砒霜,最多见。

1. 中毒原因　As_2O_3常被用于他杀和自杀;也可见于意外,如误当作碱面使用中毒;尚有治疗疾病用药不当引起中毒的案例报道。

2. 毒理作用　砷化物可通过消化道、呼吸道和皮肤吸收。职业中毒主要经呼吸道吸收。砷与体内蛋白质和多种氨基酸具有很强的亲和力,主要与多种酶蛋白分子上的巯基或羟基结合,如6-磷酸葡萄糖脱氢酶、细胞色素氧化酶、乳酸脱氢酶等,使酶失去活性,导致细胞生物氧化过程发生障碍。砷可直接作用于中枢神经系统,麻痹延髓的血管舒缩中枢;还可直接损害毛细血管,使之麻痹扩张,通透性增加。砷中毒的胃肠炎症状主要是由毛细血管极度扩张及受损引起。

3. 中毒症状　可分为四型。

(1)急性麻痹型:多由摄入大量砷化物所致。特点是出现严重循环衰竭,表现为血压下降、呼吸困难、伴昏迷或半昏迷状态,偶有抽搐。主要是大量砷化物抑制延髓生命中枢所致。患者常在数小时内死亡。

(2)急性胃肠型:最常见。服毒后迅速发生呕吐、腹泻,伴有腹部痉挛性疼痛。呕吐物呈米汤样,症状甚似霍乱。重症患者面容憔悴、脱水貌、全身湿冷、下肢肌肉痉挛、尿量减少、蛋白尿。患者可于数小时至数天内死亡。

(3)亚急性型:见于小量多次摄入砷化物,或一次大量摄入体内但未立即死亡者。病程可持续数周至数月,以肝、肾损害为突出表现;可见急性或亚急性重症肝炎的症状,如皮肤或巩膜黄疸、肝功能障碍、恶心、呕吐、腹泻,易误诊为急性重型肝炎;肾损害表现为蛋白尿、血尿、少尿等症状。亦可发生心肌损害。

（4）慢性型:多见于地方性或职业性慢性中毒,如饮用高砷含量的地下水、矿区环境污染等;也可见小量多次投毒或由急性中毒迁延所致。病程可达数年。有的表现为周围神经炎症状,如手足针刺感,肌肉麻痹或萎缩。有的表现为慢性胃肠炎。有的出现下肢血栓闭塞性脉管炎,临床表现为"乌脚病"。长期摄入砷化物最突出的表现是皮肤损害,病变以色素脱失及沉着、角化过度或疣状增生为主,色素改变可遍及全身,以胸、背部非暴露部位为多;角质过度主要见于手掌和足底。有的可见脱发、指(趾)甲变形,出现 1~2mm 宽的白色横纹[米氏线(Mees' lines)],逐渐向远端移行。

4. 中毒致死量　As_2O_3 人口服中毒量为 5~50mg,致死量为 70~180mg。

5. 尸检所见　临床症状不同,尸检所见也不同。

（1）急性麻痹型无特殊改变。

（2）急性胃肠型主要表现为消化系统病变,如口腔、食管黏膜、胃黏膜充血或水肿,有时在胃黏膜皱襞中夹有 As_2O_3 粉末;由于毒物腐蚀作用胃黏膜皱襞可出现糜烂或坏死。小肠黏膜充血肿胀,黏膜及黏膜下层小血管极度扩张充血;有的在小肠壁灶性黄色斑块。胃肠腔多大量米汤样内容物。

（3）亚急性中毒消化道黏膜呈炎症改变。可出现急性重型肝炎,表现为肝体积缩小、包膜皱缩,镜下大部分肝细胞坏死、肝窦高度扩张淤血,有多量炎症细胞浸润。

（4）慢性砷中毒者可见皮肤色素沉着;在掌跖、手背、足背及躯干等处可见角质增生,表现不一,呈点状、疣状突起、鸡眼状或上皮角化。有的患者可见周围神经炎,如手足麻、针刺感,肌肉麻痹或萎缩。有的可见心肌肥大或梗死。有的可出现肢体坏死或萎缩。

6. 检材提取　急性中毒死者,取呕吐物、剩余的食物、胃肠内容物、尿液、胃、肝、肾等作为检材。亚急性、慢性中毒死者宜取毛发、指(趾)、皮肤和骨骼进行毒物分析。

7. 法医学鉴定要点　根据砷接触史、典型临床表现(如呕吐、腹泻、米汤样大便、腹痛或皮肤角质增生、周围神经炎等)和毒物分析结果不难做出判断。但要与霍乱、急性胃肠炎等进行鉴别。尤其亚急性或慢性中毒,可能误诊其他疾病致死,应该特别关注。因无机砷化合物有防腐作用,不易分解破坏,故已埋葬甚至高度腐败、骨化的尸体中仍可检出砷,此时须取尸体周围的土壤和棺木同时做砷对照检测。此外,由于不同地区水和土壤中砷的含量差别较大,因此不同地区人体内砷的正常值范围波动较大,进行毒物定量分析时,要参照当地人群的正常值标准,以免误判。

八、镇静催眠药中毒

常见的镇静催眠药包括巴比妥类和非巴比妥类。由于巴比妥类药物具有成瘾性,易产生依赖和不良反应,临床应用渐少。目前以非巴比妥类药物中毒为主。

非巴比妥类催眠镇静药包括强安定药和弱安定药两类。前者为抗精神病药,以吩噻嗪类为代表;后者为抗焦虑性镇静药,具有减轻焦虑、紧张、抗惊厥作用,以苯二氮䓬类为代表。非巴比妥类药物耐药性和成瘾性相对较弱,临床应用广泛,容易获得,故中毒发生率较高。

（一）吩噻嗪类药物中毒

吩噻嗪类(phenothiazines)衍生物种类很多,典型药物为氯丙嗪(chlorpromazine),又称冬眠灵,是应用较广泛的抗精神病药;常用的尚有奋乃静、异丙嗪(非那根)、三氟拉嗪、硫利达嗪等。现以氯丙嗪为例进行介绍。

1. 中毒原因　盐酸氯丙嗪中毒常见于精神病患者大量吞服自杀或长期较大剂量服用;过敏、误服和投毒案件也有发生。

2. 毒理作用　氯丙嗪为多巴胺受体的拮抗剂。主要抑制脑干网状上行激活系统、大脑边缘系统和下丘脑,产生镇静、催眠作用;并可抑制自主神经系统,具有抗肾上腺素、抗纤颤、抗痉挛、抗过敏、抗休克、降温、镇吐等作用;可阻断肾上腺素能 α 受体,使血管扩张、血压下降。

3. **中毒症状**　急性中毒者出现短暂的兴奋,继而嗜睡、共济失调、震颤、痉挛、神志不清,渐入昏迷,出现肌肉松弛、体温和血压下降、呼吸减慢、发绀,瞳孔明显缩小,反射消失,最终因呼吸循环衰竭死亡。

在长期接受大剂量氯丙嗪或其他吩噻嗪类药物的精神病患者,可出现吩噻嗪猝死综合征(phenothiazine sudden death syndrome),可能的死亡机制为低血压危象(体位性)、心室纤颤或循环衰竭、痉挛所致窒息和肺动脉栓塞等。

4. **中毒致死量**　氯丙嗪中毒致死量的范围变动很大,其致死量为 15~150mg/kg,或 5~7g,致死血浓度 5~10mg/L。有的精神病患者因长期服用较大剂量,其血中浓度可很高,与中毒致死者不易区分,但肝脏中浓度一般小于 10mg/kg。

5. **尸检所见**　急性中毒死者无特殊病理改变,表现为一般窒息征象。胃内可发现残存未溶解的白色粉末或药片,胃黏膜可发生糜烂或出血。慢性中毒死者可见皮肤黄疸,肝细胞变性、坏死,脂肪变性等肝损害表现;脑神经元固缩、尼氏体消失。药物过敏死亡者可见皮疹、嗜酸性粒细胞浸润。

6. **检材采取**　尿为最好的检材;血液和肝脏是测定致死浓度必需的检材。

7. **法医学鉴定要点**　特别注意有无精神病服药史,结合中毒症状、毒物分析一般不难判定。但因氯丙嗪致死量的范围变动很大,可相差 100 倍,对于长期服用较大剂量氯丙嗪的精神病患者,血中浓度会很高,与中毒致死难于区别,要结合肝等其他组织中氯丙嗪含量综合判断。

(二) 苯二氮䓬类药物中毒

苯二氮䓬类药物(benzodiazepines,BDZs)为弱镇静安眠药,易被滥用,以地西泮(diazepam)又称安定、氯氮䓬(chlordiazepoxide)又称利眠宁为代表,三唑仑、氯氮平、艾司唑仑(舒乐安定)等 20 余种衍生物均属此类药物。BZDs 的致死量是治疗量的 50~200 倍,被认为安全性高、不良反应小,因此取代了巴比妥类等安全性较差的镇静催眠药物。

1. **中毒原因**　多见于自杀,与乙醇、毒品混用可发生协同作用,作用增强。长期服用发生蓄积或短时大量服用均可导致中毒;也可见于意外和麻醉抢劫,例如,三唑仑因作用迅速,在麻醉抢劫中多见。

2. **毒理作用**　BZDs 属于苯二氮䓬受体激动剂。BZDs 受体广泛存在于中枢神经系统,包括皮质、丘脑、海马、纹状体等部位。BZDs 与其受体结合后,可升高抑制性神经递质 γ- 氨基丁酸(GABA)与 $GABA_A$ 受体的亲和力,促进 Cl^- 通道开放频率,进而增强 GABA 的抑制效应。BZDs 具有抗焦虑、镇静催眠、抗惊厥、肌肉松弛作用,但也可能引起认知和记忆功能损害。BZDs 中毒者常由于中枢神经、心血管和呼吸系统抑制致呼吸、循环功能障碍而死亡。

BZDs 的使用率随着年龄的增长而升高,老年人在失眠或焦虑时常使用 BZDs,但由于老年人代谢功能下降,易导致蓄积过量,发生精神运动性迟滞及认知紊乱如记忆力下降、注意力难以集中等。BZDs 短期使用可能干扰新记忆的形成和巩固,诱发完全顺行性遗忘。一项研究发现,使用 BZDs 超过 3 个月,可增加约 51% 的阿尔茨海默病发病风险。

很多 BZDs 的代谢产物具有药理学活性。短效 BZDs 主要用作催眠药(如三唑仑),而长效 BZDs(如地西泮、氯硝西泮)常用作抗焦虑或抗癫痫药物。半衰期较短的 BZDs 更容易产生依赖。此外,BZDs 还可增强阿片类药物的镇静效应。

3. **中毒症状**　一般为困倦、萎靡、呆滞、注意力受损,肌肉软弱,共济失调;大剂量使用可致昏迷,血压下降、呼吸、循环抑制而死亡。长期使用可成瘾,停药后出现戒断反应,表现为抑郁、易激惹、失眠及癫痫发作。

4. **中毒致死量**　地西泮致死量为 100~500mg/kg,致死血浓度为 20mg/L。氯氮䓬致死量为 2g,致死血浓度为 30mg/L。

5. **尸检所见**

(1) 急性中毒者尸斑较显著,口唇、指甲发绀。内脏淤血、水肿明显,支气管内可有白色泡沫;心、肺表面可有点状出血;胃内可发现残存的药末或药片;膀胱内尿潴留。病程迁延死亡者,大脑半球苍白球可见对称性软化灶,伴神经胶质细胞反应;脑实质内小血管周围可见漏出性出血。

（2）慢性中毒死亡者,尚可见皮疹、肝细胞坏死及胆汁淤滞,肾小管上皮细胞变性、坏死。

长期滥用过量死亡者,神经细胞退行性变较明显,神经元变性、坏死,胶质细胞增生明显,淀粉样小体形成。

6. 检材提取　尿、胃内容物、血液、肝、肾、脑均可作为检材。

7. 法医学鉴定要点　有服药史,临床表现为疲倦嗜睡、肌肉松弛、共济失调或突然昏迷,要充分考虑 BZDs 药物中毒。毒物定量检测是判定死因的首要依据,同时要注意检测乙醇、毒品等中枢神经抑制类药物。

九、有毒动植物中毒

我国有毒动植物资源十分丰富,因误用过量、用法不当,或当作食用动植物引起意外中毒的案件时有发生,也有以其服毒自杀和投毒杀人的案件发生。这是我国中毒案的一个特点。我国已有中毒报告的有毒植物达 150 种以上,有毒动物 10 多种。最常见的有毒植物中毒有毒蕈、乌头、雷公藤、钩吻等中毒;常见的有毒动物中毒为毒蛇、斑蝥、鱼胆等中毒。

有毒动植物中毒涉及的毒物种类与中毒发生的地区及季节有明显的关系。常限于有其生产的地区和季节。例如毒蕈中毒以夏秋季蕈类生长季节最为多见;乌头中毒虽然几乎可见于全国,但以四川、贵州、云南、湖南、湖北等地农村为多见;毒蛇咬伤引起的蛇毒中毒一般见于每年的 4~10 月,尤其是 7~9 月蛇类活动期。

有毒动、植物的毒性成分及其毒理作用均十分复杂,往往一种有毒动、植物有多种毒性成分,且有些有毒动、植物的有毒成分尚不清楚。除少数几种(如乌头、雷公藤、钩吻、马钱子、斑蝥等)有检测方法外,许多有毒动、植物中毒尚无特异性的检验方法,也缺乏特异性病理形态学改变。因此,有毒动、植物中毒的法医学鉴定常依据中毒流行病学调查、中毒症状、系统尸体剖验、动物模拟实验及排除其他可能死因等综合分析后作出判断。

(一) 乌头属中毒

乌头属(aconitum)植物在我国有 167 种,因产地不同其名各异,较重要的有川乌头、草乌头、雪上一枝蒿等。乌头属中毒是我国最早记载的有毒植物,是有名的中药材。

1. 中毒原因　因乌头属植物毒性大、安全范围窄,常因用药过量或生品用量不规范、用法不当或滥用引起中毒或死亡;也可见投毒他杀、服毒自杀或意外中毒。

2. 毒理作用　乌头碱是乌头的主要毒性成分,主要作用于神经系统和心脏。乌头碱使中枢和周围神经系统先兴奋后抑制,阻断神经肌肉接头传导。重度中毒者因延髓的呼吸和血管运动中枢麻痹,导致呼吸抑制,血压下降,最后死于呼吸循环衰竭。乌头碱可直接刺激心肌,使心肌细胞产生高频异位节律,出现室性心动过速及心室纤颤;也可由于强烈兴奋迷走神经,抑制窦房结,产生异位节律点,发生各种心律失常。严重心律失常是导致乌头碱中毒死亡的常见原因。

3. 中毒症状　口服后最先出现口唇、舌、咽喉及口腔刺麻感,继而麻木;胃部有强烈烧灼感,干渴、欲饮大量凉水,但渐不能下咽;因刺激口腔黏膜和副交感神经兴奋,流涎极多。渐出现全身和手足皮肤发麻,有特异的刺痛及蚁走感,尤以指尖为著,可持续 1~2 小时之久;继而发展到颜面肌和四肢疼痛性痉挛及难以忍受的冷感。而后出现呼吸困难、心慌、气促,脉搏最初迅速,继则变慢,血压下降、心律不齐。严重者可有阵发性抽搐、呼吸浅慢、昏迷。中毒发生后,快者 8 分钟,慢者 8~11 小时可死亡。

4. 中毒致死量　因品种、采收期、炮制方法不同致死量差异较大,如生川乌 3~5g、雪上一枝蒿 0.5~2g、附子 30~60g 可致死。纯乌头碱致死量为 3~5mg。

5. 尸检所见　常规病理检查常无特殊表现。

6. 检材提取　由于乌头碱在体内的代谢迅速、消除也迅速,故乌头中毒的毒化检材以尿液及涎液为最佳;迅速死亡者呕吐物、胃内容物亦佳。由于乌头碱很易因组织腐败被破坏,故当怀疑乌头中毒时,采取的检材应迅速冷藏或加入无水乙醇防腐,但不宜在福尔马林中保存。

7. 法医学鉴定要点　乌头属植物中毒具有较明显的地区性。因乌头中毒具有典型的中毒症状,一般不难判断。由于乌头碱易因腐败或在碱性溶液中提取时遭到分解破坏,如果毒物分析结果阴性时,也不可轻易否定乌头属中毒,应进一步检测其代谢物或/和分解物。

(二) 毒蕈中毒

蕈类又称蘑菇。毒蕈(toxic mushroom)是指食后可引起中毒的蕈类,在我国有80余种,其中有剧毒可致人死亡的有10种,如毒伞、白毒伞、鳞柄白毒伞、褐鳞小伞等。

1. 中毒原因　由于有不少毒蕈与食用蕈形态相似,多因误采食意外中毒。偶见投毒他杀和自杀。

2. 毒理作用　毒蕈的有毒成分十分复杂,目前尚不完全清楚。已知的主要有毒成分有:①毒肽:有5种类型,重要的是鬼笔毒环肽,主要作用于肝细胞内质网;②毒伞肽:以α-毒伞肽毒性最大,具有肝肾损害;③毒蕈碱:可兴奋副交感神经系统,引起心率减慢、血压下降、平滑肌痉挛、胃肠蠕动增强、瞳孔缩小、腺体分泌增强等症状;④异噁唑类衍生物:主要作用于中枢神经系统,可引起幻觉,出现色觉和位置觉错乱,视觉模糊;⑤色胺类化合物:即光盖伞素、蟾蜍素,可引起幻觉、听觉和味觉改变,发生异常,烦躁不安;⑥鹿花菌素:属甲基联胺化合物,有强烈的溶血作用;⑦幻觉原:有致幻作用,中毒者视力不清,感觉空间变小、颜色奇异,手舞足蹈如醉酒状;⑧落叶松蕈酸和胍啶:引起胃肠炎症状。

3. 中毒症状　由于毒蕈种类繁多,所含毒素差异很大,因此中毒症状有明显差异,大致可将毒蕈中毒分为4种类型。

(1)肝肾损害型:最常见且中毒最严重,主要由含有毒肽、毒伞肽的剧毒类毒蕈引起,死亡率高达90%。主要表现为恶心、呕吐、腹痛、水样便腹泻等胃肠炎症状,一般持续1~2天缓解;部分重症患者在胃肠炎期后,很快出现烦躁、惊厥、昏迷,因中毒性脑病死亡。大部分重度中毒患者在发病2~3天后,出现肝、肾、脑、心等器官损害,以肝损害最严重,可出现肝大、黄疸,严重者可出现中毒性肝坏死,多死于肝性脑病(肝昏迷)。肾损害表现为少尿、无尿或血尿,出现尿毒症、肾衰竭。

(2)神经精神型:多由含毒蕈碱、异噁唑类衍生物、光盖伞素、蟾蜍素即幻觉原的毒蕈引起,主要表现为副交感神经兴奋症状。重症患者出现谵妄、精神错乱、狂笑、动作不稳、幻视、幻听,甚至行凶杀人或自杀;部分患者尚有迫害妄想,类似精神分裂症。

(3)胃肠炎型:由含落叶松蕈酸和胍啶的毒蕈引起。主要症状为剧烈腹泻,水样便,阵发性腹痛,以上腹部和脐部疼痛为主。经过适当对症处理可以迅速恢复,死亡率低。

(4)溶血型:由误食含鹿花菌素的鹿花菌引起。最初以恶心、呕吐、腹泻等胃肠症状为主,中毒3~4天后出现溶血性黄疸、肝脾大,少数患者出现血红蛋白尿,重者可死于休克或继发的尿毒症。

4. 中毒致死量　毒蕈致死量因种类、毒性成分及含量不同差异显著。毒伞肽致死量小于0.1mg/kg,50g鲜白毒伞即可致人死亡。

5. 尸检所见　肝肾损害型占毒蕈中毒死亡的95%以上。主要病理改变为肝体积显著缩小,呈急性黄色或红色肝萎缩。镜下见肝小叶内大部分肝细胞坏死,有的呈出血性坏死;肾小管镜下见细胞变性、坏死、崩解,皮质变薄,管腔扩大,间质水肿。尚可见心肌水变性、小灶性坏死;神经细胞变性、脑水肿等。

6. 检材提取　将吃剩和未吃的毒蕈与野生同种毒蕈进行比对、毒物分析或动物实验。胃肠内容物和呕吐物也是重要检材。

7. 法医学鉴定要点　毒蕈中毒具有明显的季节性,多为误采食用,常见多人集体中毒。因个体差异、进食量和烹饪方法等不同,共同进食者不一定均发病,常怀疑被人投毒进行法医学鉴定。毒物分析应从现场尽可能将吃剩或未吃的毒蕈和野外采集同种毒蕈的标本进行品种鉴定,并做毒蕈毒素的毒物分析或动物毒性试验。中毒属肝肾损害型的,应注意与急性重型肝炎及其他能致肝坏死的毒物鉴别。

(三) 蛇毒中毒

我国蛇类有 200 多种,其中,毒蛇 50 多种。蛇类中毒在有毒动物中毒中排首位。毒性位居前 10 位的毒蛇有眼镜蛇、眼镜王蛇、银环蛇、金环蛇、蝰蛇、蝮蛇、尖吻蝮、竹叶青、烙铁头、海蛇。

1. 中毒原因　意外被毒蛇咬伤是引起中毒的常见原因。尚有用提纯的蛇毒进行溶栓和抗风湿治疗意外中毒死亡,有用银环蛇他杀和注射蛇毒自杀的案例报道。

2. 毒理作用　蛇毒成分复杂,含有多种生物活性成分,主要为低分子毒性蛋白质、多肽和酶。蛇毒通常分为神经毒和血液循环毒。神经毒主要存在于眼镜蛇、金环蛇、银环蛇及海蛇的毒液中。血液循环毒主要存在于蝰蛇、尖吻蝮的毒液中。眼镜蛇、眼镜王蛇、蝮蛇含有两种蛇毒。

(1) 神经毒:具有选择性神经肌肉阻断作用,引起横纹肌弛缓性瘫痪。尚可作用于自主神经系统,抑制颈动脉小球化学感受器,加重缺氧,导致呼吸衰竭;兴奋肾上腺髓质,使肾上腺素释放增加,血压升高;先兴奋后抑制胃肠平滑肌,产生肠麻痹;抑制延髓血管运动和呼吸中枢,使周围血管扩张、血压下降,呼吸衰竭。还可损害第Ⅲ、Ⅳ、Ⅶ对脑神经等。

(2) 血液循环毒:主要包括:①凝血毒:促进凝血酶或纤维蛋白的形成,加速血液凝固,甚至产生弥散性血管内凝血(disseminated intravascular coagulation,DIC);②抗凝血毒:促进纤溶酶的形成,抑制凝血酶形成,引起出血;③出血毒素:可损害毛细血管内皮细胞,使血管通透性增加,引起出血;④溶血毒:具有磷脂酶 A2 活性,促进溶血卵磷脂的形成,溶解红细胞膜,引起溶血;⑤心脏毒:可使心脏先兴奋后抑制,最后失去收缩性,导致心搏骤停;⑥细胞毒:引起细胞溶解、蛋白质分解、组织坏死;释放组胺和血管活性物质,引起血压改变,产生中毒性休克。海蛇毒主要破坏骨骼肌细胞,引起肌红蛋白尿和高钾血症。

3. 中毒症状

(1) 局部症状:被含神经毒的毒蛇咬伤局部可出现麻木感、轻度红肿,麻木感向心性扩散,严重时可致肢体瘫痪。被含血液循环毒为主的毒蛇咬伤时,局部出现明显的红肿疼痛、组织坏死,变紫黑色,并迅速向近心端蔓延。

(2) 全身症状:神经毒类毒蛇中毒者全身症状表现为头痛、眩晕、流涎、恶心、腹痛、胸闷、气促、眼睑下垂、视力模糊、复视、幻视、听、嗅、味等感觉异常或消失,声音嘶哑、舌麻痹以致言语不清、吞咽困难、牙关紧闭、共济失调或全身瘫痪等症状。重症者可发生昏迷或休克,因呼吸麻痹和循环衰竭而死亡。含血液循环毒蛇类,中毒全身症状表现为畏寒、发热、恶心、呕吐、全身肌肉酸痛、心悸、胸闷、烦躁不安、谵妄、全身多发性出血、便血、尿血、黄疸、贫血、血压下降、休克等。重者可在咬伤后数小时发生心、肾衰竭或中毒性休克。溶血性蛇毒(如海蛇蛇毒)可引起横纹肌麻痹症状,出现肌红蛋白尿,可引起急性肾小管坏死致急性肾衰竭死亡。

4. 中毒致死量　不同种类的毒蛇,致死量和死亡率不同。例如,银环蛇毒 1mg/kg 即可导致人死亡;眼睛王蛇毒人致死量 12mg/kg,致人死亡率 100%。

5. 尸检所见　毒蛇咬伤病理变化可因毒蛇种类不同而异。咬伤局部皮肤可见较深而粗的毒蛇牙痕,因蛇的种类不同,毒牙的印痕间距与深度不同。含血液循环毒或混合毒的毒蛇咬伤局部可高度肿胀,呈污紫黑色,有水疱形成及表皮脱落;切开肿胀组织有多量淡红色水肿液渗出,肌肉失去正常光泽,变为污灰、暗红甚至紫黑色,皮下出血明显;心脏斑片状或广泛性出血;肺胸膜点状或灶性出血;肾上腺有灶性出血或坏死。神经毒性毒蛇咬伤局部可仅见牙痕;神经细胞广泛变性及坏死。海蛇蛇毒对横纹肌有选择性损害作用,主要病变为横纹肌坏死。

6. 检材提取　提取毒蛇咬伤部位组织、血液,检测蛇毒抗原并观察病理变化。

7. 法医学鉴定要点　毒蛇咬伤中毒以我国南方、夏秋季节多见,绝大多数为意外。应警惕用毒蛇咬伤他杀的案例。怀疑是毒蛇咬伤中毒死,尸检时需仔细寻找体表毒蛇牙痕。一般来说,毒蛇大多留有两个大而深的牙痕。现场勘查有时可发现盛装过毒蛇的器具内有毒蛇的鳞片或唾液痕。蛇毒检测多通过免疫学方法检验蛇毒抗原进行判定。

(四) 河鲀毒素中毒

河鲀为有毒鱼类,所含的毒素包括河鲀毒素(tetrodotoxin,TTX)、河鲀素、河鲀酸、河鲀肝毒素四种。河鲀各器官中以卵巢、肝、血液中的毒性最强,新鲜和洗净的鱼肉无毒。

1. 中毒原因　因河鲀肉味鲜美、营养丰富,成为佳肴。但常因烹饪处理不当或误食,引起中毒或死亡。

2. 毒理作用　河鲀所含的TTX是一种剧毒,是毒性最强的非蛋白类神经毒素,对Na^+通道具有高亲和力专一性阻断作用。TTX可产生类箭毒样作用,对随意肌(包括呼吸肌)具有进行性麻痹作用,通过选择性阻断神经和肌细胞膜上的Na^+通道,影响神经肌肉间信号转导,使肌肉呈麻痹状态。对神经系统也有麻痹作用,先是感觉神经麻痹,舌尖、口唇及肢端发麻,继而运动神经麻痹,肢体无力,甚至弛缓性瘫痪。再后,血管运动中枢麻痹、导致血压下降、脉搏迟缓;最终因呼吸肌麻痹导致呼吸衰竭死亡。TTX还可引起急性胃肠炎。

3. 中毒症状　一般进食后0.5~3小时,重症者10分钟即可出现中毒症状。开始表现为上腹不适、恶心、呕吐或腹泻等胃肠症状;随后出现面色苍白、感觉神经麻痹、头晕,舌尖、口唇及肢端蚁爬样麻木感,眼睑下垂、四肢无力,步态蹒跚、共济失调,甚至瘫痪。严重者大量流涎、体温下降、言语不清、瞳孔散大、全身青紫色,但神志清醒。还可出现心律失常。最后死于呼吸麻痹、循环衰竭。

4. 中毒致死量　TTX成人致死量为6~7μg/kg,0.5mg TTX即可致人死亡。口服河鲀肝致死量约20~50g。

5. 尸检所见　尸表呈窒息征象,颜面、口唇发绀,眼结膜点状出血,口鼻腔有白色泡沫。各器官淤血显著。胃黏膜充血及点状出血,胃明显扩张、充满气体、胃壁变薄。

6. 检材提取　取呕吐物、胃内容物及吃剩的河鲀组织做TTX检测或动物实验。

7. 法医学鉴定要点　河鲀中毒具有地域性,以沿江及长江中下游多见。案情调查多有进食河鲀的经历,加之具有舌尖、口唇及肢端发麻、继而肢体无力甚至弛缓性瘫痪等特有的中毒症状,结合TTX检测,不难判断。将检材提取液注入实验动物体内,出现步态蹒跚、共济失调、瘫痪等症状有助于诊断。

十、环境污染物中毒

环境污染物指进入环境后使环境的正常组成和性质发生改变,直接或间接有害于人类与其他生物的物质。主要是人类生产和生活活动中产生的各种化学物质,也有自然界释放的物质,如火山爆发喷射出的气体、尘埃等。

按环境要素分为大气污染、水体污染、土壤污染;按人类活动分为工业环境污染、城市环境污染、农业环境污染;按污染物的性质分为化学污染、物理污染、生物污染等。

(一) 大气污染致人体损害

大气污染物主要是烟尘和二氧化硫,还有氮氧化物和一氧化碳等。这些污染物主要通过呼吸道进入人体,不经肝脏解毒作用,经血液运输到全身,引起急性和慢性中毒,长期作用还具有致癌、致畸、致突变作用。

1. 慢性中毒　主要由较低浓度的有害气体长期作用引起,诱发慢性支气管炎、肺气肿和支气管

NOTES

哮喘等疾病。

2. 急性中毒　多发生在短期大量排放有害气体并且无风、多雾时，有害气体不易消散，使人和牲畜急性中毒。例如，2005 年因某工厂氯气泄漏，致方圆几公里空气遭到污染，导致 231 人急性中毒、1 人死亡。氯气是具有强烈刺激性臭味的气体，对呼吸道黏膜、眼及皮肤有直接刺激作用，中毒症状表现为咽喉灼热、咽痛、呛咳、流涕、流泪、手足发麻并发呼吸困难、胸闷心悸等。

3. 致癌作用　大气中化学性污染物中具有致癌作用的有多环芳烃类和含 Pb 的化合物等，其中 3,4-苯并芘具有明确的致肺癌作用；燃烧的煤炭、行驶的汽车和香烟的烟雾中都含有多量 3,4-苯并芘。

(二) 水污染致人体损害

江河、湖泊等被有害物质污染对人类的健康和生活带来严重损害。饮用了污染的水和食用污水中的生物，可发生急性和慢性中毒。例如，2011 年某地发生 5 000 多吨剧毒铬渣倾倒入居民饮用水库附近的山上，导致 75 只山羊、一匹马、一头牛因饮用铬渣堆下含高浓度铬的水死亡，水库水中致命六价铬超标 2 000 倍。1956 年日本发生"水俣病"，这是由于当地居民长期食用被汞污染的水域中的鱼、虾和贝类，导致以脑细胞损伤为主的慢性甲基汞中毒，主要症状为痉挛、麻痹、运动失调、语言和听力障碍等，部分患者最终死亡；而孕妇体内的甲基汞可使胎儿出生后发育不良、智能低下和四肢变形。一些有害物质如砷 (As)、铬 (Cr)、苯胺等污染水体后，可以在水体中的悬浮物、底泥和水生生物体内蓄积，长期接触或食用，容易诱发癌症。

(三) 土壤污染致人体损害

土壤污染不仅会导致土壤质量下降、农作物减产，还可使粮食、果蔬等食物中镉、铬、砷、铅等重金属含量超标，在作物体内积累，并通过食物链富集到人体和动物体中，长期食用可诱发癌症。

对于环境污染物致人死亡的法医鉴定，主要针对急性中毒死亡者，根据相应的中毒症状、尸检结果和毒物分析进行综合判定。对于长期慢性污染物致癌、致突变、致畸的法医鉴定尚无确切的判定标准。

十一、军事性毒物中毒

军事性毒物是指在战争中用于杀伤人类、动植物等的各种有毒化学毒物，也称军事性毒剂或化学战剂 (chemical warfare agent，CWA)。军事性毒物常被用于化学战争和国际化学恐怖活动，具有毒性强、作用快、毒效持久、容易生产、性质稳定、便于贮存、不易发现等特点，施放后易造成杀伤浓度或战斗密度，能通过多种途径引起中毒，防护和救治困难。

按照军事性毒物的毒理作用，分为：①神经性毒剂，如沙林、塔崩等；②糜烂性毒剂，如芥子气、氮芥等；③窒息性毒剂：如光气、氯气等；④失能性毒剂：如毕兹；⑤刺激性毒剂：如氯苯乙酮等；⑥全身性毒剂，如氢氰酸、氯化氢等。下面以神经性毒剂为例阐述。

神经性毒剂 (nerve toxicant) 是一类引起中枢神经系统、自主神经系统、呼吸系统及血液系统功能障碍的有机磷酸酯类衍生物，是迄今毒性最强的一类化学战剂。

1. 中毒原因　主要为化学战争、恐怖袭击和意外事故中毒。

2. 毒理作用　以沙林为例，其毒理作用与有机磷相似，主要抑制胆碱酯酶活性，但因挥发性强，经呼吸道吸收后作用更快、更强，微量的沙林 (3×10^{-9} mol/L) 在很短时间即可抑制胆碱酯酶的活性，并形成"老化酶"。

3. 中毒症状　类似于有机磷农药急性中毒，但发病更快，并伴有呼吸道、皮肤和眼刺激症状；大剂量吸入沙林，则很快出现意识丧失、痉挛、麻痹、呼吸衰竭死亡。例如，1995 年恐怖分子在东京市区 3 条地铁电车内实施的"沙林"事件，造成 12 人死亡、约 5 500 人中毒。

4. 中毒致死量　神经性毒剂属剧毒类，经皮肤吸收沙林人的致死量为 1 700mg。

5. 尸检所见　病理变化类似于有机磷农药急性中毒。

6. **检材采取**　通过呼吸道吸入中毒者应提取肺和血液;经皮肤吸收应提取局部皮肤送检。

7. **法医学鉴定要点**　此类毒物的法医学鉴定与有机磷农药急性中毒死亡相似,但应注意其群体性、突发性,伴有呼吸道、皮肤和眼睛刺激症状,结合血液中胆碱酯酶活性等进行判定。

思考题

1. 何为毒物？何为中毒？简述中毒发生的条件有哪些？
2. 中毒法医学鉴定的任务有哪些？在中毒法医学鉴定中如何评价毒物分析结果？
3. 急诊中毒诊疗中应注意哪些法医毒理学问题？
4. 我国常见的法医毒物中毒有哪些？如何进行中毒的法医学鉴定？

（贠克明　马春玲）

第八章
虐待、性侵害及新生儿死亡

虐待、性侵害及杀婴都是犯罪行为,常见的受害者包括婴儿、儿童、老年人和女性等,由于以上犯罪行为常常较为隐蔽,或者因为受害者不敢或不能声张,抑或因社会因素、个人因素难以启齿,常常在出现严重后果时才被外界发现。医学及法医学工作者等,应具备相关知识,能够及时发现相关犯罪行为的临床/病理学表现,进而保护受害者的权益。

第一节 虐 待

- 虐待有广义和狭义之分,狭义的虐待是指共同生活的家庭成员或照顾人有意造成其他家庭成员或被照顾人的精神或肉体上的折磨、摧残和迫害。
- 狭义的虐待有三个构成要件:①有意的或故意的虐待行为;②被虐待者肉体和精神上受到伤害;③发生在共同生活的家庭人员之间(包括保姆与被照顾人之间)。

广义的虐待(maltreatment,abuse)是指行为人通过直接或间接暴力的方式,对他人进行肉体或者精神折磨使之痛苦或屈服的行为,具有经常性和反复性,常给被虐者造成躯体上、心理上、精神上的伤害,严重时可造成被虐者身体瘫痪、肢体残疾、死亡或自杀等后果,可发生于不同的社会个体之间。

狭义的虐待是指共同生活的家庭成员或照顾人有意造成其他家庭成员或被照顾人的精神或肉体上的折磨、摧残和迫害。其构成必须符合以下三点:①虐待者的行为是有意的或故意的;②虐待行为导致了被虐待者肉体和精神上的伤害;③施虐者与被虐者必须是共同生活的家庭人员或者照顾人(包括保姆)。由于虐待的类型、方式和情节可以多种多样,后果也各不相同。根据我国刑法有关规定的精神,对虐待家庭成员,情节轻微的,例如经常有些轻微的打骂,或偶尔不准吃饭,尚未造成被虐者身心伤害的,不构成虐待罪,应以批评教育为主。情节恶劣的,如虐待的手段残酷、动机卑鄙、持续时间长、造成被虐者重伤或死亡等严重后果的,可以根据《中华人民共和国刑法》(以下简称《刑法》)规定:"虐待家庭成员,情节恶劣的,处二年以下有期徒刑、拘役或者管制。犯前款罪,致使被害人重伤、死亡的,处二年以上七年以下有期徒刑。"儿童或老年人受虐待时,常因不能准确诉说伤情或因害怕、受传统观念束缚,甚至未意识到受虐待,往往被发现时已经产生严重后果,例如残疾,甚至死亡;而相关机构由于经费、人员训练情况、鉴别标准、信息获取渠道等诸多因素影响,也难以发现受害人。因此,虐待的法医学鉴定应以明确判断被虐者伤、亡与施虐者行为之间的因果关系、被虐者的损伤程度为重点;对医务工作者而言,也应警惕和注意发现因受虐待而就诊的患者。

一、虐待儿童

虐待儿童不仅是一种社会问题,也是一种医学问题,更是法医学鉴定的内容之一,法医学工作者除通过案情调查外,还应注意发现与虐待相关的各种不同的损伤。

(一)虐待儿童的相关概念与分类

1. 概念 虐待儿童(child abuse,child maltreatment)指对儿童所应有的权利的剥夺或侵犯,主要有躯体虐待、心理虐待、儿童忽视(躯体忽视、教育忽视、情绪忽视等)和性虐待等形式。

目前国际上部分国家对虐待儿童行为已有较为清晰的界定,例如美国疾病控制与预防中心提出的《儿童虐待监控:公共卫生的统一定义和建议的数据要素》(*Child Maltreatment Surveillance:Uniform Definitions for Public Health and Recommended Data Elements*)认为,"父母或其他照顾者对儿童造成伤害、潜在伤害或威胁性伤害的任何行为或一系列的作为或不作为"皆为虐童行为。受虐待的儿童所表现的症状和体征被称为虐待儿童综合征(child abuse syndrome),因发生虐待而导致的死亡称虐待死。

2. **分类**　虐待主要分为以下几种类型。

(1)躯体虐待(physical abuse):通常指对儿童的任何非意外性身体伤害,包括使用棍棒或拳脚殴打、烫、咬儿童或任何导致儿童身体损伤的行为。

(2)心理虐待(psychological maltreatment):主要是指通过语言恐吓、谩骂,以及惩罚行为等方式,对儿童的心理或情绪稳定性造成伤害,导致被虐儿童出现行为、情绪、认知上的损害,例如焦虑、抑郁、胆小等。

(3)儿童忽视(child neglect):通常指父母或其他有责任的监护人有条件提供而未能为儿童提供所需的食物、衣服、住所、医疗等基本需求,造成儿童的健康、安全受到影响,主要包括躯体忽视、教育忽视、情绪忽视等。

(4)性虐待(sexual abuse):通常指成年人与儿童或年长儿童与年幼儿童之间的不正常身体接触,例如强迫儿童裸露生殖器或触摸生殖器、对儿童使用情趣用品或异物插入、强迫他们进行性活动、利用儿童从事色情活动等。

(二)虐待儿童的流行病学

虐待儿童现象主要来源于家庭、学校和同辈霸凌。MSD诊疗手册专业版的报告指出,2020年在美国经证实的虐待儿童案件中,存在多种虐待,76.1%涉及忽视(包括医疗忽视),16.5%涉及身体虐待,9.4%涉及性虐待,0.2%涉及性交易。

(三)虐待儿童案件的一般特征

由于受虐的儿童常不会诉说或不敢诉说受虐待经过,因此,应对受虐儿童进行全面系统的全身检查,包括仪器检测,对任何可能受到虐待的儿童进行医学评估,必要时还须请儿科和放射科专家进行专科检查。虐待儿童案件具有以下特征。

1. **犯罪嫌疑人多为法定义务监护人**　犯罪嫌疑人主要是受虐待儿童的亲属或负有照顾责任的人员,包括父亲或继父、母亲或继母,或其他负有法定义务的监护人。对于性虐待来说,由于儿童缺乏相关认知,不能诉说,且因为与行为人关系亲密导致儿童一般不能及时指认其犯罪行为。

2. **受害人年龄小**　虐待致死的儿童年龄较小,多数案例年龄在3岁以下。

3. **受害人多发性损伤**　受虐待儿童身体上常见多处、多种类型、陈旧与新鲜并存的暴力性损伤,以皮肤和骨骼损伤为主,多数为非致命性损伤,并具有显著故意性。虐待儿童致死常为颅脑损伤或反复损伤及其并发症所致。

4. **暴力性致伤因素**　致伤因素多为机械性暴力、高温、低温、电流等物理因素,以及断食所致营养不良或饥饿。上述因素既可单独致伤或致死,也可合并致伤或致死,以合并者多见。

5. **受害人身心发育障碍**　受虐待儿童常表现为残疾、营养不良、身心发育障碍、情感异常等。在受虐待前存在身心发育障碍的,受虐待后更加严重。

(四)受虐待儿童的损伤

由于施虐者条件方便,手段多种多样,而被虐待儿童又无抵抗能力,损伤可见于身体各个部位,损伤形式多种多样,包括软组织损伤、骨折、内部脏器损伤以及面部五官损伤,其中以软组织损伤和骨折最为常见,损伤的新旧程度不一,损伤严重者可以导致死亡。

1. **挫伤** 常见于面部、臀部、四肢及腰背部等软组织丰满的部位,多为钝器打击,手指抓、捏、掐等作用形成,如挫伤的颜色不同、新旧不等,系由反复多次暴力作用所致。如果受虐待儿某处反复遭受打击,还可检见大面积的软组织挫伤甚至皮下血肿。头皮挫伤容易遗漏,须认真详细检查、确诊。小儿肢体尤其肘部和膝部可检见手指所致挫伤,可因施虐者抓住小儿的肢体摇晃、挫压或撞击所致。腹部软组织挫伤虽常不明显,却可隐藏严重的内脏破裂或挫伤。

2. **擦伤** 可发生在体表任何部位,但以身体突出部位多见。如受虐待儿童在粗糙的地面被拖拉,与地面相接触的部位可见皮肤擦伤。受虐待儿的皮肤擦伤可以新旧并存,表明受伤不在同一时间。

3. **挫裂创** 多见于皮肤衬垫有坚硬骨骼的部位,如头部、肩部、胫前部,常系较大钝性暴力打击所致,挫裂创创缘不整齐,往往伴有表皮擦伤及皮下出血,创腔内有组织间桥和异物残留。

4. **咬伤** 被认为是虐待儿综合征的具有特殊意义的损伤。咬伤可见于小儿的颊部、肩部、胸部、腹部、上下肢及臀部,常多处发生,且可重叠、新旧不等,甚至出现新旧融合区。对咬伤进行检查时,要注意咬痕的形态和性状,并要拍照,以便对施虐者进行个人识别。

5. **烧烫伤** 多见于四肢,检查时可见多个新旧不等、不同时期烧伤愈合后形成的瘢痕,常可由烟头、热水或其他腐蚀剂作用于儿童身体而形成。用烟头烧伤可形成类圆形的与烟头大小相似的烧伤,其表现可以是红斑、水疱、组织坏死甚至浅表炭化,常继发感染化脓。发生感染者,病灶扩大,愈合后有瘢痕形成。有时,强碱、强酸等腐蚀剂可造成化学灼伤。这类烧伤或烫伤常常继发感染,而且感染极易蔓延,累及生殖器和会阴部。

6. **骨骼损伤** 一般以闭合性损伤多见,多由钝力作用所引起,如直接撞击、打击,挤压或拧捏、摇晃等,并且往往因受虐待儿童年幼不能自述症状,或因害怕而不敢讲述受伤经过,因此具有显著的隐蔽性。全面系统的临床检查、尸体剖验,尤其利用 X 线等影像技术查出新旧不同的骨损伤等所见有助于受虐儿童虐待伤的鉴定。

7. **颅脑损伤** 硬脑膜下出血是虐待儿综合征最常见的损伤之一,并可危及生命。据龙野嘉绍等报道,硬脑膜下出血在被虐儿损伤中发生率高达 72%,出血原因是头部受暴力打击或撞击以及头部被反复摇晃导致桥静脉破裂。硬脑膜下出血如由头颈部被反复摇晃所引起,可既无头皮损伤,又无颅骨骨折;由打击等直接外力所造成的损伤,则常伴有头皮挫伤、颅骨骨折,甚至脑挫伤。

8. **腹腔器官损伤** 多为闭合性损伤,多由钝性物体作用造成,有时腹壁皮肤无伤痕,因此更具有隐蔽性,临床难以及时诊断,往往贻误手术时机而导致严重后果,甚至危及生命。破裂的器官多为肝、脾、肾,也有胃、肠、膀胱等空腔脏器。

(五) 虐待儿童致死案件的法医学鉴定

对于虐待儿童致死案件的鉴定,需进行案情调查,并全面检查各种伤痕,分清损伤的次数、时间、损伤种类和程度,结合案情、临床及影像学资料、毒理学及其他相关的实验室检查,判断虐待手段及死亡原因。另外,还需与意外事故或自身疾病造成的儿童死亡相鉴别:如由床上、椅子上或楼梯上摔下;将炉火上的沸水拉翻,造成烫伤或烧伤等;虐待儿童的损伤也可能与先天发育异常、自然性疾病或意外事故伤害并存。

1. **案情调查** 详细询问、走访与受害人共同生活者、邻里、看护或医务人员等,收集相关信息和病史,主要了解是否受到暴力侵害、人身自由限制、死者生前身心发育状况等,详细询问受到暴力侵害的类型、次数、程度及身心发育障碍出现的时间等。注重案情调查的同时,也不能轻信案情,因为虐待致死案件施暴者和受害者往往关系密切,施暴者为了逃避法律制裁,常常编造谎言,有的甚至伪装现场。

2. **尸体检验**

(1) 辅助检查:可行影像学检查,拍摄全身 X 线正、侧位片,尤其可疑的部位要重点拍摄;需要时还可做 CT 等检查,了解是否存在新旧不同的骨骼损伤。

（2）尸表检验:尸表检验要全面、仔细。一般情况,检查衣着是否单薄、褴褛、肮脏。详查身高、体重、发育、营养状态,是否干瘦或水肿以及体表各部位皮肤、黏膜和软组织损伤的程度、数目、部位、形状、大小、颜色、性状、深度等;有无瘢痕收缩或肢体变形、骨关节脱位及骨折变形等。对疑为受性虐待儿童要仔细检查会阴部的情况,有无不同程度的损伤、阴唇皮肤增厚或色素沉着、青春期前女孩阴道开口水平直径超过 4mm、处女膜破裂、阴道撕裂伤、出血或污秽、阴道分泌物、尿道感染、肛周或会阴的撞击伤、肛门括约肌松弛、相关性传播疾病检测阳性等;对于多发性骨折的患儿,应结合实际,注意排除成骨不全症(osteogenesis imperfecta)等自身疾病。

（3）尸体剖验:尸体剖验要系统、全面,进行四腔(颅腔、脊髓腔、胸腔、腹腔)解剖;在剖开胸腔前,应先做气胸试验;由浅及深地详细检查皮肤、黏膜、皮下软组织损伤及骨折、体腔内出血尤其颅内出血、脏器破裂、胸腹腔器官破裂等。检查颅骨、脊椎骨、肋骨、四肢骨等骨折及其愈合阶段。

（4）实验室检查:对特殊的案例还需提取检材做组织学检查、毒物分析等。

3. 虐待儿童的死亡原因　虐待儿童的死因常由多种虐待伤联合构成,而每一案例又有不同的死因。对于新生儿,常见的为虐待性头部创伤(abusive head trauma),即既往所称的婴儿摇晃综合征(shaken-baby syndrome),主要表现为颅脑损伤及颈部损伤,如硬脑膜下出血、脑组织挫伤、脑压迫、脑疝,颈部活动度增大或皮肤擦挫伤。在诊断的同时需注意与跌落造成的新生儿死亡等意外事件相鉴别。其余组织器官损伤包括:肝、脾、胃肠等腹腔内脏器官破裂致失血性休克;肺破裂;闭合性气胸等导致窒息;软组织损伤并发感染;饥饿、寒冷或高温损伤。结合尸检结果,若怀疑死于毒物中毒,需要进行毒物检验或筛查。根据尸体解剖及 X 线检查,结合死前临床(或案情)资料,如果查出某些部位非正常的暴力性损伤、反复发生的新旧不等的损伤,包括多发性骨折、软组织损伤、内脏器官破裂以及颅脑损伤、会阴部损伤,也可作为鉴定虐待儿童综合征的证据。

二、虐待老年人

虐待老人的案件通常较为隐匿,形式多样,调查取证较为困难;防范此类案件需要社会各界的共同关注和努力。

（一）概念和分类

在我国老年人是指六十周岁以上的公民。老年人受虐待已成为养老问题中比较突出的一类问题,不但侵害了老年人的权利,还严重影响了身心健康,更有可能增加患病风险、甚至加速死亡。

1. 概念　虐待老年人是指照顾者或者赡养者通过暴力或其他方式,对老年人身体或者精神心理上造成伤害,或者使其处于生活艰难处境。国际上目前对虐待老年人还没有较公认的概念。世界卫生组织(2002 年)将虐待老年人定义为:"在本该充满信任的任何关系中发生一次或多次致使老年人受到伤害或处境困难的行为,或以不恰当的行动方式致使老年人受到伤害或处境困难的行为。"

2. 分类

（1）躯体虐待:一般是指通过暴力或不适当的监禁等手段,造成老年人躯体疼痛或身体健康受损。

（2）精神虐待:指威胁、恐吓、谩骂或恶意贬低老年人尊严等行为。

（3）经济虐待:指有条件提供但不给老年人提供基本生活和健康所需资金、未经老年人同意私自侵吞或剥夺老年人财产及胁迫老年人更改遗嘱等法律性文件的行为。

（4）疏忽照顾:是指有条件满足未能满足老年人的基本生活需要,如舒适的居住环境和人际交往的需要,以及未履行监护责任造成老年人发生伤害事件等。

（5）性虐待:指强迫与老年人发生性接触、实施性骚扰、强迫性暴露或拍摄相关照片或视频。

（二）虐待老年人流行病学

虐待老年人长期以来一直被视为私人问题而缺乏公众的关注，直到 20 世纪 70 年代儿童虐待和家庭暴力问题的提出，人们才开始重视虐待老年人现象。最初它被看作是一个社会福利问题，后来又被认为是一个世界性的社会问题。有报道称，全球 10.0%~34.3% 的老年人曾遭受过不同形式的虐待，在加拿大虐待老年人的发生率为 4%；在美国虐待老年人的发生率为 3.2%；在丹麦、芬兰和瑞士虐待老年人的发生率为 1%~8%；在德国虐待老年人的发生率高达 10%。发展中国家缺少关于这一问题的研究和系统的数据收集，但是对印度农村进行的一项抽样调查结果也表明约 4% 的老年人受到身体虐待。我国同样缺乏有关老年人受虐待的具体调查数据和专题研究，有限的研究提示我国家庭内虐待老年人的发生率为 13.3%，其中农村地区为 16.2%，城市为 9.3%，农村明显高于城市。我国已经进入老龄化社会，对老年人合法权益的维护不仅是政府需要关注的社会问题，也是医学界、法医学界要关注和研究的科学技术问题。

（三）虐待行为的一般特征

1. 由于受虐待的老年人可能存在认知障碍、语言障碍、行动障碍或者思想顾虑等情况，虐待老年人案件的特点与前述虐待儿童案件具有一定的相似性。

2. 犯罪嫌疑人多是负有照顾老年人的义务主体，受害人存在多发性损伤及身心受损等。

（四）虐待老年人致死案件的法医学鉴定

1. 案情调查　与虐待儿童案件相似。

（1）判断虐待手段：对怀疑因暴力虐待致死者，应详细询问案情，了解被虐待的事实，并在随后的尸体检验中予以明确。

（2）判断有否饥饿虐待：需确定是否有饥饿、饥饿的程度以及饥饿的原因。对怀疑以饥饿手段虐待致死案件，除要询问监护人外，还要向知情者进行调查，并收集受虐老年人的病历资料，明确被鉴定人有无器质性或精神性疾病，以及被鉴定人的个人营养情况。

2. 尸体检验

（1）尸表检验：尸表检验应关注以下情况：①衣着是否整洁、卫生状况如何。②暴力性损伤痕迹如软组织损伤、骨折、内脏器官损伤以及面部器官损伤，其中以软组织损伤和骨折最为常见，并且损伤可见于身体各部位；仔细检查皮肤、黏膜是否存在肿胀，体表是否存在软组织挫伤、裂伤、压痕或抽打的伤痕，并根据损伤形状推测致伤工具；仔细检查头皮是否存在伤口及其他损伤，是否有损伤性脱发，会阴部、肛门的损伤。③饥饿致死的老年人尸体，极度消瘦，重度营养不良，肌肉明显萎缩，皮下脂肪减少甚至完全消失，肌肉松弛可出现腹部膨隆，呈蛙状腹，体重可减轻 40%~50%。④皮肤色泽变深、干燥起皱。

（2）尸体剖验：持续饥饿死亡的尸体解剖可见：①可出现全身水肿或消瘦，严重者则可出现胸腔积液和腹水；②高度贫血，血液黏稠；③内脏器官、内分泌腺、骨髓和淋巴等萎缩；④肠胃空虚、壁薄，胃黏膜可有出血；⑤胃内有时可见泥沙、树叶等异物。性暴力致死的案件，除可见全身多种损伤外，可发现肛门、会阴损伤，大腿内侧皮肤损伤，唇及口腔黏膜等具有性暴力指向性的损伤。

（3）辅助检查及实验室检查：与虐待儿童案件类似，不再重述。

（4）对怀疑性虐待或性暴力致死的案件的法医学鉴定参见本章第二节"性侵害"。

第二节　性　侵　害

- 性侵害是指加害者以威胁、权力、暴力等手段，引诱胁迫他人与其发生性关系，或在性方面对受害人造成伤害的行为，包括强奸、猥亵、鸡奸、性骚扰等。
- 强奸是指采用暴力、威胁、伤害或其他手段，强行与妇女性交或奸淫幼女的犯罪行为，其特征包括违背妇女愿意、采用暴力手段（或使用麻醉品）或胁迫的手段。

· 对强奸等性侵害案件的法医学鉴定，需进行案情调查、现场勘查、受害人身体检查、嫌疑人身体检查及实验室检查等，应注意收集和固定相关的物证检材。

性侵害是违背被害人意志的故意的非法性接触行为，侵犯了他人的性自主权，是法律、法规所禁止的违法犯罪行为。成人和儿童，男性和女性都可能是性侵害的受害者。大多数受害者都是女性，男性占少数，约10%。性侵害会对受害者造成躯体及心理伤害，性传播疾病还会导致身体健康问题和公共健康问题。性侵害一旦发案，相关检查应尽早进行，以免错过物证的留存时间。科学证据对性侵害的法医学鉴定以及法庭定罪、量刑极为重要。

一、性侵害的概念

性侵害（sexual assault）是指加害者以威胁、权力、暴力等手段，引诱胁迫他人与其发生性关系，或在性方面对受害人造成伤害的行为，包括强奸、猥亵、鸡奸、性骚扰等。一般认为，只要一方通过语言或形态动作的有关性内容实施的侵犯，给另一方造成心理或躯体伤害的，都可构成性侵害。

我国公共安全行业标准《性侵害案件法医临床学检查指南》（GA/T 1194—2014）中关于性侵害的定义是：未获得当事人合法有效的"同意"而与之发生的性接触，包括非自愿的接触、抚摸或触摸性器官。侵害人通常采用威胁或武力等方式实施侵害，有时被侵害人无能力行使其性自主权和支配权，如意识障碍（如严重损伤、中毒昏迷）、年幼、精神疾病等。

二、性侵害的分类

（一）强奸

1. 概念　强奸（rape）是指采用暴力、威胁、伤害或其他手段，强行与妇女性交或奸淫幼女的犯罪行为。从生理学角度讲，性交（sexual intercourse）是指阴茎插入阴道和完成射精的全过程。强奸的法学概念则不强调该过程，一般认为，只要阴茎接触到阴道前庭，无论是否射精或处女膜破裂，均构成强奸。

我国《刑法》（2020年修正）第二百三十六条规定，以暴力、胁迫或者其他手段强奸妇女的，处三年以上十年以下有期徒刑；奸淫不满十四周岁的幼女的，以强奸论，从重处罚。强奸妇女、奸淫幼女，有下列情形之一的，处十年以上有期徒刑、无期徒刑或者死刑：强奸妇女、奸淫幼女情节恶劣的；强奸妇女、奸淫幼女多人的；在公共场所当众强奸妇女、奸淫幼女的；二人以上轮奸的；奸淫不满十周岁的幼女或者造成幼女伤害的；致使被害人重伤、死亡或者造成其他严重后果的。第二百三十六条之一规定，对已满十四周岁不满十六周岁的未成年女性负有监护、收养、看护、教育、医疗等特殊职责的人员，与该未成年女性发生性关系的，处三年以下有期徒刑；情节恶劣的，处三年以上十年以下有期徒刑。

2. 强奸的特征

（1）违背妇女愿意。

（2）采用暴力（或使用麻醉品）或胁迫的手段具体如下。

1）暴力手段：是指对妇女实行危及人身安全、人身自由的强暴方法，如殴打、强拉、硬按、撕拉衣裤等，使妇女陷于不敢反抗或不能反抗的境地。

2）胁迫手段：是对妇女采取威胁、恐吓的手段，如以残酷将其杀害、揭发其隐私或以其他加害行为相威胁，对被害人实行精神强制，使妇女忍辱被奸。

3）其他手段：指暴力手段和威胁手段以外的、使被害人不知抗拒或无法抗拒的手段或方法，主要有以下几种：利用妇女患重病之机进行奸淫的；利用妇女熟睡之机进行奸淫的；以给患者治病为由实施奸淫的;利用药物或酒将妇女麻醉后,实施奸淫的;冒充丈夫或恋人进行奸淫的;利用妇女的极度迷信和愚昧,谎称只有与其发生性行为才能消灾解难,骗取妇女的"信任"而达到奸淫的。

采用的暴力手段可造成被害人的局部(处女膜、阴道壁或会阴部)及全身其他部位的各种损伤;损伤在一定程度上反映了被害人遭受暴力的程度和罪犯的意图,对认定强奸具有重要意义;暴力手段强奸造成的损伤属机械性损伤。

(二) 猥亵

猥亵(indecency)是指以性交以外的各种手段对待他人或儿童,以求得到性满足(包括心理满足和生理满足)的行为。

猥亵行为表现多种多样,常见的是成人对儿童或男性对女性强行拥抱、接吻、抚摸性器官、抚摸乳房等,或以阴茎顶撞、摩擦他人身体或臀部等。严重的猥亵行为可摧残受害人的(儿童、妇女)身心健康,亦可能使之感染性病。相关罪名包括强制猥亵、侮辱罪、猥亵儿童罪。我国《刑法》(2020 年修正)第二百三十七条规定,以暴力、胁迫或者其他方法强制猥亵他人或者侮辱妇女的,处五年以下有期徒刑或者拘役。聚众或者在公共场所当众犯前款罪的,或者有其他恶劣情节的,处五年以上有期徒刑。

(三) 性骚扰

性骚扰(sexual harassment)是指违背当事人的意愿,采用一切与性有关的方式去挑逗、侮辱和侵犯他人的性权利,并给他人造成损害的行为。其行为方式主要有:①口头方式,如以下流语言挑逗异性,向其讲述个人的性经历或色情文艺内容等;②行动方式,如故意触摸或碰撞异性身体敏感部位等;③设置环境方式,如在工作场所周围布置淫秽图片、广告等使对方感到难堪。

《中华人民共和国治安管理处罚法》第四十二条第五款规定:多次发送淫秽、侮辱、恐吓或者其他信息,干扰他人正常生活的,处五日以下拘留或者五百元以下罚款;情节较重的,处五日以上十日以下拘留,可以并处五百元以下罚款。

《中华人民共和国妇女权益保障法》第四十条规定:禁止对妇女实施性骚扰。受害妇女有权向单位和有关机关投诉。

(四) 鸡奸

阴茎插入对方肛门来满足性欲的行为称为鸡奸(sodomy,pederasty)。这种性交方式可能是双方同意而发生的,也可能是强迫进行的,有时也可能采取诱惑或欺骗的方式,对儿童尤其如此。鸡奸可致性病传播,在男同性恋及猥亵男童中多见,有时也可发生男性对女性的鸡奸。

三、性侵害的法医学鉴定

(一) 强奸的法医学鉴定

性侵害的法医学鉴定主要涉及以下几方面的问题。

1. 女子性成熟的判断　在强奸案的法医学鉴定中,若怀疑受害人(特别是已死亡的女性)为法律规定的不满十四周岁的幼女,首先要判明其是否已经性成熟。但性成熟是一个逐渐发展的过程,没有截然的分界线,受社会、气候条件、家庭环境、营养状况、发育程度、体育锻炼和遗传等诸多因素影响。可通过对外生殖器及阴道的发育情况的检查、是否具备第二性征、是否具备受精能力和妊娠能力、是否具备分娩能力等进行综合判断。

2. 处女膜检查　判断是否处女是以处女膜的完整性为标志的。当女性第一次性交时,绝大多数发生处女膜破裂。强奸案发生后,若受害人案发前未曾有过性行为,特别是强奸幼女的案件中,检查处女膜非常重要。因此,对强奸案的鉴定,应了解处女膜的解剖学特点。但已婚或有性交史及有多次分娩经历的女性,性交后一般情况下处女膜可无损伤的形态学改变。

3. 法医学鉴定　对于怀疑强奸案的鉴定应当及时进行,在强奸行为的案发现场、受害人或者犯罪人员身上均可能留下证据,若未能及时进行调查鉴定,则可能存在受害人损伤已经愈合,与犯罪人员身份识别有关的证据(精斑等)已经被清除,现场被清理干净,部分物证丧失等情况,这些均会给鉴定带来困难。

(1)案情调查:对于强奸案的鉴定,首要任务就是进行案情的调查和对现场的勘验。案情调查中要向受害人或受害人的监护人了解受害人的基本情况(如年龄、月经、婚育史等)及案件的相关信息(如时间、地点、加害方式、抵抗防卫情况、加害人情况等)。

(2)现场勘验:案发现场的勘验中,注意保护现场同时要对现场仔细检查,发现与暴力手段有关的线索/证据,与嫌疑人身份有关的线索/证据等,及时拍照、绘图、记录,然后提取有关物证及时送检。

(3)对被害人的检查:检查时要关注被害人一般情况,如身体发育、营养情况、面部表情、言行举止、精神状态、躯体损伤等。对不满十四周岁的幼女有时还需进行年龄鉴定。

对受害女性的检查需征得本人同意;检查幼女需父母或其他监护人同意,并由女医师进行或者有女性工作人员在场。若被害人已经死亡,则应做系统尸体解剖。鉴定强奸案的发生需要重点检查和收集受害人身体上与性交和暴力有关的线索或证据,一般包括生殖器检查、受害人精神状态检查,必要时还要开展其他相关检查。

生殖器检查:①常见的外阴部损伤如阴唇挫伤、阴唇撕裂伤、尿道旁侧裂伤及会阴撕裂伤等,其中会阴撕裂伤常见于未发育成熟女性,特别是幼女被强奸时。②处女膜破裂:检查处女膜应由法医或妇产科医师进行,不论有无阳性发现均应详细记录。处女膜破裂一般多因第一次性交所造成,且多为完全性破裂。一般认为,在日常生活中,一些剧烈运动,如骑马、跑步等,也会引起处女膜破裂,但很少见,且不会导致完全性破裂。对已婚或案发前已有性行为的女性,其处女膜由于已有陈旧性破裂,一般情况下检查处女膜意义不大。③阴道损伤:阴道损伤与性犯罪案件有密切关系。加害者采用暴力强行性交可致挫裂伤或阴道壁血肿形成等;暴力打击如脚踢女性阴部也可使阴道壁挫伤。性器官未发育成熟的幼女若遭强奸,阴茎强行插入时,常发生阴道撕裂伤与会阴部损伤并存。有时被害女性的阴道过浅,或实施强奸的罪犯的阴茎过粗、过长,加之被害人的抵抗,精神高度恐惧、紧张,阴道发生痉挛收缩,且强奸者的阴茎插入过猛,可以造成阴道严重损伤,出血不止,甚至危及生命。根据 William G.Eckert 研究,阴道性交引起损伤的基础为男女性器官大小差异(表8-1)。检查完毕应提取阴道内容物送检。

表 8-1 男女性器官大小差异,是性犯罪中的损伤基础

性器官	大小差异	
正常男性阴茎勃起后尺寸	直径:2.5~3.75cm	长度:一般 10~20cm
女性不同阶段阴道尺寸	阴道口宽度:4 岁以下儿童为 0.63~1.25cm;成熟女性(非处女)扩张状态下一般大于5cm;绝经期女性一般小于 3.75cm	阴道深度:4 岁以下儿童为 2.5~5.0cm;成熟女性为 10~15cm;老年、绝经后女性常为 10cm 以下

受害人的精神状态检查:有时加害人为了达到其强奸的目的,会对受害人实施恐吓、胁迫、利诱等精神暴力,使受害人心理上、精神上受到严重伤害,被迫屈从于加害人,不敢抵抗防卫。此类伤害不会在受害人身上留下明显外伤,但可对受害人造成抑郁、焦虑、恐慌等精神损伤,检查时要注意观察。如发现受害者有精神异常表现,应对其进行法医司法精神病学鉴定。

其他检查:①精液或精斑的检查:阴道内检出精液成分可以确证性交的发生,如果精液成分来源于加害人则可以成为断定强奸案件发生的决定性证据。如果未能检出精子,应考虑以下可能:加害人未射精或者体外射精;加害人使用避孕工具;加害人已做绝育手术或患无精子症;强奸后历时太久,精子已无法检出;取材不当或检验技术有误等。②妊娠与亲子鉴定:在排除其他致孕的性行为外,受害

人遭强奸后导致妊娠也是强奸的证据之一。根据停经、早孕反应、胎龄和分娩日期等可推测被强奸的日期。同时还应对胎儿或婴儿进行遗传标记分析，按照遗传规律，与可疑罪犯进行血缘关系鉴定，根据遗传关系可以肯定或否定嫌疑人。③性传播疾病的检查：受害人遭强奸后，如感染性传播疾病，可对被害人和犯罪嫌疑人的血液进行血清学检查确诊，结合案情，在排除其他人传染的情况下，对确定加害人也有一定的意义。④是否使用麻醉或者镇静安眠类药物：加害人还可能使用催眠药、麻醉剂、致幻剂、乙醇等能使受害人丧失反抗能力和知觉的药物，可使得受害人身上不留下机械性暴力的痕迹。此时需要收集受害人的呕吐物、血液、尿液等进行毒化检验来加以证实。

　　无论是活体检查或是尸体检查，均应注意检查被害人的衣物。衣着不整、扯碎或纽扣脱失，往往反映被害人对暴行的反抗。此外，还应注意检查被害人衣裤黏附的可疑精斑、毛发、纤维等物，分别记录、提取、包装和送检。

　　（4）对嫌疑人的检查：仔细检查并印证受害人提供的罪犯的个人特征，如相貌、体态、文身、毛发特征等。另外由于受害人的抵抗防卫，亦可在加害人身上留下损伤痕迹，如加害人的颜面部、胸部、背部、外阴可有抓伤，舌尖、肩部、上肢可能有咬伤痕迹。同时也要注意收集加害人身上的物证，如有无受害人的血迹、毛发、衣裤纤维等遗留在加害人身上；还可用生理盐水浸湿的棉签擦拭加害人的外生殖器，检查有无受害人的阴道脱落上皮细胞，并进行 DNA 检验。另外若注意到嫌疑人有性传播疾病的可疑征象，应提取嫌疑人的血液及分泌物送检，要注意在性犯罪过程中是否发生了性病的传播。

　　（5）非性器官的损伤检查：与性犯罪有关的非生殖器官损伤是指与性犯罪行为有密切联系的除性器官以外的人体其他组织器官的损伤，是司法实践中认定性犯罪行为的佐证。若被害人在失去反抗能力情况下则可能不发生，这类损伤总体上分为攻击性损伤和防卫性损伤两类，强奸案中被害人和犯罪者身上都可存在。一般情况下，在被害人身上常发现攻击性损伤，在犯罪者身上常发现防卫性损伤。由于犯罪情况千变万化，情况复杂，在特殊情况下，在双方身上两种损伤可同时存在（表8-2）。

表8-2　性侵害案件中女性、男性常见的相关部位损伤

损伤部位	头面部	颈部	胸部	生殖器	会阴部	下肢
男性（犯罪嫌疑人）	脱发，面部皮肤、器官损伤（口腔黏膜损伤、牙损伤等）	皮肤损伤（如割痕、勒痕、扼痕、抓痕等）	胸部损伤（如咬伤、刀刺伤等）	生殖器咬伤、刺伤、切割伤	肛门、直肠损伤	大腿内侧抓伤、踝部捆绑伤
女性（受害者）	脱发，面部皮肤、器官损伤（口腔黏膜损伤、牙损伤等）	皮肤损伤（如割痕、勒痕、扼痕、抓痕等）	乳房被咬伤、抓伤、切割伤等	外阴擦挫伤；黏膜下出血、处女膜破裂、阴蒂切割伤等	肛门、直肠损伤	大腿内侧抓伤、踝部捆绑伤

（二）猥亵的法医学鉴定

1. 案情调查　猥亵的法医学鉴定需向受害人详细了解猥亵经过；调查猥亵儿童行为案件，向儿童询问有关猥亵行为的情节时，必须有儿童的监护人在场。而且必须详细查明该行为发生时的环境和情节，时刻注意儿童容易受惊吓、暗示、诱导，有幻觉倾向，容易受成年人指使，尤其是父母的指使，不讲真话。因此，在收集被害儿童的证词时应首先安抚好他们的情绪，然后以循循善诱的方式引导儿童陈述被侵犯的经过，尽可能地让儿童回忆被侵犯过程中的细节，如犯罪嫌疑人的身份、面貌特征、衣着，被侵犯的时间、地点，被侵犯时是否有其他人在场，犯罪嫌疑人实施侵犯的手段等。对于他们的陈述是否具有证明力度、是否可以采信，必须进行审查以及慎重鉴别。

2. 躯体损伤 猥亵行为不同案例由于其行为轻重程度不一,可能仅有不太严重的损伤,甚至不留有痕迹。损伤可能存在于口唇、牙龈、会阴部,损伤可能有表皮擦伤、黏膜淤血、外生殖器红肿等,这些损伤都比较表浅,2~3天后可逐渐消失。法医学鉴定要发现这些损伤、记录损伤的特征,评定其损伤程度。

3. 法医物证检验 有时在性器官周围、衣裤和犯罪现场还可能发现精斑和其他性犯罪物证,应注意收集、提取、送检,以查找、认定加害人。有些猥亵案件情节较轻,难以留下实证,若有视频、音频、照片等证据辅以证明则能大大减轻鉴定的难度。

(三) 鸡奸的法医学鉴定

鸡奸发生后应尽早进行活体检查,结合案情调查与损伤痕迹等证据有助于证实鸡奸行为的发生。

1. 肛门及直肠黏膜检查 直肠指检、使用直肠镜或肛镜检查肛周皮肤、肛管黏膜和直肠下段的形态及损伤特征,检查过程中注意提取检材。直肠黏膜为单层柱状上皮,基底血管丰富,在鸡奸行为中极易损伤。鸡奸初次发生时,受害人肛门周围检查可见表皮剥脱、龟裂、裂伤等,直肠黏膜红肿、撕裂、出血,排便及行走时疼痛,小儿的症状尤为明显。鸡奸多次发生后,受害人肛门周围放射性皱襞消失,肛门括约肌松弛,肛门呈漏斗状凹陷或向外翻转;直肠黏膜皱襞消失、光滑,肛门及直肠黏膜可有挫伤及浅表性瘢痕形成。直肠黏膜行组织病理学检查可发现挫伤处直肠黏膜下层呈慢性炎性变化。

2. 法医物证检验 在被侵害人肛门或肛管内发现精液成分等生物源性物证,通常是指控肛交的确证证据。因此通过法医物证检验查明肛门周围及直肠内有无精子对于判断案件性质具有至关重要的作用。

3. 对嫌疑人的检查 如在鸡奸后不久进行检查,则可检见加害人龟头上或冠状沟内黏附有粪便或带有粪便臭气;另外,鸡奸也有可能造成加害人龟头表皮剥脱;还要注意是否有受害人的血迹、毛发、衣裤纤维等遗留在加害人身上。这些证据对鸡奸的鉴定有着重要的意义,在检查嫌疑人时要注意观察、收集并及时送检。

第三节 新生儿死亡

- 判断新生儿是活产或死产的主要依据是胎儿出生后在母体外是否进行过呼吸,即已呼吸过的为活产,未呼吸过的为死产。常用的方法有肺浮扬试验和胃肠浮扬试验,此外还应做肺的组织学检查,可以确定有无肺泡扩张及扩张的程度,有时还可查见病理改变以及肺内异物,以助确定死因。
- 分娩后存活婴儿的各种特征,包括体表征象(例如皮肤附着物、脐带外观、产瘤等)、体内征象(例如胎便、循环系统改变等)的出现或消失,可以确定为新生儿,并可推定其存活的时间。
- 新生儿有无存活能力可以根据胎儿的发育程度判断。但不可将存活能力和活产相混淆。

新生儿指胎儿娩出母体并自脐带结扎起,至出生后未满28天这一段时间的婴儿。外界暴力手段、新生儿自身疾病、母体疾病、产伤等原因均可造成新生儿死亡。2018年全国1~11月龄婴儿死亡案中,死于意外伤害的比例是18.2%。对于怀疑杀婴(新生儿)的案件,法医学工作者须确定该婴尸系活产还是死产、是否新生儿、分娩后存活时间、有无生活能力以及死亡原因等。

一、活产与死产的鉴别

判断新生儿是活产或死产的主要依据是胎儿出生后在母体外是否进行过呼吸,即已呼吸过的为活产,未呼吸过的为死产。

胎儿在母体子宫内生活时,含氧及营养物质的血液来自胎盘,肺无功能,肺泡未扩张,肺组织似肝样实体状。出生后,胎盘循环终止,此时胎儿即行呼吸动作,肺就发生重要而明显的改变。活产儿不

NOTES

但能将空气吸入肺内,同时也可将空气咽入胃肠道内,使胃肠道内存在空气。未呼吸过新生儿的肺容积小,呈萎缩状居于脊柱的两侧,或贴附于胸腔后壁,边缘锐薄,表面光滑,其性状颇似肝,无弹性,无捻发感,重量小,一般为28~39g,呈均匀的暗紫红色,血量小时呈淡红色;切面颜色一致,压之流出少量血液。光镜下见支气管和肺泡均未扩张。已呼吸过新生儿肺的容积增大,因呼吸建立时流入肺内的血液增多而重量增加,重约62g,两肺前缘遮盖部分心脏,边缘钝圆,颜色较浅,表面显大理石样纹,触之有弹性和捻发感;切面也呈大理石样,压迫时有血性气泡逸出。光镜下见支气管和肺泡已经扩张,肺泡壁变薄,肺泡壁毛细血管扩张,血液丰富。呼吸微弱的新生儿肺,部分支气管及肺泡扩张,呈散在性分布。

确定死亡新生儿曾否呼吸,最常用的方法是肺浮扬试验(hydrostatic test of the lungs)和胃肠浮扬试验(hydrostatic test of the stomach and bowel)。同时,也应作肺的组织学检查,它不仅可以确定有无肺泡扩张及扩张的程度,以此证实有无呼吸,而且有时还可以查见病理改变以及肺内异物(如羊水成分或外界溺液成分),以帮助确定死因。

(一) 肺浮扬试验

未呼吸过的肺因不含空气呈实体状,比重为1.045~1.056,投入清水中即下沉;胎儿出生后开始呼吸,经过哭喊伴随强有力的深呼吸,全部肺泡扩张,肺表面膨隆,已呼吸的肺含有空气,体积增大,比重小于1,投入清水中不下沉。应用这一原理判定有无呼吸,称肺浮扬试验,用于确定新生儿是否曾经有过呼吸运动,是判断新生儿是否活产的重要依据。

1. 检查方法　按常规解剖方法打开胸、腹腔,分离颈部软组织。首先在喉头下方和膈肌上方分别结扎气管和食管,并在食管结扎上方切断。然后将舌、颈部器官连同心、肺等一同取出,并投入冷水中,观察是否上浮、上浮的部位及其程度。如其下沉,则先切除心脏,在气管结扎上方切断颈部器官,将肺连同气管投入水中观察浮扬情况。然后再切离肺门部的支气管,将左、右肺及其各叶切取的肺小块分别投入水中进行试验。再剪开支气管,检查黏膜和内容物,必要时取内容物作涂片检查。顺次分离各肺叶,并分别投入水中观察浮扬反应。最后将各肺叶的不同部位剪取数小块肺组织投入水中观察。将各肺叶作切面检查,已呼吸的肺切面有鲜红色、泡沫状血液溢出。再以手挤压使气体逸出(或将小块肺组织包在毛巾内,绞挤毛巾后,取出再投入水中观察反应),如为已呼吸的肺则虽被挤压,部分空气逸出,但仍上浮。如果浮起,还应注意尸体有无腐败,如已腐败则将肺小块用干纱布压挤后再投入水中进行检验。

2. 结果的判定

(1)全部阳性反应:新鲜的新生儿尸体,全部肺连同心脏一起上浮,颈部脏器沉下,说明肺已充分呼吸,可以确证为活产。

(2)部分阳性反应:新鲜的新生儿尸体,全肺上浮,而个别部分的小块下沉;或全肺下沉,而个别部位的小块上浮。此种情况应按具体情况进行综合分析判断,可能存在下列情况。

活产儿:①原发性肺膨胀不全:由于新生儿呼吸运动微弱,于出生后不久即死亡,以致部分肺尚未扩张。②继发性肺膨胀不全:新生儿曾有呼吸动作,但因支气管或细支气管被吸入的异物所堵塞,空气不能进入肺泡,肺泡内已有的气体被吸收而呈萎陷状态,致使该局部浮沉试验呈阴性反应;或因肺炎等肺部疾病,使局部肺组织下沉。

死产儿:①有时对死产儿进行人工呼吸,以致部分肺因含有气体而上浮。故需结合尸体其他检查所见及案情调查,加以分析判断。②未经呼吸过的死产儿,因尸体腐败,肺内的腐败气体亦可使肺上浮。此时可先压挤肺脏,使腐败气体逸出,然后再投入水中,则肺下沉。同时,尸体其他部位亦可见腐败,肺泡壁已破裂时,则真假难辨。

(3)全部阴性反应:新鲜的新生儿尸体,若全部肺、肺叶、肺组织块下沉,说明空气尚未进入肺内,新生儿未曾呼吸过。这种情况,可以推测为死产儿。如果是活产儿但肺浮扬试验呈阴性反应,可能是未成熟儿呼吸功能不全,出生后死亡者,即使曾经呼吸,但肺泡内仅有少量空气,于死后被组织所吸收所致。

判断是否为活产应结合宏观及组织病理学检查进行综合判断。

(二)胃肠浮扬试验

胃肠浮扬试验是肺浮扬试验的辅助试验。由于新生儿呼吸运动时也将部分气体咽入胃内,随着时间的推移,空气逐渐由胃进入十二指肠和小肠,也可以检出。根据胃肠内有无空气,可辅助判断是活产还是死产。同时,根据空气分布的部位可以推测新生儿生存的时间。但是,如尸体已腐败则胃肠浮扬试验无价值。

1. **检查方法**　按常规剖开胸腹腔,依次结扎贲门、幽门、十二指肠上下端、空肠、回肠及结肠,然后分离肠系膜,将胃肠全部取出,投入水中,观察浮扬情况。如胃及部分肠管上浮,可将下沉部位的肠管作多段双重结扎,并分别剪下单独做浮扬试验。如此检查,可以得知空气进入哪一段肠管,进而可推定胎儿出生后的生活时间。假如胃肠全部下沉,在幽门部做双重结扎,将胃取下,投入水中,如仍然下沉,则在水中将胃壁作一剪口,观察有无气泡逸出;同样在水中将各段肠管分别也各做一剪口。观察有无气泡逸出。

2. **结果的判定**

(1)死亡不久的新生儿尸体的肺和胃肠浮扬试验均呈阳性反应,可证明是活产。

(2)肺和胃肠都不含空气,试验均呈阴性反应,可推测是死产。

(3)部分肺或整个肺含有空气,而胃肠内不含空气,表明是已呼吸过的活产,但存活时间很短。

(4)肺全部下沉,而胃或部分肠管含气上浮,这种情况极少见,可能因异物堵塞呼吸道,致使肺脏发生继发性膨胀不全,原已吸入的少量空气被吸收,故肺浮扬试验呈阴性。此时空气已经咽下,胃肠上浮,说明曾经呼吸过;或者是死产,胃肠道内存在腐败气体。

(三)鼓室试验

胎儿出生时开始呼吸,空气可通过咽鼓管进入鼓室,故在水中检查鼓室是否上浮也是判断有无呼吸的一种试验方法。但只能作为肺和胃肠浮扬试验的辅助试验。试验方法是在水中切开鼓室盖,当开放鼓室时,检查有无空气泡逸出。未呼吸儿的鼓室为黏膜组织所充实,并无空隙。呼吸后因空气进入鼓室,便形成空隙。所以鼓室内如有空隙,就说明是活产。也有人认为妊娠第5个月的胎儿,鼓室已形成空隙;相反,即使出生后呼吸运动已开始,空气也并不一定即进入鼓室,因此,鼓室试验只能作为辅助检查。

二、新生儿存活时间推断

根据分娩后存活婴儿的各种特征的出现或消失,可以确定为新生儿,并可推定其存活的时间。

(一)体表征象

1. **皮肤**　皮肤上黏附羊水和血液,肛门周围及大腿部有胎便,可证明是新生儿。但是,如胎儿娩出后已经洗浴,或尸体有损伤,其体表沾染血液,此项检查可能无意义,必须检查其他指征。新生儿皮肤附着胎脂,胎脂由体表分泌的皮脂、脂肪酸结晶及上皮细胞构成,呈灰白色泥土样。当胎儿出生时因通过产道的摩擦,大部分胎脂已经脱落,但在腋窝、腹股沟、耳后、颈部等部位的皮肤皱褶处或关节屈侧尚有残留。

成熟儿皮肤紧张、丰满,出生5~6小时后出现显著红晕,称新生儿红斑;1~2天后红斑消退,同时脱皮;2~3天出现轻度新生儿黄疸,即皮肤和巩膜上出现程度不等的黄染;第4~5天黄疸加深,皮肤呈棕黄色;第7~10天黄疸自然消退,有时可延长,特别是未成熟儿黄疸较重者黄疸可迟至生后14~30天消退。

2. **脐带**　观察脐带的外表变化,可以推测出生至死亡的间隔时间。出生后不久死的新鲜尸体,脐带湿润柔软,有光泽,呈灰白色,蜡样,在脐带根部无明显分界线,这是法医学上判断新生儿的主要

NOTES

特征。6~12 小时,脐带根部组织发生轻度炎症反应;24~36 小时出现一圈明显的红色分界线称炎症环;第 2~3 天此处显著发红肿胀,同时脐带从游离端的血管内膜逐渐增厚闭塞至脐根部,并逐渐干燥而皱缩呈黑色;至第 5~8 天脐带全部干燥萎缩、脱落;第 12~15 天形成脐窝;经 3 周全部瘢痕化。检验时应仔细观察脐带的残端,是否有发炎和化脓等,必要时应做细菌培养。

3. 产瘤　在分娩过程中,胎儿先露部以外的部分受到产道强力压迫,使不受压的先露部发生淋巴液及血液瘀积,形成局限性皮下组织水肿,出现瘤样突起,称产瘤(caput succedaneum),亦称胎头水肿。产瘤多见于颅顶部或顶枕部,亦可发生于臀部,触之如黏土样感。分娩后数小时开始缩小,1~2 天或 2~3 天内消失。无血液循环的死产儿不发生产瘤。尸检时,切开产瘤部分,可见疏松的皮下组织充满液体,状似胶胨,周围界限不清有波动感。产瘤不局限于一块颅骨,可越过骨缝或囟门而波及其他颅骨,其骨膜下常伴有点状出血。

4. 胎头血肿　当胎头通过产道受到强力压迫,或因胎头负压吸引和产钳手术等,致颅骨的软组织与骨膜剥离,骨膜下的小血管破裂,血液瘀积在骨膜下形成血肿,称为胎头血肿(cephalohematoma)。血肿在刚分娩后不明显,产后数小时至 2~3 天内逐渐增大,数月后消失。血肿的中心部有波动感,周围有堤状质硬的隆起,无移动性,并常以一块颅骨的边缘为界限,而不越过骨缝或囟门而波及另一块颅骨,此点有别于产瘤。

(二) 体内征象

1. 胎便　新生儿的小肠下段及全部大肠充满黄褐色至暗绿色胎便,胎便黏稠如泥状,可以确定为新生儿。胎儿一般出生后 10 小时开始排便,4 天才能排净。但必须注意勿把食物形成的粪便误认为胎便。显微镜检查,胎便的主要成分为肠黏膜分泌的黏液,特殊成分是胎便小体(meconium corpuscle)。胎便小体是圆形或卵圆形的褐绿色小体,直径 20~40μm,无明显结构,有时呈颗粒状。胎便中还含有胆汁及羊水成分,包含角化上皮细胞、毳毛、脂肪球等。

2. 胃肠内容物　胃内如有血液或胎便,证明分娩时胎儿是活的。胃内如有乳汁,证明已哺乳,存活 1 天以上时,注意勿将黏液误为奶汁。奶汁含脂肪而黏液无脂肪。开始呼吸时,胃内即咽入空气,30 分钟后空气进入十二指肠,约 6 小时可越过小肠,进入全部大肠需 24 小时以上。

3. 新生儿循环系统的变化　自胎儿出生后开始呼吸,肺循环代替了胎盘循环,脐静脉、动脉、动脉导管、静脉导管及卵圆孔开始发生器质性变化,经过数日、数周或数月,其内腔缩小、闭锁,变成相应的韧带,分别称脐静脉索、脐动脉索、动脉导管索、静脉导管索。卵圆孔闭锁需要数个月,也有永久开放的。

三、新生儿存活能力判断

胎儿从母体娩出后能够继续维持生命的能力,称存活能力(viability),可以根据胎儿的发育程度判断新生儿有无存活能力。但不可将存活能力和活产相混淆。因为有足够生活能力的胎儿可以是死产,如因宫内呼吸窒迫致死;相反,无存活能力的胎儿,如畸形或未成熟儿,可以是活产,而后死亡。

(一) 胎儿发育程度判断

胎儿的发育程度(即成熟度)决定了新生儿是否具备存活能力,亦即胎儿在离开母体后作为独立个体能否继续存活。通常是以妊娠月数或周数来表示胎儿发育程度。妊娠 10 个月(即 40 周)的胎儿完全成熟,称成熟儿(mature infant)。凡胎龄超过 28 周而未满 37 周出生的活产婴儿为早产儿(preterm infant),又称未成熟儿(premature infant),其体重在 1 000g 以下的多不能存活。据世界卫生组织规定,与妊娠月数无关,出生时体重在 2 500g 以下新生儿,总称为未成熟儿。但一般认为妊娠 7 个月(满 28 周)以后的胎儿,经适当的护理与哺育一般也可以具备存活能力。胎儿的发育程度有时差异较大,尤其在妊娠后期,母体的健康状况、营养状态等对胎儿的发育影响较大。胎儿如有严重畸形,如无头儿、无脑儿、消化道闭锁以及其他生命重要器官的重度畸形等,则虽足月亦无存活能力。

NOTES

1. **体表及皮肤特征**　成熟的新生儿皮下脂肪发育良好，身体变圆，皮肤紧张而丰满，呈淡红色，面部皱纹消失。头发长 2~3cm，后囟闭合，前囟开放。鼻软骨及耳软骨发育良好，触之硬、有弹性。指甲超越指尖，趾甲达于（或超越）趾端。全身毳毛稀少，仅存于肩部、上臂及大腿的外侧部。男性睾丸已经下降至阴囊内，女性大阴唇发育良好，彼此接触，并掩盖小阴唇。胎粪出现于大肠下端。胎盘重约 500g，脐带长约 50cm。未成熟儿皮下脂肪发育不充分，皮肤红而皱。头发短而稀少，毳毛丰富，分布全身。指（趾）甲未达指（趾）端。男性睾丸降至腹股沟管中或已降入阴囊内，女性小阴唇及阴蒂突出于大阴唇之间。胎盘重约 450g，脐带长约 46cm。

2. **身长、体重和胎头径线**　新生儿的身长及体重可用于推断胎龄。按照妇产科学理论，胎儿身长的增加速度相对恒定、均匀，故常以身长作为判断胎儿月龄的依据。此外，死后变化对身长影响小，而体重由于死后水分蒸发及腐败，每天可减轻 6~25g；若死后放入水中，两周内吸收水分，可使体重增加 14%。因此，法医学鉴定中，对推定新生儿的月龄，认为测量身长比体重更准确。但是由于腿的长度不同，因而测量坐高又比身长更准确。妊娠 8 周末，胚胎初具人形，胎儿身长约 2.5cm，头大占整个胎体的一半，可分辨出眼、耳、鼻、口，四肢已具雏形。妊娠 12 周末，胎儿身长 9cm，体重约 20g，胎儿四肢明显可见，大多数骨骼出现钙化中心。妊娠 20 周末，胎儿身长约 25cm，体重约 300g，皮肤暗红，全身有毳毛。妊娠 24 周，胎儿身长约 30cm，体重约 550g。妊娠 28 周末，胎儿身长约 35cm，体重可达约 1 000g，皮肤薄而红，多皱，全身盖有胎脂。30 周胎儿的身长约为 37.5~40cm，体重约为 1 200~1 500g。妊娠 32 周，胎儿身长约 40cm，体重约 1 700g，皮肤呈红色。妊娠 36 周末，胎儿身长约 45cm，体重约 2 500g。妊娠 40 周末，妊娠已足月，胎儿已发育成熟，身长一般为 49~51cm，平均 50cm，男孩比女孩稍长，体重一般为 3 100~3 300g，男孩比女孩稍重。

胎头各径线（枕额径、双顶径、枕颏径、枕下前囟径等）的增长一般与胎儿体重增长相一致。胎儿足月时，双枕额径的平均值为 11.3cm，双顶径的平均值为 9.3cm，枕颏径的平均值为 13.3cm，枕下前囟径的平均值为 9.5cm，前囟门直径平均值为 2cm，其中以胎头双顶径值较有意义。根据超声测定，妊娠 26~36 周的双顶径值平均每周增加 0.22cm，妊娠 36 周后增加速度逐渐减慢。双顶径值 9.3cm 为胎儿成熟的标志。

3. **化骨核形成**　化骨核（ossification center）是在骨组织中最初发生骨化的部位，又称骨化中心或骨化点。化骨核形成时间各不相同，胎儿在出生前约 11 周有化骨核 806 个，以后逐渐发育融合，等出生时已下降到约 450 个，到成人骨骼时仅有 206 个。由于化骨核的出现、发育和消失的过程有一定时间顺序，故法医学鉴定实践时，常用放射照相法测定骨骼化骨中心的数目、大小和愈合情况，作为对骨骼成熟程度的评价，这是判断骨龄的较好指标。

股骨化骨核形成可作为判断新生儿成熟程度可靠的重要标志。10 个月的胎儿股骨下端骨骺内可见到海绵状圆形或椭圆形的化骨核形成，直径约 0.5cm。在尸体腐败时，应用化骨核推测胎龄月数较有价值。跟骨在第 5 个月末、胸骨柄在第 6 个月末、距骨在第 7 个月末、股骨下端及骶骨在第 9 个月末出现化骨核。

4. **肺的组织学特征**　肺的组织学结构，对推测胎儿月龄具有一定的意义。Ham 认为：胎儿前 5 个月肺组织如腺样，管壁衬以立方至柱状上皮细胞。第 5 个月后，肺泡发育成腺样结构。以后壁上出现毛细血管，肺泡逐渐变大，并成为多角形。这种发育发生于子宫内。此时肺泡内充满羊水，但分娩后开始宫外呼吸时，肺泡更形扩张，液体被空气取代。部分羊水经上呼吸道排出，部分从肺泡吸收。但是肺泡的扩张，不能推断胎儿已经呼吸，只能说明其发育程度已超过妊娠的 2/3 时期。

（二）影响成熟儿生存的因素

影响成熟儿生存的因素很多，除各种暴力因素导致的堕胎和杀婴外，有时可因胎儿有足以致死的高度畸形，严重的疾病或重度分娩障碍，亦可影响其生存能力。有时在妊娠早期、晚期或分娩前应用某些药物亦可对胎儿或新生儿造成不良影响，例如孕妇使用抗凝药双香豆素及华法林治疗血管内栓

NOTES

塞,可引起胎儿死亡和脑出血;使用吗啡作为强镇痛剂或治疗心源性哮喘,可引起呼吸中枢抑制,导致胎儿在分娩时发生重度窒息,甚至死亡。

四、新生儿死亡原因鉴定

死亡可发生于从母体娩出前、娩出过程中或娩出后。发生于娩出前、娩出过程中的死亡不属于新生儿死亡的范围,只有当胎儿离开母体时,经判定是存活的,其后发生死亡的才会被认定为新生儿死亡。因此,在新生儿死亡的法医学鉴定时应加以区别。新生儿的死亡原因鉴定对判断是否杀婴或非法堕胎或自然死亡很重要。新生儿的死因可分为自然死亡(包括意外)及非自然死亡两大类。

(一) 自然死亡

指胎儿或新生儿因其本身的疾病或母亲的疾病,或在分娩过程中遭受意外损伤而致其死亡,自然死亡又称非暴力死亡。

1. 分娩前胎儿死亡   分娩前胎儿死亡多与母体疾病、胎盘或胎儿疾病有关。母亲患严重的心脏病、急性传染病、妊娠高血压综合征、严重的肺结核病、艾滋病并发肺部感染、肾脏病或子宫疾病等。母体感染时可超越胎盘屏障,造成胎儿败血症,表现为肺炎;也可在宫内吸入被感染的羊水或产道分泌物而发生肺炎。母体中毒或严重的腹部外伤等也可导致胎儿死亡。胎儿先天性畸形如中枢神经系统的畸形、先天性心脏病等均可以引起胎儿缺氧。胎盘早期剥离、前置胎盘或胎盘内纤维蛋白沉积过多时,均可引起气体交换的困难。脐带脱垂、打结、缠绕等均可使脐静脉受到压迫,胎盘输入胎儿的血液显著不足甚或断绝。以上原因均能造成胎儿血液循环障碍,毛细血管通透性增加,导致渗出性出血,最明显的是脑部出血和神经细胞的营养不良性改变。这种损害波及延髓时,可造成胎儿在宫内死亡。此外,子宫内窒息的胎儿因血液中含氧量降低,二氧化碳积聚,就在子宫内发生剧烈呼吸运动,这时胎儿仍浸于羊水中,能将大量羊水吸入肺内,更容易诱发肺炎。胎儿宫内窘迫及胎儿畸形是围产期死胎的主要原因。

2. 分娩中胎儿死亡   在分娩过程中应用麻醉剂、产程过长、产力异常等,均可导致胎儿缺氧死亡。由于脐带压迫、脐带绕颈、脐带过短或胎盘早期剥离、胎盘纤维素样坏死、胎盘出血、胎盘重度钙化等,可使胎盘血液循环障碍,导致胎儿缺氧,发生胎儿宫内窒息死亡。另外,有时因强烈阵痛和早期破水,胎儿经过产道即开始呼吸,吸入羊水、血液和胎便而窒息死亡。分娩中如施行不适当的产钳术、胎儿头过大、母体骨盆狭窄、分娩过速等,胎头容易在产道遭受强力压迫,使脑特别是呼吸中枢受到损害,发生血管破裂而出血,造成胎儿死亡。

3. 分娩后新生儿死亡   分娩后的非暴力死亡可由于新生儿先天性畸形、早产等原因导致本身无生活能力而死亡。胎儿在分娩过程中引起的新生儿肺炎、肺出血、新生儿蛛网膜下腔出血、颅内出血等,分娩后未能恢复而死亡;母体或新生儿的各种原因而发生出生后新生儿窒息死亡;出生后因感染性疾病(吸入性肺炎、感染性肺炎)、新生儿肺透明膜病、新生儿出血症、溶血症、败血症、新生儿产伤等而死亡;呼吸窘迫综合征的延续、羊水或血液吸入及羊膜堵塞口鼻,亦可导致窒息死亡。

4. 法医学鉴定   主要对以下几个方面进行鉴定。

(1)新生儿窒息:大量羊水吸入肺内窒息死亡,呼吸道和肺脏内有大量羊水成分,镜检见多数肺泡内和肺内小支气管腔内有较多以角化上皮细胞为主的羊水成分。

(2)新生儿颅内出血:胎儿产道内受压迫造成颅脑损伤死亡,尸检可见头部血肿、颅骨凹陷或骨折、颅内出血(颅内血肿)或小脑幕裂伤。骨折部位多在颅顶骨的穹窿部,很少发生在颅底部。脑实质的出血,出血部位多在血管周围,呈围管性出血。

(3)新生儿肺炎:表现为肺泡内有中性粒细胞为主的渗出,并有脱落的上皮细胞和羊水成分。这些病灶呈局灶性或融合性暗红色实变区。

（二）非自然死亡

非自然死亡又称暴力死亡,可分为故意杀婴以及意外灾害两大类。

1. 杀婴　杀婴(infanticide)是指非法使用暴力手段剥夺分娩过程中或娩出后不久的已具有存活能力的新生儿生命的违法行为,有积极杀婴和消极杀婴两种类型。

（1）积极杀婴:是杀婴的主要形式。积极杀婴是一种暴力犯罪,指用各种暴力,包括机械性或化学性暴力使新生儿受到致命性伤害。常见使用致新生儿窒息的手段,如扼死、勒死、溺死、闷死和异物堵塞口鼻或呼吸道,引起窒息死亡。

（2）消极杀婴(虐待):胎儿分娩后,故意不给新生儿喂奶,不采取保温或护理措施,以致新生儿死亡。有时不结扎新生儿的脐带,甚至撕断脐带,可造成新生儿失血死亡。也有的使胎盘、脐带和新生儿连在一起,不进行任何处理,新生儿也可因失血死亡。还有将新生儿丢弃、隐藏在野外或路边致其死亡。

2. 意外灾害　新生儿不是因疾病死亡,也不是故意杀害,而是由于疏忽大意或其他事件造成的意外死亡,常见以下几种情况:①坠落产,有经产妇分娩过程急速,子宫收缩过强,产道阻力过小,胎儿坠落在地上,发生头颅损伤,或坠落在粪桶内,吸入粪水发生窒息死亡。②母亲在睡眠状态下喂乳,可因乳房或棉被捂压新生儿口鼻部而导致窒息死亡。③父母在熟睡时,其肢体压在新生儿的胸部引起窒息死亡。

3. 法医学鉴定

（1）机械性窒息死亡:怀疑机械性窒息死亡的新生儿,颈部检查有暴力痕迹,如指甲或指头造成的扼痕,毛巾、绳索或脐带造成的勒痕;口鼻部手掌及物品的压痕;呼吸道内的溺液(如水、粪、尿等),口鼻部、喉头、呼吸道内有纸团、布片等。由于对新生儿很轻的堵塞或物品覆盖口鼻已足以致死,因此,有时暴力痕迹可不明显而不易被发现,应仔细检查。

（2）机械性损伤死亡:用钝器打击头部、压迫头部或用锐器刺入头部,导致颅内出血造成死亡的新生儿,进行尸体检验时可观察到颅骨骨折、硬膜外或硬膜下出血、脑挫伤等。

（3）秘密堕胎:用器械由阴道经宫颈插入子宫内,直接杀伤胎儿;或母亲服药堕胎,母体中毒导致胎儿中毒死亡。尸体检查时,前者胎儿有相应的机械性损伤;后者除有相应的中毒病变外,主要是通过毒物化验来证实中毒存在及毒物种类。

（4）消极杀婴:消极杀婴很少有明显的机械损伤,因此,法医学通过尸体检查鉴定消极杀婴的死因是比较困难的,需结合详细的案情调查来确定。新生儿尸体小,容易隐藏,发现时大多数已经死亡多日,对于判定死因也有一定的难度;新生儿死后放置的环境不同,尸体现象发展程度不等,对死后间隔时间的推断也有一定的困难。

（5）意外伤害导致新生儿死亡:对于怀疑意外伤害导致新生儿死亡的,应该与伪造的意外伤害相鉴别。例如,对于坠落产导致新生儿死亡的鉴定。

1）坠落产多见于经产妇,检查时可见产妇骨盆比一般产妇大,产道与胎儿头部大小的比例不相称(产道大、儿头小)。

2）产妇会阴可引起高度撕裂伤,产后出血甚多。

3）坠落产时,胎儿突然从高处坠落,可发生脐带撕断,检查脐带断端不整,呈撕裂状。撕断多发生于距胎儿的脐环数厘米处,断端边缘不整齐,与一般分娩后平齐剪断的脐带不同。

4）胎盘有时与胎儿同时坠出,此时,脐带不断,脐带两端仍与胎盘及胎儿相连。胎儿坠落时,新生儿头颅或身体可有跌撞伤,甚至骨折,但头部没有产瘤。

5）如果坠落于粪桶内溺死,则于显微镜下检查,可见肺泡内、支气管内有粪水成分。坠落产多见于经产妇,初产妇极为罕见。但有的产妇故意将婴儿抛入粪桶内溺死,然后伪称如厕时发生坠落产意外,故应仔细进行法医学尸体检验,结合现场勘查与案情调查,综合分析。

　　新生儿死亡原因的鉴定,在法医学上具有十分重要的意义,涉及是否承担法律责任。新生儿尸体的法医学检验,必须确定该婴尸是否为新生儿、有无存活能力、成熟儿或未成熟儿、活产或死产、分娩后存活时间、死亡原因以及死亡方式,其中以有无存活能力、活产还是死产的鉴别最为重要。

思考题

1. 虐待儿童死亡的法医学检查要点分别为哪些?
2. 虐待老年人死亡的法医学检查要点分别为哪些?
3. 强奸案件法医学鉴定的要点是什么?
4. 新生儿存活时间判定的依据有哪些?
5. 如何鉴别死产与活产?

(邓世雄)

第九章

法医临床鉴定

机体遭受外界有害因素作用后,轻者可以导致个体器官系统不同程度的损伤,严重者可能会导致死亡。按照我国相关法律规定,由于非正常原因所导致的个体损伤或者死亡的案件,需要法医学专业鉴定人员通过技术鉴定确定伤者的损伤程度或者死亡原因等相关问题,并出具鉴定意见书,作为解决人身伤害或者死亡案件的证据。

法医学中,以研究并解决与法律有关的个体损伤、疾病以及器官系统功能状态等问题为主的分支学科称为法医临床学(forensic clinical medicine)。

由于法医临床学研究以及鉴定的对象即被鉴定人主要是相关案件的当事人,所以法医临床学鉴定又称为活体法医学鉴定。

第一节 概　　述

- 法医临床学的主要任务是为涉及人体损伤、疾病或者器官系统功能状态的案件提供科学证据。
- 法医临床学鉴定必须严格按照相应的鉴定程序、规范以及标准进行。损伤程度、伤残等级以及医疗过错鉴定是法医临床学鉴定的主要内容。
- 法医临床学和临床医学既有共同之处,又有较大区别。

法医临床学主要研究个体遭受外界有害因素作用后所导致的损伤及其相关问题,从而为案件的侦查和审理提供科学证据。

一、法医临床鉴定的主要内容

法医临床鉴定的主要任务是通过对涉及人体损伤或者器官系统功能状态的案件进行专业技术鉴定,为案件的处理提供科学证据,其鉴定的主要内容、目的和原则如下。

(一)定义

法医临床鉴定(identification and appraisal of forensic clinical medicine)是指法医临床司法鉴定人运用法医学的理论与技术,依据相关鉴定标准和规范,对被鉴定人即伤者或者案件当事人的损伤程度、伤残等级等情况,或者性功能、听觉功能、视觉功能、骨骼年龄等器官系统的功能状态做出科学判定,并出具鉴定意见书的过程。

法医临床鉴定是法医临床学研究的主要内容,也是法医学司法鉴定的重要组成部分。

(二)鉴定的内容

法医临床鉴定涉及的范围非常广泛,主要包括以下几个方面的内容。

1. 损伤程度鉴定　是指法医临床司法鉴定人按照相应的程序、规范和损伤程度鉴定的标准,对机体所遭受损伤的严重程度进行鉴定,并出具鉴定意见的过程。损伤程度鉴定主要服务于刑事案件的侦查和审理。

2. 伤残等级评定　伤残等级评定是法医临床司法鉴定人根据相应的程序、规范和伤残等级评定标准,对损伤及其遗留的器官系统功能障碍对个体的劳动能力和生活能力影响的严重程度进行判定,

237

并出具鉴定意见书的过程。伤残等级评定主要用于民事赔偿相关案件。

3. 人体器官系统功能状态评定　利用现代科学技术手段,按照相应的鉴定规范,对有关案件中当事人的器官系统功能状态进行检查和鉴定,并出具鉴定意见书,为此类案件的审理提供科学证据。例如对离婚案件或者强奸案件中男性的性功能进行鉴定;对涉嫌犯罪的残疾人如聋哑人的听觉功能进行鉴定等。

器官系统功能状态判定目前主要应用的有神经电生理技术、运动和感觉诱发电位,以及影像学技术等检查方法。

4. 活体年龄推断　主要是利用不同发育阶段个体骨骼的影像学特征,对涉及未成年人犯罪案件的当事人的实际年龄进行推断。在根据已有材料不能确定犯罪嫌疑人的实际年龄(生活年龄)时,例如当事人诉称自己因报错户口致使实际年龄和户籍年龄不相符合,则需要通过判定其骨骼年龄(生理年龄)来进一步确定其生活年龄。

5. 致伤方式与致伤物推断　有些案件因双方当事人对伤者的受伤经过说法不一致,而又缺乏现场目击证人或者视频资料等证据时,则需要法医学司法鉴定人根据伤者的损伤情况,推断伤者的受伤方式或者致伤物。

一般情况下,损伤后越早判定,越容易推断致伤物,损伤愈合后,推断致伤物的难度明显加大。例如锐器导致的头皮切割创和钝器导致的挫裂创,在清创缝合之前可以通过观察创缘是否整齐、创壁之间是否有组织间桥,以及伤口内遗留的致伤物的碎片等可以很容易区分是锐器伤还是钝器伤,但是对于清创缝合后愈合的头皮瘢痕,要区分锐器伤和钝器伤的难度则非常大。因此,临床医生在对伤者进行初诊检查时,应该对创口的形态,以及创口内是否有异物等要认真、客观地做好记录,对辅助后期的法医学鉴定具有重要作用。

6. 医疗损害鉴定　医疗损害法医临床司法鉴定是指法医临床司法鉴定人员应用法医临床学与临床医学等相关学科的理论与技术,对医疗机构对患者所实施的诊疗行为有无过错,如果存在过错,该过错与患者的损害后果之间是否存在因果关系及其原因力大小等进行的鉴定。

对涉及患者死亡医疗损害案件的鉴定,鉴定时首先需要明确患者的死亡原因,然后再判定医疗机构的诊疗行为是否存在过错,以及医疗机构存在的过错与患者死亡之间是否存在因果关系,及其原因力的大小。

7. 性侵犯与性别鉴定　采用法医临床学及临床医学相关学科的理论与技术,对强奸、猥亵、性虐待等非法性侵犯和反常性行为所涉及专门性问题以及对性别(第二性征)进行鉴定。

8. 赔偿相关鉴定　在民事赔偿案件中,除了以伤残等级为依据的残疾补助金以外,还涉及其他一些与民事赔偿相关的内容,例如医疗终结时间鉴定、人身损害休息(误工)期、护理期、营养期的鉴定,以及定残后是否存在护理依赖、医疗依赖、后续诊疗项目,以及是否需要残疾辅助用具等。在少数案件,还涉及临床诊疗项目合理性和相关性的鉴定。例如某些交通事故案件的伤者在住院治疗交通事故伤的同时,还进行了腹股沟疝或先天性心脏病等手术治疗,或者进行了乙肝、糖尿病等疾病的治疗,法医临床学鉴定时还需要确定这些治疗与交通事故损伤的关系,从而确定是否属于需要被告方赔偿的范围。

(三) 鉴定的目的

1. 为刑事案件侦查、诉讼、审判提供科学证据　对刑事案件中的被鉴定人进行检验,确定损伤原因、损伤程度和致伤物种类,以及判定犯罪嫌疑人或者受害者的骨龄等,为判定案件的性质、作案手段、追究刑事责任提供科学的证据。

2. 为正确处理民事纠纷案件提供科学证据　在民事案件中,如离婚、人身损害赔偿等经常涉及生理功能、伤残程度、劳动能力、医药费用是否合理等问题。因此,只有对上述问题进行法医临床学鉴定,才能为正确处理民事纠纷提供科学依据。

3. **为行政案件处理提供科学证据**　对于工伤事故、医疗损害等行政案件,通过法医临床学鉴定,分析损伤原因,判断诊疗过程中有无不当或过错,评定损伤程度和伤残等级,为行政部门处理工伤事故和医疗纠纷提供科学依据。

4. **为人身保险损害赔偿提供科学证据**　通过对被保险人所患疾病的程度、患病原因、患病时限、损伤原因和伤残程度等进行鉴定,为人身保险理赔提供科学依据。

5. **研究并制定法医临床学鉴定的有关法规和标准**　法医临床学不仅为法律提供医学方面的证据,而且还需要研究法医临床学鉴定有关标准,为相关法律、法规的修订及适用提供建议或意见。

(四) 鉴定的原则

1. **严格按照鉴定标准、技术规范以及鉴定程序进行鉴定原则**　法医临床鉴定涉及的内容非常广泛,除损伤程度、伤残等级、医疗损害鉴定外,还涉及与损伤相关的民事赔偿等内容,例如医疗依赖、护理依赖、后续治疗项目、护理期限、误工期限、医疗费用合理性评估等。同时,由于活体鉴定涉及的检查手段和技术比较多,例如听觉功能、视觉功能、性功能等,所以必须严格按照相应的标准、规范以及鉴定的程序进行鉴定,以保证鉴定结果的客观性、科学性和公平性。

鉴定标准和规范是法医临床司法鉴定的重要依据,也是保证鉴定过程以及鉴定意见科学、公正的基础。常用的鉴定标准包括《人体损伤程度鉴定标准》《人体损伤致残程度分级》等;常用的鉴定规范包括《法医临床检验规范》(SF/T 0111—2021)、《男性性功能障碍法医学鉴定》(GB/T 37237—2018)、《法医临床学视觉电生理检查规范》(SF/Z JD0103010—2018)等。鉴定人在鉴定过程中,要严格按照相关的鉴定标准和规范要求,对被鉴定人的损伤等情况做出鉴定意见。

按照《中华人民共和国标准化法》的规定,标准分为国家标准、行业标准、地方标准、团体标准等。按强制力区分,国家标准又分为强制性国家标准(GB)和推荐性国家标准(GB/T)。按照《中华人民共和国标准化法》《司法鉴定程序通则》以及技术性法规的相关规定,人身损害赔偿中的司法鉴定活动,采用标准时有明确的顺序要求,依次应为:①技术性法规/国家标准;②行业标准/技术规范;③领域多数专家认可的技术方法。

2. **客观、科学鉴定原则**　确定损伤时,尽量使用客观检查手段,检查的方法要科学、先进,对检查结果的分析要客观、公正。由于受临床检查技术和方法的限制,法医临床司法鉴定人有时很难确定被鉴定人损伤或者器官系统功能障碍的实际情况,例如眼损伤后,有些被鉴定人为了获得更多的赔偿而夸大视力障碍的程度,但是由于目前临床眼科电生理等客观检查技术还不能对伤者的视力情况做出更准确的判定,因此鉴定人很难确定被鉴定人的实际视力障碍情况。针对此类情况,需要鉴定人坚持科学的原则,既要对其进行必要的客观检查,又要结合被鉴定人眼损伤的具体情况、既往视力情况,以及伤后临床诊治以及复查过程中的视力检查情况等综合分析,做出鉴定意见。

3. **公平、公正原则**　由于法医临床学的任务是为法律提供医学方面的证据,公平、公正是法治的基本理念与原则。法医临床学鉴定的公平原则主要体现在对鉴定标准的理解和适用,以及利用比照条款进行鉴定等方面。鉴定过程中,鉴定人要结合损伤的具体情况,做出最大体现公平原则的鉴定意见。

同时,由于鉴定标准往往不能包含所有的损伤或者损害后果的全部情形,针对鉴定标准中未涉及的某些损伤或者损害后果的情形,就需要鉴定人比照相关条款进行鉴定。此种情况下,作为鉴定人就必须本着公平公正原则,选择最相近的条款作为依据,客观、科学的做出鉴定意见。

二、法医临床学与临床医学的关系

法医临床学和临床医学同属医学的分支学科,二者在很多方面具有共同之处,例如检查检验的对象都是活体,检查的技术方法基本相同。但是由于二者的目标任务和研究内容不同,因此又存在较大的差别。

(一) 两者的共同点

1. 基础理论相同   两者均是以医学的基本理论为基础,例如基础医学的解剖学、生理学、病理生理学、病理学、免疫学,以及临床医学的内科学、外科学、妇产科学、儿科学、眼科学、传染病学等。

2. 常规检查检验的技术方法相同   两者对伤者的常规检查检验方法相同,例如颅脑、胸腹部、盆部损伤后的 X 线、CT、超声以及 MRI 检查,各种神经电生理学检查,肝、肾功能的实验室检查等。

3. 鉴定或者治疗的对象相同   二者都是以活体作为鉴定或者诊治的对象。患者或者被鉴定人的主诉以及临床表现对确定损伤的后果以及临床诊疗方法具有重要的参考价值。

4. 二者互为补充和完善   临床医学侧重于对个体损伤治疗和康复技术等的研究,法医临床学则主要研究个体损伤的成因及其对个体健康的影响程度,例如损伤的成伤机制,损伤经过治疗后是否对患者的日常生活能力或者劳动能力产生影响以及影响的程度等。二者对同一损伤在不同阶段的研究结果可以互为补充和借鉴,作为鉴定或者临床治疗和康复的依据。法医临床学对医疗过错鉴定的研究可以作为临床医学预防和减少医疗纠纷的重要依据。

(二) 两者的不同点

1. 两者的目标任务不同   临床医学的目的是为患者提供预防、诊断和治疗疾病的服务,而法医临床学的目的是为法律提供医学证据,所以二者对同一个体或者损伤关注的阶段和焦点不同。

针对损伤,法医临床学关注的是暴力因素通过何种方式导致人体损伤,以及损伤对身体健康和康复后对其日常生活、劳动能力的影响。例如法医临床学对伤者的肌力、关节活动度、听力、视力等的检查要求非常高,并有专门的操作规范,因为不同程度的肌力、视力或者听力损害,将会影响损伤程度或者伤残等级鉴定的结果。但是临床医生更关心如何治疗损伤,尽可能将损伤对个体健康的影响减到最小。

2. 两者对损伤程度的界定不同   对于损伤程度,法医临床学和临床医学对损伤的分类具有共同之处,均是以损伤对机体健康的影响程度作为划分的主要依据。但是实际上二者对于损伤程度的划分既有相关性,又存在较大差别,并非一一对应的关系,这也是在法医临床学鉴定中容易引起争议的方面。

临床医学对损伤程度的划分相对宽泛,主要着眼于患者的治疗和康复,一般分为轻型、中型、重型、特重型等,没有严格的等级划分要求。法医临床学的损伤程度由于和刑事责任认定密切相关,因此损伤程度划分非常严格和具体,需要严格按照相关鉴定标准对损伤程度进行判定。

3. 两者在实践过程中的思维方式不同   法医临床学和临床医学虽然面对的都是活体,但临床医生面对的是患者,而法医临床学鉴定人面对的则是被鉴定人,二者与服务对象关系的不同导致了在工作中对相关问题分析的思维方式存在差异。

因疾病就诊的患者,为了达到诊治的效果,会向医生详尽叙述其真实病史以及因疾病引起的不适,以配合医生的诊疗活动,使自身疾病尽早康复,因此,针对患者的相关主诉,临床医生更多的是思考如何对患者所诉的病痛进行有效的临床治疗,以减轻患者的临床症状。

但是对于法医临床司法鉴定人来说,由于被鉴定人有时会隐瞒自己的病史,或者夸大自己的病情或者损伤情况,例如伪装视力功能严重障碍、肢体运动功能障碍等,从而达到获得高额赔偿,或者达到"惩罚"对方的目的,因此,面对被鉴定人的相关主诉,法医临床司法鉴定人更多的是思考患者为什么会出现所诉的临床表现,产生上述临床表现的原因和机制是什么,是否存在诈病或者夸大病情的情况等。

针对上述情况,不仅需要法医临床司法鉴定人认真分析,科学判定,而且也应该引起临床医生的注意。提示临床医生在对患者的诊疗过程中,要注意甄别患者一些主诉的真伪及其背后所隐藏的动机。

4. 两者依据的标准和规范不同   临床医学需要依据相关临床诊疗规范或者指南实施治疗。法医临床学鉴定则需要依据法定的鉴定标准、规范以及鉴定程序进行鉴定。

第二节　损伤程度鉴定

· 《人体损伤程度鉴定标准》将损伤程度划分为重伤、轻伤和轻微伤三个等级,其中重伤和轻伤又分为一级和二级两个级别。

· 损伤程度鉴定时应注意损伤形成的时间以及伤者受伤的方式,同时要严格把握鉴定的时机。

· 损伤和疾病共同导致损害后果时,要科学判定伤病之间的关系,区分各自在损害后果中参与的作用及程度。

损伤程度鉴定是法医临床鉴定的主要内容,与刑事责任认定具有重要的相关性,也是司法机关认定犯罪嫌疑人法律责任程度的重要依据。

一、概述

损伤程度是指机体受到暴力因素作用后,导致机体组织器官结构破坏及功能障碍的严重程度。

损伤程度鉴定(forensic identification of the degree of human injury)是指法医临床司法鉴定人按照相应的鉴定程序、规范和人体损伤程度鉴定的标准,对机体所遭受的损伤及其并发症、后遗症的严重程度进行评定,并出具鉴定意见的过程。

损伤程度鉴定必须严格按照法律确定的鉴定标准进行。我国目前使用的损伤程度鉴定标准是由最高人民法院等五部委联合发布,自2014年1月1日起实施的《人体损伤程度鉴定标准》。

二、损伤程度鉴定标准

我国的人体损伤程度鉴定先后经历了几个不同的发展阶段,从早期的没有专门的鉴定标准(依据相关法律条款进行鉴定),逐步发展到开始制定试行损伤程度鉴定标准,例如《人体重伤鉴定标准》《人体轻伤鉴定标准(试行)》等。目前使用的损伤程度鉴定标准为《人体损伤程度鉴定标准》(以下简称《标准》),将损伤程度分为重伤、轻伤和轻微伤三个等级。

(一)《标准》制定的法律依据

《标准》主要是为涉及人身损害的刑事案件的处理提供证据,其主要是依据《刑法》以及《中华人民共和国治安管理处罚条例》相关规定,并结合损伤对人体健康、心理的影响以及是否危及生命的原则制定的。

《刑法》第九十五条规定:"本法所称重伤,是指有下列情形之一的伤害:(一)使人肢体残废或者毁人容貌的;(二)使人丧失听觉、视觉或者其他器官机能的;(三)其他对于人身健康有重大伤害的。"

《刑法》第二百三十四条规定:"故意伤害他人身体的,处三年以下有期徒刑、拘役或者管制。犯前款罪,致人重伤的,处三年以上十年以下有期徒刑;致人死亡或者以特别残忍手段致人重伤造成严重残疾的,处十年以上有期徒刑、无期徒刑或者死刑。"

《刑法》第二百三十五条规定:"过失伤害他人致人重伤的,处三年以下有期徒刑或者拘役。本法另有规定的,依照规定。"

《中华人民共和国治安管理处罚条例》第二十二条规定:"有下列侵犯他人人身权利行为之一,尚不够刑事处罚的,处十五日以下拘留、二百元以下罚款或者警告:殴打他人,造成轻微伤害的。"

根据上述法律、法规的规定,法医学意义的重伤对应于《刑法》第九十五条和第二百三十四条第二款的规定。法医学意义的轻伤对应于《刑法》第二百三十四条第一款的规定,即"故意伤害他人身体的"所造成的损伤。法医学意义的轻微伤则对应于《中华人民共和国治安管理处罚条例》第二十二条的规定所指的轻微伤害。

(二)《标准》的基本结构和主要内容

《标准》按照颅脑、脊髓、头面、颈、胸、腹、盆、脊柱、四肢、体表等解剖部位,并按重伤一级、重伤二级、轻伤一级、轻伤二级和轻微伤为序，罗列出人体组织结构破坏和功能障碍损伤程度鉴定的具体条款，并以附录的形式规定组织器官功能障碍的评定技术和方法。

为使《标准》在司法鉴定实践中更具有可操作性，在制定的过程中考虑到了在应用《标准》时应注意的两个方面：①尽量采用量化指标，如心肺功能、肝肾功能、男子阴茎勃起功能、容貌毁损程度、张口困难程度、发声障碍程度等均采用分级和分度等定量指标，并以附录的形式规定了分级或分度的具体方法；②无法量化的指标，采用定性指标加限制性条件进行分级。例如规定"胃、肠、胆囊或者胆道全层破裂，须手术治疗""肝、脾、胰或者肾破裂须手术治疗"等均以"须手术治疗"作为限制性条件。

（三）《标准》制定的基本思路

《标准》在制定的过程中，主要考虑了以下三个方面的因素。

1. 损伤对个体健康影响的程度　不同程度的损伤对个体健康以及日常生活能力、劳动能力等的影响也不同，这也是《标准》制定的重要依据。《标准》制定时，采用了"罗列式"的制定原则，即根据损伤部位、性质和程度的不同，列举出具体的伤情所对应的具体条款。例如《标准》列举出了颅脑损伤构成轻伤一级的 9 种具体情形如脑挫裂伤、颅内出血、慢性颅内血肿、外伤性硬膜下积液、外伤性脑积水、外伤性颅内动脉瘤、外伤性脑梗死、外伤性颅内低压综合征等和轻伤二级的一种情形，如外伤性蛛网膜下腔出血。这样处理的好处在于临床上常见的颅脑损伤都有具体的条款相对应。

2. 损伤当时是否危及生命　有些损伤虽然在经过临床治疗后，可能不会遗留任何器官系统功能障碍，或者是现代科学检查技术难以发现的身体损害，但是由于该损伤如果不及时进行临床救治，就会在短时间内导致伤者的死亡。法医临床对于此类在损伤当时可能危及伤者生命的损伤也确定为重伤。例如外伤导致的颈部大血管如颈总动脉破裂，就可以直接定为重伤一级，不需要再考虑该损伤是否遗留有功能障碍等。

3. 对伤者心理或者社会形象的影响　对于体表损伤尤其是头面部损伤，虽然经过临床治疗后对患者的机体功能没有产生任何影响，但是由于对伤者的容貌造成毁损，致使其社交形象严重受损而给伤者造成较大心理影响，有些影响甚至使伤者产生"生不如死"的感觉。因此《标准》制定时，也将此种情况按照损伤对容貌的影响大小和其他损伤相罗列，确定为重伤或者轻伤。例如面部条状瘢痕（50% 以上位于中心区），单条长度达 10.0cm 以上，或者两条以上长度累计达 15.0cm 以上时；以及面部片状细小瘢痕或者显著色素异常，面积累计达面部 30% 时，损伤程度即属于重伤二级。

（四）损伤程度分类

1. 重伤（serious injury）　重伤是指危及人体生命或者对健康有重大损害的损伤。例如损伤使组织器官遭到破坏并已危及生命；或者致使重要组织器官功能丧失或遗留有躯体形态的严重毁损，例如使人肢体残疾、毁人容貌、丧失听觉、丧失视觉、丧失其他器官功能或者其他对于人身健康有重大伤害的损伤。重伤又分为重伤一级和重伤二级。

（1）重伤一级：各种致伤因素所致的原发性损伤或者由原发性损伤引起的并发症，严重危及生命；遗留肢体严重残废或者重度容貌毁损；严重丧失听觉、视觉或者其他重要器官功能。例如颅脑或者脊髓损伤，导致患者出现偏瘫、截瘫（肌力 2 级以下），同时伴有大便、小便失禁时，或者导致患者一侧眼球萎缩或者缺失，另外一眼盲目达 3 级时，其损伤程度即属于重伤一级。

（2）重伤二级：各种致伤因素所致的原发性损伤或者由原发性损伤引起的并发症，危及生命；遗留肢体残疾或者轻度容貌毁损；丧失听觉、视觉或者其他重要器官功能。例如外力作用导致患者牙齿脱落或者折断达到 7 枚（含 7 枚）以上，或者外伤导致患者一侧眼球萎缩或者缺失时，损伤程度即属于重伤二级。

2. 轻伤（minor injury）　使人肢体或者容貌损害，听觉、视觉或者其他器官功能部分障碍或者其他对于人身健康有中度伤害的损伤，包括轻伤一级和轻伤二级。

（1）轻伤一级：各种致伤因素所致的原发性损伤或者由原发性损伤引起的并发症，未危及生命；

遗留组织器官结构、功能中度损害或者明显影响容貌。例如外伤导致患者肋骨骨折 6 处(含 6 处)以上,或者导致女性一侧乳房损伤并丧失哺乳功能时,损伤程度即达到轻伤一级。

（2）轻伤二级:各种致伤因素所致的原发性损伤或者由原发性损伤引起的并发症,未危及生命;遗留组织器官结构、功能轻度损害或者影响容貌。例如外伤导致患者肋骨骨折 2 处(含 2 处)以上,或者导致女性一侧乳房部分缺失或者乳腺导管损伤时,损伤程度即达到轻伤二级。

3. 轻微伤 (slight injury) 各种致伤因素所致的原发性损伤,造成组织器官结构轻微损害或者轻微功能障碍。例如外伤导致患者肋骨或者肋软骨骨折,或者导致女性乳房擦挫伤时,损伤程度即达到轻微伤。

三、损伤程度鉴定的基本原则

由于人体损伤程度鉴定的目的是为刑事案件的侦查和审理提供证据,鉴定意见与对案件犯罪嫌疑人的法律处罚措施密切相关,因此鉴定时应严格按照以下原则。

（一）确定损伤的依据充分

首先要明确被鉴定人是否有明确的外伤史以及外力作用程度,即被鉴定人的身体确切遭受到一定程度的外力作用。其次伤后的辅助检查要有阳性发现,即检查结果出现与损伤相一致的异常表现。再次是伤后患者的临床表现与损伤的严重程度相符合。最后是致伤方式或者致伤物与机体所遭受的损伤符合。

（二）严格把握鉴定时机

1. 以原发性损伤为主要鉴定依据的,伤后即可进行鉴定;以损伤所致的并发症为主要鉴定依据的,在伤情稳定后进行鉴定。

2. 以容貌损害或者组织器官功能障碍为主要鉴定依据的,在损伤 90 日后进行鉴定;在特殊情况下可以根据原发性损伤及其并发症出具鉴定意见,但须对有可能出现的后遗症加以说明,必要时应进行复检并予以补充鉴定。

3. 疑难、复杂的损伤,在临床治疗终结或者伤情稳定后进行鉴定。

（三）损伤形成的时间明确

1. 损伤形成时间对于确定案件发生的时间具有重要意义,所以法医临床学鉴定时,需要确定损伤是新形成的,还是被鉴定人原来就有的陈旧性损伤。有些案件的受害者可能在本次外伤之前也受过伤,因此,鉴定时要注意区分新鲜损伤和陈旧性损伤,尤其是涉及骨折的案例,鉴定时需要仔细甄别,慎重处置。例如伤后临床诊断脊柱压缩骨折(图 9-1)、鼻骨骨折、肋骨骨折等。

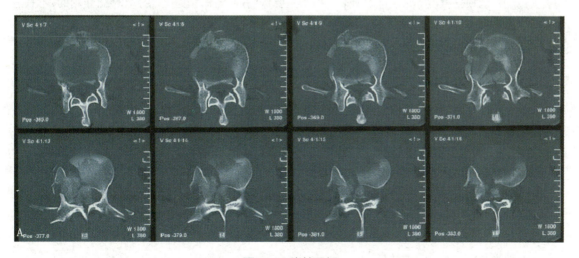

图 9-1 脊柱骨折
A. 新鲜脊柱骨折:骨折线清晰;B. 陈旧性脊柱骨折:骨折线模糊、硬化。

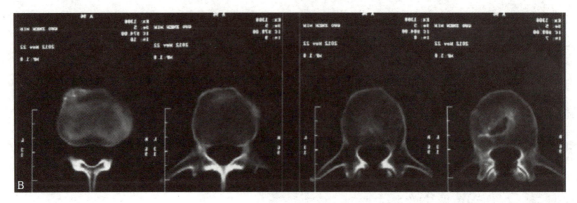

图 9-1(续)

2. 组织损伤后修复一般经历渗出、细胞增殖和组织再生重塑三个阶段。法医临床鉴定时,可以根据损伤修复愈合的过程及其规律,来判定损伤形成的时间。例如根据骨折愈合过程中的血肿机化期、骨痂形成期、骨性愈合期和塑形期四个过程来初步判定骨折形成的时间;通过瘢痕的颜色大致推断皮肤软组织损伤的时间,但通过肉眼观察损伤的形态判断损伤时间准确性差或误差大,难以认定所检验的损伤是否为案情中所称的事件中形成。

(四) 科学确定伤病关系

1. 区分损伤与疾病   对于被鉴定人既往患有的疾病,法医临床鉴定人必须进行认真分析、判定,明确哪些是疾病,哪些是损伤。损伤程度评定只能针对损伤及其并发症进行,不能对被鉴定人既往患有的疾病进行损伤程度评定。

2. 明确损伤与疾病的关系   某些被鉴定人的损害结果可能是损伤与疾病共同作用的结果,例如椎间盘突出,可能既有损伤的原因,又有患者自身椎间盘退变的原因,所以,进行法医临床鉴定时,还需要确定伤病之间的关系。

3. 伤病关系处理的原则   在损伤与疾病共存时,要分析各自在伤者损伤后果中参与的原因力大小。例如耳部或者头部损伤后出现感觉神经性耳聋;牙周疾病患者面部损伤后牙齿脱落;高血压患者伤后出现大脑基底节区出血等,均需鉴定人根据外力作用的程度、部位,并结合伤者的原有疾病情况全面分析、综合判断。

伤病关系一般按照以下原则进行处置:①损伤为主要作用的,既往伤/病为次要或者轻微作用的,应依据标准相应条款进行鉴定。②损伤与既往伤/病共同作用的,即二者作用相当的,应依据标准相应条款适度降低损伤程度等级。③既往伤/病为主要作用的,即损伤为次要或者轻微作用的,不宜进行损伤程度鉴定,只说明因果关系。

(五) 排除诈病以及造作伤

在法医临床鉴定中,有些被鉴定人为了让对方承担刑事或者民事责任,或者获得更多的赔偿,存在故意伪装或者夸大损伤的临床症状的现象,如夸大头痛的症状或者肢体运动功能障碍的程度等。有些人甚至自己在自己身体上故意造成损伤,或者扩大原有损伤的程度等,以此来达到惩罚对方或者获得赔偿的目的。例如,有人在头部外伤后故意人为通过自己扇耳光或者用针刺破鼓膜伪装外伤性鼓膜破裂穿孔、头皮损伤后人为延长头皮创口长度等,因此鉴定时应予以注意(详见本章第六节)。

(六) 致伤方式或致伤物和损伤相符合

1. 致伤方式   是指损伤形成的方式经过。有些案件由于缺乏其他证据材料如旁证、监控录像等,而案件的双方又各执一词,难以说明伤者受伤的经过,因此,需要法医根据伤者身体的损伤形状、分布等,判定伤者的致伤方式。例如需要确定伤者的掌骨骨折是伤者在攻击对方时形成的,还是被对方打击所致等。

2. 致伤物   是指形成损伤的具体物体。例如钝器、锐器,或者其他因素,例如电击、化学品腐蚀

NOTES

等,亦即我们平常所说的所谓"凶器"。明确致伤物对于确定案件的性质,以及确定损害行为的实施者具有重要意义,例如多人参与的伤害案件中,可以根据致伤物来确定主要损伤的实施者,从而达到明确法律责任的目的。

由于损伤的原始形态、伤口内遗留的异物等对判定致伤物具有重要意义,因此,临床医生在处理伤者损伤的过程中,要有证据意识,要尽量详细记录损伤的原始形态,为后续的法医临床学鉴定提供证据。例如,通过皮肤软组织损伤的伤口有无组织间桥来确定是锐器伤还是钝器伤;遗留在伤口内的异物如木屑、铁屑、碎砖块等有助于推断致伤物等。

有些案件还可能涉及暴恐事件。例如,对于身份来源不清楚的枪弹伤、爆炸伤的患者,临床医生还应具有公共安全意识,及时报警,以排除公共安全隐患。

(七)核实被鉴定人的身份及其鉴定材料

有些案件的被鉴定人,为了达到显示自己有损伤,或者损伤程度较为严重的目的,会向法医鉴定人提供其他受伤人员的检查资料供鉴定使用。常见的有两种情况:一种是直接将其他有严重损伤伤者的检查资料,如 CT、X 线影像资料等提供给鉴定人。另外一种情况是让其他已经有严重损伤的人代替自己进行相关检查,如 X 线、CT 检查等。

针对上述两种情况,需要法医临床鉴定人仔细甄别。如怀疑有此种情况时,一是进行法医检查时,要核对被鉴定人的身份;必要时,要让伤者在相关人员的见证下进行复查,以达到明确其身份、核实其鉴定材料的目的。

另外,临床医生或者相关人员在对伤者进行相应检查时,也应注意核对伤者的身份,以确保病历等材料的真实性。

第三节 伤残等级评定

- 我国目前主要的伤残等级鉴定标准有《人体损伤致残程度分级》《劳动能力鉴定 职工工伤与职业病致残等级》和《人身保险伤残评定标准》。
- 伤残等级鉴定标准一般将伤残等级划分为 10 个等级,从一级(人体致残率 100%)到十级(人体致残率 10%),每级致残率相差 10%。
- 护理依赖及其程度和被鉴定人的伤残等级密切相关,鉴定意见要能相互印证。
- 进行伤残等级评定时,要注意判定机体是否有明确的损伤、损伤形成的时间、损伤与疾病之间的因果关系以及鉴定的时机。

残疾等级评定是针对不同的社会需求或者个体需要,由专业机构和人员对个体残疾情况进行定量划分的过程。伤残属于残疾的重要类别之一,主要是指因损伤所导致的机体残疾。由于伤残往往涉及法律问题,因此伤残等级评定是法医临床学研究和鉴定的重要内容。

伤残等级评定和损伤程度鉴定是法医临床学司法鉴定的两个重要方面,两者的相同之处就是都必须依据相应的鉴定程序、规范和鉴定标准进行判定,但是两者的使用目的不同。损伤程度鉴定主要服务于人身伤害案件的刑事责任认定,伤残等级评定则主要服务于人身损害案件的经济赔偿。

一、概述

由于疾病或损伤的严重程度不同,因此其所导致的机体残疾状态也存在不同程度的差异,这种差异一般用残疾等级来表示。国际上,对残疾等级的认定既有统一的国际认定标准,世界各国又根据各自国情的不同而制定了不同的残疾等级认定标准。

1. 残疾 残疾(disability)是指人体因疾病或受伤等原因使得人体器官或组织缺失、畸形或功能丧失,进而在个体心理因素、环境因素、社会因素的综合影响下体现出的对其生活、工作、社会交往等方面的消极状态。其中因损伤所导致的机体残疾状态称为伤残。

随着社会对残疾的认识不断深入，有关残疾的概念也在不断地发展过程中逐步完善。残疾概念的变化在世界卫生组织先后公布的《国际残疾分类》和《国际功能、残疾和健康分类》(The International Classification of Functioning, Disability, and Health, ICF)两个标准中也有所体现。《国际残疾分类》对于残疾的定义受到医学定义的深刻影响，主要关注的是损伤造成的人体器官缺失或是功能丧失。而 ICF 则主要采用了生物 - 心理 - 社会的模式，开始关注个体因素和环境因素的影响。

2. 日常生活活动能力　日常生活活动(activities of daily living, ADL)是指人们在日常生活中，能够完成自身的衣、食、住、行，保持个人卫生整洁和独立的社区活动所必需的一系列基本活动。是个体为了维持生存以及适应生存环境而每天必须反复进行的、最基本的、最具有共性的活动。完成以上活动的能力称为日常生活能力。日常生活能力和个体的残疾程度密切相关。轻者日常生活能力可不受影响，严重者可导致日常生活能力完全丧失。

3. 劳动能力与劳动能力丧失　劳动能力(labor capacity)是指人的工作能力和生活能力的总和，包括体力和脑力两个部分。劳动能力主要反映一个人作为生存个体和社会成员完成全部生活和工作的能力，受个体的生物学因素、心理因素和社会因素影响。劳动能力根据劳动性质分为一般性劳动能力和职业性劳动能力。

劳动能力丧失(labor incapacity)是指因损伤、疾病、衰老等原因引起的原有劳动能力，如工作能力、社会活动能力和生活自理能力的下降或丧失。由于劳动能力下降或丧失，可能使个体失去从事工作的能力或者社会活动能力，严重的会影响到生活自理能力。

我国目前将劳动能力丧失分为部分丧失、大部分丧失、全部丧失。

（1）劳动能力部分丧失：指工作能力部分丧失，日常生活能够自理。

（2）劳动能力大部分丧失：指工作能力完全丧失，日常生活能力部分丧失。

（3）劳动能力全部丧失：指工作能力和日常生活能力全部丧失，生活不能自理。

4. 劳动能力丧失与伤残评定　劳动能力丧失与伤残评定是指鉴定人根据被鉴定人的临床资料和相关身体检查结果，通过分析并依据相关鉴定标准对其劳动能力丧失程度或者残疾(伤残)程度进行评定的过程。

残疾和劳动能力丧失主要区别在于残疾强调个体的身体功能状态，而劳动能力则强调因为残疾所导致的能力下降或者丧失。由于劳动能力丧失只是对一个人劳动能力状态的大体划分，更多的是用在法律层面上，针对法医学司法鉴定实践，劳动能力鉴定的本质还是通过伤残等级鉴定来体现。

二、伤残等级评定标准

残疾标准是进行残疾评定的依据，残疾评定结果对赔偿、被评定人的社会保障等有直接间接的影响，所以残疾鉴定标准要最大程度地体现科学性、客观性和可操作性。

(一) 残疾统计与残疾评定标准

1. 国际残疾统计　残疾统计可以提供残疾人身体损伤、活动受限、参与局限和环境障碍的丰富信息，用来监测人口的功能水平、提供残疾特征的全面信息、评估机会均等和方便政策制定与实施。制定残疾评定标准的目的主要是为了进行残疾统计。

根据实施《世界残疾人行动纲领》和《残疾人机会均等标准规则》的要求，联合国建立了专门的残疾统计系统，定期收集、发布关于残疾的信息，主要涉及国家的残疾数据、残疾发生率，以及残疾人口数等信息，并建立联合国残疾统计数据库。

2. 国际残疾统计的标准　国际残疾统计的标准是由世界卫生组织(World Health Organization, WHO)先后颁布的相关分类标准:《国际疾病分类》《国际损伤、残疾和残障分类》(第一版和第二版)以及 ICF。ICF 是 WHO 在 2001 年 5 月 22 日第 54 届世界卫生大会上正式颁布的国际功能和残疾分类标准。ICF 作为 WHO 颁布的国际医学标准，构建了有关功能、残疾和健康分类的理论基础，并已广

NOTES

泛应用于社会政策开发与实施、管理、信息系统标准,以及残疾评估和统计等相关领域。WHO 和联合国均推荐 ICF 作为新的残疾统计标准,以很好地获得全人口的功能障碍与残疾数据,并具有国际可比性。目前,WHO 和联合国已开发了多种基于 ICF 的残疾统计标准,在国际社会和各国得到广泛应用。

在众多伤残评定标准中,美国医学会(American Medical Academy, AMA)制定的《永久性残损评定指南》(Guides to the Evaluation of Permanent Impairment, GEPI)最有代表性,并经过长期验证,应用最为广泛。GEPI 应用残损等级评定模型对人体致残程度进行评定,得出个人整体残损(whole person impairment, WPI)率,为人体功能评价提供一种数字化模式。目前为美国大部分司法部门在工伤索赔诉讼中使用;在涉及普通人身损害赔偿的案件中,有时也使用 GEPI 作为伤残评定的技术标准。

(二)中国现行主要伤残评定标准

伤残等级评定是法医临床司法鉴定的重要方面,主要判定损伤对伤者劳动能力与生活能力的影响及其程度,因此必须严格按照伤残等级评定标准进行鉴定。

我国所制定的残疾与伤残评定标准均在不同程度上参照了 ICF 以及 GEPI 的制定方法。目前用于法医学伤残等级评定工作的标准主要有《人体损伤致残程度分级》《劳动能力鉴定 职工工伤与职业病致残等级》以及《人身保险伤残评定标准》。这些标准采用 10 级划分法,最重为 1 级,最轻为 10 级。

1.《人体损伤致残程度分级》标准　2016 年 4 月 18 日,由最高人民法院、最高人民检察院、公安部、国家安全部、司法部联合发布《人体损伤致残程度分级》标准,并于 2017 年 1 月 1 日起正式实施。该标准是目前法医临床司法鉴定实践中应用最重要的鉴定标准,适用于人身伤害、交通事故损伤等的伤残等级评定。

该标准将残疾定义为人体组织器官结构破坏或者功能障碍,以及个体在现代临床医疗条件下难以恢复的生活、工作、社会活动能力不同程度的降低或者丧失。标准的主要内容如下。

(1)致残等级划分:本标准将人体损伤致残程度划分为 10 个等级,从一级(人体致残率 100%)到十级(人体致残率 10%),每级致残率相差 10%。

(2)鉴定原则及判断依据:鉴定中应以损伤治疗后果或者结局为依据,客观评价组织器官缺失和/或功能障碍程度,客观、科学地分析、评价损伤与残疾之间的因果关系。应当依据人体组织器官结构破坏、功能障碍及其对医疗、护理的依赖程度,适当考虑由于残疾引起的社会交往和心理因素影响,综合判定致残程度等级。受伤人员符合两处以上致残程度等级者,鉴定意见中应当分别写明各处的致残程度等级。

(3)鉴定时机:应在原发性损伤及其与之确有关联的并发症治疗终结或者临床治疗效果稳定后进行鉴定。

(4)伤病关系处理:当损伤与原有伤、病共存时,应分析损伤与残疾后果之间的因果关系。根据损伤在残疾后果中的作用力大小确定因果关系的不同形式,可依次分别表述为完全作用、主要作用、同等作用、次要作用、轻微作用、没有作用。

除损伤"没有作用"以外,均应按照实际残情鉴定致残程度等级,同时说明损伤与残疾后果之间的因果关系;判定损伤"没有作用"的,不应进行致残程度鉴定。

(5)使用该标准鉴定时的注意事项

1)遇有本标准致残程度分级系列中未列入的致残情形,可根据残疾的实际情况,依据本标准附录 A 的规定,并比照最相似等级的条款,确定其致残程度等级。

2)同一部位和性质的残疾,不应采用本标准条款两条以上或者同一条款两次以上进行鉴定。

3)本标准中移植、再植或者再造成活组织器官的损伤应根据实际后遗功能障碍程度参照相应分级条款进行致残程度等级鉴定。

永久性植入式假体(如颅骨修补材料、种植牙、人工支架等)损坏引起的功能障碍可参照相应分级条款进行致残程度等级鉴定。

4）精神分裂症或者心境障碍等内源性疾病不属于外部致伤因素直接作用所致,不宜作为致残程度等级鉴定的依据,但应对外部致伤因素与疾病之间的因果关系进行说明。

2.《劳动能力鉴定　职工工伤与职业病致残等级》标准　《劳动能力鉴定 职工工伤与职业病致残等级》(GB/T 16180—2014)于 2014 年 9 月 3 日发布,2015 年 1 月 1 日起实施,适用于职工在职业活动中因工负伤和因职业病致残程度的鉴定。

（1）相关概念

1）劳动能力鉴定:法定机构对劳动者在职业活动中因工负伤或患职业病后,根据国家工伤保险法规规定,在评定伤残等级时通过医学检查对劳动功能障碍程度(伤残程度)和生活自理障碍程度做出的技术性鉴定结论。

2）医疗依赖:工伤致残于评定伤残等级技术鉴定后仍不能脱离治疗。

3）生活自理障碍:工伤致残者因生活不能自理,需依赖他人护理。

（2）伤残等级判断依据

1）综合判定:依据工伤致残者于评定伤残等级技术鉴定时的器官损伤、功能障碍及其对医疗与日常生活护理的依赖程度,适当考虑由于伤残引起的社会心理因素影响,对伤残程度进行综合判定分级。

2）功能障碍:工伤后功能障碍的程度与器官缺损的部位及严重程度有关,职业病所致的器官功能障碍与疾病的严重程度相关。对功能障碍的判定,应以评定伤残等级技术鉴定时的医疗检查结果为依据,根据评残对象逐个确定。

3）医疗依赖:医疗依赖判定分级:①特殊医疗依赖是指工伤致残后必须终身接受特殊药物、特殊医疗设备或装置进行治疗;②一般医疗依赖是指工伤致残后仍需接受长期或终身药物治疗。

4）生活自理障碍:包括生活自理范围和护理依赖的程度两个方面的内容。

生活自理范围主要包括下列五项:①进食:完全不能自主进食,需依赖他人帮助;②翻身:不能自主翻身;③大、小便:不能自主行动,排大小便需要他人帮助;④穿衣、洗漱:不能自己穿衣、洗漱,完全依赖他人帮助;⑤自主行动:不能自主走动。

护理依赖的程度分三级:①完全生活自理障碍:生活完全不能自理,上述五项均需护理;②大部分生活自理障碍:生活大部不能自理,上述五项中三项或四项需要护理;③部分生活自理障碍:部分生活不能自理,上述五项中一项或两项需要护理。

5）晋级原则:对于同一器官或系统多处损伤,或一个以上器官不同部位同时受到损伤者,应先对单项伤残程度进行鉴定。如果几项伤残等级不同,以重者定级;如果两项及以上等级相同,最多晋升一级。

6）对原有伤残及合并症的处理:在劳动能力鉴定过程中,工伤或职业病后出现合并症,其致残等级的评定以鉴定时实际的致残结局为依据。如受工伤损害的器官原有伤残或疾病史,即单个或双器官(如双眼、四肢、肾脏)或系统损伤,本次鉴定时应检查本次伤情是否加重原有伤残,如若加重原有伤残,鉴定时按事实的致残结局为依据;若本次伤情轻于原有伤残,鉴定时则按本次伤情致残结局为依据。

对原有伤残的处理适用于初次或再次鉴定,复查鉴定不适用于本规则。

7）等级划分:根据条目划分原则以及工伤致残程度,综合考虑各门类间的平衡,将残情级别分为一至十级。最重为第一级,最轻为第十级。对未列出的个别伤残情况,参照本标准中相应定级原则进行等级评定。

3.《人身保险伤残评定标准》　为了规范各保险公司对人身保险残疾程度的核定,2013 年 6 月,中国保险行业协会联合中国法医学会,共同发布了《人身保险伤残评定标准》(JR/T 0083—2013),该标准适用于意外险产品或包括意外责任的保险产品中的伤残保障,用于评定由于意外伤害因素引起的伤残程度,于 2014 年 1 月 1 日起施行。

（1）标准制定：该标准参照 ICF 有关功能和残疾的分类理论与方法，建立了"神经系统的结构和精神功能""眼，耳和有关的结构和功能""发声和言语的结构和功能""心血管，免疫和呼吸系统的结构和功能""消化、代谢和内分泌系统有关的结构和功能""泌尿和生殖系统有关的结构和功能""神经肌肉骨骼和运动有关的结构和功能"和"皮肤和有关的结构和功能"8 大类，共 281 项人身保险伤残条目。

该标准规定了人身保险伤残程度的评定等级以及保险金给付比例的原则和方法，人身保险伤残程度分为一至十级，最重为第一级，最轻为第十级。保险金给付比例分为 100% 至 10%。伤残程度第一级对应的保险金给付比例为 100%，伤残程度第十级对应的保险金给付比例为 10%，每级相差10%。

（2）多处伤残的评定原则：当同一保险事故造成两处或两处以上伤残时，应首先对各处伤残程度分别进行评定，如果几处伤残等级不同，以最重的伤残等级作为最终的评定结论；如果两处或两处以上伤残等级相同，伤残等级在原评定基础上最多晋升一级，最高晋升至第一级。同一部位和性质的伤残，不应采用本标准条文两条以上或者同一条文两次以上进行评定。

三、伤残等级评定的基本原则

1. 损伤确定 进行法医学伤残等级评定时，首先应明确被鉴定人是否存在损伤，以及由于损伤引起的损害后果。一般应从外力作用的大小、作用于机体的方式、部位，以及损伤引起损害后果的机制，并结合伤后患者的就诊过程，临床辅助检查结果、伤后康复情况等，综合分析，科学判定。

针对法医临床学司法鉴定实践，确定伤者伤后是否存在机体组织器官的结构损害或者功能障碍是关键，只有在确定患者存在器质性的损伤后，才能依据损害的程度确定其伤残等级。

2. 判定损伤形成时间 鉴定时，应注意伤者的既往病史（或者外伤史），同时应结合外力作用的大小、方式、部位，以及损伤机制、伤后患者的临床表现、临床治疗等情况具体分析。对怀疑为陈旧性损伤的案例，要注意通过辅助检查排除。不能完全确定损伤形成时间的案例，应在鉴定意见中注明。

3. 明确伤病关系及其与损害后果之间的因果关系 针对损伤与疾病共同导致伤者特定损害后果的案例，首先根据本章第二节的方法，分析清楚损伤和疾病各自与损害后果之间的因果关系，评定出伤者的伤残等级，然后以参与度（或者原因力大小）表明损伤与损害后果之间的因果关系类型。

4. 坚持"残情法定"原则 鉴定时，应根据标准的适用范围，紧扣标准，领会标准要义，对于未列入标准条款的损伤，要坚持"残情法定"原则，不随意扩大标准条款；对于涉及伤病关系案件的处理要谨慎，要以损伤机制或者发病机制为基础，结合其他因素综合评定。

第四节　医疗与护理相关问题的鉴定

* 由损伤所导致的被鉴定人因临床治疗和护理所产生的费用是人体损伤案件民事赔偿的重要方面，因此也是法医临床学司法鉴定的重要内容。

* 后期治疗主要包括是否存在医疗依赖、是否需要二期手术，以及所发生的并发症等是否和原损伤有因果关系。

* 护理依赖分为部分护理依赖、大部分护理依赖和完全护理依赖三种情况。护理依赖程度应结合伤残者是否配备残疾辅助器具情况进行综合判定。

* 医疗、误工、护理、营养以及残疾辅助器具费用评定时，应严格按照相关规定和标准进行评定。

在人身损害赔偿案件中经常涉及与伤残相关其他问题的评定，如伤者是否存在后续诊疗项目，是否存在护理依赖，是否延长了休息期、护理期及营养期，以上项目涉及人身损害案件相关医疗费用、误工费、护理费与营养费等赔偿。

一、后续诊疗项目评定

后续诊疗项目是指在原始损害的病情稳定或针对原始损害的治疗结束后,伤者仍遗留系统、器官或组织的功能障碍时,为降低这些功能障碍而必需的后期治疗及残疾辅助器具配置等项目。

(一)后期治疗

由于伤残等级评定多是在伤者医疗终结后进行,绝大多数伤者不存在后期治疗(succeeding treatments)。有少数伤者进行伤残等级评定时,组织器官损伤经治疗后遗留功能障碍,残疾情况已基本稳定,达到临床医疗终结的规定,符合致残程度等级鉴定的时机要求,但仍需维持适当的治疗,否则可能破坏残情的稳定性,甚至出现危及生命的情形;有的甚至需要终身治疗,即存在医疗依赖(medical dependence)。

1. 医疗依赖 医疗依赖不但是对组织器官结构与功能障碍相关规定的重要补充,反过来也可以作为确定组织器官重要性与损害后残疾严重程度的评定依据,分为一般医疗依赖和特殊医疗依赖。

(1)一般医疗依赖:指评残后仍需接受长期或者终身药物治疗者,而该治疗是维持个体健康所必需,与特殊医疗依赖不同的是,此处的治疗通常仅需一般方法(如口服、肌内或静脉注射)给予。例如,甲状腺损伤后功能低下者,仅需服用甲状腺素药物即可得到必要的补充。头部损伤导致外伤性癫痫发生,需服用抗癫痫药物控制症状等。

(2)特殊医疗依赖:指评残后必须终身接受特殊药物、特殊医疗设备或者装置进行治疗者,且该治疗是维系生命所必需。例如肾衰竭,在未能实施肾移植的情况下需接受透析治疗,否则难以维系生命,且该治疗需借助特定的设备或装置。

2. 二期手术 在法医临床学鉴定实践中,经常会遇到伤者的情况已达鉴定时机,但是治疗尚未完全结束,待达到临床治疗时机时,需行二次手术,伤后治疗过程才全部完成。此种情况下,需要判定被鉴定人是否需要进行二期手术以及二次手术所产生的医疗等相关费用。例如骨折经行内固定术后,已经达到鉴定时机,可以进行鉴定,但是由于患者后期还需要进行二期手术取出内固定物,因此鉴定时,还应对此种情况进行专门说明,以保证被鉴定人的利益不受损失。

3. 并发症的治疗 并发症是指伤者原本只存在某种外伤导致的后遗症,但随着时间的推移,出现了与原有损伤相关的一种或几种继发性疾病。原则上,此类继发性疾病与原本的损伤存在关联性,相应的治疗属于后续治疗范围。例如长期卧床的伤者,自理能力存在缺陷,需借助护理人员的帮助才能完成日常活动。但是长期卧床可能有压疮、坠积性肺炎、下肢深静脉血栓、泌尿系感染等情况出现,上述并发症需进行必要的药物治疗,必要时需手术治疗。

(二)残疾辅助器具

残疾辅助器具(assistive device for the disabled)是指由残疾人使用的、特殊生产的或通常可获得的能够有效地防止、补偿或代偿、减轻或消除损伤、活动限制和参与限制,提高、维持或改善伤残者功能的任何产品、器械、设备或技术系统。主要作用包括功能代偿或补偿、支撑和稳定、预防/矫正畸形、促进和改善功能。辅助器具的使用者包括残疾人、老年人及活动受限者。

(1)残疾人辅助器具分类:按使用环境可划分为生活用、移乘用、通信用、教育用、就业用、文体用、公共建筑用等方面。辅助器具在残疾人全面康复中,作为不可缺少的基本设施和必要手段,是解决其生存障碍和个人医疗及进行功能代偿的辅助性器具,如听觉障碍需配助听器、视觉障碍需配助视器、肢体缺失需配假肢、肢体畸形需配矫形器、活动受限需配轮椅等。

(2)残疾人辅助用具法医学评定时的注意事项:法医鉴定时,应根据伤残者的残疾情况,参照残疾人辅助用具机构的意见,选择普通适用类型器具。

根据《最高人民法院关于审理人身损害赔偿案件适用法律若干问题的解释》规定,残疾人辅助用具按照普通适用器具的费用标准计算,伤情有特殊需要的,可以参照残疾人辅助用具机构的意见确定残疾人辅助用具类型及费用。

残疾人辅助用具使用年限及更换周期一般需要参照残疾人辅助用具生产机构的意见,并结合伤残者的残疾程度判定。

对于有关部门明确规定残疾人辅助用具项目的,评定时应依据相应规定进行判定。同时注意残疾辅助用具对患者生活自理障碍程度的提升作用。例如:不使用残疾人辅助用具可能存在生活自理障碍,但是使用残疾人辅助用具后就可能不存在生活自理障碍的问题。

(三)鉴定时应注意的事项

1. 人身损害伤残者后续诊疗项目评定,一般在具备伤残评定条件后进行,即在本次损伤临床治疗期终结后评定。应以外伤直接所致的机体损伤或确因损伤所致的并发症,经过诊断、治疗达到临床医学一般原则所承认的症状及体征基本稳定为准。

2. 人身损害伤残者后续诊疗项目评定,应以人身损害受伤人员的伤情为基础,以《人身损害受伤人员后续诊疗项目评定技术规程》(GA/T 1555—2019)为依据,结合临床诊疗规范,实事求是地确定评定项目。

3. 对于已经作为评定伤残等级的损伤,应注意后期治疗是否会影响其伤残级别。例如,对于周围神经损伤遗留相应肌群肌力下降的,后期治疗应不再包括以期待提高肌群肌力为目的的康复治疗费用。再如,面部瘢痕已根据瘢痕长度或面积予以评残的,后期面部瘢痕美容费用则不再予以评定。

二、护理依赖

(一)定义

护理依赖(nursing dependency)是指伤残者在临床治疗终结后,生活不能自理,仍需要他人帮助、护理才能维系正常的日常生活。

护理依赖程度(level of nursing dependency)是指伤残者在治疗终结后,需要他人护理所付出工作量的大小,分为完全、大部分和部分护理依赖。护理依赖程度与日常生活自理能力相关联。生活自理能力(ability of taking care of oneself)是指一个人在正常思维支配的情况下,自我料理个人日常生活的能力。包括:进食、床上活动、穿衣、修饰、洗澡、床椅转移、行走、大小便、用厕等能力。

在《劳动能力鉴定 职工工伤与职业病致残等级》中,生活自理障碍程度分三级,即完全生活自理障碍(生活完全不能自理,生活自理范围五项均需护理)、大部分生活自理障碍(生活大部分不能自理,五项中三项或四项需要护理)、部分生活自理障碍(生活部分不能自理,五项中一项或两项需要护理)。

在《人身损害护理依赖程度评定》(GB/T 31147—2014)中,护理依赖程度分级需要进行十项评分,满分100分。根据被鉴定人完成以上项目的情况,客观确定每项分值,计算总分。该标准中护理依赖程度评分总分在61分以上者,日常生活活动基本自理,无护理依赖;总分在60分以下者,有护理依赖,分为三级,即总分在60~41分者,为部分护理依赖;总分在40~21分者,为大部分护理依赖;总分在20分以下者,为完全护理依赖。

(二)鉴定时应注意的事项

1. 躯体伤残护理依赖的程度评定应在本次损伤治疗终结后评定。评定时应当通过对被评人进行详细询问,针对人身损害情况进行身体检查、必要的辅助检查,结合病历记载,明确伤残者是否存在护理依赖的基础,即伤残者是否存在器官缺失或者功能完全丧失等情况。

2. 护理依赖程度应根据伤残者的残疾程度和个体情况综合确定。一般情况下,伤残等级越高,其护理依赖的程度就愈大,例如在《劳动能力鉴定 职工工伤与职业病致残等级》中,明确规定一级伤残至四级伤残存在不同程度的护理依赖,而五级到十级则不存在护理依赖。但是对少数情况则需要结合伤残类型和个体情况综合进行判定,如双眼盲目的患者,其伤残等级虽属一级,但是其护理依赖程度则不属于完全护理依赖的情况等。被评定人原有疾病或伤残与本次损害因素共同作用造成护理依赖的,应确定本次损伤参与度,损伤参与度采用百分比表示,分为100%、75%、50%、25%、0五种。

3. 护理依赖程度应结合伤残者是否配备残疾辅助器具情况进行综合判定。对已经配备残疾辅助器具的伤残者,应注意所配备残疾辅助器具对其生活自理能力的改善情况综合判定其护理依赖程度。

4. 在我国,根据《最高人民法院关于审理人身损害赔偿案件适用法律若干问题的解释》规定,护理依赖期限一般不超过 20 年。

三、误工期、护理期与营养期评定

(一) 误工期

误工期也称为"休息"期,是指人体损伤后经过诊断、治疗达到临床医学一般原则所承认的治愈(即临床症状和体征消失)或者体征固定所需要的时间。

误工期(loss of working time period)包括治疗期和康复期。治疗期(treatment period)是指伤残者住院进行临床治疗,达到临床治愈或者病情稳定的时间,一般以住院时间为准。医疗康复期(medical rehabilitation stage)是指人身损害受伤人员住院接受康复治疗(主要包括药物、手术、物理等治疗方法)的时间。依据《人身损害受伤人员后续诊疗项目评定技术规程》医疗康复期限因伤情不同各异,原则上不超过 2 年。

(二) 护理期

护理期(nursing period)是指人体损伤后,在医疗或者康复期间生活自理困难,全部或部分需要他人帮助的时间。护理期一般以损伤时开始计算至恢复生活自理能力为止。

(三) 营养期

营养期(vegetative period)是指人体损伤后,需要补充必要的营养物质,以提高治疗质量或者加速损伤康复的时间。营养期的判定应根据损伤情况、身体状况,结合临床治疗需要综合判定。一般情况下,伤者达到临床稳定状态后,即可停止补充营养。

营养期判定案件大多见于损伤程度严重的患者,一般性损伤患者不需要营养补充。

(四) 误工、护理与营养期评定

1. 误工、护理与营养期的评定应遵循个性化为主、循证化为辅的原则,需根据伤者的自身状况(个体差异、潜在疾病、既往损伤、年龄因素等),损伤情况,伤残等级并结合临床治疗、恢复情况等因素具体分析,依据《人身损害误工期、护理期、营养期评定规范》(GA/T 1193—2014)相关标准进行综合评定。原则上不超过 24 个月。

2. 多处损伤不能简单累加,一般以较长的损伤为主,并结合其他损伤的期限综合考虑,必要时酌情延长。

3. 对于一些损伤恢复期较长,但已经进入调解程序或者诉讼程序的,评定的上限可以至伤残评定前一日。

4. 继发性损伤、合并症、并发症或需二期治疗的,根据临床治疗恢复情况确定。

四、医疗、误工、护理与营养费用评定

(一) 医疗费

医疗费(medical expense)是指人体遭受损伤后,为治疗损伤而支付的出诊费、挂号费、检查费、治疗费、药费、手术费、住院费等。医疗费用评定主要涉及以下问题:

1. **医疗费用是否合理**　医疗费用合理性判定主要是指伤者在治疗损伤过程中的医疗费用支出是否合理。如果伤者治疗与损伤无关的疾病、进行与损伤诊治无关的检查、小病大养、故意延长住院时间等均为不合理医疗费用支出。评定医疗费用是否合理时,还应注意医疗期限的问题。

2. **后续医疗费用评估**　后续治疗是指伤残者经过临床治疗后,已经达到临床一期治疗目的,但是由于身体康复的需要,需要在后期继续进行治疗或者康复锻炼。例如颅骨修补手术需在患者颅内情况稳定后进行、骨折后内固定需在骨折完全愈合后取出,以及出院后仍需进行的美容治疗、器官功能恢复训练等。

后续治疗费用的评定应根据伤残者的损伤具体情况,参照相应治疗项目的平均医疗费用水平判定。

(二) 误工、护理与营养费

误工费(lost wages)、护理费(nursing expense)与营养费(nutrition cost)的判定主要依据误工时长、护理依赖程度与营养期限,以及法律所规定的误工费、护理费与营养费标准进行判定。

第五节　诈病与造作病(伤)

• 诈病在法医临床鉴定中很常见,其中以伪聋和伪盲最为常见。诈病的鉴定具有一定难度,需要借助神经影像和电生理等客观检查技术加以甄别。

• 伤者自己形成的造作伤具有一定的特征和规律,鉴定时应注意。

• 诈病和造作伤往往具有鲜明的目的性,鉴定时应关注和分析案情。

• 诈病以及造作伤是法医临床学研究的重点内容,也是法医临床学区别于临床医学的关键。

在法医临床鉴定中,有时因某些原因被鉴定人常常伪装伤病、夸大病情、隐匿病情或故意造作某些伤病的症状、体征,使法医学鉴定更加复杂化。因此,在进行法医临床学鉴定时,应仔细分析病情、了解案情,去伪存真,并根据客观检查结果做出实事求是的科学鉴定。

一、诈病

身体健康的人,为了达到某种目的,假装或伪装患有某种疾病,称为诈病(malingering)。诈病可见于伤害案件、意外事件的受害人或行为人。如头部受伤后,伪装头痛、耳聋、眼盲,甚至瘫痪、大小便失禁等;杀人者伪装患有精神类疾病等,借以逃避刑事责任。广义的诈病还包括夸大病情(aggravation),即伤病者对损伤或疾病的症状和体征故意夸大,常表现为轻伤装重伤,小病装大病,伤病者希望通过夸大病情,以期达到某种目的。

(一) 诈病的一般特点

诈病者可发生在除婴幼儿以外的任何年龄,其临床表现复杂多样。诈病的伪装,常常来自伪装者本人的医学知识、过去患病的经历或他人患病后的表现,通常与其所受的教育程度有密切关系。若诈病者精通医术及疾病的演变规律,其伪装表现几乎可达乱真的地步,但不管诈病的表现有多么复杂,常具有下列特点。

1. 目的明确　诈病者有明确的目的和动机,如为了掩盖犯罪行为,逃避刑事责任;或为了博取他人的同情、骗取休假、劳保、福利;或为了获取更多赔偿;或为了诬告他人;或为了逃避某些应尽的义务,谎称有病等。

2. 症状相似　在同一人群中,有人伪装某种疾病未被识破,伪装成功达到目的后,其他人也跟着模仿,伪装相同的疾病。此种情况在劳教、监狱服刑的人群中时有发生。

3. 病情特殊　诈病者常选择一般检查方法不易检查、难以鉴别的疾病进行伪装,如伪装头痛、失明、耳聋、精神病等,而且所选择的病种常与其知识水平有关。

4. 病程矛盾　诈病者常突然发病,经药物治疗,"病情"常无好转或改善,甚至有时反而会加重;当其目的或要求达到或不可能达到时,病情很快痊愈。

5. 表现混乱　诈病者对所述病情和经过常前后矛盾,症状与体征不符。由于诈病者或对医学知识完全不懂,或仅一知半解,不清楚某种疾病应有的主要症状、体征及其内在的关系,因此,在陈述自己的"疾病"表现时,常常前后矛盾,越讲漏洞也就越多。

6. 病史牵强附会　诈病症状常与损伤联系在一起,如头部损伤后出现头皮血肿等较轻微损伤,被害人为达到某种目的,可伪装成瘫痪、耳聋、失明、失语等严重损伤表现。

7. 身体检查不合作　诈病者由于害怕被揭穿真相,常常对检查不配合,甚至拒绝做检查,对鉴定人或医生的言行非常敏感,唯恐暴露其伪装行为。如陈述病情时常夸大症状和体征,被检查时反应过分强烈或故意造成功能障碍等。

(二)常见诈病及其鉴定

诈病者的文化素质、对医学知识掌握程度及装病的目的不同,诈病表现的形式多种多样,现就常见的诈病进行介绍。

1. 伪装头痛

(1)伪装头痛的特点:被检者常称头部疼痛或某部位疼痛,由于疼痛可不伴有体征,仅凭其主诉为主要依据,常常被某些人作为伪装头痛的有力手段,给法医学鉴定带来一定困难。而头部损伤引起的疼痛又很常见,易被较准确地模仿和假装,而蒙骗鉴定人。

(2)伪装头痛的鉴别:伪装头痛者常在医师或法医面前呻吟,或作抱头状、呕吐状,看起来似乎非常痛苦。但经检查,无发热、无高血压、无损伤痕迹或损伤不明显。给予用药,效果不明显。而伪装者远离检查者后,常表现为谈笑风生,精神焕发,毫无痛苦状。

(3)伪装头痛的法医学鉴定:仔细审阅、检查临床病史资料,必要时做影像学辅助检查,以排除头部损伤或疾病。同时,细心观察疑为伪装头痛者的日常表现,尤其是伪装者自以为无人观察时。

2. 伪聋(feigned deaf)　常见于头部或耳部损伤后,仅有轻微损害或轻度听力减退,但为了诉讼或获得经济利益等目的,有意伪装或夸大其听力缺损。

(1)伪聋的特点:双耳聋者表现为什么声响都听不见;单耳聋者,常将健耳偏向说话者或响声处,对声响反应迟钝或无反应。伪聋常表现为单耳聋或双耳聋,因单耳聋伪装较为容易,不易被识破,又不会明显影响工作和日常生活,常伪装成单耳聋。伪聋者对检查十分敏感,时时克制自己不露痕迹,以防被人识破。对疑为伪聋者,法医学检查时应详细询问病史,注意其回答问题的内容、方式、举止及神态。伪聋者介绍病情时,说话的声音并不增大,回答问题不直截了当,测听检查时反应迟疑,同一检查方法的多次检测结果常不一致,且差异较大。

(2)伪聋的鉴别:检查时,检查者与被检查者接触的过程中,故意先大声说话,慢慢降低音量,观察被检查者的反应,从中可能发现问题,必要时做客观检查以佐证。

双耳伪聋的检查:①眼睑反射;②听觉瞳孔反射试验;③探究反应;④Lombard 测验(或称噪声干扰测验);⑤听觉诱发电位;⑥其他电反应测听技术,如耳声发射(otoacoustic emissions, OAEs)、声导抗等。

单耳伪聋的检查:①听诊器检测;②同频音掩蔽试验;③掩蔽健耳后进行眼睑反射、瞳孔反射试验、探究反应;④Stenger 测验(又称响度优势测验);⑤纯音听阈测定(pure tone audiometry);⑥听觉诱发电位等。

(3)伪聋的法医学鉴定:涉及伪聋的案例大多与脑或耳部损伤有关,在鉴定时需进行耳和脑神经功能的检查,首先确定有无脑或耳部损伤。如应了解有无头部损伤、耳部是否被打击、鼓膜是否破裂、迷路是否受损或既往是否有耳疾等伤病史。体格检查时,应注意被检者的反应,如是否有方向感。

3. 伪盲(feigned blind)　常见于眼部或头部外伤后,表现为单眼或双眼视力减退,或盲目,亦可伪装成夜盲或视野缺损。

(1)伪盲的特点:伪盲可表现为单眼盲或双眼盲,由于双眼盲伪装比较困难,且难以持久,易暴露破绽,因此,单眼伪盲较双眼伪盲多见。

(2)伪盲的鉴别:双眼伪盲者需他人搀扶或持杖而行,行走时故意碰撞障碍物。伪盲者常常拒绝检查,或夸大病情,或检查不合作。对疑为伪盲者可使用下列方法,辨明真伪。

双眼伪盲者的检查:①瞳孔对光反射;②闭目试验;③暗室步行试验;④视觉诱发电位等电生理检查。

单眼伪盲者的检查:①瞳孔对光反射;②闭目试验;③变换测试距离;④雾视法(试镜法、柱镜换轴试验相似);⑤视野检测法:反复多次测试,伪盲者每次的视野检测结果均不相同;⑥视觉诱发电位等客观检查。

（3）伪盲的法医学鉴定:实际工作中,对头部、眼部损伤后,主诉失明或严重视力障碍者,首先应检查其眼部结构有无异常,如眼球结构有无破坏、屈光介质、眼底和视觉传导通路及视觉中枢有无异常。若经仔细检查,均未能发现可以解释盲的原因者,需做鉴别伪盲的检查。上述检查方法除瞳孔对光反射和视觉诱发电位检查为客观检查,其余大多为主观检测。因此使用一种方法检测结果作结论时要慎重。若雾视法、镜片法测得的结果一致时,可作为判定是否存在诈盲的依据。另外,视觉诱发电位检查客观表明受检眼的视力,且能反应其视力情况,在鉴别伪盲时具有重要意义。

4. 诈瘫（伪装瘫痪）　伪装瘫痪（feigned paralysis）多见于因头部、脊柱损伤或四肢某部位损伤累及神经者。

（1）瘫痪诈瘫的特点:常在头部损伤或脊髓损伤后,谎称肢体无法运动,可表现为单瘫、偏瘫或截瘫,即一肢或多肢不能进行活动,致不能行走,不能自己进食、穿衣,甚至卧床不起。

（2）伪装瘫痪的鉴别:瘫痪包括痉挛性瘫痪、弛缓性瘫痪。前者系上运动神经元的病损所致,又称中枢性瘫,早期表现为肌张力增强、膝反射亢进,病理反射阳性,晚期表现可出现肌肉萎缩,肌张力下降;后者系下运动神经元病损所致,表现为肌张力消失或减弱,腱反射消失,感觉障碍。截瘫者常有二便失禁和鞍区感觉障碍;伪装痉挛性瘫痪者 CT 检查无病灶、病理反射阴性;伪装弛缓性性瘫痪者无定位体征,腱反射正常,神经电生理检查正常。部分伪装者在肌力下降基础上夸大肌力下降程度。

（3）伪装瘫痪的法医学鉴定:首先需明确是器质性瘫痪还是非器质性瘫痪。前者无论是单瘫、偏瘫或是截瘫,均可通过审阅临床病史和临床表现以及相关的辅助检查,在中枢神经或周围神经系统找到相应的病变。反之,如果检查不出中枢或周围神经系统的相应病损,则为非器质性瘫痪,诈瘫即属此类。

5. 伪装精神病（feigned insanity）　伪装精神病常为了逃避刑事责任。

（1）伪装精神病的特点:装病时间不定,可能在犯罪前或犯罪当时,但最多见于犯罪后。表现为突然发作,胡言乱语,或沉默不语木僵状,或装疯卖傻,动作怪异。发病前无初期症状,发作多不自然,也不持久,没有规律。有时拒绝饮食,随时注意旁人的反应。但在夜间或无人在旁时,一切恢复正常,或偷偷补充食物,大吃大喝。装病者以为症状越怪越像,因而症状常常相互矛盾。

（2）伪装精神病的鉴别:伪装精神病的鉴别主要依靠密切观察,如果条件许可,住院观察易鉴别真伪。

（3）伪装精神病的法医学鉴定:伪装精神病者所表现的各种症状,与精神病的症状不符。首先通过分析临床资料,了解有无颅脑器质性病变基础,结合观察结果,做全面分析或会同精神医学专家检查,以辨真伪。

6. 其他常见的诈病

（1）伪装抽搐:抽搐的表现形式有多样性,有的似癫痫大发作,有的只是四肢不规律抽动或上肢屈曲、下肢伸直,一般持续几分钟甚至 2~3 小时,无咬舌或二便失禁,抽搐停止后即可自主活动。法医学鉴定要点:神经系统检查无定位体征,特殊检查（如 CT、MRI）颅脑内无异常改变,脑电图检查结果正常或轻度异常。

（2）伪装失语:被检者神志清晰,体表损伤可轻微或较严重,对他人说话的含义能正确理解,就是不能说话,多数人书写能力正常,可进行书面交流。无吞咽困难,无呛咳。伪装失语者常伪装得很成功,可达到难辨真伪的程度,并可持续很长一段时间。法医学鉴定时应作精神、意识和神经系统的详细检查,结合脑电图、头部 CT、喉肌电图等检查结果均无异常时,排除器质性原因失语后,再进一步排除癔症性失语,才能考虑为伪装失语。

（3）伪装血尿:多见于腹部、腰背部外伤后,表现为肉眼血尿,或镜下血尿,血尿持续时间长短不一,有时镜下血尿可持续数月以上。法医学鉴别要点:尿常规检查时应同时作尿蛋白、尿素氮、尿比重等项目检查,超声或 CT 检查可发现肾有无器质性损伤,且血尿持续时间长短与肾损伤的转归一致。另外,为了防止被检者向尿中掺血,检查应在同性人员监督下排尿取样,若间隔或连续三次检查中无红细胞者,应视为伪装血尿。

除了上述诈病,值得注意的是假病历、假检验报告等都是诈病的一种手段。如尿中加糖伪称糖尿病,找有肝炎的人替代抽血化验诈称肝炎,皮肤上涂有色素或敷药诈称皮下出血,药物性扩瞳诈称外伤性散瞳,或拿他人的 X 线片、CT 片诈称骨折及颅脑外伤,但只要认真阅读病史资料及重新检查,很易识破诈病。

(三) 鉴定时应注意的事项

对疑似诈病者进行鉴定时,应特别谨慎,既要防止被鉴定人确有某种病,因主观臆断或疏忽大意而未诊断,又要设法发现被鉴定人的伪装,使鉴定客观、科学、公正。

1. 了解案情　仔细查阅卷宗,了解损伤情况,如有必要,可调查当时目击证人及就诊医生,掌握第一手资料。

2. 注意观察　耐心听取被鉴定人对事件发生经过及伤病发展变化的陈述,同时注意观察其表情、态度、不经意间的细微动作,对周围环境变化的反应等,做到听其言、观其色。忌用诱导性提问。查询病情过程中,注意发现、分析其伪装伤病的蛛丝马迹,发现互相矛盾、混乱的证据。

3. 慎重对待临床资料　查阅病史资料时,应认真审查委托方或被鉴定人提供的相关病历资料,资料不全者,要求补送或亲自提取。一方面要了解伤病的发生发展过程,注意其伤病变化过程是否符合该伤病的发生、发展及转归的规律,或找出其矛盾所在。另一方面,注意其提供的病史资料的真实性。如有无冒名顶替现象,有无用他人的病历、化验报告、疾病证明或他人的化验样本;是否伪装、假造临床诊断意见书;有无涂改病历及其他临床资料的迹象。

4. 应用多种检查方法和手段　由于诈病的种类多样,没有统一固定的检查方法。因此,除了常规的物理学检查、体格检查外,可根据不同的表现,选用特殊的检查方法,尤其是注意应用客观方法检查的结果,如 X 线、CT、脑干诱发电位检查结果,作为鉴定意见的依据。

5. 诈病与癔症的鉴别　癔症(hysteria)是一种常见的精神性疾病,有多种表现方式,如失明、失语、瘫痪、抽搐等,经检查无器质性改变。有时与诈病容易混淆。癔病患者常具有癔症性性格,如高度情感性,感情色彩浓厚、反应鲜明强烈,易从一个极端转向另一极端;暗示性强,对周围人的只言片语、神态,都可以引起暗示作用,疑心大;自我为中心,好表现和夸耀自己;幻想丰富,有时分不清幻想与现实的界限,给人以爱说谎和伪装的感觉。但癔症患者多数不承认自己有病,不愿就医,而诈病者希望别人承认其有病,对症状常过分夸大、渲染,唯恐别人以为自己"正常";另外,癔症患者对检查者或医生的言行常漠不关心,而诈病者相反,对检查者的一言一行非常敏感。在鉴定过程中只有细心观察、重视客观检查结果,才能真正鉴别癔症和诈病。

二、造作病(伤)

为了达到某种目的,自己或授意他人对自己身体造成伤害的,或故意扩大原有伤情,称为造作伤(artificial injury)。有时由于造作伤而酿成重伤,甚至死亡。

根据致伤方式不同,造作伤分为物理性损伤、化学性损伤及生物学性损伤。法医学鉴定中常见的是物理性损伤,其中又以机械性损伤最常见,以锐器(剃刀、水果刀、匕首等)切割造成的损伤多见,砍创、刺创少见,钝器、火器致伤罕见。也有利用高温的物体直接灼伤(如烟头烫伤),造成局部皮肤、皮下组织烧伤,继发感染、溃烂,形成人为溃疡;或用腐蚀性液体(各种酸、碱等)敷贴身体局部,造成皮肤炎症或溃疡。用生物学方法致伤的情况少见。

(一) 造作伤的特点

1. 造作伤的目的

(1) 为了逃避惩罚或掩盖罪行:监守自盗者伪称保卫公款、公物与抢劫分子搏斗受伤,而掩盖其罪行,或自残以获取保外就医等。

（2）为了骗取某种荣誉或信任或待遇:为了骗取领导和群众的信任而取得荣誉,假装受伤后仍坚持勤奋工作。

（3）为了逃避某职能或义务:如骗取休假,逃避艰苦或危险性大的工作,或为了不参加劳动、不值班而故意使自己受伤。

（4）诬陷他人或获得赔偿:为了诬陷、报复他人,或勒索、骗取他人的钱财而自伤。

2. 造作伤的特点

（1）一般具有显而易见的症状和体征,损伤多见于易被发现、暴露的部位,如头部、四肢等处。自伤者对待检查或治疗合作,主动要求治疗,对诊治过程非常配合,甚至有时造作者会提醒或暗示检查者其损伤所在部位,唯恐被漏诊。此点与诈伤者有本质的区别。

（2）多在其本人手容易达到的区域,用右手所造作的损伤,一般分布在身体的左侧和前侧,如左上肢、左侧胸腹部,或右下肢前侧、外侧,而右胸腹部、背部少见。用左手造作伤的分布正好相反。授意他人形成的造作伤,则损伤可以在身体任何部位。

（3）在某些特殊部位造成损伤,以表明是在特定情况下受伤。如为了伪装被性侵犯者,造作伤多位于大腿内侧、外阴部、胸部等处,常为抓伤、擦伤等轻微损伤;为了诬陷被人扼颈,常在颈部造成指甲印痕、擦伤等损伤;为了伪装与人搏斗受伤的英雄事迹,常假装抵抗、自卫造作伤,损伤多分布在前臂外侧、手背部(抵抗伤,伪装挡刀)、手掌部(抵抗伤,伪装抓刀)等处。

（4）自伤者一般只为达到某种目的,决不会愿意冒生命危险或变成残疾。因此,采用的手段比较保守,造成的损伤常常是不危及生命的损伤,如擦伤、挫伤、浅表切割伤等,不会伤及心、肺、脑等生命重要器官。但有时由于掌握的医学知识有限或措施不当,可造成意外的严重伤害或后遗症。

3. 造作伤的种类　以钝器伤和锐器伤多见,前者如砖头、石块等钝器,常形成擦伤、挫伤、挫裂创等损伤;后者如水果刀、匕首、菜刀、剃刀等锐器造成切割创,砍创、刺创少见,枪弹伤、爆炸伤罕见。

（二）法医学鉴定

法医学鉴定工作中,遇到的造作伤大多是其本人亲手造成的,有一些典型的特点,在一定条件下,比较容易认定。

1. 鉴定时必须要解决的问题

（1）损伤部位、数量、大小、形态、方向及其特点等。

（2）损伤的致伤方式,是自己所为还是他人所为。

（3）损伤时间与被鉴定人或其他证人所述是否相符。

2. 鉴定程序

（1）案情调查:造作伤的特点就是具有明确的目的和企图。通过案情调查,可以了解案件的因果关系。应仔细阅读委托方提供的案情、询问笔录、病史资料等,找寻前后矛盾、可疑之处。在对被鉴定人检查过程中,需反复、详细询问其被害的全过程,询问越细致,越容易发现可疑点,从而证实其造作伤的事实。

（2）损伤的检查:被鉴定人的损伤检查是判断是否造作伤的依据。因此,检查必须全面细致、详尽记录并通过照相等手段进行客观影像保存,要特别注意损伤的细微特征,必要时进行实验室检查,包括 X 线、CT 检查,严重的或需长时间观察者需要通过住院观察。

掌握造作伤的特征对判断是否造作伤非常关键。以锐器造成的切创造作伤最常见,其特点:①数目多,形态、大小一致;②密度大,间距小,范围局限;③排列整齐,方向有序;④损伤程度较轻,常为轻微伤或轻伤;⑤创口随体表弧度而弯曲,深度不变。表明系利用利器小心切划而成;⑥由于怕痛等复杂心理,常有试切痕,表现为平行的表皮划痕或轻微浅表切创,这也是判断自伤的重要依据。

（3）衣物检查:造作伤者多事先解开衣服、卷起衣袖,看准部位后再仔细切划造伤,此时损伤相应处衣物多无破损,也无血液沾污。有时,自伤者事后检查造作伤过程有无破绽,当发现创口处衣物无破损也无血污时,会在损伤相应部位的衣物上补做破口,或切割或刺破或剪破,并可能在各层衣物染上血迹,以增加可信度,结果弄巧成拙,露出破绽。因此,法医学鉴定时,应仔细检查衣物,观察衣物上破损的部位、破损的层次、数目、形状、大小、方向、破损的边缘是否齐整等,与其身体上的创口进行仔细比对,视其是否相符。另外,应仔细观察衣物上血痕分布及流注方向与损伤是否相符。

（4）现场勘查:如果条件许可,应及时赶赴案发现场,做好现场的观察和记录,并作照相摄像等固定现场的细节,同时收集有关的证据,如凶器、化学物品、沾有可疑血痕的各种物品,妥善保存。造作伤的现场因无搏斗、挣扎过程,多整齐不乱,家具、物件多无破损,摆设不凌乱;有时一些现场经过伪装处理,看似凌乱,仔细观察,会发现不符合一般格斗的现场规律。检查现场时特别要仔细观察血迹的滴注、喷溅方向等细节,分析损伤时伤者的体位。一般来说,自伤者的血迹分布较集中,而他伤者的血迹分布分散而零乱。注意现场有无凶器,凶器的所在位置,观察凶器上的血流方向,是否符合自握凶器时所形成的特点。同时要注意现场有无指纹、脚印、鞋印等痕迹。自伤者现场遗留的指纹、血迹等检查结果可以说明现场只有当事人一个人。

（5）事件重建:如果伤者情况尚可,最好请当事人在现场就地详细介绍案件发生经过,并将被害的全过程演示,即事件重建。这对推断是否是造作伤非常有价值。假如情况不允许伤者到现场重现,可待其伤情恢复后,临时布置一个尽可能与原始现场相像的现场环境,令其进行事件重建的演示。

第六节 活体年龄推断

- 个体骨骼发育与年龄密切相关,根据骨骼推断年龄是目前活体年龄推断的主要依据。
- 影像学技术是骨骼年龄推断的主要手段。骨龄鉴定需要严格按照相关标准进行。
- 根据牙齿推断年龄是进行活体年龄推断的重要手段,可以和骨骼年龄推断作为相互补充和验证。
- 活体年龄推断主要是依靠临床影像学检查技术,通过观察被鉴定人的骨骼发育情况即骨龄进行推断。

活体骨龄推断是法医临床司法鉴定的重要内容之一。《刑法》第十七条规定:"已满十六周岁的人犯罪,应当负刑事责任。已满十四周岁不满十六周岁的人,犯故意杀人、故意伤害致人重伤或者死亡、强奸、抢劫、贩卖毒品、放火、爆炸、投放危险物质罪的,应当负刑事责任。已满十二周岁不满十四周岁的人,犯故意杀人、故意伤害罪,致人死亡或者以特别残忍手段致人重伤造成严重残疾,情节恶劣,经最高人民检察院核准追诉的,应当负刑事责任。"因此,被告人、犯罪嫌疑人和被害人的年龄对于案件审理具有十分重要的意义。当这些人的年龄缺乏合法证明文件或年龄证明文件受到怀疑时,须进行年龄鉴定。如,涉及刑事犯罪案件中由于犯罪嫌疑人身份信息缺失,而犯罪嫌疑人的年龄与其定罪量刑有关时,需要对其生活年龄进行推断。

一、活体年龄推断的常用方法

活体年龄推断目前主要是应用医学影像技术,例如 X 线、CT、MRI 以及超声等,按照相应的鉴定技术标准和规范,对被鉴定人特定部位的骨骼或者牙齿拍摄影像片,通过对这些部位骨骼或者牙齿的影像学特征等进行计算或者比对,从而推断其生活年龄。

(一) 根据骨骼推断年龄

1. **骨化中心与骨骺愈合**   骨骼的生长发育与骨化中心的发生、发展和骨骺的愈合密切相关,这使得根据骨化中心的出现和骨骺愈合情况推断青少年骨骼的年龄成为可能。

2. **骨的成分变化**   骨骼的形态一生都在随着年龄、身体状况和生活条件而不停地变化着。随着年龄的增长,骨骼中的有机成分逐渐减少,无机成分逐渐增多。由于骨组织的增生、吸收致使骨骼的形态发生变化,据此根据骨骼推断成人年龄成为可能。

3. 骨的形态变化　随着人体的生长发育成熟,作为人体支架的骨骼也由小变大,由短变长。所以,根据骨骼的大小或长短可以推断青少年的年龄。随着机体的成熟、衰老,骨组织的成骨、改建和破骨及哈弗斯系统都发生变化。这些变化有助于推断骨骼年龄,特别是对破碎严重的骨片更为适用。

4. 推测年龄参照的指标　儿童和青少年推测年龄参照的指标有体重、身高、四肢长度、乳牙萌出期、恒牙更换期、牙磨耗度,以及一系列与性成熟有关的体征即第二性征(12~18 岁)等。

(二) 根据牙齿推断年龄

人的牙齿随着年龄的增长呈现规律性的变化,根据牙齿的萌出顺序及牙齿磨耗程度、结构改变等可以推断生活年龄。一般在 20 岁以下常根据牙齿发育与萌出的情况判定年龄;20 岁以后,常根据牙齿的磨耗程度和结构的改变等来判定年龄。人类乳牙按一定的时间顺序成对萌出,下颌牙萌出时间稍早于上颌的同名牙,女孩萌出稍早于男孩。对婴幼儿牙齿的月龄估计可用下列公式:月龄 = 乳牙萌出数 +6(月)。6 岁左右儿童在第二乳磨牙后方萌出第一恒磨牙,6~7 岁乳牙开始脱落,其他恒牙相继萌出。换牙现象一般在 14 岁左右结束。第三恒磨牙萌出率最高的年龄范围男性为 26~28 岁,女性为22~25 岁,也有终身不萌出者。

二、基于 X 线影像学推断年龄

骨骼测定年龄(age determination by skeleton),简称骨龄(skeletal age,SA),是指儿童青少年骨骼发育水平同骨发育标准比较而求得发育年龄。对于活体年龄推断,主要是通过放射学方法,观察骨化中心出现及骨骺闭合情况进行推断生活年龄(图 9-2)。根据 X 线片推测骨龄具有较高的准确性,也是我国目前应用最为广泛的活体年龄推断方法。

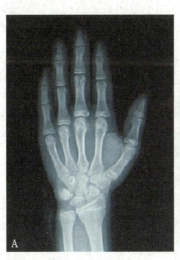
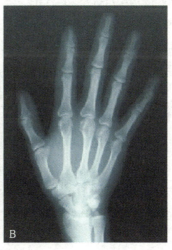

图 9-2　不同年龄阶段男性青少年的手腕部 X 线片
A. 手腕部各骨骺尚未完全闭合;B. 手腕部各骨骺已基本闭合。

(一) 骨发育的 X 线特征

1. 生发期是指继发骨化中心开始萌出发育的阶段。在骺软骨内出现化骨核即为继发骨化中心,常为单个。

2. 增殖期是指随着年龄的增长,继发骨化中心不断骨化、增大。此期主要观察继发骨化中心体积、形状变化。如内外侧缘厚度比例关系、骨骺最大横径与骺端最大横径之间的比例关系,手腕部掌关节面和背关节面分化表现、某些部位骨突起形成以及干 - 骺间骺软骨间隙变化。

3. 塑形期承受压力和拉力部位的骨骺外形轮廓变化细微,趋向于完成正常解剖形态的塑形。此期骨骺干侧面即骺软骨板呈现低密度线条状影,且出现闭合表现。

4. 闭合期骨骺干侧面骨小梁开始贯穿至全部通过达干骺端。此期根据不同部位骨骺闭合程度分为开始、部分、大部分至全部闭合。

(二) 骨龄的计算方法

人类骨骼发育的变化基本相似,每一根骨头的发育过程都具有连续性和阶段性。个体骨骼发育在不同的年龄阶段具有相同的生物学特征。骨龄鉴定,是根据骨骼的大小、形态、结构等变化的生物学特征,推断个体的生物学年龄。目前常用的方法有计数法、计测法、图谱法及评分法等。

1. **计数法**　骨龄计数法是计算骨化中心出现和骨骺愈合的数目并与相应的标准比较得出骨龄的评定方法,通常以 50% 出现率(或融合率)所在年龄为正常值的标准。包括单部位摄片计数法和多部位摄片计数法。1926 年 Todd 首先提出这种方法,它是最早的骨龄评定方法。手腕部因其敏感和摄片方便而最常用,只要拍摄手腕部 X 线片,并数出骨化中心的数目,直接查表就可以得出骨龄。

2. **计测法**　计测法是通过测定骨骺、骺板及骨干的面积、形状、长度或计算它们之间的相对比例,并与相应年龄的标准值进行比较以推断个体的生物学年龄。有学者用 X 线摄影精确测定手腕骨的三维空间位置和大小,根据各骨块所占的权重比利用回归拟合并建立回归方程,确定手腕各骨得分的加权平均值,求得手腕骨成熟度得分;然后,采用三点二次曲线拟合法(即抛物线插值法)计算骨龄。

3. **图谱法**　骨龄图谱法就是将被检片与(手、腕部)系列骨龄标准 X 线片图谱比较(每一标准图谱代表该年龄组儿童骨发育的平均水平),以最相像的标准片对应的骨龄作为被检者骨龄的评定方法。

4. **评分法**　骨龄评分法是根据不同部位骨发育的不同阶段进行分级或者分期,并赋予相应的分值。计算被检者不同部位骨发育分值的总和,再与不同年龄组骨发育标准分值进行比较,得出相应的生物学年龄。它是目前评定骨龄最为精确的方法。

5. **计算机辅助评定骨龄法**　计算机辅助评定骨龄法是基于数字化信息技术和分类统计方法,通过对骨图像的预处理、骨块的分割、特征提取、信息处理实现骨图像自动识别并运算得出骨龄,以部分或完全替代人工的评定方法。目的是实现快速、准确、可靠(可重复性、可比性)易于掌握的骨龄评定系统。计算机辅助评定骨龄按功能分为单纯数据分析和图像 - 数据分析两类。

三、基于身体大关节骨龄评估推断年龄

目前在司法鉴定实践中,最常用的活体年龄推断是基于骨骼 X 线摄影技术,利用全身不同部位骨化中心出现及骨骺闭合程度分级方法,通过研究和制定骨龄鉴定标准影像学图谱和数学模型,通过分析不同分级结果的年龄分布特征确定青少年骨发育标准分级图谱,并利用数理统计方法推导出骨龄鉴定的数学模型。

1. **摄影部位**　为了全面反映被鉴定人的全身骨发育状况,减少活体年龄误差,司法鉴定实践中,需要收集多个关节部位作为观察指标,主要以拍摄单侧肩、肘、腕关节(包括手指)、髋、膝、踝关节、骨盆及锁骨胸骨端 X 线片,锁骨胸骨端受肋骨重影影响,可以拍摄该部位的 CT 片以避免干扰。

2. **骨发育分级**　依据所拍 X 线片,根据骨化中心和骨骺发育的影像学特征与现行骨龄鉴定标准[《法庭科学 汉族青少年骨龄鉴定技术规程》(GA/T 1583—2019)]中相应图谱,对被鉴定人 24 个不同部位骨化中心或者骨骺的发育程度进行分级评分,在根据 24 个不同部位骨化中心及骨骺闭合程度分级结果,与标准中相应表格进行比较,当被鉴定人骨发育分级结果与附录中相应表格的特定年龄所对应的骨发育分级标准表相同或最为接近时(即差异最小时),则该特定年龄即为被鉴定人的骨龄。

由于人体不同部位骨发育速度存在一定的差异,所以骨龄鉴定应根据全身多部位骨化中心发育

及骨骺闭合程度具体分析,综合判断。骨龄鉴定与实际年龄存在一定的差异性,骨龄鉴定实践中应充分考虑到这种差异性。体格检查有助于发现身体发育迟滞或超常对骨龄鉴定的影响,在有条件的情况下可以作为鉴定的参考。

思考题

1. 法医临床鉴定应遵循哪些原则?

2. 法医临床学和临床医学有什么异同?

3. 简述损伤程度鉴定与伤残程度鉴定的主要区别与联系。

4. 医疗与护理相关赔偿问题的鉴定包括哪些内容?

5. 简述诈病与造作病(伤)的主要特征及法医学鉴定要点。

6. 活体年龄推断的常用方法有哪些? 目前最常用的活体年龄推断方法是什么,如何评定?

(陈 腾 蔡继峰)

第十章
精神疾病的司法鉴定

精神疾病的司法鉴定工作,既要维护社会公共安全,又要保护精神患者的合法权益,推动中国法医精神病司法鉴定事业的发展。

第一节 概 述

- 法医精神病学主要研究内容是遵循相应的法律程序和司法鉴定程序通则,对涉及法律的有关精神障碍的医学问题进行评定,提出客观、科学的鉴定意见。
- 法医精神病学的鉴定方法包括阅卷审查、调查取证、精神检查、心理测验、躯体检查、大脑影像学与生物电检查等。

精神疾病司法鉴定制度的建立经历了一个漫长的历史过程,而且法医精神病学作为一个独立的分支学科,不论在国外还是国内都是一门非常年轻的学科,它是随着临床精神病学与法律的发展而逐步形成和建立的。精神疾病司法鉴定应法律的需要而产生,并为法律服务,具有很强的实践性和跨学科的特点。

一、概念

精神疾病司法鉴定,是研究与法律相关精神障碍和精神卫生问题的法医学分支学科工作内容。采用法医精神病学的专业理论与鉴定技术,对疑似精神患者的精神状态、法定能力、精神损伤及精神伤残等问题进行评定,并为刑事、民事和行政诉讼案件的侦查和审判活动提供科学证据。

精神疾病司法鉴定与精神医学、法学密切相关,它们之间交叉融合,统称为法医精神病学(forensic psychiatry)或法律精神病学(legal psychiatry)。精神疾病司法鉴定作为法学和精神医学之间的交叉学科,既是精神医学的一个分支,也是法医学的学科分支之一。随着司法制度的改革,这一学科的应用范围逐渐扩大,内容日益丰富和深入。精神疾病的司法鉴定不仅要为办案机关提供证据服务,还要研究与精神医学有关的法律问题。其鉴定意见作为诉讼活动中重要的科学证据,在刑事、民事和行政诉讼等案件的侦查、审判过程中发挥着重要的作用。

1980年以来,随着我国《刑法》和《民法典》的相继颁布和实施,规定了在诉讼中对精神病患者进行司法鉴定的程序,使精神疾病的司法鉴定工作在全国范围内得以迅速展开,协助办案机关正确执法,保护精神病患者的合法权益,也推动了中国司法精神病鉴定事业的发展。我国借鉴了西方近代法医精神病学的基本理论,同时结合中国的司法制度和基本国情,形成了具有中国特色的法医精神病学的理论体系、鉴定标准及技术规范。

二、鉴定任务及目的

法医精神病学的研究对象为活体。其主要研究内容,就是遵循相应的法律程序和司法鉴定程序通则,对涉及法律的有关精神障碍的医学问题进行评定,提出客观而科学的鉴定意见,为刑事及民事案件的审判等提供法医学证据和专家证言(expert testimony)。

按照案件的性质,精神疾病司法鉴定主要分为刑事司法精神病鉴定和民事司法精神病鉴定。另外,还存在一些无法划入刑事或民事司法精神病鉴定的特殊问题。

1. 刑事司法精神病鉴定　包括:①确定犯罪嫌疑人实施危害行为时的精神状态及其刑事责任能力。在英美法系国家,称为精神错乱辩护(insanity defense)。②确定犯罪嫌疑人在刑事诉讼过程中的精神状态以及受审能力(又称刑事诉讼能力)。③确定罪犯在服刑期间的精神状态以及服刑能力。④确定被鉴定人(受害人)在遭受性攻击或性侵害时的精神状态以及性自我防卫能力。⑤确定相关案件中的有关证人的精神状态以及作证能力。⑥在人身伤害案件中,确定受害人的精神损伤程度;判定损伤后果,是否存在严重的后遗症及精神伤残等级。⑦监狱精神病学和惩教精神病学(correctional psychiatry),研究罪犯的心理及行为矫正,包括各种精神卫生问题。

2. 民事司法精神病鉴定　包括:①确定被鉴定人在民事活动中的精神状态及其民事行为能力(如婚姻能力、遗嘱能力、签订及履行契约的能力等);确定被鉴定人在司法诉讼期间的精神状态以及民事诉讼能力。②确定被鉴定人因工伤、职业病、道路交通事故、人身伤害导致的精神伤残等级和劳动能力丧失程度,判定伤病关系、因果关系等。③评定被鉴定人的精神科医疗依赖、护理依赖程度及护理时间。④评定精神疾病的前期医疗费与后期医疗费。⑤精神科医疗损害责任鉴定,包括精神科的医疗行为是否存在过错、医疗损害后果、过错行为与医疗损害后果之间的因果关系。

3. 其他鉴定　包括:①根据《精神卫生法》,对非自愿住院治疗的精神病患者进行医学鉴定。②对精神病患者攻击暴力行为风险评估;参与对有危害行为的肇事精神病患者的治疗监护和安置评估。③根据《中国实用残疾人评定标准(试用)》,对精神病患者进行精神残疾和智力残疾等级评定。④采用司法心理学测验技术,对被鉴定人的认知功能、人格、特殊能力、有无诈病或夸大病情等进行评估。⑤对精神病患者在医院、监所等特殊场所的自杀风险进行评估。⑥对自杀死亡人员进行心理剖析,分析死亡方式。⑦参与精神卫生立法及技术规范的制定工作,研究精神病患者权益的法律保障、精神病患者的监护及监管体制。

三、鉴定原则和鉴定方法

(一) 鉴定原则

被鉴定人为了逃避惩罚或获得高额赔偿,可采取各种方法夸大或隐瞒病情,或诈病。同时,疑似精神障碍的被鉴定人在法院判决定罪之前其罪名尚未成立,法医精神病学司法鉴定人均应采用"无病推定""无罪推定"鉴定原则进行分析和思考。

面对被鉴定人时,应首先假设被鉴定人的精神正常,然后通过仔细的专业检查和分析,再证明被鉴定人是否存在精神异常或精神障碍。这就是"无病推定"的思维模式。"无罪推定"(presumption of innocence),又可称为"无罪类推"(与有罪类推相对应),简单地说是指任何人在未经证实和判决有罪之前,应视其无罪。

(二) 鉴定方法

遵循科学的鉴定工作方法,是保证精神疾病司法鉴定意见经得起法庭质证与时间考验的保障。精神疾病司法鉴定的基本方法和技术包括阅卷审查、调查取证、精神检查、心理测验、躯体检查、大脑影像学与生物电检查等。通过以上完整的鉴定工作方法,可以收集反映被鉴定人精神状态的横断的与纵向的、主观体验的与客观行为的相关信息,为准确评定被鉴定人的精神状态及涉及法律的医学问题提供科学依据。

1. 文证审查　通常在鉴定事项受理完成后鉴定人即可接触到案卷。通过阅卷,可以对被鉴定人的精神状态的总体印象进行初步的诊断,可以明确鉴定中的关键问题,即疑点、难点所在,为下一步的调查及精神检查指明方向。司法鉴定人运用法医学专门知识对鉴定材料的合法性、完整性及关联性进行分析。要注意案前、案后被鉴定人的精神状态变化,了解争议的要点与难点,制订鉴定检查的策略与重点。

NOTES

刑事责任能力鉴定所关注的是被鉴定人案发时的精神状态。被鉴定人的口供,能直接反映被鉴定人在作案过程中的精神状态的主观方面。因此,应特别重视犯罪嫌疑人前三次的审讯记录,还要重视所有审讯记录的连续性和证言的一致性。注意有无思维逻辑障碍及思维内容障碍,有无其他提示精神异常的线索。阅卷时,要注意有无提示被鉴定人精神异常的线索,例如,有的卷宗笔录中流露出被鉴定人的被害妄想等。有的能反映出被鉴定人的思维形式上的障碍,例如,逻辑障碍等。阅卷还要注意收集反映被鉴定人犯罪学特征(如动机、目的、对象、方法等)的依据。应注意将被鉴定人的口供与证据材料进行相互比对、印证,将二者结合起来才能形成比较全面、完整的且符合实际的认识。在一些民事诉讼案件中,还可能出现颅脑损伤的伤情与客观的大脑影像学检查结果不一致,或社会功能损害程度与精神疾病的严重程度不一致,或家属等知情人反映的伤情和个人生活自理能力与调查取证材料记录不一致等情况。

2. **调查取证**　为了核实、补充必要的与鉴定有关的信息,通过各种方式对被鉴定人以外的和 / 或与案情有关的知情人进行调查的过程,以了解和澄清与鉴定案件有关的各种客观事实。调查取证是法医精神病鉴定的工作程序之一,对鉴定意见的客观性与可靠性具有重要的意义。因此,调查取证应尽可能全面、客观、准确,从而为下一步的精神检查指明方向。

被调查对象包括:①被鉴定人的亲属、单位领导或村委会、同事、同学、邻居、经治医师等,以了解其个人、家庭情况、既往病史、社会经历及社会功能变化等。②案发时的目击者、办案人员、被害人、其他涉案人员等,以了解被鉴定人在案发当时的精神状态、行为表现。③被鉴定人在羁押期间的同监室人员、管教人员、狱医等,以了解其在案发后的精神状况。调查方式一般采用当面调查,但若条件限制,可以通过电话、信函、邮件、视频等通信方式进行调查,必要时也可要求委托方补充调查材料和提供被调查对象名单。调查场所可根据案情需要来确定,一般情况下在鉴定机构进行,刑事案件也可在公、检、法、司等执法场所进行,其他案件的被调查者若有实际困难或特殊情况不能到指定的鉴定机构的,也可约定各方合适方便的调查场合,如被调查者的单位、居委会、居住地等,但调查场所应保障鉴定人、参加调查人员及被调查者的人身安全。

3. **精神检查**　精神检查是诊断精神疾病的重要手段,通过交谈、询问、观察和评估等方式,系统了解和掌握被鉴定人的精神状态,澄清其哪些心理过程尚保持正常,哪些心理过程发生了障碍,障碍的性质、特点、程度、发生和持续的时间、变化过程等,为精神疾病的诊断提供重要依据。精神检查所获得的信息主要是横断面的,但通过被鉴定人的回忆,也可获得丰富的纵断面的信息,例如病程、病期等。以案卷材料及调查反映出的被鉴定人的异常言行或难以解释的现象为线索,实施全面、深入的精神检查。应注意被鉴定人目前及事发当时的精神状态及其与案情的关系,并高度关注伪装精神症状和隐瞒精神症状的可能性。必要时还可住院观察检查,为诊断和行为能力评定等确立可靠的依据。被鉴定人处于极度兴奋、木僵(或亚木僵)状态,或存在意识障碍时,合作性较差,可待其病情转好、稳定,可配合检查时再次进行检查,以获得全面的资料。当被鉴定人的精神活动异常明显夸张、做作、孤立、利己或者有相关线索时,应高度警惕存在伪装精神病(含夸大症状)的可能。

以"犯罪现场重建"为导向的法医精神病鉴定检查和分析策略,可以反映犯罪嫌疑人的心理准备、心理动机及对自身行为性质的认识,反映犯罪嫌疑人与被害人的关系,反映在犯罪现场的证据转移过程与犯罪嫌疑人背后的内心体验,还可以验证审讯记录与调查取证结果的可靠性,可以补充和完善传统精神检查的不足。

尽管司法鉴定的精神检查与临床上的精神检查存在许多相同之处,但在以下几个方面也存在明显的不同:①鉴定人的人数要符合法定要求。按照司法鉴定程序通则要求,进行精神检查应由两名以上鉴定人共同进行。②司法鉴定的精神检查,在内容上还包括要收集被鉴定人的精神状态与相应法定能力的关系,以及法定能力的等级评定的依据等。③在进行司法鉴定的精神检查时,鉴定人应当履行告知义务。鉴定人与被鉴定人之间的关系不同于临床上的医患关系。④司法鉴定的精神检查通常在鉴定机构的检查室进行,有时也在看守所、医院、被鉴定人家中进行。司法部颁布的《司法鉴定程序通则》第二十四条第三款规定:对被鉴定人进行法医精神病鉴定的,应当通知委托人或者被鉴定人的近亲属或者监护人到场。

4. 心理测验　通过标准化的心理检测工具,可以量化评估个体的智力、记忆、情绪、精神病症状、个性、社会能力等多种神经心理功能。心理学测验可作为精神检查的重要技术补充,但不能代替精神检查。心理测验可作为精神检查和诊断的重要技术补充,在法医精神病学鉴定中起到至关重要的作用。对伪装精神病的甄别,主要采用投射测验和人格测验;而对伪装认知损害相关诈病的甄别,多采用非必选测验和必选测验。

心理测验应严格依照各类测验的操作手册进行,其结果能否成为精神状态诊断的依据,应考虑测量工具的适宜性和被鉴定人的合作程度等因素。常见心理测验包括:①智力测验:一般采用韦氏智力量表,必要时可采用瑞文标准推理测验。②记忆测验:一般采用韦氏记忆量表。③人格测验:采用明尼苏达多相个性调查表(MMPI)或艾森克人格问卷(EPQ)等。④神经心理测验:可以采用可靠的测验对被鉴定人特别是脑损伤者进行神经心理功能评估。⑤精神科评定量表:可以采用可靠的量表对被鉴定人是否存在精神症状、症状的严重程度进行筛查和评估。

5. 躯体检查　为了了解精神疾病是否存在大脑器质性病变基础,排除器质性精神障碍诊断,需对大脑病变做出"定位"和"定性"诊断。通常先查脑神经,包括其运动、感觉、反射和自主神经各个功能,然后依次查上肢和下肢的运动系统和反射,最后检查感觉和自主神经系统。检查亦应根据病史和初步观察,有所侧重,尤其在危重的颅脑损伤、脑血管疾病患者的检查时,更为重要。此外,失语、失用、失认等大脑皮质功能障碍,虽属于法医临床鉴定的范畴,但与法医精神病学鉴定密切相关,故也应给予充分的关注与检查。

6. 辅助检查　在法医精神病学鉴定实践中,除了要询问被鉴定人的病史和进行常规的精神与体格检查外,还应有必要的辅助检查作为精神疾病的诊断依据和病情评估的客观指标。为了逃避惩罚或获得更高的赔偿或"心理获益",被鉴定人经常存在诈病或病情夸大,常规的精神检查与躯体检查技术已无法满足实际工作的需要。此时,辅助检查是精神障碍诊断和评估的重要技术补充,在法医精神病鉴定中起到至关重要的作用。

(1)影像学检查:在涉及颅脑外伤所致的精神损伤鉴定中,经常需要颅脑X线平片检查以了解头颅骨折情况。在检查中特别要注意骨折线与正常颅缝、血管沟进行鉴别,避免将正常的生理性结构混淆为颅骨骨折。与传统的X线成像相比,计算机体层成像(computed tomography,CT)显示的是人体某个断层的组织密度分布图。CT图像是真正的断层图像,其图像清晰,密度分辨率高,无断层以外组织结构干扰,因此显著扩大了人体的检查范围。由于颅脑CT提高了大脑病变的检出率与诊断的准确率,能显示常规X线检查无法显示的病变和病灶,检查方便,成像速度快,对颅脑疾病具有很高的诊断价值。与包括CT在内的其他影像技术相比,磁共振成像(magnetic resonance imaging,MRI)不仅进行形态学研究,在功能、组织化学和生物化学方面也得到了广泛的应用,还具有安全、无创、多方位成像、多参数成像的显著特性,同时图像对脑和软组织分辨率极佳,能清楚地显示脑灰质、脑白质等组织,解剖结构和病变形态显示清楚、逼真。该技术所具有的潜力,使它成为发展最为迅速的医学影像技术之一。MRI的特点和优势,使它在精神疾病的诊断和治疗、神经心理学研究、脑损伤评估中得到了广泛的应用。

(2)电生理检查:不论引起精神障碍的因素是器质性损害,还是功能性障碍,大脑组织均有可能出现一定的生物电变化或异常放电。目前临床上广泛应用的脑电图(EEG)、脑电地形图(BEAM)、诱发电位(EP)等传统脑电检查,对器质性精神障碍的鉴别诊断具有特别重要的作用。另外事件相关电位(event related potential,ERP)和多道生理记录仪(polygraph)也在法医精神病学鉴定和研究中得到了较多的应用。

7. 实验室检查　在法医精神病学鉴定中,有时也需要对一些精神活性物质或毒品的性质和体内水平进行分析,以评估上述物质对被鉴定人精神状态的影响程度。乙醇和新型毒品滥用,近年来呈明显增加趋势,涉及乙醇或新型毒品的法医精神病鉴定案例也经常发生。另外,精神因素对于人体的自主神经功能和内分泌活动有着重要的意义和影响。不同精神损伤不仅与反映自主神经功能活动及内分泌水平的各种指标有着量的联系,而且也呈质的改变。一般认为应激强度与皮质醇水平存在正相关,但也有一些研究报道应激后皮质醇水平并未明显升高。这些结果提示,根据应激激素水平的变化,来评定精神损伤程度,仍需要结合其他检查结果评定。轻度颅脑损伤存在轴索和神经元损伤,在伤后数月内可出现可逆性恢复。研究发现脑脊液或血清脑损伤相关蛋白(S100)、神经元特异性烯醇化酶(NSE)及C-tau,可作为该类蛋白中最有希望的神经生化指标,与神经损伤伤情存在一定的相关性。

第二节　法医精神病鉴定

- 辨认能力是刑事责任能力的基础,控制能力的具备则是以辨认能力的存在为前提条件,丧失辨认能力也就同时必然不具备控制能力。
- 受审能力是指被告参与刑事诉讼的能力,不是被告出庭受审的个人意愿。
- 暴力危险性评估的目的是了解个体发生暴力的风险,只适用于启动强制医疗或解除强制医疗时,对依法不负刑事责任能力的精神障碍患者进行评估。
- 与刑事责任能力相比,民事行为能力更为复杂与多变,直接关系到民事诉讼活动中当事人双方的法律关系调整。
- 精神损伤是精神伤残的发生基础。没有精神损伤,就没有精神伤残。精神损伤并不一定都必然演变为精神伤残。
- 诈病是指为了逃避外界某种不利于个人的情境,摆脱某种责任或获得某种个人利益,故意模拟或夸大躯体或精神障碍或伤残的行为。

随着我国社会经济的发展,涉及精神患者的刑事诉讼与民事诉讼案件显著增加。司法鉴定不仅需要明确当事人的精神状态,也要客观评定刑事责任能力和民事行为能力,评定诉讼活动中当事人的法律关系等问题。

一、刑事责任能力鉴定

刑事责任能力(capacity for criminal responsibility)是指行为人能够正确认识自己行为的性质、意义、作用和后果,并能够根据这种认识而自觉地选择和控制自己的行为,从而到达对自己所实施的刑法所禁止的危害社会行为承担刑事责任的能力,即对刑法所禁止的危害社会行为具有的辨认能力(capacity of appreciation)和控制能力(capacity of control)。具体来说,刑事责任能力是指行为人构成犯罪和承担刑事责任所必需的,行为人具备刑法意义上的辨认和控制自己行为的能力。对于一般公民来说,只要达到一定的年龄,生理和智力发育正常,就具有了相应的辨认和控制自己行为的能力,从而具有刑事责任能力。为此,刑事责任能力鉴定是法医精神病学鉴定最常见,也是最传统的鉴定项目。

影响刑事责任能力的因素有年龄、精神状态和生理缺陷等。精神状态(包括智力发育)对个体行为的影响程度更大,《刑法》第十八条专门规定:"精神病人在不能辨认或者不能控制自己行为的时候造成危害结果,经法定程序鉴定确认的,不负刑事责任,但是应当责令他的家属或者监护人严加看管和医疗;在必要的时候,由政府强制医疗。间歇性的精神病人在精神正常的时候犯罪,应当负刑事责任。尚未完全丧失辨认或者控制自己行为能力的精神病人,应当负刑事责任,但是可以从轻或者减轻处罚。"此外,考虑到由于感知、发音器官的缺陷,聋哑人、盲人可能在认知活动的深度、广度或准确度逊于常人,《刑法》第十九条规定:"又聋又哑的人或者盲人犯罪,可以从轻、减轻或者免除处罚。"

而对一般公民来说,只要达到一定的年龄,生理和精神状态正常,就必然具有刑事责任能力。《刑法》第十八条第四款规定:"醉酒的人犯罪,应当负刑事责任"。

《刑法》第十八条是我国刑事责任能力评定的法律基础。刑事责任能力分为完全刑事责任能力、限定刑事责任能力和无刑事责任能力三个等级。完全刑事责任能力行为人实施某种危害行为时,对自己行为的辨认和控制能力完整。限定刑事责任能力也称部分责任能力、限制责任能力。在发生危害行为时,由于精神症状的影响,对自己行为的辨认或者控制能力明显削弱,但尚未达到丧失或不能的程度。无刑事责任能力是指行为人实施某种危害行为时,由于严重意识障碍、智能缺损或幻觉妄想等精神症状的影响,不能控制自己的行为或不能理解与预见自己的行为结果的状态。

刑事责任能力的评定包括医学和法学要件。医学要件为判定是否存在某种精神障碍;法学要件为判定该精神障碍是否影响其危害行为的辨认能力或控制能力及影响程度。在刑事责任能力评定时,首先应评定被鉴定人的精神状态,根据《中国精神障碍分类与诊断标准》(CCMD)或《疾病和有关健康问题的国际统计分类》(ICD)进行医学诊断,在医学诊断的基础上考察辨认能力和控制能力受损程度,根据辨认或控制能力的损害程度再评定责任能力等级。进行刑事责任能力评定可辅以标准化评定工具,但评定工具不能取代鉴定人工作。

辨认能力是指行为人对自己的行为在刑法上的意义、性质、作用、后果的分辨认识能力。也可以认为是行为人对其行为的是非、是否触犯刑法、危害社会的分辨认识能力。具体地说,是行为人实施危害行为时是否意识其行为的动机、要达到的目的,为达到目的而准备或采取的手段,是否预见行为的后果、是否理解犯罪性质以及在法律上的意义等。控制能力指行为人具备选择自己实施或不实施为刑法所禁止、所制裁的行为的能力,即具备决定自己是否以行为触犯刑法的能力,既受辨认能力的制约,也受意志和情感活动的影响。辨认能力的丧失,意味着控制能力的丧失;但控制能力的丧失,不一定伴有辨认能力的丧失。

辨认能力与控制能力损害程度的判断应从以下方面进行评估:作案动机、作案前先兆、作案的诱因、作案时间选择性、地点选择性、对象选择性、工具选择性、作案当时情绪反应、作案后逃避责任、审讯或检查时对犯罪事实掩盖、审讯或检查时有无伪装、对作案行为的罪错性认识、对作案后果的估计、生活自理能力、工作或学习能力、自知力、现实检验能力、自我控制能力。

辨认能力是刑事责任能力的基础,控制能力的具备则是以辨认能力的存在为前提条件。丧失辨认能力也就同时必然不具备控制能力。控制能力受损,并不意味着辨认能力受损。

二、受审能力鉴定

在西方国家,受审能力(competence to stand trial)的提出和评定远比精神错乱辩护多,对怀疑有精神异常的犯罪嫌疑人或被告人经常在诉讼开始时即进行受审能力评定而不是刑事责任能力评定,这与我国现行法医精神病鉴定模式明显不同。受审能力,又称刑事诉讼能力,是指犯罪嫌疑人或被告人在刑事诉讼活动中对自己面临的诉讼及其可能带来的后果合理恰当的理解能力、对诉讼程序及自我权利的认识能力,以及与辩护人配合进行合理辩护能力的有机结合。受审能力鉴定的是被告目前的精神状态与能力,不是被告实施犯罪行为时(期间)的精神状态与能力。受审能力是指被告参与刑事诉讼的能力,不是被告出庭受审的个人意愿。

目前,虽然我国无受审能力评定的明确法律条文,但《中华人民共和国刑事诉讼法》第二百条规定:"在审判过程中,有下列情形之一,致使案件在较长时间内无法继续审理的,可以中止审理:被告人患有严重疾病,无法出庭的,中止审理的原因消失后,应当恢复审理。中止审理的期间不计入审理期限。"随着我国司法制度的完善,受审能力评定作为一项重要的评定项目,鉴定的机会越来越多。在实践中,司法机关如发现犯罪嫌疑人或被告人在诉讼期间患精神病而无受审能力的,就会中止诉讼程序或撤销案件,依法进行强制性监护治疗。中止审理的时间限制,直接取决于被告人受审能力的恢复程度。受审能力的评定结论具有阶段性,而非长期性。经过医疗处理或一段时间后,精神障碍康复,受审能力便随之恢复,此与刑事责任能力明显不同。

受审能力分为有受审能力、无受审能力两个等级。有受审能力,指行为人能理解其面临的刑事诉讼的性质和可能带来的后果,能了解自己在刑事诉讼中的权利和义务,能与自己的辩护人有效配合完成合理辩护。无受审能力,指在精神障碍的影响下,行为人不能认识自己目前面临的刑事诉讼的性质及其可能带来的后果,或不能认识自己在刑事诉讼中的权利和义务,从而不能与其辩护人有效配合完成辩护。

受审能力的评定有两个要件:医学要件和法学要件。医学要件为判定是否存在某种精神障碍及严重程度;法学要件为判定该精神障碍是否影响行为人对自身面临的刑事诉讼的性质及其可能后果、自己在刑事诉讼的权利和义务的辨认能力,以及与辩护人有效配合进行合理辩护的能力。

在受审能力评定时,首先应评定被鉴定人的精神状态,根据《中国精神障碍分类与诊断标准》(CCMD)或《国际疾病分类》(ICD)现行有效版本诊断标准进行医学诊断;在医学诊断的基础上再检查被鉴定人对刑事诉讼活动的辨认能力和辩护能力,根据相关能力的损害程度评定受审能力等级。对于精神发育迟滞、遗忘、聋哑等特殊被告人,应在保证有效或最大交流水平的基础上,对他们进行受审能力准确评价。精神障碍的恢复可能更有赖于传统的抗精神病治疗,而个别程序的专门培训可能是受审能力最大程度恢复的必要措施。

在受审能力中,辨认能力特指行为人在刑事诉讼活动中对自己面临的诉讼及其可能带来的后果的理解能力,以及对诉讼程序及自身权利的认识能力。辨认能力可从以下方面进行评估:①理解对其刑事起诉的目的和性质;②理解诉讼相关的司法程序;理解诉讼相关人员的职责及作用;③理解自己在刑事诉讼活动中的法律地位与这场诉讼的关系;④理解自己、其他诉讼参与人证词的能力;⑤理解自己当前被控告的罪名以及可能的后果。辩护能力则为行为人在刑事诉讼活动中与律师的配合水平,以及对自己面临的诉讼进行自我辩护的能力。辩护能力可从以下方面评估:①与其他诉讼参与人保持有效交流;②对其证词做出陈述或辩解;理解自己、其他诉讼参与人(被害人及证人等)的证词,并对其他诉讼参与人的提问做出合理的回答;③与辩护人进行有效配合或独立为自己完成合理的辩护。

三、服刑能力鉴定

服刑能力(competency to serve a sentence),指服刑人员能够合理承受对其剥夺部分权益的惩罚,清楚地辨认自己犯罪行为的性质、后果,合理地理解刑罚的性质、目的和意义,并合理地控制自己言行以有效接受劳动改造的能力。实践中,遇有言行异常、屡犯监规、又无法说服管理的在押犯人,往往会考虑其存在精神障碍而提出进行服刑能力的鉴定。我国刑法的基本原则之一就是惩罚与教育相结合的原则。由于精神障碍致使罪犯不理解刑罚的性质、目的和意义,故惩罚对其就失去了教育的意义,反而使其病情恶化,产生消极效果。

服刑能力分为有服刑能力、无服刑能力两个等级。有服刑能力,指能正确认识自己所承受刑罚的性质、意义和目的,能合理地认识自己的身份和出路,对自己当前应当遵循的行为规范具有相应的适应能力。无服刑能力,指不能合理认识自己目前所承受刑罚的性质、意义和目的,丧失了对自己当前身份和未来出路的合理的认识能力,或丧失了对自己当前应当遵循的行为规范的适应能力。

服刑能力的评定标准有两个要件:医学要件和法学要件。在服刑能力评定时,首先应确定被鉴定人的精神状态,根据《中国精神障碍分类与诊断标准》(CCMD)或《国际疾病分类》(ICD)进行医学诊断,在医学诊断的基础上再考察对刑罚的辨认能力及对自己应当遵循行为规范的适应能力,根据其受损程度,评定服刑能力等级。

四、性自我防卫能力鉴定

性自我防卫能力(sexual self-defense capacity),是指女性被鉴定人对自身性不可侵犯权利的辨认能力与维护能力。

性自我防卫能力分为三个等级:有性自我防卫能力、性自我防卫能力削弱、无性自我防卫能力。有性自我防卫能力:女性被鉴定人对自身性不可侵犯权利具有完整的认识与良好的维护能力。性自我防卫能力削弱:女性被鉴定人对自身性不可侵犯权利的认识与维护能力受到损害,但并未丧失。无性自我防卫能力:女性被鉴定人丧失了对自身性不可侵犯权利的认识与维护能力。

性自我防卫能力的评定应包括两个要件,即医学要件和法学要件。对自身性不可侵犯权利的辨认能力,是指被鉴定人对两性性行为性质、意义和后果的认识,对自身性不可侵犯权利的实质性理解。维护能力,是指被鉴定人对性侵害行为的防御、反抗、告发及自我保护能力。

在性自我防卫能力评定时,首先应评定被鉴定人的精神状态,按现行的《中国精神障碍分类与诊断标准》(CCMD)或《国际疾病分类》(ICD)进行医学诊断,在医学诊断的基础上再考察辨认能力与维护能力,根据辨认能力与维护能力损害程度评定相应等级。辨认能力损害程度的评定,主要从以下方面进行:①能否理解何为发生性关系、何为正当的性关系、何为强奸;②是否知道女性发生性关系后的生理变化、月经与生育之间的关系;③如何知道自己是否怀孕,是否知道如何防止怀孕;④是否知道发生性行为的责任归属;⑤能否理解他人与其发生性关系的动机,是否向对方索要财物;⑥能否理解与他人发生性关系后对自己的影响。维护能力的评定,主要从以下方面进行:①与异性独处时是否保持警觉;②发生性行为时是否有反抗或不愿意表示;③是否主动告发;④对案件处理的要求;⑤是否能够吸取以往教训。

需要注意的是,如果鉴定工作不加限制地对所有受害人都做性自我防卫能力评定,结果可能会适得其反,鉴定意见可能被误解。遇下列状况时,在司法鉴定中只需提供医学诊断意见,不必进行性自我防卫能力评定:①受害人涉案时不满 14 周岁;②女性精神障碍者或智能障碍者在遭受性侵害时有明显反抗表示的;③犯罪嫌疑人明知妇女是精神病者或者"痴呆"者而与其发生性行为的,不论被害人有无反抗表示;④在醉酒或服药后意识障碍状态下被侵害的。在受害人鉴定检查时精神症状较为明显,对涉案陈述与既往陈述内容存在明显不一致,也不宜对被鉴定人进行性自我防卫能力评定。

五、危险性评估

危险性评估,又称暴力风险评估(violence risk assessment),是指通过审阅案件材料、病历、临床访谈、鉴定检查以及收集其他必要的个体相关信息,对精神障碍患者发生暴力危险进行评估的过程。广义而言,暴力行为包括对物品的暴力、对他人人身的暴力以及针对自身的暴力(自伤或自杀)。暴力危险性主要指可能造成公共安全或公民人身伤害的行为。

暴力危险性评估的目的是了解个体发生暴力的风险,只适用于启动强制医疗或解除强制医疗时,对依法不负刑事责任能力的精神障碍患者进行评估。2018 年 10 月 26 日正式实施的《中华人民共和国刑事诉讼法》修正案第五章对依法不负刑事责任的精神病人的强制医疗程序进行了规定,其中第三百零二条规定"实施暴力行为,危害公共安全或者严重危害公民人身安全,经法定程序鉴定依法不负刑事责任的精神病人,有继续危害社会可能的,可以予以强制医疗"。第三百零三条规定:"根据本章规定对精神病人强制医疗的,由人民法院决定。对实施暴力行为的精神病人,在人民法院决定强制医疗前,公安机关可以采取临时的保护性约束措施"。第三百零六条规定:"强制医疗机构应当定期对被强制医疗的人进行诊断评估。对于已不具有人身危险性,不需要继续强制医疗的,应当及时提出解除意见,报决定强制医疗的人民法院批准"。目前国内外大约有 200 多个暴力风险评估工具,包括精算式和结构化评估等。我国在司法实践中以临床非结构化评估为主。近年来有学者尝试引进国外常用的评估工具,如历史、临床、风险管理 -20 量表(the historical, clinical, risk management-20, HCR-20)、修订版精神病态清单(psychopathic checklist-revised, PCL-R)等,但大部分工具在我国实践中的效度不佳。

风险评估的资料来源包括直接信息来源和间接信息来源,前者主要包括面对面访谈,后者包括案件、病历资料审查和旁证调查。评估流程主要分为四个步骤,包括审阅资料、调查旁证、临床访谈、形成意见。出具评估意见时要考虑:风险类型、评估时效、风险等级等。结合当前的工作实际及国外经验,风险评估分为低风险、中风险和高风险三个等级。

(1)低风险:被鉴定人系首次暴力犯罪,既往无物质滥用、无人格障碍共病;经强制治疗后精神症状完全控制,自知力完全恢复,达到临床痊愈,且病情稳定 6 个月及以上,在评估前 6 个月内无冲动、伤人、自伤行为;其监护人有良好的监护条件并承诺监护,并能保证被鉴定人出院后的治疗和管理。

(2)中风险:被鉴定人为首次暴力犯罪,既往无物质滥用、无人格障碍共病,在评估前 6 个月内无冲动、伤人、自伤行为,且符合以下任一标准:①被鉴定人精神症状完全控制,自知力完全恢复,达到临床痊愈,但病情稳定未超过 3 个月;②被鉴定人精神症状完全控制,自知力部分恢复;③被鉴定人仍残留阴性症状,自知力部分恢复;④监护人承诺监护,但无证据表明监护人有足够的监护条件;⑤其他既不符合低风险也不符合高风险的情形。

(3)高风险:被鉴定人符合以下任一标准时可评定为高风险:①被鉴定人既往有超过一次的严重暴力犯罪行为。②被鉴定人共病反社会人格障碍或既往共病物质滥用。③被鉴定人评估时仍有明显精神病性症状,尤其是存在与症状有关的消极、敌对态度。④被鉴定人经足量足疗程药物治疗后疗效仍差,或治疗依从性差。⑤被鉴定人自知力完全缺失。⑥被鉴定人在强制治疗期间有明显冲动性、情绪稳定性差表现,或在治疗场所内人员发生冲突或有自伤自杀行为。⑦出所后家庭/社会监护条件差,属弱监护。⑧其他有理由证明符合高风险的情形。

六、民事行为能力鉴定

随着我国社会经济的发展,民事诉讼案件显著增加,其中涉及民事行为能力的鉴定案件也呈上升趋势。民事行为能力的鉴定,不仅与当事人的精神状态有关,也与当事人的年龄密切相关。与刑事责任能力相比,民事行为能力更为复杂与多变,直接关系到民事诉讼活动中当事人双方的法律关系调整。

民事行为能力(capacity for civil conduct),指自然人能够以自己的行为,按照法律关系行使权利和承担义务,从而具有法律关系上的发生、变更、终止的能力或资格,具有辨认本人行为的性质和后果以及理智、审慎地处理本人事务的能力。《民法典》对民事行为能力评定的规定,是对总体民事行为能力鉴定的依据。

民事行为能力是老年法医精神病学的核心问题。老年人因为认知心理的变化或躯体疾病的高发生率常导致其不同程度的认知功能障碍,对自己行为的认识和判断能力也会受到不同程度的影响,最终影响其民事行为能力。只有在宣告民事行为能力的特别程序案件中,才需要对老年人总体民事行为能力进行鉴定,其他情况下都只针对某"具体"民事活动的民事行为能力进行鉴定。需要注意的情况是,老年人在轻度和中度痴呆时对复杂问题的决策能力(比如签约的能力)可能已经变得很差,但是其仍然可能保留遗嘱能力。对民事行为能力的鉴定,应该考量其对民事活动/行为的辨认能力及真实意思表示能力。

一般认为,民事行为能力分为一般民事行为能力和特定民事行为能力。一般民事行为能力,是指公民在取得民事行为能力资格之后,直至这种资格消失或终止的整个过程,该公民对自己参加的所有民事活动所实施的辨认能力。辨认能力的评判标准应是看其对自己行为有无判断能力、自我保护能力和是否了解行为的后果。特定民事行为能力,则指该公民自己参加某一项或某一些具体民事活动所实施的辨认能力。特定民事行为能力评定要看精神障碍是否影响行为人对其在该民事行为中的辨认能力,即能否认识其意思表示的内容(包括由此产生的权利、义务关系),行为动机目的是否合理,意思表示与自己内在意思是否一致,是否能认识周围影响因素的干扰及利害关系方的态度和意图及是否能判断对自己可能造成的后果,并在此基础上有无采取种种自我保护的措施等。当前,涉及法医精神病鉴定的特定民事行为能力鉴定项目主要包括:合同能力、婚姻能力、遗嘱能力、抚养能力等。如果按照时间顺序分类,民事行为能力又可以分为既往的民事行为能力和目前的民事行为能力。与刑事责任能力鉴定相比,民事行为能力具有可变性或波动性特征。民事行为能力是当事人在一个维持较长的时期内对法律有关事务的处理能力,而不仅是行为当时,而是指一个时段的行为。

关于民事行为能力的划分,不同国家的法律有不同规定。我国《民法典》根据公民的年龄、智力水平以及精神状态等因素,把民事行为能力分为完全民事行为能力、限制民事行为能力和无民事行为能力三个等级。①完全民事行为能力,行为人进行民事活动时,能良好地辨认有关事务的权利和义务,也能完整、正确地做出意思表示,并能保护自己的合法权益。②限制民事行为能力,行为人进行民事活动时,不能完全辨认自己的权利和义务,或不能做出完整、正确的意思表示,或者不能全面、有效地保护自己的合法权益。③无民事行为能力,行为人进行民事活动时,不能辨认自己的权利和义务,或不能做出真实的意思表示,或者不能保护自己的合法权益。

民事行为能力的评定有两个要件:医学要件和法学要件。医学要件为判定是否存在某种精神障碍;法学要件为判定该精神障碍是否影响其对民事行为的辨认能力及影响程度。在民事行为能力评定时,首先应评定被鉴定人的精神状态,按现行的《中国精神障碍分类与诊断标准》(CCMD)或《国际疾病分类》(ICD)进行医学诊断,在医学诊断的基础上再考察辨认能力受损程度,依从辨认能力的损害程度评定相应等级。

辨认能力损害程度的判断应从以下方面进行评估:①能否认识此次民事活动的起因、在民事活动中所处地位、双方权利义务的指向对象、双方各自主张、影响各自主张的主客观因素、可能的解决方案及方案利弊、可能后果的预见程度,综合分析各种因素最终确定解决方案的能力;②是否具有明确的自我保护意识并在行动中体现,与相关人员进行联系、讨论、协商的能力,为事务的处理主动采取合理行动的能力;③在民事活动过程中的情绪变化,现实检验能力,在民事活动中对自己言行的控制能力。民事行为能力评定可辅以标准化评定工具,但评定工具不能取代鉴定人工作。

不宜进行民事行为能力评定或无法评定情形,包括:①被鉴定人明确表示不同意鉴定,或不配合鉴定检查;②监护人明确表示不同意鉴定,并取得委托人认可;③在既往民事行为能力评定中,由于资料不全或当事双方反映材料存在较大分歧,无法单纯依靠被鉴定人检查陈述进行评价的。

七、作证能力鉴定

作证能力(competence of testimony),又称证人能力,是指任何公民自己看到或听到真实情况后,提供与案件有关系的证言的能力。我国《中华人民共和国刑事诉讼法》第六十二条规定:"凡是知道案件情况的人,都有作证的义务。生理上、精神上有缺陷或者年幼,不能辨别是非、不能正确表达的人,不能作证人"。第七十二条也明确规定:"凡是知道案件情况的单位和个人,都有义务出庭作证。有关单位的负责人应当支持证人作证。不能正确表达意思的人,不能作证"。因此,精神障碍者能否作为证人、其证言是否有效尚需通过鉴定和法庭认定。

作证能力只存在有、无作证能力两级划分。按《精神疾病司法鉴定暂行规定》第二十一条第三款规定:"控告人、检举人、证人等提供不符合事实的证言,经鉴定患有精神疾病,致使缺乏对客观事实的理解力或判断力的,为无作证能力。"

作证能力评定标准,同样有医学要件与法学要件,即是否存在明确精神障碍及该精神障碍影响其"明辨是非和正确表达"的程度。鉴于精神障碍种类很多,精神症状对个体认知能力的影响也千差万别,因此,精神病患者和智能障碍者并不必然属于无作证能力,其作证能力要根据具体病情及所需要证明的事实而定。对一些简单事实,多数精神障碍者都具有作证能力。对某些重大事实,如果他们能讲述清楚事实真相,也应该认定为具有作证能力。

八、精神损伤与精神伤残鉴定

人体损伤包括躯体损伤(physical injury)和精神损伤(mental injury)。以往人们比较重视躯体问题,而忽略精神损伤与精神伤残(mental disability)。随着社会的进步、对人类心理卫生重要性认识的提升及社会法治的不断完善、维权意识的增强,有关精神损伤与精神伤残的鉴定案例逐年增加。2014年,最高人民法院、最高人民检察院、公安部、司法部和国家安全部联合颁布的《人体损伤程度鉴定标准》主要针对躯体损伤,很少涉及精神损伤的条目,也未明确提出精神损伤的概念,但精神损伤是客观存在的事实。精神损伤与躯体损伤相对应,提出精神损伤的出发点是为了更加全面和客观地评定涉及精神活动的损伤程度。与西方国家以侵权理论和赔偿目的为基础的精神损伤相比,目前我国法医精神病学专家所提出的精神损伤概念更多的是立足于刑法理论与判罪量刑目的,无论在概念的内涵还是外延方面都有很大的区别,只有无法恢复的精神损伤才导致精神伤残。

(一) 精神损伤

相对于躯体损伤,精神损伤泛指人体遭受外来物理、化学、生物及心理社会等致伤因素作用后出现的大脑器质性或功能性精神障碍。精神损伤的概念至少包括三个方面的内涵:首先,精神损伤因素不仅包括器质性因素,还包括了非器质性因素(如心理社会因素);其次,精神损伤可独立存在,也可与躯体损伤并存或相互转化;最后,精神损伤既可能是暂时性的精神紊乱,也可能是永久性的精神障碍。根据伤害因素的不同,可将精神损伤主要分为三种类型:外伤所致的精神损伤、精神活性物质所致的精神损伤及精神刺激所致的精神损伤。精神损伤鉴定的法律依据主要是为我国刑法服务的《人体损伤程度鉴定标准》,目的是为实施刑事处罚或刑事附带民事赔偿提出科学依据。

(二) 精神伤残

与躯体伤残相对应,精神伤残是指在各种物理、化学、生物和心理社会等致伤因素作用下,导致个体大脑器质性或功能性精神障碍或智能残损,长期存在社会功能受损与社会参与困难。

(三) 精神损伤与精神伤残的区别与关系

精神损伤与精神伤残的区别从法律依据、鉴定目的、鉴定对象及严重程度分级来看,精神损伤与精神伤残均有不同。

1. 法律标准依据不同　精神损伤鉴定的法律依据主要是《人体损伤程度鉴定标准》;精神伤残程度鉴定的主要依据是国家伤残的相关评定标准与社会保险相关法规,如《人体损伤致残程度分级》《劳动能力鉴定 职工工伤与职业病致残程度鉴定标准》《人身保险伤残评定标准》等。

2. 鉴定目的不同　精神损伤鉴定目的是为实施刑事处罚或刑事附带民事赔偿提出依据;精神伤残鉴定的主要目的是为合理的民事赔偿与社会保险福利提供依据,偶尔也作为量刑的参考依据。

3. 鉴定对象不同　精神损伤程度鉴定的对象主要是涉及在刑事案件中遭受各种人身伤害导致精神障碍的被害人;精神伤残鉴定对象一般涉及道路交通事故、工伤、职业病、人身保险等的伤残人员。

4. 严重程度分级不同　我国精神损伤程度分为重伤一级、重伤二级、轻伤一级、轻伤二级、轻微伤,共三级五等;精神伤残等级分为十级,一级最重,十级最轻。

(四) 精神损伤的评定标准与方法

精神损伤的评定属于伤情鉴定的范畴,鉴定目的是为判罪量刑提供依据,其评定标准为2014年颁布的《人体损伤程度鉴定标准》。评定损伤程度,应遵循实事求是的原则,坚持以致伤因素对人体直接造成的原发性损伤及由损伤引起的并发症或者后遗症为依据,全面分析,综合鉴定。对于以原发性损伤及其并发症作为鉴定依据的,鉴定时应以损伤当时伤情为主,损伤的后果为辅,综合鉴定。原则上不能因临床治疗后伤情的好转、预后良好而减轻损伤程度的评定,也不能因医疗处理失误以及个体特异体质等而加重损伤程度的评定。

我国现有的《人体损伤程度鉴定标准》有关精神损伤的评定只有两个条款:①重伤一级:重度智能减退或者器质性精神障碍,生活完全不能自理(5.1.1e)。②轻微伤:头部外伤后伴有神经症状(5.1.5a)。在实际工作中,由于大多数精神损伤并无明确的大脑器质性病变基础,无法在现行的大脑器质性病变为基础的损伤程度评定标准中找到对应的条款,导致大量的精神损伤案件无法根据标准

NOTES

进行伤情鉴定。

(五) 精神伤残的评定标准与方法

精神伤残的鉴定，重点评定被鉴定人的精神残损（impairment）和残疾（disability），即精神障碍或智力缺损严重程度、社会功能损害与社会参与困难程度。在我国因不同的行政部门履行不同性质的政府职能，不同伤残者与其行政执法者之间的隶属关系不同，受其不同的行业性质、经济因素影响，各行业所制定的伤残标准有所不同。涉及精神伤残评定的标准包括《人体损伤致残程度分级》《劳动能力鉴定 职工工伤与职业病致残程度鉴定标准》《人身保险伤残评定标准》等多个标准。

精神伤残的评定原则，应以人体伤后精神障碍或智能缺损的治疗效果为依据，结合生活、工作和社会活动能力不同丧失程度，认真分析精神残疾与事故、损伤之间的关系，实事求是地进行评定。在评定时机上，应以事故直接所致的损伤或确因损伤所致的并发症治疗终结为准。

(六) 因果关系分析

在实际鉴定中，致伤因素与现存损害后果（精神损伤或伤残）之间的因果关系可能存在多种情形，包括一因一果、多因多果、一因多果及多因一果。在鉴定项目委托与分析说明中，应分别予以说明。根据致伤因素在损害后果中所占比重大小，将致伤因素与现存损害后果之间的因果关系分为：①完全因果关系：96%~100%（建议100%）。伤害因素对精神损伤或伤残发生有直接的、决定性的作用，如颅脑外伤引起的器质性精神障碍、中毒物质引起的精神障碍等。②主要因果关系：56%~95%（建议75%）。如强烈精神刺激所致的创伤后应激障碍（PTSD）。③同等因果关系：45%~55%（建议50%）。如交通事故所致的脑震荡后综合征及脑挫裂伤后综合征，颅脑损伤与心理社会因素（心理获益）在发病过程中共同发挥作用。④次要因果关系：16%~44%（建议30%）。⑤轻微因果关系：5%~15%（建议10%）。如伤害使潜在的病理显现（诱因）或加重（辅因），轻度外伤或精神刺激诱发精神分裂症、情感性精神障碍，原来心理素质不健全的人受到一定精神刺激后发生反应性精神障碍等。⑥没有因果关系：0%~4%（建议0%），伤害因素与精神障碍发生不存在任何因果联系。

九、非自愿住院的医学鉴定

目前，我国精神障碍者住院方式大致可分为四种：①自愿入院：指精神障碍者自行决定入院。多数为神经症或抑郁症患者，少数为疾病严重程度较轻的精神分裂症等重性精神障碍者；②医疗保护入院：指因精神障碍者疾病严重，医生建议需要住院观察或治疗而患者本人无能力做出决定，由监护人送入院；③非自愿入院：指严重精神障碍者因存在危及自身、他人或社会的危险行为时由家属、公安机关或其他人强制送入医院；④收容入院：指流浪街头、无家可归的精神障碍者由民政、公安机关收容入院。医疗保护入院和部分收容入院如果不是出自患者本人的意愿，也属于非自愿住院。

自愿住院是当今世界上精神障碍者主要住院方式，也是各国精神卫生法的主要内容之一。自愿住院可以充分体现患者的自主决定权，同时也与尽可能向精神病患者提供最少限制的服务原则相吻合。但是，精神科临床工作中，少数患者由于疾病的影响，丧失了自主决定能力，而且如不及时采取有效措施有可能对患者本人或他人造成伤害。此时，违背患者意志的非自愿住院或强制性住院方式亦必不可少。但必须制定严格可操作的非自愿入院程序和标准，并有定期的核查制度，以避免滥用非自愿住院。

(一) 非自愿住院的法律标准

非自愿住院的概念是相对于自愿住院提出来的，自愿住院是患者自主决定入院。非自愿住院则是违背了自主决定权，由患者本人之外的重要关系人做出住院的决定，主要包括家属送入医院治疗和公安机关送入医院。2013年5月1日我国实施了《中华人民共和国精神卫生法》（以下简称《精神卫生法》），法规中明确规定了非自愿住院的标准。依照该法的有关规定实施的非自愿医疗，是与强制医疗性质完全不同的入院方式。对于存在危险性普通精神障碍患者的管理，《精神卫生法》（2018年修正）第三十条规定："精神障碍的住院治疗实行自愿原则。诊断结论、病情评估表明，就诊者为严重精神障碍患者并存在下列情形之一的,应当对其实施住院治疗:(一)已经发生伤害自身的行为,或者有伤害自身的危险的;(二)已经发生危害他人安全的行为,或者有危害他人安全的危险的。"

(二)非自愿住院的鉴定

《精神卫生法》第三十二条规定:"精神障碍患者有本法第三十条第二款第二项情形,患者或者其监护人对需要住院治疗的诊断结论有异议,不同意对患者实施住院治疗的,可以要求再次诊断和鉴定。"规定要求再次诊断的,应当自收到诊断结论之日起三日内向原医疗机构或者其他具有合法资质的医疗机构提出。承担再次诊断的医疗机构应当在接到再次诊断要求后指派二名初次诊断医师除外的精神科执业医师进行再次诊断,并及时出具再次诊断结论。承担再次诊断的执业医师应当到收治患者的医疗机构面见、询问患者,该医疗机构应当予以配合。"对再次诊断结论有异议的,可以自主委托依法取得执业资质的鉴定机构进行精神障碍医学鉴定;医疗机构应当公示合法鉴定机构名单和联系方式。"鉴定机构即为目前的司法鉴定机构,接受委托的鉴定机构应当指定本机构具有该鉴定事项执业资格的二名以上鉴定人共同进行鉴定,并及时出具鉴定报告。

可见,非自愿住院的鉴定前提是患者或者其监护人对非自愿住院有异议。满足这个前提后,患者或者监护人可以自主向有资质的鉴定机构申请非自愿住院的医学鉴定,并不需要通过司法诉讼程序。《精神卫生法》规定了非自愿住院的异议处理程序和行政监察机制,这一规定是防止"被精神病"的重要措施。通过对非自愿住院的医学鉴定能更大程度上保护患者的自主权。在相关机构出具再次诊断结论、鉴定报告前,收治精神障碍患者的医疗机构应当按照诊疗规范的要求对患者实施住院治疗。

十、伪装精神病鉴定

在法医精神病学鉴定实践过程中,被鉴定人为了获得更多的赔偿或逃避惩罚,常会伪装精神症状和诈病。就目前的医学水平,精神疾病的诊断仍然建立在基于精神病理学原理的精神检查与精神症状现象学分析的基础上,在相当程度上依赖于患者自身内心体验反映的真实性、准确性及完整性。近几年来,随着公众法律意识的提高与精神医学知识的普及,伪装精神障碍的情况也越来越多。在工伤、职业病、交通事故伤残鉴定案件中,由于鉴定结论直接涉及当事人的切身利益,伪装与夸大精神疾病的情况已是屡见不鲜,给法医精神病学带来发展机遇的同时,也带来了极大的挑战。以颅脑损伤所致的精神伤残评定为例,脑外伤导致的认知功能损害严重程度与被鉴定人的伤残等级直接相关,而脑实质缺乏明显影像学损害基础的轻度脑外伤患者更容易出现伪装或夸大的问题。国内外研究显示在涉及诉讼的案例中,40%的轻度颅脑损伤患者在认知功能评估时表现出伪装或夸大的情况。国内的这一比例更高,研究发现,道路交通事故智残鉴定案例中67.6%的被鉴定人在智力测验过程中伪装,轻度颅脑损伤案例的伪装比例更达到了95.5%。因此,如何有效地识别精神障碍的伪装和诈病,是广大法医精神病学工作者亟待解决的问题。

在《精神疾病诊断与统计手册》第五版(DSM-5)诊断标准中,诈病(malingering)定义为"有目的地假装或夸大原有躯体和心理症状,因外界动机引发,如逃避兵役、回避工作、获得经济补偿、逃避诉讼或获取毒品等"。诈病是人类在临床医学中说谎与伪装的特殊表现形式,具有明确的内在动机。

(一)伪装精神障碍的类型

1. 根据伪装的表现形式,可以将伪装精神疾病分为不同的类型,常见的分类方式是按照表现形式大体归纳成两大类。

(1)伪装精神病性症状,即"装疯"。又可分为:①伪装幻觉、妄想、思维散漫等精神病性症状;②伪装兴奋话多、易激惹,或悲观绝望、振作不能等情感障碍症状;③伪装肢体麻木或感觉丧失、肢体乏力或瘫痪、头痛头晕、恶心、注意力不集中、健忘、周身不适、焦虑等神经症样症状。④伪装其他精神症状,表现为各种行为障碍。如冲动、行为紊乱(大吵大闹、食用排泄物等)、缄默、懒散等。

(2)伪装认知功能损害,常见的如伪装智力缺损、记忆减退或缺失等,常见于民事赔偿案件。

2. 根据伪装时间,也可以分为事前伪装、事发时伪装及事后伪装。

（1）事前伪装：由于民事赔偿案件中致伤事件一般是突然发生的、自身不可预见的，并且事前的精神状态与获赔数额呈正相关，所以事前伪装一般只针对刑事案件而言，也称犯罪前诈病。嫌疑人在案发前预先造成精神疾病假象，或获得精神疾病的诊断证明，为案发后免责做准备。这种类型的伪装较少见，但值得警惕。嫌疑人案发前存在"既往精神异常史"，对于刑事讯问及法医鉴定事前又有一定的准备，给法医鉴定带来了一定的困难。因此，鉴定人要多方考虑，鉴定实践中对于既往的精神异常史不能一味地盲信。

（2）事发时伪装：一般也只见于刑事案件。指在案发过程中伪装成精神病患者所为的作案现场，以混淆办案人员对现场的判断，达到掩盖犯罪动机的目的。此类的伪装也较为少见，因为作案时通常是紧急状态，嫌疑人关注的多是如何消灭证据、逃离现场，并且事发时伪装要求嫌疑人具有一定的精神病学知识。尽管少见，但是也不能忽视此类伪装存在的可能性。

（3）事后伪装：不管是刑事案件还是民事案件，此类伪装都最为常见。在作案后或事件发生后伪装成精神疾病，其目的就是为了逃避罪责或获取某种利益。

（二）诈病的诊断标准

CCMD-3 针对伪装精神障碍的诈病诊断标准进行了较详细的规定，认为诈病是指为了逃避外界某种不利于个人的情境，摆脱某种责任或获得某种个人利益，故意模拟或夸大躯体或精神障碍或伤残的行为，具有下述特点：①有明显的装病动机的目的；②症状表现不符合任何一种疾病的临床相，躯体症状或精神症状中的幻觉、妄想，及思维障碍、情感与行为障碍等均不符合疾病的症状表现规律；③对躯体或精神状况检查通常采取回避、不合作、造假行为或敌视态度，回答问题时，反应时间常延长，对治疗不合作，暗示治疗无效；④病程不定；⑤社会功能与躯体功能障碍的严重程度比真实疾病重，主诉比实际检查所见重；⑥有伪造病史或疾病证明，或明显夸大自身症状的证据；⑦患者一旦承认伪装，随即伪装症状的消失，是建立可靠诊断的必要条件。

（三）伪装精神障碍的评估

伪装精神障碍的评估方法，包括经验性评估、神经心理学评估、神经生理学评估及神经影像学评估方法。

1. 经验性评估　这是最常用也是最基本的方法，即凭借专业人员的临床经验来评估。如真性精神障碍和认知功能损害有着其固有的发生发展规律和临床特征，伪装精神障碍和伪装认知功能损害也有一定的规律和表现特征，可以凭借这些规律和特征做出大体的估计和判断。

2. 神经心理学评估　在测验工具的选择上，一些工具主要用于识别精神症状的伪装，还有一些工具主要用于甄别认知功能损害的伪装。伪装精神障碍的评定，可选用明尼苏达多项人格调查问卷 -2（MMPI-2）、人格评估量表（personality assessment inventory，PAI）、症状结构面谈量表（structured interview of reported symptoms，SIRS）等工具。伪装认知功能损害的评定量表，可分为非必选测验和必选测验。①非必选测验：非必选测验没有备选答案。由受试用语言表达和描述试题答案，目前常用的非必选测验包括 Rey 记忆测验、记忆诈病测验（TOMM）、韦氏记忆量表修订版（WMS-R）的伪装指数及数字广度测验等。②必选测验（forced-choice testing，FCT）：必选测验目前被认为是识别伪装认知能力低下最可靠的心理测查工具，其效度在伪装记忆损害的中国人中得到了证实。这类测验的每一个测试题都备有两个或多个答案以供选择，但其中只有一个是正确答案。测验时，要求受试者必须选择一个自己认为是正确的答案，不允许不做选择的情况，因而称为"必选测验"。这类测验不必用言语表达，只要用手指出或者点头示意即可。这类测验采用了统计学中的二项式定理，即在一个二项必选测验中，所有条目都有 50% 的正确选项概率，受试者在没有记忆的帮助下随机做出反应，都能有 50% 的正确率。有目的选对时，得分会显著高于 50%；而有目的选错时，得分会显著低于 50%。这些评定方法都是对伪装行为的量化，即当受试在这些测验的分数达到了显著性水平时，便认为受试有伪装的可能性。

3. 神经生理学评估　目前国内外应用的神经生理检测方法主要有多道生理测试仪（polygraph）

及事件相关电位(event-related brain potential, ERP)。多道生理测试仪,即传统的测谎仪。传统的测谎仪是通过对人体在说谎时常有的生理反应,如流汗、血压增高、心跳加快和呼吸急促等现象进行判断。人们只要在测谎时感到焦虑,就会出现上述反应,极易产生假阳性结果。而那些习惯说谎和技艺高超的说谎者可以控制这些反应的出现,并成功通过测试,此时测谎仪无疑面临着尴尬的境地。ERP 是当外加一种特定的刺激,作用于感觉系统或脑的某一部位,在给予刺激或撤销刺激时,在脑区引起的电位变化。ERP 测谎技术的最显著优势在于它具有很高的特异性和时间分辨率(毫秒数量级),但是空间分辨率较差,不能够准确地记录哪些脑区在说谎过程中发生了变化。

4. 神经影像学评估   近年来,国内外许多研究者都将注意力投到了说谎的直接控制中枢大脑之上。总体上,说谎比讲真话需要更广泛的大脑活动参与,即说谎更需要耗费脑力。功能磁共振成像(functional magnetic resonance imaging, fMRI)技术的应用,为心理学、神经科学和行为科学提供了前所未有的研究空间。fMRI 把神经代谢活动与高分辨成像技术结合起来,可以准确地进行脑区结构与功能定位,直接观察说谎时脑的复杂功能和实时变化,通过 fMRI 对不同脑区的含氧血红蛋白变化来实现对说谎者心理行为的甄别。

思考题

1. 精神疾病司法鉴定的方法有哪些?
2. 精神疾病司法鉴定常涉及的法定能力评定有哪些? 评定标准是什么?
3. 如何理解精神病患者的实质性辨认能力丧失?
4. 简述精神伤残的评定依据和目的。
5. 简述精神损伤与精神伤残的区别与关系。
6. 如何在精神损伤与伤残评定中进行客观的因果关系分析?

（赵　虎）

第十一章
医疗纠纷的处理与防范

医疗纠纷是近年来我国社会矛盾的热点问题,发生较为普遍且数量较多,《医疗事故处理条例》《民法典》《医疗纠纷预防和处理条例》以及《刑法(修正案)》等相关法律法规为医疗纠纷的规范化处理提供了法律依据,为医疗机构及其医务人员防范医疗纠纷的发生提供了指导。本章从医疗纠纷、医疗损害、医疗损害鉴定、医疗事故,以及医疗纠纷的防范等多个层面进行阐述,重点介绍医疗损害侵权责任与医疗损害鉴定,为规范医疗纠纷处理,有效化解和防范医疗纠纷提供指导。

第一节 医 疗 纠 纷

- 医疗纠纷不同于一般的民事纠纷,有其自身特点,产生原因主要包括:医疗本身的高风险性、医学科学发展的局限性、患者的依从性和医患双方认识上的偏差等因素。
- 医患双方协商、人民调解、行政调解和司法诉讼是医疗纠纷常见的处理途径。
- 医疗纠纷按照处理途径分为医疗损害与医疗事故。前者属于司法途径,依据《民法典》;后者属于行政途径,依据《医疗事故处理条例》。

医疗纠纷可以发生在各级各类医疗机构,产生的原因是多方面、多层次的,分为医源性的和非医源性的。根据民事诉讼与行政处理途径的不同又分为医疗损害与医疗事故。无论是何种类型或通过哪种途径,解决医疗纠纷的关键环节均涉及技术鉴定问题,当前存在司法鉴定机构、医学会的医疗损害鉴定与医学会的医疗事故技术鉴定的"二元化"鉴定模式。二者的侧重点不同,前者主要为法院和人民调解委员会处理医疗纠纷案件提供鉴定意见,后者主要是为卫生行政部门对涉事医疗机构及其医务人员的行政处理提供依据。

一、医疗纠纷的概念与特点

(一) 医疗纠纷的概念

医疗纠纷(medical tangle)是指患者及其近亲属对在诊疗、护理、医疗管理过程中产生的不良医疗后果及其原因与医疗机构认识不一致,患方以人身或者财产损害,追究责任或/和要求民事赔偿为诉求而引发的民事纠纷。

1. **纠纷主体** 医患双方是医疗纠纷的主体。医方包括实施医疗行为的医疗机构和医务人员,其中医务人员既可以是临床医生,也可以是护士、检验人员等;患方包括患者本人及其近亲属或者其代理人。

2. **发生环节** 可发生在医疗机构或者其医务人员对患者开展诊断、治疗活动中的各个环节,包括就诊、诊察、治疗,以及为诊断治疗提供辅助支持的护理、检查或检验、管理等活动。非诊疗活动期间产生的纠纷则不属于医疗纠纷的范畴。

3. **纠纷焦点** 医方与患方由于专业知识背景的悬殊、看待问题的角度不同,从而对患者的诊疗后果和原因产生不同的看法,这既是纠纷的焦点,也是纠纷发生的直接原因。

4. **基本诉求** 由患方提出诉求。患者出现不良治疗效果后,患者本人及其近亲属认为患者的人身或财产权益受到了侵害,从而要求医方给予一定数量的民事赔偿和 / 或对相关责任人进行追责。

(二) 医疗纠纷的特点

与一般的民事纠纷不同,医疗纠纷有以下特点。

1. 社会关注度高　医疗纠纷伴随医疗的产生而产生,并随着医学的发展而变化。随着人们的健康意识、法律意识的不断增强,患者对健康的要求及维权意识也在增强,社会对医疗领域的关注度也在不断增加。再者由于医学本身专业性强,面对复杂的医学专业知识,非专业人士难以准确理解,单方发出的报道通常难以做到客观、全面、真实,更容易引起社会的广泛关注,甚至是误解,引发公众的不满情绪,并诱发更多的医疗纠纷事件。

2. 发生率高　在 21 世纪初的十多年间,全国医疗纠纷事件频发,波及各级医疗机构,突出表现在各级人民法院受理的医疗纠纷案件数量逐年增多。随着《刑法(修正案)》《医疗纠纷预防和处理条例》以及《民法典》等法律法规的相继实施,医疗纠纷的发生率逐渐趋于平稳,但数量仍居高不下。

3. 纠纷主体多元化　具有执业资格的医疗机构或者其医务人员在开展诊疗活动过程中与患者建立了医患关系,就有可能发生医疗纠纷。发生主体可以是各级各类医疗机构,如医院、卫生院所、个体诊所等,也可以是计划生育技术服务、妇幼保健、美容机构、卫生防疫部门开办的诊疗机构等。

4. 解决途径多元化　随着医疗纠纷处理方式逐步规范,医患双方更多地寻求通过人民调解、行政处理、司法诉讼的途径解决纠纷。无论是何种途径,关键环节离不开技术鉴定问题,实践中,患方对医学会鉴定的行业公正性容易产生质疑,更倾向于委托相对中立的第三方司法鉴定机构进行鉴定,以期实现客观、公正地解决纠纷。

二、医疗纠纷产生的原因

医疗纠纷的发生往往有多方面、多层次的原因。

(一) 医疗本身的高风险性

医疗本身的高风险性,突出表现在疾病的复杂性和不可预知性。医学是一个非常复杂且存在着大量未知与难解问题的领域。生老病死是人类自然规律。尽管生物医学在迅速发展、临床诊疗技术在不断更新,但人类对人体及其疾病的认知始终难以达到尽善尽美的程度,许多不解之谜仍需人类去探索解决,这是导致临床诊疗结果不确定性及医疗风险居高不下的重要因素。一个不良临床诊疗结果的发生,是患者遗传体质与抗病修复能力、心理应激调适能力、就诊时的伤病程度及后续的发展状况与现有医疗技术措施有限等多因素的相互博弈的综合产物,个体诊疗结果较难预测。此外,医务人员在认识疾病的过程中也难以跳出人类认识事物由浅入深、由表及里的客观规律,在疾病早期与疑难杂症的认识过程中也难免会产生误诊误治的情况。

(二) 医学科学发展的局限性

医学科学发展的局限性,导致人类对疾病的认知和治疗水平的有限性。人类在不断探索医学未知的过程中,发明了许多可以帮助患者解除病痛的药物与技术,同时也发现每个新的诊疗措施大都存在促进健康与产生毒副作用或并发症的"双刃性"特点。不同的诊疗手段或同一诊疗手段在不同患者身上会产生不同的诊疗效果,有时会出现难以预料的风险,在患者未获得期望的治疗效果时易与医疗机构产生纠纷。与此同时,随着信息化技术的发展,医学知识和医学信息虽然可以通过各种途径获得,但是往往良莠不齐,甚至是支离破碎,断章取义,对于缺乏医学知识的人来说容易形成误解,进而增加了医疗纠纷发生的风险。

(三) 医疗机构与医务人员的水平和素质差异

我国幅员辽阔、经济发展水平差异明显,全国各地各级医疗机构的硬件设备设施和管理水平存在显著差别,特别是区县级、乡镇医疗机构的软硬件水平参差不齐。加之少数医生业务不精,医疗风险

NOTES

防控能力不强,服务态度不好,医德医风不正,跟不上医学技术发展和医疗服务需求的步伐,更容易引发医疗纠纷。

(四)人民法律意识与健康意识的增强与现实医学水平不匹配

随着国家法治化的不断进步,人民的健康意识和维权意识也在逐步增强。当对诊疗结果不满意时,越来越多的患者运用法律手段维护自己的权益,在一定程度上导致参与诉讼的医疗纠纷数量增加。与此同时,社会对医学知识的宣传与科普缺乏全面性及客观性,大量的社会宣传多偏重于利好方面,过度提升了人们对现实医学水平的期望值,而轻视了医学的特点及其诊疗风险的存在。一些疑难杂症患者就医时的高期望值心态与医学现实的差距,也是导致高水平医疗机构纠纷频发的原因。

(五)纠纷解决机制落实不到位

虽然《医疗纠纷预防和处理条例》进一步明确了医疗纠纷的解决途径和处理办法,规范了医疗机构的责任。但是,在实践中由于各种因素的限制,部分解决途径未能充分发挥应有的效能,从而导致医疗纠纷解决不畅通。

(六)医疗风险责任保险制度不健全

医疗风险责任保险制度是根据相关法律的规定所建立的医疗机构和医务人员向保险公司投保,因诊疗活动中医方的过错行为造成患者人身损害后,可依法由保险人按照约定承担民事赔偿的一种责任保险制度。该制度的落实可以使保险人作为第三方直接介入医疗纠纷的处理和赔偿,缓解医患矛盾,简化处理程序,节约处理时间,减轻医务人员因解决医疗纠纷所引起的心理压力和经济负担,使他们能够全身心地投入为患者服务的工作中。更为重要的是如果能够按着投保人和保险人在购买保险时的约定进行赔付,患者能比较及时地获得赔偿,从而避免患者因为索赔而与医方产生矛盾,甚至冲突。然而,目前我国的医疗风险责任保险制度仍处于积极试点和逐步推广的过程中,尚未全面铺开。

三、医疗纠纷的类型

医疗纠纷按照分类的依据不同,可以有不同的类型。

(一)按照发生医疗纠纷的原因分类

1. 医源性医疗纠纷(iatrogenic medical tangle)　指因医疗机构或者其医务人员的原因引起的医疗纠纷。

(1)医疗过错纠纷(medical fault dispute):指引起患者不良医疗后果的原因是医疗机构或者其医务人员在诊疗过程中违犯有关医疗卫生管理法律、行政法规、部门规章和诊疗护理规范、常规等医疗行为过错所致的医疗纠纷。

(2)与医疗行为相关的过错纠纷:指除以上医疗过错原因之外的其他与医疗相关的过错引起的医疗纠纷,即在医方的诊疗护理活动中,与诊疗护理行为有关,又非诊疗护理行为本身的过错引发的纠纷。比如,医院后勤不能保障医疗需要,导致医疗仪器设备管理不善,维修不及时,影响医务人员的诊疗护理工作,进而造成患者的人身权及财产权受损而发生的医疗纠纷。

(3)与医疗行为无关的过错纠纷:侵害行为与诊疗护理活动无关,在一定情况下可能构成其他侵权行为,但不构成医疗损害责任,适用《民法典》人身损害赔偿的一般规定。比如,由于医院地面湿滑致使患者摔倒,导致肢体骨折等。

2. 非医源性医疗纠纷(non-iatrogenic medical tangle)　指医疗纠纷并不是由医疗机构或者其医务人员的原因引起,而是因为患者自身体质差异或疾病本身自然发展,或因医疗以外的原因引起。

(1)无医疗过错纠纷(non-medical fault dispute):指不良医疗后果并不是由医疗机构或者其医务人员在诊疗护理过程中的医疗过错行为引起的医疗纠纷。按照《医疗事故处理条例》规定,无医疗过错纠纷中不良医疗后果发生的原因主要有下列情况：在紧急情况下，为抢救垂危患者生命而采取紧急医学措施而造成不良后果；由于患者病情异常或患者体质特殊而发生医疗意外引起的不良后果；在现有医学科学技术条件下，发生无法预料或不能防范的不良后果；无过错输血感染造成不良后果；因不可抗力造成的不良后果等。

（2）患方原因引起的医疗纠纷：由于患方缺乏医学知识，对不良医疗后果发生的原因不理解；对医疗机构或者其医务人员的医疗水平不信任；因患方原因延误诊疗而导致不良医疗后果；患者或者其近亲属不配合医疗机构进行符合诊疗规范的诊疗；由于各种其他与医疗无关的因素影响下产生的索赔心理及其他原因等。

（二）按处理途径不同分类

1. 医疗损害（medical damage）　属于司法途径，依据《民法典》，为法院对医疗损害责任纠纷的处理提供鉴定依据。主观过错称为过错，包括故意与过失，实践中只包括过失，通常不需要区分是疏忽大意与过于自信，通常是以医方是否尽到应有的医疗注意义务为判断标准，损害后果除人身损害外，还包括财产损失、侵犯知情同意权、增加痛苦等内容。

2. 医疗事故（medical negligence）　属于行政途径，依据《医疗事故处理条例》，为医疗卫生行政部门进行行政调解和行政处罚提供鉴定依据。主观过错为过失，损害后果仅为人身损害，不包括财产损失、侵犯知情同意权、增加痛苦等。

（三）按不良医疗损害后果的结局分类

1. 涉及死亡的医疗纠纷　患者死亡或者丧失生存机会而引发的医疗纠纷。

2. 涉及伤残的医疗纠纷　患者残疾或者丧失康复机会而引发的医疗纠纷。

3. 其他医疗纠纷　损害后果为病情加重、病程延长以及错误受孕、出生或生产的医疗纠纷等其他类型的医疗纠纷。

四、医疗纠纷的处理

随着《医疗事故处理条例》《医疗纠纷预防和处理条例》和《民法典》等相关法律法规的颁布施行，医疗纠纷的处理途径逐步得以规范化、合法化、多元化。高效的医疗纠纷解决途径仍有深入探索的必要。现有医疗纠纷的处理途径主要有以下几个方面。

（一）医患双方协商

在平等自愿的基础上，医患双方可在调查核实情况的前提下，对医疗损害的后果及原因达成一致的认识，制订处理的协议，多数以书面形式的协议书载明双方的基本情况、医疗损害经过的分析及后果、双方协商的意愿和赔偿方案等，形成最终的调解意见。协商解决应当坚持自愿、合法、平等的原则，尊重当事人的权利，尊重客观事实。

（二）人民调解

医疗纠纷人民调解委员会是在县级以上地方人民政府司法行政部门备案的一个社会组织。依据《医疗纠纷预防和处理条例》的相关规定，医疗纠纷人民调解委员会可以口头或书面形式接受医患双方的调解申请，若调解需要可以委托司法鉴定机构或者医学会进行医疗损害鉴定以明确医疗过错的责任划分，经调解后医患双方达成一致的，需签署调解协议书。

（三）行政调解

处理医疗纠纷是卫生行政部门对医疗机构进行管理的重要组成部分。卫生行政部门主持的调解是当前我国部分地区解决医疗纠纷的重要途径。卫生行政主管部门接受由双方提出的申请后，按照相关法律、法规进行调解。

（四）司法诉讼

对于医疗纠纷案件的处理，医患双方可向人民法院提起诉讼，原因常见为双方不愿协商、调解或者行政处理,或者上述方式的失败,亦可能是双方直接选择诉讼方式。在《民法典》实施后,司法诉讼已成为解决医疗损害责任纠纷争议中最有效的途径。

(五)其他途径

仲裁途径和保险理赔途径是近年来国内部分学者倡导的医疗纠纷解决方式。仲裁不同于诉讼、协商,具有相当的约束力、独立性、合意性、一裁终局等优势。保险理赔途径是基于医疗机构和医务人员投保于保险公司,纠纷发生后由保险公司承担赔偿责任,能够减少甚至避免"防御型医疗"的发生,是兼具预防和处理医疗纠纷的有效途径。

第二节 医疗损害

- 医疗损害侵权责任的构成包括医疗过错、医疗损害后果和因果关系三个要件。
- 医疗损害中的主观医疗过错特指诊疗活动中的医疗过失行为,客观判断标准通常以是否违反医疗注意义务来判断。

医疗机构或者其医务人员因过错行为侵害了公民的生命权、健康权、财产权等合法权益,导致患者人身、财产或者精神方面的损害,医疗机构应当对此承担侵权损害赔偿的责任。在不同的临床科室产生的常见损害类型及发生的原因各不相同,其中手术操作需要对患者身体病变的组织器官进行有创治疗,更易产生风险和发生医疗纠纷或医疗损害事件。

一、医疗损害侵权责任

医疗损害侵权责任是《民法典》中规定的民事责任之一,属于民事侵权责任的范畴。

(一)概念

医疗损害(medical damage)是指医疗机构或者其医务人员实施违反法律、法规、规章以及其他相关诊疗护理规范规定的医疗行为,或者未尽到与当时医疗水平相应的诊疗义务的医疗过错行为导致患者人身、财产或者精神方面的损害。

医疗损害侵权责任(tort liability for medical damage)是指医疗机构或者其医务人员在诊疗护理过程中因过错侵害了公民的生命权、健康权、财产权等合法权益,医疗机构应当承担侵权损害赔偿的责任。医疗损害侵权责任属于民事责任。

(二)构成要件

医疗损害侵权责任的构成需要满足三个要件:①存在医疗过错行为;②存在医疗损害后果;③医疗过错与医疗损害后果之间存在因果关系。但是,法律有规定的特殊情况除外,如《民法典》第一千二百二十二条第二款"隐匿或者拒绝提供与纠纷有关的病历资料"及第三款"遗失、伪造、篡改或者违法销毁病历资料"的规定等,不需要完全具备上述三个要件,可以推定医疗机构或者其医务人员存在过错。

1. **医疗机构或者其医务人员在诊疗护理活动中存在医疗过错** 是构成医疗损害责任的必备条件,也是医疗损害责任成立必不可少的要件之一。这一要件包括三个要素,即主体必须是医疗机构或者其医务人员;必须发生在诊疗活动过程中;同时必须存在医疗过错行为。需要说明的是,这里所说的医疗过错行为是指医疗行为的广义的"违法性",包括医疗相关法律、法规、规章、技术规范、专家共识等。比如《民法典》《医疗纠纷预防和处理条例》《医疗事故处理条例》《医师法》《病历书写基本规范》等法律法规。

2. **医疗损害后果** 医疗损害后果也称为医疗损害事实,是因诊疗行为导致患者合法权利受到侵害,包括生命权、健康权、身体权、财产权、隐私权等。只有在损害事实后果发生的情况下,才需要考虑医疗机构或其医务人员是否存在过错,是否要由医疗机构承担医疗损害责任。

3. 医疗过错与损害后果之间存在因果关系　因果关系是医疗损害侵权责任构成中非常重要的内容,反映的是医疗机构或者其医务人员的违法行为与患者损害事实后果之间客观上存在的联系,二者之间关系是客观存在而非主观的。只有当二者之间存在因果关系时,医疗机构或者其医务人员才需承担相应的民事侵权责任。

二、医疗过错

医疗过错(medical fault,medical error)是指医疗机构或者其医务人员实施违反法律、法规、规章以及其他相关诊疗护理规范规定的医疗行为,或者未尽到与当时医疗水平相应的诊疗义务的医疗行为。医疗过错是一种发生在诊断、治疗、护理以及管理等活动中的违法性行为,包括以下三个内容。

(一) 行为主体

医疗过错的主体必须是医疗机构或者其医务人员。

1. 医疗机构(medical institutions)　是指经医疗卫生行政部门登记、批准并取得《医疗机构执业许可证》,从事疾病诊断、治疗活动的医院、卫生院、疗养院、门诊部、诊所、卫生室以及急救站等机构。

2. 医务人员(medical personnel)　是指根据我国《医师法》《护士条例》等法律法规规定,取得相应的资质并在一定的医疗机构注册执业的医师、护士、药师、技师、医疗机构的管理人员等。只有上述医疗机构及经过合法注册执业的医务人员才是实施医疗侵权行为,承担医疗损害责任的适合主体。

(二) 发生环节

医疗过错必须发生在诊疗护理活动中,或者与诊疗护理相关管理环节。如果侵害行为与诊疗护理活动无关,在一定情况下可能构成其他侵权行为,但不构成医疗损害责任,适用《民法典》人身损害赔偿的一般规定。

1. 诊疗护理活动　是指患者到医疗机构就医从而在医患之间成立医疗服务合同关系之后,医疗机构及其医务人员借助医学知识、专业技术、仪器设备及药物等手段,为患者提供紧急救治、检查、诊断、治疗、护理、保健、医疗美容等维护和改善患者生命健康所必需的活动的总和。其诊疗护理行为包括诊断、治疗、护理、保健等具体的诊疗行为以及相关的管理行为。

2. 与诊疗护理相关的活动　包括:①医疗机构的医疗设施有瑕疵导致患者的损伤;②医院感染控制措施不完善、实施不到位,出现院内感染;③医院后勤不能保障医疗需要,导致医疗仪器设备管理不善,维修不及时,影响医务人员的诊疗护理工作,进而造成患者的人身权及财产权受损;④医院医疗管理制度不完善所致的抱错婴儿。

(三) 违法的医疗行为

医疗过错是一种违法行为,违法行为是指医疗机构或者其医务人员在对患者实施活动时存在违反相关医疗卫生法律法规、行政规章以及其他有关诊疗规范所规定的行为。比如《医师法》《传染病防治法》《献血法》《医疗机构管理条例》《医疗事故处理条例》《医疗纠纷预防和处理条例》《病历书写基本规范》等法律法规、规章制度的规定,严格执行无菌操作、病历书写、病历管理等方面的规定。医疗违法行为的危害性就表现在医疗机构在医疗活动中没有尽到对患者相应权利进行保护的义务,从而在客观上产生侵害患者人身权益的危害结果。

在医疗损害纠纷中,构成侵权责任的主观过错,特指医疗机构或者其医务人员主观上有过失,即,只有在医疗机构或医务人员应当预见自己的行为可能发生危害后果,因疏忽大意没有预见,或者虽然已经预见到,但轻信能避免的心理状态下,实施了违反法律法规的医疗行为,结果导致对患者的损害事实发生,才构成医疗侵权并应承担责任。在医疗侵权诉讼实践中,只要医疗机构或者其医务人员未履行或者违反上述法定义务,就被认定是有过失。违反法律法规的医疗行为主观上的责任态度也称为违反医疗注意义务。医疗注意义务是医务人员在诊疗过程中要始终保持善意,遵守、履行要求与义务,尊重患者的生命权、健康权、身体权的义务。

三、医疗损害后果

医疗损害后果是与医疗行为有关的患者合法权利受到侵害的一个客观事实,是构成医疗损害侵权责任的前提条件之一。

(一) 概念

医疗损害后果(consequence of medical damage),是指医疗机构或者其医务人员在诊疗过程中因医疗过错行为导致患者产生的不利或者不期望的事实和结果,包括不期望发生的患者死亡、残疾、组织器官损伤致功能障碍、病情加重或者病程延长等人身损害或者其他损害的情形。值得注意的是,由于医疗的高风险性与诊疗措施的双刃性,这里所指的损害后果必须是法律明确规定的后果,必须是侵害了患者的受法律保护的合法权利。医疗损害责任的主要内容是侵害患者的生命权、健康权、身体权、财产权,在一定情况下还会侵害患者的隐私权、知情同意权等权利。

(二) 分类

可以将医疗损害后果分为人身损害、精神损害和财产损害。

1. 人身损害(personal injury)　是医疗损害结果中最为直接、最为常见的表现形式,医疗侵权行为造成的人身损害范围主要包括生命权、健康权、身体权受到侵害,进而导致患者死亡(或者丧失生存机会)、残疾或者功能障碍(或者丧失康复机会)等。

(1)侵犯患者的生命权:生命权是指以自然人的生命维持和安全利益为核心内容的人格权。医疗过错行为侵犯患者的生命权主要表现为医疗过错行为致使患者生命丧失,或因过错致使患者丧失了被救治可能挽回生命的机会,即丧失了生存机会。患者生命权遭到损害的一种表现是医方的积极行为,如患者由于诊疗行为出现过错而死亡。比如,腹腔遗留纱布块引发腹膜炎合并感染性休克致死亡。护士误读处方上药物剂量而对患者注射大剂量药物致患者药物中毒死亡等。另一种表现是医方的消极行为,患者由于医方没有履行应有的医疗注意义务或者拖延履行应有的医疗义务而死亡。比如,医师对未及时就诊的脾破裂患者未能在短时间内及时明确诊断而延误剖腹探查手术的时机,因并发失血性休克而死亡。

(2)侵犯患者的健康权:健康权是公民享有的最基本的人格权利之一,为自然人享有保持生理功能正常及其健康状况不受侵犯的权利,其内容主要包括健康保持权和特定情形下的健康利益支配权。医疗侵权行为中健康权的侵害主要表现为:一是表现为对人体正常生理功能的损害,导致生理功能不能或者不能完全发挥相应的功能。比如,在当时的医疗水平下原本可以治愈的疾病未获得治愈;损伤周围正常的组织器官等情形。二是虽然表面上并未使患者的肢体、器官受到损坏,但却导致组织器官功能障碍,比如,大脑受药物损害造成精神障碍或者精神状态异常。三是本可以治愈的疾病,因医疗过错行为,致使患者丧失治愈及康复机会。

(3)侵犯患者的身体权:身体权是指自然人保持其身体组织完整并支配其肢体、器官和其他身体组织并保护自己的身体不受他人违法侵犯的人格权利。对患者身体权的侵害主要表现在未经患者的同意,医生擅自对患者身体的组织器官做了不必要的处置。

(4)侵犯患者的隐私权:所谓隐私权是指自然人享有的私人生活安宁与私人信息秘密依法受到保护,不被他人非法侵扰、知悉、收集、利用和公开的一种人格权。患者的病情和健康状况被视作私人信息和秘密,因此受到隐私权的保障,医疗机构和从业人员有代为保密的义务。如果医疗机构违反《民法典》第一千二百二十六条的规定,在未征得患者同意的情况下泄露患者信息给其他医疗机构或者学术媒体、新闻媒体,甚至直接用于广告向社会发布,即认为其侵犯了患者的隐私权,也在精神损害赔偿考虑范围之内。

(5)侵犯患者的知情同意权:是指医方没有履行告知说明义务,例如《民法典》第一千二百一十九条属于医方应有的法定告知义务的规定,如果造成生命健康的实质性损害后果,按实际损害后果赔偿;如果未造成生命健康的实质性损害后果,但是剥夺了患者及其家属的知情同意与选择权,可以考虑精神损害赔偿。

2. 精神损害(mental damage)　医疗损害中的精神损害指的是受害人的人格权利遭受侵害,而使得受害人在精神上产生痛苦、绝望、怨愤、恐惧、悲伤、羞辱等精神上的负担和折磨。我国从立法上即明确了对患者的精神损害给予保护。《民法典》第九百九十条及第一千一百八十三条、《最高人民法院关于确定民事侵权精神损害赔偿责任若干问题的解释》第一条及第三条的规定,归纳起来医疗损害所涉及的精神损害,可以考虑以下几个方面。

(1)侵害患者身体权、健康权,造成严重精神损害的,比如因医疗过错造成患者严重的容貌毁损、肢体残疾等,患者本人可以向人民法院提起诉讼请求精神损害赔偿。

(2)因医疗过错导致患者死亡的,死者的姓名、肖像、名誉、荣誉、隐私、遗体、遗骨等受到侵害,其近亲属可以向人民法院提起诉讼请求精神损害赔偿。

(3)如果医疗机构在未征得患者同意的情况下泄露患者信息给其他医疗机构或者学术媒体、新闻媒体,甚至直接用于广告向社会发布,侵犯了患者的隐私权,虽然没有造成患者的生命健康权的实质性的损害,患者本人可以向人民法院提起诉讼请求精神损害赔偿。

(4)医方违反《民法典》第一千二百一十九条规定的法定告知义务,如果未造成患者生命健康的实质性损害后果,但是剥夺了患者及其家属的知情同意与选择权,患者本人可以向人民法院提起诉讼请求精神损害赔偿。

3. 财产损害(property damage)　主要指由于医疗机构或者其医务人员的过错行为给患者所造成的经济损失,包括直接损失和间接损失两部分。因医疗侵权行为引起患者的直接财产损失主要包括住院费、护理费、医药费、营养费、交通费、后续治疗费、康复费,医疗单位过度医疗或出售假药给患方造成不必要的经济负担等。间接财产损失指的是患者没有受到医疗侵权行为侵害时应该可以获得的利益,由于医疗机构的医疗侵权行为使得患者丧失了获取相应利益的机会,如误工费等。

四、因果关系及参与度

医疗过错与损害后果之间因果关系是医疗损害侵权责任的一个关键的构成要件,所反映的是违法行为与损害后果之间的引起与被引起的关系,是医疗机构或者其医务人员的违法行为和患者的损害后果之间客观上存在的联系。其中,医疗机构或其医务人员的违法行为发生在前,患者的损害后果发生在后,前者是后者发生的原因,后者是前者引起的结果。这种因果关系是客观存在的而非主观的,是从医学知识出发分析的,必然发生的而不是可能发生的。只有当二者之间存在因果关系时,行为人才应承担相应的民事责任。医疗损害的因果关系分析是通过参与度(或原因力大小)来体现。

(一)概念

医疗损害的因果关系是指医疗过错与损害后果之间的联系形式。参与度(degree of participation)是指多个原因导致一个特定的后果时,被诉对象(原因)在诉讼损害结果的介入程度或者原因力大小,是赔偿医学为法学上确定因果关系而研究发展起来并日趋成熟的新概念,更是因果关系的具体体现。

(二)种类

在司法鉴定实践中将因果关系分为事实因果关系和法律因果关系。事实因果关系(factual causality)是纯粹的事实角度观察侵权行为与受害人的损害后果之间客观的联系。法律因果关系(legal causality)是指侵权行为与受害人的损害后果之间存在事实因果关系前提下,确定侵权行为人是否应当依法承担民事赔偿责任的问题。法律因果关系关注的不是事实本身,而是法律的规定、民事立法和司法政策,以及社会福利和公平正义等价值方面的要素。

在医疗过程中，导致损害结果出现的原因多种多样。在疾病的发展演变过程中，很少存在简单的一因一果的情形，较多存在的情况是多因一果、一因多果，甚至存在有多因多果的情况，包括医疗机构的设施、患者的配合程度、第三方的行为、患者罹患疾病、诊疗行为、营养、自身机体特异性等方面，再加上医疗行为所具有的高度的专业性和不确定性都可能对医疗损害的因果关系带来影响。在医疗侵权纠纷中，患者对于因果关系的证明存在一定困难。因此，不能要求脱离医学科学发展和当前人类认知水平的现状，去追求确定其本质的必然联系，给出绝对准确、客观的"事实因果关系"。同时，也不可能因为现实中有医疗过错、又有人身损害事实，就一概认定二者必定有因果关系。

（三）因果关系分析

由于目前我国法律条文中并没有对因果关系分析做出明确而具体的规定，而因果关系分析却时刻在影响着侵权责任的判定，已成为构成要件不可或缺的关键环节，而该环节又确实难以恰如其分地加以把握。因此，在公正、公平、科学地做出医疗损害侵权责任纠纷司法鉴定意见的过程中，对因果关系依法并且科学地分析判断，有着极为重要的司法实践意义。下面介绍英美侵权行为法中因果关系的分析方法。

1. 因果关系的分析方法　英美侵权行为法在检验因果关系实践中，发展形成了"必要条件"判断理论、"实质要素"判断理论、"盖然性学说"等，并且总结了一套相应的分析方法。以必要条件学说作为事实上因果关系认定之基础，而以实质要素说作为辅助标准。实践中，"必要条件"判断理论，适用单一式因果关系，而"实质要素"判断理论主要应用于复合式因果关系的情形之下。

（1）"若没有则无"法则检验："若没有则无"法则亦称为必要条件法则，若无法则检验适用于必要条件理论，其含义表述为若没有医疗过错行为的发生，特定医疗损害结果便不会发生，则该医疗损害行为与医疗损害结果之间存在事实上的因果关系；若没有医疗过错行为的发生而损害结果仍然发生，则该医疗过错行为与患者医疗损害结果之间没有事实上的因果关系，适用单一式因果关系。

（2）"实质性因素"检验：适用于"实质要素"理论。实质要素法则意为当某一行为系某一结果发生的重要因素或实质性因素时，该行为于结果之间具有因果关系。实质性要素既为法律上因果关系的判断标准，又是事实因果关系的判断标准。实质因素法则是对"若没有则无"法则的补充，其功能在于防范和纠正因使用若无法则产生的不公正结果。而"实质要素"判断理论主要应用于复合式因果关系的情形之下。

（3）盖然性学说：是指一种可能而非必然的性质。高度盖然性，即根据事物发展的高度概率进行判断的一种认识方法，是人们在对事物的认识达不到逻辑必然性条件时不得不采用的一种认识手段。将这种认识手段运用于司法领域的民事审判中，就成为民事诉讼的证明标准。盖然说主要适用于涉及人身损害的公害案件的因果关系，是公害案件中常用的因果关系证明手段。所谓公害案件又称为毒物侵害，是指长期暴露于低浓度的有害物质中而造成非特异性疾病损害的侵权案件。该学说主张，即便受害人无法提出严密的科学证明，但如果受害人可以证明暴露于有害物质，其所患疾病为有害物可能引发的疾病，并能排除其他因素致病的可能性后，可认定因果关系成立，即有害物与疾病生成之间存在因果关系的盖然性大于不存在因果关系之盖然性，可认定有害物排放与患者损害之间的因果关系成立。

需要强调的是，盖然性理论是一种并非完整意义上的因果关系认定理论，是因果关系证明方式的一种。其一改传统理论由于资料及知识不足即认定因果关系不成立的法律立场，立足于侵权行为法所追求妥当、公平、合理分担损害的精神，正视公害案件因果关系之证明难度，在综合考察、深入分析现有可得证据的前提下，对因果关系做出判断。

2. 参与度评定　在医疗损害鉴定实践中，参与度评定是指当医疗损害后果是由于医疗过错行为和患者自身因素（如就诊时自身疾病的严重程度、患者的依从性、患者机体对药物的特殊异常反应等),医疗本身的高风险性,以及当前医学科学水平下,人们对该疾病的认知和治疗水平的局限性和不可完全预知性等共同作用引起,通常需对医疗过错在患者的医疗损害后果中原因力大小进行分析和评定。参与度是法庭裁判医疗过错行为法律责任程度的重要依据,是医疗损害鉴定的重要内容之一。原因力(causative potency)是指在造成特定损害后果的共同原因中,医疗过错行为和其他因素对损害结果的发生或扩大所发挥的作用力。实质上,原因力的区分也就是因果关系程度的区分。

五、不同专业的医疗损害及发生原因

在临床诊疗实践中,医疗损害可以发生在诊疗活动的各个环节,包括手术治疗、麻醉、药物治疗、护理活动、医疗整形、医疗管理等。不同的诊疗活动产生的医疗损害原因存在一定差异性。

(一)外科相关医疗损害及原因

外科以各类手术为治疗手段,因具有其特殊性,是医疗纠纷发生的高发科室,其产生的损害和原因也是多方面多类型的,主要体现为:①外科作为手术科室,主要采用各种不同的手术对人体开展有创性治疗,其风险性较其他科室明显增高,可能会因手术过程中操作失误或者操作不规范、不细致而损伤术区或周围区域正常的解剖结构;②外科系统包含骨科、普外科、神经外科等诸多科室,病种多、病情复杂,以外伤为主的急危重患者多,急诊手术较多,容易因术前检查不完善、准备不充分、错误而导致手术效果不佳甚至失败;③术前准备不充分,对疾病诊断、医疗风险等缺乏应有的预见性评估,此种情形往往见于医务人员基于自身经验盲目开展诊疗,缺乏对相关并发症的掌握;④手术时机和手术适应证、禁忌证把握不严,可能会扩大或延误患者原本的病变的诊疗;⑤术后观察不仔细,并发症和后遗症发现、处理不及时,严重时患者可能因术后并发感染、失血死亡;⑥未按照有关规范,开展新医疗、新技术,缺乏应有的技术和设备。

(二)妇产科相关医疗损害及原因

妇产科病患群体相对比较特殊,导致医疗纠纷发生率始终位居所有科室前列。妇产科包括妇科和产科两个部门,其治疗手段既有手术,也有常规的药物治疗,同时患者包涵非孕期女性、孕产妇与新生儿,故妇产科的医疗损害类型多样。常见的医疗损害有:①新生儿死亡、脑瘫、臂丛神经损伤、感染、产伤等,妊娠生产本身即为一项高风险的事件,若医务人员在孕期、产程或生产过程中出现用药错误、告知不足、手术操作不当等过错诊疗行为,难免产生不良的医疗后果;②孕产妇死亡、感染、子宫切除、生育力丧失等,产生原因多见于医务人员诊疗过程中术前检查不充分、手术指征把握不准确、手术操作不规范、对病情变化的注意程度不够等;③非孕期女性患者的错误诊治、延误诊疗,通常由于对疾病认识不足、病情检查不够完善、未严格履行告知义务等。

(三)麻醉相关医疗损害及原因

麻醉通常是与手术治疗相伴随的,可以简单地分为局部麻醉和全身麻醉。因此,麻醉最常见的医疗损害是麻醉意外和并发症引起的患者死亡、植物人、肢体瘫痪等。通常是由于操作失误、术前风险评估不足、术中监测疏忽大意、术后并发症处理不及时等。现代麻醉由于监控设备的完善,麻醉的安全性得到了显著的提高,麻醉产生的医疗损害明显减少,因而麻醉相关的医疗纠纷发生率较低。

(四)药物治疗相关医疗损害及原因

临床因药物引发的医疗纠纷,常见的类型包括:①医务人员业务水平不高,因临床经验不足、疾病诊疗认识不清、药理知识缺乏等导致用药出现偏差,如违反药物禁忌证、忽视药物毒副作用等,从而致使患者出现药物不良反应;②医务人员未尽到注意义务,导致本可以避免的并发症或医疗意外出现;③与患者的沟通不到位,患者通常会关注药物的毒副作用,因而有必要将药物使用相关注意事项详细告知患者;④药物质量低劣引发的不良反应;⑤患者个体因素,每个患者的体质不同,有些药物可能对某些个体特别敏感,或者患者不遵医嘱造成药物毒副作用的发生。

（五）护理相关医疗损害及原因

护理工作一般包括监测患者生命体征、患者生活护理、收集相关待测样本、记录病情变化等。因此,护理人员与患者及其家属的接触往往比医生更多、更深入,双方的纠纷也呈现比较高的比例。常见的损害及原因有:①工作缺乏责任心,粗心大意,未按时监测并记录患者血压变化等;②护理业务水平不高是产生纠纷的一个重要原因,如输液、抽血的基本技术,生命体征监测设备的正确观察和使用等;③服务态度差,一旦诊疗过程中有不良后果,护士的不良态度可能引发纠纷。例如,护士因粗心大意忘记给患者做青霉素皮肤敏感试验而引发患者过敏死亡,或者护士漏发了降压药致使患者出现脑出血等,造成的医疗损害后果就比较严重。

（六）医疗整形相关医疗损害及原因

医疗美容简称医美,是运用美容技术对个体的容貌和形体进行塑形的一种医疗服务,通常涉及一定范围的有创性治疗。近年,全国各种类型和层次的医疗整形、医疗美容机构层出不穷,每年约有几十万人接受医美手术。因而医美产生的纠纷案件也屡见报道。医美与一般的临床医学专业有所不同,具有一定的特殊性。医美的患者并非传统意义上"疾病"患者,而且这类患者对隐私权、选择权、知情同意权的要求更高。常见的损害类型和原因包括:①医美技术水平不足,造成美容手术的失败,轻者未能达到理想的效果,重者丧失正常的容貌和形体特征;②医方一味追求高收益,违反法律法规开展医美服务;③医务人员对美容手术的并发症认识不够、处理不当,如抽脂手术引起脂肪栓塞。

（七）医疗管理相关医疗损害及原因

医疗管理作为医疗机构正常运行的基本保障,涵盖的内容十分广泛,从人员培训管理、设备耗材采购,到用电用水保障、医疗垃圾处理等,各个环节都属于管理的范围。每个环节发生不良事件都可能引起医疗纠纷。比如,正在进行的手术室突然停电,因相关供电工作人员脱岗致使备用配电设备无法启用,造成手术无法完成导致患者死亡等。但是,总体而言,医疗管理引发的医疗纠纷案件并不多见,特别是近年来随着经济水平的提高,医疗机构的各项保障措施投入进一步加大,能够更好地满足各项医疗服务的开展。

第三节　医疗损害的鉴定

- 鉴定内容包括诊疗行为是否存在过错、损害后果、医疗过错与损害后果之间因果关系及原因力大小。
- 死亡与残疾或者功能障碍是患者最常见的损害后果表现形式。
- 医疗损害鉴定中不同损害后果的因果关系判断情形及原因力大小或参与度的评定,涉及数理统计的内容可以参考相应专业的流行病学资料中的概率来明确。
- 原因力大小分为六种类型:全部原因、主要原因、同等原因、次要原因、轻微原因、无因果关系。

在处理医疗纠纷过程中,医疗损害鉴定是解决医疗技术层面问题的关键环节和有效手段。根据《医疗纠纷预防和处理条例》的规定,目前,我国存在医疗损害司法鉴定和医疗损害医学鉴定的"二元化"鉴定模式。《民法典》《最高人民法院关于审理医疗损害责任纠纷案件适用法律若干问题的解释》等法律法规明确规定了医疗损害鉴定的内容,包括判定诊疗行为是否存在过错、明确损害后果、分析过错行为与损害后果之间是否存在因果关系及其原因力大小等内容。

医疗损害司法鉴定(forensic identification of medical damage)是法医鉴定人通过审查病历资料、听取医患双方陈述意见、检查被鉴定人或复阅病历资料,对医疗行为是否存在过错、患者的损害后果以及医疗过错与后果之间的因果关系及其原因力大小进行分析判断的过程。

一、医疗过错的判定

医疗过错的判断标准分为主、客观判断标准。主观判断标准是判断医方违法行为的主观方面是否存在过失(包括疏忽大意的过失和过于自信的过失),客观判断标准是指判断医方是否违反了医疗卫生法律法规及医疗注意义务的客观行为,鉴定实践中,往往采用客观判断标准,遵循以下判定规则。

1. 是否违反现行卫生法律、法规 《民法典》第一千二百二十二条第一款规定"违反法律、行政法规、规章以及其他有关诊疗规范的规定,患者受到损害,推定医疗机构有过错"。

2. 是否违反医疗注意义务和注意标准 《民法典》第一千二百二十一条规定"医务人员在诊疗活动中未尽到与当时的医疗水平相应的诊疗义务,造成患者损害的,医疗机构应当承担赔偿责任"。这里的"诊疗义务"包括"医疗注意义务"。

医疗注意义务(duty of care)是医务人员在诊疗过程中要始终保持善意,遵守、履行要求与义务,尊重患者的生命权、健康权、人格权的义务。它是医疗过程中的一种法定义务,是确保医疗行为合法性的重要依据之一。未重视和履行医疗注意义务则易导致过错行为。

医疗注意义务包括一般注意义务和特殊注意义务。一般注意义务,也称善意注意义务或保护义务,是指医务人员在医疗服务过程中对患者生命与健康利益的高度责任心,对患者人格的尊重,对医疗服务工作的敬业、忠诚和技能追求上的精益求精。特殊注意义务是指在具体的医疗服务过程中,医务人员对每一环节的医疗行为所具有的危险性加以注意的具体要求。医务人员对患者具有提供医疗服务的义务,并且对患者所发生的疾病,以及疾病、治疗所引起生命健康上的危险性具有预见和防止的义务,也即医疗危险注意义务。

判断一个医师是否存在过错,重要的依据就是看他在为患者提供服务的过程中是否尽到了医疗注意义务,而相应的判断标准即为注意标准(standard of care)。在司法实践中,我国目前尚无明确规定,但可以参照英美法系国家对医务人员和医疗机构的规定,涉及不同的医疗注意义务的判定标准。

在英美法系国家,对于一个普通的医师来说,在为患者提供服务时应尽到下列注意义务:①有义务具备同一地区或相似地区,并在相同的条件下从业的知名医师通常所具有的学识和技术;②有义务使用同一地区或相似地区,并在相同条件下从业的知名专业人员在相同的病例中通常使用的注意和技术;③有义务在实施技术或应用学识时,使用合理的智慧和最佳判断;④未能尽到上述任何一种义务就是过错。

对于一个从事于特殊领域的专科医师来说,其注意义务与普通医师略有不同。作为专科医师,在为患者提供服务的过程中应该尽到"专家义务"(duty of specialist),需具有从事于相同领域和相同或相似地区、在相同的条件下的知名专家通常所具有的知识和技术,并能使用这些专家通常所使用的注意和技术。未能尽到上述义务就是过错。

对于医疗机构来说,其应承担的注意义务是:①雇用有能力和合格的医务人员;②对其雇用的医务人员进行必要的培训和指导;③为医务人员提供合适的设备和仪器;④建立必要的安全和保障系统;⑤规范超胜任力范围的治疗行为。

不良结果预见义务和不良结果回避义务是注意义务的一种特殊形式,在于预见发生不良损害结果的可能性,舍弃该行为或者提高注意并采取安全措施,避免不良损害结果的发生,是判断诸如手术并发症和药物不良反应引起的医疗纠纷诉讼中医生是否存在过错行为的一个重要原则。

3. 是否尽到"说明义务"及获得患者或者患者近亲属的"明确同意" 说明义务在医疗损害责任赔偿纠纷中具有特殊的地位,是获得患者明确同意的前提条件,与患者能否充分享有知情权和选择权紧密相关。

《民法典》第一千二百一十九条规定的明确同意,包括明确和同意两个要素。明确是建立在医师充分履行了告知说明义务基础之上,同意是建立在充分知情基础之上。患者在明确知情的基础上能够对拟采取的手术或治疗方法做出决定,同意才具有法律约束力。明确需要医务人员采取充分的方式说明并使患者或者其近亲属确切了解、认识拟采取的诊疗方法。同意的方式是多种多样的,除常规的书面同意外,还包括口头的和行为的,甚至只是特定条件下的一个姿势,能够反映患者或者其近亲属明确的意见即可。例如需要实施手术、特殊检查、特殊治疗的,医务人员及时向患者说明了医疗风险、替代医疗方案等情况,采取录音、录像或者签字书面同意等方式,获得明确同意。否则,即使切除患者的是病变器官,但由于没有获得患者的明确同意也要承担不利的后果。因此,没有书面同意不等于不同意,应根据不同的情况具体问题具体分析。医师没有义务去讨论常用治疗方法中固有的、较小的危险性,因为这些治疗方法很少引起严重的后果。在我国司法实践中,医疗机构如果因未能尽到说明义务而给病员造成损害是要承担过错赔偿责任的。

二、医疗损害后果的判断

医疗损害后果是构成医疗损害侵权责任的要件之一,常见的表现形式包括:死亡(或者丧失生存机会);残疾或者功能障碍(或者丧失康复机会);错误生产、出生和受孕;其他损害,如患者原有病情加重或病程延长、诊疗费用出现不应有的增加,健康状况相对于诊疗前有所恶化等情形。

1. 死亡与丧失生存机会

(1)死亡(death):在医疗侵权中的表现为患者生命丧失,即患者死亡,是最严重的损害后果。例如,医方违反医疗常规未进行药物过敏试验,致患者用药后药物过敏死亡;医方未对摔跌伤患者的血压进行必要的监测,患者因脾脏破裂出血并发失血性休克而死亡。

(2)丧失生存机会(loss of chance of survival):是相对于死亡后果而言,属中间损害(过程性损害),而不是最终损害后果。是指患者自身疾病有一定的致死可能,但因医疗损害的发生使死亡未能得到有效避免。在一些案例中,医疗损害的发生是患者自身疾病和医疗过错共同作用的结果,尤其是当患者患有绝症或治愈率较低的某种疾病,如就诊时已处于恶性肿瘤晚期,疾病本身的死亡率较高,医方没有依据诊疗规范进行相应处置而存在明显严重过错,且过错与患者的死亡存在因果关系;然而,即使医生严格按照医疗规范实施诊疗且无任何过错,患者的生存机会(概率)因疾病本身的严重性也很难改变,那么按照传统侵权法律上因果关系理论的"全有或全无原则",就会存在赔偿不足和毫无威慑的问题。对于此类情况,应该在鉴定意见中明确说明患者因医疗过错行为导致患者丧失了一定的生存机会或生存期。如果某种疾病的生存期有统计学调查结果的,可具体说明生存期的长短。

在我国目前有关机会丧失案件的法律规定尚不明确,但是在行业鉴定指南及司法实践中已经承认"丧失生存机会"是损害后果的一种表现形式,并作为医疗机构或医务人员承担医疗损害赔偿的重要依据。部分法院的判决书中已经出现诸如因医务人员的医疗过错行为致患者"丧失生存机会"的判词,由此可见作为医疗损害鉴定必须正确理解"丧失生存机会"作为医疗损害后果的真正含义并能够对此进行正确判断。

2. 残疾、功能障碍与丧失康复机会

(1)残疾或功能障碍(disability or dysfunction):为较严重的损害后果,指患者的肢体、器官、组织结构破坏或者不能发挥正常的生理功能,无法从事正常的工作(或学习),日常活动能力或日常生活自理能力部分受限,或者存在医疗依赖、护理依赖,或者有时需他人适当给予帮助的情形。此类医疗损害后果是由于医方的过错行为导致患者残疾或者功能障碍,侵犯了患者的健康权或者身体权。例如,切除病侧器官时,误切患者健侧器官而造成功能障碍;在切除卵巢囊肿时不慎将髂总动脉离断。

(2)丧失康复机会(loss of chance of rehabilitation):相对于残疾后果而言,属中间损害(过程性损害),而不是最终的损害后果。是指患者自身疾病具有导致残疾或功能障碍的可能性,但医疗损害的发生使残疾未能得到有效避免。在医务人员出现医疗过错行为之前,如果患者能够得到适当治疗的

话,则存在一定的康复机会,而由于医务人员的过错行为导致患者丧失了该机会。每个患者都有一定的获得康复的可能性,不管这个可能性的大小是多少,而医务人员的过错使得这些康复的可能性减少了,也就是康复的机会在一定程度上丧失了,那么医方就应该对患者康复机会的丧失承担责任,当然医方不可能因此负担患者损害的全部责任。国外许多医疗纠纷诉讼中对于类似案例采取的做法是:如果原告能够证明被告的行为在一定程度上使患者的病情加重或者导致残疾、功能障碍的损伤后果,被告也应该对原告损失的那部分康复机会进行赔偿。

目前,我国的相关法律和法规还没有明文规定将"丧失康复机会"作为一个独立的损害后果,但在行业鉴定指南中已经将其列为损害后果形式,并且部分法院的判决书中已经出现诸如因医务人员的医疗过错行为致患者"丧失救治机会"或"丧失治疗时机"的判词,可以认为在我国的司法实践中已经承认"丧失康复机会"也是医疗损害后果的一种表现形式,因此有必要明确如何确定"丧失康复机会"以及丧失康复机会给患者所造成的实际损害。

显而易见,"丧失康复机会"与"丧失生存机会"实际上并非一般意义上的最终的损害后果,而是一种中间后果或者中间过程。此处之所以要特别将其列出并加以重点关注,主要是由于其与一般死亡及残疾等损害后果相比具有显著的不同,厘清其中的异同,有助于在司法鉴定或者司法实践中准确把握因果关系的分析与责任程度的判定。

一般认为,机会丧失医疗损害案件大致具有如下特点:①患者所丧失的机会是一种客观存在的可能性,可以通过现行卫生法律、行政法规、部门规章、诊疗规范的规定或者大样本流行病学调查结果加以证明;②丧失的机会具有现实性,不能以仍处于实验室阶段或者临床试验中的治疗措施作为追诉理由;③当最终损害后果实际上并未发生时,一般不能以理论上的损害后果作为丧失机会的追诉理由;④除非损害事实的可能原因是限定的,一般不应同意排除所有其他可能性的要求,也不应对发生概率很小的事件加以证明。

3. 错误生产、出生和受孕

(1)错误生产(wrongful production):也称为错误分娩(wrongful delivery),是就新生儿的父母而言,孕妇怀孕期间虽经产前检查,但因医方过错,而未发现异常,最终分娩缺陷婴儿。错误生产这一概念是引用美国侵权行为法上的概念,此概念在国外也存在一定争议,有观点认为,生命、出生、妊娠或怀孕本身不存在非法性,无所谓错误,而由于医师的过错导致父母自主决定是否生育该婴儿或是否生育该缺陷婴儿的权利受到剥夺或否定,在身体、感情以及财产状况上承受了由此带来的不利影响。错误生产自20世纪中期在国外就已经是争论的热点话题,即使现在,不同国家和地区仍持有不同的态度。目前我国行业内专家已初步达成共识,将"错误生产"确定为损害后果的一种形式。

(2)错误出生(wrongful birth):也称为不当出生,主要指由于医疗机构没有检测出或错误检测了孕妇胎儿的遗传性疾病或先天性缺陷,致使未能告知准父母足够可靠的信息,使其未知胎儿的真实情况而产下先天性缺陷的子女。错误出生侵犯了患方的优生选择权和知情权,因其"错误出生",患儿将度过"漫长、困难、痛苦"的人生,因此提起诉讼要求医疗单位给予必要的经济补偿。这是基于一个重要的理念,即优生选择权是对于胎儿进行选择的权利,是父母的合法权益,只有该权益受到侵犯,才会发生错误出生的后果。根据我国《人口与计划生育法》第三十条规定:"国家建立婚前保健、孕产期保健制度,防止或者减少出生缺陷,提高出生婴儿健康水平。"怀孕的父母都希望自己生下的是健康的婴儿,并且通过医院产前检查来最大限度地规避生下残障婴儿的风险,孩子当然也"期望"自己拥有健康,但由于医师的过错导致产妇产下残障婴儿。如果医师在通过检查查明胎儿先天缺陷的情况并向其父母告知,包括提出客观的终止妊娠的建议,也许就不会有残障婴儿的出生。另外,我国《母婴保健法》第十五条、第十六条和第十八条就知情权方面也做出了规定,如医师发现胎儿有异常情况或者发现、怀疑育龄夫妻患有严重遗传性疾病的应当予以说明。在错误出生案件中,医疗机构未告知胎儿父母有关胎儿存在异常可能的情况,明显侵犯了其知情权和优生选择权,反过来也就侵犯了婴儿的健康"出生"权。

（3）错误受孕（wrongful conception）：指因医疗机构施行绝育手术或者使用避孕药物不当,造成妇女意外受孕,而由孩子双亲提起的诉讼,要求对孩子出生所要支付的抚养费用对医师主张损害赔偿。错误受孕与错误生产都发生在孩子父母和医疗机构之间,但两者存在很大的区别:错误受孕中的婴儿出生时是健康的,而错误生产案件中的婴儿出生时就带有残障或者疾病;错误受孕中父母就诊的目的是进行绝育或避孕,由于医疗机构的损害未能达到目的。错误生产案件中受孕父母的目的是为了优生优育,避免残障婴儿的出生,而医方过错导致残障婴儿的出生。在此类案件中,讨论的焦点是错误受孕中生下的是健康的婴儿,健康的婴儿能否视为对父母的损害。美国大多数州的法院都认可在错误受孕案件中医疗机构存在对患者的损害。法国法院则认为没有理由将健康婴儿的诞生视为一种损害并就此提起赔偿请求。因结扎手术失败导致原告怀孕的案例中,部分德国学者认为医疗机构侵害了原告的身体权,原告可以以此为由请求赔偿。

需要特别说明的和有待于探讨的是,错误生产、出生和受孕的损害后果的实质是丧失出生、生育选择的机会,而非出生、生育本身。换言之,该类损害后果也属于机会丧失理论的广泛范畴内容。

4. 其他损害

（1）组织器官轻微损害或者功能障碍:与残疾相比,其损害后果相对轻微,患者的肢体、器官、组织虽有部分受损,但仍然能够发挥基本正常的生理功能,可从事工作(或学习),未因此造成日常活动能力或日常生活自理能力的受限,不存在医疗依赖、护理依赖的情形。

（2）使患者原有病情加重或病程延长:因不得不采取更多的诊疗措施导致患者经受比通常情况更多的痛苦或者患者的病程或其疾病诊疗的临床过程较通常情况延长,而这种病情加重或病程延长在患者得到适当诊疗的情况下,或医务人员不发生医疗过错行为的情况下是不会发生的。

三、因果关系分析及参与度评定

医疗过错与损害后果之间的因果关系问题是医疗损害侵权责任法医学鉴定中最复杂、最容易引起争议的问题。解决医疗过错与损害后果之间的因果关系问题,需解决两个关键问题,一是"事实因果关系"与"法律因果关系"的关系问题;二是医疗过错的参与度问题。就前者而言,医疗损害司法鉴定主要是解决事实因果关系,法院、医疗纠纷人民调解委员会等机关判决或调解时还要结合法律因果关系综合判断,因此,医疗损害司法鉴定的目的理论上是尽可能给出准确、客观的"事实因果关系"。在实践中,多数情况下,鉴定人依医学原理和专业理论知识可以解决,然而,由于医学科学发展和当前人类认知水平的限制,有时很难实现"事实因果关系"的判断,借鉴"法律因果关系"的判定方法,只能依医学原理和专业理论知识,认为一般在其他相同情形下,同样医疗过错能导致同样损害结果的时候,判断是否存在"相当因果关系"。"相当因果关系"属于法律因果关系的范畴。实践中对医疗损害的因果关系的判定是专业性极强的问题,很多情况下必须借助医学会、司法鉴定机构等专业机构的鉴定意见才能得以确定。

1. 因果关系分析及参与度评定原则

（1）专业性原则:医疗过错与损害后果的因果关系分析及参与度判定,属于专业技术范畴,鉴定人必须具备丰富的医学知识储备,无医学相关专业知识背景者,不宜对医疗过错与损害后果的因果关系分析及参与度进行判定。

（2）客观性原则:因果关系是因和果之间的引起与被引起的关系,是客观存在不以人的主观意志为转移的。存在医疗过错和损害后果是进行因果关系分析及参与度判定的前提,比如,无医疗过错或损伤后果存在,则无医疗过错及其损害后果的因果关系存在,也无须评价参与度。对于参与度的判定,尽可能减少主观因素的干扰。

（3）相对性原则:医疗过错和损害后果之间的因果关系,无须过于注重区分直接或间接因果关系。参与度的判定是可能性的判定,而非必然性的判定。目前无论从医学科学、临床医学技术的发展实际,还是从鉴定科学的进步程度,一般都难以做出绝对的、必然性的判定。大部分情况下,相似案件之间参与度的判定,存在参考价值,而无完全比照的价值。

（4）时间序列性原则:原因在前,结果在后,两者的顺序不能颠倒。

（5）条件性和具体性原则:因果关系都是具体的有条件的,必须在具体疾病种类、病情危重程度、特定时间、特定医疗机构条件等一定的范围内进行客观分析。

（6）复杂性原则:在医疗损害责任纠纷中,一因多果、多因一果或多因多果均不少见,要具体分析、充分阐述各种复杂的因果关系。对医疗过错行为、疾病的性质、就诊时病情的严重程度、当前医学科学对该疾病的认知和治疗水平、患者的依从性等因素,综合周密考虑,不应有所偏废、遗漏。

2. 因果关系分型　就医疗过错的参与度问题而言,在多个原因引起一个损害结果时,多因素共同作用,每一个原因对损害后果具有不同的作用力;医疗机构只承担由其医疗过错行为所引起的损害后果。医疗损害参与度的认定所要解决的是医疗损害行为对损害结果的发生所起作用的比例和概率大小问题,并进而确定医疗主体的赔偿责任范围和比例。

应特别指出,切忌将医疗过错的参与度与责任程度相混淆,医疗行为在医疗损伤后果中的参与度和责任程度是两个完全不同的概念,前者属于事实因果关系范畴,表示医疗机构的医疗过错行为在所造成的医疗损害后果中的原因力大小,属于司法鉴定应予以分析和判定的内容;而后者属于法律因果关系范畴,表示医疗机构对其医疗过错行为造成的医疗损害后果中应承担的责任大小,属于法官应予以判定的内容。司法鉴定意见中应避免使用"责任"或"责任程度"等法律用语。目前在医疗损害司法实践中,无论从医学科学、临床医学技术的发展实际,还是从鉴定科学的进步程度,一般都难以做出绝对的、必然性的判定。加之,医疗损害司法鉴定主要是解决事实因果关系,法院、医疗纠纷人民调解委员会等机关判决或调解时还要结合法律因果关系综合判断,所以鉴定意见并不要求写明具体的百分比数值。基于此,《最高人民法院关于审理医疗损害责任纠纷案件适用法律若干问题的解释》中已对鉴定意见中医疗过错原因力大小如何表述作出了明确的规定。一般来说,鉴定意见中表述的原因力大小和参与度可以分为以下六种类型。

（1）全部原因:医疗损害结果完全由医疗过错行为造成的,二者为直接因果关系,若没有医疗过错,则损害后果必然不会发生。如医务人员违反医疗常规未进行药物过敏试验致使患者用药后因发生严重过敏反应而死亡。患者死亡的原因完全是由于医务人员的医疗过错行为所造成的。

（2）主要原因:医疗损害结果主要由医疗过错行为造成,其他因素如患者病情本身的特点、自身健康状况、体质的特殊性或者限于当时医疗水平等因素为次要作用,若没有医疗过错,则损害后果一般不会发生。如失血性休克的患者由于医务人员检查不仔细（漏诊、误诊）以致延误抢救造成患者死亡,患者的死亡主要是由医务人员的医疗过错行为造成的。再如骨折患者因为复位或固定不当造成骨折畸形愈合、影响骨关节功能的,残疾或功能障碍主要是由医务人员的医疗过错行为造成的。

（3）同等原因:医疗损害结果由医疗过错行为和其他因素（如患者病情本身的特点、自身健康状况、体质的特殊性或者限于当时医疗水平等）共同造成,若没有发生医疗过错,或者没有患者的自身因素（和/或限于当时医疗水平等因素）,损害后果通常情况下都不发生。医疗过错和患者自身因素在损害后果形成的过程中,所起的作用基本相当,难分主次。

（4）次要原因:医疗损害结果主要由其他因素（如患者病情本身的特点、自身健康状况、体质的特殊性或者限于当时医疗水平等）造成,医疗过错行为仅在损害后果的发生或进展过程中起到了促进或加重作用,即使没有发生医疗过错,损害后果仍然有较大的可能会发生。如对于那些涉及恶性肿瘤、严重颅脑外伤、大面积心肌梗死的患者,死亡的主要原因是其本身病情危重,而非医疗过错行为,可以认为医疗过错造成患者的生存机会丧失。再如椎间盘突出行椎间盘切除术后,患者的症状并未得到改善甚至有所加重,即使存在医疗过错行为,但造成患者残疾或肢体功能障碍的主要原因不在于医疗过错行为,而主要是病情难以恢复或继续发展。再如严重颅脑损伤的患者,虽经抢救可以挽救生命,但疾病本身预后差、致残率高。因此,不能把致残或功能障碍归咎于医务人员的医疗过错行为。

（5）轻微原因:医疗损害结果绝大部分由于其他因素(如患者病情本身的特点、自身健康状况、体质的特殊性或者限于当时医疗水平等)造成,医疗过错行为仅在损害后果的发生或进展过程中起到了一定的诱发或轻微的促进和加重作用,即使没有发生医疗过错,损害后果通常情况下仍然难以避免。

（6）无因果关系:医疗损害结果完全由其他因素(如患者病情本身的特点、自身健康状况、体质的特殊性或者限于当时医疗水平等)造成,与医疗行为不存在本质上的联系。

第四节　医疗事故

- 医疗主体的医疗过失行为是构成医疗事故的必备条件。
- 是否构成医疗事故需由医学会进行医疗事故技术鉴定。

在公开、公平、公正、及时、便民的原则下,医疗卫生行政主管部门依照法规对医疗事故进行处理。

一、医疗事故的概念与构成条件

医疗事故(medical negligence)指医疗机构及其医务人员在医疗活动中,违反医疗卫生管理法律、行政法规、部门规章和诊疗护理规范、常规等,因过失造成患者人身损害的事故。

医疗事故的构成主要包括四个方面:医疗机构及其医务人员、违法性的医疗行为、损害后果、医疗行为与后果之间存在因果关系。医疗事故分为四个级别。医疗事故的认定需要综合分析、正确判断。

（一）医疗事故的构成

医疗事故的构成需要满足四个要件:主体是医疗机构及其医务人员,发生了违法性的医疗行为并产生了损害事实且二者之间存在因果关系。

1. 主体是医疗机构及其医务人员　医务人员指经过考核和卫生行政部门批准或承认,取得相应资格及执业证书的各级各类卫生技术人员。医疗机构与医务人员具有隶属或者雇佣关系,医务人员应当在获得诊疗资质的前提下履行诊疗义务,且诊疗行为必须是发生在工作时间和工作场所内,此种情形下二者均可作为医疗事故的主体。目前医务人员按其工作性质可以分为4类:①医疗防疫人员(包括中医、西医、卫生防疫、地方病及特种病防治、工业卫生、妇幼保健等技术人员);②药剂人员(包括中药、西药技术人员);③护理人员(包括护师、护士、护理员);④其他技术人员(包括检验、理疗、病理、口腔、同位素、放射、营养等技术人员)。

2. 存在违法性的医疗行为　医务人员是诊疗行为的直接施行者,必须严格依照相关医疗卫生管理法律、行政法规、部门规章和诊疗护理规范、常规等履行诊疗义务,违法性并非特指医疗相关法律条文,而是上述相关规定的泛称;而且,违法的医疗行为并非故意产生,而是一种医疗过失行为。

3. 给患者造成人身损害后果　患者人身权、健康权在医疗机构诊疗期间受到侵害导致了人身损害的后果,这种后果的常见表现形式为患者死亡、残疾或者器官功能障碍。需要特别指出的是,与医疗损害后果不同,医疗事故中的损害后果为人身损害,并未包含患者财产权的损害。

4. 违法医疗行为与患者人身损害之间存在因果关系　因果关系是判定医疗事故的前提,也是鉴定中的难点和重点。这里所讲述的因果关系为事实上的因果关系,即医疗过错行为事实与人身损害后果事实之间存在因果关系,既可以是直接因果关系,也可以是间接因果关系。

（二）医疗事故的分级标准

医疗事故的分级对公正、公平地处理医疗事故有着重要意义,不但涉及卫生行政部门对医疗事故的责任划分;也涉及对事故责任机构或责任人的处罚轻重,及对患方的赔偿数额。医疗事故分级的根据和原则是当事患者人身损害的程度。按照《医疗事故分级标准(试行)》,将医疗事故分为四级。

1. **一级医疗事故**　指造成患者死亡、重度残疾的医疗事故。
2. **二级医疗事故**　指造成患者中度残疾、器官组织损伤导致严重功能障碍的医疗事故。
3. **三级医疗事故**　指造成患者轻度残疾、器官组织损伤导致一般功能障碍的医疗事故。
4. **四级医疗事故**　指造成患者明显人身损害的其他后果的医疗事故。

《医疗事故分级标准(试行)》是医学会专家鉴定组进行医疗事故技术鉴定的基本根据和原则,是卫生行政部门做出行政处罚或处分的规章依据,同时也是患者及其近亲属向医疗机构主张赔偿的依据。

二、医疗事故的处理

《医疗事故处理条例》对医疗事故的处理做出了明确具体的规定,处理医疗事故应当遵循公开、公平、公正、及时、便民的原则,坚持实事求是的科学态度,做到事实清楚、定性准确、责任明确、处理恰当。医疗事故的处理由医疗机构的行政主管部门负责。发生医疗事故后,医疗机构应当向所在地卫生行政部门报告。

(一) 医疗事故处理注意事项

1. **时效性**　导致患者死亡或者可能为二级以上医疗事故,或者导致 3 人以上人身损害后果的,属于重大医疗过失行为,医疗机构应在 12 小时内向所在地卫生行政部门报告。

2. **病历资料的封存和启封**　医患双方对事故有争议时,应在双方的现场见证下封存和启封全部病历材料,包括入院记录、病程记录、会诊意见、死亡讨论记录、手术记录、各项检查报告单、护理记录等,并由医疗机构保管。

3. **检验鉴定事项**　疑似输液、输血、注射、药物等引起不良后果的,医患双方现场见证对实物进行封存和启封,并由医疗机构保管;需要检验的,由双方共同委托或卫生行政部门委托有资格的检验或者鉴定机构进行。

4. **尸体解剖**　医患双方不能确定死亡原因或者对死亡原因存在异议的,应当在患者死亡后 48 小时内进行尸体解剖查明死因;具备冷冻条件的,可以延长至 7 日,超过此时限影响鉴定结果者,由拖延一方承担责任。尸体解剖机构需要具备鉴定资质,医患双方可以委派代表观察尸检过程。

5. **处理途径**　卫生行政部门接到医疗机构关于重大医疗过失行为的报告或医疗事故争议处理的申请后,可以交当地或上一级医学会组织进行医疗事故技术鉴定。经鉴定后,认定属于医疗事故的,卫生行政部门依照规定对医疗机构和医务人员做出行政处理;医患双方对鉴定意见存在异议的,可以申请重新鉴定,或者向人民法院申请调解或诉讼。

(二) 医疗事故技术鉴定

医疗事故技术鉴定(technical appraisal for the medical negligence)是医疗事故行政处理的关键环节。县级以上地方人民政府卫生行政部门负责本行政区域内医疗管理工作,并由县级卫生行政部门受理医疗事故或其争议处理申请。但如果涉及患者死亡或可能是二级以上医疗事故或国家卫生健康委员会、省、自治区、直辖市卫生健康委员会规定的医疗事故争议时,应当向上一级人民政府卫生行政部门移交。上一级卫生行政部门受理后经审查其申请符合规定的,应交由负责医疗事故争议技术鉴定工作的医学会组织鉴定。

从事医疗事故技术鉴定工作的医学会包括设区的市级地方医学会及省、自治区、直辖市直接管辖的县以及县级市地方医学会,负责组织本地区医疗事故争议的首次技术鉴定;省、自治区、直辖市医学会,负责本行政区内当事人因对医疗事故争议首次技术鉴定不服而提起的再鉴定;中华医学会必要时组织疑难、复杂、或在全国有重大影响的医疗事故争议的技术鉴定工作。

医疗事故技术鉴定程序的启动有两种方式:一是卫生行政部门移交鉴定,适用于医疗机构发生重大医疗过失,且卫生行政部门认为需要进行技术鉴定时,以及争议的任何一方要求卫生行政部门移送技术鉴定时。需要说明的是,如果医疗纠纷中涉及多个医疗机构,当事人只能向其中一个医疗机构所在地的卫生行政部门提出鉴定申请,若同时向多个卫生行政部门提出申请,则由卫生行政部门协商处理或由上级卫生行政部门决定受理机构。二是医疗事故争议的双方协商调解不成,共同委托申请医学会进行技术鉴定。同样的是,如果涉及多个医疗机构,医患双方不能同时或先后委托多个医学会进行鉴定,只能选择一个医学会进行医疗事故技术鉴定。

医疗事故技术鉴定的依据是《医疗事故处理条例》和《医疗事故技术鉴定暂行办法》,以及卫生行政部门的法规、规章、技术规范和诊疗常规等。受理医疗事故技术鉴定的医学会,负责组织由争议双方在专家库内挑选的专家组成鉴定组并独立地进行鉴定;通过调查研究,以医学科学为指导,分析事故产生的原因,指出原因和后果的关系,判明事故的性质,确定主要责任者和其他责任者。鉴定实行合议制,以过半数鉴定成员的意见为鉴定意见。患者死因不明和需要确定患者伤残等级的医疗事故争议,应有法医参加鉴定专家组。

医疗事故技术鉴定的意见是某医疗事件是否构成医疗事故。一方当事人对首次技术鉴定意见不服时,可以按规定向医疗机构所在地的卫生行政部门提出再鉴定申请,由省级医学会组织再鉴定;或者向人民法院提起诉讼。

第五节　医疗纠纷的防范

- 从医疗机构和医务人员两个层面实施防范措施。
- 医务人员提升沟通能力与技巧和诊疗水平可以有效减少医疗纠纷的发生。

预防医疗纠纷的发生,医疗机构和医务人员具有十分重要的责任。本节从医疗机构和医务人员两个层面分别阐述医疗损害的防范措施,以期有效地减少纠纷的发生。

一、医疗机构的防范

医疗机构是医疗纠纷的发生主体,并作为医务人员的管理部门,具有防范医疗纠纷的必要性和可行性。医疗机构应当从宏观层面以及系统机制、医德医风建设、宣传教育、能力培训、病历管理、资源配置等多个角度进行改进防范措施。

(一) 完善预防处理机制

在临床医疗实践中,当患者对医务人员的诊疗行为不满或认为诊疗存在过错时,往往首先想到的是向当事医师及其上级医师或者医务部门进行反映、投诉。建立患方投诉处理系统,完善预防处理机制,重视并及时、妥善处理患方的投诉问题,对避免和化解医疗纠纷的发生,具有积极的防范意义。与此同时,对出现频率高的投诉问题,进行总结分析,可以提升医疗质量,更能进一步有效防范医疗纠纷的发生。

(二) 加强医德医风建设

医者仁心是医务人员医德的体现,医务人员不但要有精湛的医疗技术,还应具备高尚的医德、全心全意为人民服务的精神。高尚的职业道德、良好的工作作风和优质的服务,是防范医疗纠纷发生的根本保障。因此,医疗机构对医务人员的医德医风教育和职业道德建设是预防医疗纠纷发生的重要的环节。《医疗纠纷预防和处理条例》明确规定,医疗机构及其医务人员在诊疗活动中应当以患者为中心,加强人文关怀,严格遵守医疗卫生法律、法规、规章和诊疗相关规范、常规,恪守职业道德。尤其强调"以患者为中心,加强人文关怀"。《医师法》和《医务人员医德规范及实施办法》都对医德做出了明确的要求。

虽然如此,因医务人员的职业道德素质低下所致的纠纷也屡见不鲜。各级医疗机构有必要定期对医务人员进行职业道德教育,并对出现违反医德的行为给予一定的处罚,可以有效地避免医疗纠纷的发生。

(三) 加强法制宣传和教育

随着社会的发展、法律法规的普及,人们维护自身权益的法律意识不断提高,而医务人员的相关法制教育则相对滞后,部分医师法律观念淡薄,直到引发纠纷,才意识到自己存在违法行为。因而,医疗机构管理者应定期、有效地开展多种形式的法律法规宣传和教育,提高全体医务人员的法制观念、自我防范意识和防范能力。其中主要包括:①法制观念,要真正认识并做到医务工作者从事的一切医疗活动都必须符合国家法律、卫生法规和行业规范。②证据意识,即保留记录等作为证据的意识。医务人员在诊疗活动中所采取的各项检查治疗措施都应有相应的记录,并应当妥善保存。例如手术知情同意书、会诊记录、医患沟通记录等都是医务人员履行相关义务的直接体现。③防范意识,医务人员在诊疗活动中应时刻保持头脑清醒,对自己实施的诊疗措施具有预判和评估能力,尽量避免因疏忽大意或过于自信而产生不良后果;同时对患者的言行尽量做到谨慎对待,注意方法、技巧,避免引发不必要的非医疗性质的纠纷。

(四) 加强诊疗技能培训,提高执业能力

临床医学是高度专业性的学科,是不断向前发展的科学,也是经验科学,医生对疾病的诊断是在检查、分析、试验性治疗的基础上,根据知识积累和经验判断不断修正既往的诊治技术和手段,最终逐步接近正确的过程。在此过程中,临床医生难免会存在误诊、误治、检查不到位或不完善的情况,这也是与医学发展相伴行的、不可避免的问题。在科学技术高度发展的今天,新技术、新方法、新药物、新的治疗方案等不断涌现,给疾病的诊断和治疗带来极大的帮助,同时也给临床医生提出了更高的要求。在临床实践中,不少纠纷的产生是因医务人员的诊疗水平不高致患者发生了不应有的损害后果。因此,临床医生必须坚持学习、保持不断进取的态度,努力提高自身的诊疗水平和执业能力,才能有效防范医疗纠纷的发生。根据《医师法》的规定,医疗机构可采取多种途径和方式加强医务人员对医学新技术、新知识的学习和更新。

(五) 规范病历书写及病案管理

病历是医务人员在诊疗活动中对患者病情进行询问、检查、诊断、治疗等过程中形成的文字、图表、影像等资料的总和,包括门(急)诊病历和住院病历,能够对患者病情发展变化进行客观详细描述,通常情况下是医疗纠纷鉴定的关键甚至唯一的证据。但病历的形成过程中,会涉及多种人员,如医生、护士和其他技术人员及病案登记、病案移送等管理人员,这就给病历的正确书写和妥善保存提出了较高要求。

病历的内容是由不同科室、不同级别的医生、护士共同完成的,由于各类人员技术水平的差异,病历质量很可能参差不齐。这里所说的病历质量,是指病案形成过程中的各项内容、形式符合标准、规范和要求,并与医疗过程和医疗质量相一致的程度。虽然现在绝大多数医疗机构均已拥有一套病案质量管理评分系统,但仍存在病历不符合规范的情况。常见的表现为:①病历书写字迹潦草难辨,甚至书写者本人事后也不能识别,这主要发生在未推行电子化病历的基层医疗机构;②病历书写内容程式化,尤以电子病历为甚,记录内容为模板结构,甚至不符合患者个体情况;③病历记录内容信息不完整,不能客观反映患者病情及其变化,甚至遗漏重要的疾病表现;④病历记录的描述性词语含义不清晰、缺乏公认性,不易被人理解或容易产生歧义。上述各种情况均可导致患方的错误解读,而诱发纠纷的产生。

根据《民法典》第一千二百二十二条第(二)款和第(三)款的规定,医疗损害纠纷中若医疗机构隐匿或者拒绝提供病历材料,或者遗失、伪造、篡改或者违法销毁病历资料,可直接推定医方存在过错。因而,良好的病历书写和保存完整、优质的病历对纠纷的预防和处理具有十分重要的作用。为了规范病历书写和管理,我国已颁布并实施了多个相关规范和规定,如《病历书写基本规范》《电子病历应用管理规范(试行)》《医疗机构病历管理规定(2013版)》等。总体要求病历要做到内容全面不

NOTES

遗漏,格式规范条理清,写字用词恰当准,书面整洁字迹明。例如一个门(急)诊病历中的"不适随诊"这四个字,有时会成为认定是否存在医疗过错的关键,甚至是医疗纠纷案例能否胜诉的关键。孕妇剖宫产术前谈话中有无是自然生产还是剖宫产的谈话内容,也可能是日后发生医疗纠纷鉴定和审判其是否存在过错的重要依据。

医疗机构应根据自身特点,建立一套符合本机构需要的、切实可行的病案管理制度。要求明确各部门、各人员的职责,对病历的书写、排序、装订、保管、借阅、复制、封存、启封、保存等多个环节进行科学管理,确保病历能够长期满足各项工作需要。

(六) 合理配置医疗资源

医疗机构为保障良好地运行,必须做到对医疗资源的有效分配,既包括硬件设备及仪器和药物的配置,更包括各类医务人员的配备。总体来说,我国医疗卫生资源配置不够平衡合理,尤其是县级医疗机构的资源配置不足的问题更为突出。因此,增加医疗卫生行业的投资力度势在必行。在这种情况下,缓解就医压力、减少医患矛盾,医疗机构资源的合理性配置显得十分重要。首先是人力资源配置。医疗技术人员是医疗机构正常运行的根本,包括医生、护士、技师、药剂人员、工勤人员、管理人员等。保证医疗机构执业范围内有足够的配套工作人员,也是满足人民群众对医疗需要的新医改下沉。其次是硬件设备、药物配置。当前我国较多医疗机构仍存在仪器设备欠佳、安全防护不足、附件不完备的情况,从而造成延误诊断、治疗,甚至错误诊疗的发生。对于影响诊断、治疗的关键性设备,医疗机构应及时购置,必要时可向邻近单位租赁,以保障患者诊疗的需要;对于治疗的常用必备性药物,医疗机构应保证库存量及各科室场所的配置。最后是改善就医环境。医疗机构对门急诊、住院患者的就医配套措施要尽量人性化安排,从患者的角度出发,以方便患者就医为原则,力争消除挂号难、检查路程远、缴费取药排队拥挤等不良现象,设立便民服务台,提供自助获取检验报告单、电话咨询检验结果等便民措施,努力创造良好的就医环境。

(七) 建立完善医疗风险分担机制

医疗风险责任保险制度的落实可以使保险人作为第三方直接介入医疗纠纷的处理和赔偿,如果能够按照投保人和保险人在购买保险时的约定进行赔付,患者能比较及时地获得赔偿,从而避免患者因为索赔而与医方产生矛盾,甚至冲突,可以有效缓解医患纠纷。

根据《医师法》的规定,国家建立完善医疗风险分担机制。医疗机构应当参加医疗责任保险或者建立、参加医疗风险基金。鼓励患者参加医疗意外保险。目前我国的医疗风险责任保险制度仍处于积极试点和逐步推广的过程中,尚未全面铺开,需要医疗机构积极配合,有效推进医疗保险事业的发展,有效缓解医患纠纷的发生。

二、医务人员的防范

医务人员是医疗纠纷发生的一线直接接触人员,对纠纷的产生和防范具有直接的影响。医务人员的言行举止均能够对患者及其家属产生巨大影响,因此加强医务人员各方面的防范措施意义重大。

(一) 强化沟通意识、提升沟通能力与技巧

医患沟通是指医患双方为了治疗患者的疾病,满足患者的健康需求,在诊治疾病过程中进行的一种交流和沟通。医患之间没有良好的沟通就无从建立信任。没有信任,就容易产生矛盾,进而引发医疗纠纷。

不同于一般的人际沟通,患者就诊时,特别渴望医护人员的关爱和体贴,因而对医护人员的语言、表情、动作姿态、行为方式更为关注和敏感。医生的病史采集和体格检查不仅是获取医疗信息的过程,也是与患者沟通和交流的过程。医患沟通良好,医患关系和谐,往往能使患者真实、详细地陈述病史特点、演变过程。特别是涉及患者隐私的疾病,没有良好的医患沟通,往往不能采集到真实的病史。医患沟通也是临床治疗的需要,医务人员美好、善良、亲切的语言和行为,还会使患者处于良好的心理状态,对患者的治疗会起到医疗技术及药物所起不到的作用。

NOTES

此外,良好的医患沟通也是医务人员履行说明告知义务,患者享有明确同意权、知情选择权的体现。通过医患沟通,医务人员告知患者及其家属患者的病情发展和转归,治疗方案的选择和各自的优缺点及可能的并发症,药物的价格和可能的治疗期限,积极治疗后仍可能发生的不可预料的意外等信息;患者及其家属在接收、理解上述信息后,对检查措施、治疗方案的选择、同意,并在知情同意书上签字,双方这一系列的行为都是在医患之间良好交流和沟通的前提下完成的,从而形成了对患者疾病诊治认识的一致,以避免医患矛盾的发生。

医患沟通中最重要的是诚心、耐心、同情心。在患者首次就医时,以真诚、温和的态度倾听患者对病情的诉说,适时引导患者说清病症,尽量不要打断患者认为极其重要的病情陈述,能够在短时间内获得患者的好感甚至信任,建立起良好的第一印象,为下一步的诊疗奠定基础。诊疗过程中,向患者及家属交代病情或治疗方案前,需要非常熟悉患者病情、医疗费用情况,留意患者的情绪状态和对疾病治疗的期望值,尽量避免使用易刺激患者情绪的语句和语气,耐心地向患者解释晦涩难懂的医学专业名词。当发现患者出现不满征兆时,可将患者家属作为主要沟通对象,采取预防性沟通方式避免纠纷发生。当诊疗工作出现交接时,医务人员之间需要有的放矢地做好交接,以维持良好的医患关系。只要医务人员能够对患者疾病真正表现出同情和关心,相信患者及其家属也能够真正理解疾病诊疗的不可预知性和不确定性,双方相互理解和信任,共同营造和谐的医患氛围。

(二) 加强业务学习,提高诊疗水平

医学是一门具有复杂性和高度专业性的学科,随着社会、经济、科技的发展,一些疑难病症不断被明确,一些新的疾病也相继发生。这就要求医务人员不断加强自身的业务学习,更新知识结构,提高业务素质和诊疗水平。过去相当一部分医疗纠纷是由于医务人员理论基础薄弱,专业知识不扎实,或经验不足,缺乏对疾病的感性认识和独立思考能力。由于医疗仪器的发展和更新,导致部分医务人员过分依赖仪器检查,而忽略了病史询问和体格检查,常常出现漏诊、误诊,进而影响治疗效果。此外,在现代医学发展趋势下,临床专业分工越来越细,虽然医生的专业化水平提高了,但随之带来的问题是对某个疾病的诊疗可能会需要更多不同专业的人员共同协作完成。因此,医务人员既要加强自身学习,还必须相互学习,以不断提高自己的业务能力和技术水平。

(三) 尽到医疗注意义务

由于医学具有高度专业性、风险性和不确定性等特点,对于医务人员,无论业务水平多高、经验多丰富,在执业过程中,均有可能出现不同程度的医疗过错,因而,医务人员在诊疗过程中需要具有医疗注意义务。医疗注意义务是医务人员在施行医疗行为过程中,依据法律、规章和诊疗护理常规,应当预见医疗行为结果和避免损害结果发生的义务。要求医务人员在医疗行为的实施过程中对患者生命与健康利益具有高度责任心,在对患者人格尊重及对医疗工作敬业忠诚和技能上追求精益求精的同时,对每个环节的医疗行为所具有的危险性加以注意。在病历中尽到医疗注意义务还具体体现为:及时发现病情变化的客观记录、及时采取恰当的处治措施、实时向上级医生请示汇报或申请相关学科会诊的记录、术前讨论与医患沟通情况的记录,等等。

(四) 强化"服务"和防范意识

医疗行业是一类特殊的行业,客观上要求医务人员应具备良好的"服务"意识和态度。恶劣的服务态度是医患矛盾激化的导火索,甚至是根本原因,不但会引起患者或家属的不满,还会对医务人员产生怀疑和偏见,认为患者的病情变化或不良后果是医务人员的态度不好、缺乏责任心所致。因此,医务人员加强"服务"意识有助于化解医患矛盾,减少纠纷的发生。

在传统医学模式下,医务人员和患者的关系是一种主动-被动式医患模式,导致医患之间关系生硬,缺乏彼此的尊重和沟通。而随着传统生物医学模式向现代生物-心理-社会医学模式的转变,医患关系模式也发生了相应的转变。过去以"疾病"为中心的医患关系模式,向以"患者"为中心的模式转变,这就要求医务人员不仅仅为患者治疗疾病、减轻痛苦、促进康复,更应重视服务理念的转变,强化对患者的人文关怀,尊重患者的生命价值、尊严、地位和自主权与知情权。

　　由于医学自身的属性特点,医务人员需要具备一定的防范意识。首先,通过对法律法规的学习,提高自身依法执业意识和防范意识,利用法律武器保护自己。其次,医务人员必须严格遵守各项操作规程,准确记录各种医护信息资料,严格执行查对制度、交接班制度和岗位责任制度等,做到有章可循,切忌仅凭经验进行诊疗。最后,医务人员之间互相学习,互相监督,以身边的实际纠纷案例加深防范意识。总之,医务人员应充分认识到防范意识的重要性,并将理念注入日常工作中,既利于诊疗的进行,也利于医疗纠纷的防范。

思考题

　　1. 医疗损害司法鉴定与医疗事故技术鉴定是医疗纠纷的鉴定的两个途径,二者各自的优缺点有哪些?

　　2.《民法典》中"医疗损害责任"的第一千二百一十九条规定中两次提到"明确同意",结合自身实际,谈谈如何理解"明确"的含义?

　　3. 如果你作为一名临床医生,该如何避免医疗纠纷的产生,并举例说明。

　　4. 医疗损害鉴定和医疗事故鉴定的异同点及各自构成要件有哪些?

(蔡继峰　于建云)

第十二章

亲缘关系鉴定

法医物证学中的亲子鉴定是司法实践中需解决的主要问题之一。1985 年,英国遗传学家 Sir Alec John Jeffreys 应用 DNA 指纹(DNA fingerprint)技术成功鉴定一例亲子鉴定案例,使父权鉴定从否定走向肯定,实现了法医亲子鉴定技术的飞跃。同年,美国生物化学家 Kary Banks Mullis 教授发明了聚合酶链式反应(polymerase chain reaction,PCR)技术,随着该技术在法医物证领域的快速推广,利用 PCR 技术检测 DNA 遗传标记已成为目前国内外法医亲子鉴定的最主要手段。

第一节 概　　述

- 单基因遗传的遗传标记分析是法医亲子鉴定和亲缘关系鉴定中最基本和常用的方法。
- 遗传标记遵循一定的遗传规律从亲代遗传给子代,是进行亲子鉴定和亲缘关系鉴定的基本原理和理论依据。

亲子鉴定和亲缘关系鉴定,可为刑事诉讼、民事纠纷、行政事务等类型案(事)件中相关亲缘关系的审(处)理提供有力的科学证据。目前法医实践中的亲子鉴定和亲缘关系鉴定主要是采用单基因遗传的遗传标记,不同种类的遗传标记遵循各自的遗传规律从亲代传递给子代。

一、亲子鉴定与亲缘关系鉴定

(一) 亲子鉴定与亲缘关系鉴定的基本概念

亲子鉴定(parentage testing)又称亲权鉴定(identification in disputed paternity),是利用医学、生物学和遗传学等自然科学的理论、技术和方法,通过对人类遗传标记的检测,并根据遗传规律分析所得到的检测结果,对有争议的父母与子女之间是否存在血缘关系进行鉴定。亲子鉴定中,需要确定与子女之间是否存在亲子关系的男子被称为争议父亲(alleged father,AF),或假设父亲、被控父亲;需要确定与子女之间是否存在亲子关系的女子,被称为争议母亲(alleged mother,AM),或假设母亲、被控母亲;相应的与子女之间存在血缘关系的,则称为生物学父亲(生父)或母亲(生母)。由两个亲代和孩子构成的亲子鉴定称为三联体亲子鉴定(paternity testing of trios),其中由争议父亲、孩子生物学母亲和孩子构成的亲子鉴定或由争议母亲、孩子生物学父亲与孩子构成的亲子鉴定又被称为标准三联体鉴定;由争议父亲、争议母亲和孩子构成的亲子鉴定称为双亲皆疑三联体亲子鉴定。仅由争议父亲与孩子构成的亲子鉴定或者争议母亲与孩子构成的亲子鉴定则被称为二联体亲子鉴定(paternity testing of duos)。二联体和三联体亲子鉴定在司法实践中较多见。

亲缘关系鉴定(kinship testing)是亲子关系鉴定拓展到更大应用范围的血缘关系鉴定,即通过检测人类分子遗传标记,依据遗传规律分析,实现对全同胞或半同胞、隔代直系和旁系血亲,如兄弟、姐妹,祖孙,叔伯姑与侄子(女)、舅姨与外甥(女)等的血缘关系鉴定。在亲缘关系鉴定时,因父或母亡故,或父母双亡,或因特殊原因不能参与鉴定的,常需根据案件的实际情况对全同胞、半同胞、隔代或旁系亲属进行鉴定。相较于经典的亲子鉴定,这种鉴定更为复杂,鉴定结论有更多的不确定性,也存在做出错误意见的潜在风险,因此又称为复杂亲缘关系鉴定(identification of complex genetic relationships,ICGR),但在司法实践中相对少见,主要包括:①隔代亲缘关系鉴定,例如祖孙关系鉴定,即(外)祖父母与(外)孙子女之间的亲缘关系鉴定;②全同胞关系鉴定,指同父同母所生的子女之间的亲缘关系鉴定;③半同胞关系鉴定,指同父异母或同母异父所生子女之间的亲缘关系鉴定;④叔侄关系鉴定,指叔或姑与侄子(女)之间、舅或姨与外甥(女)之间的亲缘关系鉴定;⑤第一代堂表亲关系鉴定,指全同胞所生子女之间的亲缘关系鉴定;⑥第二代堂表亲关系鉴定,指全同胞所生(外)孙子女之间的亲缘关系鉴定;⑦其他更为复杂的亲缘关系鉴定。其中②~⑥为旁系亲缘关系鉴定。

(二)亲子鉴定与亲缘关系鉴定的依据

亲子鉴定与亲缘关系鉴定可参考的依据主要分为非遗传特征和遗传特征两大类。

1. 非遗传特征 非遗传特征在亲子关系鉴定中一般仅作为鉴定意见的参考,不能直接作为依据。

受孕妇女正常妊娠期限约为 280 天(40 周),在考虑早产儿、过熟儿等影响因素后,可根据分娩日期推断受精期;也可根据胚胎在不同发育阶段的特征来估算孕期,以此来推断受精期,如果能证明有争议父亲在孩子生母受精期间未曾与其发生性关系,则可否定争议父亲的父权。

此外,若有证据表明争议父亲(或母亲)在受精期间无性交能力或生育能力,也可以否定亲子关系。例如:各种原因引起的男性勃起功能障碍、精液异常、精子缺乏或畸形等;由神经系统或泌尿生殖系统病变、内分泌异常、药物性因素等造成的不射精症等;功能性异常或器质性病变导致的女性性功能障碍;服用药物、内分泌异常、内生殖器官异常或病变造成女性不孕症等。此类证据有时较难确认,同时须注意是否有试管婴儿、非法代孕等情况。

2. 遗传特征 遗传特征是一种遗传性状,由遗传基因决定。遗传性状是指生物体能世代相传的一些形态结构、生理特征、代谢类型及行为本能等特征,是生物体内遗传物质在发育过程中与环境因素相互作用的结果。根据受基因控制的程度,遗传性状可分为由多基因座协同决定的遗传性状(数量性状)和由单基因座决定的遗传性状(质量性状)两类。多基因性状指除受微效基因累加效应作用外,还受环境、营养状态、疾病等非遗传因素影响的遗传性状,遗传特征较为复杂,如身高、肤色、虹膜颜色等。相较之下,如卷舌、上眼睑皱褶、血型、DNA 多态性等单基因性状不受环境等非遗传因素的影响,因此单基因遗传性状分析是法医个体识别和亲子鉴定中最基本和最常用的方法。

在遗传学中,单位遗传性状则指由遗传决定的,并能够以一定遗传规律从亲代遗传给子代的可检测的形态学、生理学以及分子生物学特征,这种单位遗传性状用于法医物证分析时称为遗传标记(genetic marker,GM)。遗传标记检测分析时涉及等位基因、基因型和表现型。法医物证学常用的遗传标记可分为表达产物水平的遗传标记和 DNA 水平的遗传标记,前者包括 ABO 血型、HLA 血型、血清型和酶型等;后者又可分为 DNA 序列多态性(DNA sequence polymorphism)和 DNA 长度多态性(DNA length polymorphism)。法医物证学常用的遗传标记应具有较高的遗传多态性。遗传多态性是指控制遗传标记的基因座上存在 2 个或者 2 个以上的等位基因,并且最小等位基因的频率大于 1%。分析遗传标记的多态性常涉及形态学、物理学、化学、血清学、免疫学、生物化学、分子生物学以及遗传学等学科的技术和方法。

亲缘关系鉴定是通过检测生物检材的遗传标记,包括短串联重复序列、单核苷酸多态性、人类白细胞抗原基因、线粒体 DNA、连锁遗传标记等,以判断被检个体之间是否为亲子、隔代或旁系亲缘关系。

二、亲缘关系鉴定的遗传学基础和原理

受精卵由单体型的精子和卵子结合形成,每个个体均由受精卵发育而来。受精卵的核 DNA 一半来自父亲,另一半来自母亲,共有 22 对常染色体和 1 对性染色体,因此核 DNA 表现为常染色体遗传方式和性染色体遗传方式。在受精过程中,由于富含线粒体 DNA 的精子尾部断裂,精子未能将自身的线粒体 DNA 带入受精卵中,因此受精卵中的线粒体 DNA 仅来自母亲,故线粒体 DNA 表现为母系

NOTES

遗传方式。上述遗传方式是进行亲缘关系鉴定的生物学基础,亲缘关系鉴定正是通过分析个体遗传标记的检测结果是否符合遗传规律来判定被检者之间是否存在亲缘关系以及亲缘关系的层级,因此了解不同类型的核 DNA 和线粒体 DNA 的遗传规律尤为重要。

(一)常染色体遗传

1. 孟德尔分离定律   分离定律(law of segregation)又称孟德尔第一定律,指决定生物体遗传性状的一对等位基因,在生殖细胞进行减数分裂时,彼此分离,分别进入不同配子中,使得每个配子只含有亲代一对等位基因中的一个,且能独立地遗传给后代。因此,孩子的一对等位基因必定来自双亲各方一对等位基因中的一个。

依据孟德尔分离定律,在一个家庭中,决定某种性状的遗传标记遵循以下遗传规律:①子代不可能携带双亲均无的等位基因;②子代的一对等位基因必定一个来自父亲、另一个来自母亲;③除非双亲均携带有相同的等位基因,否则子代不会是纯合子;④若双亲一方是纯合子,其子代必定拥有该等位基因。因此,在排除遗传变异的情形下,亲子鉴定的基本原理可归纳为以下两点:①若明确某些等位基因应来自生物学父亲,而 AF 并不携带这些等位基因时,可以排除其亲子关系;②若明确某些等位基因应来自生物学父亲,而 AF 携带这些等位基因时,不能排除其亲子关系。在实际应用中,不应仅凭一个遗传标记不符合遗传规律就做出排除亲子关系的鉴定意见。

2. 孟德尔自由组合定律   自由组合定律(law of independent assortment)又称孟德尔第二定律,是指在减数分裂形成配子的过程中,同源染色体上的等位基因彼此分离,非同源染色体上的基因自由组合,互不干扰,即精卵结合时,不同基因座上的基因自由组合,随机配对、机会均等,形成子代的基因型。

应用自由组合定律的先决条件是各基因座之间不存在连锁(linkage)遗传。一般认为距离超过 50 厘摩(centimorgan,cM)的两个基因座之间不发生连锁遗传。因此,通常挑选位于不同的染色体上,或者位于同一条染色体上但彼此物理距离相距较远的基因座进行分析。但需注意,两基因座是否连锁与它们的物理距离并非呈线性关系。在亲子鉴定中,应选择不连锁的遗传标记,从而可运用乘积定理(product rule)计算多个遗传标记的累积亲权鉴定相关概率。

(二)性染色体遗传

人类的 23 对染色体中 22 对为常染色体,1 对为性染色体。性染色体上也存在众多具有多态性的 DNA 遗传标记,这些遗传标记的遗传方式不同于常染色体上的遗传标记,有着独特的结构和遗传特点。

1. Y 染色体遗传   正常男性只有一条 Y 染色体,此种情况又称半合子状态(hemizygosity)。人类 Y 染色体长度约为 60Mb,属于近端着丝粒染色体。Y 染色体的拟常染色体区(pseudoautosomal region,PAR)位于 Y 染色体长臂和短臂的末端,约占 Y 染色体的 5%,在减数分裂时可与 X 染色体的相应区段交换、重组。Y 染色体特异性区(male-specific region of the Y chromosome,MSY)或称 Y 染色体非重组区(non-recombining region of the Y chromosome,NRY),约占 Y 染色体区域的 95%,根据 NRY 的结构,可将其分为常染色质区(euchromatin)和异染色质区(heterochromatin)。常染色质区序列又可大致分为 X 染色体置换序列(X-transposed sequence)、X 染色体兼并序列(X-degenerate sequence)和 Y 染色体扩增序列(ampliconic sequence),其中 Y 染色体扩增序列中又包含 8 个臂间相似性 ≥ 99% 的巨大回文序列和 5 个散在分布的长反向重复序列。异染色质区由高度重复的序列组成,折叠压缩程度高。人类的 Y 染色体只能由父亲向下遗传给儿子,故在理论上一个父系家族中的男性个体拥有着相同的 NRY。Y 染色体这种特殊的遗传方式为其在与男性相关的法医学亲缘关系鉴定中具有重要意义,常利用 Y 染色体上的 DNA 遗传标记,如 Y 染色体短串联重复序列(Y-short tandem repeat,Y-STR)、Y 染色体单核苷酸多态性(Y-single nucleotide polymorphism,Y-SNP)、Y 染色体插入/缺失(Y-insertion/deletion,Y-InDel)多态性等协助进行父子间单亲鉴定、男性隔代或同父同胞间亲缘关系的鉴定。

2. X 染色体遗传　人类 X 染色体全长约 156Mb,其中编码基因约为 1 100 个,属于亚中着丝粒染色体。正常男性拥有一条 X 染色体,且 X 染色体不与 Y 染色体中的非 PAR 区发生同源重组,以单倍型形式传递给女儿。正常女性拥有两条 X 染色体,分别来自父亲和母亲。在减数分裂时,两条 X 染色体与常染色体类似,会发生同源重组并随机地将一对等位基因中的一个传递给子代。X 染色体遗传标记在遗传过程中表现为性连锁遗传,在有争议的父 - 女亲权关系鉴定、祖母 - 孙女关系鉴定、同父异母半同胞或全同胞的姐妹等复杂亲缘关系鉴定中具有重要意义。

(三) 线粒体遗传

1. 线粒体 DNA　线粒体是人体细胞质中唯一含 DNA 的细胞器,线粒体 DNA(mitochondrial DNA,mtDNA)是人类唯一的核外基因组 DNA,为双链闭环结构,全长为 16 569bp。线粒体 DNA 的两条链反向平行,除控制区外均有编码功能,根据其浮力密度的不同分为重链(又称 H 链,位于外环)和轻链(又称 L 链,位于内环)。mtDNA 无内含子、前导序列、带帽序列或终止信号,且基因排列紧密,基因间间隔很小,甚至出现碱基的重叠。mtDNA 的复制与核 DNA 的复制方式不同,为特殊的单向复制方式,又称置换环(displacement loop)复制或 D- 环(D-loop)复制。D- 环是线粒体复制和转录的共同起点,但 H 链和 L 链的复制起点并不相同。D- 环含有高变区(high variable region,HVR),无修复系统,不受选择压力的影响,因此该区域积累了较多的变异,是基因进化研究领域的热点区域。

目前公认的 mtDNA 标准序列是修订的剑桥参考序列(revised Cambridge Reference Sequence,rCRS),该序列的 GenBank 登录号为 NC_012920.1。人类线粒体 DNA 遗传标记有以下遗传学特征。

(1)母系遗传:mtDNA 为母系遗传,即 mtDNA 直接从母亲传递给下一代,在排除突变和异质性的前提下,同一母系下的所有个体 mtDNA 序列相同。这是因为精卵结合时精子只有精原核可进入受精卵,而富含 mtDNA 的精子尾部断裂,未能进入受精卵,且少数精子线粒体还会被新生的胚胎细胞核降解,导致受精卵中仅含来自卵子的线粒体。因此,理论上讲,只有女性才能将 mtDNA 传递给子代,即 mtDNA 呈母系遗传。尽管也有父系 mtDNA 出现在子代的报道,但该遗传现象在人群中非常罕见。法医学中,常根据 mtDNA 母系遗传的特点,通过检测 mtDNA 基因组,进行母系亲缘关系鉴定。

(2)多拷贝数与阈值效应:每个线粒体中通常含有 2~10 个 DNA 拷贝,而每个细胞中一般都含数百个线粒体。因此,与核基因组 DNA 不同,mtDNA 在一个细胞中可有数百到数万个拷贝。此外,由于 mtDNA 呈闭合环状,直接裸露于高自由基环境中,且缺乏损伤修复系统,易在复制过程中产生突变。mtDNA 的突变率约为核基因组 DNA 的 10~20 倍。且随着年龄的增加,体细胞内 mtDNA 的突变会逐渐累积,氧化磷酸化功能不断下降,当正常的 mtDNA 减少到超过细胞可承受的阈值时,将发生细胞功能受损或细胞凋亡,这种现象累积到一定程度后则会出现临床症状,即阈值效应。阈值效应取决于突变类型和细胞类型,如神经元和肌细胞能量需求高,对高突变负荷的耐受能力较低,其疾病发生的阈值较能量需求少的组织低。

(3)异质性:受多拷贝遗传和突变等因素的影响,当在同一个体中出现两种及以上的 mtDNA 序列时称为 mtDNA 的异质性(heteroplasmy),可表现为在同一个体的不同组织内、同一组织的不同细胞内或同一细胞的不同线粒体内存在不同的 mtDNA 序列。根据异质性的表现形式,又可将其分为长度异质性(length heteroplasmy)和序列异质性(sequence heteroplasmy)两种类型。前者表现为两种及以上片段长度不同的 mtDNA 出现在同一个体中,常出现在线粒体高变区的多聚胞嘧啶部位;后者又称为点异质性(point heteroplasmy),指两种及以上碱基序列不同的 mtDNA 出现在同一个体中,这种序列差异可出现在一个或多个核苷酸位置。mtDNA 异质性形成机制的理论包括:瓶颈理论、突变累积理论和滑脱理论等。

(4)单倍型遗传:mtDNA 呈单倍型遗传,个体多个碱基序列分型结果构成其单倍型(haplotype),而一组类似的 mtDNA 单倍型则被称为人类线粒体 DNA 单倍群或单倍型类群(human mitochondrial DNA haplogroup)。单倍群有一个或多个共同的单核苷酸多态性祖先,可通过对 SNP 进行分型来确认 mtDNA 单倍型,再通过 mtDNA 单倍型来预测其所属的单倍群。通常使用字母标记单倍群,辅以数字和一些小写字母为补充。mtDNA 单倍群是根据线粒体 DNA 序列差异而定义的单倍群,根据被发现的顺序,以字母 A、B、C、CZ、D、E、F、G、H、pre-HV、HV、I、J、pre-JT、JT、K、L0、L1、L2、L3、L4、L5、L6、L7、M、N、O、P、Q、R、S、T、U、UK、V、W、X、Y 和 Z 标记等。其中,A、C、D*、D5、D5a、G、M7c、M8a、M9、N* 和 Z 单倍型群在我国北方汉族中较常出现;M*、B*、B4、B4a、B4b1、B5*、B5a、F*、F1a、F1b、F1c、F2a、M7*、M7a、M7b*、M7b1、M7b2、R*、R9a、R9b 和 R9c 单倍型群在南方汉族中较常出现。不同 mtDNA 单倍群具有生物地理分布的差异性和特异性,是 mtDNA 可揭示未知样本来源人祖先信息的遗传学基础。所有线粒体 DNA 单倍群的根可视为目前所有人类的母系最近共同祖先(most recent common ancestor,MRCA),又被称为线粒体夏娃。

2. mtDNA 在亲缘关系鉴定中的应用　线粒体 DNA 呈母系遗传的特点,使其在如母子(女)单亲鉴定、隔代外祖母/外孙(女)、舅甥关系、姨甥关系、全同胞或同母的半同胞等涉及母系的亲缘关系鉴定中发挥着独特的作用。

线粒体 DNA 一般不发生重组,而是稳定积累突变,因此多态性较好。通过分析人类线粒体 DNA 单倍群,遗传学家可从母系遗传进化的角度了解人类的进化历程,既往通过线粒体 DNA 的研究显示人类起源于非洲。

线粒体 DNA 的序列分析主要是通过与 rCRS 序列进行比对实现。在序列分析时,插入和缺失序列、多聚序列(homopolymeric)、异质性等都会增加分析难度,给法医学个体识别、亲缘关系鉴定带来挑战。当出现异质性结果时,在排除污染、PCR 扩增模板量过大、细胞核线粒体假基因(nuclear mitochondrial pseudogenes,NUMT-pseudogenes)等因素后,应参考司法鉴定技术规范《法医物证鉴定线粒体 DNA 检验规范》(SF/Z JD0105008—2018)判断。异质性有时也可在个体识别或亲缘关系鉴定中发挥特殊作用。例如,俄国沙皇 Nicholas 二世的遗骸认定案,就是在将疑为沙皇的被鉴定样本与沙皇 Nicholas 二世外祖母母系直系后裔进行 mtDNA 序列比对时,发现仅有 nt16169 碱基不同,之后通过在 Nicholas 二世兄弟 Georgij Romanov 公爵的遗骸中检测到同样的异质性后才得以确证。因此,在实际鉴定中如果遇到 1 个碱基差异,需要考虑异质性存在,条件允许时应提取更多类型的检材进行复检;如果多份检材的异质性出现在同一位置,可提高认定为同一母系个体的可能性;如果在多个位置出现序列的差异,要考虑混合样本或存在样本污染的可能。

三、亲缘关系鉴定的应用范围

亲缘关系鉴定是法医物证学研究与实践的主要任务之一,能够为刑事诉讼、民事纠纷、行政事务和大型灾难遇难者身源认定等案(事)件提供强有力的科学证据。司法实践中涉及亲缘关系鉴定的情况主要包括以下几大类。

(一)刑事案件中涉及的亲缘关系鉴定

1. 犯罪嫌疑人的确定　例如强奸致孕案件中,对孩子生物学父亲的确定。

2. 反向亲缘关系鉴定　通过将身源未知个体与可能是其亲属个体的基因分型进行比对,以确定未知个体身源的亲缘关系鉴定,称为反向亲缘关系鉴定(reverse paternity testing)。当犯罪嫌疑人已经死亡或者在逃,无法将现场检材与犯罪嫌疑人进行同一认定时,可以对现场检材与犯罪嫌疑人父母、妻子和孩子进行亲子鉴定来确定案件检材是否为犯罪嫌疑人所遗留。由于通过反向亲缘关系鉴定也可达到个体识别的目的,因此该方法在刑事案件的侦破中发挥着越来越重要的作用。此外,反向亲缘关系鉴定还可应用于被拐妇女儿童、未知名尸体、碎尸案受害者、失踪人员或其他身源不明者的个体识别。2009 年 5 月 19 日,公安部启用了"全国公安机关查找被拐卖/失踪儿童信息系统"和"全国公安机关查找被拐卖/失踪儿童 DNA 数据库",该 DNA 数据库中包含了被拐卖/失踪儿童的家长 DNA 数据、怀疑是被拐卖人员的 DNA 数据、街头流浪乞讨和被组织从事违法犯罪活动的未成年人 DNA 数据。凭借法医 DNA 技术的快捷、准确等特性,全国公安机关查找被拐卖/失踪儿童 DNA 数据库已成为全国打击拐卖儿童、妇女犯罪行动中的重要技术手段。

（二）民事纠纷中的亲缘关系鉴定

1. 解决家庭纠纷　丈夫怀疑孩子不是自己亲生；女方指控某男子是其非婚生子女的生物学父亲等。

2. 解决财产继承纠纷　财产继承涉及婚生子女或者非婚生子女的亲缘鉴定。

3. 解决医疗纠纷　怀疑医院抱错婴儿或者怀疑试管婴儿配子错配。

4. 亲缘鉴定　寻找失散的家庭成员或被领养孩子寻找亲生父母。

（三）行政事务中的亲缘关系鉴定

1. 户籍管理　非婚生子女或计划外生育的子女户口登记、户口迁移、出国学习以及被拐儿童的姓名变更等。

2. 移民事务　提供亲属移民所需的亲缘关系证明；涉外婚生子女移民案件的亲缘关系鉴定。

（四）灾难事件现场遇难者身源认定

在空难、海啸、地震、火灾等涉及多人遇难的大型灾难事件现场中，对于容貌毁损、肢体离断、碎尸块、尸体高度腐败或者无法通过外貌特征认定身源的遇难者，法医可以将遇难者的 DNA 与疑似遇难者家属的 DNA 进行亲子鉴定和亲缘关系鉴定，从而协助进行遇难者的身份鉴定。

（五）其他涉及亲缘关系鉴定的情况

当案件现场生物检材的 DNA 分型结果与在 DNA 数据库中没有直接匹配上时，办案人员可以通过数据库中存在的与犯罪嫌疑人有亲缘关系的个体追溯到犯罪嫌疑人，这种方法称为家系搜索。随着基因芯片技术和全基因组测序技术的发展，利用全基因组 SNP 数据进行系谱分析的法医系谱学技术应运而生。法医系谱学可适用于远亲亲缘关系的搜索与推断，可搜寻的亲缘关系的层级可达多级。随着法医系谱学的日趋成熟、推断算法的不断优化以及法医 DNA 数据库的不断建设和完善，法医系谱学将会为犯罪案件的侦破、灾难事故的身源认定等带来新的解决方案。

第二节　亲缘关系鉴定常用的遗传标记

- 亲缘关系鉴定时不仅需要考虑遗传标记在两代人之间是否符合遗传规律，也要考虑遗传标记的效能。

- 用于二联体和三联体亲权鉴定的检测系统的累积非父排除概率应大于 0.999 9。鉴定时不应根据一个遗传标记不符合遗传规律就做出排除亲权关系的鉴定意见，不符合遗传规律的遗传标记也应参与计算累积父权指数。

- 不同类型的亲缘关系鉴定有相应的判定标准，鉴定时还需考虑基因突变、嵌合体、三带型、等位基因丢失等因素的影响。

与过去常使用的表达产物水平遗传标记相比，DNA 遗传标记具有显著优势，是当前法医亲缘关系鉴定中常用的分子遗传标记。在将遗传标记检测体系应用于亲缘关系鉴定之前，需要对该检测系统进行系统效能评估，符合要求和相关的规定后才能投入法医学实际案件的应用。在亲缘关系鉴定时，应遵循相应的程序，并根据不同的使用目的，采用不同的参数评估遗传证据强度。

一、可用于亲缘关系鉴定的遗传标记

（一）表达产物水平的遗传标记

在 DNA 遗传标记被广泛使用之前，法医个体识别和亲子鉴定中常用表达产物水平的遗传标记主要包括人类红细胞血型（如 ABO、MNSs、Rh、P 血型）；白细胞血型（如 human leukocyte antigen, HLA 型）；血清蛋白型（如 Hp、Gc、Pi、Tf、Gm 型）；红细胞酶型，如红细胞酸性磷酸酶（erythrocyte acid phosphatase, EAP）、酯酶 D（esterase D, EsD）、磷酸葡萄糖变位酶（phosphoglucomutase, PGM）、谷丙转氨酶（glutamate pyruvate transaminase，GPT）；唾液蛋白型（如 Pm、Pa 与 Pb、Pr 与 Dr 型）。

1. 红细胞血型 红细胞血型通常指个体红细胞表面抗原由遗传所决定的个体差异。这些抗原位于不同蛋白质、糖蛋白或糖脂上，从而构成红细胞膜的一部分，与免疫系统相互作用，同时发挥不同功能，如构成膜转运蛋白（Diego、Kidd 型）、受体和黏附分子（Duffy、Lutheran 型）、补体调节糖蛋白（Cromer、Knops 型）、酶（Yt、Kell、Dombrock 型）、结构成分（diego、gerbich 型）或糖萼成分（MNSs 型）等。截至 2023 年 7 月 31 日，共有 45 个人类血型系统正式通过国际输血协会（international society of blood transfusion，ISBT）的认证，在法医学中较常用的有 ABO 血型、MNSs 血型和 Rh 血型等。

（1）ABO 血型：ABO 血型（ABO blood group）是由免疫学家 Karl Landsteiner 于 1900 年根据凝集反应发现的第一个人类血型系统，该发现不仅促进了外科输血技术的发展，同时也奠定了现代法医血清学亲缘关系鉴定的研究基础。ABO 血型包括 A 抗原和 B 抗原，其前体物质是由 FUT1 基因编码合成的 H 抗原。A 抗原与 B 抗原分别为等位基因 A 与 B 的间接产物，O 等位基因无对应的抗原产物。ABH 血型抗原决定簇是糖蛋白和糖脂结构上具有遗传多态性的寡聚糖，其结构的多态性不是基因的直接产物，而是由功能、性质完全不同的糖基转移酶将不同单糖分子转移到前体物质上而生成的抗原，故这些由基因编码的糖基转移酶被分别称为 A、B 和 H 糖基转移酶（简称为 A、B、H 酶）。并非所有个体的 ABO 血型中都一定存在 H 抗原。1952 年，Bhende 在印度孟买发现了一个特殊的血型家系，该家系中的 O 型个体与 A 血型个体生下了 AB 型子代，原因是该 O 型个体的 H 基因突变为无效的 h 基因，因此不能产生 H 抗原。尽管这样的个体不能产生 A 抗原或 / 和 B 抗原，但其 A 或 / 和 B 基因仍可遗传给子代。这种罕见的 O 型称为孟买型（Bombay phenotype），即 Oh 型。与 H 抗原缺失非分泌型的孟买型类似，H 抗原分泌缺失型的类孟买型（para-Bombay）也为利用 ABO 血型进行亲缘鉴定带来了挑战。

常规 ABO 血型的检测主要应用血清学方法（表 12-1），即同时应用正定型试验（direct grouping）和反定型试验（reverse grouping）。H 抗原的判定则是通过使用抗 H 抗体对红细胞做凝集反应实验，荆豆种子（ulex）浸液是公认的外源性抗 H 凝集素。在法医亲缘关系鉴定中一般需要进行正、反定型试验以保证分型结果的准确性，同时也应用抗 H 抗体以判定 H 抗原。当正、反定型试验的结果与常规的 ABO 分型原则不符的时候，则提示样本可能为亚型或变异型。

表 12-1 ABO 血型分型的正、反定型试验

正定型试验		反定型试验		型别判定
抗 A 抗体	抗 B 抗体	A 型红细胞	B 型红细胞	
+	+	−	−	AB
+	−	−	+	A
−	+	+	−	B
−	−	+	+	O

ABO 血型基因位于人类染色体 9q34.2，A、B 基因为显性基因，O 基因为隐性基因，故 ABO 血型呈共显性遗传。A 型是 A/A 或 A/O 基因型的表达产物；B 型是 B/B 或 B/O 基因型的表达产物；O 型的基因型是 O/O，AB 型的基因型是 A/B。由于 ABO 血型中还存在亚型与变异型，仅利用表型结果会限制 ABO 血型系统在亲缘关系鉴定中的应用效能。ABO 血型的基因型则需要通过 DNA 分型技术直接检测获得，或通过表型家系调查进行间接推定。由于 ABO 血型系统是由三个等位基因产生的四种表型和六种基因型，因此该系统包含的遗传信息量实际上比较有限，在中国汉族群体中，ABO 血型系统的平均排除概率（mean exclusion chance，MEC）只有 13% 左右。常用的 ABO 血型 DNA 分型方法有限制性片段长度多态性聚合酶链式反应技术（polymerase chain reaction-restriction fragment length polymorphism，PCR-RFLP）、PCR 序列特异性引物分析法（PCR-sequence specific primer，PCR-SSP）、

SNaPshot 法、PCR 测序分型（PCR-sequence based typing，PCR-SBT）等。

（2）其他血型：包括 MNSs 血型、Rh 血型等。

MNSs 血型：MNSs 血型（MNSs blood group）是第二个被发现的人类红细胞血型系统。MNSs 血型系统包括超过 40 种抗原，其中四种最为重要，分别称为 M、N、S、s 抗原，与 MN 有关的糖蛋白称为血型糖蛋白 A（glycophorins A，GPA），与 Ss 有关的称为血型糖蛋白 B（glycophorins B，GPB）。MN 型和 Ss 型的编码基因同处于 4 号染色体上，呈紧密连锁状态。由于在 MNSs 血型系统中，大多数表型可以直接推导出其对应的基因型，同时其具有的 9 种不同表型增加了该系统的亲缘关系鉴定应用效能（MEC>30%）。然而，由于 MNSs 血型系统可能会发生基因沉默，在亲缘关系鉴定中尤需注意。

Rh 血型：Rh 血型（Rh blood group）系统中共有 8 种 Rh 型单倍体，即 Dce、DCe、DcE、DCE、dce、dCe、dcE、dCE，这些单倍体进而组成了多达 18 种表型以及 36 种基因型。与 ABO 血型系统相比，Rh 血型系统中可用于亲缘关系鉴定的表型与基因型数量较多，其所包含的信息量更大。有研究指出，仅通过 Rh 血型系统进行亲子鉴定，便可排除约 30% 的非父男子。然而，Rh 血型系统的效能高低取决于凝集反应中所用的抗血清，但 Rh 系统的抗 D 反应在 90% 以上呈 Rh 阳性的非洲人群和几乎 100% 呈 Rh 阳性的我国汉族人群中的作用较为局限。此外，由于 Rh 基因缺失和无表型等现象的存在，需谨慎看待使用 Rh 系统得出的否定父权结论。必要时应考虑使用 DNA 分型技术直接获得 Rh 基因型。

2. 白细胞血型　人类白细胞抗原（human leukocyte antigen，HLA）是人类的主要组织相容性复合体（MHC）的表达产物，决定了机体的组织相容性，在免疫排斥应答中扮演重要角色，该系统是所知人体最复杂的多态系统之一。HLA 系统是指人编码 HLA 抗原的基因在同一染色体片段上形成的紧密连锁的基因群，其特点如下：①该区域的基因密度非常高，平均每 16kb 就有一个基因；②免疫功能相关基因的分布密度很高，其中 128 个功能性基因中 39.8% 具有免疫功能；③由于具有高度多态性，是一个理想的遗传标记区域；④该区域与疾病之间的关联十分密切；⑤ HLA 系统具有共显性遗传、连锁不平衡和单倍型遗传的特点。因此，HLA 遗传标记在法医学个体识别和亲缘关系鉴定中具有较高的应用价值。HLA 的分型方法主要包括血清学方法和 DNA 方法，其中 PCR-SBT 方法是目前 WHO 推荐的 HLA 分型"金标准"。近年来，随着测序技术的发展，高通量测序技术也逐渐被应用于 HLA 分型检测之中。

3. 其他　包括血清蛋白型、红细胞酶型等。由于部分血清蛋白具有遗传多态性，且表型具有个体差异，因此可作为表达产物水平的遗传标记，称为血清蛋白型（serum types）。在法医学中应用的血清蛋白型主要有：结合珠蛋白、维生素 D 结合蛋白、转铁蛋白、类黏蛋白、α2-HS 糖蛋白、α1- 抗胰蛋白酶、间 α- 胰蛋白酶抑制因子、纤维蛋白溶酶原、抗凝血酶Ⅲ以及部分补体蛋白等。红细胞酶型是指红细胞内多态性同工酶（polymorphic enzyme）个体间的遗传差异，可催化同一种生物化学反应，但因遗传因素导致不同个体间呈现酶分子蛋白质一级结构差异的一类酶。应用于法医亲权关系鉴定的同工酶应具备以下条件：酶型的非父排除概率较高、酶活性高且稳定、酶的催化活性易于测定、电泳检测操作简单、结果重复性好等。既往的法医鉴定中曾使用的红细胞酶型有：PGM、EsD、EAP、6- 磷酸葡糖酸脱氢酶（6-phosphate glucose dehydrogenase，6-PGD）、GPT、腺苷酸激酶（adenylate kinase，AK）等。

随着 DNA 遗传标记在法医领域的广泛使用，表达产物水平遗传标记目前在法医个体识别和亲缘关系鉴定中已很少应用。

（二）DNA 遗传标记

生物体的遗传信息以基因（gene）的形式存在。DNA 是生物体遗传信息的载体，存在于细胞核和线粒体中，并通过复制的方式将遗传信息从亲代传递给子代。由于基因突变、插入 / 缺失等原因导致细胞核内或核外基因组 DNA 特定基因座上出现 DNA 一级结构存在差异的等位基因，这种 DNA 分子在人群间存在差异的现象称为 DNA 多态性（DNA polymorphism）。DNA 多态性可根据基因突变的结构特征,分为 DNA 序列多态性和 DNA 长度多态性。其中,序列多态性是指同一个基因座上不同个体的各等位基因之间的 DNA 序列存在一个或多个碱基种类的差异而形成的多态性,如单核苷酸多态性等。在基因组 DNA 中,单碱基替换是序列多态性中最基础的表现形式。长度多态性则指一个基因座上各等位基因之间的 DNA 序列存在碱基数量的差异而形成的多态性,如可变数目串联重复序列、短串联重复序列、插入/缺失多态性等。

(1)可变数目串联重复序列(variable number of tandem repeat,VNTR):是指由于重复单位的重复次数差异构成的长度多态性 DNA 片段,存在于小卫星和微卫星 DNA 中。由于命名习惯和便于区分,常将小卫星 DNA 中的可变数目串联重复序列称为小卫星 VNTR,重复单位长度多为 6~70bp,基因长度范围在 0.1~20.0kb;将微卫星 DNA 中的可变数目串联重复序列称为 STR,重复单位长度多为 2~6bp,基因长度范围在 100~500bp。不同 VNTR 在基因组中有特定的染色体定位,以单拷贝形式存在,且都有一个共同的富含 G/C 或 A/T 碱基的核心序列(core sequence)。高度多态性是小卫星 VNTR 基因座的主要特征,是其应用于生物检材同一认定的重要依据。限制性片段长度多态性分析的基本原理是 DNA 分子杂交,在法医物证鉴定中常用于检测 VNTR。通过选择具有不同特异性的探针,在不同杂交条件下,可检测出单个或多个 VNTR 基因座的多态性片段,即 DNA 纹印(DNA profile)或 DNA 指纹(DNA fingerprint)。DNA 指纹具有高度个体特异性和体细胞稳定性,并遵循孟德尔遗传定律。在亲权鉴定中,无法确定片段数目与非母片段数目的比值、争议父亲与孩子的共有片段率都可用于判断被检人间是否为亲生血缘关系。其中,无法确定片段数目是指在比对争议父亲、母亲和孩子的 DNA 指纹图时,无法确定孩子图谱中所存在的既不来自争议父亲、也不来自生母的片段数目。虽然 DNA 指纹鉴定可提供极高的多态信息量,但在法医物证鉴定的实际应用中存在操作步骤烦琐且费时、检测灵敏度低、对检材 DNA 的质量要求高、不能鉴定混合检材、分型结果不易标准化等不足,限制了该技术在法医学中的广泛应用。

(2)短串联重复序列(short tandem repeat,STR):是一类具有长度多态性的 DNA 序列,其重复单位的长度为 2~6bp,由重复次数在几次至几十次之间的重复单位串联构成。重复单位按其碱基数目的不同分为二、三、四、五和六核苷酸重复序列,法医学中以四核苷酸重复的 STR 基因座最为常用。重复单位碱基的组成形式称为基序(motif),理想 STR 基因座等位基因中的重复单位应具有相同的基序,然而多数基因座并不具备理想的基序结构。根据重复单位的碱基结构特点,可将 STR 基因座分为简单重复序列(simple repeat)、复合重复序列(compound repeat)、复杂重复序列(complex repeat)、复杂高变重复序列(complex hypervariable repeat)4 种。简单重复序列的重复单位长度和碱基组成基本一致,但也包括一些仅有个别或极少数等位基因在碱基组成或碱基数上出现微小差异的基因座,如 TH01 基因座,该基因座的基序结构是[AATG]$_a$,但也存在极少数等位基因基序结构为[AATG]$_m$ATG[AATG]$_n$ 的不规则基因。复合重复序列的重复单位长度基本一致,但基序中有两种及以上的序列结构,如 D1S1656 基因座,该基因座的基序结构为[CCTA]$_a$[TCTA]$_b$。复杂重复序列的重复单位长度和基序碱基组成均有差异,例如 D21S11 基因座,该基因座的基序结构为[TCTA]$_a$[TCTG]$_b$[TCTA]$_c$TA[TCTA]$_d$TCA[TCTA]$_e$TCCATA[TCTA]$_f$。复杂高变重复序列的核心序列结构中存在非连续的长度和碱基序列差异,如 SE33 基因座,该基因座的基序结构为[CTTT]$_a$[TT]$_{0-1}$[CT]$_{0-3}$[CTTT]$_d$。人类基因组中约有 50% 的 STR 基因座具有遗传多态性。1990 年,美国联邦调查局(federal bureau of investigation, FBI)为便于异地查询罪犯 DNA 资料,搜索犯罪嫌疑人或实现相关的串并案,提出了以 13 个常染色体 STR 基因座为核心的联合 DNA 索引系统(combined DNA index system, CODIS),这 13 个基因座又被称为核心基因座(core loci)。2017 年 1 月 1 日,FBI 要求上传至美国国家 DNA 索引系统(National DNA Index System, NDIS)的数据还需增加检测 7 个 STR 基因座,扩展了原来的核心基因座(表 12-2)。目前,已有多个国家基于 CODIS 系统中包含的基因座建立了各自的 DNA 数据库。

表 12-2　CODIS 系统包含的核心 STR 基因座基本信息

基因座	染色体	重复区结构
D1S1656	1	$[CCTA]_a[TCTA]_b$
TPOX*	2	$[AATG]_a$
D2S441	2	$[TCTA]_a$
D2S1338	2	$[GGAA]_a[GGCA]_b$
D3S1358*	3	$[TCTA][TCTG]_a[TCTA]_b$
FGA*	4	$[GGAA]_a[GGAG][AAAG]_b[AGAA][AAAA][GAAA]_c$
CSF1PO*	5	$[ATCT]_a$
D5S818*	5	$[ATCT]_a$
D7S820*	7	$[TATC]_a$
D8S1179*	8	$[TCTA]_a[TCTG]_{0-2}[TCTA]_b$
D10S1248	10	$[GGAA]_a$
TH01*	11	$[AATG]_a$
vWA*	12	$[TCTA]_a[TCTG]_b[TCTA]_c$
D12S391	12	$[AGAT]_a[AGAC]_b[AGAT]_{0-1}$
D13S317*	13	$[TATC]_a$
D16S539*	16	$[GATA]_a$
D18S51*	18	$[AGAA]_a$
D19S433	19	$[CCTT]_1CCTA[CCTT]_1CTTT[CCTT]_a$
D21S11*	21	$[TCTA]_a[TCTG]_b[TCTA]_cTA[TCTA]_dTCA[TCTA]_eTCCATA[TCTA]_f$
D22S1045	22	$[ATT]_a[ACT]_1[ATT]_2$

注：* 指原 13 个 CODIS- 核心 STR 基因座。

数据来源：司法鉴定技术规范《法医学 STR 基因座命名规范》（SF/Z JD 0105011—2018）。

与 Y 染色体其他遗传标记相比，Y-STR 多态性高，结果易于分析，目前仍是法医 Y 染色体遗传标记分析的首选遗传标记。DYS19 是人类首个使用的 Y 染色体 STR 基因座，随后，Y-STR 在法医学中的应用越来越广泛。由于 NRY 在减数分裂时不与 X 染色体发生同源重组，该区域的 Y-STR 基因座均呈连锁遗传，因此，可将连锁的 Y-STR 基因座视为一个整体。个体 Y-STR 基因座等位基因的组合称为 Y 染色体单倍型（Y chromosome haplotype）。欧洲 Y 染色体分型学会最初选择 DYS19、DYS385a/b、DYS389 Ⅰ、DYS389 Ⅱ、DYS390、DYS391、DYS392、DYS393 这 9 个 Y-STR 基因座作为欧洲最小单倍型（minimal haplotype，MHT），为 Y-STR 单倍型数据库（Y chromosome STR haplotype reference database，YHRD）的建立奠定了基础。随后，美国 DNA 分析方法科学工作组（Scientific Working Group on DNA Analysis Methods，SWGDAM）建议在此基础上增加 DYS438 和 DYS439 作为核心基因座，构成 Y-STR 扩展单倍型（extended haplotype）以增加鉴别能力。2017 年，我国公安部刑侦局明确了 20 个核心 Y-STR 基因座和 15 个优选 Y-STR 基因座，其中核心基因座的基本信息见表 12-3。

除 PAR 外，大部分 Y 染色体不与 X 染色体发生重组或交换，Y 染色体只能由父亲传递给儿子，排除突变的影响，同一父系的男性个体理论上应拥有相同的 Y-STR 单倍型，因此，可通过检测 Y-STR 实现家系溯源或父系亲缘关系鉴定。在 Y-STR 基因座中，与多步突变相比，一步突变占绝对优势，且增加一个重复单位和减少一个重复单位的概率大致相等。常用亲代向子代传递等位基因过程中发生突变的等位基因数与等位基因传递总数之比评估基因座的突变率，其可靠性依赖于大量的分型数据。

NOTES

然而,由于 Y 染色体存在较多回文结构,部分 Y-STR 基因座在染色体上存在多个拷贝,此种评估方法在评估多拷贝基因座的突变率时易产生歧义。因此,在评估多拷贝 Y-STR 基因座(如 DYS385a/b、DYS459a/b 等)的突变率时,应考虑在等位基因传递总数中观察到基因突变的数量。不同 Y-STR 基因座的突变也存在差异,其中快速突变 Y-STR 基因座(rapidly mutating Y-STR,RM Y-STR),如 DYS612、DYS547、DYS449、DYS627 等的突变率在 10^{-2} 水平,可用于区分同一父系下不同的男性成员。低突变率 Y-STR 基因座(slowly mutating Y-STR,SM Y-STR),如 DYS388、DYS426、DYS461、DYS485、DYS525 和 DYS561 等的突变率在 10^{-4} 水平,在父子间单亲鉴定、叔侄关系鉴定、爷孙关系鉴定、隔代父系亲缘关系鉴定中具有应用价值。

Y-STR 遗传标记在案件侦破中屡次发挥关键作用,因此越来越受到科研人员和法医工作者的高度重视。由于个体间的 Y-STR 分型结果不具有唯一性,在法医学实践中,Y-STR 的分型结果只能用于排除而不能认定。此外,由于突变可导致同一父系个体间 Y-STR 单倍型不同,当父系亲缘关系认定中出现 1~2 个 Y-STR 基因座分型结果不一致时,应考虑 Y-STR 基因座在遗传过程中发生突变的可能性。

表 12-3　20 个核心 Y-STR 基因座的基本信息

Y-STR 分型系统	基因座	重复区结构	YHRD 突变率(mpg)
A, B	DYS19	$[TAGA]_3[TAGG]_1[TAGA]_{6-16}$	2.12×10^{-3}
A, B	DYS385a/b	$[AAGG]_4N_{14}[AAAG]_3N_{12}[AAAG]_3N_{29}[AAGG]_{6-7}[GAAA]_{7-23}$	2.86×10^{-3}
A, B	DYS389 I	$[TCTG]_3[TCTA]_{6-14}$	2.44×10^{-3}
A, B	DYS389 II	$[TCTG]_{4-5}[TCTA]_{10-14}N_{28}[TCTG]_3[TCTA]_{6-14}$	4.64×10^{-3}
A, B	DYS390	$[TCTG]_8[TCTA]_{8-17}[TCTG]_1[TCTG]_4$	2.03×10^{-3}
A, B	DYS391	$[TCTG]_3[TCTA]_{5-16}$	2.40×10^{-3}
A, B	DYS392	$[TAT]_{4-20}$	5.23×10^{-3}
A, B	DYS393	$[AGAT]_{7-18}$	1.22×10^{-3}
B	DYS438	$[TTTTC]_{5-19}$	3.48×10^{-3}
B	DYS439	$[GATA]_3N_{32}[GATA]_{5-19}$	5.15×10^{-3}
	DYS437	$[TCTA]_{3-12}[TCTG]_2[TCTA]_4$	1.32×10^{-3}
	DYS448	$[AGAGAT]_{11-13}N_{42}[AGAGAT]_{8-9}$	1.37×10^{-3}
	DYS456	$[AGAT]_{9-24}$	4.30×10^{-3}
	DYS458	$[GAAA]_{10-24}$	6.60×10^{-3}
	DYS635	$[TCTA]_4[TGTA]_2[TCTA]_2[TGTA]_2[TCTA]_2[TATG]_{0-2}[TCTA]_{4-17}$	4.24×10^{-3}
	Y-GATA-H4	$[TAGA]_3N_{12}[TAGG]_3[TAGA]_{6-20}N_{22}[TAGA]_4$	2.51×10^{-3}
	DYS533	$[TATC]_{6-18}$	2.94×10^{-3}
	DYS481	$[CTT]_{13-34}$	4.58×10^{-3}
	DYS576	$[AAAG]_{8-25}$	1.21×10^{-2}

注：A,最小单倍型;B,扩展单倍型;mpg,mutations per generation;突变率参考 YHRD 数据库(截至 2021 年 11 月 15 日)。

X-STR 表现为性连锁遗传,在有女性参与的亲缘关系鉴定中有特殊的应用价值。例如在隔代的祖母-孙女关系鉴定中,由于祖母的 X 染色体必然有一条遗传给自己的儿子,儿子又将其传递给自己的女儿,如果争议祖母和孙女在多个独立的 X-STR 基因座上均不含相同的等位基因,在排除突变的情况下,可以否定她们的祖孙关系。由于女儿的 X 染色体遗传标记来自其双亲,在两个争议父亲本身就存在父子关系的案件中,因两位争议父亲的 X-STR 基因座分别来自各自的母亲,所以他们共有相同的等位基因的概率较小,能够不受争议父亲之间近亲关系的干扰。因此,X-STR 分型在特定亲子鉴定和亲缘关系鉴定中比常染色体 STR 的鉴定更有效,可作为常染色体 STR 分析的重要辅助。

与 VNTR 相比,STR 在基因组中的分布更为广泛,约占人类基因组的 5%,平均每 6~10kb 就出现一个 STR 基因座,多数位于非编码区。DNA 复制或修复过程中出现 DNA 滑动链错配是 STR 多态性形成的主要原因。尽管单个 STR 基因座的多态信息含量较为有限,但通过调整复合扩增体系里多个 STR 基因座的排布,优化 PCR 的引物终浓度、体系的组分比以及循环参数等,可实现对多个 STR 基因座进行复合扩增;PCR 结合毛细管电泳分型检测技术灵敏度高,对模板量的需求量少,约为 1ng 左右;PCR-STR 分型结果准确高,由于 STR 基因座等位基因的重复片段长度范围相对较窄,分型结果更加准确可靠。基于 STR 的诸多优点,使其成为目前法医物证领域应用最为广泛的 DNA 遗传标记。

STR 基因座的分型检测可通过分离和检测 PCR-STR 的扩增产物或测序来实现。电泳 (electrophoresis)技术可分离不同长度的目的 DNA 片段,进而达到区分不同长度等位基因片段的目的,包括琼脂糖凝胶电泳(agarose gel electrophoresis,AGE)、聚丙烯酰胺凝胶电泳(polyacrylamide gel electrophoresis,PAGE)、毛细管电泳(capillary electrophoresis,CE)等。CE 技术是目前法医领域主要采用的 STR 基因座分析方法。基于毛细管电泳平台,应用多色荧光物质标记不同 STR 基因座的引物,应用复合 PCR-STR 基因座检测技术进行基因分型,因其具有灵敏度高、种属特异性强、高鉴别能力、易于扩增和分型、易于标准化和自动化等优点,已成为法医物证领域个体识别和亲缘关系鉴定的常规技术。目前常用的测序方法为第二代测序技术(second generation sequencing,SGS),又称新一代测序技术(next generation sequence,NGS)或大规模并行测序技术(massively parallel sequencing,MPS),与 CE 技术相比,NGS 有极高的测序通量,可直接获得 STR 基因座的碱基序列信息。

应用于法医 DNA 分型的 STR 基因座应满足多态性高、种属特异性强、突变率低和扩增稳定四个基本要求。由于判定 AF 是否为生物学父亲是基于等位基因在亲代传递给子代时保持不变的假设,因此,亲权鉴定尤其需要选择突变率较低的 STR 基因座。《亲权鉴定技术规范》(GB/T 37223—2018)指出不应根据一个遗传标记不符合遗传规律就做出排除亲权关系的意见。

(3)插入/缺失多态性(insertion/deletion polymorphism,InDel):插入/缺失遗传标记主要为二等位基因遗传标记,由不同长度的 DNA 片段插入或缺失形成,表现为长度多态性。其形成机制可能与转座子复制或插入、移动元件插入、序列异常重组、同类重复拷贝不等交换、复制滑移等因素有关。InDel 遗传标记的突变率明显低于 STR 基因座,且扩增片段长度短、无 stutter 峰等人工伪峰,分型结果易于分析和检测,可兼容法医实验室常用的 CE 检测平台,兼具 STR 和 SNP 的优势。依据 InDel 的表现形式,可将其分为 5 类:①单个碱基对的插入/缺失;②单碱基对重复插入;③多碱基对(2~15 个)重复插入;④转座子的插入;⑤随机 DNA 序列的插入/缺失。其中,随机 DNA 序列的插入/缺失是目前法医 DNA 领域关注的重点。

InDel 作为一种新型分子遗传标记,可作为法医个体识别和亲权鉴定的有益补充检测手段,也可为复杂亲缘关系鉴定提供更多可供选择的分子遗传标记。有学者基于 59 个常染色体 InDel 位点建立了适用于高度降解检材的六色荧光标记同步分型体系,并验证该体系能有效地应用于我国湖南汉族、青海藏族和西藏藏族等族群的个体识别和亲子鉴定。还有学者检验了 X-InDel 在亲权鉴定中的应用效能,认为在父女关系鉴定中当 X-STR 发生突变时,X-InDel 遗传标记可作为 X-STR 的补充用于鉴定。也有学者通过检测紧密连锁的 X-InDel 遗传标记,发现与单个 X-InDel 位点相比,紧密连锁的 X-InDel 遗传标记拥有更高的多态性,可作为复杂亲缘关系鉴定的有力工具。然而,作为二等位基因遗传标记,单个 InDel 位点携带信息量较为有限,若想获得与 STR 遗传标记相当的信息量,则需联合更多的位点,会增加构建复合扩增体系的难度。为了解决这一问题,有学者提出 multi-InDel、InDel-STR 等新型遗传标记并验证了其在亲缘关系鉴定、祖源推断、混合斑拆分中的应用效能。

（4）单核苷酸多态性（single nucleotide polymorphism，SNP）：作为第三代 DNA 遗传标记 SNP 是人类基因组中最为丰富的遗传变异，主要指在基因组水平上由单个核苷酸变异而构成的 DNA 序列多态性。单个碱基的变异包括转换与颠换、插入或缺失等，其中变异频率 >1% 的核苷酸变异被称为 SNP。根据其法医学应用，将 SNP 分为个体识别 SNP（individual identification SNP，IISNP）、祖先信息 SNP（ancestry informative SNP，AISNP）、系谱信息 SNP（lineage informative SNP，LISNP）和表型信息 SNP（phenotype informative SNP，PISNP）4 种类型。其中，LISNPs 指处于遗传连锁的一组 SNP 位点，这些位点以单倍型的形式从亲代传递给子代，主要存在于性染色体和线粒体 DNA 中，常用于复杂亲缘关系的鉴定。与 STR 遗传标记相比，SNP 具有以下优势：①基因组 SNP 包含的信息量更多：尽管 SNP 多为二等位基因遗传标记，但基因组中也存在一定数量的三等位 / 四等位 SNP（非二等位 SNP）。同时，SNP 在人类基因组中分布广泛，平均约每 1kb 就存在一个 SNP，而 STR 在人类基因组中的发生率为平均约每 6~10kb 一个。因此，虽然单个 SNP 位点的多态性不如单个 STR 基因座，但就整体而言，SNP 的多态性更高。② SNP 的突变率更低：据估计，STR 基因座的突变率为 10^{-3}，而 SNP 位点的突变率为 10^{-8}，SNP 具有更高的稳定性。③ SNP 分型准确率高：多数 SNP 位点为二等位基因，不会存在等位基因序列中有多个核心序列重复、核心序列的非整数倍重复等现象，故易于分型和自动化检测。④ SNP 的扩增产物更短：SNP 位点的扩增产物片段更短，受 PCR 抑制物的影响更小，分析高度降解检材的能力更强。

在亲缘关系鉴定中，当遇到 STR 基因座发生突变或复杂亲缘关系鉴定使用 STR 遗传标记无法得出确切结论时，可补充检测 SNP，进一步明确鉴定结论。Y-SNP 主要用于家系检索中，可作为 Y-STR 补充检测的遗传标记。同时，Y-SNP 的突变率较 Y-STR 低，更易受种族、瓶颈效应等因素的影响，是研究人类迁徙历史的理想遗传标记。不同群体的 Y-SNP 特征不同，因此可通过检测 Y-SNP 确定单倍群，进而实现对种族、父系地理祖先信息、群体迁徙路线等的推断。X-SNP 在缺乏双亲的全同胞姐妹认定、同父异母的半同胞姐妹认定、祖母 - 孙女关系认定等复杂亲缘关系鉴定中可提供有效的补充信息。mtDNA 的序列多态性 SNP 位点可在母系亲缘关系鉴定中提供特殊的应用价值。此外，还可以通过检测高密度 SNP 位点对比两个体间共享的共祖片段（identity by descent，IBD）长度，进而推断两者间的亲缘关系层级，为疑难、复杂亲缘关系鉴定提供解决思路。

二、DNA 遗传标记的选择

表达产物水平遗传标记的多态信息含量（polymorphic information content，PIC）普遍较低，且常受其他外界因素影响，易导致分型的误判，因此在亲缘关系鉴定中的应用价值较为有限。自 DNA 指纹技术应用于法医物证鉴定领域后，亲缘关系鉴定进入新时代。随着 PCR 技术的发明和推广，DNA 遗传标记的优势更加凸显：首先，DNA 遗传标记多态性好，能满足亲权认定的条件；其次，DNA 遗传标记检测的是该遗传标记的核苷酸组成，因此不受基因表达中间环节的影响，其结果更为准确；最后，DNA 遗传标记的检测样本类型广泛，不同类型组织的 DNA 都可用于分析，检测方法易于实现分型标准化，检测结果可靠。

1. 用于亲权鉴定的 DNA 遗传标记的基本条件　与表达产物遗传标记相比，尽管 DNA 遗传标记具有显著优势，但 DNA 遗传标记的突变率高于基因表达产物，在实际应用时仍需注意。此外，应用于亲缘关系鉴定的 DNA 遗传标记还应满足以下条件：①遗传标记的基因座名称、染色体定位和相关特征已有文献报道；②已完成种属特异性、灵敏度和稳定性等研究；③已有公开发表并可供使用的群体遗传学数据，包括有关人群的等位基因频率或单倍型频率及突变率；④遗传标记的遗传方式符合相应的遗传规律；⑤遗传标记的基因型应在出生时就完全表现，且终生不变，不受年龄、疾病等其他环境因素影响；⑥遗传标记应具有遗传多态性，非父排除概率高；⑦遗传标记应具有体细胞稳定性，同一个体的不同组织有相同的分型结果。

2. 用于亲权鉴定的 DNA 遗传标记的效能评估　遗传标记分析系统在应用于亲权鉴定之前，需要对系统的效能进行评估。非父排除概率(probability of exclusion,PE)又称父权排除概率,是指不是孩子生物学父亲的随机男子(即非父),能被遗传标记分析系统排除的概率。不同遗传标记的多态性高低不同,随机男子因偶然机会不能被排除的概率也不相同。因此,在应用某种遗传标记检测时,必须知道该遗传标记有多大概率能够排除非父男子。非父排除概率能评估遗传标记分析系统在亲权鉴定中的实际应用价值,也是进行亲权鉴定时选择遗传标记的依据之一。

非父排除概率的大小取决于遗传标记系统的遗传方式、等位基因数目和群体中各等位基因的基因频率,一般而言,遗传标记系统的多态性程度越高,PE值越高。

(1)常染色体DNA遗传标记的非父排除概率

1)常染色体STR遗传标记:在随机人群中,一个常染色体STR基因座有多个等位基因,且均为共显性遗传。设p_i为某一个STR基因座上第i个等位基因的频率,p_j为基因座上第j个等位基因的频率,n为等位基因的数目。

该STR基因座应用于三联体亲子鉴定中时:

$$PE_{trios} = \sum_{i=1}^{n} p_i \times (1-p_i)^2 - \left[\sum_{i=1}^{n-1} \sum_{j=i+1}^{n} p_i^2 \times p_j^2 \times (4 - 3 \times p_i - 3 \times p_j) \right]$$

该STR基因座应用于二联体亲子鉴定中时:

$$PE_{duos} = \sum_{i=1}^{n} p_i^2 \times (1-p_i)^2 + \sum_{i=1}^{n-1} \sum_{j=i+1}^{n} 2 \times p_i \times p_j \times (1-p_i-p_j)^2$$

2)常染色体SNP遗传标记:SNP多为二等位基因遗传标记,且为共显性遗传,可单独用于亲权鉴定或者作为其他遗传标记的补充。设p、q分别为群体中某一SNP位点的两个等位基因频率,则该SNP位点应用于三联体亲子鉴定中时:

$$PE = pq(1-pq)$$

该SNP位点应用于二联体亲子鉴定中时:

$$PE = 2p^2q^2$$

非二等位SNP位点的非父排除概率计算方法可参考STR基因座。

(2)性染色体DNA遗传标记的非父排除概率

1)Y染色体STR遗传标记:Y染色体的遗传特点是父系遗传,Y-STR基因座的非父排除概率与个人识别概率的计算公式相同。设n为基因座的等位基因数目,p_i为第i个等位基因的频率。则:

$$PE = \sum_{i=1}^{n} p_i(1-p_i) = 1 - \sum_{i=1}^{n} p_i^2$$

2)X染色体STR遗传标记:X染色体的遗传特点是女孩可以否定父权或母权,而男孩只能否定母权,所以在被鉴定人为已知母亲、儿子和争议父亲的三联体亲子鉴定及儿子-争议父亲的二联体亲子鉴定中,X-STR的分型不能发挥鉴定效能。X-STR基因座的非父排除概率使用平均排除概率(MEC)计算。设n为基因座的等位基因数,p_i为第i个等位基因的频率。则在三联体亲子鉴定,即被鉴定人为已知母亲、女儿和争议父亲的亲子鉴定中:

$$MEC_{trios} = \sum_{i=1}^{n} p_i^2(1-p_i) - 2 \times \sum_{i=1}^{n-1} \sum_{j=i+1}^{n} p_i p_j (1-p_i-p_j)$$

在二联体亲子鉴定中,即被鉴定人为女儿-争议父亲或儿子-争议母亲时,X-STR基因座的平均排除概率为:

$$MEC_{duos} = 1 - 2 \times \sum_{i=1}^{n} p_i^2 + \sum_{i=1}^{n} p_i^3$$

在女儿-争议母亲的二联体亲子鉴定中,非父排除概率的计算方式与常染色体STR计算方式相同。

NOTES

（3）累积非父排除概率：上述计算非父排除概率的公式针对的是单个遗传标记基因座，但亲权鉴定中常使用多个遗传标记系统，应知道所使用的全部遗传标记否定父权的能力。因此，在获得单个遗传标记的非父排除概率后，还需计算多个遗传标记系统的累积非父排除概率（cumulative probability of exclusion，CPE）。计算累积非父排除概率的前提是系统中各遗传标记间互相独立，在此前提下，无关男子不能被一个遗传标记排除的概率与该男子不能被另外一个遗传标记排除的概率的累积计算，可等价于独立事件同时发生的概率计算，即独立事件的概率乘积。假设不同遗传标记系统的非父排除概率分别为 PE_1、PE_2、PE_3……PE_k，则累积非父排除概率为：

$$CPE = 1 - (1 - PE_1)(1 - PE_2)(1 - PE_3)\cdots(1 - PE_k) = 1 - \prod(1 - PE_k)$$

式中，k 为遗传标记系统数，PE_i 为第 i 个遗传标记的 PE 值。

由计算公式可知，遗传标记多态性程度越高、检测遗传标记的数目越多，累积非父排除概率就越高，检测的遗传标记系统排除非生物学父亲的能力就越强。

三、亲缘关系鉴定的程序

目前，进行亲缘关系鉴定的机构主要有公安机关和社会司法鉴定机构。所有鉴定机构应该在其执业范围内受理案件，并保证每例案件至少有两名具有相应执业资质的鉴定人参与。鉴定过程必须遵循公正、保密和独立性的原则。

（一）鉴定的委托及受理

委托进行亲缘关系鉴定的主体可以是个人，也可以是法人单位。委托方与司法鉴定机构签署司法鉴定委托书是鉴定程序启动的第一步，随后即可采集检材，完成鉴定的受理过程。

1. 签署司法鉴定委托书　首先，委托方需向鉴定机构说明委托的目的和要求。由于亲缘关系鉴定涉及伦理，必须谨慎对待，对于违背社会公序良俗的委托，鉴定机构有权不予受理。其次，委托方需向鉴定机构提供必要的证明材料，并保证其真实性，鉴定机构也必须对材料进行审查，通过核查身份证件（身份证、户口本、护照、出生医学证明等）、现场拍照等方式，确认鉴定对象，保证其为受检者本人。最后，对于已决定受理的案件，鉴定机构应与委托方签署司法鉴定委托书，并充分取得具有民事行为能力受检者的同意，以及无民事行为能力受检者其监护人的同意。对于鉴定中可能存在的问题和风险也必须及时告知委托方。

2. 检材的采集、包装和流转　亲权鉴定涉及的检材可采集自活体，也可来自犯罪现场、灾难现场等，主要有外周血、口腔拭子、毛发、牙齿、精液、绒毛、羊水等，部分案件可能还会涉及一些脱落细胞检材等。在采集样本时，还应询问被采集者是否有输血史、骨髓移植史等，如有以上情况，则不能采集血液样本；接受放疗及化疗的癌症患者，也尽量避免采集血液样本。所采样本均应独立包装，注明被鉴定人编号、姓名、年龄、性别、民族、籍贯、采集日期、采集人、样本类型等信息；鉴定人需对送检的检材或样本的数量、性状、保存状态进行审查后再接收、拍照和记录，并保证检材标识的唯一性。三联体鉴定需采集被检测男子、孩子、孩子生母的样本；二联体鉴定需采集被检测男子与孩子的样本；祖孙关系鉴定需采集祖父母、孩子、孩子生母的样本。对于复杂亲缘关系鉴定，往往需要采集多位亲属的样本。采样时，需填写采样单及样本流转单，采样单需被检者签字和按指纹进行确认，实验时样本流转单记录检材流转过程，鉴定机构必须保证检材在采样、保存、流转及检测的过程中不被污染和破坏。

3. 检材的保存　根据检材种类的不同，需要选择不同的保存方法：血卡、毛发、牙齿、骨骼等应尽量保存在 −20℃的环境中或避光干燥保存，血液应抗凝后于 −20℃保存；组织样本应冷冻或浸泡于 75% 乙醇中保存。即遵循冷冻、干燥、避光的保存原则。一般保存期限为案件终结后 1~2 年，有约定的按照约定时限保存。

（二）实验室检验及结果分析

鉴定机构法医物证 DNA 实验室应具备足够的面积和功能分区保证仪器设备的合理安放以及鉴

定业务的需求,分区应包括但不限于办公区、试剂储存/准备/配制区、样本保存区、DNA提取区、PCR扩增区、DNA检测区和数据分析区。样本的检验过程需严格遵循相应的技术标准和规范,通过选择合适的遗传标记、检测方法和结果分析方法以保证结果的准确性和可重复性。

1. 遗传标记　STR是目前应用最为广泛的亲缘关系鉴定遗传标记。当STR复合扩增检测体系的累积非父排除概率达到0.999 9以上时,即可满足二联体、三联体亲权鉴定系统效能的要求。在日常鉴定工作中,不同实验室所使用的STR试剂盒普遍包含了20个扩展的CODIS核心基因座(D3S1358、D5S818、D7S820、D8S1179、D13S317、D16S539、D18S51、D21S11、CSF1PO、FGA、TH01、TPOX、vWA、D1S1656、D2S441、D2S1338、D10S1248、D12S391、D19S433、D22S1045)以及2个重复单位为五核苷酸且在中国群体中具有较高多态性的STR基因座(Penta D和Penta E)和1个性别鉴定位点Amelogenin基因。当使用以上STR基因座依然无法得出倾向性意见时,则根据情况需要补充检测除上述22个STR之外的其他常染色体STR、X-STR、Y-STR基因座或者其他类型遗传标记。

当面对特殊检材,尤其是来自灾难事故中DNA降解的样本时,SNP和InDel位点由于扩增片段短,也具有较高的应用价值。但由于这两种遗传标记与STR相比多态性较低,一般需要检测更多的位点才能达到满足鉴定要求的效能,目前的应用较为局限,往往用于STR无法解决的疑难案件中。

2. 检测方法　PCR-CE技术为目前最常使用的STR检测方法。其原理为应用多色荧光物质分别标记不同STR基因座的引物,复合扩增后产生了大小不等且携带有不同颜色荧光的扩增子,这些扩增子在毛细管电泳时,由于电泳迁移速率不同而被分离,根据扩增子的片段大小和荧光颜色,即可获得不同基因座的等位基因分型。PCR-CE技术的步骤主要包括DNA提取、PCR扩增、电泳分离和基因分型。在应用商品化试剂盒进行PCR扩增时,每批实验必须包含阳性和阴性对照样品。

微测序(minisequencing)技术即单碱基延伸法(single base extension,SBE),或称为SNaPshot技术,是目前应用CE平台进行SNP分型较常用的检测方法。其原理为在含有4种不同颜色荧光标记的ddNTP反应体系中,通过将测序引物设计在SNP位点上游1个碱基处,实现退火后单碱基延伸,该碱基即为多态性SNP位点,可依据荧光标记的不同颜色确定多态性位点的碱基种类。在进行多位点复合分型时,通过在不同SNP位点的引物5'端连接不同数目的多聚核苷酸尾,从而得到不同长度的扩增产物,进而区分各SNP位点,最终实现多个SNP位点同步检测分析的目的。利用SNaPshot方法进行SNP分型的主要步骤包括:PCR扩增含SNP位点的区域;纯化去除扩增反应后剩余的单链引物和未结合的dNTP底物;在消化后的PCR产物中加入SNP延伸引物、4种荧光标记的ddNTP和聚合酶实现引物延伸反应;纯化去除延伸产物中剩余的ddNTP;在毛细管电泳仪上进行片段分离和基因分型。

高通量测序技术可实现对STR、SNP、InDel等多种类型遗传标记同时进行检测,其步骤包括DNA提取与定量、测序文库构建、测序文库纯化与定量、测序检验等。在满足测序通量≥100Mb,碱基识别正确率≥99%,碱基识别质量>20等质量控制条件后,分型结果可用于个体识别、亲权鉴定、复杂亲缘关系鉴定或法医DNA数据库建设等方面。

3. 结果分析　遗传标记的基因分型结果或测序结果必须经过统计学分析,得出相关的参数,如父权指数、状态一致性、似然比等,并遵循相关的行业标准或技术规范,给出鉴定意见。计算中依据的群体等位基因频率、单倍型频率、突变率必须来源于已公开发表的数据。

(三)出具鉴定文书

鉴定文书一般由封面、正文和附件组成。鉴定文书的正文应至少包含基本情况、被鉴定人概况、检验过程(含检材处理和检验方法、检验结果)、分析说明和鉴定意见五个部分。

在亲子鉴定中,当满足认定标准时,应出具"支持"或"排除"的鉴定意见,对于不符合遗传规律的遗传标记也应参与累积父权指数(cumulative paternity index,CPI)的计算;因检测体系效能低、等位基因可能存在突变或者检测的体系基因座较少,不能满足认定标准时,应当增加检测遗传标记的数量。

例如,根据司法鉴定技术规范《生物学祖孙关系鉴定规范》(SF/Z JD 0105005—2015),在祖孙关系鉴定中,当满足认定标准时,应出具"支持被检测夫妇是孩子生物学祖父母的假设"或"支持被检测夫妇不是孩子生物学祖父母的假设"的鉴定意见。当不能满足以上认定标准时,应通过增加检测遗传标记的数量来达到要求。否则,建议无法作出鉴定意见。

根据司法鉴定技术规范《生物学全同胞关系鉴定技术规范》(SF/T 0117—2021),在全同胞关系鉴定中,当满足认定标准时,应出具"倾向于认为两名有争议个体为全同胞关系"或"倾向于认为两名有争议个体为无关个体"的鉴定意见;当累计状态一致性评分(combined identity by state score,CIBS)或者累积全同胞关系指数(cumulative full sibling index,CFSI)介于"倾向于认为两名被鉴定人为全同胞"和"倾向于认为两名被鉴定人为无关个体"的阈值之间时,可做出"无法给出倾向性意见"的鉴定意见。

(四) 归档

亲缘关系鉴定往往涉及司法诉讼,对于鉴定程序中的一切书面材料均需归档,妥善保存,以便溯源。对存档的要求详见中华人民共和国司法行政行业标准《法医物证鉴定实验室管理规范》(SF/T 0069—2020)。

四、结果分析与判定

(一) 遗传证据强度的评估指标

在亲缘关系鉴定中,根据不同的目的,常采用下列不同的参数作为遗传证据强度的评估指标。

1. 似然比　亲缘关系鉴定是根据样本的分型结果进行推断,通过计算并评价两种假设的可能性大小,从而把问题归结为两个对立的统计假设的决策问题。以亲子鉴定为例,两种假设的概率之比,即似然比(likelihood ratio,LR)可以表示为:

$$LR = \frac{Pr（E\,|\,Hp）}{Pr（E\,|\,Hd）}$$

Hp:争议父亲为孩子的生物学父亲

Hd:随机男子为孩子的生物学父亲

条件概率 Pr(E|Hp) 和 Pr(E|Hd) 分别代表在假设 Hp 和假设 Hd 条件下的概率,E 表示争议父亲、母亲和子代的遗传标记分型结果。

因此可以根据 Pr(E|Hp)/Pr(E|Hd) 的大小,来决策假设 Hp 还是 Hd 成立。LR 值大于 1 表示倾向于认同争议父亲为子代的生物学父亲,其理论值可无穷大。LR 值小于 1 则表示倾向于排除生物学父子关系。

对于特定亲缘关系的 LR,也被称为亲缘指数(kinship index,KI),常见的 KI 包括父权指数(paternity index,PI)、全同胞指数(full sibling index,FSI)、半同胞指数(half sibling index,HSI)、祖孙指数(grandparent index,GI)以及叔侄指数(avuncular index,AI)等。

(1) 三联体父权指数计算:标准三联体是指生物学母亲和子代关系确定,只要求对争议父亲和子代的亲子关系进行鉴定,是目前最常见的亲权鉴定类型。根据孟德尔遗传分离和自由组合定律,亲代的基因型决定子代的基因型,子代的一对等位基因必然一个来自父方,一个来自母方;在排除突变的情况下,子代不可能携带双亲均没有的等位基因。因此,可以根据生物学母亲和子代的基因分型,推测必定来自生物学父亲的等位基因,用于进一步和争议父亲的基因分型结果进行比对。通过计算争议父亲带有生物学父亲等位基因的概率 X,再根据随机男子提供生物学父亲基因的概率等于该等位基因在人群中的等位基因频率 Y,从而得出 PI 值。

标准三联体 PI 的计算可以简单归纳为:

令 a 和 b 分别表示共显性等位基因 A 和 B 在人群中的频率,则当孩子是纯合子 AA,或者当孩子为杂合子 AB,生物学母亲基因型中有 B 没有 A 时,孩子的生物学父亲等位基因一定为 A,Y=a,此时,若争议父亲的基因型为 AA,则 X=1;若争议父亲为包含 A 的杂合子,则 X=1/2,其余情况下 X=0。当孩子和生物学母亲基因均为杂合子 AB 时,有两种可能的生父等位基因,Y=a+b,此时,若争议父亲基因型为 AA、BB 或者 AB,则 $X=1$;若其基因型中只有一个等位基因是 A 或 B,另一个等位基因为其他时, $X=1/2$,其余情况下 $X=0$。根据不同情况计算 PI 值,共有五种形式:$\frac{1}{a}$、$\frac{1}{2a}$、$\frac{1}{a+b}$、$\frac{1}{2(a+b)}$、0。

举例如下:

例 12-1: 母亲的基因分型为 AB,争议父亲的分型为 AA,子代的分型为 AA,令 a 和 b 分别表示共显性等位基因 A 和 B 在人群中的频率,则:

$$X = AF提供A基因概率×母亲提供A基因概率 = 1×\frac{1}{2} = \frac{1}{2}$$

$$Y = 随机男子提供A基因概率×母亲提供A基因概率 = a×\frac{1}{2} = \frac{a}{2}$$

$$PI = X/Y = (1/2)/(a/2) = \frac{1}{a}$$

例 12-2: 母亲的基因分型为 AB,争议父亲的分型为 AA,子代的分型为 AB,令 a 和 b 分别表示共显性等位基因 A 和 B 在人群中的频率,则:

$$X = AF提供A基因概率×母亲提供B基因概率 = 1×\frac{1}{2} = \frac{1}{2}$$

$$Y = 随机男子提供A基因概率×母亲提供B基因概率$$
$$+随机男子提供B基因概率×母亲提供A基因概率$$
$$= a×\frac{1}{2} + b×\frac{1}{2} = \frac{(a+b)}{2}$$

$$PI = X/Y = (1/2)/[(a+b)/2] = \frac{1}{a+b}$$

（2）二联体父权指数计算:越来越多的共显性多等位基因遗传标记如 STR 被筛选并广泛应用于亲缘关系鉴定,使得在亲权鉴定中母方缺如的情况下,也可以计算争议父亲与子代的二联体 PI 值。

二联体 PI 的计算可以简单归纳为:

令 a 和 b 分别表示共显性等位基因 A 和 B 在人群中的频率,则当争议父亲和孩子均为纯合子 AA 时,$PI=1/a$;当二人均为杂合子 AB 时,$PI=(a+b)/4ab$;当二人中有一人为纯合子 AA,另一人为包含 A 的杂合子时,$PI=1/2a$;当二人均为杂合子,且仅有一个等位基因相同时,$PI=1/4a$;其余情况下 $PI=0$。

根据不同情况计算 PI 值,共有五种形式:$\frac{1}{a}$、$\frac{1}{2a}$、$\frac{1}{4a}$、$\frac{(a+b)}{4ab}$、0。

举例如下:

例 12-3: 争议父亲的分型为 AA,子代的分型为 AA,令 a 表示共显性等位基因 A 在人群中的频率,则:

$$X = AF提供A基因概率×随机女子提供A基因的概率 = 1×a = a$$
$$Y = 子代是随机女子和随机男子所生的概率 = 子代基因型频率 = a^2$$
$$PI = X/Y = a/a^2 = 1/a$$

例 12-4: 争议父亲的分型为 AC,子代的分型为 AB,令 a 和 b 分别表示共显性等位基因 A 和 B 在人群中的频率,则:

$$X = AF提供A基因概率×随机女子提供B基因的概率 = \frac{1}{2}×b = \frac{b}{2}$$
$$Y = 子代是随机女子和随机男子所生的概率 = 子代基因型频率 = 2ab$$
$$PI = X/Y = (b/2)/2ab = 1/(4a)$$

（3）突变 STR 基因座父权指数计算：由于约 90% 的 STR 遗传标记的基因突变为一步突变，因此 Brenner CH 提出经验递减模型。该模型假设 50% 的 STR 基因座突变为一步突变，5% 的 STR 基因座突变为二步突变，0.5% 的 STR 基因座突变为三步突变，以此类推。所以突变 S 步的概率为 $(1/10)^{S-1}$，S 为改变步数，增加重复单位或减少重复单位的机会大致相同，各为 $1/2$。μ 为 STR 基因座的总突变率。举例如下：

例 12-5：母亲的基因分型为 AB，争议父亲的分型为 CD，子代的分型为 AE，E 比 D 增加了一个重复单位，则有：

$$\text{Pr(E来自争议父亲D的突变)} = \text{Pr(争议父亲提供D)} \times \mu \times \left(\frac{1}{10}\right)^{S-1} \times \frac{1}{2} = \frac{\mu}{4}$$

若等位基因 E 在人群中的频率为 e，则有：

$$\text{PI} = \frac{\text{Pr(E来自争议父亲D的突变)}}{e} = \frac{\mu}{4e}$$

（4）累积父权指数：当 n 个独立遗传的遗传标记联合应用于亲权鉴定时，需单独计算每一个遗传标记获得的 PI。每个遗传标记的父权指数用 PI_1、PI_2、PI_3、$\cdots$、PI_n 表示，n 个遗传标记的父权指数相乘则为累积父权指数。

$$\text{CPI} = \text{PI}_1 \times \text{PI}_2 \times \text{PI}_3 \times \cdots \times \text{PI}_n$$

2. 父权相对机会　父权相对机会（relative chance of paternity，RCP）也称父权概率（probability of paternity），是亲权鉴定中另一个常用的参数，代表了判断争议父亲是子代生物学父亲的把握度大小。RCP 可简写为 W，来源于德语 Vaterschaftswahrscheinlichkeit。

在父权指数的计算中，条件概率 $\text{Pr}(E|Hp)$ 表示的是争议父亲为子代的生物学父亲时，观察到的情况 E 成立的概率；而条件概率 $\text{Pr}(Hp|E)$ 则表示当情况 E 已知，即争议父亲、母亲和子代的分型结果已知的情况下，争议父亲为子代生物学父亲的概率。显然，后者即为亲权鉴定中用于直接说明亲权关系的结果。根据 Bayes 原理，可以将 $\text{Pr}(Hp|E)$ 换算为已知的条件概率：

$$\text{Pr}(Hp|E) = \frac{\text{Pr}(Hp)\text{Pr}(E|Hp)}{\text{Pr}(Hp)\text{Pr}(E|Hp) + \text{Pr}(Hd)\text{Pr}(E|Hd)}$$

又根据 PI 的计算公式 $\text{PI} = \text{Pr}(E|Hp)/\text{Pr}(E|Hd) = X/Y$，上述公式可写为：

$$\text{Pr}(Hp|E) = \frac{\text{PI}}{\text{PI} + \text{Pr}(Hd)/\text{Pr}(Hp)}$$

式中 $\text{Pr}(Hp)$ 和 $\text{Pr}(Hd)$ 分别代表假设 Hp 和 Hd 成立的前概率，在进行亲权鉴定之前通常未知，为了避免人为的估计因素影响亲子鉴定，一般假定 $\text{Pr}(Hp) = \text{Pr}(Hd) = 0.5$，表示在进行亲权鉴定前，争议父亲有一半的概率是子代生物学父亲。所以有：

$$\text{Pr}(Hp|E) = \frac{\text{PI}}{\text{PI}+1} = \text{RCP}$$

当 n 个遗传标记用于亲权鉴定时，可以先计算 CPI，由此再计算 RCP，三联体和二联体亲权鉴定示例见表 12-4 和表 12-5：

$$\text{RCP} = \frac{\text{CPI}}{\text{CPI}+1} = W$$

表 12-4 中包括 D3S1358 等在内的 29 个 STR 基因座均为具有种属特异性、为人类所特有的遗传学标记，遵循孟德尔遗传定律，联合应用可进行亲权鉴定，其累积非父排除概率高于 0.999 9。上述检验结果表明，除 D10S1435 基因座外，争议父亲均能提供给孩子必需的等位基因。在 D10S1435 基因座，母亲的基因型为"12,12"，孩子的基因型为"12,14"，争议父亲的基因型为"15,16"，争议父亲不能提供给孩子必需的等位基因 14，不符合遗传规律。按照中华人民共和国国家标准《亲权鉴定技术规范》（GB/T 37223—2018）中不符合遗传规律情形时父权指数的计算方法，得到 D10S1435 基因座的父

权指数为 0.003 7。综上,29 个 STR 基因座的累积父权指数为 225 123 634 729.81,依据《亲权鉴定技术规范》,支持争议父亲为孩子的生物学父亲。

在排除同卵多胎和近亲的前提下,依据现有资料和 DNA 分析结果,支持被检父亲为孩子的生物学父亲。

表 12-4　三联体亲权鉴定 PI 值与 RCP 值计算示例

基因座	母亲基因型	子代基因型	争议父基因型	生父基因(推断)		PI 值计算公式	PI 值
D3S1358	16	16,17	16,17	17(0.212 4)		$1/(2p_{17})$	2.354 0
CSF1PO	10,12	11,12	11,12	11(0.242 2)		$1/(2p_{11})$	2.064 4
D2S441	11,14	11,14	10,11	11(0.332 5)	14(0.127 5)	$1/[2(p_{11}+p_{14})]$	1.087 0
D21S11	27,32.2	27,30	29,30	30(0.277 1)		$1/(2p_{30})$	1.804 4
Penta E	22	22	22	22(0.016 8)		$1/p_{22}$	59.523 8
D15S659	13,16	13,16	13,16	13(0.104 3)	16(0.167 7)	$1/(p_{13}+p_{16})$	3.690 0
D8S1179	15	15	10,15	15(0.174 0)		$1/(2p_{15})$	2.873 6
D5S818	13	10,13	10	10(0.188 3)		$1/p_{10}$	5.310 7
D19S433	14,14.2	14.2,15	13,15	15(0.067 7)		$1/(2p_{15})$	7.385 5
D16S539	9,12	10,12	10	10(0.119 7)		$1/p_{10}$	8.354 2
Penta D	9,12	9	9	9(0.322 3)		$1/p_9$	3.102 7
D8S1132	19,21	19,21	19,21	19(0.213 7)	21(0.142 4)	$1/(p_{19}+p_{21})$	2.808 2
vWA	14	14,16	16,17	16(0.172 3)		$1/(2p_{16})$	2.901 9
D2S1338	18,19	18,19	18	18(0.113 2)	19(0.180 1)	$1/(p_{18}+p_{19})$	3.409 5
D18S51	14,19	14,17	14,17	17(0.074 2)		$1/(2p_{17})$	6.738 5
D22S1045	11,15	11,16	13,16	16(0.239 8)		$1/(2p_{16})$	2.085 1
D6S477	15	15,16	14,16	16(0.161 5)		$1/(2p_{16})$	3.096 0
TH01	9	7,9	7,9	7(0.275 7)		$1/(2p_7)$	1.813 6
D12S391	17,19	19	19,22	19(0.215 1)		$1/(2p_{19})$	2.324 5
TPOX	8,11	11	8,11	11(0.304 1)		$1/(2p_{11})$	1.644 2
FGA	19,22	19,22	22	19(0.052 0)	22(0.173 8)	$1/(p_{19}+p_{22})$	4.428 7
D19S253	11,13	7,11	7,12	7(0.169 6)		$1/(2p_7)$	2.948 1
D13S317	8,10	10,11	10,11	11(0.240 8)		$1/(2p_{11})$	2.076 4
D1S1656	15,17.3	17.3	16,17.3	17.3(0.061 3)		$1/(2p_{17.3})$	8.156 6
D10S1248	13,14	13,14	14,15	13(0.377 3)	14(0.226 0)	$1/[2(p_{13}+p_{14})]$	0.828 8
D6S1043	11,13	11,19	12,19	19(0.146 9)		$1/(2p_{19})$	3.403 7
D7S820	8,12	11,12	11,12	11(0.348 0)		$1/(2p_{11})$	1.436 8
*D10S1435	12	12,14	15,16	*14(0.134 9)		$\mu/(4p_{14})$	0.003 7
D3S3045	11,13	9,13	9,14	9(0.377 4)		$1/(2p_9)$	1.324 9
Amel.	X	X	X,Y	—	—	—	—

CPI=225 123 634 729.81　　RCP=0.999 999 999 995 56

*STR 突变的位点及计算结果;μ 为 STR 基因座的突变率。p_n 为等位基因 n 的基因频率。

NOTES

　　表 12-5 的上述检验结果表明,除 D16S539 基因座外,争议父亲均能提供给孩子必需的等位基因。在 D16S539 基因座,孩子的基因型为"13,14",争议父亲的基因型为"10,11",争议父亲不能提供给孩子必需的等位基因 13 或 14,不符合遗传规律。按照《亲权鉴定技术规范》中不符合遗传规律情形时父权指数的计算方法,D16S539 基因座的父权指数为 0.000 2。综上,29 个 STR 基因座的累积父权指数为 45 270 335.21,依据《亲权鉴定技术规范》,支持争议父亲为孩子的生物学父亲。在排除同卵多胎和近亲的前提下,依据现有资料和 DNA 分析结果,支持争议父亲为孩子的生物学父亲。

表 12-5　二联体亲权鉴定 PI 值与 RCP 值计算示例

基因座	子代基因型	争议父基因型	生父基因(推断)		PI 值计算公式	PI 值
D3S1358	16,17	17	17(0.212 4)		$1/(2p_{17})$	2.354 0
CSF1PO	10	10,12	10(0.230 9)		$1/(2p_{10})$	2.165 4
D2S441	11,12	11,12	11(0.332 5)	12(0.181 6)	$(p_{11}+p_{12})/(4p_{11}p_{12})$	2.128 5
D21S11	29,30	29,30	29(0.261 3)	30(0.277 1)	$(p_{29}+p_{30})/(4p_{29}p_{30})$	1.859 0
Penta E	11,19	11,19	11(0.149 5)	19(0.054 8)	$(p_{11}+p_{19})/(4p_{11}p_{19})$	6.234 3
D15S659	14,15	14,15	14(0.036 0)	15(0.176 2)	$(p_{14}+p_{15})/(4p_{14}p_{15})$	8.363 3
D8S1179	10,13	10,13	10(0.117 7)	13(0.216 7)	$(p_{10}+p_{13})/(4p_{10}p_{13})$	3.277 7
D5S818	10	10,11	10(0.188 3)		$1/(2p_{10})$	2.655 3
D19S433	14,14.2	14	14(0.247 7)		$1/(2p_{14})$	2.018 6
*D16S539	13,14	10,11	*13(0.104 5)		*$\mu/(80p_{13})$	*0.000 2
Penta D	9,11	9,10	9(0.322 3)		$1/(4p_9)$	0.775 7
D8S1132	18,19	18	18(0.207 0)		$1/(2p_{18})$	2.415 5
vWA	14,18	14,18	14(0.249 4)	18(0.194 8)	$(p_{14}+p_{18})/(4p_{14}p_{18})$	2.285 8
D2S1338	17,20	20,24	20(0.122 0)		$1/(4p_{20})$	2.049 2
D18S51	14,16	16,21	16(0.128 3)		$1/(4p_{16})$	1.948 6
D22S1045	15,16	15,16	15(0.288 1)	16(0.239 8)	$(p_{15}+p_{16})/(4p_{15}p_{16})$	1.910 3
D6S477	13,14	14	14(0.193 1)		$1/(2p_{14})$	2.589 3
TH01	7,10	7	7(0.275 7)		$1/(2p_7)$	1.813 6
D12S391	17,24	19,24	24(0.020 3)		$1/(4p_{24})$	12.315 3
TPOX	9,11	9,11	9(0.122 1)	11(0.304 1)	$(p_9+p_{11})/(4p_9p_{11})$	2.869 6
FGA	21,25	21,25	21(0.111 6)	25(0.098 9)	$(p_{21}+p_{25})/(4p_{21}p_{25})$	4.767 9
D19S253	11,12	7,11	11(0.158 6)		$1/(4p_{11})$	1.576 3
D13S317	8,10	8,10	8(0.277 6)	10(0.144 5)	$(p_8+p_{10})/(4p_8p_{10})$	2.630 7
D1S1656	16,17.3	15,16	16(0.223 7)		$1/(4p_{16})$	1.117 6
D10S1248	13,15	14,15	15(0.212 1)		$1/(4p_{15})$	1.178 7
D6S1043	12,20	18,20	20(0.050 1)		$1/(4p_{20})$	4.990 0
D7S820	10,12	8,10	10(0.162 4)		$1/(4p_{10})$	1.539 4
D10S1435	13	13	13(0.238 6)		$1/p_{13}$	4.191 1
D3S3045	13,14	13,14	13(0.207 0)	14(0.168 1)	$(p_{13}+p_{14})/(4p_{13}p_{14})$	2.694 9
Amel.	X	X,Y	—		—	—

CPI=45 270 335.21　　　　RCP=0.999 999 977 910 48

*STR 突变的位点及计算结果;μ 为 STR 基因座的突变率。p_n 为等位基因 n 的基因频率。

3. 隔代亲缘关系相关指数　在亲权鉴定中除了常见的三联体和二联体鉴定,还存在隔代亲缘关系鉴定的案例,如第一代和第三代间的祖孙亲缘关系鉴定等。祖孙关系鉴定是通过对人类遗传标记的检测,根据遗传规律分析,对有争议的祖父母与被检孩子之间是否存在生物学祖孙关系进行鉴定。根据孟德尔分离和自由组合定律,在一个基因座上子代与父方和母方必然分别有一个同源的等位基因,因此第三代必定与第一代(如祖父和祖母)有一个同源等位基因。根据该原理,可通过计算累积祖孙关系指数进行鉴定。祖孙关系指数为亲缘指数的一种,是生物学祖孙关系鉴定中判断遗传证据强度的指标。是指争议祖父母与孙子(女)之间存在祖孙关系时其遗传表型出现的机率与争议祖父母与孙子(女)为无关个体时其遗传表型出现的机率之比值。具体计算方法和公式可参见司法鉴定技术规范《生物学祖孙关系鉴定规范》(SF/Z JD0105005—2015)。

4. 全同胞关系相关指数　同胞关系鉴定是亲缘关系鉴定中仅次于亲子鉴定的主要亲缘关系鉴定类型之一。全同胞(full sibling,FS)是指具有相同的生物学父亲和母亲的多个子代个体。全同胞关系鉴定(identification of full sibling relationship)是指通过对人类遗传标记的检测,根据遗传规律分析,对有争议的两名个体间是否存在全同胞关系进行判定的过程。根据孟德尔遗传定律可知,同父同母的全同胞之间的基因型有 1/4 的概率全相同或全不同,有 1/2 的概率半相同,因此同胞关系鉴定相对于亲子鉴定来说更复杂,其鉴定结论也存在更多的不确定性。

全同胞关系指数(full sibling index,FSI)是全同胞关系鉴定中的重要参数,FSI 对于每一个 STR 基因座而言,两名有争议个体之间存在全同胞关系时其基因型出现的机率与两名有争议个体之间为无关个体时其基因型出现的机率之比值。针对全同胞关系鉴定的特殊性,基于状态一致性评分法提出生物学全同胞关系的鉴定策略。状态一致性是指两名个体在相同基因座上出现相同的等位基因,该等位基因也称为状态一致性等位基因。在一个 STR 基因座上,两名个体间的状态一致性等位基因个数为状态一致性评分(identity by state score,IBS)。目前已有针对常染色体 STR 分型的 IBS 或 FSI计算,根据 STR 基因座检测数目不同对应不同阈值,可判定或排除全同胞关系,但可能仍然有部分无法判断的情况,需要根据具体情况具体分析。具体 IBS 和 FSI 的计算方法和判定标准可参见司法鉴定技术规范《生物学全同胞关系鉴定技术规范》(SF/T 0117—2021)。

(二) 亲缘关系的鉴定

1. 亲缘关系的鉴定标准　为了确保亲缘关系鉴定技术规范结果可靠,目前对于不同类型的亲缘关系鉴定及不同类型的计算参数,均有相应的判断标准。

进行亲权关系鉴定的前提是使用的遗传标记体系效能要达到法医学鉴定标准的要求,例如,多个常染色体遗传标记累积非父排除概率应等于或大于 0.999 9。在亲权关系鉴定计算中不能删除遗传标记体系中的任何遗传标记,也不能仅根据一个遗传标记不符合遗传规律就作出排除意见。满足这些条件后,在三联体或者二联体亲权鉴定时,依据中华人民共和国国家标准《亲权鉴定技术规范》(GB/T 37223—2018),当被检测男子的 CPI 小于 0.000 1 时,排除该男子与子代存在生物学亲子关系的假设;当 CPI 大于 10 000 时,则支持该男子与子代存在亲子关系的假设;当 CPI 介于 0.000 1至 10 000 之间时,应增加检测遗传标记的数量以达到支持或排除的结论。

在祖孙关系鉴定中,依据司法鉴定技术规范《生物学祖孙关系鉴定规范》(SF/Z JD0105005—2015),当累积祖孙关系指数(combined GI,CGI)小于 0.000 1 时,支持被检测夫妇不是孩子生物学祖父母的假设;当 CGI 大于 10 000 时,支持被检测夫妇是孩子生物学祖父母的假设;当 CGI 介于 0.000 1至 10 000 时,应增加检测遗传标记来达到要求,否则建议无法作出鉴定意见。

在全同胞关系鉴定中,依据司法鉴定技术规范《生物学全同胞关系鉴定技术规范》(SF/T 0117—2021),当累积全同胞关系指数(CFSI)小于 0.000 1 时,倾向于认为两名有争议个体为无关个体;当CFSI 大于 10 000 时,倾向于认为两名有争议个体为全同胞关系;当 CFSI 介于 0.000 1 至 10 000 之间时,应增加检测遗传标记的数量以达到支持或排除的结论。全同胞的亲缘关系鉴定也可以基于 CIBS 进行判定。依据司法鉴定技术规范《生物学全同胞关系鉴定技术规范》(SF/T 0117—2021),当检测 19

个必检常染色体 STR 基因座时,若 CIBS>22,倾向于支持被鉴定人为全同胞关系;若 CIBS<12,倾向于排除全同胞关系;若 CIBS 介于 12~22 之间,则无法给出倾向性意见。此时宜增加检测的基因座,根据案件的需要也可增加 X 染色体、Y 染色体或 mtDNA 遗传标记的检验结果进行判断。CIBS 的阈值会根据检测基因座数量的变化而变化,例如当检测 19 个必检基因座和 10 个补充基因座时,此时系统效能为 0.905 8,CIBS 阈值范围为 22~31,即 CIBS>31 时倾向于支持被鉴定人为全同胞关系;CIBS<22 时倾向于排除全同胞关系;CIBS 介于 22~31 之间时无法给出倾向性意见。当检测 19 个必检基因座和 23 个补充基因座时,此时系统效能为 0.991 5,CIBS 阈值范围为 36~42,即 CIBS>42 时倾向于支持被鉴定人为全同胞关系;CIBS<36 时倾向于排除全同胞关系;CIBS 介于 36~42 之间时无法给出倾向性意见。由于鉴定时使用的常染色体 STR 基因座数目不同,因此其对应的检测系统效能也存在差异。使用 19 个必检常染色体 STR 基因座检测的系统效能约为 0.57,即采用该系统同时依据相应判定标准能够得出明确结论的可能性约为 57%。而分别采用 29 个(19 个必检基因座和 10 个补充基因座)或 42 个(19 个必检基因座和 23 个补充基因座)常染色体 STR 基因座的检测系统效能分别约为 0.91 和 0.99。

2. 错误否定亲缘关系的风险及预防措施　除了上述提及由于亲缘关系鉴定的复杂性易导致错误判断亲缘关系的风险,还可能由于遗传标记分型结果的异常影响亲缘关系判定的准确性。

(1) 基因突变:基因突变指基因组核苷酸序列的改变,它以新等位基因的形成为特征,是遗传变异的根本来源。突变是由于 DNA 复制过程中发生错误(尤其是减数分裂期),或者是 DNA 受到其他形式的损伤(例如放射线或者致癌物质)后未被正确修复而产生,是导致亲代与子代的遗传标记不符合遗传规律的重要原因。突变可以表现为单个碱基的变化或整个重复单位长度的变化。对于 STR 基因座,其突变机制主要为复制滑动(replication slippage)或 DNA 复制的错误修复。由于亲子鉴定是以孟德尔遗传定律为前提,而突变的存在可能导致不完全匹配,影响鉴定结论的可靠性。因此,常将突变率作为评估遗传标记稳定性和亲权鉴定可靠性的指标。突变率指每代细胞发生突变的概率,不同基因座的突变率并不相同。为了保证亲权鉴定的正确性,应尽可能选取和使用突变率低的遗传标记,例如,STR 的突变率约为 10^{-3},而 SNP 遗传标记的突变率大约为 10^{-8},远低于 STR 遗传标记,故 SNP 遗传标记也常被用于亲缘关系鉴定。

(2) 嵌合体:嵌合体(mosaic)指生物体内存在 2 种或 2 种以上的不同细胞系,可分为同源嵌合体和异源嵌合体。同源嵌合体是指嵌合成分来源于同一受精卵,主要为先天基因突变以及染色体畸变所致,常见于产前诊断的研究。异源嵌合体是指嵌合成分来源于 2 个不同受精卵,包括孪生子异源嵌合体、四配子异源嵌合体和人造异源嵌合体,前两者在人类中相对少见,后者是由于输血、器官移植、骨髓或造血干细胞移植后形成的嵌合体,在法医学研究中较多涉及。人造异源嵌合体的等位基因分型根据嵌合状态的不同可表现为多个 STR 基因座出现三带型、四带型或类似于混合斑中等位基因不平衡的特征,影响亲缘关系鉴定结果的判断。对于已知可能存在嵌合的个体,应在鉴定中对被鉴定人的如血液、唾液、毛发等多处不同组织样本进行采集和对比检验,避免因嵌合导致的误判风险。

(3) 三带型:根据孟德尔遗传定律,子代常染色体遗传标记的等位基因,一半来自生物学父亲,一半来自生物学母亲,即一个常染色体遗传标记上只有 2 个等位基因。在基因分型结果中表现为,纯合子基因座的分型只有 1 个峰或 1 条带,杂合子基因座表现为 2 个峰或 2 条带。然而在实际检案中,偶见 STR 基因座出现 3 个峰或 3 条带的分型结果,这一现象被称为三带型模式(tri-allelic pattern or three-banded pattern)。嵌合体是导致三带型出现的重要原因之一。三带型现象在亲权鉴定中较为少见,当基因分型时出现此现象,首先考虑在分型检测过程中污染或泳道渗漏等实验因素,若重复实验不能排除三带型,则考虑应用其他类型试剂盒对分型结果进行验证。同时也可以结合案情考虑样本是否为混合样本,排除样本来自两个或两个以上个体的因素。若最终验证样本分型确为三带型,应考虑加做其他遗传标记,或者通过测序进行基因分型,以保证遗传标记系统整体的检测效能以及鉴定结果的可靠性和准确性。

（4）等位基因丢失：亲缘关系鉴定中，常染色体 STR 等位基因丢失的现象常被报道。最为常见的原因是引物结合区域单个碱基变异会导致引物与 DNA 模板无法结合从而扩增失败，造成 STR 等位基因丢失，也称无效等位基因（null allele）。此外，多个基因座复合扩增也可能出现由于多条引物同时扩增而对某些基因座的扩增产生抑制作用，导致 PCR 扩增产物降低，也可出现等位基因丢失的结果。法医学鉴定中常用的商品化 STR 检测试剂盒的引物是根据已知的 STR 遗传标记结合 PCR 复合扩增的适宜条件设计的，不同的试剂盒针对相同的遗传标记所设计的引物很可能不同。在考虑某基因座可能发生等位基因丢失时，可采用不同试剂盒对该基因座的分型结果进行验证，以期获得准确的分型结果。

3. 其他防止错误否定亲缘关系的方法

（1）多个遗传标记联合应用虽然能增加检测的系统效能，但是遇到遗传变异的风险也同时增加。遗传变异主要包括：基因突变、嵌合体、沉默基因、等位基因缺失等，可以导致亲权鉴定的分型结果不符合遗传规律。虽然发生遗传变异的概率很低，为了避免遗传变异对亲权鉴定准确性造成影响，不能仅根据单个遗传标记不符合遗传规律而排除父权。除了应计算不符合遗传规律的遗传标记父权指数外，还应通过增加检测遗传标记的数量或增加其他类型的遗传标记以防错误否定亲缘关系。

（2）对于使用常染色体遗传标记无法得出可靠鉴定意见的情况，可补充 mtDNA、Y 染色体和 X 染色体 DNA 遗传标记，增加亲缘关系判定的准确性、可靠性和科学性。

五、法医物证领域的研究热点和发展趋势

从 1900 年 Karl Landsteiner 发现 ABO 血型系统，到现今 STR 自动分型技术的广泛应用，以孟德尔遗传规律为判定依据、以检测遗传标记为方法的亲缘关系鉴定技术已历经上百年的发展。当前，基于毛细管电泳开展的常染色体 STR 分型技术可以解决绝大多数常规二联体、三联体亲子鉴定。对于可能存在一步或多步突变基因座的亲子鉴定，可以通过增加 STR 基因座的数量，或者协同父系遗传标记 Y-STR、母系遗传标记 mtDNA 等对其进行亲子关系鉴定。

虽然现有的方法对某些全同胞、半同胞案例的鉴定也可做出较明确的判断，但是目前使用的技术和算法仍难以处理亲缘关系层级较远的鉴定。家系是指具有共同血缘关系，可追溯到同一祖先（男性或女性）的一群个体组成的群体。通过家系排查，可有效摸查嫌疑人的家系，协助公安机关在疑难、重大案件中对犯罪嫌疑人所在的家系进行区分及定位。广义上而言，家系排查也是亲缘关系鉴定的任务之一，但其与常规的二联体 / 三联体亲子鉴定、全同胞鉴定以及二级亲缘关系（爷孙、叔侄等）等亲缘关系判定不同，家系排查往往需要对三级以上，甚至更高层级的亲缘关系进行追踪。近些年随着系谱学研究的逐步深入，法医系谱学也越来越多地服务于案件侦查实践，用于层级较远的亲缘关系鉴定和家系搜索。

2020 年 5 月，司法部发布的《法医类司法鉴定执业分类规定》将生物检材来源个体生物地理溯源和非人源 DNA 鉴定纳入法医物证鉴定的执业项目。生物检材来源个体生物地理溯源的具体内容为对生物检材进行祖先信息遗传标记检测，并以此推断被检个体的生物地理来源。非人源 DNA 鉴定的具体内容是对来自动物、植物、微生物等非人源 DNA 进行鉴定，包括但不限于同一性鉴识、种属鉴定以及亲缘关系鉴定等。生物检材来源个体生物地理溯源和非人源 DNA 鉴定纳入法医物证鉴定的执业项目表明，生物检材来源个体生物地理溯源和非人源 DNA 的鉴定已经成为法医物证司法鉴定的重要内容之一，将会在司法实践中发挥着越来越重要的作用。

（一）家系调查与法医系谱学

常用的家系排查方法主要是基于 Y 染色体分子遗传标记和线粒体遗传标记进行。其中，基于 Y 染色体遗传标记的家系排查是目前公安机关进行家系排查的主要方法。Y 染色体家系排查技术主要是通过 Y 染色体上非重组区的 STR 基因座进行。借助于 Y 染色体 STR 家系排查技术，公安机关已成功破获了一系列重大案件。此外，在我国子代一般继承父亲的姓氏，这使得男性的 Y 染色体单倍型与姓氏之间具有一定的相关性，有研究应用 Y-STR 进行姓氏的预测，结果显示该方法具有一定的应用价值。但是，由于存在改姓、赐姓、随母姓、领养等情况，在使用 Y 染色体遗传标记进行姓氏推断

时应考虑是否存在上述情况。另一种用于家系排查的遗传标记是线粒体遗传标记。线粒体 DNA 是一种核外遗传物质,其严格的母系遗传特性使得线粒体遗传标记是一种进行母系家系搜索的有效遗传标记,在亲权/亲缘关系鉴定、案件侦查中也发挥着特殊的作用,但是由于缺乏大型的比对数据库、线粒体位点存在异质性等问题,线粒体 DNA 进行母系家系排查应用范围较局限。

法医系谱学基于不同个体的高密度 SNP 数据,通过分析个体间的共祖片段长度、子代共享遗传标记状态等,寻找基因组片段或者基因组变异在家族世代传递过程中的规律,甚至可以预测父系和母系亲属中 9 级以内的亲缘关系。2018 年,美国"金州杀人案"等一系列案件的破获,是法医系谱学助力案件侦破的有利证明,故法医系谱侦查技术被 Science 杂志评为 2018 年十大科学突破之一。在国内,法医系谱学也逐渐成为辅助破案的重要工具,一些疑难案件的破获亦进一步佐证了法医系谱学在中国人群中的应用潜能。基于全基因组 SNP 芯片,协同 IBD 的判别方法进行远亲亲缘关系研究和应用是当前法医系谱学研究的热点。尽管基于数千、数万或者数十万个 SNP 位点推断亲缘关系的研究仍处于起步阶段,但已有报道表明,随着 SNP 位点数目的增加,亲缘关系鉴定可达到的层级和准确性均会有所提升。因此,将 SNP 遗传标记与微阵列或高通量测序技术相结合,可协助检测陈旧、降解的遗骸检材,进行远亲亲缘关系判定,解决遗骸身份鉴识等问题。此外,系谱学中高密度 SNP 信息除可用于判定家系外,还可对人体生物检材来源进行个体生物地理溯源,进而缩小嫌疑人/受害人排查范围。

(二)非人源生物检材的研究

近年来,随着法医物证领域检验技术的不断提高,案件现场可检测的生物检材类型逐渐多元化。在刑事案件现场,除了人源生物样本外,动物、植物等非人源生物检材有时因案情需要也成为被检验对象。除了能为刑事案件的侦破提供线索或依据,非人源生物检材的检验还被广泛地应用于打击肉制品掺假、野生动植物的非法贸易以及濒危动植物保护等。因此,与非人源生物检材相关的其他法医物证鉴定也被列入司法部印发的《法医类司法鉴定执业分类规定》。

动物或植物个体识别的基础是"同一认定"理论,其研究内容主要是通过对不同分子标记的检验来判断未知检材与已知样本是否来源于同一个体。动物的个体识别需依赖种群的群体遗传学参数,近年来,许多研究者基于 STR、SNP 等多种遗传标记对某些种群的群体遗传学参数进行了评估,这其中包括野生动物,也有常见的家养宠物和经济畜牧,如金毛犬、家猫、猪、马和牛等。我国的法医研究者也研发了能检测猪、狗、猫等常见动物的 STR 基因座的复合扩增体系,可以用于涉及这些动物的个体识别和亲子鉴定相关案件的鉴定。

种属鉴定是一类特殊的以明确研究对象的种属为目的的鉴定,其鉴定结果可以避免将非人源生物检材误判成人源生物检材从而造成错案,还能通过鉴定受害人身上沾染的毛发、植物等的种属,推断案发地点。种属鉴定在打击肉制品掺假、非法野生动植物贩卖等行动中也被广泛应用,是法医物证领域非人源 DNA 检验的重要组成部分。基于 DNA 条形码的种属鉴定技术是一种建立在 DNA 序列标记技术及相关的系统发育和分类研究基础上的物种鉴定方法,能够快速、准确地对物种进行鉴定。我国的法医研究者建立了包括大麻类植物、致幻类植物以及部分濒危动植物的 DNA 条形码数据库,为这些物种的基因序列比对提供参考依据。同时,我国的法医研究者也研发了 11 种物种种属鉴识的 STR 复合扩增检测检材系统,能够应用于法医学常见动物的种属鉴定和肉源掺假的法医学种属鉴定。

(三)生物检材来源个体生物地理溯源

在人类进化过程中,由于受到如地理隔离和遗传漂变等因素的综合作用,会导致族群起源和地理位置不同的群体间存在一定的遗传特征差异,这为生物地理祖先信息推断提供了理论基础。生物地理祖先信息推断是指利用一系列具有等位基因频率分布差异的祖先信息遗传标记推断生物检材或个体的生物地理起源(biogeographic ancestry,BGA),或通过群体遗传学方法对研究族群的生物地理起源组成比例进行预测。随着人类基因组计划(Human Genome Project,HGP)、人类基因组多样性计划(Human Genome Diversity Project,HGDP)的完成,人类基因组中的遗传信息得以进一步发掘,从而为我们提供了大量可供选择的法医生物地理祖先信息分子遗传标记。因其在基因组中的广泛分布和较低的突变率,SNP 一般被认为是法医生物地理祖先信息推断的较为理想的遗传标记之一。有学者通过对来自世界不同地域的 51 个群体中共 938 名个体的 65 000 个 SNP 位点进行研究,结果显示部分 SNP 的等位基因频率分布模式可以鉴别不同地理区域的群体。还有学者使用 39 个 InDel 位点实现了对欧洲、非洲、东亚、欧亚混合人群以及国内部分族群的生物地理祖源推断,在涉外案件中发挥重要作用,同时也为表型特征刻画提供了必要的基础证据。

随着新一代测序技术和生物信息学的发展,不仅允许研究人员可以并行分析大量祖先信息 SNP 位点,还允许纳入如表型相关 SNP、微单倍型、InDel 等其他类型的遗传标记。通过多种遗传标记的联合应用,人们能在实现生物地理祖先信息推断准确性和检测灵敏度更高的同时,进一步挖掘更多与表型特征推断相关的遗传信息。此外,通过中国人群基因组数据,利用随机森林、支持向量机、深度学习、神经网络等人工智能算法,不仅可以实现更为精准的生物地理溯源,同时能够挖掘更多族群、地域、系谱相关的法医遗传标记,以期为案件侦破带来更多的指向性线索。未来的生物地理溯源分析有望实现人工智能化,为刑事案件的侦破和法庭证据的审查提供更丰富的信息量和更精准的科学证据。

思考题

1. 亲权鉴定的依据是什么?
2. 用于亲权鉴定的遗传标记应具备哪些特点?
3. 认定父权和否定父权的标准各是什么?
4. 计算非父排除概率和父权指数的法医学意义是什么?
5. 如何评价 Y 染色体和线粒体 DNA 遗传标记在亲缘关系鉴定中的应用价值?

(朱波峰)

扫码获取
数字内容

第十三章
个 人 识 别

个人识别对案件侦查和审判具有重要意义。任何刑事犯罪的发生都涉及物质接触和交换,犯罪人或者在现场留下痕迹,或者将现场的物质带走。留下或带走的物质中常有毛发、纤维、皮肤的剥脱物、扣子、泥土等物证。特别在凶杀、抢劫、盗窃、殴斗、强奸等案件中,由于个体与个体间,或个体与环境物件间发生接触,常有血液、毛发、皮肤、指甲、牙齿、精液或唾液的遗留或脱落,这些生物检材通常细小而且分布范围广,罪犯无法彻底清除。寻找和提取上述生物检材并进行检测分析,可使侦查和审判工作中的许多疑难问题得到解决。遇见身份不明的尸体与活体,判明个体身份对案件侦查和审判同样有重要意义。

第一节 概　　述

- 个人识别以同一认定理论为指导原则,通过对生物检材的遗传标记做出科学表征,依据个体特征来判断前后两次或多次出现的物证检材是否同属一个个体。
- 人类遗传标记众多,现阶段,法医物证所使用的遗传标记已经从 DNA 表达产物水平遗传标记深入到 DNA 分子结构水平遗传标记。
- 生物检材过程中要通过由简单到复杂,逐步排除,逐步缩小范围的实验分析策略逐步减少不确定性,实现个人识别。

一、个人识别

个人识别的意义在于为侦查提供线索,为审判提供科学证据。在法医实验室进行的生物检材个人识别有其自身的特点。对于医生、司法人员和律师等诉讼相关人员,必须了解生物检材个人识别的潜力和限度,必须了解法医学实验室能够提供的服务以及在案件调查中和法庭审判中如何更好地利用这些服务。

(一) 个人识别的定义

个人识别(personal identification)是指对生物检材进行鉴定,用以揭示个体身份的过程。个人识别以同一认定理论为指导原则,通过对生物检材的遗传标记做出科学表征,依据个体特征来判断前后两次或多次出现的物证检材是否同属一个个体。个人识别作为法医物证学在司法实践中主要任务之一,在众多民事或刑事案件中发挥着重要证据功能。

(二) 个人识别的理论

同一认定理论的实质是通过将案发现场收集到的生物检材与在侦查或调查中发现的案件嫌疑人的相应特征进行检验和比较,溯源并判断前后两次或多次出现的检材是否来源于同一个体。为了做出科学的判断,需要正确理解同一认定的概念。首先,同一认定是一种认识活动,这种认识活动的目的是判断案件中多次出现的法医物证检材是否同一。这里的"多次出现"是概括的提法,实际上多次出现的物证检材,其出现方式、获取途径以及称谓等有所不同。通常将案件现场发现的可疑生物物证痕迹称为"检材",由办案人员在现场勘查时发现并提取。鉴定人通过对检材进行检验分析,得出鉴定意见,为侦查提供线索,但此时并不能对检材进行同一认定。要进行同一认定,必须具有可供与检

326

材比较的材料,通常将这类材料称为"样本"。样本是办案人员通过多种渠道获取的,如检索 DNA 数据库等方式。同一认定(establishing identity)是鉴定人对案件中的"检材"与"样本"进行比较检验后判断"检材"与"检材"是否来源于同一个体的过程。在某些特殊案件中,同一认定可能会针对多起案件中的"检材"与"检材"进行,如果认定两起案件中出现的检材同一,那么就能够说明两起案件存在一定的联系,为串并案提供有力的支持。

同一认定中检验和比较的依据是人类遗传标记(genetic marker,GM)。人类遗传标记众多,例如 ABO 血型就是其中的一种。现阶段,法医物证所使用的遗传标记已经从 DNA 表达产物水平遗传标记深入到 DNA 分子结构水平遗传标记。同一认定无须使用人体的全部遗传标记,仅需一定数量遗传标记的组合。因此采用遗传标记进行同一认定前,必须对其特定性、稳定性和反映性进行具体遗传学分析,以判断所使用的遗传标记组合是否满足同一认定所需的条件。

1. **特定性** 要对某个体进行个人识别,需要将他与人群中的其他所有个体区分开来,理论上被测多个相互独立的遗传标记组合在群体中存在的概率极低,以至该遗传标记组合在群体中只能出现一次。换言之,同一认定所使用的遗传标记组合必须具有个体特定性。影响遗传标记组合的个体特定性主要有以下因素。

(1)遗传标记的数量:分析所使用的遗传标记数量越多,遗传标记组合的特定性就越强,该遗传标记组合在群体中出现重复的概率也就越小。所采用的遗传标记达到一定数量时,理论上可以认为该遗传标记组合在群体中不可能出现重复,此时即具备了同一认定所要求的个体特定性。显然,所使用的遗传标记的数目与该遗传标记组合的特定性成正比。

(2)群体中个体的数量:遗传标记组合在群体中出现重复的可能性与群体中个体的数量有关。因此,同一认定要求的特定性与群体中个体的数量有密切关系。群体中个体数量越多,同一认定对个体特定性的要求就越高,要求遗传标记的数量也就越多。

2. **稳定性** 同一认定要求所采用的遗传标记具有稳定性。遗传标记的稳定性是指个体遗传标记的属性能够保持不变的时间长短,即遗传标记的可检测时限长短。从案件发生、检材提取到实验室检测,经过的时间长短不一,而随着时间的增加,检测成功率会降低。例如,从罪犯在现场留下物证检材,到发现嫌疑人并提取其血样与现场检材进行比对的这段时间内,现场血痕遗传标记特征保持基本不变,满足同一认定所要求的稳定性。鉴于遗传标记自身的大分子特征,其可检测时限具有明显的差异。此外,遗传标记的稳定性还包含另一层意思,即生物检材中遗传标记对外界各种物理、化学和生物性因素的抵抗或耐受的能力。高温、潮湿环境、紫外线以及环境中各类化学物质,都会对检材中的遗传标记造成破坏。因此,无论是在刑事案件还是在民事案件中,物证检材的妥善保存和及时送检都是相当重要的一个环节。

3. **反映性** 遗传标记的特定性与稳定性是进行同一认定的基础,但前提是该遗传标记的特定性能够反映出来并被人们所认识。犯罪活动的发生必定涉及物质的接触、交换和转移,罪犯在犯罪现场留下或带走的痕迹中很大概率存在物证检材。但是与人体有关的物证检材多种多样并且各具特征,有些检材易于检测,如血痕,但有些不易检测,如毛发。这就涉及遗传标记的反映性问题,反映性(representation)是指案件调查中,要求最大限度地从检材中获取遗传信息,并能最大限度地反映出或表征出所属个体的遗传特征。个体遗传标记的反映性与人类的认识能力之间有着密切的关系。一般来说,个体遗传标记的反映性是客观存在的,但是这种反映性能否用于同一认定则取决于人类的认识能力和技术水平。

二、生物检材

生物检材(biological sample)指的是人体组织、器官与体液、分泌物、排泄物及由它们形成的斑迹。生物检材多存在于案发现场,或与案件相关的物品及当事人身上,是法医物证检验的对象。通过检验揭示其物理、化学、生物学的属性,而成为还原案件真实性的有利证据。

（一）生物检材的特点

生物检材是经历了环境条件作用的人体组织与器官，或人体体液、分泌物、排泄物及其干燥后形成的生物性斑迹。环境条件作用对生物学检材有极大影响。生物检材的个人识别，即使对于非常有经验的法医鉴定人，也是严峻挑战。以血痕为例，血液一旦流出体外就迅速变质，尸体中的血液同样经历不可逆变化，变性从死亡时起就在尸体内部开始，并且可能会因温暖和潮湿等特殊环境而加速。生物检材的主要特点在于环境条件作用使其具有一定的不确定性。

（二）生物检材的分析策略

法医鉴定人对生物检材的分析不但要观察其形态学特征，更要进行化学、免疫学、生物化学与分子生物学等实验检测。针对生物检材的特点，通过由简单到复杂，逐步排除，逐步缩小范围的实验分析策略逐步减少不确定性，实现个人识别。

（三）生物检材的发现、采集、包装和送检

1. **生物检材的发现**　生物检材多是在现场勘查中发现的，也有搜查犯罪嫌疑人及检查被害人时发现的。生物检材多散在分布于各处，没有固定地方，对于难以发现的生物检材，应利用各种科学手段努力去寻找。

（1）血痕（blood stain）：血痕常见于现场地面、墙壁、家具、衣服、鞋帽、被褥和凶器上，或人体头发间、指甲缝里。个别案件还需拆开物件才能发现，如刀刃与刀身结合部、地板缝、衣缝、鞋底与鞋面结合部等。稀薄时呈褐色斑痕，浓厚时呈暗褐色结痂。现场环境如很黑暗，可用鲁米诺试剂喷洒，如有血痕会发出荧光。

（2）精斑（seminal stain）：精斑可附着于衣裤、被褥、手帕、纸巾等处，也可附着在被害人腹壁、大腿和阴毛上、精斑的形状不规则，在白色布上呈黄色类似浆糊斑；在有色布上，浓精斑呈灰白色结痂状，稀薄时不易被发现。用紫外线照射，精斑能发出银白色带淡紫晕的荧光，此时可用笔将范围画出，以备进一步检验。

（3）毛发：毛发常受外力打击而拔脱，也可自然脱落，常见于地面、家具、被褥以及凶器上，也可见于死者手中、口中和衣服上，因案件性质而异。如强奸案，应注意被害人内衣、外阴部和大腿间；盗窃案件要留意罪犯来去的通道或门窗上有无毛发遗落。

（4）唾液：唾液可见于现场的香烟头、口香糖、牙签、饮料容器以及咬痕上，肉眼不易察见，应送实验室检查。

（5）皮肤及其他器官组织碎片：可见于被害人或罪犯指甲内。交通事故案件中，可与血液同时附着于车轮、挡泥板、车厢棱角及底盘上。

2. **生物检材的收集**　在翻动现场物件或提取生物检材前，应先通过拍照、绘图、测量和记录等方法固定其原始状态，切勿破坏原有生物检材或添加无关痕迹或物品。提取生物检材的方法根据检材种类而异。

（1）新鲜血液：对于活体血液，静脉采取后加乙二胺四乙酸（EDTA）抗凝，标记后送实验室。对于尸体，应取末梢血管内血液，因心血易受肠壁血液内细菌的污染。所有新鲜血液若要过夜均应 4℃冷藏。无冷藏条件时，可用干净纱布放入血液中浸湿，取出晾干后，置纸袋内包装送检。

（2）血痕：血痕的收集方法因载体不同而异。

1）对附着血痕的小件物品（衣服、鞋帽、刀、斧、石头、棍棒）应整件提取，晾干后，分别用纸袋包装，不能只取有斑痕部分。

2）血痕如附着于可剪切的大件物品，如毛毯上，可连同邻近无血痕处剪取全部或部分血痕。

3）大件、沉重、固定或不易携带的物件（床桌、门板、玻璃、地板或墙壁）上的血痕，可用棉签湿润后拭取，阴干后置于纸袋中，或独立置于纸盒中低温保存，使用的棉签、蒸馏水、纸袋等均应经过 DNA去除处理。

4）如果血痕在泥土上，应连同无血痕部分整块取下，放入盒内，衬以消毒棉花，以免泥块振荡

NOTES

破碎。

（3）体液、分泌液、排泄物及器官组织：这些检材的收集方法大致分为以下几种。

1）对怀疑被奸杀或死因不明的女性尸体：应用棉签或纱布提取阴道内容物，必要时取肛门、会阴部或口腔标本以检查精子。同时提取血液作对照样本。

2）取活体颊黏膜上皮细胞作对照样本时，用棉签在口腔内擦拭颊黏膜，收集含颊黏膜上皮细胞唾液置瓶内冷藏送检。也可将棉签晾干后，放入信封内送检。

3）毛发用镊子夹取，勿损坏其毛囊部分，分别置于纸袋内送检。

4）皮肤、碎骨、器官碎块以及烟头，要用镊子或手套收集，不可加防腐剂，分别置于干净容器内，冷藏送检。

3. 生物检材的包装和送检　法医生物检材易受各种理化及微生物因子破坏，离体时间越长，能检验的项目越少。因此，所有检材应尽快送检。不能及时送检的检材，较好的办法是低温保存，温度越低，保质时间越久。若不能立即检验又无冷藏条件，需要远道送检的检材，要晾干保存。方法是将检材摊开置阴凉处晾干（不能日晒或用火烘烤）后，置纸袋内包装送检，切勿在潮湿状态下折叠或用塑料膜袋等不透气材质包装。送检应注意下列事项。

（1）包装物：按检材性质和特点，用洁净的包装物如纸袋、纱布、玻璃瓶等分别包装。

（2）标记：包装物外面要注明物品名称、来源、数量、采集日期、采集人等。

（3）对照样本：送检生物检材的同时，附送必要的对照样本，如被害人和犯罪嫌疑人的血液、唾液、毛发等。

（4）委托书：送检时必须有委托书。委托书中应写明：送检机关、送检物品清单、案情介绍、委托目的要求、发文日期及复函地址、单位及联系人。

（四）生物检材的检验程序和要求

1. 核对检材　应根据送检人员的介绍或函寄委托书，仔细核对每份检材的包装情况、检材的数量和种类是否与提供的送检物品清单相符等。若相符则按送检要求及时检验；若发现异常情况或者检材不足，应及时与送检机关联系，说明情况或要求补寄检材，得到答复后再进行检验。

2. 制订检验方案　根据送检要求和生物检材的不同类型，制订检验方案和步骤。一般先作直观检查及物理检查等不破坏检材的检验，然后再进行化学或分子生物学检验。检验时应尽量节省检材，并保留相当部分检材以备复验或再鉴定时使用。

3. 避免污染　在查看检材或检验时，勿用手直接触摸检材。检验时所用工具和器皿必须清洁。在剪取一件检材后，应将剪、镊等仔细擦洗干净，再剪取另一件检材，或使用一次性工具；PCR 前和PCR 后的操作必须分别在两个不同的实验室进行，且单向行进，避免互相污染。

4. 提交鉴定书　检验分析完毕后应向委托单位提交鉴定书。鉴定书由两名以上鉴定人签名，鉴定单位盖章。剩余的检材应根据相应标准妥善保管，或退还委托单位。

第二节　个人识别常用的遗传标记和证据评估

- 表达产物水平遗传标记主要包括红细胞血型、白细胞血型、血清蛋白型、红细胞酶型、唾液蛋白型等。
- 评估法医个人识别科学证据时，应考虑遗传标记的系统效能和具体案件的鉴定结果，给法庭提供一个量化的科学证据。

一、遗传标记

现阶段，法医学实践中遗传标记主要分为表达产物水平遗传标记和 DNA 遗传标记两大类。在第十二章"亲缘关系鉴定"中已经对两大类遗传标记进行了详述,因此本章不再赘述。

实践中,联合使用多个DNA遗传标记可以产生数以千万计的基因型组合,而每一种组合在群体中出现的频率非常低,足以区别群体中的不同个体,也易于实现高概率认定。DNA分析使法医学检验实现了从只能否定嫌疑人到可以肯定嫌疑人的飞跃。这里,"否定"与"肯定"涉及评估法医个人识别的科学证据意义,而这类评估至少需要考虑遗传标记的系统效能和遗传标记对于具体个案的鉴定能力两方面因素。

二、个人识别遗传标记的选择

为了选择适用于法医遗传学分析工作的遗传标记,评估遗传标记在法医遗传学中的使用价值,根据不同的使用目的,常采用不同的参数,如杂合度、个人识别能力、基因差异度等。

(一) 杂合度

杂合度(heterozygosity)是一个传统的描述遗传标记多态信息量的遗传学指标。杂合度是指在一个群体中,某个遗传标记的所有基因型中杂合子所占的比例。杂合度高,说明该遗传标记在一个群体中能够检出更多的杂合子个体。这意味着相同数量的等位基因可以组合出更多类型的基因型,因而可以区分出更多的个体,在法医学个人识别和亲子鉴定工作中的应用价值就越大。

(二) 个人识别能力

个人识别能力(discrimination power, DP)是指在群体中随机抽取两个个体,二者的遗传标记表型不相同的概率,也叫个人识别概率。DP值越高,则随机抽取的两个个体在某个DNA遗传标记上的基因型不相同的概率越高,说明这个遗传标记在识别无关个体方面的效能就越强。意义在于,其数值可表明从人群中随机抽取的两个无关个体在该遗传标记二者基因型纯粹由于偶然而一致的概率。在法医学个人识别工作中,通常需要检测许多遗传标记才能实现个体间的区分。使用累积个人识别能力(total discrimination power, TDP),可以对所有遗传标记识别无关个体的综合能力进行评估。通常在鉴定中使用的遗传标记数越多,TDP值就会越高,累积的个人识别能力就会越强。在使用遗传标记复合检测并计算累计个人识别能力时,所有的遗传标记必须是独立遗传的,这样才能够使用乘积定律进行多个遗传标记的联合应用。

(三) 基因差异度

对于存在遗传连锁关系的遗传标记,不能运用乘积定律,例如mtDNA和Y染色体遗传标记。此类遗传标记的累积个人识别能力的计算需要统计出具有连锁遗传关系的几个遗传标记所构成的所有单倍型,并计算每种单倍型的频率,再计算其个人识别能力,即计算个体间的平均基因差异度(genetic variance)。

三、个人识别的证据评估

法医物证学通过遗传标记分析为案件侦查提供线索,为审判提供科学证据。如强奸案,若从被害人阴道拭子中取得的精斑遗传标记与嫌疑人的不同,这就为嫌疑人没有强奸这位妇女的论点提供了强有力的证据;又如谋杀案,若测出嫌疑凶器上的血痕与被害人血液具有相同的遗传标记,则在某种程度上支持嫌疑凶器是作案工具的论点。这里的某种程度与群体中具有该种遗传标记的个体数有关,群体中具有该遗传标记的个体越少就越支持嫌疑凶器是作案工具的论点。极端情况是该遗传标记在全人类数十亿人群中是唯一的,则最大程度支持嫌疑凶器是作案工具的论点。这种统计学理论是遗传标记分析作为科学证据的基础。法医个人识别时,包括DNA在内的任何遗传标记分析都应基于上述统计学理论。

(一) 个人识别的系统效能

遗传标记的多态性程度越高,应用该遗传标记进行法医学个人识别的效能就越高。系统效能可用个人识别能力定量评价。一个与案件无关的人被误控在犯罪现场留下了血痕，理论上可以根据遗传标记检测结果否定现场的血痕来源于他。但当遗传标记的鉴别能力较差时，没有关系的个体与现场血痕的遗传标记偶然也会相同。无关个体遗传标记偶然相同的机会高低不同，这与遗传标记的多态性有关，因此有必要知道遗传标记对没有关系个体的识别能力。对某一个遗传标记而言，多态性程度越高，其识别没有关系个体的能力就越强，即之前所述的个人识别能力。计算 DP 值的公式为：

$$DP = 1 - \sum_{i=1}^{n} Pi^2 = 1 - Q$$

式中 n 为一个遗传标记的表型数目，Pi 为群体中第 i 个表型的频率。$\sum Pi^2$ 为人群中随机抽取的两个样本，纯粹由于机会而一致的概率（Q）。以 STR 遗传标记 TH01 在中国某市汉族群体的个人识别能力计算为例，表 13-1 给出了计算数据。

表 13-1　遗传标记 TH01 的个人识别能力计算数据

表型	表型数	表型频率（Pi）	Pi^2	表型	表型数	表型频率（Pi）	Pi^2
6/6	2	0.017	0.000 289	7/10	2	0.017	0.000 289
6/7	9	0.074	0.005 476	8/9	7	0.058	0.003 364
6/8	1	0.008	0.000 064	8/10	2	0.017	0.000 289
6/9	15	0.124	0.015 376	9/9	26	0.215	0.046 225
6/10	3	0.025	0.000 625	9/9.3	4	0.033	0.001 089
7/7	7	0.058	0.003 364	9/10	5	0.041	0.001 681
7/8	2	0.017	0.000 289	9.3/10	1	0.008	0.000 064
7/9	32	0.264	0.069 696	合计	121	1.00	0.148 805
7/9.3	3	0.025	0.000 625				

由表 13-1 计算，则 TH01 在中国某市汉族群体中的个人识别能力为：

$$DP = 1 - Q = 1 - \sum Pi^2 = 1 - 0.148\ 805 = 0.851\ 195 \approx 0.851\ 2$$

这意味着在某市汉族群体中随机抽取两个无关个体样本，纯粹由于机会导致两者 TH01 分型结果一致的概率为 0.148 8，两者 TH01 分型结果不相同的概率为 0.851 2。也可理解为如果在某市汉族群体中 100 次随机抽取两个无关个体样本，纯粹由于机会将有约 15 次（14.88%）两者 TH01 分型结果一致，约 85 次（85.12%）两者 TH01 分型结果不相同。显然，两者分型结果不相同的概率越高，遗传标记识别没有关系个体的能力就越强。

提高系统的个人识别能力可以通过增加检测的遗传标记数目来实现。若检测 k 个遗传标记，其累积个人识别能力计算公式为：

$$TDP = 1 - Q_1 \times Q_2 \times Q_3 \times Q_4 \times Q_k = 1 - \prod_{j=1}^{k} Qj$$

式中 Qj 为第 j 个遗传标记的 Q 值。总 Q 值 $\prod Qj$ 为 k 个遗传标记 Q 值的乘积。检查数种 DNA 遗传标记，先按公式求出每种遗传标记的 Q 值，然后再求出累积 Q 值，最后再求出累积 DP 值。表 13-2 给出了以某市汉族群体为例，13 个 STR 基因座的个人识别能力计算实例。由表 13-2 可见，如果在某市汉族群体中 100 亿次随机抽取两个无关个体血样，大于 9 999 999 999 次两者 13 个 STR 基因座分型结果不相同。显然所用遗传标记数目越多，系统的鉴识能力愈强。这对实际鉴定工作中选择遗传标记有重要指导意义。

表 13-2 　某市汉族群体 13 个 STR 基因座位点的个人识别能力及累积个人识别能力

基因座	个人识别能力	累积个人识别能力	基因座	个人识别能力	累积个人识别能力
TPOX	0.789	0.789	TH01	0.851	0.999 999 987
D3S1358	0.856	0.969 6	VWA	0.924	0.999 999 999
FGA	0.952	0.998 54	D13S317	0.931	0.999 999 999
D5S818	0.912	0.999 872	D16S539	0.921	0.999 999 999 8
CSF1PO	0.858	0.999 981 8	D18S51	0.958	0.999 999 999 9
D7S820	0.917	0.999 998 49	D21S11	0.931	>0.999 999 999 9
D8S1179	0.950	0.999 999 924			

（二）DNA 遗传标记对于具体个案的鉴定能力

DNA 遗传标记的系统效能更多的是针对遗传标记体系的评估而言。对于具体个案鉴定，法医学专家通过使样本的一系列表型组成一个稀有现象的策略来提供科学证据。个人识别通过比较两个样本的一系列表型，从而判断两个样本是否来自同一个体。检测的基因座数越多且每一个基因座的表型都匹配，证据的作用越大。例如，假设在某个谋杀案中，现场血痕与嫌疑人 13 个 STR 分型相同。以频率来估计概率，这种表型组合在群体中的稀有程度可由表型频率按照乘法定律求得（表 13-3）。

表 13-3 　13 个 STR 特定表型组合在群体中出现的概率

基因座	现场血痕 STR 表型	嫌疑人 STR 表型	表型频率 P	群体中存在该表型的概率（$\prod P$）
TPOX	8/11	8/11	0.323	0.323
D3S1358	15/16	15/16	0.242	0.078
FGA	22/23	22/23	0.103	0.008
D5S818	11/12	11/12	0.154	0.001 2
CSF1PO	11/12	11/12	0.190	0.000 23
D7S820	11/12	11/12	0.143	0.000 033
D8S1179	13/14	13/14	0.075	0.000 002 5
TH01	7/9	7/9	0.294	0.000 000 074
VWA	14/17	14/17	0.131	0.000 000 009 7
D13S317	8/11	8/11	0.105	0.000 000 001 0
D16S539	9/11	9/11	0.144	0.000 000 000 1
D18S51	14/15	14/15	0.086	0.000 000 000 01
D21S11	29/31	29/31	0.092	0.000 000 000 001

血痕既可能是嫌疑人留下的，也可能是其他人留下的。我们可以评估在其他人中发现这种表型组合的概率。如果以表型频率来估计概率，假定这种表型组合来自群体中一名与嫌疑人没有关系的随机个体，人群中发现这种表型组合的理论概率就称为随机匹配概率。它可用来回答下述问题：如果不是嫌疑人而是从群体中随机抽出一个人，抽到有这种表型组合的个体的概率是多少？ 如果这个概率非常小，说明检材与样本（现场血痕及嫌疑人样本）表型的相同不像是一个随机事件，支持这两个样本来自同一个人的假设。目前大多数学者认为，如果所采用遗传标记检测获得表型组合的稀有程度大大超过了人类个体总数的倒数，从概率上估计在全世界人群中几乎不可能找到具有同样表型组合的另一个人，在排除同卵双生可能性后，认定同一性应无疑问。

法医统计学更倾向用似然比（likelihood ratio，LR）方法来评估遗传分析提供的证据强度。似然比基于两个假设。例如，现场血痕 DNA 和嫌疑人血液 DNA 表型组合均为 E，可以考虑两种假设：①现场血痕是嫌疑人所留（原告假设）；②现场血痕是一个与案件无关的随机个体所留（被告假设）。似然比是假设①条件下现场血痕与嫌疑人的表型组合都是 E 的概率与假设②条件下现场血痕与嫌疑人的

表型组合都是 E 的概率之比。用竖线分开条件与事件,竖线右边为条件,左边为事件。Pr（E|Hp）为原告假设 Hp 条件下获得证据 DNA 图谱的概率,Pr（E|Hd）为被告假设 Hd 条件下获得证据 DNA 图谱的概率。则似然比可写为:

$$LR = \frac{Pr（E|Hp）}{Pr（E|Hd）}$$

对于仅由一名个体留下的斑痕,在原告假设（Hp）条件下获得证据 DNA 图谱的概率为 $1 \times 1 = 1$;而在被告假设（Hd）条件下获得证据 DNA 图谱的概率即随机匹配概率 $1 \times P(X) = P(X)$,其中 X 为实际检出的样本表型,以频率来估计概率,数值上为人群中这种 DNA 图谱的频率 $P(X)$。这种情况下 LR 是群体中这种 DNA 图谱表型频率的倒数,$LR = 1/P(X)$。

如前例,现场血痕与嫌疑人的 13 个 STR 分型相同,其 LR 为:

$$LR = 1/P(X)$$
$$= 1/0.000\ 000\ 000\ 001$$
$$= 1\ 000\ 000\ 000\ 000$$

似然比提供了一种基于术语"支持"的简单约定,以便根据一定数据来支持一种假设,排斥另一种假设。如果似然比在数值上超过 1,证据支持原告假设（Hp）。反之,如果小于 1,则支持被告假设（Hd）。实践中,LR 大于全球人口总数。从法医遗传学角度,可以认为遗传分析提供的证据是充分的。

对法医个人识别科学证据的评估,至少需要考虑遗传标记的系统效能和具体案件的鉴定结果,给法庭提供一个量化的科学证据。应该强调的是,如果只简单地做少数几个 DNA 遗传标记,鉴定所提供的证据强度是有限的,而联合使用多个 DNA 遗传标记,可提高证据强度,为案件侦查提供线索,为审判提供确凿无误的科学证据。

第三节　生物检材的检验及个人识别

- 血痕是最常见的法医物证检材。血痕检验目的在于鉴识检材是否是血、是否来源于人、来源个体的识别以及出血量、时间等关键信息。
- STR 自动分型技术已广泛应用于法医学 DNA 实验室,其优点在于自动化程度高、重复性好、灵敏、快速等。通过从检材中提取 DNA、扩增电泳分型后获取检材的 DNA 分型信息。
- 精斑是民事和刑事案件常见生物性斑迹,多与性犯罪案件相关。精斑检验的目的在于鉴识检材是否确定为精斑以及精斑来源个体的识别。
- 混合斑是指包含两名或两名以上个体的混合生物检材,是犯罪现场最常见的斑痕类型。其鉴识分型难度大、复杂性高、检验方法多样,是法医实践及前沿研究领域的重要方向。
- 唾液斑、毛发、骨骼、牙齿等组织的法医学鉴识在法医学实践中均较为重要,其主要鉴识目的在于来源个体的识别以及为案件侦查审判提供相关的证据信息。

一、血痕检验

血液在体外干燥后形成的斑迹称为血痕（blood stain）。在凶杀、斗殴、抢劫、盗窃、碎尸、灾害事故等现场,致伤物、受害人与嫌疑人的衣物上常能发现血痕。

血痕检验需解决下列问题:①送检检材是否是血;②若是血,是人血还是动物血;③若是人血,则测定遗传标记进行个人识别;④其他检验,如出血量、出血时间及出血部位推断等。

根据上述问题,血痕检验一般遵循以下程序:①肉眼检查;②预试验;③确证试验;④种属鉴定;⑤遗传标记测定及性别鉴定;⑥出血部位、出血量、血痕陈旧度等推断。

（一）肉眼检查

肉眼检查主要观察血痕的数量、分布、位置、大小、形状、范围、色泽以及血痕与现场其他物品的相互关系等,以推测案件的性质、发案时间、案件发生的过程、被害人与加害人双方搏斗情况、位置关系、尸体被移动情况、加害方式以及加害人的行踪等。帮助侦查人员重构案件的发生过程,为案件的侦破提供线索。

(二) 预试验

预试验(preliminary test)的目的是要从大量的可疑血痕中筛除不是血痕的检材。很多斑痕外观与血痕相似,如油漆、酱油、染料、铁锈、一些化学药品、植物汁及果汁斑等,肉眼难以区别。通过预试验,可迅速将大部分不是血痕的检材排除。

血痕预试验的基本原理是血痕中的血红蛋白或正铁血红素具有过氧化物酶活性,能使过氧化氢分解成水及新生态氧,后者使加入的化学物质氧化成有色物质。发生颜色反应为预试验阳性,不发生颜色反应为阴性。有些物质,如脓液、鼻涕、排泄物、植物汁及植物过氧化物酶等具有过氧化物酶活性,可使血痕预试验呈阳性反应。故预试验呈阳性反应时,说明待测物可能是血痕,但不能确证是血痕。血痕预试验的意义在于阴性结果可以否定血痕。

血痕预试验的方法有联苯胺试验、酚酞试验、邻联甲苯胺试验、鲁米诺试验、孔雀绿试验、氨基比林试验、愈创木脂试验等。最常用的是联苯胺试验和酚酞试验,联苯胺试验最灵敏。

预试验的试剂对血痕有较大的破坏作用,经过预试验的血痕,一般不能再做血痕的种属试验和血型检验。因此,不能将试剂直接滴在衣物、凶器或其他物体的斑痕上进行检验。

(三) 确证试验

确证试验(conclusive test)是证明检材是血痕的检验。预试验阳性的检材并非都是血痕,确证试验是要证明预试验阳性的检材是血痕。血痕确证试验检测的是血红蛋白或其衍生物。确证试验阳性,表明检材中含有血红蛋白或其衍生物,可以判断为血痕。确证试验灵敏度一般不会太高,真菌生长、细菌污染、洗涤、日晒后的血痕,确证试验往往呈阴性反应。

常用的确证试验方法有血色原结晶试验(hemochromogen crystal test)、氯化血色素结晶试验(hemin crystal test)、显微分光镜检查及显微镜下查找血细胞等,其中以结晶试验应用最多。

(四) 种属鉴定

血痕种属鉴定(species identification)是确定血痕是否是人血的检验。只有确定了血痕是人血痕,才能进一步检测血痕的遗传标记进行个人识别。从现场提取的检材中,非人类的生物性斑痕会干扰鉴定结果。例如,动物血中含有与人血遗传标记相似的物质,如 A 及 B 样抗原。若不进行种属鉴定,直接测定血痕的 ABO 血型,误将动物血判为人血。这样的个人识别将错误地排除犯罪嫌疑人,或将与案件无关的人划为嫌疑对象,将案件的侦查与审判工作引入歧途。因此,血痕检验必须做种属鉴定,而且结果必须准确。

种属鉴定常用的方法有免疫学、生物化学及分子生物学方法。免疫学方法包括沉淀反应、酶免疫分析等;生物化学与分子生物学方法包括等电聚焦、纤维蛋白溶解试验、血红蛋白碱变性试验及DNA 分析等。国家公共行业安全标准中针对使用人血红蛋白金标条进行种属鉴定专门做出了标准化规定。

(五) 个人识别

确证人血痕后,检测分析血痕中的遗传标记可进行个人识别。20 世纪主要检测基因表达产物水平的遗传标记,如红细胞血型、红细胞酶型、血清蛋白型等。近年来,通过检测 DNA 遗传标记,血痕的个人识别概率大大提高。目前,不但在血痕遗传标记与嫌疑人不同时能排除嫌疑人,还可以在血痕遗传标记与嫌疑人相同时,为血痕是嫌疑人所留的假设提供科学证据。

1. 基因表达产物水平的遗传标记测定

(1) 血型测定:血型测定是法医血痕个人识别的传统检测项目。其中,ABO 血型被列为首选的红细胞血型,特点在于:①红细胞膜上 ABO 血型抗原密度高,抗原性强,仅需少量检材就能分型;②ABO 血型抗原决定簇为糖链,对环境中理化因素的影响有较强的抵抗力,即使陈旧血痕也能分型;③ABO

血型抗原不仅分布在红细胞膜上,也广泛分布在人体各种组织器官中,为结果比对提供了广泛的检材来源。

血痕中红细胞已经失去正常形态,不能用检测血液中红细胞血型的方法分型。测定血痕中 ABO 血型抗原常用三种方法,即吸收试验(absorption test)、解离试验及红细胞粘连试验。其中,吸收试验结果最稳定。

吸收试验方法:取血痕分为三块,大小约为 1cm×0.5cm,剪碎,分别加效价为 32 的抗-A、抗-B 血清及抗-H 试剂各 4 滴,充分混合。置 4℃冰箱 12~24 小时后,离心取上清液测定吸收后的抗体效价。检材无血痕部分作为阴性对照,已知 A、B、O 型血痕作阳性对照。待测血痕吸收后抗体效价比阴性对照低 3 级以上为吸收试验阳性;待测血痕吸收后抗体效价与阴性对照相同为阴性。综合抗-A、抗-B 血清和抗-H 试剂吸收结果,判断血痕所含的 A、B、H 抗原及 ABO 血型。如表 13-4 所示,检材 2 无血痕处吸收抗-A、抗-B、抗-H 后,效价均未下降;有血痕处抗-A 下降 5 级,抗-H 下降 3 级,抗-B 未下降,表明检材 2 血痕有 A 和 H 抗原,不含 B 抗原,为 A 型血痕。

表 13-4　吸收试验测定血痕的 ABO 血型

检材与对照	抗血清稀释倍数																		血型判定
	抗-A+A 红细胞						抗-B+B 红细胞						抗-H+O 红细胞						
	2	4	8	16	32	64	2	4	8	16	32	64	2	4	8	16	32	64	
未吸收的抗血清	+	+	+	+	+	−	+	+	+	+	+	−	+	+	+	+	−	−	效价明确
已知 A 血痕	−	−	−	−	−	−	+	+	+	+	+	−	−	−	−	−	−	−	对照明确
已知 B 血痕	+	+	+	+	+	−	−	−	−	−	−	−	−	−	−	−	−	−	
检材 1 无血部位	+	+	+	+	+	−	+	+	+	+	+	−	+	+	+	+	−	−	O 型
有血部位	+	+	+	+	+	−	+	+	+	+	+	−	+	+	+	+	−	−	
检材 2 无血部位	+	+	+	+	+	−	+	+	+	+	+	−	+	+	+	+	−	−	A 型
有血部位	−	−	−	−	−	−	+	+	+	+	+	−	−	−	−	−	−	−	
检材 3 无血部位	+	+	+	+	+	−	+	+	+	+	+	−	+	+	+	+	−	−	B 型
有血部位	+	+	+	+	+	−	−	−	−	−	−	−	−	−	−	−	−	−	
检材 4 无血部位	+	+	+	+	+	−	+	+	+	+	+	−	+	+	+	+	−	−	AB 型
有血部位	−	−	−	−	−	−	−	−	−	−	−	−	−	−	−	−	−	−	

吸收试验是测定血痕 ABO 血型抗原的经典方法,结果稳定可靠,但要求的检材量较多,若检材量太少,常出现假阴性结果。一些血痕基质对抗血清试剂有非特异性吸收作用,试验时必须设置基质检材对照。

(2)其他蛋白质遗传标记测定:血痕中可检测的常用红细胞酶型有 PGM1、EAP、EsD、GLOI、GPT 等,可检测的常用血清型有 Gm、Km、GC、Hp、ORM、FXⅢB、Pi、Tf、AHSG、PLG 等。分型方法与血液样品基本相同,仅样品有时需做适当处理。

2. DNA 分析

(1)STR 多态性分析:测定血痕的 STR 多态性可进行个人识别。血痕的 STR 分析方法与血液相同,能否成功的关键是血痕 DNA 提取。从血痕中提取 DNA 的方法有许多种,常用的有三种方法,即 Chelex-100 法、盐析法及酚氯仿法。最常用的 DNA 遗传标记是 STR,从血痕中提取 DNA 后,经 PCR 扩增特定 STR 基因座,扩增产物经电泳分析,以人类等位基因分型标准物为对照,可判定血痕的 STR 型。

STR 自动分型技术体系已广泛应用于法医学 DNA 实验室,其优点在于自动化程度高、重复性好、灵敏、快速等。DNA 提取之后,通过多基因座复合扩增体系可以一次性扩增多个 STR 基因座,一次反应可以产生数十个目标 DNA 片段。通过 DNA 片段长度大小和标记不同颜色荧光染料的方法对不同基因座的等位基因进行区分。因此,STR 自动分型技术体系的核心在于通过扩增产生长度分布在 100~500bp,标记有 4~6 种不同颜色荧光染料的各基因座等位基因产物,通过自动化设备分离不同长度的 DNA 片段,并通过激光识别不同荧光染料,最终通过计算机软件自动进行判定和命名。图 13-1 即为某个体通过自动化分型技术体系产生的分型结果。

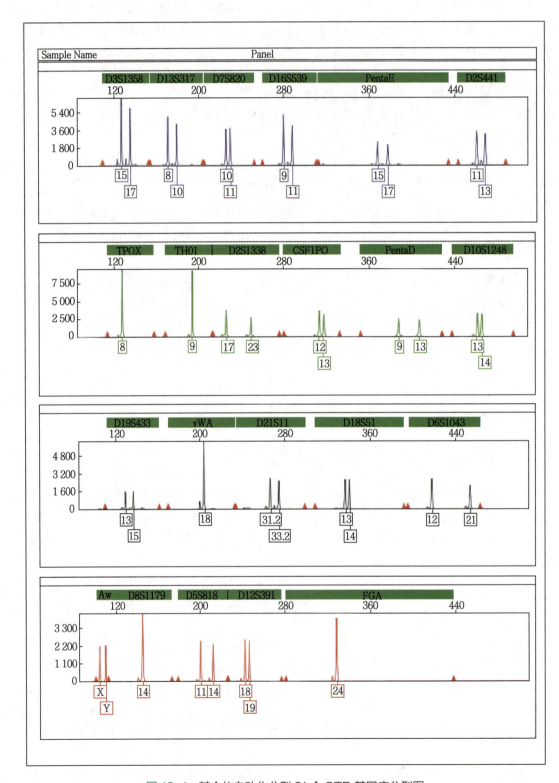

图 13-1 某个体自动化分型 21 个 STR 基因座分型图

（2）性别鉴定:性别鉴定也是血痕个人识别的手段之一。性别鉴定的试验结果能与男女外观相联系,因此性别鉴定常给案件侦破提供有价值的线索。

检测血痕性别的方法较多,包括检测 X、Y 染色质鉴定性别,检测性激素鉴定性别,检测 H-Y 抗原鉴定性别及 DNA 水平的性别鉴定等。与传统方法相比,DNA 水平的性别鉴定有明显优点。其中,PCR 扩增 Amelogenin 基因 X、Y 染色体同源特异片段鉴定性别是当前常用方法。

人类 Amelogenin 基因存在多处碱基缺失,针对 Amel-X 或 Amel-Y 碱基缺失部位两侧的 X、Y 染色体同源序列设计引物的部位有多处,扩增 Amelogenin 基因鉴定性别的引物有数对。同理,也可选 X、Y 染色体同源的其他基因进行鉴定性别,如 X、Y 染色体着丝粒 C 带保守重复结构或 X、Y 染色体同源 ZFX/ZFY 锌指蛋白基因。

应当注意,用 PCR 仅仅分析 Y 或 X 染色体进行血痕性别鉴定是危险的。性别鉴定时应注意避免由于缺乏内对照,在扩增失败时可能会误将男性判为女性,或误将女性判为男性。

二、精斑检验

精斑(seminal stain)是精液干燥后形成的斑迹,是民事和刑事案件常见的生物性斑迹。强奸或猥亵行为常需检验精斑。精斑多存在于受害人的衣、裤、外阴部或大腿内侧及犯罪现场的地面、被褥、草席、床板、毛巾、纸张及手帕上等。

精子射入阴道后,一般经4~5分钟即达子宫颈部,30分钟后达子宫体,60分钟后可达输卵管伞部。人精子在女性生殖道内的生存时间长短受很多因素影响。通常情况下,性交后阴道内 3~8 小时、宫颈2~5 天、子宫及输卵管 2~7 天的内容物涂片可检见精子。精子的检出期限与被害人的体位、活动情况有关:若被害人被强奸后行走,精子的检出期限短;若被害致死,尸体处于卧位,则精子的可检出期长。在活体阴道内,精子检出期限一般少于 2 天。尸体阴道内的精子不仅数目多而且保存时间长,最长的检出时间可达 2 周左右。精子检出率高低也与阴道内容物的提取部位有关,宫颈刮片和阴道后穹隆部擦拭物精子的检出率较高。对于需检验精斑的案件,必须及早取材送检。

对疑为精斑的检材需要解决下列问题:①可疑斑痕是否为精斑;②是人精斑还是动物精斑;③是何人的精斑。检验步骤是先通过肉眼检查、预试验、确证试验、种属试验认定为人精斑后再进行个人识别,为案件的审判提供科学的证据。

(一)肉眼检查

肉眼检查的目的是发现可疑精斑,确定其所在部位及分布情况,以便准确取材,提高检出阳性率。

精斑外观常因附着物不同而有差异。深色布类上的浓厚精斑,呈灰白色浆糊状斑迹,偶可见结痂,较稀薄的精斑则不易察见;浅色布类上的精斑多呈黄白色地图状,边缘色深。用放大镜检查,可在布纤维表面或中间见黄白色小鳞片。载体上精斑手触有硬感,新鲜精斑有特殊臭味。

如前所述,精斑中的黄素在紫外线下发银白色荧光,斑痕边缘呈紫蓝色,借此可画出斑痕的范围。用水洗过的精斑,在紫外线下仍可发浅淡的点片状荧光。阴道分泌物、尿液、鼻涕、唾液、乳汁、脓液、肥皂斑、植物汁液、含荧光素的各种载体等在紫外线下也能发出与精斑类似的荧光,故紫外线检查阳性结果表示斑痕可能是精斑,但不能确定为精斑。精斑过于淡薄或陈旧,或受其他物质污染,可无荧光发生,故阴性结果不能轻易否定精斑。紫外线检查法简便,不损害检材,可在肉眼不能辨别时作精斑定位用。

(二)预试验

预试验的目的是筛选可疑精斑。预试验的方法比较简单、灵敏度高,但其检出的成分都不是精斑特有的,预试验阳性结果仅提示斑痕可能是精斑,不能确证精斑。

精斑预试验方法很多,如酸性磷酸酶检验、碘化碘钾结晶试验、苦味酸结晶试验、锌检出法、马铃薯凝集抑制试验、胆碱氧化酶试验、胺氧化酶试验、层析法检验胆碱和精胺等。常用的方法为检验酸性磷酸酶。

精液的主要成分前列腺分泌液中含有大量的酸性磷酸酶,540~4 000U/ml,较人的其他体液、分泌液及器官的含量高 100 倍以上。精斑中酸性磷酸酶相当稳定,对腐败及高热有较强的抵抗力。检验酸性磷酸酶的方法很多,可用磷酸苯二钠试验、α- 磷酸萘酚 - 固蓝 B 方法、琼脂扩散法及电泳法等。

酸性磷酸酶试验灵敏度较高,稀释 20 000 倍的精液仍呈阳性反应。被水洗过的淡薄精斑或陈旧精斑,只要适当延长缓冲液保温时间仍呈阳性反应。

(三) 确证试验

精斑确证试验是检验精液中的特有成分,其阳性结果可以确证精斑,主要有精子检出法、免疫学及生物化学检验。

1. 精子检出法　检出精子是认定精斑最简便、最可靠的方法。精斑中的精子相当稳定,陈旧精斑也能查出精子,最长可达十多年。但因精子无色、头部有折光,尾部很细易断离,在精子数量少时,有时难以根据少数不完整精子确证精斑。因此,在实际工作中,应选择合适浓度的浸液及适当的染液,以提高精子的检出率。

一般只要找到一个完整的典型精子,即能确证精斑。陈旧精斑若浸渍处理过分粗暴,精子尾部断落,常只检见精子头部,此时必须与阴道滴虫、酵母菌等鉴别。典型的精子头部呈椭圆形,着色特殊,若有数个典型的精子头部也可确证为精斑。

2. 免疫学试验　制备各种抗人精液特殊成分的抗血清,用作沉淀反应,检测可疑精斑中的抗原成分,以确证精斑。该试验特异性高,特别适用于确证输精管结扎术者和精子缺乏症患者的精斑。常用的有精浆前列腺特异性抗原 P30 检测。

人类精浆中含有前列腺特异性抗原(prostate specific antigen,PSA),或称 γ- 精浆蛋白(γ-seminoprotein),是由人类前列腺上皮细胞所分泌、存在于成年男性精液中的一类糖蛋白,pI 约 6.9,分子量为 30 000,故名 P30。人精液 P30 正常含量为 0.24~5.5mg/ml,平均为 1.92mg/ml。P30 具有高度的种属特异性和器官特异性,未从动物血清和精液及人血清、阴道分泌液、唾液、汗液等多种体液及分泌液以及组织器官浸液中测出 P30。P30 性质稳定,在精液和精液与其他分泌液的混合斑中能存在很长时间,22℃条件下保存 5 年的精斑仍能检出 P30。所以 P30 是法医学确证精斑的理想标记。

从精液中分离纯化出 P30 抗原,免疫动物,获得抗 -P30 血清。抗 -P30 血清确证精斑的灵敏度和准确性均高于精子检出法,不受精液中有无精子的影响,也不受阴道液和唾液的干扰,能正确区别人类精斑与动物精斑,是目前确证人类精斑最好的方法。常用的方法有胶体金检测法和酶联免疫吸附试验等。国家公共行业安全标准中针对使用人精液 PSA 金标条进行种属鉴定专门做出了标准化规定。

(四) 种属鉴定

确证精斑后 , 则进一步鉴别是人精斑还是动物精斑,胶体金 PSA 试剂条亦具备种属鉴定能力。

(五) 个人识别

确证人精斑后,测定精斑中的遗传标记可进行个人识别。遗传标记选择是关键,个体精液中的遗传标记应当与自己血液或唾液中的相同,从而允许不同组织器官来源的检材进行比对。目前,不但在精斑遗传标记与嫌疑人遗传标记不同时能排除嫌疑人,也可以在精斑遗传标记与嫌疑人遗传标记相同时,为精斑是嫌疑人所留的假设提供科学证据。

1. ABO 血型检测　ABH 血型物质以水溶性形式存在于人的分泌液中,是一种糖蛋白。分泌型精液中 ABH 血型物质含量多,常用中和试验、解离试验、混合凝集试验等方法检测;非分泌型精液ABH 血型物质含量少,需用灵敏的 ELISA 法检测。

2. 其他蛋白质遗传标记测定　精液中可检测的常用酶型有 PGM1、DIA3、GGT 等,可检测的常用血清型有 Gm、Km、ORM 等。

3. DNA 分析　精液中的精子含有大量 DNA,可通过分析 DNA 多态性进行个人识别。精子细胞核膜是由富含二硫键的交联蛋白组成的网状结构,能抵抗各种类型的去污剂作用,对外源性蛋白酶水解也有相当强的抵抗作用,必须在二硫苏糖醇(DTT)等试剂的作用下,使二硫键断裂,将 -S-S- 还原成 -SH,核蛋白才能被十二烷基硫酸钠(SDS)、蛋白酶 K 分解,释放出 DNA。精子核蛋白在没有还原剂时极为稳定,在还原剂存在时不稳定,利用这种特性可用两步消化法从精液与阴道液的混合斑中提取精子 DNA。

精斑的 DNA 分析方法与血痕相同。目前最常用的 DNA 遗传标记是 STR,从精斑中提取 DNA 后,经 PCR 扩增特定 STR 基因座,扩增产物经电泳分析,以人类等位基因分型标准物为对照,可判定精斑的 STR 型。

三、唾液斑检验

唾液斑(salivary stain)是唾液在载体上干燥后形成的斑痕,是法医物证检验中常见的生物检材。案件的现场常能提取到唾液斑,而参考样本常常也提取唾液制成唾液斑。

唾液斑检验的主要目的是个人识别。唾液中含有的血型物质及口腔黏膜脱落上皮细胞中的 DNA,在斑痕中能长期保存,少量唾液斑即可进行个人识别。亲子鉴定时亦可采取被鉴定人的唾液,测定 DNA 多态性等。

唾液斑检验首先确定检材是否为唾液斑,确证唾液斑后再作个人识别。由于含唾液斑的检材通常出现在人们日常生活用品或物品上,例如口杯、烟头、果核等,故确证唾液斑后,可直接进行个人识别,不必进行种属鉴定。但在鉴定咬痕的唾液斑时,需确定是人咬痕还是动物咬痕。

唾液斑在白色背景上常呈淡黄色,在紫外线下发淡青色荧光。

(一)唾液斑的确证试验

唾液中含有大量的淀粉酶(amylase),要分析检材是否唾液(斑)时,可检查淀粉酶。但人体粪便、几乎所有的植物、发芽种子和真菌中均含淀粉酶,人体其他分泌液如鼻涕、尿、精液等也含少量淀粉酶,因此仅凭在斑痕中检出淀粉酶,不能确证唾液(斑)。如果在检材中同时检出口腔黏膜脱落上皮细胞,则可确证唾液斑。

1. 淀粉酶的检测 淀粉 - 碘试验(starch-iodine assay)是检查唾液斑中淀粉酶常用的方法。唾液中的淀粉酶较稳定,自然干燥、保存几个月的唾液斑仍可检出。

2. 口腔黏膜脱落上皮细胞的检查 唾液中含有口腔黏膜脱落上皮细胞。将检材用生理盐水充分浸泡,弃去载体,离心,取沉淀物涂片,干燥后 HE 染色,显微镜下观察。口腔黏膜上皮细胞的形态多样,但以多角形为主;胞质呈粉色;胞核呈圆形,较小,蓝染。如发现口腔黏膜脱落上皮细胞,结合淀粉酶试验阳性结果,可判断为唾液斑。如同时检出食物残渣、嗜氧菌、厌氧菌等可以进一步确证是唾液斑。

3. 其他方法 唾液斑证明亦可采用抗腮腺素血清,与斑痕浸液做沉淀试验;或对检材中的微量元素作综合分析,确证唾液斑。

(二)唾液斑的个人识别

唾液斑的个人识别,传统的方法是检测唾液斑中的 ABO 血型,20 世纪 70 年代有用电泳方法检测唾液蛋白和酶的遗传多态性,目前主要用 DNA 分析法。

1. 唾液斑的 ABO 血型测定

(1)中和试验测定 ABO 血型:唾液属人体分泌液,和精液一样含有水溶性 A、B、H 血型物质。分泌型人含量很大,非分泌型人也含有少量,可用中和试验检测,测定原理及方法同精斑 ABO 血型测定。

(2)酶标抗体免疫测定法检测 ABO 血型:酶标抗体免疫测定法灵敏度极高,适用于测定非分泌型唾液中的 ABH 物质。如用该方法测定分泌型唾液,需将唾液样本适当稀释,以免背景着色过深,影响结果判断。因此,对未知检材,最好先用中和试验分型,结果阴性时,才用酶标抗体免疫测定法。

唾液斑的 ABO 血型测定常用直接斑点 ELISA 法、间接斑点 ELISA 法及斑点 ELISA 双抗夹心法等,

NOTES

也可采用 ELISA-ABC 法。

2. 唾液斑的 DNA 分析　分析 DNA 多态性是目前进行唾液(斑)个人识别的有效手段。唾液中含有口腔黏膜脱落上皮细胞,可从中提取 DNA,进行基因组 DNA 与线粒体 DNA 多态性分析。

口腔黏膜上皮细胞中提取 DNA 时,取适量检材(如烟蒂剪取 0.3~0.5cm 的过滤嘴;单根拭子头部的 1/4~1/3;0.1~0.2cm² 的纱布检材)剪碎后放入微量离心管中,加入适当的 DNA 提取缓冲液,按常规的方法进行 DNA 提取。

唾液斑基因组 DNA 多态性分析目前多采用 PCR-STR 分型技术,在血痕和精斑中能测定的 STR 基因座也能在唾液斑中测定。随着微量 DNA 分型技术的日益发展,大量含有口腔脱落上皮细胞物证检材的 DNA 检验成功率大大提高,拓宽了 DNA 检验的范围,成为重要的证据来源。

四、混合斑检验

犯罪现场遗留的另一类生物性斑痕是混合斑。法医物证学中的混合斑(mixed stain)是指包含两名或两名以上个体的混合生物检材,包括由两人甚至多人血液构成的混合血痕,由阴道分泌物与精液构成的混合斑痕等。

混合斑常出现在下列情况:①性犯罪案件中阴道拭子、内裤、卫生纸、床单、犯罪嫌疑人外生殖器拭子等相关检材,这类检材可能含有精子及阴道上皮细胞,属男、女个体成分的混合物;②多人受伤的现场血迹、凶器或当事人身上的血痕,多为两个或两个以上个体的混合血痕;③咬痕拭子,可能含有咬者的唾液和被咬者的皮肤组织,常见于性犯罪案件中受害者的颈部、乳头、外阴;④指甲垢,可能含有本人和被抓者的组织;⑤血衣,可能含有穿着者和另一伤者的血液、汗液等;⑥勒颈的绳索、捆绑的胶带、作案工具等也常包含受害人和案犯的皮肤上皮脱落细胞。

混合斑检验首先要确证检材是否为混合斑,然后检测与分析混合斑的遗传标记,最终达到个人识别的目的。混合斑中的遗传标记来源于多个体,是各个体遗传标记的总和。在案件调查中应尽可能地了解案情,提取案件相关人员的生物检材作为比对样本,分别进行检测,从而推断混合斑各个组分的分型。

(一)精液阴道液混合斑检验

精液阴道液混合斑是法医物证检验中最常见的混合斑类型,常见于性侵犯案件。检验目的主要是检测出男性精液成分的遗传标记,确定嫌疑人。也有少数案件需要鉴识女性阴道液的遗传标记,认定受害者。

1. 混合斑的确证　精液阴道液混合斑可通过检测精液成分及阴道液成分进行确证。

(1)精斑的确证:利用精斑的确证试验确证人精斑。

(2)阴道液的确证:阴道液由阴道黏膜渗出物、前庭腺、宫颈腺、子宫内膜等的分泌液与脱落上皮细胞、阴道正常菌群及其代谢产物组成。阴道液中含有大量阴道脱落细胞和特有的阴道肽酶,常用以下方法确证阴道液。

1)细胞学检查:斑痕浸液离心,沉淀物涂片,HE 染色,显微镜下检查。阴道上皮细胞属于复层鳞状上皮细胞,典型的阴道上皮细胞大而扁平,形态不甚规则,HE 染色胞质红染。有的是已完全角化的无核上皮细胞。如果同时查见精子,说明是阴道液与精液的混合斑。阴道上皮细胞的形态与口腔上皮细胞有些相似,但阴道上皮细胞富含糖原,可采用嗜碘试验与口腔黏膜上皮细胞相鉴别。

2)阴道肽酶测定:肽酶(peptidase)是一类催化肽键水解的酶,能水解 L-缬氨酰基 -L-亮氨酸及其他二肽底物。阴道肽酶(vaginal peptidase,Vp)仅存在于女性生殖道分泌液中,包括输卵管和子宫内膜分泌液、子宫颈管黏液及阴道黏膜分泌液中,与年龄、性活动及月经周期无关。

2. 混合斑中精液成分的个人识别　在强奸案中,现场提取的精斑多数混有阴道液,混合斑检验主要是对其中精液成分进行身源鉴定,以确定嫌疑人。精液和阴道液都是人体体液,均存在可溶性 ABH 血型物质和部分血清型和酶型蛋白,可供分型检测。从精子细胞和阴道上皮细胞提取 DNA,可以获得 DNA 多态性信息。从混合斑测出的遗传标记型别是精液与阴道液遗传标记的总和,因此需提取受害人和嫌疑人的血液、唾液等作参照样本,对于已婚的被害人还要提取其丈夫的样本同时检测进行比对。

混合斑的鉴定主要有三类方法,一是对比推断法,检测混合斑遗传标记的所有分型;二是分离精液与阴道液组分,分别进行遗传标记分型;三是直接检测混合斑中精液特有成分,例如检测 Y 染色体遗传标记。对比法简便易行,比较常用,但分析较复杂,信息量有限。分离精液和阴道液组分或检测精液特有成分的方法对于确定犯罪嫌疑人比较可靠。

(1)对比推断法

1)ABO 血型测定混合斑:ABO 血型测定的方法有中和试验和 ELISA 法等,其中以中和试验较为常用。

用中和试验测定混合斑和受害人唾液的 ABH 物质及分泌状态,进行对比分析,可推测混合斑中精液的 ABO 血型(表 13-5)。若混合斑中精液血型与犯罪嫌疑人血型不同,则可否定犯罪嫌疑人;如相同,则不能否定。若受害者为非分泌型,则很容易从混合斑中判断犯罪嫌疑人的血型。能否检测出混合斑各个体的血型物质,受混合比例等因素影响。在检测中要注意多处取材,分析所有的检测结果,结合相关案情,才有可能准确推定精液的血型。

表 13-5 混合斑中精液 ABO 血型的判定

混合斑血型	受害人血型	推测的精液血型	排除的精液血型
se	se	se	ABSe,ASe,BSe,OSe
OSe	se	OSe	ABSe,ASe,BSe,se
	OSe	OSe,se	ABSe,ASe,BSe
ASe	se	ASe	ABSe,BSe,OSe,se
	OSe	ASe	ABSe,BSe,OSe,se
	ASe	ASe,OSe,se	ABSe,BSe
BSe	se	BSe	ABSe,ASe,OSe,se
	OSe	BSe	ABSe,ASe,OSe,se
	BSe	BSe,OSe,se	ABSe,ASe
ABSe	se	ABSe	ASe,BSe,OSe,se
	OSe	ABSe	ASe,BSe,OSe,se
	ASe	ABSe,BSe	ASe,OSe,se
	BSe	ABSe,ASe	BSe,OSe,se
	ABSe	ABSe,ASe,BSe,OSe,se	无

注:se,非分泌型;Se,分泌型。

2)DNA 分型:目前 STR 基因座分型技术是混合斑个人识别的常规技术。对混合斑直接提取 DNA 进行 STR 基因座分型,会得到男性案犯和女性受害人的混合分型图谱,结果的分析较为复杂,对多人轮奸的混合斑分型检验,目前有学者采用生物信息技术或人工智能技术进行分析。

(2)分离精液和阴道液组分进行检测

1)差异提取法分离精子和阴道上皮细胞 DNA:对精液阴道液混合斑进行 DNA 分型,关键是获得纯净的精子细胞 DNA。目前最常用的方法是差异提取法(differential extraction),或称两步消化法(two-step lysis)。精子细胞核膜蛋白质富含二硫交联结构,对去污剂及外源性蛋白酶有相当强抵抗作用。相比之下,阴道上皮细胞经常规使用的去污剂、蛋白酶即可被消化。在混合斑检材中加适量 TE

缓冲液、SDS 和蛋白酶 K,37℃水浴孵育 3 小时左右,阴道上皮细胞被破坏,释放出 DNA,而精子核膜尚未被破坏。离心后上清液中含有阴道上皮细胞 DNA,沉淀物则为精子。沉淀物以 TNE 缓冲液洗涤数次,去除游离 DNA 后,再进行第二次消化,除 TNE 缓冲液、SDS 和蛋白酶 K 外,消化液中加入还原剂 DTT,56℃孵育过夜。在 DTT 的作用下核膜蛋白中的二硫键断裂,精子核膜破裂,即可获取精子的 DNA。

2）激光捕获显微切割技术分离精子和阴道上皮细胞:激光捕获显微切割技术(laser capture microdissection, LCM)是一项利用激光在显微镜下从组织切片中分离、纯化单一类型细胞群或单个细胞的技术。其过程可概括为:首先在组织切片上覆盖一层透明的热塑膜,在显微镜下观察该组织切片,选择某一特殊细胞后,开启脉冲式红外激光束,使膜熔化,黏性增强,待其冷却后该位置的细胞就被牢固地黏附在膜上,从而分离细胞。

除了以上两种方法以外,近年来对精子细胞分离还有很多其他新技术,其中免疫磁珠、核酸适配体、微流控芯片等方法均显示具有很好的应用前景。

（3）检测精液特有的遗传标记

1）Y 染色体 DNA 分析:精液阴道液混合斑个人识别的主要目的是鉴定斑痕中的男性成分,Y 染色体特异性 DNA 标记为男性特有,分型不受女性阴道上皮细胞干扰。实验表明精子与阴道上皮细胞 DNA 比例即便为 1/2 000 时,阴道细胞的 DNA 也不会干扰 Y-STR 分型,因此不需要分离精液成分就可检测出犯罪嫌疑人的 DNA 遗传标记,减少了烦琐的两步消化过程,也避免了操作过程中精子 DNA 的损失,提高检测阳性率。由于 Y-STR 分型的灵敏度高,即使无精子或者少精子的混合斑也能进行分型。

Y-STR 分型的另一个优势是可以推测犯罪嫌疑人的人数。对于单拷贝的 Y-STR 基因座,每一男性个体只有一个等位基因产物片段;如果在多个 Y-STR 基因座均检测出 2 个片段,则提示犯罪嫌疑人至少是 2 人,这对于轮奸案件的分析很有意义。此外,Y-STR 分型对性犯罪案件中可能遇到的其他男女成分混合斑,例如血斑 - 血斑、唾液斑 - 血斑、唾液斑 - 皮肤的混合检材也能成功地进行男性成分检测。

精子细胞比体细胞更稳定,对外界环境的抵抗能力强,有报道对保存 25 年的阴道拭子进行 Y-STR 分型获得成功。

单个 Y-STR 基因座的遗传差异度多数为 0.5~0.7,实际检案中通常采用多个 Y-STR 基因座的复合扩增,个人识别能力和检测效率很高。

2）其他方法:通过检测精子中特有或相对含量较高的血清型或酶型标记,例如 DIA3、ORM1、GC 和 γ-GGT 等,也是混合斑中精液个人识别的手段之一,需取犯罪嫌疑人精液作为对照。

3. 混合斑中阴道液成分的个人识别　在大多数性犯罪案件中,在混合斑中检测出嫌疑男性遗传标记,即可为案件提供证据。但有些案件,需要对混合斑中女性成分作出个人识别,例如床单上的混合斑痕若能够同时检测出与犯罪嫌疑人和被害人相同型别的遗传标记,则可以确定案发现场。如果从犯罪嫌疑人阴茎龟头拭子或者冲洗液中查出被害人的基因型,则是证明嫌疑人是涉案人的有力证据。混合斑女性 DNA 成分取自第一次消化后离心的上清液中。进行常染色体 STR 多态性分析,是目前对阴道分泌液个人识别的主要方法。分泌型阴道液中 ABH 物质含量略低于精液,可按测定精液 ABH 型物质的方法测定。

4. 轮奸案混合斑检验　轮奸案混合斑中留有两个或者两个以上犯罪嫌疑人的精液。目前采用的差异提取 DNA 技术,只能分离精子细胞和阴道上皮细胞,无法分离不同个体的精子,分型检验所得 DNA 分型图谱仍是多个体遗传标记的混合图谱,例如常染色体 STR 分型会出现 3 个或 3 个以上的等位基因产物片段。混合分型图谱对确定犯罪嫌疑人有一定的困难。

Y-STR 在确定轮奸案中犯罪嫌疑人数、排除或指控犯罪嫌疑人等方面均较常染色体 STR 标记有明显的使用价值,是轮奸案件中重要的检验内容。

轮奸案的现场勘察,应注意提取多处检材或一份检材不同部位的斑痕,分别进行 DNA 提取和扩增分型,尽可能找到来自单一个体的精斑,以便最后确定各犯罪嫌疑人的基因型。混合斑中,几个犯罪嫌疑人精液的含量差异会造成常染色体 STR 或 Y-STR 分型等位基因片段的峰高差异,有时能够为确定精液的个体发挥作用,为案件侦破提供线索。

(二) 多人血混合斑检验

在凶杀、斗殴等案件及意外事故中,会遇到含有两个或两个以上个体血液混合形成的斑痕,例如一把刺伤多个人的匕首,留有几个被害人的血迹,法医物证鉴定需对混合血痕进行一人血或多人血的鉴定,确定血痕身源。

多人血混合斑的提取与一般血痕提取相似,除了提取现场可疑血痕外,还要从受害人和犯罪嫌疑人身上提取相应的血液作为对照样本。对疑为多人血混合斑,按血痕检验步骤,先进行确证试验及种属试验证明为人血痕,然后进行血型或 DNA 分型。多人血混合斑的 DNA 分型目前最常使用 STR 分型技术,分型结果表现为两人或多人的混合分型。

五、毛发检验

毛发为皮肤的附属器官,由排列规律的角化鳞状上皮细胞组成。在凶杀、强奸、抢劫、盗窃、交通事故等案件中,毛发是重要的检材,原因是:①毛发很容易脱落,留在作案现场及有关物体上;②毛发的主要成分是角蛋白,其理化性质较稳定,不易腐败和毁坏,可长期保存;③交通事故中,肇事车辆上常常留有死者或伤者的毛发;④毛发可进行个人识别。

毛发检验要解决的问题有:①区分检材是毛发还是纤维;②鉴别是人的毛发还是动物毛;③区别毛发来自人体何部位;④鉴别是自然脱落还是暴力拔脱,推断致伤物;⑤毛发的个人识别。

(一) 毛发与其他纤维的鉴别

根据毛发的结构及理化性质,一般可确认毛发。毛发分为毛干、毛尖和毛根三部分:露于皮肤外的称为毛干;毛干的游离末端渐细而尖,称为毛尖;埋在皮肤内的部分称为毛根。毛根的起始部膨大呈球状,称为毛球;毛球的底部呈凹陷,有真皮组织突入其中而形成细颈瓶样结构,称为毛乳头。在显微镜下,毛发的结构由外向内可分为三层,即毛小皮、毛皮质和毛髓质。毛小皮位于毛发的最外层,由极薄的角化无核扁平鳞状上皮细胞组成,呈叠瓦状或鳞片状重叠,其游离端指向毛尖,形成具有特征的纹理;毛皮质位于毛小皮的内侧,由纵行排列的纤维状角化细胞组成,有散在分布的色素;毛髓质位于毛干中心,由退化的多角形上皮细胞组成,细胞内有黑色素颗粒和空泡。毛发的主要成分为角蛋白中的硬角蛋白,理化性质稳定。毛发的角蛋白中含有 3%~5% 的硫,燃烧时发出特殊的臭味。

肉眼观察毛发与纤维易于区别。有困难时可用显微镜检查,只有毛发才有毛小皮、皮质、髓质三层特有结构。

(二) 人毛与动物毛的鉴别

鉴别人毛与动物毛一般用显微镜检查。人毛的髓质不发达,常呈断续状甚至阙如,较窄,髓质指数(髓质宽度对毛干宽度之比)在 0.3 以下;动物毛的髓质一般较发达,呈连续状直至毛尖,较宽,髓质指数多在 0.5 以上。人毛的皮质较宽,占毛干的大部分,色素颗粒多集中于皮质的外围;动物毛的皮质较窄,色素颗粒多集中于近中央部。人毛的毛小皮鳞片薄,较短而宽,毛小皮印痕的纹理呈较细而不规则波浪形横纹;动物毛的毛小皮鳞片较厚,粗而宽,毛小皮印痕的纹理呈粗锯齿状。

(三) 毛发的个人识别

毛发的个人识别方法可分为三类:形态学观察、仪器分析和分子生物学方法。

1. 形态学观察　可根据头发形态作种族鉴别,如黑种人头发呈密螺旋状、黑色;黄种人头发呈直筒状;白种人头发呈波浪状,色浅淡。

2. 仪器分析　通过中子活化分析测定毛发中的微量元素含量,可提供个人识别信息。一般男性头发氯、硫、铁等元素含量高于女性,而钙、镁、锌等元素含量则低于女性。对某些疑为金属性毒物中毒的案件,通过毛发的毒物含量分析,有助于判断是否中毒。

3. 分子生物学方法　对于有毛囊的毛发,可以进行 DNA 分析,如 STR 分析。其方法和结果解释与生物性斑痕的个人识别类似。对于仅有毛干而无毛囊的毛发检材,传统的方法是测定 ABO 血型,现在可采用线粒体 DNA 序列分析。

mtDNA 对陈旧骨、牙齿、严重腐败或焚烧的残骸以及单根毛干的检测成功率,比核 DNA 高。与核 DNA 相比,每个细胞中含有多个 mtDNA 拷贝。mtDNA 的大拷贝数提高了从微量或严重降解的检材中得到足够 DNA 的成功率。在只能得到毛发、骨、牙齿等组织的案件中,能提取的核 DNA 量极少,这种情况下从 mtDNA 中得到分型结果的可能性远远高于核 DNA 遗传标记。

目前用来描述无关个体 mtDNA 稀有程度的方法是统计数据库中某一特定序列出现的次数。一个数据库中收录的无关个体数越多,计算得出的随机匹配概率就越低。与其他 DNA 遗传标记一样,最好用似然比表示 mtDNA 的证据意义。

六、骨骼检验

骨骼是个人识别的重要的检材。骨骼具有能抵抗腐败、长期保存的特点。对高度腐败的尸体,对工地、田野、森林、江河中发现的来历不明尸骨,对火灾案件、交通事故、地震灾害中遇难者的尸骨等,常需进行骨骼检查。

在检查骨骼前,应首先记录外表情况并拍照。未作任何处理前应留取一部分骨骼以供实验分析。为清除附着的污垢和软组织,可用清水煮沸,然后将软组织刮除,刷洗,自然干燥后进行检查。

骨骼检查要解决以下问题:①判定是否是骨骼;②区分是人骨还是动物骨;③确定一人骨或是多人骨;④人骨的个人识别,包括根据骨骼特征推断死者的性别、年龄、身高及面貌复原与颅像重合及遗传标记分析;⑤死后经过时间的推测及损伤的鉴定。

(一) 骨的确定

1. 肉眼检查　主要根据骨骼的解剖学与组织学结构特点及骨骼成分的测定进行判断。送检骨骼比较完整时,从大体形态观察确定检材是否是骨骼一般并不困难。对残碎的骨片则应根据是否具有一般骨质特点,如有无骨干、骨骺、关节面、肌嵴、凹陷、孔管等及剖面是否分骨密质和骨松质等进行综合分析和判断。当肉眼观察结果不能确定时,需做显微镜及其他试验检查。

2. 显微镜检查　取一小块疑为骨骼的检材,将其磨成近似透明状的薄片,经 70% 乙醇清洁和二甲苯透明处理后,置显微镜下检查有无骨小管、骨板、中央管(又称哈弗管)等骨组织学特征。

3. 焚烧试验　上述两种方法不难确定骨质。鉴于法医现场的实际情况,对于肉眼检查未能确定是否是骨质。而又不能立即进行显微镜检查时,可用烧灼方法做初步的检查。取一小块检材,用火烧灼,如是骨质,则表面失去光泽,重量减轻,质地变松脆。焚烧试验对检材有破坏作用,焚烧试验后不能再做骨的实验分析。焚烧试验前应留取部分检材以供个人识别。

(二) 种属鉴定

人与动物骨的大体形态明显不同,易于鉴别。人类颅骨高隆,脑颅大于面颅(侧面观脑颅占 2/3,面颅占 1/3;正面观脑颅与面颅的比例为 1∶1),脑颅呈球形,面颅吻部不突出。动物脑颅比面颅小,头颅一般呈三角形,面颅吻部突出。若检材为小骨片,肉眼观察不能确定种属,可检查骨磨片的组织结构。此外,还可用 DNA 分析或抗人血清作沉淀反应来区别人和动物骨。

(三) 一人骨或多人骨的鉴别

碎尸案或多人遇难现场的尸骨,需鉴别是一人骨或是多人骨。主要根据骨骼的解剖学结构、定位、数目、排列及各骨的连接吻合情况和有无重复骨等进行鉴定。细小骨片难以判定时,可以通过 DNA 分析加以区别。

（四）个人识别

人骨的个人识别方法可分为三类：形态观察测量方法、图像分析方法及分子生物学方法。

骨骼个人识别可用 PCR 进行 DNA 分析，包括 PCR 扩增 X、Y 染色体同源特异片段鉴定性别、分析 STR 和 mtDNA 识别个体。其方法和结果解释与生物性斑痕的个人识别类似，但在检材 DNA 提取方法稍有不同。

七、牙齿鉴定

牙齿是口腔内由高度钙化的组织构成的器官，是人体最坚硬的组织和保存时间最长的器官，不易受环境与理化因素的影响。这种稳定性使牙齿鉴定成为法医学的一种重要方法。碎尸、高度腐败、白骨化以及在交通事故中严重破坏的尸体均可能仅剩下牙齿，在一些严重的火灾案件中，鉴定牙齿可能是识别烧焦尸骸的唯一方法。不同个体的牙齿发育状况及排列方式不同，随着牙齿的使用、磨损而出现的局部缺损特征，使牙齿具有了唯一性。这在法医个人识别中有重要意义。

牙齿检查要解决以下问题：①判定是否是人牙齿；②推断年龄；③牙齿的个体生活特征；④牙齿的个人识别。

（一）种属鉴定

人与动物的牙齿差别较大。人类的食物较软，咀嚼器官退化，齿槽紧缩，牙齿小，尖齿明显缩小，齿弓呈弧形。食肉类动物尖牙发达，食草类动物侧切牙、磨牙发达。

（二）年龄推断

人的牙齿随着年龄的增长呈现规律性的变化。20 岁以下常根据牙齿发育与萌出的情况判定年龄；20 岁以后，常根据牙齿的磨耗程度和结构的改变等来判定年龄。

1. 根据牙齿的萌出顺序推断年龄　人类乳牙按一定的时间顺序成对萌出，下颌牙萌出时间稍早于上颌的同名牙（表 13-6），女孩萌出稍早于男孩。对婴幼儿牙齿的月龄估计可用下列公式：月龄 = 乳牙萌出数 +6（月）。6 岁左右儿童在第二乳磨牙后方萌出第一恒磨牙，6~7 岁乳牙开始脱落，其他恒牙相继萌出（表 13-7），换牙现象一般在 14 岁左右结束。第三恒磨牙萌出率最高的年龄范围男性为 26~28 岁，女性为 22~25 岁，也有终身不萌出者。

表 13-6　人类乳牙萌出时间　　　　　　　　　　　　　　　　　　　　单位：月

乳牙	上颌	下颌	乳牙	上颌	下颌
切牙	6~9	5~8	第一磨牙	12~18	10~14
侧切牙	6.5~10	6~9	第二磨牙	20~30	18~24
尖牙	16~20	14~18			

表 13-7　人类恒牙萌出时间　　　　　　　　　　　　　　　　　　　　单位：岁

恒牙	上颌		下颌	
	男	女	男	女
切牙	6~8	6~9	5~6	5~8
侧切牙	7~10	7~10	6~8	5~9
尖牙	10~13	9~12	9~12	8~11
第一前磨牙	9~12	9~12	9~12	9~12
第二前磨牙	10~13	9~12	10~13	9~13
第一磨牙	6~7	5~7	6~7	5~7
第二磨牙	11~14	11~14	11~13	10~13

2. 根据牙齿的磨耗程度推断年龄　牙齿咬合面因咀嚼发生的生理性磨损称磨耗。牙齿的磨耗程度随年龄的增长而增加,可作为判断年龄的根据。牙齿的磨耗还与食物的粗硬、地域、牙齿萌出的早晚有关。牙齿的磨耗程度分级方法很多。以吴汝康提出的六级分类法为例,牙齿磨耗度标准为:Ⅰ度,牙尖顶端和边缘部分微有磨耗;Ⅱ度,牙尖磨平或咬合面中央凹陷;Ⅲ度,牙尖大部磨去,牙本质点状暴露;Ⅳ度,牙本质暴露扩大,相互连成片;Ⅴ度,牙冠部分磨去,牙本质全部暴露;Ⅵ度,牙冠全部磨去,髓腔暴露。第一、二磨牙(M1、M2)的磨耗度与年龄的关系见表 13-8。

表 13-8　第一、二磨牙(M1、M2)的磨耗度与年龄的关系　　　　　　　　　单位:岁

磨耗度	东北地区		华南地区	华北地区	
	M1	M2	M1	M1	M2
Ⅰ度	17.39~21.94	17.39~21.94	16.0	22~23	22~24
Ⅱ度	22.21~25.23	22.21~25.23	24.5	26~29	29~31
Ⅲ度	30.85~32.61	30.85~32.61	35.2	28~36	36~40
Ⅳ度	37.32~44.72	37.32~44.72	44.2	39~43	44~48
Ⅴ度	43.55~59.59	59.59	58.9	48~57	55~65
Ⅵ度	11~14	—	70.7	—	—

(三) 个体生活特征

牙齿可反映的个体生活特征有:①职业与生活习惯,如经常叼烟斗、长期嗑瓜子或咬硬物的人,其切牙切端常有相应的磨耗;长期吸烟、饮茶的人,牙齿表面有烟垢或茶垢;吹玻璃的工人及木工的牙齿常有职业的印记。②经济与地理情况,如氟牙说明曾在高氟区长期居住过;槟榔齿以亚热带地区多见。③生长发育状况,如四环素牙常反映儿童时期曾经长期服用四环素类药物。

(四) 个人识别

牙齿的个人识别可分为两类:牙科学资料分析及分子生物学方法。

1. 牙科学资料分析方法　各人牙齿的大小、形态和排列情况都各有特点,没有任何两个人的牙齿完全相同。各人的牙齿在治疗、充填、补牙、牙套、牙桥等加工操作各有不同。详细检查牙齿、走访口腔科医生、收集有关资料是关键。牙科学的详细病历是十分重要的个人识别资料。

2. 分子生物学方法　对牙齿的牙髓细胞可用 PCR 进行 DNA 分析,包括 PCR 扩增 X、Y 染色体同源特异片段鉴定性别、分析 STR 和 mtDNA 识别个体,其方法和结果解释与生物性斑痕的个人识别类似,但在检材 DNA 提取方法方面有所不同。

第四节　DNA 数据库

- 标准化的法医 DNA 分型技术,如 STR 自动分型技术是数据库建设发展的基础,有机结合数字技术、网络技术等共同构成现代化法医 DNA 数据库。

- DNA 数据库包括犯罪人员 DNA 数据库、现场物证 DNA 数据库、失踪人员库以及基础 DNA 数据库。各库之间相互补充、协调,共同为案件侦破和审判提供重要线索和审判依据。

- 我国的法医 DNA 数据库为三级结构形式,分别为中央库(公安部)、省级库、市级库及县级库。各级 DNA 数据库行使着不同的职责。

STR 自动分型技术广泛应用于法医 DNA 分型实验室,STR 分型结果可以在采用相同分析技术的任何实验室之间进行重复与结果比对,这为 DNA 数据库的构建和应用奠定了基础。将 STR 分型结果录入数据库,通过计算机进行比对,可以迅速得出犯罪嫌疑人是否确实在犯罪相关地点留下生物检

材的结论,能够为犯罪侦查方向提供指引,也能够为失踪人口的寻找提供线索。

一、DNA 数据库概述

DNA 数据库的诞生和发展得益于标准化的法医 DNA 分型,发展日趋成熟的计算机及网络技术和有关法律的不断完善。DNA 数据库是 DNA 检测技术、数字化技术、计算机网络通信技术和数据库技术四种技术有机的结合。

(一) DNA 数据库

DNA 数据库也称为 DNA 犯罪调查数据库(DNA criminal investigative database),是将法医 DNA 多态性分析技术与计算机网络传输技术和大型数据库管理技术相结合而建立的,对各类案件现场法医物证检材和违法犯罪人员样本的 DNA 分型数据及相关的案件信息或人员信息进行计算机存储,并实现远程快速对比和查询的数据共享信息系统。

(二) DNA 数据库的意义及理论依据

利用 DNA 鉴定技术帮助破案和打击罪犯是目前法医司法鉴定过程中积极采用的手段和方法之一,也是国内外法医物证检验最主要的技术发展方向。因为暴力性犯罪的现场可发现非常有价值的生物学检材,采集相应的检材,进行 DNA 遗传标记检测、分析与数据比较,能够更加快速、准确、科学地提供即时证据,提高破案效率。DNA 数据库的意义主要在于使法医 DNA 检验由被动发现犯罪嫌疑人转变为主动发现犯罪嫌疑人。被动方式是犯罪现场发现提取犯罪嫌疑人遗留的生物物证后,必须等待侦查部门发现犯罪嫌疑人,才能通过 DNA 检验进行个人识别。而主动方式是现场提取的可疑 DNA 可立即进行检验,将 DNA 数据输入数据库检索,主动比对、查找、发现犯罪嫌疑人。

DNA 数据库建立的理论依据包括:①现代刑事犯罪理论,即有接触就会遗留有痕迹。现场遗留痕迹包括血痕、精斑、唾液斑和毛发等,往往与案件事实有联系,通过比较案发现场收集到的生物检材与受审查个体的 DNA,判断是否为同一个个体,可以为侦查提供线索。②暴力罪犯存在再次或多次犯罪的倾向。暴力性犯罪人员当第一次被指控的罪名成立时,采样分析其 DNA 数据。假如其再次犯罪,只要在现场遗留有生物检材,就可对该生物检材进行 DNA 分析,经数据库内检索比较结果,可以为侦查提供线索。

(三) DNA 数据库的国内外发展现状

始建于 20 世纪 90 年代初期的以 DNA 遗传标记信息为基础的国家犯罪人群的数据库系统,首先来自美英等国家。伴随 DNA 数据库在刑事案件侦破中所发挥出的重要作用,世界各国对其建设给予了越来越高的重视。到目前为止,世界上大多数国家或地区已经先后建立了相应的 DNA 数据库。其中,美国联邦调查局提出以 13 个 STR 基因座为核心的联合 DNA 检索系统(combined DNA index system,CODIS)建立国家 DNA 数据库,目前已经扩展至 20 个 STR 基因座。该系统通过计算机网络将分散在各地区的法医学实验室 DNA 分型资料以电子资料的形式储存于 DNA 库中,并完成 DNA 分型资料之间的比对。目前大部分国家和地区多以 CODIS 系统遗传标记为核心加上符合本国人群特点的遗传标记形成体系来建设 DNA 数据库。

英国是世界上最早建立 DNA 数据库的国家,其建库要求罪犯和嫌疑人的 DNA 数据必须入库。欧洲多国从 20 世纪 90 年代末也陆续开始建立了 DNA 数据库,同时成立了欧洲法科学研究所网络组织,以协调 DNA 数据库的研究和有效应用,部分国家和地区已经通过互联网将数据库信息连接,用以扩大对犯罪的打击范围,并取得了巨大的成效。

我国 DNA 数据库建设已经形成一定的规模,除精选出了合适的 STR 位点外,也为库的应用积累了大量的基础资料。我国 DNA 数据库的储存信息已经超过千万条,能够进行数据库信息相关研究的实验室数百个。

二、DNA 数据库的组成和功能

作为以计算机网络和相应运行软件为主体的 DNA 数据库具备跨越时间及空间的 DNA 分型等信息的存储、查询等功能。

(一) DNA 数据库的组成

DNA 数据库主要由两个基本的数据库构成,即犯罪人员 DNA 数据库和现场物证 DNA 数据库。伴随着 DNA 数据库规模的扩大,目前也有将失踪人员库及基础 DNA 数据库纳入其中的。

1. 犯罪人员 DNA 数据库   犯罪人员 DNA 数据库(convicted offender DNA database)即刑事犯罪人员 DNA 数据库,简称前科库,是由犯罪人群或犯罪高危人群的 DNA 分型结果构建的数据库。其主要的信息来源是暴力犯罪(如抢劫、强奸、凶杀等)人员的生物学样本,对其进行 DNA 多态性分析,将得到的分型数据储存起来而形成。

2. 现场物证 DNA 数据库   现场物证 DNA 数据库(forensic casework sample DNA database)简称现场库,是对案件或事故现场有价值的各类生物学检材进行筛选及 DNA 分型,然后按照检验材料的不同类型进行数据储存而形成的一个数据库。其主要的信息来源是犯罪现场的生物学检材,如精斑、唾液、毛发、血迹等,特别是未破案件的检材,将检测后的 DNA 分型数据输入到数据库中,可备用于今后的检索和串联并案研究。

3. 失踪人员库   失踪人员库(missing persons DNA database)也称作亲属样本库,主要存储已失踪人员(包括被拐卖儿童和无名尸体)的父母或配偶和子女,或其他与失踪人员有血缘关系的亲属的 DNA 分型数据及相关信息的 DNA 数据库。

4. 基础 DNA 数据库   基础 DNA 数据库(basic DNA database)主要储存各基因座的染色体定位、有关群体的基因频率资料和基因型资料、有关法医学应用参数等信息,从而进一步保证了数据库的应用和运行的科学性。

(二) DNA 数据库的功能

1. DNA 数据库的信息存储功能

(1)自然信息:其中在前科库中的基本信息包括样本编号、姓名、性别、民族、住址、身份证号码等个人信息,以及以往的犯罪记录;现场库中的基本信息包括样本编号、案名、发案时间、发案地点、检材、取样时间、取样单位、检验单位及检测人等。

(2)DNA 遗传标记信息:DNA 遗传标记以常染色体 STR 遗传标记为主体,同时包括性染色体的 Y-STR、X-STR,以及线粒体 DNA 序列信息。考虑以个人识别为主的生物学样本,推荐最好检出 9 个以上的常染色体 STR 基因座。

(3)管理信息:管理信息包括了受理检验、登记信息以及从预试验到 DNA 检验分析的全过程;也包括对结果的研判、DNA 信息的确定、信息入库、鉴定书的生成等实验信息及实验人员管理信息、检验信息等。将管理系统引入 DNA 数据库,把标准化与质量控制以固化的形式融于 DNA 分析过程中,可以从源头上保证 DNA 数据的可靠性。

2. DNA 数据库的自动比对功能   DNA 数据库通过其数据自动对比最终完成其同一性鉴定和亲缘关系鉴定的功能。

(1)DNA 数据库同一性鉴定:①现场库中一个数据与前科库的比对:即某一现场生物学检材与某一个体的一致性鉴定。其功能主要体现在当案件发生时,对涉案的法医物证检材进行 DNA 遗传标记检测获得结果后,将 DNA 分型结果在库内搜索,当 DNA 分型结果与库内某一个体的 DNA 分型结果一致时,强烈提示该个体是此案件的犯罪嫌疑人,结果可迅速提供侦查线索和缩小侦查范围。②现场库中多个数据与前科库的比对。即当案件的涉案检材 DNA 分型结果与库内某一个案件或某几个案件的涉案检材 DNA 分型结果一致时,则强烈提示这些案件的作案人是同一人,结果则为串并案侦查提供依据。而如果涉案检材 DNA 分型结果与库内样本均不相同,则在较大程度上排除库内人员作案,排除与库内案件关联。

（2）DNA数据库亲缘关系鉴定：①可以利用DNA信息进行单亲或双亲比对查询，亦可对性染色体STR进行家系关系比对；②现场库中的DNA分型数据还可以对一些碎尸、空难、交通事故、爆炸和火灾中的受害者进行身源认定。

DNA分型信息自动比对后通常显示几种可能的结果：①是现场物证检材或人员的STR基因分型或mtDNA序列测定结果一致，可以发布信息，由各检验方取原检材复核确定相关性；②若两样品相差一个等位基因时，需要复核或换试剂盒，必要时需采取进一步的分析方法；③若两样品相差两个或以上等位基因时系统默认不同，不显示结果。

实现DNA数据异地查询、资源共享是DNA数据库的基本功能。但DNA数据库中的数据资源共享必须限定在特定的范围内，并需要设置不同级别的查询权限。DNA数据库的DNA数据是将每一个体或样本的一系列DNA多态性遗传标记检测结果，作为一组数据进行储存的，每一组数据必然关联特定的个人档案资料或案件资料。由于数据库涉及个人资料，必须确保数据库不被无关人员侵入，确保数据的安全和机密。

利用DNA数据库对于识别重复犯罪和多次犯罪者具有最直接而重要的价值。如此，恰当选择入库人员对DNA数据库效能发挥将具有决定性作用。重点选择刑事犯罪行为人，特别是容易发生重复犯罪和多次犯罪者登记入库，将有效保障DNA数据库的应用价值。

此外，还可以采用家族搜寻（familial search）方式以最大限度地利用现有数据库，这类搜寻只在局部区域的DNA数据库进行，对于个体间DNA图谱部分匹配的结果进行分析。家族搜寻的依据是：近亲属个体间DNA图谱相似的概率大于无关个体间的概率，因为前者之间拥有共同的祖先。虽然该方式搜寻的应用价值远不能与DNA图谱直接比中相比，但仍可为检验人员提供线索，目前，以该方式搜寻发现线索进而破获的案件也不乏其例。

（三）我国法医DNA数据库的结构和职责

我国的法医DNA数据库为三级结构形式，分别为中央库（公安部）、省级库、市级库。各级DNA数据库行使着不同的职责。

1. 中央DNA数据库　①接纳和管理省级DNA数据库输入的DNA分型数据及信息代码；②接受各省级公安机关人工或自动查询比对，市级公安机关人工查询比对；③中央机关所承办的案件作为一个独立单位，按相关标准要求将DNA分型数据和信息代码输入中央DNA数据库。

2. 省级DNA数据库　①接纳和管理市级DNA数据库输入的DNA分型数据及信息代码；②定期把本省DNA数据库的DNA分型及信息代码传给中央DNA数据库；③接受全国各地公安机关的查询比对；④按公安部发布的法庭科学DNA技术领域的行业管理指导性文件中的技术方法收集本地违法犯罪人员的DNA分型数据，以及未破案件现场生物物证的DNA分型数据，并输入省级DNA数据库。

3. 市级DNA数据库　①定期把市级库的DNA分型数据及信息代码传送给省级DNA数据库；②按公安部发布的法庭科学DNA技术领域的行业管理指导性文件中的技术方法收集本地违法犯罪人员的DNA分型数据，以及未破案件现场生物物证的DNA分型数据，并输入市级DNA数据库。

三、DNA数据库的质量控制

DNA数据库的质量控制（quality control，QC）是其准确实施的前提条件。例如：参与建库的法医DNA实验室质量应严格控制；参与建库的各个地区使用共同的DNA标记和标准，使进入数据库的结果能够比较；标准化的软件，使实验室之间能交换数据。

（一）法医DNA实验室的质量控制

法医DNA实验室的质量控制程序包括：①质量控制目的和目标。②组织与管理，明确所有与DNA分析有关人员的职责、权利和相互关系等。③人员资格确立：首先，要求对实验人员进行相应的教育、培训和交流;其次,技术管理者应是在生物、化学或法庭科学等相关领域获得硕士学位或做研究工作数年,同时要求至少在法医 DNA 实验室工作三年以上;检验人员也应具备相关学科的学士学位及法医 DNA 分析技术的理论基础,同时应至少在法医 DNA 实验室工作六个月以上;实验员 / 技术员应接受相关工作性质的特别培训及参与法医 DNA 技术相关的资格考试。④设备要求:法医 DNA 实验室应提供足够安全和保证最小污染的设施。应保证无关人员不得随意进出实验室;PCR 扩增前的试剂、物证检查、DNA 提取和 PCR 扩增加样应在不同时间或不同地点分开进行;DNA 的扩增、产物的检测、贮存应与物证检查、DNA 提取及 PCR 加样隔离开;实验室对设备及程序进行检验、清洁和净化应有书面记录。⑤物证检材管理:实验室应有物证控制体系以保证物证检材的完整性。体系应保证物证检材有标记、编号等,以免混淆;保证各个环节的物证监管;保证物证检材的最小限度损失、污染或改变;有贮存物证检材的安全区域。⑥技术评估:主要包括最初技术评估的书面记录;法医 DNA 新的检测技术应用前要进行技术评估以保证其准确性、精确性和可靠性;实验室规定的内部技术评估;采用权威部门公布的,或有关科技著作发表的,或已有定论的方法。⑦分析检验程序:主要包括遵循已有的经核准的检验方法;使用与所用方法相适应的试剂;应有测试样本 DNA 浓度的方法;采用合适的对照和标准监控分析过程;定期检查 DNA 检验程序;制定且执行书面的诠释实验数据的手册。⑧仪器校准和维护:实验室应使用适合于所选实验方法的仪器;应备有仪器设备校准的书面程序;应按书面程序执行仪器设备的正常保养。⑨能力验证:法医 DNA 实验室应每年按标准进行检查,此外还必须每两年有其他机构参与一次。

(二)DNA 数据库的分型数据

在 DNA 数据库建设与运行中,获得样本准确的 DNA 分型数据是数据库建设与运行质量的关键。这部分工作由法医 DNA 实验室承担,严格遵照上述的法医 DNA 实验室质量保证体系是保障 DNA 检测分型结果准确无误的重要条件。实现数据库功能是基于对样本 DNA 分型结果进行比对做出的判断,凡登记入库和用于入库搜索比对的 DNA 分型结果必须准确无误。任意一个样本的 DNA 分型结果的错误,哪怕是一个基因座,甚至一个等位基因的分型错误,都将产生错误的搜索比对结果,导致错误的判断。DNA 分型数据一旦登记入库后,使用中很难发现其分型结果的错误,入库 DNA 分型结果准确无误对法医 DNA 数据库非常重要,任何环节导致的 DNA 分型数据错误都可导致假排除或假认定两类错误结果中的一种,两种后果都十分严重;假排除错误可使罪犯一直逍遥法外,即使再作案也依然被排除,假认定错误可导致错误执法,造成冤假错案,而漏掉真正的罪犯。

(三)DNA 技术标准化

为了使 DNA 数据库顺利无误地运行,DNA 技术标准化是建库的基准和保障。21 世纪开始,我国陆续发布了法庭科学 DNA 技术领域的行业标准和管理指导性文件,如《DNA 数据库选用的基因座及其数据结构》《法庭科学 DNA 实验室规范》及《法庭科学 DNA 实验室检验规范》等,为解决 DNA 数据库质量控制的问题提供了整套完善的可行性方案,也成为今后 DNA 技术发展的指导性行业标准。

思考题

1. 随机匹配概率与似然比分别表达了什么意义?
2. 累计个人识别能力的法医学意义是什么? 是否越高越好?
3. 接受过成功的骨髓移植手术的个体在个人识别时应注意哪些问题?

(梁伟波 丛 斌)

第十四章
法医学尸体检验

法医学尸体检验（forensic examination of cadaver）是指具备尸体检验执业许可的司法鉴定机构接受委托后，指派具有法医病理鉴定资质的鉴定人对尸体体表和内部组织器官结构、病变、损伤等所见进行全面系统地检查、判断的过程。通过尸体检验，以及对提取组织器官及体液等检材进行组织病理学、毒物分析及生化检验，结合有关案情调查、现场勘验、病历资料等，做出死亡原因、死亡方式、死亡时间、致伤物推断、个体识别及疾病与损伤之间关系等相关问题的鉴定意见。因此，法医学尸体检验是法医学实践中一项极其重要的基础性工作，全面系统地掌握尸体检验的程序、方法以及要领十分重要。

第一节　尸　体　检　验

- 尸体检验过程中应注意自我防护。
- 尸体检验应遵循国家行业标准和技术规范。
- 尸体检验包括尸表检验和尸体解剖，尸体解剖时常采用由下颌向下沿颈、胸、腹正中线至耻骨联合上缘切开皮肤及皮下组织的直线形切开术式，特殊情况下采用"Y"字形切开。
- 内部不同实质器官与空腔器官的切开或剖开检查方法不同。

尸体检验不仅是现代医学的主要研究方法，也是法医病理学的主要工作及重要的研究方法。主要包括尸表检验、尸体解剖。

尸表检验（external examination of cadaver）是指对尸体的一般情况、衣着、体表痕迹、体表特征、尸体现象及体表病变或损伤等进行检验、观察、判断，并采集有关生物源性物证和其他证据，使用文字、摄影或摄像等手段进行记录的过程。尸体解剖（autopsy）是指对尸体内部各器官组织的结构、病变、损伤等进行全面系统地宏观检查、判断、描述，并通过文字、摄影或摄像等手段进行记录，为进行组织病理学检验（histopathological examination）、毒物检验、生化学检验等实验室工作提取组织器官、体液等检材的过程。

一、尸体检验前的准备工作

法医学尸体检验是法医学实践中涉及死亡案件鉴定工作中非常重要的环节。在尸体检验前必须做好充分准备，为进一步解决法医学相关问题奠定基础。

（一）案情调查

法医学尸体检验前必须对案件的案情及相关情况进行深入细致的了解，制订解剖方案。只有充分掌握详尽的案情资料，尸体检验才能做到有的放矢，才能在尸检过程中有所侧重，寻找对案件处理有价值的证据。

1. 了解死者一般情况　尸检前需了解死者的姓名、性别、年龄、民族、籍贯、职业、文化程度、婚姻状况、经济状况、健康状况等情况。除此之外，有些案件还需进一步了解死者生前的人际关系、品德作风、不良习性及嗜好、是否存在债务纠纷或情感纠纷、有无潜在疾病或重大疾病的情况。上述这些情况的掌握对推断死者是自杀、他杀、意外等死亡方式或是疾病死亡可提供一定的线索和帮助,同时对尸检方案的确定也可提供必要的参考。

2. 详细调查案件情况 应了解案情经过、死亡时间、死亡过程、死亡地点及现场情况。因凶杀案件死亡时,需对加害人情况、使用凶器的性状等进行了解;因交通事故死亡时,需对肇事车辆的状况、路况、死者与车辆的关系等进行了解;出现与医疗纠纷相关的死亡时,需对死者生前的症状、体征、诊断及治疗情况进行了解,并对用药过程、手术类别、有无药物过敏等情况进行了解;因工伤事故死亡时,需要对死者生前的工作性质、工作现场情况等进行了解。上述情况的调查不能仅限于对案卷资料的阅读,必要时法医人员应亲自走访或询问与死者相关的各类人员,并尽量参与现场勘查工作。

(二) 尸体准备

实际工作中,一般情况下未能及时进行解剖的尸体,在实施解剖前都应进行低温保存,包括冷藏保存和冷冻保存。当需要对冷冻保存的尸体进行尸体解剖检验时,在解剖前需要进行尸体解冻。只有在充分解冻后,才能进行尸体检验。在尸体解冻过程中,要防止动物对尸体的破坏及人为损毁,也要尽量避免尸体在解冻过程中发生腐败。

二、法医学尸体检验环境及设备条件

法医学尸体检验应当在尸体解剖室进行,如有特殊需要或原因,可在现场就地进行尸体检验(如

图 14-1 用于尸体解剖的器官检验台

侦破案件,或发生在农村、偏远山区的命案),应做好必要的环境准备工作及准备好相关设备及器材。

(一) 法医学尸体检验环境

1. 法医尸体解剖室条件 法医尸体解剖室的设备应符合国家有关要求。法医尸体解剖室应设在光线充足、空气通畅、地方干爽、尸体搬运方便的地方,一般应为独立建筑。尸体解剖室内设置的尸体解剖台,应为尽可能有恒温装置、照明设备、自动通风、自动喷水装置的标准解剖台。应配有与解剖台相匹配的器官检验台,供尸体解剖时器官检查使用(图 14-1)。

2. 户外尸体解剖条件 有些尸体因条件限制(如受地区边远、特殊民风、交通不便、高度腐败、开棺验尸等因素制约),尸体检验只能在荒野、山坡、水边甚至死者家中进行。在户外进行尸体解剖时涉及更多的准备工作,包括解剖现场的环境、条件,特别是现场的照明条件、通风条件、供水供电、防晒条件和遮雨设施,以及检验鉴定人员安全和保密工作等。在进行户外尸体解剖时,应携带全套解剖器械、固定液及盛装检材容器,选择光线充足而又比较僻静的地方。尽量临时搭建一个简易尸体解剖台,并搭建隔篷对四周进行必要的遮挡。若在山地尸体检验,应尽量寻找靠上风口的平地进行。

(二) 尸体检验常用的设备及器材

1. **解剖刀类** 手术刀、颈刀、大脏器刀、小脏器刀、脑刀、肋骨刀、截肢刀等。
2. **剪刀类** 圆头手术剪、尖头手术剪、肠剪、骨剪、眼科剪、指甲剪等。
3. **锯类** 电动开颅锯、大板锯、细齿锯、脊柱锯、线锯等。
4. **镊类** 有齿镊、无齿镊等。
5. **钳类** 弯血管钳、直血管钳、骨钳等。
6. **持针器** 大持针器、小持针器等。

7. **凿类** 宽刃凿、窄刃凿、丁字凿、凿骨铲等。

8. **锤类** 金属锤、橡皮锤等。

9. **拉钩类** 金属大拉钩(成对)、金属小拉钩(成对)等。

10. **测量类** 钢尺、卷尺、不锈钢勺、不锈钢量筒、大小玻璃量杯、大小天平等。

11. **容器类** 不锈钢脏器盘、搪瓷方盘、大小盒类、桶类、盆类等。

12. **缝合类** 大、小三角缝合针及缝合线等。

13. **取材类** 取材台(取材板)、组织盒、固定液、标本缸；毒物化验检材提取工具和器皿，大、小自封口塑料袋等、注射器及注射针头、试管和吸管、指纹擦印盒和指纹擦印纸。

14. **综合类** 不锈钢枕或木枕、阴道扩张器、金属探针、脊髓解剖用具、尸体温度计、局部组织消毒剂(用于采取血液、尿液等微生物检材时)、手持放大镜、棉签、脱脂棉和纱布等。

15. **各种检测试纸** 如潜血检测试纸、尿糖检测试纸、尿酮检测试纸、各类毒品检测试纸、HIV 检测试纸等。

16. **防护类** 手套类(乳胶手套、纱线手套、胶皮手套)、解剖衣帽、解剖防护眼镜、防毒面具、塑料围裙、高筒防水鞋等。

17. **清洁类** 海绵块、清洁液、清洁刷、接水软管、拖布等。

18. **特殊用品类** 特殊尸体解剖所需解剖工具与器皿；急性传染病猝死尸体解剖所需细菌培养采集皿和病毒分离工具；检查牙齿磨耗度所需牙镜、牙钩及牙刷；蝇蛆检查所需用具；特殊尸体检验所需加厚防护衣物等。

三、法医学尸体检验的注意事项

尸体检验前一定要明确案件相关事实,尸体检验前和尸体检验中,均应注意以下事项。

(一)委托受理程序

尸体检验前,应该明确委托关系并做好尸体检验的委托与受理工作。按照相关规定,刑事案件的尸检可由公安机关强制执行,非刑事案件的尸检需经有关部门委托,并经死者亲属签字同意后方可进行。

(二)知情同意

尸体检验前应与死者家属或委托单位进行沟通,让其了解尸检意义、检验程序、尸检可能造成的尸体毁损等。对于因各种因素、条件限制经尸体检验可能仍然无法得出死因或其他委托事项的案例,在尸体检验前应对此加以估计并对委托单位及死者家属加以说明。

(三)尸体检验应系统、规范、详细

1. **尸体检验应尽早完成** 避免因尸体组织产生自溶及腐败等死后变化影响对原有损伤、疾病的判断。由于冷冻保存尸体的器官组织内常可形成冰晶,使组织形态结构变形而影响病理组织学所见。

2. **尸体检验应规范** 应遵循“先静后动、从头到足、由左至右、自前而后、从外向内”及“先一般检查、后各部检查”的顺序原则。每个检验步骤都要先观察、照相、记录,再逐个进行内部器官检查、器官分离和切开检查。

3. **尸体检验要全面、系统** 详细检查尸体各部位,避免遗漏证据和破坏尸体。对某些肉眼不易观察到的细微损伤及皮肤上细小的附着物等,可使用放大镜或体视显微镜帮助观察。检查各类表皮剥脱,可待损伤创面干燥形成皮革样化后再次检验。对于刺创、枪弹创和其他具有创道的损伤,应对尸体按创道方向进行逐一层次的解剖检查,应注意创道途经部位的组织器官损伤形态及其程度,注意检查创道的深度和走行方向。凡涉及医疗诊治的尸体应注意对医源性损伤的检查,应事先对医院诊治或抢救过程有所了解,当尚未明确损伤形态及内部特性时,应暂时保留医源性处理的插管或其他装置(如头颅上的硬膜外出血引流管),勿将医源性损伤误认为机体原有损伤。

（四）物证及标本收集

尸表检验时须注意收集有关物证进行检查与取证，如创腔异物或损伤处的附着物。应注意体表隐蔽部位的检查，如甲缝、指（趾）间、腋窝、会阴、阴道、直肠等处。尸体解剖过程中，提取相应的样本以进行生化学、毒物等检验。

（五）关注法医学尸体检验中的医学伦理问题

法医学尸体检验中要特别注意医学伦理学问题，尸检必须尊重死者，尽量保证尸体的完整及清洁。在少数民族地区要充分尊重当地民风、民俗，避免因尸体检验处理不当引起纠纷。尸体检验完成后，要对尸体全貌进行整复。如果眼部因抽取玻璃体液而变得凹陷，应自眼球外方用注射器注入清水，以恢复眼的外观。如果尸检后颈部或胸腹部出现凹陷，可在相应部位装入棉花、纱布或解剖专门吸水纸，使其变得自然、美观而又不漏液。尸体外表损伤需要取材时，可用手术刀作皮肤梭形或棱形切口、取材，然后缝合整复。

（六）自我防护

尸体检验时应有高度的自我防护意识，避免尸体血液、脓液以及粪便等对尸体检验人员和周围环境造成污染。对传染病死者的解剖尤应注意，应在特设的传染病解剖室内进行。对传染病尸体的解剖应采取良好的防护措施，切忌在解剖过程中造成检验者损伤。

（七）操作规范

法医学尸体检验应遵循国家行业标准和技术规范进行，我国目前现行的法医尸体检验国家行业标准如下：《法医学尸体检验技术总则》（GA/T 147—2019）、《法医学病理检材的提取、固定、取材及保存规范》（GA/T 148—2019）、《法医学机械性窒息尸体检验规范》（GA/T 150—2019）、《法医学新生儿尸体检验规范》（GA/T 151—2019）、《法医学中毒尸体检验规范》（GA/T 167—2019）、《法医学机械性损伤尸体检验规范》（GA/T 168—2019）、《法医学猝死尸体检验规范》（GA/T 170—2019）、《道路交通事故尸体检验》（GA/T 268—2019）、《中毒案件采取检材规则》（GA/T 193—1998）、《中毒案件检材包装、贮存、运送及送检规则》（GA/T 194—1998）、《法庭科学 硅藻检验技术规范 微波消解 - 真空抽滤 - 显微镜法》（GA/T 1662—2019）、《法医学死亡原因分类及其鉴定指南》（GA/T 1968—2021）、《法医学机械性损伤致伤物分类及推断指南》（GA/T 1969—2021）、《尸体解剖检验室建设规范》（GA/T 830—2009）等。

四、尸体衣着检查

与医学教学或临床病理解剖有所不同，法医学尸体检验更注重对死者死亡时穿着的衣着的检查，特别是在命案现场对原始状态衣着的检查。衣着检查对确定死亡原因、判断死亡方式、推断死亡时间、推测损伤时间、推断致伤物等都具有重要的作用。

（一）尸体衣着检查的法医学意义

1. 有助于个体识别　衣着，即个人的穿戴与服饰，与个体的生活习惯、年龄、性别、民族、宗教、职业、经济状况、社会地位等息息相关。对死者衣着进行认真细致的检查并加以分析，有利于进行个体识别。此外，宗教服饰和民族服饰可明显地表明死者的宗教信仰以及民族分类。

2. 有助于判断死亡方式　在他杀案件中，死者生前挣扎、躲避、拉扯、抵抗、搏斗等，常会导致衣着零乱不整、曳扯破损、纽扣脱落、鞋帽脱落等。自杀案件中死者衣着常较为完整，有些死者在临死前甚至换上自己最喜爱的服装及饰品。因此，死者的衣着状况对判别死亡方式有时会有很大的帮助。性犯罪案件中常可见的女性死者胸罩脱落、内裤撕脱、腰带折断等现象，对判断死亡方式都十分有帮助。

3. 有助于致伤物推断及成伤机制分析　损伤发生时首先会造成衣着的破损，而衣着破损的形态和状态常常可反映出致伤物的形态。锐器损伤常形成衣着的锐角破口，钝器损伤常造成衣着粗糙不规则状破损。交通事故死亡者衣着上常留有车轮碾压或撞击印痕，留有油渍、泥土等异物，以及被车辆拖拽造成的破损或衣着拖擦地面形成的磨痕。枪弹、爆炸伤死者衣着常见火药烟晕、火药颗粒、火药烧灼、烟灰黏附等。雷电击伤时,衣着有时被撕成碎片。因此,衣着检查对致伤物推断具有重要的作用。

4. 有助于现场物证检查 衣着上的血迹位置、血流方向、血染范围及血流状况(喷溅、滴落、浸染、浸渍等)可以帮助推断致伤时的人体体位、行为及受伤过程。衣着上的血迹、精斑、毛发、纤维、泥土、羽毛、纤维等附着物,常可作为物证检材以证明案件事实,成为侦破案件重要的物证线索。交通事故时死者衣着拖挂处需与车辆突出部位进行比对,衣着上的车辆印痕须与肇事车辆的车轮花纹印痕进行比对。因此,衣着损伤状况对现场分析有一定的参考价值。

(二)尸体衣着检查方法

1. 保持原始状态进行初检 尽可能保持死者衣着的原始状态。如衣着上存在破损,应尽量减少对其牵拉和翻动,避免其形态发生变化。也应避免衣着上的附着物因尸体搬运而脱落。移动尸体前必须就地进行衣着的初检,同时必须迅速照相、记录,对易于撒落或消失的附着物必须及时提取。必要时可在有附着物处用大块的透明胶纸进行粘贴,这样既能避免附着物脱落,也利于对附着物的一次性提取和送检。

2. 衣服脱取及检验 解脱衣着时不宜采取刀割、撕扯的方法,应该做到动作轻柔,整件脱取。当必须剪开衣物时,应沿衣缝旁侧小心地剪开,尽量避开有特征、有破损或有附着物的部位。要逐层逐件地解脱衣物,不可多层衣服一并脱下。口袋内物品以及项链、手镯等装饰物品,如无收集证据必要的,则应及时转交家属。衣着上的附着物要抖落在白纸或白布上,并对其进行收集、包装、送检。衣着上黏附紧密的附着物,可用剪刀将部分衣物连同附着物一并剪下,同时存留与送检。

五、尸表检验

尸表检验是尸体检验重要的组成部分。有些案件通过尸表的检验可对案件结果做出预测性的推断。

(一)尸体的一般性检查

1. 一般情况 记录死者的姓名、年龄、性别、身长、体重、种族、发育及营养状况、皮肤颜色,有无畸形、文身、瘢痕、水肿、出血、黄疸等及其他情况。

2. 尸体现象 记录直肠尸温、尸斑的分布及颜色、尸僵及尸体痉挛的姿势、腐败程度等。

(二)尸表各部位的检验

1. 头面部

(1)头颅形状与稳定性,有无损伤或缺损,是否可触及骨折;如发现头皮损伤及异常改变应剃光全部头发充分暴露该部位进行检验、记录与拍照。

(2)头发型式、色泽、长度、缺损、人工处理及附着物情况。

(3)颜面部皮肤颜色,有无损伤、出血、变形等改变及瘢痕、色素斑、痣、疣等个人特征。

(4)眼睑的闭合情况,瞳孔的大小及形状,结膜的色泽,角膜的混浊度、透光情况,球、睑结膜有无充血、出血。

(5)鼻骨有无变形或扪及骨折,鼻腔有无异物、血迹、分泌物、泡沫及其他类型。

(6)口唇黏膜、颊黏膜、齿、龈和舌的颜色,有无损伤或缺失,口腔及周围有无异物、血迹、分泌物、泡沫及其颜色与类型,口周围有无流注状痕迹或腐蚀斑痕。

(7)耳郭有无血迹或缺损,外耳道有无异物或血迹附着。

(8)头面部腔道流出物的颜色和气味。

(9)记录损伤:部位、类型、数目、形态特征及与衣物破损对比等应详细记录。

2. 颈项部 观察及检查颈部是否对称,甲状腺及颈部淋巴结是否肿大,有无肿块及颈静脉怒张;

颈部有无损伤、索沟、扼痕及压痕等。检查并记录创口的部位、数目、方向、深度及有无试切创、创腔内有无异物。检查并记录索沟的位置、数目、深浅、方向,有无出血斑点及水疱形成,索沟是否闭锁,有无绳索结扣压痕,如有多个索沟,则要注意其是否平行或交叉,索沟间有无嵴样突起和点状出血。颈部屈伸旋转状态,颈椎有无脱位及骨折现象。

3. 胸腹部

(1)胸部:观察胸部外形是否对称,胸壁有无损伤,检查肋骨有无骨折,腋窝淋巴结是否肿大,女性尸体需检查乳房发育状况,有无咬痕、肿块及损伤等。

(2)腹部:观察腹部外形是否平坦,有无膨隆或舟状腹,腹壁有无损伤、瘢痕及皮下静脉曲张,检查腹部有无波动感、腹股沟淋巴结是否肿大。女尸应检查有无妊娠及妊娠纹。

4. 腰背部及臀部　观察腰背部有无损伤,腰骶部有无压疮。检查脊柱有无畸形或骨折。

5. 会阴部及肛门　观察会阴部及外生殖器的发育状况、有无畸形、有无损伤和病变。男性尸体应挤压阴茎,观察尿道口有无液体流出。女性尸体要观察外阴部有无血痕、精液及分泌物附着;检查处女膜完整程度,是否破裂,是否曾修补,阴道内有无异物,必要时采取阴道内容物备检。对疑为强奸而处女膜未破者,应详细检查处女膜的类型、厚薄、伸展性。

6. 四肢　观察肢体的形态、位置,有无肿胀、畸形,有无损伤、骨折和关节脱位。上肢应检查手中是否抓有物体或附有异物;指甲颜色及是否脱落,指甲缝内有无异物(如血痕、皮肉、毛发及衣物纤维等)。下肢应检查有无水肿、趾甲颜色、静脉是否曲张。女尸还应注意大腿内侧有无擦伤和挫伤;有无精斑、血迹和毛发等附着物。

(三)尸表的特殊检验或辅助检验

尸表检验中,有些细微损伤或尸体表面附着物、创腔内的异物等用肉眼不易观察到和确定,有条件时可借助仪器进行辅助检查和特殊检验。

1. X线、CT检查　疑为空气栓塞、骨折、爆炸死亡、盲管枪弹创或霰弹枪创案例,可进行X线、CT检查,了解骨折的形态特征,寻找体内弹粒或金属碎片的所在部位。

2. 立体显微镜检查　观察服饰损伤部位纱线移位、压扁、断裂、变形情况及衣着附着物的种类、性质和特点;观察损伤部位表皮擦伤的形态特征,力的作用方向;观察创腔内异物的种类、性质和特征。如检查电流斑、枪弹创的射入口和射出口等。

3. 微量化学、物理检测　如检测持枪射击者手上沉着烟尘中的铅、钡、锑等化合物,电击死时电流斑处皮肤金属化微粒,爆炸死亡者尸体附着物的化学元素等。

4. 中子活化分析　应用中子活化分析方法测定皮肤表面附着的粉尘,显示皮肤金属化时的金属元素等。

5. 扫描电镜　如用扫描电镜加X线能谱分析可检测枪弹创皮肤上的射击残留物、手上沾染的火药粉尘、尸体表面损伤处致伤物的痕迹,电击伤、爆炸伤及化学烧伤引起的改变等。

(四)尸表检验的注意事项

1. 放大镜观察　口鼻部及大腿内侧的表皮剥脱和皮肤上细小的附着物可使用放大镜帮助观察。

2. 针眼的检验　应仔细检验体表特别是隐蔽部位有无针眼或针眼状损伤,注意周围有无出血、水肿,应查实针眼的来历,对无法查实的针眼及针眼状损伤可挤压软组织查看有无血液被挤出或切开检查并提取该部位皮肤及皮下组织备检。

3. 死后变化的观察　对于冰冻保存的尸体在解冻后躯干、四肢等皮肤表面可出现因血管内溶血,血红蛋白浸染形成的紫红色血管网,并非腐败所致;因血红蛋白浸染融合还可形成片状皮肤暗紫红色样改变,应与皮下出血相鉴别,不应误认为皮下出血。

4. 刺创和枪弹创　有刺创和枪弹创的部位,仅作尸体外表检验不够,应在尸体解剖时进行系统性检验。

5. 特殊类型尸体检验　碎尸、爆炸死亡等特殊类型尸体的体表损伤检验时,可按尸块进行逐一

NOTES

检验,与解剖检验同时进行。

六、尸体解剖

法医学尸体解剖是法医学尸体检查工作中极为重要的一环。做好法医尸体解剖工作,对做出客观、科学的鉴定意见,提高法医学鉴定水平,保证检案鉴定质量都具有非常重要的意义。为了确保鉴定质量,尸体解剖应争取尽早进行,尸体解剖时应力求做到全面、系统。实践证明,仅做尸表检验或做局部尸体解剖,易致误诊、漏诊,从而导致错案。全面、系统的尸体解剖不仅是指剖验颅腔、胸腔、腹腔这三大腔,而且还应根据法医学鉴定需要剖验脊髓、盆腔及其他需要解剖的部位,以查明疾病或损伤的部位和范围。

(一)法医学尸体解剖术式

系统法医学尸体解剖时,尸体一般取仰卧位。根据不同案例的要求,可以选择不同的解剖术式(图 14-2)。如遇有损伤或病变时,切线应尽可能绕过损伤或病变处以保留损伤或病变的原始状态。采用的术式包括直线形、T 字形、Y 字形及倒 Y 字形术式四种,实践中以直线形术式最常用。

1. 直线形切开术式　从下颌下缘正中开始,向下沿颈、胸、腹正中线绕脐左侧至耻骨联合上缘切开皮肤及皮下组织(必要时可自此向一侧或两侧腹股沟方向延长切口)。一般常采用此解剖术式。

2. T 字形切开术式　先从左肩峰经胸骨上切迹至右肩峰做一凸面向下的微弧形切口,再在该弧线中点向下作直线切口,绕脐左侧至耻骨联合上缘。本解剖术式的优点是,可以保持颈部外形的完整。

3. Y 字形切开术式　分别从左右耳后乳突处垂直向下切至锁骨上缘,再向前内方沿锁骨上缘切开至胸骨切迹处使两切口会合,会合处下方的胸腹部切口同直线切开术式。将颈部皮瓣上翻于颜面部,暴露颈前器官。当颈部有损伤(如索沟、扼痕和创伤)时,应采用本术式(图 14-3)。

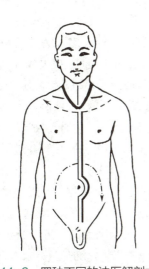

图 14-2　四种不同的法医解剖术式

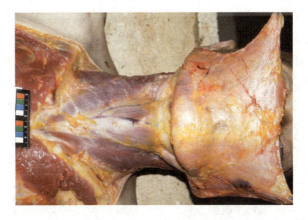

图 14-3　Y 字形切开术式

4. 倒 Y 字形切开术式　先按直线切开法切开颈、胸部皮肤至腹上部,再做向上的半圆形或拱形腹部切口,将腹部皮瓣向下翻转。腹壁有损伤时为避免破坏损伤可采用此术式。

(二)法医学尸体解剖步骤

法医学尸体解剖应按规范化操作程序进行,由于不同案例的具体要求不同,尸体解剖的操作程序也可有区别。最常用的法医学尸体解剖程序或步骤大致有以下几种。

1. 胸腔→腹腔→盆腔→颅腔→颈部　是将胸腔、腹腔和盆腔内脏器官取出,再解剖颅腔取出脑组织,使颈部组织的血液流净后才开始剖验颈部。该解剖程序比较常用。本解剖程序的优点是,可以

NOTES

避免在切开颈部软组织时由于颈部解剖区域被血液污染而影响颈部原有损伤和出血的观察。凡疑为缢死、勒死及扼颈致死者,应按此步骤解剖。

2. 腹腔→盆腔→颈部→胸腔→颅腔　是将腹腔、盆腔内脏器官组织取出后再将颈部和胸腔内脏器官组织一起取出,最后解剖颅腔。

3. 颈部→胸腔→腹部→盆腔→颅腔　这种操作程序既可先将颈胸部内脏器官一起取出,再取腹腔、盆腔器官,也可将颈胸部连同腹盆腔内脏器官一起取出,然后在尸外分别检查取出的器官组织,最后解剖颅腔。

在进行法医学尸体解剖前,应对每具尸体的死亡情况进行认真分析,进而选取适当的尸体解剖术式和解剖程序,必要时还应选择一些特殊的尸体解剖方法,以有利于寻找致死原因和死亡方式为原则。

(三)法医学尸体解剖的操作方法和重要器官检查

法医学尸体解剖中,在完成原位观察记录后,各内脏器官的取出方法,有内脏器官单个取出法和内脏器官联合取出法两种。解剖中可以根据不同的需求,将两种内脏取出方法联合使用。

1. 胸腹腔解剖与检查

(1)胸腹腔暴露与检查:自下颌下缘正中开始,沿胸、腹正中线绕脐左至耻骨联合部做直线形切开,分离胸腹部皮肤及皮下组织并使其向左、右两侧外翻。切开腹壁皮肤及皮下组织时,注意腹壁脂肪层厚度和颜色、肌肉性状和颜色。然后用有钩镊子夹住腹膜向上提起,用小刀割破一孔,从孔中伸入左手的示指与中指,略向上提,以剪刀沿两指之间剪开腹膜。切断连于胸壁下缘的肌肉,暴露腹腔。将左、右外翻的胸腹壁组织从内面行多部位的横切,这样既可检查胸壁及腹壁有无损伤、出血,又能使胸腹壁减张以利于胸腹腔的充分暴露。

(2)气胸检查:气胸检查应在开胸前进行。气胸的检查有壁层胸膜检查法和胸壁注水检查法两种(详见本节"法医学尸体解剖选择性检查"有关内容)。

(3)胸腔剖开及其器官检查:用手术刀在距肋软骨交界 1cm 处分别将各肋软骨斜向切断,沿胸锁关节缝隙分别以开口向外的"C"字形方法切开胸锁关节,用骨剪剪断第一肋骨。然后左手握持胸骨,右手用刀紧贴胸骨内面将连于胸骨的膈肌及结缔组织分离(防止损伤心包和胸腺),揭去胸骨,暴露胸腔。检查胸腔内有无积液或积血,若有则应注意两侧积液或积血的量和性状。检查肺、胸腺、纵隔、胸壁、心包膜和心脏有无损伤及病变,注意检查胸腔各器官的位置与毗邻关系。注意胸腺大小,胸腺是否已为脂肪组织所代替。剪开心包膜,注意心脏的大小、心包液含量和性状、心包有无粘连。抽取右心血液供化验或培养。将右肺向前翻转,用剪刀将主动脉及奇静脉分开,即可见胸导管并进行检查。必要时取下胸骨,用锯做纵形锯开,观察骨髓情况,采取骨髓液进行检查。

(4)腹腔剖开及其器官检查:先观察腹腔器官位置关系及表面状况,注意腹腔内有无异常气味,检查腹腔内有无积液或积血,并对腹腔各内脏器官进行逐一检查,包括肝、胆、脾、胰、肾、肾上腺、胃、肠等。检查各内脏器官之间有无粘连、器官有无损伤及病变。检查大网膜的位置、颜色、形状,有无脂肪坏死灶或肿瘤转移灶。当腹腔器官有损伤或炎症时,大网膜可向病灶部位移位,并与之粘连甚至形成炎性包块。检查膈肌的高度,正常膈肌的顶点右侧为第四肋间或肋骨,左侧为第五肋间或肋骨。

沿胃大弯剪去大网膜并将胃向上翻转暴露胰腺,检查胰腺周围脂肪组织有无坏死、出血。胃、肠有无胀气。

(5)胃内容物和膀胱充盈度的检查:观察记录胃内容量、性质、颜色及有何种食物残渣。注意膀胱的充盈度,检查其顶端是否已超出耻骨联合上方。应测量胃、膀胱的内容物量。

(6)检材的提取:常规收集心血及外周血、胃内容物、尿液,根据毒物、药物检验需要还可提取肝组织、胆汁、脑脊液、玻璃体液等,以供毒(药)物分析等检验分析使用。用一次性注射器或吸管采集右心血液、胆汁及尿液、胃内容物。采集心血用作法医微生物培养时,在采集心血前须对取血部位喷洒消毒剂进行局部消毒。尸体高度腐败并有蛆虫生长时,应收集蛆虫或苍蝇进行法医昆虫学检验以推断死亡时间。对无名尸体要进行牙磨耗度检查。

2. 颈部解剖与检查

（1）颈部解剖和检查:逐层分离并检查皮肤软组织以及颈部浅、深肌群和颈部血管。先将左、右颈部的各条肌肉分离检查,再将各条肌肉行横断切开检查。注意分离并检查甲状软骨及其上角、舌骨大角及环状软骨有无骨折及周围组织出血,如有骨折需明确骨折的部位及类型。必要时应将各骨块分离、取下并连同可疑出血的肌肉或全部颈部组织置于福尔马林液内固定,带回实验室进一步检验、保存。当疑有颈椎外伤或颈髓病变时,应进行颈椎及颈髓的检验。

（2）颈胸腹器官联合取出法:若需将颈胸器官连同腹腔及盆腔内脏器一起取出,应在检查各器官及血管后,于甲状腺后缘沿上下甲状腺动脉找出两对甲状旁腺取出固定,然后用颈刀自颈部切口自下颌骨正中插入口腔,紧贴下颌骨内缘向两侧切断口腔底部的软组织,随后用有齿钳子自切口伸入口腔内夹住舌壁切断,与口腔壁及咽壁分离。进而再将气管（连同甲状腺）及食管等与周围组织、脊柱的联系加以分离,直达胸腔入口为止。然后在胸腔入口处或其上切断锁骨下动脉及颈总动脉等。随后将口腔及颈部器官连同心肺一起向下拉,使胸腔器官与背部脊柱相连软组织互相分离,直达膈肌为止（如胸膜有纤维粘连而不易剥离时,应从胸腔切口将胸膜壁层连同肺一起剥下）。将上消化道（舌、扁桃体、咽、食管）,上呼吸道（喉、气管连同甲状腺、支气管）连同心肺一起取出。若需与腹腔盆腔内脏器官一起取出,则沿膈肌与胸壁相连处切断膈肌,并从后腹壁分离腹腔和盆腔器官组织,即可联合取出全部内脏器官待查。

（3）喉、舌及气管检查:将舌、腭扁桃体、悬雍垂及喉口处组织一起经口腔和颈部取出后,进行仔细检查。应注意气管腔是否通畅、有无异物阻塞等。

3. 颅腔及脑组织检查

（1）打开颅腔、取出全脑

1）切开头皮:切开头皮前先观察头颅是否变形,头皮有无损伤、出血或血肿形成,头部有损伤的情况,应该剃去头发。自一侧耳后经颅顶至另一侧耳后作连续切开,将头皮向前、向后翻转,暴露颅盖骨。头皮切线也可不经过颅顶,而是自一侧耳后经枕骨粗隆至另一侧耳后切开。仔细检查头皮及其深部组织有无外伤所致出血或凝血块形成,同时观察颅盖骨的骨质有无骨折情况。

2）锯开颅骨:用开颅锯沿前后作圆周形锯开颅骨内外板,用丁字凿及锤子轻轻敲击尚未完全断离的颅骨内板部分后,用丁字凿掀起并移去颅盖骨。注意锯开颅骨时不能锯得过深,以免损伤硬脑膜和脑组织。

3）剪去硬膜:观察有无硬膜外出血及其部位、数量和颜色（必要时应连同硬脑膜一并提取镜检或送检化验）。再沿正中线剪开上矢状窦,观察有无血栓形成。沿锯缘剪开硬脑膜及大脑镰前端并向后牵拉使其与蛛网膜分离。暴露两侧大脑半球,观察有无硬膜下出血和蛛网膜下腔出血,如有应注意出血部位、出血数量和分布情况。

4）取出全脑:原位检查后开始取脑。取脑时以左手手指将额叶向后上抬起,右手持剪刀将嗅神经及视神经剪断,继而把间脑的漏斗、颈内动脉和动眼神经切断。将大脑继续向上抬起以暴露小脑幕,用解剖刀将附着于颞骨岩部上缘的小脑幕切断,暴露其他颅底神经及血管,检查其结构的完整性。手托住大脑,逐次剪断第4~12对脑神经,再用手术刀伸入枕骨大孔及脊椎管内切断颈髓,将大、小脑连同脑桥、延髓及其上段脊髓从颅腔内取出。最后凿开蝶鞍,取出垂体。检查脑表面的蛛网膜、蛛网膜下腔及其血管。脑的切面检查可在解剖当时进行,但最好将脑组织固定后再进行。取出全脑后,将颅盖骨、颅底硬脑膜剥离,检查颅盖骨内板及颅底是否有骨折或病变等。

（2）脑表面检查与固定

1）脑表面检查:首先称重,测量大小。观察脑的外形和表面情况,两侧大脑半球是否对称、有无移位;脑回的宽窄,脑沟的深浅及其程度;脑膜有无充血及出血;蛛网膜下腔有无出血、炎性渗出及其部位、范围和程度。仔细检查脑表面有无脑挫伤及其分布部位、范围和程度；有无肿块、结节、凹陷及脑疝的形成；检查脑底血管有无畸形、动脉瘤及动脉粥样硬化病变。注意检查两侧大脑外侧裂内的大脑中动脉及其主要分支，如有必要可将脑底动脉环连同其血管分支一起分离取出检查。若有脑组织出血应观察出血的部位、范围、分布情况及出血来源，并推测出血量(如为血肿应测量体积大小并称重)。

2）蛛网膜下腔出血的检查：如有蛛网膜下腔出血，须注意鉴别是外伤性还是病理性出血。仔细寻找出血的来源，除检查脑底动脉和椎动脉有无损伤外，还要检验有无脑动脉瘤、脑血管畸形和脑血管破裂出血。检查方法是在颅底凝血块最多处用眼科剪轻轻剪开脑表面的蛛网膜，用缓缓流水徐徐冲洗除去凝血块，充分暴露血管，同时用眼科镊仔细辨别凝血块中的血管并仔细寻找血管破口或血管瘤破口。若破口太小不易发现，可借助放大镜仔细检查。可在冲去血块后以注射器将清水轻轻注入大脑基底动脉，同时注意观察脑底各动脉分支有无血管的膨出和注水的流出。一般情况下，运用此法通常能检查到脑底血管破口及病变。自脑表面将破裂血管、动脉瘤体壁及相连血管壁周围的小块组织取材做病理切片检查验证，若未能发现破裂血管或动脉瘤，则应多取几块疑有破裂的血管组织检材做切片检查。若系脑实质内出血进入蛛网膜下腔，则可在脑组织固定后切脑检查。

3）病理性脑出血的检查：大脑出血时应注意是大脑半球一侧还是两侧出血。病理性脑出血可分为大脑、小脑和脑干的自发性出血，其中脑干的自发性出血以脑桥最常见。自发性脑出血最常见的病因是高血压病和动脉粥样硬化，其次是脑血管畸形和脑动脉瘤破裂。切脑时注意观察出血灶的部位、大小、形状和数量，以及是否破入邻近脑室或蛛网膜下腔。在脑出血处及可疑脑组织出血处多取材做病理切片检查，以观察有无脑细小动脉硬化、动脉瘤、血管畸形或脑瘤等病变。如疑为高血压病所致的脑出血，应注意观察有无左心室肥厚、脾和肾等器官的细小动脉硬化病变，如有则有助于病理诊断。

4）脑的固定：规范的固定方法是先自两大脑半球之间切开胼胝体，使脑室与外界直接相通以利固定液的渗入。可塞入少许药棉于脑室内，以使固定液更易于渗入两侧脑室，促进脑组织的固定。脑应悬浮固定，通常的做法是将粗丝线穿过基底动脉下面，将丝线两端系于容器边缘，使脑底在固定液中向上悬浮以保持外形。将脑悬浮浸泡于10%福尔马林固定液中，24小时后更换固定液一次。注意勿将脑与其他实质脏器一起盛装固定，以免使脑受压变形。亦可在尸检现场将大脑切开检查，并将脑的损伤或病变区域进行检查、固定。如未发现异常，可常规提取额叶、顶叶、颞叶、枕叶及基底节的小块状脑组织进行检查、固定。

（3）大脑的切开与检验：切开大脑的方法有矢状切、冠状切和水平切三种，术者可根据不同的要求灵活选取。无论采取何种切开方法，均应以既能充分暴露损伤和病变、又利于保存标本组织为原则。矢状切不必分离脑干和小脑，而冠状切和水平切均应事先将脑干和小脑分离，然后再行大脑的切开。分离脑干和小脑时将脑底向上，用手术刀分别在两侧大脑脚的上端横断中脑，即可分离取下小脑和脑干。

1）冠状切：冠状切较常采用。冠状切开大脑有三种方法，即五刀法、九刀法和十二刀法。一般常用十二刀法将脑切成十三块，以便观察脑内不同切面的各种解剖结构及其病变。十二刀法的口诀是："前三后三均等分，四至九刀标志寻。"也就是说，在颞极前的额叶部分均等切三刀，在胼胝体后均等切三刀。因中间脑段有大量与生命活动关系紧密的神经核团，故应严格按照脑底的解剖标志切开，以暴露各处的重要解剖部位。十二刀法各切线的解剖标志及切面所暴露的组织结构见表14-1。必要时可将其中任一切块再剖分为二，进行观察。九刀法是省去十二刀法中的前后的第一、第二和第十二刀，将脑切成十块；五刀法则是只切十二刀法中的第三、五、六、七、九刀，将脑切成六块。

表14-1 脑组织十二刀冠状切开法

刀次	外部标志	切面暴露的解剖部位	取材部位
1,2,3	颞极前均等分	额叶面的灰质和白质	
4	颞极至漏斗中点	胼胝体之膝部第四侧脑室	额中回
5	漏斗基底部	尾状核头部、豆状核及第三脑室	纹状体
6	经乳头后缘	尾状核体部、豆状核、内囊、外囊、屏状核、丘脑部前、杏仁核	杏仁核
7	中脑横向中央线	乳头体、视丘、尾状核、豆状核、内囊、屏状核、外囊、杏仁核	乳头体
8	中脑后缘	尾状核、视丘后部、红核、黑质、海马、豆状核、侧脑室	海马、丘脑
9	胼胝体后缘	视丘、海马、尾状核、侧脑室	顶叶
10,11,12	均等分	顶枕叶之灰、白质	枕叶放射区

2）矢状切：在不分离脑干和小脑的情况下行脑的矢状切。将脑底向下，沿大脑、小脑及脑干正中线切开，暴露两侧大脑半球、脑干和小脑的纵切面、中脑导水管和第四脑室。必要时，可将一侧或两侧再行冠状切或水平切。矢状切对检查脑室系统以及大脑、小脑和脑干中线的损伤及病变较为适用。

3）水平切：脑底向下，分开大脑间沟，在胼胝体上方向两侧做第一次水平切面。水平切开后，暴露两侧侧脑室之前后角，再用刀插入侧脑室的室间孔内，向前向上切开胼胝体，并将胼胝体向后翻转暴露第三脑室；检查脑室大小及中脑导水管有无阻塞。再在第一切面下1cm处做一个全面的水平切面，暴露基底核深部。还可根据需要做多个切面的切开，亦可将脑每隔1cm做水平切面。

4）脑切开检查注意事项：根据具体情况决定在解剖时进行脑切开检查，还是全脑经福尔马林固定5~7天后再切开检查。切脑时要注意保留蛛网膜，动作不要粗暴，应一次性切开，避免拉锯式切割。大脑切开后将各脑块按顺序平置于平面台上，按顺序检验、取材。应检查各切面的解剖结构是否正常，有无损伤、出血、囊肿及软化灶；脑室是否扩大、有无阻塞，左右两侧脑组织是否对称；若出血，应注意出血的部位、数量和范围。

（4）小脑的切开与检验

1）小脑的切开：小脑的切开方法有三种，可根据不同情况选择不同的切开方法。①第一种切法：与脑干保持原来联系，刀口与脑干垂直将小脑做多个横切面，此法可显示第四脑室病变，且显示小脑皮质也较清楚。②第二种切法：先在小脑蚓部做一矢状切面，分开小脑两半球，检查第四脑室后将小脑与脑干分离，再从小脑后外斜向小脑底将两侧小脑半球做多个矢状切面。此法既可检查第四脑室病变，亦可显示小脑齿状核的病变。③第三种切法：在小脑底部与脑干分离并检查第四脑室后，再由小脑后外侧向小脑底部做一水平切面，必要时可再做1~2个水平切面。

2）小脑的检查：将小脑切开后，注意观察各切面有无损伤、出血、肿瘤和软化灶；检查第四脑室有无病变；若有出血，应注意出血的部位、数量及波及的范围。

（5）脑干的切开与检查

1）脑干的切开方法：脑干的切开方法有两种，可根据不同情况选择不同的切开方法。①第一种切法：和小脑保持原来联系，刀与脑干垂直同小脑一起做多个横切面。②第二种切法：将脑干与小脑分离，沿中脑、脑桥和延髓做多个横切面，或者以脑干各部位解剖标志或神经根标志进行断面，每个切面间距为0.3~0.5cm。

2）脑干的检查方法：观察脑干每个切面有无损伤、出血及其他病变，注意脑干周围血管有无畸形和病变，颅神经根有无撕裂等。切脑时应在分离大脑和脑干后，沿脑干纵轴的垂直方向以较小间距横

NOTES

切,以期发现微小出血灶。应在可疑病变或出血灶处取材制片镜检。

（6）颅底检验：首先剪开下矢状窦、乙状窦及横窦,观察有无血栓形成,然后撕去颅底的硬脑膜,观察颅底有无骨折,颅骨各部特别是颞骨岩部有无出血。若有颅底骨折应查明骨折的类型、骨折线的数目、大小、形态、走向及毗邻关系。当发现有颞叶及小脑脓肿时,应凿开颞骨检查中耳有无脓液形成等感染情况。

（7）脑检查的注意事项：脑的检查在法医学尸检中非常重要,特别是在有蛛网膜下腔出血或脑出血的情况下,脑的检查要注意以下几个问题。

1）取脑时注意勿伤及脑底动脉环结构。

2）虽然脑组织经固定后较易切开和检查,但对于血管畸形或动脉瘤破裂出血病例,新鲜标本较固定标本易于观察。因此,在脑组织固定之前应进行脑底血管的检查。

3）无论是在脑组织固定前还是固定后切脑,每切一刀前都要将刀面用水浸湿,以免脑组织黏附刀面影响切开,尽量避免人为损坏脑组织。

4）切脑时,应摆正脑的位置。脑组织矢状或水平切开时,脑穹隆面朝上,纵向放置;脑组织冠状切开时,脑底朝上,横向放置。

5）按照脑的解剖标志切脑,以暴露各个重要部位,便于观察不同部位的病变。

6）切脑时,刀刃对准切线标志,刀刃面始终与桌面垂直;用力均匀,由前向后一次切开,避免反复切割。

7）肉眼检查见灶状脑挫伤或可疑脑干灶状出血、脑底动脉瘤、脑血管畸形等病变时,应取检材做病理切片检查、证实。

4. 脊柱检查和脊髓检验 对麻醉意外,或存在高处坠落、交通事故等外伤时,或有先天性脊柱畸形、脊柱肿瘤或结核病变等疾病时,必须检查脊椎骨和脊髓。检查方法及步骤如下。

（1）背侧解剖检查法：先让尸体呈俯卧位,在胸部置一木枕垫高。然后从枕外隆突开始,向下沿脊椎的棘突直至骶骨将皮肤做一直线切口,去除棘突和椎弓板上的骨膜和周围软组织。用电锯在棘突两侧锯开骨质由上而下垂直锯开骨质,再将棘突和锥弓用咬骨钳钳去,暴露硬脊膜。检查硬脊膜外有无出血、脓肿等。因脊髓上端位于第一颈椎,此处不易锯开,可自其下方将脊髓从椎管拉出,然后用剪刀剪断硬脊膜和脊神经,至此便可将脊髓全长包括马尾分离和取出,或连同硬膜取出整条脊髓。沿前后正中线剪开硬脊膜检查,然后放入福尔马林液中固定7~14天后做多处横切面检查。要观察各段切面灰质、白质变化情况,有无出血及软化灶,脊神经有无异常变化。

（2）腹侧解剖检查法：方法是当取出胸腹腔脏器后,自胸腹腔行脊椎检查和脊髓取出。具体方法是使用电锯,自椎体后侧将肋头辐状韧带、肋头关节和椎弓根切断,去除椎体后检查脊髓腔并取出脊髓。

5. 心脏的取出与检查 用左手提起心脏,观察心脏大小。

心脏及大血管检查：心脏及其血管的检查分七步骤进行,即分离心脏、观察分离后的心脏、以六刀法打开心脏四腔、心脏剪开后的观察与测量、冠状动脉的检查、身体各大血管的检查和心脏传导系统的检查。

（1）分离心脏：指将心脏与大血管进行分离,方法是在心底各大血管与心包反折处剪断主动脉、肺动脉、肺静脉及上、下腔静脉(其中主动脉距瓣膜5cm,肺动脉距瓣膜2cm、上腔静脉距其入口处1cm),然后取出心脏,以保留完整的心房和相应长度的大血管为原则。该方法既可避免剪掉或破坏窦房结,同时也使心重的测量具有规范性(心重的称量必须与连同心底大血管)。规范的做法是,主动脉保留5cm(主动脉断端切线距主动脉瓣的长度),肺动脉保留2cm(肺动脉断端切线距肺动脉瓣的长度),上腔静脉保留1cm(上腔静脉距其根部的长度)。

（2）观察分离后的心脏：全面观察心脏的大小、形状、颜色和质地,检查心脏是否增大、有无室壁瘤形成和心肌梗死改变、心尖部是否变得钝圆、心外膜有无出血或渗出物、脂肪组织是否增多等。

（3）以六刀法打开心脏四腔：首先用两刀法分别剖开左、右心房，然后用四刀法顺血流方向剖开左、右心室。①用两刀法分别剖开左、右心房：第一刀，用剪刀自下腔静脉断端向上直线剪开右心房和上腔静脉，并用手指探查三尖瓣口有无狭窄、粘连和畸形等病变。第二刀，沿左、右肺静脉之间剪开左心房和肺静脉口，探查二尖瓣有无狭窄、粘连和畸形等改变。②用四刀法按血流方向分别剖开左、右心室：第一刀，用剪刀从右心房沿心右缘剪至右心室尖端，或以长尖刀从右心房经右房室口伸至右心室尖端，刀刃向外沿心右缘切开右心室及右心房。第二刀，用剪刀从右心室尖端开始，沿前室间沟右侧约1cm处向上剪开右心室前壁和肺动脉。第三刀，用长尖刀从左心房经左房室口伸至左心室尖端沿心左缘切开左心室和左心房。第四刀，自左心尖端开始，沿前室间沟左侧约1cm处向上剪开左心室前壁直至左心耳左缘，进而在肺动脉干与左心耳之间对着主动脉断端与其纵轴平行剪开主动脉（该切线不是一条直线，而是在左心耳处形成145°左右的夹角）；在剪至肺动脉根部时切线宜稍向左偏至左心耳根部，剪断冠状动脉左旋支，以免破坏左冠状动脉开口和左前降支近段，影响其病变的观察和血管狭窄程度的定级。

（4）心脏剪开后的观察与测量：应仔细观察各心腔、心瓣膜、心内膜、腱索、肉柱、乳头肌、心室壁切面及升主动脉情况；注意各瓣膜有无粘连、缩短、缺损、增厚及赘生物形成；检查心腔有无扩张、缩小，有无附壁血栓或鸡脂样凝血块附着；心肌有无梗死、瘢痕等病变，有无房间隔和室间隔缺损，以及卵圆孔及动脉导管畸形；测量心重，测量左、右心室壁及室间隔的厚度和各心瓣膜周径。测量左、右心室壁厚度时，在左、右心室腔中部（一般在冠状沟下方2cm左右）测量心室游离壁和室间隔的室壁厚度（中间心肌层，除外肌小梁和心外膜脂肪组织）。

（5）冠状动脉的检查：首先检查左、右冠状动脉开口的部位和大小，观察其有无移位、畸形或狭窄病变。冠状动脉开口狭窄除先天发育所致外，还要注意检查有无主动脉粥样硬化斑块和梅毒性主动脉炎引起的冠状动脉开口狭窄。然后，沿冠状动脉纵轴以2mm间距横切。观察冠状动脉的走行分布，有无畸形和发育不良，有无粥样硬化斑块及其所致动脉管腔狭窄的情况，有无新鲜血栓形成和冠状动脉瘤等病变。疑有心肌梗死时可行心脏横切法，以便于心肌梗死灶分布区域的观察。当采取心脏横切法剪切开心脏时，也必须检查相应部位的冠状动脉。

（6）身体各大血管的检查：主要包括主动脉、肺动脉、肺静脉、上下腔静脉、动脉导管以及髂总动脉等，主要检查有无位移、畸形、狭窄、动脉导管未闭及血管有无病变等情况。主动脉检查应包括升主动脉、主动脉弓、降主动脉的胸段和腹段（胸主动脉和腹主动脉）检查，需在主动脉起始部、横膈部、髂动脉分支部测量主动脉周径，检查动脉内膜、中膜和外膜各层的病变情况；观察主动脉内膜有无粥样硬化斑块，注意钙化、溃疡和附壁血栓形成等继发病变；观察主动脉壁有无夹层及其部位、形状、大小和凝血块情况，应仔细检查主动脉夹层破裂口的部位、形态、大小和数目，以及出血流注的方向和出血数量。疑为主动脉夹层时，不应先将心脏与升主动脉分离，而应在查明升主动脉和主动脉弓处的夹层和破裂口后再切断分离；同时应仔细检查胸主动脉和腹主动脉。检查下腔静脉时，应特别注意有无空气栓塞的情况。剪开髂静脉和下腔静脉，检查有无血栓形成。

（7）心脏传导系统的检查：必要时需进一步检查心脏传导系统，包括窦房结、房室结和房室束的检查（详见本节法医学尸体解剖选择性检查有关内容）。

（四）法医学尸体解剖选择性检查

法医学尸检过程中，除按常规进行系统性细致的尸体检查外，有时还需加做一些必要及特殊检查。

1. 气胸检验

（1）检验方法及步骤：气胸检查应在开颅、开腹及解剖颈部之前进行。检查的方法有壁层胸膜检查法和胸壁注水检查法两种。

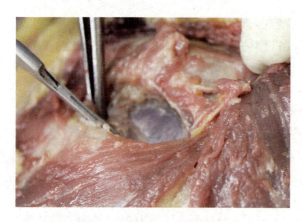

图 14-4　壁层胸膜检查法

1）壁层胸膜检查法：分别将胸骨旁第 3、4 肋的肋间肌用手术刀轻轻剥离，暴露壁层胸膜（图 14-4）。剥离时动作一定要轻柔，防止损伤壁层胸膜导致检查失败。透过半透明的壁层胸膜观察其下方的肺组织（如肺组织紧贴壁胸膜则一般可排除气胸存在的可能），然后用刀尖轻轻戳破胸膜，这时可见肺组织因人工气胸的产生而迅速塌陷。壁层胸膜检查法的优点是，可以避免因胸壁注水检查造成的胸腔积液的观察困难，同时还能间接观察肺组织的弹性。应该注意的是，在壁层胸膜与脏层胸膜粘连时，壁层胸膜检查方法可能会出现假阳性检查结果。

2）胸壁注水检查法：在胸部正中做一纵行皮肤切口，将皮肤及皮下组织剥离至两侧腋中线处，提起皮肤组织使其形成囊状，盛水后用刀在水面下刺破肋间隙的肌肉组织。若有气泡冒出水面，即可证实气胸的存在。

（2）法医学意义：疑为胸部损伤所致气胸者或因肺部疾病所致气胸者，开胸前应先做气胸检验。气胸检验的目的，在于检查胸腔内有无气体的存在，为判断是否气胸所致死亡提供证据。因此，在疑有肋骨骨折断端刺破肺膜和肺组织、大疱性肺气肿及肺脓肿破裂，或在颈、胸及上腹部进行过针刺治疗等情况下应做气胸检验。

2. 空气栓塞检验

（1）检验方法及步骤：空气栓塞的检查，应在开颅、开腹、解剖颈部之前进行，并且在打开胸腔时尽量不要损伤锁骨下血管，以免空气经破裂血管进入体内而影响检验结果。解剖时可暂不切开胸锁关节和第一、二肋骨以免切断内乳动、静脉，而应该在第二、三肋间处切断胸骨体，打开胸腔。

空气栓塞的检查，有原位心腔抽吸法、原位注水检查法和离体注水检查法三种。

1）原位心腔抽吸法：可用 20ml 注射器吸水 5ml 后刺入右心房内，当有大量血性气泡涌入注射器中即可认为有空气栓塞的存在。

2）原位注水检查法：开胸后于原位在心包前壁作一个 Y 字形切口，检查有无心包积液等情况。如有积液则先检查其性状及积液量后，然后将积液去除、擦净。用四个止血钳夹住心包切口边缘并向上提起心包，使心包腔呈囊袋状张开。向心包内注入清水使整个心脏被水完全淹没。然后用手术刀将水面下的右心房壁刺破并轻轻转动刀尖，当有气泡涌出即可证实有空气栓塞的存在。

3）离体注水检查法：严密结扎进出心脏的各大血管，取出心脏后置于一个装有清水的玻璃容器中。用解剖刀刺破水面下右心房，如有气泡逸出，为空气栓塞的证明。

（2）法医学意义：空气栓塞是指多量进入血循环内的气体迅速游离，形成循环系统的气体栓塞。检查血液循环中有无空气栓塞及空气的含量，从而为判断是否因空气栓塞致死提供证据。如疑有空气栓塞时，应进行空气栓塞检查。空气栓塞常见于以下情况：①静脉输液、输血，人工气胸、人工气腹、妊娠分娩、人工流产、输卵管通气术、前置胎盘，上颌窦穿刺冲洗、胸腔手术、心导管检查、血管造影等。②交通事故或其他意外事故，使颈部或其他部位静脉破裂。罕见通过静脉注入空气杀人的案例。

3. 脂肪栓塞检验

（1）检查方法及步骤：使用与空气栓塞检验相似的方法进行检查，即用原位心腔抽吸法、原位注水检查法和离体注水检查法进行脂肪栓塞的检查。当血管中有油滴溢出时，应考虑血管内有脂肪成分的存在。另外，尸体解剖时取小块肺组织，置入盛水的烧杯内剪碎，滴入苏丹Ⅲ染液数滴，有脂滴上浮，并染成猩红色即提示存在脂肪成分，取肺、脑、肝、肾等组织做冰冻切片（石蜡切片时，因使用的二甲苯有脂溶性而不能检出脂滴成分），并采取苏丹Ⅲ、苏丹黑或油红 O 等脂肪染色方法。镜检时，当检见局部血管内充满猩红色脂滴时,即可证实存在脂肪栓塞。

（2）检验注意事项:当常规HE染色切片上检见肺及组织血管内有较多空泡而疑为脂滴(脂肪栓塞)时,应经脂肪染色证实。

（3）法医学意义:检查尸体血管内有无脂肪栓塞,为判断是否因脂肪栓塞致死提供证据。凡死前有皮肤软组织大面积挫伤、做过骨科手术或有长骨骨折,或是油剂治疗注射者、烧伤、乳腺切除及部分交通意外损伤案例,应作本项检查。有时脂肪肝患者发生急性肝坏死时,也可导致脂肪栓塞的发生。

4. 心脏传导系统检查

（1）检查方法及步骤:需仔细检查心脏传导系统(图14-5),并提取组织块连续切片或间断连续切片检查。

1）窦房结检查:窦房结(SAN)位于上腔静脉与右心房交界的界沟或界嵴上方,即右心房最上方与上腔静脉连接处,其中心有窦房结动脉可助显示。取组织块时,可在上述部位纵切含上腔静脉及右心房各半、宽3~4cm的组织,纵切成3~6个组织包埋块。

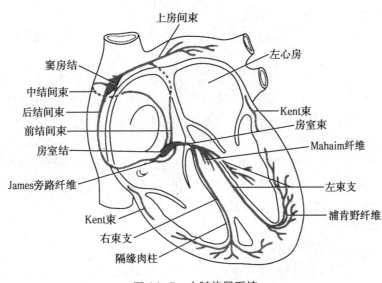

图14-5　心脏传导系统

2）房室结及房室束检查:房室结及房室束肉眼观察不易辨识。死亡时间未超过90分钟者,用碘液涂抹室中隔表面后,可见左束支因含糖原而变蓝,但主干及右束支因其位置较深不变色。取房室结组织块时可按区域切取,其后界为冠状静脉窦口,前界约在右室动脉圆锥下的室上嵴,上距房中隔基底1cm,下在室中隔上部2cm,厚为房中隔室中隔全层。取下后纵分为2~4个平行小块切片,或上2/3段纵切显示房室结主干及右干,下1/3段宜横切以显示左支。房室束病变的临床意义较大,可作连续切片,每切15片留下1片,再从留片中隔2片取第3片染色镜检。一般病例取材可沿上述左心房至左心室之切线,在后室间沟附近切取,此块组织应包括左心房室心肌、心内外膜以及二尖瓣膜的部分组织。

（2）法医学意义:通过心脏传导系统检验,明确是否由心脏传导系统损伤或疾病导致死亡。

5. 肺动脉血栓栓塞及血栓来源检查

（1）检查方法

1）肺动脉血栓栓塞检查:应在提取心脏之前进行右心室、肺动脉主干及左、右肺动脉分支的原位剪开检查,并在其后的肺检查时进一步检查肺动脉的主要分支,观察有无血栓栓子。否则在案情不清的情况下仓促按照常规解剖,可能会造成血栓脱落、丢失,而不能做出正确的死因诊断,甚至导致错误的死因鉴定意见。肺动脉内血栓栓子可为单个或多个。栓子粗细、长短差异较大,细小栓子主要栓塞在肺内或肺门处肺动脉分支内,较大的血栓栓子主要栓塞在肺动脉,特别是左、右肺动脉处,甚至形成骑跨型栓塞,骑跨型栓子常完全阻塞肺动脉及其主要分支。一般来说,栓塞发生于右肺动脉及其分支多于左肺动脉及其分支。应排除因胸外按压造成血栓向肺动脉移位等人为因素的可能。确定肺动脉栓塞必须查找血栓的来源部位,重点检查下肢静脉及其分支、盆腔静脉和右心腔内等有无血栓形成、血栓部位及大小。

2）下肢静脉血栓的检验:尸体俯卧位。从足跟至腘窝直线切开皮肤并向两侧分离,暴露腘窝静脉,剪开静脉检查血栓;在大腿内侧切开皮肤、肌肉,自股静脉剖开处开始纵形剪开,观察有无血栓及其部位、大小和长度;切断腓肠肌跟腱,再自下而上将腓肠肌与骨分离,然后以2cm的间距对腓肠肌作横切面进行检查。从横断的静脉中如发现突出、质地较实的圆柱形凝血样物为血栓,但死后冷冻保存的尸体,解冻后可影响血栓栓子的形态,甚至引起栓子碎裂。

3）盆腔静脉血栓的检验:打开腹腔后,检查卵巢静脉、子宫静脉、阴道静脉及髂内静脉有无呈条索状增粗、变实、质硬的血栓及炎症改变。再从各韧带的外侧切断子宫及附件与盆腔壁的联系,将子宫、附件及各韧带一起取出,仔细检查各主要静脉内有无血栓形成。剥离盆腔腹膜,检查静脉网、直肠周围静脉内有无血栓形成。

对于肺动脉及下肢深静脉内的血栓块应注意与死后凝血块加以区别,可通过病理组织学检查进一步证实。

（2）法医学意义:检查肺动脉内有无血栓栓塞形成,为确定肺动脉血栓栓塞死亡及栓塞来源提供依据。肺动脉血栓栓塞的栓子主要来源于下肢静脉内形成的血栓,少数来源于盆腔及上肢静脉,对于存在静脉内血栓形成危险因素而突然发生死亡者,应进行肺动脉内血栓栓子的检查。

（五）特殊类型的法医学尸体检验

在尸体检验时常会遇到一些特殊类型的尸体,如新生儿、肢体离断、尸体发掘（开棺验尸）、高度腐败、白骨化尸骨、传染病尸体以及因车祸、空难、中毒等情况所致群体死亡尸体。这类尸体的检查与常规尸检有所不同,难度较大且又具有一定的特殊性。

1. 新生儿尸体检验

（1）尸体表面检查:包括性别、体重、身长及各径线长度的测量及发育程度的检查,判断是否为新生儿以及新生儿发育程度,注意尸表有无畸形,如有无腭裂、肛门闭锁、脊柱裂、大头颅（脑积水）及无脑儿的形态学改变。

（2）尸体内部检查

1）头部剖验

①篮状切开法:该方法的优点是,可以充分检查大脑镰及小脑幕的裂伤情况。自一侧耳后经颅顶向对侧耳后切开头皮,并将皮瓣分别向前、向后翻转。检查有无头皮血肿、骨膜下血肿及骨折等情况后,用尖头剪刀的一刃插入人字缝后自囟门的外侧角处（距矢状缝约0.5cm）,沿水平线向外、向前,经颞骨直达额前近正中（距额缝约0.5cm）处剪开颅骨。然后,剪刀转向上方经前自门外侧角（距矢状缝约0.5cm）,向上、向后剪开额骨及顶骨直达人字缝原始起点,再以同样的方法剪开对侧颅骨。将剪开的骨片分离,暴露两侧大脑,中央仅留一条1.0cm宽的骨桥,形似提篮状（图14-6）。

②脑及脑膜检查:剪开颅骨时,注意勿损伤脑膜及脑组织,仔细观察有无硬脑膜外出血,检查脑顶部、软脑膜静脉的末端进入上矢状窦处有无出血,再向侧面推开大脑半球检查大脑镰,注意大脑镰与半球中部有无血肿形成。然后剪开上矢状窦,检查有无血栓形成。

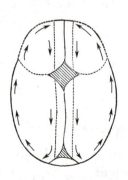
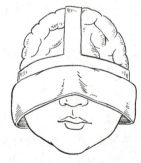

图14-6　颅骨篮状切开法

③取出脑组织：剪开大脑镰前端附着处，将大脑额叶向上、后抬起，切断第2~6对脑神经，并在小脑幕切迹处的水平面切断脑桥，取出大脑及上半部脑桥，暴露小脑幕。检查小脑幕有无损伤、血肿等。检查小脑幕后，沿枕骨外侧缘向颞骨边缘剪断小脑幕，切断第7~12对脑神经，再用细长刀尽可能深地切断脊髓，然后取出颅后窝的内容，即将小脑连同下半部脑桥、延髓及部分脊髓一并取出，分别检查。剪开并检查各部位硬脑膜窦。脑各部位的检查方法基本与成人脑检查相同。

2）胸腹部剖验

①脐动脉和脐静脉检查：胎儿血液循环与成人不同，因此新生儿尸体剖验时要特别检查脐动脉和脐静脉。切开颈部及胸部的方法基本与成人相同，但要改变腹部的切开法。当切至脐的上方时，切口处分向两侧直达左右两侧髂骨处切开软组织。先切左侧暴露脐静脉，将脐静脉分离至肝门，再剪开观察静脉内容物。将腹部三角形皮瓣向下翻转，检查脐动脉及腹腔内脏器官。测量膈肌高度，当肺未吸气时，婴儿右侧膈肌高度在第四肋；完全吸气后膈肌降至第五或第六肋，左侧膈肌位于第六肋间。

②胸腔及其器官检查：胸部皮肤切开后，分离胸壁皮肤及皮下组织，向左右外翻，暴露胸廓。观察胸廓软组织有无异常，距肋软骨交界处约1.0cm处斜行剪断肋软骨，分离胸锁关节，然后以左手持胸骨，右手用刀分离连于肋骨上的膈肌和结缔组织，揭去胸骨，暴露胸腔。检查胸腔内容物，观察肺脏颜色、质地、充气膨胀状态等，常规剪开心包腔，检查心包腔内有无积液及颜色。观察心脏表面有无出血点等。将舌、咽、软腭及喉头与周围组织分离，两手伸入牵拉上述组织，在喉头下方结扎气管，在膈肌上方结扎食管，在食管结扎上方切断食管。然后将舌、颈部脏器连同心、肺等胸部器官一并取出。

③动脉导管检查及先心病检查：在心脏和肺脏分离之前检查动脉导管及心脏。先于心尖部剪开右心室，沿室间隔左侧剪开肺动脉，动脉导管位于主动脉与肺动脉之间，可用探针试其有无闭锁。在心脏和肺脏未分离时检查心脏。按常规剖开右心房与右心室，注意室间隔有无缺损，三尖瓣有无异常。然后用探针插入肺动脉，观察有无狭窄情况。若探针出现于主动脉弓部，则可能是动脉导管未闭，也可能是移位的主动脉，需进一步检查分辨。剪开肺动脉后，若见半月瓣后动脉窦有冠状动脉开口，则证明为主动脉移位。按常规剖开左心腔，注意室间隔有无缺损，瓣膜有无异常。

3）肺及胃肠浮扬试验（具体检查方法及步骤详见第八章）。

2. 交通损伤尸体检验　交通损伤按交通运输工具的种类及损伤发生的地点分为道路交通损伤、铁路交通损伤、船舶交通损伤、航空交通损伤。交通损伤尸体检验涵盖致伤方式分析及致伤物推断、案件性质初步分析、死亡原因分析、交通行为方式分析、生前伤或死后伤分析、死亡时间推断、个体识别、相应痕迹物证的提取等内容，需注意以下事项。

（1）案情调查、收集有关资料。群体性交通损伤的尸体检验首先要了解所发生交通损伤的种类、事故发生的时间、地点及当时的气候情况，现场是否已被破坏；了解该起交通损伤所涉及伤亡人员的数量、性别、年龄、种族、国籍等情况，伤者是否已被送往救治，死者是否已被移尸。

（2）赶赴事故现场前，应尽快做好尸体检验的有关准备工作。

（3）进入事故现场后观察现场的类型、大小范围及特点。注意伤亡人数及其分布特点。

（4）尸体检验时，除按常规方法对各个尸体进行检验并进行个人识别外，还要将收集的不同尸块按照解剖部位拼拢查对。若死亡人数多、尸块较小难以合拼时，应将不同尸块分别包装、编号存放，并绘简图标明发现地点。

（5）采取检材、物证时除应注意收集与查明死因、死亡方式有关的检材、物证外，还应注意发现和收集与交通损伤的性质有关的检材和物证。

（6）群体性交通损伤因伤亡人数多，工作量大，法医检验时要统一组织安排、分工合作。

（7）交通损伤虽多属意外，但其中不排除有违章驾驶、不遵守交通规则和操作规程者，也有利用交通工具谋杀或自杀者，故要认真调查，仔细检验，寻找罪与非罪的证据，必要时需重建事件的发生经过并进行分析。

（8）因群体性交通损伤情况复杂，不同人员在交通工具内或外的方位不同，身体所处状态不同

（如坐、立、卧位或工作），故各人的受伤情况不同。因而死因可能各异，既可死于各种损伤，亦可能死于窒息、中毒、电击或烧死等。因此，应注意检验损伤的部位，致伤方式和原因。

3. 传染病尸体检验　由于传染病的传染特点及其对人类的危害性较大，而日常法医学尸体检验中很多情况下并不知晓尸体是否存在传染性疾病，故应引起高度重视。尸检前要详细了解死者有关临床病史和个人生活史，分析是否可能患有传染病，常见的传染病包括各型肝炎、结核病、艾滋病、梅毒等。尸体检验中，除应按常规进行尸解外，既要做好自身防护工作，也要防止感染他人。

最好能在具有防护传染病条件的解剖室内进行尸体解剖检验。尸体检验中，相关人员要戴面具、口罩、防护眼镜和双层手套，要穿长袖衣服并加穿防护服。尸检期间禁止其他非工作人员进入检验场所或解剖室。尸检完成后要彻底洗手、消毒，对用过的解剖工具、解剖台及地面等要用清洁消毒液进行彻底消毒，对所有用过的一次性用品应送规定地点销毁，对尸体应使用一次性塑料运尸袋包装处理，防止血液和体液污染地面和运尸工具。

尸检时应操作准确、动作轻柔，操作过程中勿使液体及组织外溅，以减少地面和空气污染，避免解剖器械所致自身损伤。尽量使用器械操作，减少不必要的与传染尸体的接触。应小心谨慎分离、提取内脏器官，取出后尽快称重、测量；在外表观察和检验后可不切开，立即放入容器内固定；若急需提取小块检材，可将器官标本放在盛有固定液的大容器内数分钟后再切取小块组织检材进行固定、制片、镜检。

4. 无名尸体检验　不知身源又一时无主认领的尸体，称为无名尸体。

（1）尸体检验的意义：除要解决一般法医尸解应解决的问题外，应重点注意和发现个人特征，为查找尸源及认定死者提供线索和证据。

（2）检验方法步骤

1）注意尸体所处环境、位置，确定是否原始现场。女尸要检查有无妊娠及被奸情况。

2）分别拍摄死者的全身和面部照片，详细检查衣着服饰特征及随身所带物品，尽可能发现有关个人识别的相关线索。

3）除常规尸检项目和内容外，重点检查尸体外表的个人特征，包括性别、身长、体形、体重、营养及发育状况，有无畸形、残疾，脸型、肤色、眉及胡须特征，齿列特征、有无龋齿和义齿，手足的职业特点，指甲长短、形状及有无染甲或绘甲，眉、唇有无染色，皮肤有无文身，有无皮肤特异瘢痕和其他病理改变及其种类与分布特点，戴饰物的类型和特征，尸体及衣物的卫生状况等。

4）解剖中应特别注意胃内容物的种类、性状及消化程度，组织器官有无寄生虫病，骨骼有无骨折及其他部位损伤和愈合情况。

5）采取血液、毛发做 DNA 检测；采取指纹备作对比；采取相应的检材进行相应检验。

6）根据案情调查、现场勘查、尸体检验和辅助检验等作综合分析，提出个人识别的依据，同时确定死因，推测死者年龄和死亡时间，判断案件性质。

5. 碎尸检验　尸体受暴力作用而被分解成数段与数块，称为碎尸或肢体离断。碎尸既可见于刑事犯罪案例，亦可见于工伤事件及交通事故，以及地震、洪涝等意外灾害，偶见于动物对尸体的毁坏、水中尸体被轮船螺旋桨叶片切削或随急流冲击于礁石上等所致的碎尸。刑事案件中，多为罪犯杀人作案后为掩盖或毁灭罪行而移尸灭迹所致的碎尸。

（1）检验意义

1）种属鉴定，确定所发现的碎尸段块是否是人的肢体或内脏器官组织。

2）确定碎尸断块是否属同一个体。

3）推测或确定尸体的性别、年龄、身高、职业、血型、DNA 分型、容貌及其他个人特征。

4）确定死亡原因。

5）推测死亡方式和死亡时间。

6）推测碎尸时间、方法手段及使用工具。

7）推测罪犯的可能职业及碎尸目的。

8）收集其他犯罪证据。

（2）检验方法及步骤

1）现场勘查：充分了解案情后，认真仔细地进行现场勘查。碎尸案例的现场可有杀人、碎尸、移尸、丢弃尸块等多处现场，故在勘查现场时应注意判断，同时尽量找全尸块，以便获得个体识别和案件侦破的线索。

2）检查包装物：检查转移、丢弃碎尸段块所用包装和容器的种类，常见的包装物有衣服、床单、木箱、纸盒、麻袋、塑料袋、尼龙袋及包扎绳索等。

3）检查碎尸：先对碎尸的各部分进行逐块检查。根据尸块的形态学特征确定人体部位，观察各部位死后变化的程度、分布特点，表面有无损伤、病变及其形态特征，注意断面的损伤特征、有无病变。对不同部位的各种损伤，要注意区别是生前伤还是死后伤，是分尸形成还是其他暴力所致。然后按解剖部位进行组织块拼接，检查有无组织残缺。对较完整的尸块及器官，应按一般法医学尸体解剖常规进行检验。女性尸体要特别检查乳房及生殖器官，判断有无被强奸的可能及证据。新生儿尸体应注意判别是死产还是活产，并明确死亡原因及死亡方式。

4）检查附着物：检查各碎尸段块的表面和离断面有无附着物及其种类、大小、颜色、形状，并收集、分装、编号、送检和留作物证。如有衣服或衣服碎片，应检验其衣着及其破损特征。

5）检材提取：采取足量的检材作为病理切片、生化或毒物化验检材等，具体应视各个案例的具体情况而定。

6）物证采集：采集各种文证和物证如身份证、驾照、票证、卡片、纸块、血痕、毛发、烟头、牙齿、指纹等进行保存并及时送检。

6. 尸体发掘　对已埋葬的尸体挖出进行检验，称为尸体发掘（exhumation）。随着火葬制度的实行，尸体发掘现已很少见，一般见于杀人后掩埋尸体的刑事案件。

（1）检验意义：获取罪与非罪的证据，解除各种怀疑和解决尸体发掘前提出的诸如死亡原因、死亡方式等有关问题。因此，在下列情况下需进行尸体发掘：①对死因或死亡方式有争议而当时又未能进行法医学尸体检验者。②虽经尸体检验，但仍未能澄清疑点或检验所获材料不齐或证据不足，需再次检验或复核检验者。

（2）检验方法及注意事项

1）详细了解尸体发掘目的及案情，分析尸体发掘的价值及其可行性。

2）遵守《尸体解剖规则》和当地的风俗习惯，尸体发掘工作应在司法机关主持和有关人员的密切配合下进行。

3）做好充分的准备工作，包括思想、组织、检验条件和器材工具的准备。对可能难以解决的问题和疑点应事先向委托单位及有关人员解释说明，尽可能通知死者家属和／或死者所在居委会或行政村派负责干部到场。

4）尸体发掘前了解尸体埋葬的时间、地点、方式及埋葬处的水土情况，了解土埋尸体包装情况、棺葬者的棺材质地、衣着情况，有无随葬物品及其种类，并在尸体发掘时拍照和记录。

5）观察尸体死后变化的程度及有无损伤、毁坏，可搬动的尸体应抬出棺外检验，白骨化者应取出全部尸骨，或者应就地检验。

6）具备解剖条件的尸体，应按一般法医尸体解剖常规进行，或者根据检验要求和尸体腐败程度尽量进行检验。

7）除一般项目检验外，对不同死因的尸体应按不同的检验方法和检验步骤进行。如疑为机械性损伤致死，应检查尸体各部位有无损伤，若有损伤要详细检查损伤的部位、数目、种类、形状及特点，但应特别注意动物对尸体的毁坏情况和腐败对尸体的影响。

8）注意收集有关检材和物证。对已腐败的尸体应尽量采取可能发现的有价值的检材与物证，如骨骼损伤、创腔异物、各类肿瘤、身体结石、动脉粥样硬化等病变。对疑为中毒死亡的尸体,可按常规取材或根据尸体腐败的不同程度采取有关检材。除应收集尸体毛发、骨骼、指甲和牙齿外,还应采取相应器官部位的肉泥或泥土作检验,同时采取棺外及附近的泥土作对照。

七、器官组织取材、固定及送检

无论大体检查有无形态学改变,原则上都应在尸体解剖过程中提取相应的组织器官检材进行病理组织学检验,对于做出客观、科学的死因诊断、死亡方式判断等都具有决定性的作用。虽然在部分案例中通过系统尸体解剖能够基本判断出死因、成伤机制、死亡方式等,但在法医学实际工作中,尤其是需要进行损伤与疾病鉴别的案例中,仅凭肉眼检查并不能满足解决相关鉴定事项的要求,甚至可能会产生错误的结论。因此,需要在系统尸体解剖检验的基础上进行组织病理学检查。

(一) 尸体解剖提取器官组织标本及注意事项

法医病理组织学取材过程由两个步骤组成:一是尸体解剖时从整个器官(可能有病变或外伤处)切取组织块,放入福尔马林中固定,必要时可提取整个器官固定。二是从上述固定后的器官或组织块上再切取、修整为大小适合制片、染色用的组织块。取材时的注意事项如下。

1. **组织标本的选取**　标本组织的选择对于切片观察和后续鉴定十分重要。原则上,应选取每个器官的组织进行组织病理学检查,要重点选取生命重要器官或 / 和组织、有损伤、疾病及其他病理改变的器官或 / 和组织、对死因鉴别有重要意义的器官或 / 和组织。

2. **取材要全面**　常规选取各器官外,也可根据实际需要提取其他组织。一般情况下,要对各器官不同的部位进行代表性取材,制作病理组织切片。若器官损伤或病变较为复杂时,提取组织块的数目应适当增加,以便进行较为全面的组织检查。

3. **取材范围**　选取的组织一般应包括各器官的全部结构或全层,有浆膜的器官(如肺、肝等),其组织块中应带有浆膜的组织;损伤及病灶区取材时要带有周围的正常组织,如从创口取材,取材部位应与创口长轴相垂直并包含一定的创缘和创口周围组织;索沟的取材应提取与索沟走行方向垂直的条状组织(含索沟及两侧正常组织);提取皮肤组织应带有皮下组织,必要时深及肌肉。

4. **组织块大小**　切取的组织块可以是小块组织,大小一般为 2cm × 2cm × 1cm,必要时可切取较大面积的组织块或提取整个器官,这样既可全面地保留和观察病变,又便于以后的组织块修削制片。组织块的厚度不宜太厚(尤其是肝、脾、肾等实质性器官),如果组织块过厚,则固定液不能短时间内渗入组织内部,往往使组织表面固定、硬化,而深部组织因固定不良发生自溶而影响组织结构形态。

5. **组织块切面**　器官组织取材的切面,一般以便于镜下观察完整的组织结构为原则。管状器官一般采取横切,肠管因有环行皱襞故以纵切较好;肾采取纵切方式剖开,提取组织块应包括皮质、髓质及肾盏;脑一般采取与脑沟成直角的方向作垂直切面;肝、脾、胰等可采用纵切或横切方式取材。

(二) 制片组织块取材及注意事项

1. **取材时间**　尸体解剖取出的器官组织一般在固定 3~5 天后进行病理组织学取材。如果尸检时已切取成较小组织块,则可在组织固定 24~48 小时后进行修整、取材。

2. **组织块修整**　提取的组织块经固定后要将其修削成适合制片大小的组织块。组织块厚度以0.2~0.3cm 为宜(一般不应超过 0.3cm,具体情况可根据不同组织的致密度而定)。一般情况下,组织块大小不超过 1.5cm × 1.5cm × 0.5cm。

3. **取材方法**　取材的刀刃要锋利,取材时尽量避免重复切割或挤压组织。一般不要用剪刀挟剪取材,以免造成组织受压、变形。特别要避免组织发生干燥,取材后应立即放入固定液内进行固定。对于不需要的其他周围组织如附着的脂肪组织等,可以剔除。组织包埋面要平整;需要区分组织包埋面时,可在组织块的边缘或不重要区域扎一大头针,以大头针帽头指示包埋面,尸蜡包埋前去除大头针;有条件的可以使用组织包埋盒。

4. 组织标记 采取组织编号、绘图标记或分别放置于不同组织盒内或包埋夹内等方法进行不同部位的组织区分。也可以用不同形状或大小来区别双侧器官或同一器官的不同部位组织。如双侧器官,可左边的切成四边形,右边的切成三角形;或上端组织取材较下端组织略大等。

5. 送交组织 将欲包埋的组织检材一同装入盛有福尔马林的玻璃瓶内,玻璃瓶上注明解剖编号及其他相关信息。特殊组织块可以连同解剖编号分装于不同的有孔组织盒内再装入玻璃瓶内固定。解剖编号一律用碳素墨水书写。送检病理组织应连同简要案件资料一道,送交病理组织制片室。

(三) 常规病理组织取材的数量

常规病理组织学检材的取材种类和数量各单位可能有所不同,但一般应包括以下器官和组织。

1. 心 需取 7 块组织,即左、右心房,右心室,左心室的前壁、侧壁及后壁,室间隔;心脏的取材应包括心外膜、心肌层及乳头肌与心内膜在内。应对冠状动脉各支及有病变的部位进行取材,必要时加取心脏传导系统。

2. 肺 一般情况下,双肺每叶各取一块,双肺的肺门部组织各 1 块。

3. 脑 一般情况下,取大脑额叶、顶叶、颞叶、枕叶、基底节、中脑、脑桥、延髓及小脑各 1 块。当采取本章中提及的大脑和小脑的切脑方法时,组织的取材块数应与相关要求一致。肉眼观察检见脑损伤或病变时,应增加相应损伤部位取材。

4. 成对器官 左、右器官各取 1 块,如肾、肾上腺、卵巢、输卵管、睾丸等。

5. 其他器官 一般情况下,应取肝、脾、胰腺、食管、胃壁、各段小肠(十二指肠、空肠、回肠)、各段大肠(盲肠及阑尾、结肠、直肠)、扁桃体、甲状腺、胆囊、膀胱、前列腺、子宫体、宫颈等器官组织各 1 块,也可根据实际情况做适当增减。

当尸体解剖后死因仍不明确时,可根据需要将全部检材进行制片。当有损伤或病变时,则要根据需要适当增加组织选取的部位和数量。

(四) 器官组织检材的固定

1. 检材固定

(1)检材固定的意义:检材固定是组织制片过程中的一个重要步骤。检材固定的作用有以下方面:阻止组织自溶和腐败;使细胞内的蛋白质、脂肪、糖、酶等各种成分沉淀保存下来,以保持其原有的结构使其与存活时相仿;因沉淀及凝固的关系使细胞成分产生不同的折射而造成光学上的差异,使得在生活状态下原来看不清楚的结构变得清晰起来,并使细胞的不同部分容易着色;通过固定剂的硬化作用使组织硬化,便于制片。

(2)常用固定液

1)甲醛液(福尔马林):为最常用之固定剂,由 1 份甲醛液(40%)加 9 份水混合而成。实际工作中,可按标本体积的大小与固定液量的比例酌情将加水的比例调整到 1∶5~1∶8。用 10% 福尔马林固定小组织块数小时即可。如需快速固定时,可加温至 70~80℃经 10 分钟组织就被固定。可加入少量无水磷酸氢二钠及磷酸二氢钠配成磷酸盐缓冲福尔马林固定液,其 pH 为 7。用这种固定液固定组织,可避免组织切片内产生福尔马林色素颗粒。

2)乙醇:作为固定剂的乙醇浓度应为 90%,乙醇对标本有收缩和硬化作用,组织在高浓度的乙醇中留置过久,会发脆,也使组织严重收缩,约可缩小原体积的 20%。用 70% 的乙醇可较久地保存组织。由于核蛋白和糖原经乙醇固定成水溶性状态,因此乙醇固定的标本在固定后用水洗涤,则核着色不良,糖原也将溶解;另外乙醇能溶解脂肪、类脂质及血红素等,因此,对脂类、色素的证明,高尔基复合体、线粒体等的染色,不宜使用乙醇作固定剂。在病理检验快速制片常用乙醇福尔马林液,配法如下:福尔马林 10ml 加 95% 乙醇 90ml。用此固定剂固定组织 1~2 小时,取出后可直接投入 92% 的乙醇,不需要水洗及不经各级低度乙醇,可以缩短脱水时间。当需要显示组织内糖原或神经细胞内尼氏体时,可用 95% 的乙醇固定组织。但这种固定液浸透组织的速度较慢,染色效果不好。用乙醇甲醛液(95% 的乙醇 9 份加原装甲醛液 1 份配成)来固定组织,能增加组织的染色效果。

3）Zenker 液：主要用于检查骨髓等造血组织的细胞的检查。经此液固定的标本，细胞核和细胞质染色颇为清晰，但成本较昂贵，且需汞的特殊处理。贮存液配方：重铬酸钾 2.5g、升汞 5g、硫酸钠 1.0g、蒸馏水 100ml。当骨内含有少许骨小梁有碍切片时，可在使用该固定液时可在固定液内加 5ml 冰醋酸，以促脱钙。该固定液要避免接触阳光，以免引起化学变化而失效。

4）Bouin 液：主要用于结缔组织三色染色，并能较好地显示肺水肿。Bouin 液对组织固定较均匀，很少收缩，也不会使组织变硬或变脆。配制方法：苦味酸饱和水溶液 75ml、40% 甲醛液 25ml、冰醋酸 5ml。该固定液需现配现用。

5）戊二醛溶液：如需制作电镜超薄切片，则需使用戊二醛溶液作组织固定剂。本固定液应放冰箱贮存备用。

（3）固定时间：10% 福尔马林组织固定时间根据组织块大小不同而不同，固定小块组织（1.5cm×1.5m×0.2cm）数小时即可，稍大块组织以 24~48 小时为宜，大块组织或整个器官则需 7~10 日，时间稍长也无妨。如需快速固定时可将固定液加温至 70~80℃。

（4）组织固定注意事项：不宜使用过浓的甲醛溶液，因它可使组织表面过于硬化而内部反而固定不良；经甲醛液短时间固定的组织，流水冲洗时间可缩短到 10 分钟至 2 小时，对于固定时间较长的组织，必须流水冲洗 24 小时甚至 48 小时，否则会影响染色；那些需要做特殊染色、组织化学染色或免疫组织化学染色的案例，应根据不同染色的要求选用相应的固定液，有的甚至不用固定液而改用低温保存。

2. 检材送检　对于不能单独完成法医病理组织学检查的机构，如果需要进行该方面的工作时则应将尸体解剖时所取的器官组织送往有资质、能胜任法医病理组织学制片的单位进行病理组织学检查。在检材送检时应注意以下问题。

（1）资料齐全：送检时应附详细而准确的案件材料，包括死者一般情况（姓名、性别、年龄、案件编号、事件经过、受伤情况、死亡经过和死亡时间等）。应同时交送原尸体检验记录或记录摘要，以及有关照片资料，并附送检标本的种类、数量记录单。如系医疗纠纷案例，还应附有医学病历等资料。

（2）组织固定：解剖时提取的器官、组织置于适当的容器内及时用足量的固定液立即固定，多选用甲醛液（福尔马林），固定液一般应不少于器官组织总体积的 10 倍。解剖次日应及时更换新鲜固定液继续固定数日，以期得到较好的固定效果。固定器官组织的器皿切勿太小，组织宜用广口磨砂瓶盛装，切忌将较大的组织块紧塞在小口的容器中，这必然使组织变形且固定不良。切勿使组织贴于瓶底或瓶壁，以免影响固定剂的渗入。如采取 95% 乙醇固定或采取冰冻保存的，或先用冰冻保存后再用固定剂固定的组织，一定要向送检的有关部门特别说明。

（3）避免变形：脑的整体固定应注意避免压迫变形。一般可用细线穿过基底动脉，将脑单独放入一个含有足够固定液的带盖容器内，将细线两端系于水桶提手的两侧，使脑呈悬浮固定状而避免变形。对含有空气的组织如肺脏，可用线缚住重物使其下沉，避免其上浮而影响固定效果，也可将浸有固定剂的毛巾覆盖在肺脏上面，以利固定。菲薄的组织如胃肠、皮肤等，为防止其弯曲扭转，应先展平粘贴于稍厚的纸片上，再轻轻放入固定液中，应注意必须将胃肠组织的黏膜面向上。

（4）防止自溶：在组织固定前应将内脏实质器官（肝、脾、肾、胰等）以最大切面切开后再固定；应在脑的正中切开胼胝体以利于固定液渗入，使脑组织固定良好；心脏固定前需剪开。

第二节　虚　拟　解　剖

- 虚拟解剖的主要特点为无创性、客观性、可重复性以及快速性等。
- CT 在探查骨折、气体栓塞、皮下气肿、腐败改变等方面具有优势。
- 死后 MRI 在探查软组织损伤、器官损伤及非外伤性损伤等方面具有优势。
- 血管造影技术主要应用于心脑血管疾病猝死的法医学鉴定中。

在法医学实践中,放射影像学技术作为法医病理学的检验手段正日益受到重视,在组织器官损伤、死亡原因鉴定、尸体个人识别等方面发挥越来越重要的作用,其在尸体检验中的应用价值正逐渐为人们所认知。近年来得益于医学影像技术的快速发展,特别是多排螺旋 CT 和 MRI 设备等医学影像技术的进步,采用"虚拟解剖"技术构建人体器官组织的图像,为法医鉴定中推断死亡原因和死亡时间等重要问题提供了关键依据。

一、概述

虚拟解剖(virtual autopsy)是指借助于现代医学影像学及计算机技术,结合解剖学原理及技术要求,在不破坏或者少破坏尸体完整性的前提下获取体内外阳性信息以明确死亡原因的一种无损或者几乎无损的解剖手段。某些发达国家虚拟解剖技术已经成为一项行之有效的法医鉴定中的例行程序,广泛应用于枪弹损伤、机械性窒息、机械性损伤、猝死及溺死等案例的法医学鉴定中,人们称这种部分可取代传统解剖方法并独具特色的新型解剖方式为"虚拟解剖"。

虚拟解剖的理论形成于 20 世纪 90 年代,瑞士伯尔尼大学的迈克尔·泰利博士(Dr. Michael J. Thali)对这一理论体系的形成有重大的贡献。2020 年出版了《法医成像》(*Forensic Imaging*)杂志,这是第一个也是唯一一个致力于法医成像、虚拟解剖等方面专业学术期刊,还设立了专门的网站。

虚拟解剖的前期准备工作主要包括案情的交接和尸体的安置。在进行虚拟解剖之前应将案情资料以及根据尸表检查之后怀疑有损伤的部位告知影像设备的操作人员。尸体安置时要求尸体完全解冻以免器官、组织内结冰影响摄影效果;使用不产生伪影的尸体袋包裹尸体,并避免血液、体液外渗而污染检查设备;放置尸体时应尽量使尸体呈解剖位;检查并除去被检查部位体表的金属物品,如发夹、钥匙和金属物质等,以防止产生伪影或干扰仪器正常运作。

虚拟解剖过程中,应根据案件相关信息和法医学鉴定人的要求确定检查部位、检查内容、重点关注部位,选择成像技术并设定技术参数,以保证拍摄的图像在清晰度和角度上符合要求,除此之外,还应重视对周边部位进行检查,有助于伤情的判断和与疾病的鉴别。

虚拟解剖之后,由影像学专业技术人员与法医学鉴定人共同做出虚拟解剖诊断,根据虚拟解剖检验结果由法医学鉴定人决定是否进行尸体解剖以进一步验证及明确死亡原因,并结合阳性发现制定解剖的式样和重点解剖的部位。必要时,法医也可要求影像医师对重点部位进行三维重建,并结合解剖发现综合分析。解剖之后还应将解剖发现和虚拟解剖的阳性结果相比较。

二、虚拟解剖的主要技术

目前,虚拟解剖主要采用影像学检查技术,包括 X 线成像技术、计算机体层成像(computed tomography,CT)以及磁共振成像(magnetic resonance imaging,MRI)。除此之外,虚拟解剖的技术手段还包括 CT 血管成像(CT angiography,CTA)、显微放射照相(microradiography)、3D 面扫描(three-dimensional surface scanning,3DSS)以及体素扫描(voxel scan)。

X 线成像技术是利用人体不同组织间密度和厚度的不同,吸收 X 线的程度不同,从而在图像上表现出白影(高密度)与黑影(低密度)来判定组织器官的病变情况。目前主流的数字 X 线成像(digital radiography,DR)是将摄影装置与计算机结合,相较于传统的 X 线成像,DR 的分辨率以及清晰度更高。

CT 是运用 X 线束对人体层面进行扫描取得信息,经计算机处理而获得该层面的重建图像的一种技术。CT 图像是由一定数目,但不同灰度的像素按矩阵排列所构成的灰阶图像。CT 与 X 线成像原理相同,通过白影和黑影表现密度的高低。除此之外,CT 还利用组织对 X 线吸收的系数来表示密度,将这一系数换算便是 CT 值,单位为 Hu。多层面 CT(multi-slice CT,MSCT)相较于普通 CT 具有扫描时间更短,扫描层厚更薄,扫描范围更大的特点,同时 MSCT 所获得的数据经计算机处理可得到高分辨率的三维立体图像,对疾病以及损伤的精确诊断具有重要意义。CT 在探查骨折、气体栓塞、皮下气肿、腐败改变等方面具有优势。

NOTES

MRI 的基础是人体中不同的组织器官具有不同强度的磁共振信号,并且同一组织或器官在病变的情况下与正常情况下的磁共振信号强度也不同。MRI 正是利用人体中氢原子核在磁场中受到射频脉冲信号的激励而发生磁共振现象产生磁共振信号经过信号采集和计算机处理而获重建断层图像。通过调节射频脉冲的重复时间和回波时间可以获得 T_1、T_2 以及 PD 三种加权像。与 X 线成像以及 CT 相同,MRI 图像上的白色表示高信号,黑色表示低信号,不同的加权像上同一组织的信号强度可以不同。MRI 可以直接获得人体横断位、冠状位、矢状位以及任意斜位的断层图像,图像的分辨率高,对于肌肉软骨等组织的敏感性强于 X 线和 CT。MRI 在探查软组织损伤、器官损伤及非外伤性病变等方面具有优势。

血管造影技术自 1895 年伦琴发现了 X 线之后,出现了快速的发展。研究人员尝试将各种不透射线的物质注射进血管中,并利用 X 线进行血管形态成像。目前,硫酸钡和硅胶两种对比剂的造影方法和技术广泛应用于尸体血管造影实践中。由于该技术的便捷性和直观性,不但使其得到了广泛的应用和推崇,而且使得尸体解剖技术的方法得到了一次巨大的变革和改进。MSCT 技术应用于血管造影技术中最多,MSCT 可以从血管不同角度进行观察,并且可构建二维和三维图像进行观察。MSCT 薄层扫描技术 + 三维图像重组技术还可以使血管系统中的出血点及微量出血得到清晰、直观的图像展示,使非专业人员更容易看懂图像。和 CT 技术相比,X 线计算机成像和 MRI 技术成像较少被应用于血管造影技术中。近年来,micro-CT 的发展使得血管造影技术呈现了新的发展势头。血管造影技术主要应用于心脑血管疾病猝死的法医学检验。

解读虚拟解剖所得的影像学结果,首先要明确所选择的摄影条件以及技术方法是否符合鉴定需求,其次按顺序进行全面系统的观察,如果在荧屏上直接观察,还可以通过调节特定的条件来使某一欲观察的组织更为清楚,例如 CT 可通过应用窗技术分别调整窗位和窗宽使图像更加清晰,利于观察。对 CT 和 MRI 图像,应对每帧图像细致观察,立体化地了解器官的具体情况,同时应注意相邻组织的变化情况。

三、虚拟解剖的应用

现阶段,虚拟解剖主要应用于死后变化、机械性损伤、交通损伤、机械性窒息、高低温损伤、电流损伤、猝死、医疗纠纷、个体识别等方面的尸体检验中。

(一)死后变化中的应用

死后尸体变化可分为早期死后变化和晚期死后变化,包括尸僵、尸斑、皮革样化、尸绿等。虚拟解剖不能很好地反映死后尸表的颜色变化,但可以反映出器官的血液坠积,尤其是肺部血液坠积的情况。在 CT 图像中可以观察到肺部有血液坠积的区域呈毛玻璃状,与正常肺组织之间形成一条平行于地面的"气 - 血"水平线,法医学意义与内部器官血液坠积相同,但在阅片时应注意与病变相鉴别。脑自溶的 CT 特征最为典型,包括灰质 - 白质交界的模糊和消失、脑组织密度降低以及脑沟和脑室的消失。在此期间,大脑在常规尸体解剖中可能只会表现出轻度软化,而外观并无明显异常。因此,CT 在检测器官自溶方面具有较高的灵敏度。

晚期死后变化又可分为腐败和保存型尸体。尸体腐败是最常见到的死后晚期尸体变化,虚拟解剖在腐败尸体的检验中具有重要意义。相对于传统解剖方法,虚拟解剖的优势体现在可以呈现液化的组织器官的原始位置关系,同时避免了解剖过程中切割牵拉造成的组织破坏加重以及手术视野污浊模糊,有助于对一些损伤、疾病的排查。运用 MSCT 会发现皮下组织因腐败气体的聚集而表现为条索状或者斑片状,肌肉组织因其结构致密且均匀,表现为羽毛状改变,实质性器官则表现为蜂窝状。相对于生前正常脑组织,死后脑组织发生肿胀,CT 表现为皮、白质分界不清,沟回形态模糊,脑实质呈现模糊不清或颗粒状改变。晚期保存型尸体变化主要包括木乃伊和尸蜡,近年来考古学上已有运用医学影像学的技术研究木乃伊的报道。尸蜡在 CT 图像上表现为特殊的高密度影,CT 值可达 1 000Hu 甚至更高(图 14-7)。

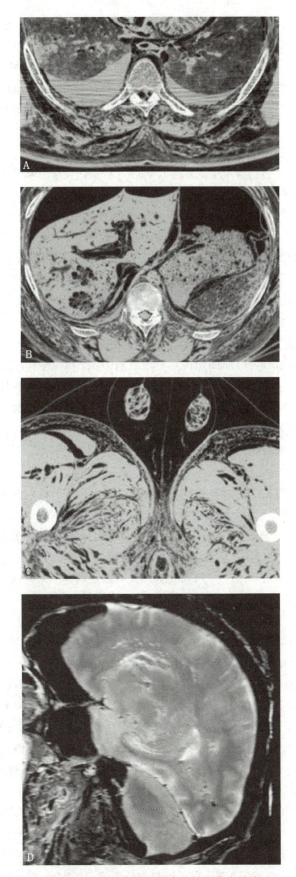

图14-7 死后晚期尸体变化的影像学改变

A.可见腐败气体充斥胸腔以及软组织间隙;B.可见腐败气体充斥腹腔,肝、脾中也可见腐败气体;C.可见腐败气体充斥阴囊、睾丸以及周围软组织;D.为腐败脑的影像学变化。

虚拟解剖对昆虫和人为造成的尸体损坏同样有价值。蝇蛆团块在 CT 上呈现团块状或绒毛状改变,主要分布于气道、消化道乃至部分内脏器官附近。人为造成的尸体损坏主要发生在抢救过程以及尸体搬运的过程中,前者最为常见的是胸外按压导致肋骨和胸骨的骨折。另外,手术清创以及术后缝合还会造成重要证据的灭失,而虚拟解剖技术则是一种极好的补救手段。如颅脑损伤的尸体,经过开颅手术治疗,可运用术前的影像学资料或是通过一系列技术分析,得到原始的损伤情况,为鉴定提供第一手的资料。

(二) 机械性损伤中的应用

虚拟解剖运用于机械性损伤鉴定中的优势在于可以对损伤特征分离、测量、放大或者突出显示,并且可以通过三维立体结构的重建全面观察损伤形态。

挫伤是机械性损伤中较为常见的一种类型,通过对挫伤区域的分析有助于致伤物的判定。挫伤处通常会伴有软组织血肿、水肿、渗出以及肌肉挫碎或坏死的改变。软组织血肿在 X 线平片以及 CT 平扫的影像学图像中表现为片状模糊高密度影,当出血位于肌组织中时会使肌间隙模糊不清。MRI 检查中血肿信号强度取决于出血的时间,但变化特征与颅内血肿不一致。具体来说,在 T_1WI 中急性期可呈现低信号强度,在急性后期,信号强度呈现斑片增高,亚急性期、慢性期可呈现片状环状高信号强度,在 T_2WI 呈高信号强度,MRI 的这种图像特点有助于损伤时间的推断。软组织水肿和渗出的影像学表现相似,X 线可见皮下组织均匀透光区出现大网格结构或增粗的条纹状结构,严重者可见皮下组织与肌肉间界限不清,肌肉肿胀,肌间隙模糊不清或消失;CT 可见软组织肿胀,皮下组织与肌肉肿胀,皮下脂肪部密度不均匀条状网格状增高;MRI 在 T_1WI 皮下及肌肉水肿部位呈现信号强度减低,T_2WI 信号强度增高。肌肉挫碎或坏死在 X 线平片中显示为组织肿胀、水肿、炎症变化及结构的形态学异常,CT 可见肌肉密度不均匀性减低,CT 增强扫描可见早期坏死肌肉周边强化,MRI 中 T_1WI 可见病变肌肉信号强度不均匀减低,T_2WI 可见不均匀增高。如遇挫伤伴软组织积气的情况则一般不用 MRI 手段进行虚拟解剖。

虽然通过虚拟解剖所得的创的影像学信息不如通过体表检查所得到的丰富,但也具有一定的价值。首先,影像学的技术手段有助于快速查明创口、创道的位置走向,对大小、位置、创角、创腔等可以提供测量信息;其次,对于骨骼上遗留的创痕,影像学技术可以去除周围软组织的干扰,便于观察分析;最后,有助于判断刺创在相邻组织间穿行的距离。虚拟解剖对枪弹创的检查具有重要意义。弹片弹头等爆炸射击残留物在 X 线和 CT 下呈现高密度影,有助于对其落入体内的位置做出判断。其次,通过对射入口、射创管以及射出口的测量,有助于射击角度的推定。

骨折的虚拟解剖首选 X 线,对于 X 线不能发现的隐性骨折可借助 CT。脊柱外伤、骨盆、髋关节及肩关节等部位解剖结构复杂,解剖过程中难以显现,而 CT 对这些部位的骨折判断具有重要的价值。骨折的影像学资料还可以显示如骨痂、周围软组织损伤出血的情况,对判断生前伤还是死后伤有一定的价值。软骨的损伤只能依靠 MRI 做出诊断。

1. 高坠伤　在大落差高坠案例中,胸部损伤往往最为常见,且不受高坠致伤能量的影响;颅脑损伤较多发生于 10kJ 以下及 20kJ 以上的致伤能量情况下;在致伤能量高于 20kJ 的高坠案例中,极易发生多发性骨骼损伤,利用 MSCT 对患者进行全身扫描,并将扫描结果与尸体解剖结果比对,发现 MSCT 可清楚地显示死者硬脑膜下出血、蛛网膜下腔出血、脊柱骨折等。在检查脊柱骨折等方面,MSCT 是一个非常有用的工具,且漏检率很低,与传统解剖相比 MSCT 更加省时省力。

2. 枪弹伤　MSCT 对于骨骼损伤、软组织损伤、出血、体内气体等均有很好的检出率,其在枪弹伤检验中的优势更为强大。在对枪击致死的尸体进行 CT 全身扫描并行最小密度投影三维重建及三维容积重建,以检验射入口及射出口处骨质损伤,观察体内创道走行,定位子弹及体内骨碎片等,发现 CT 及三维重建技术对于穿孔性枪弹创及贯通枪弹创的影像识别度高,检验效果极佳。运用影像学、病理学及组织学方法探测脑组织枪弹伤的形态学改变,包括骨碎片及颅内高压导致的二次损伤,并将结果进行比较发现:在无伪影干扰的情况下,MRI 能极好地显示脑组织的碎裂情况以及创道的形态,

NOTES

而 CT 则在检测及定位嵌入脑组织内的颅骨碎片方面有明显优势,常常能够探查出常规解剖及组织学方法无法显示的微小颅骨碎片。因此,CT、MRI 等影像学方法若能与传统解剖、组织学方法结合使用,将成为颅脑枪弹伤鉴定的强有力工具。

3. 颅脑损伤　颅脑结构非常复杂,例如脑组织中不同核团的位置关系、侧脑室的位置与分布、中枢神经系统的传导通路等。人们对这些内容很难形成立体认识,要达到理解、掌握就更加困难。而虚拟解剖技术可以通过三维立体的形式展示出人体某局部或器官的立体构象,增强视觉效应,有助于形成神经系统的立体观,进而使这些内容能更容易被理解和掌握。颅脑损伤致死原因主要为颅内出血、脑水肿或脑疝致中枢神经系统功能紊乱或衰竭。运用虚拟解剖技术检查此类尸体不需要打开颅骨,可有效地避免脑组织暴露于外界而发生自溶,并且可以根据鉴定目的和要求选择需要检测的颅脑损伤区域,进行有针对性的检查。在尸体的 MSCT 和 MRI 检查中,一些损伤如颅骨骨折、硬脑 / 脊膜外血肿、硬脑 / 脊膜下血肿、蛛网膜下腔出血、脑室内出血、脑肿胀等都可以清晰显示。脑干损伤和神经损伤后继发性的脑水肿、脑室移位、脑疝形成可以表现出有颅内压升高的典型征象。另外,烧死尸体的头部可以出现的硬脑膜外热血肿表现,如颅内有气体、脂肪等成分与血肿相混合,可通过 MSCT 和 MRI 与生前硬脑膜外血肿相鉴别。脑实质损伤可通过 MSCT 和 MRI 成像诊断出来,这对死因的推断有很大的价值。

4. 身体其他部位损伤　颈部解剖结构较为复杂,传统尸体解剖操作难度较大,仅在怀疑颈椎存在损伤的案例中使用,在法医学鉴定中并不将其作为常规检查内容。虚拟解剖技术可以完整地、层次分明地显示颈部软组织及骨与软骨组织结构全貌。在高位颈椎脱位和颈髓损伤的检查中虚拟解剖显出优于传统解剖的优越性,可以通过 CT 或者 MRI 结果全面地观察颈椎或颈髓的损伤。挥鞭样损伤是一种特殊的颈椎、颈髓损伤,主要发生于交通事故中。这类死者可以没有明显的尸表改变,尸体检验不存在其他器官的致死性损伤,需要进行仔细的颈部椎体解剖才能明确死因。MSCT 和 MRI 技术对脊椎和脊髓改变敏感性高,不仅能清楚地显示脊椎脱位与骨折,还可分辨外伤性椎间盘损伤、韧带断裂、硬脊膜下 / 外血肿、脊髓水肿、出血、横断等,用以区别急慢性脊髓损伤,并能和生理性疾病以及其他病变相鉴别。利用三维重建获得的图像可以直观、立体、全面的观察损伤特征,在此类损伤的检验中有重要的应用价值。

在胸腹部、四肢损伤中,MRI 可以很好地辨识气胸、腹腔和腹膜后出血、胸腔积血,鉴定肺挫伤和肺撕裂伤灵敏度也很高,对于肝撕裂伤的检测灵敏度较好,对于脾撕裂伤、胰腺外伤和肾外伤的灵敏度较低。同时探索 MRI 和 MSCT 对于腹部器官损伤鉴定的灵敏度和特异度,发现 MSCT 对于肝损伤鉴定的灵敏度略低于 MRI,而联合应用 MSCT 和 MRI 鉴定肝损伤,灵敏度显著提高。

(三) 交通损伤中的运用

近年来,随着交通工具的普及,交通事故所致伤亡案件的法医学鉴定不断攀升。交通损伤可分车外人员损伤与车内人员损伤等。一般而言,在多数交通事故案件中,相关人 - 车 - 路关系较为明确,尸体不经过法医鉴定的尸体,交通管理部门仅根据现场以及痕迹等即可完成事故责任认定。但在车外人员一次交通事故中涉及多个机动车造成人体损伤的事件,如多次碾压、二次碰撞等;交通肇事后逃逸、伪造现场、伪造证据,杀人后伪装交通事故等;车内人员损伤涉及驾乘关系确定等情况时,虚拟解剖可以为交通损伤机制分析与事故重建提供有益的证据。

应用高分辨率表面扫描、MSCT 及 MRI 技术,可实现交通事故中车辆及人体的三维建模,准确明晰事故涉案人员相关损伤的致伤方式。该技术的优势在于,可以提供准确、详细的车辆和人体参数、车辆损坏及人体损伤情况,并利用高分辨率彩色尸表扫描图像及 MSCT 或 MRI 尸体内部扫描资料进行事故动画重现,很好地解决了交通事故中机动车 - 行人及机动车 - 自行车碰撞位置判断的问题。运用 MRI 技术对交通事故死亡尸体进行虚拟解剖,可发现尸体内部骨皮质下的骨小梁微型骨折导致的骨髓出血,即骨挫伤现象,揭示隐藏的骨骼损伤信息。虚拟解剖技术在交通事故中可较好的发现行人的腿部碰撞伤,其中承重腿的楔状骨折可用于推断力的作用方向,较传统解剖方法检验楔形骨折更直观、清楚,能反映骨折原始形态,减少血液或挫碎组织的干扰。

(四)机械性窒息死亡案件中的应用

窒息的典型尸体特征包括颈部的索沟、颈动脉横裂、舌骨和甲状软骨的骨折以及颈部组织器官的出血。通过 MRI 可以清晰显示索沟所在部位的颈部皮肤及软组织的低信号影,运用 MSCT 可以检查舌骨骨折的情况,避免了传统解剖过程中因牵拉而造成的人为舌骨骨折。应该指出的是因舌骨周围血管较少,骨折时出血常常不多,使得这种人为骨折与外力造成的骨折难以鉴别。影像学的手段还有助于对颈部器官组织出血点的检查,这些出血部位在传统解剖中常常因为手术视野不清楚而很难发现或者造成遗漏。

目前,对于溺死的虚拟解剖主要运用 CT。影像学检查可以发现呼吸道多发斑片状边界不清低密度影,为呼吸道溺液的影像学表现,水性肺气肿的影像学表现在 MSCT 和 MRI 均可发现肺部体积增大、局部前缘覆盖心脏以及肺边缘钝圆,MSCT 还可以发现肺部特殊的毛玻璃样改变。蕈样泡沫在 MSCT 下呈现裂隙状或者蜂窝状低密度影,多见于鼻腔、口腔、咽腔以及气管。除此之外,溺死的影像学表现还包括消化道溺液和鼻旁窦积水,心血的 CT 值也可较正常有所下降。值得注意的是这些影像学表现应与腐败、疾病的影像学表现相鉴别,同时现场勘查也是必不可少的(图 14-8)。

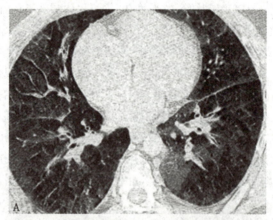

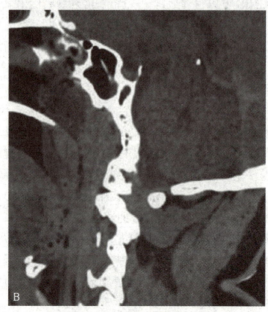

图14-8 溺死的影像学改变

A.可见水性肺气肿的影像学改变;B.可见咽喉部的溺液在影像学下的表现;C.可见上颌窦及蝶窦内的积液;D.左、右心室内密度的变化。

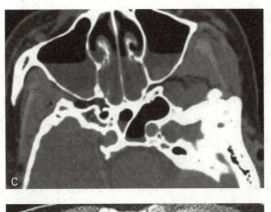

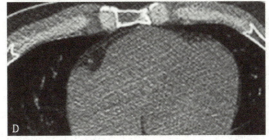

图 14-8(续)

(五) 高温与低温损伤中的应用

法医学鉴定实践中,MSCT 及 MRI 亦被用于炭化等特殊尸体的检验。对炭化尸体的正确检验始终是法医学上的一大挑战,死亡原因、死亡方式和致伤物等鉴定都存在较大困难。火场中的尸体,高温可使组织凝固,有时手术刀难以切割分离,运用虚拟解剖的方法除了可以节省人力之外,还可以防止操作中人为毁坏尸体上重要的线索,而且所得的影像学图像较解剖所见更为清晰,有利于观察。影像学图像也可以直观反映出一些特殊的改变,如硬脑膜外热血肿在影像学图像中有气体、脂肪与血肿混合的特殊改变,有助于与硬脑膜外血肿的鉴别。MSCT 和 MRI 可以显示烧伤案例中人体的损伤反应(如空气栓塞等),所以死后影像学检查对于炭化尸体的检验潜力巨大。

在低温致死的案例中,损伤的形态学表现是多变的、非特异性的。髂腰肌内出血可作为低温致死的诊断标准,并认为这是低温致死相对特定的反应。使用 MSCT 和 MRI 对低温致死者进行检查,发现 MSCT 可排除创伤性的骨骼肌和脂肪组织损伤,而 MRI 可检测到腰背部肌肉出血和髂腰肌出血。

(六) 电流损伤死亡案件中的应用

电流损伤致死多见于意外或灾害性事故,也见于自杀与他杀。其典型的病理改变是皮肤的损伤(电流斑、皮肤金属化等),以及电流流经器官和肌肉时所造成的组织损害。对电流损伤致死的尸体进行全面的影像学检查,除无法检验到体表雷击纹样印记外,虚拟解剖技术的检查结果与尸表检验和传统尸体解剖的结果基本一致,并可展示电流入口等明确的电流损伤病理表现。特别是 MRI 扫描中发现的横纹肌溶解,是死者遭受到电流损伤最有力的证据,这也是传统尸体解剖目视下难以观察到的;除此之外,CTA 还可检测到尸体肝周和胃内明显的对比剂(静脉注射)沉淀,这些表现为对比剂外渗所致,归因于热或电作用导致的肝实质和胃黏膜缺损,而在尸体解剖中仅检见了胃黏膜散在的点状出血。这些发现证明了虚拟解剖技术具有使电流损伤可视化的能力,能够对电流损伤致死的死亡原因分析提供支持。

(七) 猝死案件中的应用

成人猝死大多为心血管疾病、中枢神经系统和呼吸系统疾病;婴幼儿则为呼吸系统疾病居多,依靠成熟的断层成像技术可对尸体进行系统扫描,鉴定猝死原因。

1. 心血管疾病猝死　在法医学鉴定中,判定冠心病所致猝死的首要标准即是冠状动脉粥样硬化的病理学表现。因此,在虚拟解剖中,明确冠状动脉粥样硬化意义重大。死后 CTA 技术被认为是检查冠状动脉病变的一种有效方法,其研究分为在体和离体两种方式,死后在体 CTA 技术是通过应用导尿管自左侧颈总动脉进入体内,其影像学检查结果和传统尸体解剖结果之间具有良好的相关性。死后离体 CTA 技术是对解剖前完整取出的心脏进行检查,相对于死后在体 CTA,离体 CTA 可以除去死后阻塞血管的血凝块,防止血管不能完全显影从而获得更好的成像效果。此外,死后 CTA 技术也被用于肺动脉栓塞所致的猝死案件鉴定中,通过胸外按压的方式恢复尸体部分的血液循环,对死者进行 CTA 扫描,所采集的图像证实了肺动脉栓塞的存在。近年来,随着微创穿刺取材技术的不断发展,进行全身 CTA 检查并辅以 CT 引导下的穿刺取材,其结果不但与传统解剖判断一致,还提供了额外的组织病理学信息,死后 CTA 辅以 CT 引导下的穿刺活检技术,在心血管疾病猝死鉴定领域已有广泛的应用价值。

死后心血管磁共振成像技术(cadiovascular magnetic resonance imaging,CMRI)是胎儿和儿童先天性心脏病死亡检查的有效手段,高分辨率的 3D-CMRI 图像能够识别心血管的微小结构并准确识别成像平面的复杂结构,对房间隔缺损、室间隔缺损、房室间隔缺损、动脉导管未闭以及法洛四联症等结构性心脏病有良好的检出率,并且可以指导病理学家找到特定的病理改变从而提高心脏检查的准确性。对心肌病的检查,特别是对致心律失常性右心室心肌病(ARVC)的检查,诊断为 ARVC 的死者与未诊断为 ARVC 的死者相比具有更高的右心室与左心室面积比,死后核磁共振成像(post-mortem magnetic resonance,PMMR)能够准确地对心室面积进行评估,识别死因为 ARVC 的死者。此外,MRI 成像技术的快速发展已能够反映心肌组织缺血性改变。运用 MRI 技术对心肌梗死死亡的尸体进行扫描,着重对心肌梗死部位、类型及新鲜度进行检验,并与尸体解剖、组织学检查所见相比较,结果基本一致,说明 MRI 技术可以成为心肌梗死检测的有效工具。但是 MRI 的应用同样有其限制,由于尸体腐败或气体栓塞引起的心腔内气体的聚集对 MRI 成像会产生影响,这些气体会导致图像的伪影,从而影响结果;并且与骨骼肌出现尸僵类似,心脏在心肌 ATP 储备耗尽时仍会收缩,这会导致从心包下到心内膜下心肌内压力的增加,因此当心肌肥厚或尸僵处于最大水平时(死后 24~48 小时)间质内液体会积聚于压力更小的心外膜下区域,使得心包下到心外膜下信号下降。

2. 中枢神经系统疾病猝死　对于中枢神经系统疾病中最常见的脑血管意外,传统尸检往往能够发现颅内出血或脑梗死的大致位置,但却难以寻找具体病变的血管。而死后脑血管造影则提供了很好的技术支持,应用 CTA 和磁共振血管造影(MRA)检查,尽管存在正常的死后脑组织水肿表现,但影像学检查仍能显示出脑血管畸形、动脉瘤、广泛的脑出血与脑水肿,以及脑室狭窄等改变。且与 CTA 相比,MRA 成像质量更好,可以更好地评估软组织和脑实质病变。

3. 呼吸系统疾病猝死　呼吸系统猝死的原因较多,以各类肺炎最为多见。死后 MSCT 和 MRI 可以显示声带水平喉部水肿闭塞、双肺严重肺炎和肺不张、支气管积水以及咽扁桃体肿胀等,这些表现均能够与传统尸体解剖的发现相对应。有研究表明死后不同时间进行扫描对肺部的影像学结果有影响。此外,气管和支气管影像结果不应用于诊断,因为它们会因胃液的被动流动而发生许多死后变化,故对于肺炎的影像学诊断会存在遗漏或者过度归因现象,导致 CT 等影像结果与尸检结果存在差异,故对于肺炎的诊断仍应以尸检为主。尽管涉及肺炎的虚拟解剖研究并不多,但因 CT 等影像学检查在肺部成像中具有的独特技术优势,虚拟解剖在呼吸系统猝死鉴定中的预期价值不可忽视。

(八) 医疗纠纷中的应用

应用 CT/CTA 检查,研究范围涉及急诊科、心胸外科、消化内科、神经外科等多个科室,发现死后 CT/CTA 和传统尸体解剖的结果之间符合率很高,其诊断与生前临床诊断的一致率为 93.0%。死后 CT/CTA 更有助于对手术过程中发生不良事件的区域进行重建,便于观察毗邻结构、寻找细微的出血源以及评价术后的血管灌注状况。另外,在一些特殊情况中,还可以将虚拟解剖检查的结果与生前影像资料进行比对,合理解释诊疗过程中易受到质疑的诊断或医疗行为,还原事实经过。新生儿死亡也极易引起医疗纠纷。在对肺透明膜病所致呼吸循环衰竭死亡的新生儿 CT 扫描中检见双肺密度弥漫性增高,可见大片致密影(实变),未见充气肺组织影等,与传统大体解剖所见的肺不张表现基本一致。在传统尸体解剖中,有时需要采用肺浮扬试验判断新生儿是活产还是死产,而虚拟解剖技术仅需简单的扫描便可确定肺部情况,在一定程度上避免了尸体腐败产生的气体对浮扬试验的影响。

(九) 致伤方式推断中的应用

MSCT 和 MRI 技术在骨骼损伤检验中有其独特的优势,MSCT 可以进行全身扫描而呈现出整个骨骼系统精确的二维和三维空间图像,显示出相应的骨骼特征。例如,舌骨骨折可以通过 MSCT 技术精确地识别,并与对侧进行比较,某些难以接近区域的复杂骨折(如深部面颅骨骨折),MSCT 和 MRI 技术可以通过数字成像技术使其更形象化,便于进行法医学重建和分析。同时,MSCT 或 MRI 还可以推断骨折的着力部位以及方向,为致伤方式和受力程度推断提供客观依据。

1. 颅骨骨折的致伤方式 暴力作用于颅骨的角度、方向、速度和受力面积等方面对颅骨骨折的影响极大,暴力作用的力轴及其主要力线分布多与骨折线的延伸方向一致,若暴力打击面积大而速度较快时,多引起局部粉碎性凹陷骨折,即局部变形。其中,外力打击形成的圆形或类圆形凹陷骨折,可用几何学方法根据损伤大小来推算打击物的形态,用于致伤物的推断。由于高坠造成的全颅粉碎骨折,即颅骨整体变形,则必须保持骨折原始形态,根据骨折形态或骨折力线分布方向,判定着力点,进而判定坠落形式或原因。

2. 胫腓骨骨折的致伤方式 在交通事故中遭受直接外力作用,通常出现胫骨楔状骨折,楔形底边为力的作用点,楔形尖端指向车辆行驶方向。另外,当胫骨骨折后,由于胫骨瞬间的旋转外力作用,力的传导方向随着骨筋膜的走行方向向上传导。因此,多伴随胫骨骨折平面以上的腓骨斜行骨折。应用传统解剖方法检验楔形骨折,由于骨折严重,当打开皮下组织时,骨折往往不在初始位置,加之血液或挫裂组织的干扰,不能清晰、客观地反映骨折原始形态,导致不能准确判定受力及撞击方向。运用 MSCT 技术分析骨折形态是虚拟解剖技术的优势,可在不同程度破坏的组织结构中真实地反映出骨折形态。

3. 全身骨折特征分析 应用传统解剖学方法,很难对全身多处骨折进行全面细微检查,而且受解剖过程中血液、肌肉离断等影响,骨折断端模糊不清或发生位移。这对判定着力点及力的传导方向非常不利,而虚拟解剖可以避免传统解剖的上述缺陷,更好的用于着力点及力的传导方向判定。

(十) 个体识别中的应用

个体识别是法医学鉴定的工作之一,在开展任何死亡案件调查之前,都必须对尸体进行个体识别,以明确尸源。传统意义的个体识别主要是通过 DNA、指纹、骨骼系统、牙科记录等方法实现。在法医学实践中,某些案例如高度腐败、严重烧焦、严重毁损的尸体,X 线检查仍不失为可选择的有效手段。具有个体特征的骨骼在个体识别中可以发挥重要作用,常作为鉴定的重要标志物,例如骨骼的先天畸形(如先天性的马蹄内翻足)、发育异常(如脊柱侧突、脊柱裂、鸡胸等)以及截肢等。另外,一些骨骼系统的病理改变如内生骨疣、骨性赘生物,甚至是骨小梁的纹理以及一些退行性骨病等都可以被发现。由于骨特征的独特性,也可以利用其进行同一性比对,将不明身份的尸体 X 线成像与可疑失踪者的生前 X 线片进行对比观察,若其解剖学改变一致,则可以对二者的同一性进行认定。X 线检查还在群体灾难的个体识别方面发挥重要的辅助作用,例如空难、严重火灾、地震及泥石流等,由于尸体严重毁损,牙齿往往成为重要的生物检材。将现场的各种清理物用 X 线进行摄片,可以快速有效地在混杂物中辨认出牙齿,从而节约人力和物力。

咬痕是上、下颌牙齿相对咬合作用于人体或某种物体上并进行切磨、撕扯而留下的痕迹。人体各种类型损伤中是否有咬痕、有何特异性及咬痕的同一认定,对犯罪嫌疑人的排查、甄别及认定有着重要作用。在法医学实践中,咬痕比对一直是一个难题,传统解剖技术还不能把尸体上的咬痕和嫌疑人的牙齿特征进行严格的比对。虚拟解剖技术可以解决这一难题,它相当于在尸体损伤和嫌疑人齿序之间建立一个数字化的比对平台,通过扫描咬痕和齿序特征,在计算机处理下完成比对过程,从而认定或排除犯罪嫌疑人。

四、虚拟解剖的优势与局限性

沿用数百年的传统解剖技术一直被视为法医学尸体检验、死亡调查的"金标准"。但随着社会的不断进步,传统解剖在宗教伦理和人文关怀上让受害者家属难以接受,也是造成尸检率低的原因之一。同时,传统法医解剖对尸体破坏性的取材既影响其复检结果,又给保存原始资料带来了困难。而虚拟解剖技术能较好地弥补传统解剖技术的上述缺点,更好地服务于司法审判和调处纠纷。虽然虚拟解剖有上述优点,但仍然存在局限性,虚拟解剖的检验结果不能作为直接证据使用,必须用尸体解剖的检验进行验证,因此,目前在法医学实践中应用尚存在一定局限。

(一)虚拟解剖的优势

与传统的尸体解剖检验相比,虚拟解剖的优势主要表现在以下几个方面。

1. 检验的前瞻性　在解剖前运用虚拟解剖的技术手段可以发现大部分的损伤和部分的疾病特征,通过这些信息可以指导解剖术式的选择以及需要检查的重点部位。

2. 无创性和原位性　虚拟解剖在不符合强制尸检范畴的案件或是因风俗信仰不允许解剖的情况下可以成为解剖的替代手段,不仅能很好地解决宗教伦理与传统解剖之间的冲突,更能在不改变病变损伤与机体器官组织关系的情况下记录原始信息,不会因此产生不必要的人工产物。

3. 检验的系统性、精细性　对常规尸体解剖中无明确要求的部位和一些人体结构复杂部位(如肩胛区、脊柱、骨盆等)或是理化因素破坏而难以进行解剖操作的情况下,运用虚拟解剖技术可以得到清晰完整的解剖学信息,便于特殊部位的病变探查。

4. 证据的保存性和可重复性　传统解剖取材完毕后尸体便可以火化,如果取材不彻底或是遗漏,证据就可能会被毁灭而无法查证,造成鉴定结论的不彻底甚至是错误。而虚拟解剖的全部记录均可以保存在电脑硬盘中,如果发现证据遗漏的情况,这些资料可以从计算机中导出重新检查,这便减少了证据的遗漏。

5. 客观性　传统解剖在很大程度上依赖于法医解剖人员的知识背景和工作经验,而在这些"先见"下进行的尸表检查或"局解",有"先入为主"之虞。且在描述过程中,不同检验人员遣词造句的差异也给尸检信息的传递和保存掺入了一定的主观成分,降低了法医学检验的客观性。虚拟解剖则能在检验和信息的传递过程中,最大限度地保证法医学尸体解剖的客观性。

6. 快速高效性　CT 和 MRI 扫描一具尸体的时间大约只需数分钟,而将扫描数据编译为三维图像也只需 1 分钟。因此,虚拟解剖能以高效、便捷的方式获取尸体信息,大大减少了法医的工作量。

(二)虚拟解剖的局限性与不足

虽然在进行虚拟解剖时同时 X 线、CT 和 MRI 的交叉运用可以相互补充各自的不足,但应注意到虚拟解剖还是存在着诸多的局限性,主要表现在:①目前,临床上的影像学设备检验结果或所见尚不能成为某些疾病诊断的"金标准",虚拟解剖技术也不能够通过非侵入的形式提供细胞水平变化的信息,也不能进行诸如硅藻、DNA、细菌学、毒物化学以及组织病理学的分析,且缺乏传统尸体解剖过程中,鉴定人通过触觉、嗅觉和视觉所获取的信息,使得由此而得出的鉴定结论在一些情况下缺乏说服力;②一些疾病、损伤的影像学改变会给法医虚拟解剖鉴定工作带来干扰,例如溺死的影像学改变缺乏特异性,一些疾病也可以引起相似的影像学改变;③尸体的不同程度死后变化与生前损伤、疾病的诊断、鉴别等尚缺少标准,如肺部血液坠积的影像学改变会给肺栓塞或肺挫伤的区别带来难度;④虚拟尸检的图像是可以修改的,这是广受质疑的一方面,与传统的光学摄影相比,光线在拍摄对象和成品图片之间具有直接的联系,而数字图像不再依赖光线,每个像素都可以改变、移动或删除,在司法实践越来越重视图像法律信息价值的背景下,为了解决图像有可能伪造的问题,对图像的质量要求越来越高;⑤我们还应该注意到影像学设备价格昂贵,开展虚拟解剖还需要培训大批的影像设备操作者和提高广大基层法医学专业人员的影像学阅片、解读能力,这些使得虚拟解剖在近一段时间之内很难得到普及。

虚拟解剖技术是独立、客观、非侵害性的,可以使法医病理学尸体检验在质的方面得到改善。检验数据可以长期保存,随时使用,还可进行图像传输和远程会诊,使高质量控制和专家参与成为可能,使法医学鉴定更加准确、客观。影像图片作为客观证据呈现于法庭上,比起尸检图片更能被其他法律工作者所接受,也更能被一些有宗教信仰或不愿意尸体解剖的地区或民族接受,其对尸体的最小限度的破坏也更能被死者家属接受。因此,虚拟解剖技术在法医病理学尸体检验领域有着广阔的应用前景。随着认识到虚拟解剖的巨大潜能和价值所在,这种全新的法医学理念必将得到越来越广泛的实践应用,从而使法医学尸体检验方法更加科学、准确、多样化和人文化。

虚拟解剖技术能够以数字化方式存储人体生物学数据,更方便广泛开展深入的研究,不仅能够促进法医学本身的发展,也可极大地促进相关医学领域的研究及相关学科的发展。此外,通过虚拟解剖技术对因意外事件或疾病死亡,以及刑事案件中的所有尸体进行常规 CT 及 MRI 扫描,可为基于形态学建立的系统性数字化法医鉴定奠定基础。因此,虚拟解剖技术的研究成果具有广阔的应用前景。

思考题

1. 法医学尸体检验应注意哪些事项?
2. 法医学尸体解剖基本术式及基本程序有哪些?
3. 如何进行心和脑的检查?
4. 虚拟解剖的概念和具体内容有哪些?
5. 虚拟解剖的主要技术有哪些?
6. 虚拟解剖的优势与局限性有哪些?

（吴 旭 喻林升）

推荐阅读

［1］丛斌.法医病理学.5版,北京:人民卫生出版社,2016.

［2］侯一平.法医物证学.4版,北京:人民卫生出版社,2016.

［3］刘技辉.法医临床学.5版,北京:人民卫生出版社,2016.

［4］刘良.法医毒理学.5版.北京:人民卫生出版社,2016.

［5］张继宗.法医人类学.3版.北京:人民卫生出版社,2016.

［6］刘耀,丛斌,侯一平.实用法医学.北京:科学出版社,2014.

［7］赵虎,刘超.高级法医学.3版.郑州:郑州大学出版社,2021.

［8］黄瑞亭,陈新山.中国法医学史.武汉:华中科技大学出版社,2015.

［9］张继宗.死亡学.北京:科学出版社,2018.

［10］闵建雄.法医损伤学.2版.北京:中国人民公安大学出版社,2010.

［11］骆世勋,宋书功.性法医学.北京:世界图书出版公司,1996.

［12］蔡继峰,扎拉嘎白乙拉.法医齿科学.北京:人民卫生出版社,2020.

［13］蔡继峰.医疗损害司法鉴定实务与防范措施.北京:人民卫生出版社,2016.

［14］贠克明.法医毒物动力学.北京:人民卫生出版社,2015.

［15］刘耀,丛斌,胡丙杰.中国法医70年理论与实践.北京:科学出版社,2019.

［16］赵虎,蔡伟雄.法医精神病司法鉴定理论与实践.北京:人民卫生出版社,2015.

［17］迈克尔·J.史克朗姆,大卫·A.拉姆齐.法医损伤病理学.陈忆九,黄平,译.上海:上海科学技术文献出版社,2022.

［18］高津光洋.法医尸检手册.3版.赵东,译.北京:人民卫生出版社,2021.

［19］THALI M J, DIRNHOFER R, VOCK P. The Virtopsy Approach. Boca Raton: CRC Press, 2009.

［20］JASON P J. Simpson's Forensic Medicine. 13th ed. Boca Raton: CRC Press, 2014.

［21］SAUKKO P, KNIGHT B. Knight's Forensic Pathology. Boca Raton: CRC Press, 2015.

［22］RAO N G. Textbook of Forensic Medicine and Toxicology. 2nd ed. New Delhi: Jaypee Brothers Medical Publishers（P）Ltd, 2010.

［23］DI Maio, VINCENT J M, DOMINICK J. Forensic Pathology. 2nd ed. Boca Raton: CRC Press, 2001.

［24］DUNCAN J R, BYARD R W. SIDS Sudden Infant and Early Childhood Death: The Past, the Present and the Future. Adelaide（AU）: University of Adelaide Press, 2018.

中英文名词对照索引

T